U0065525

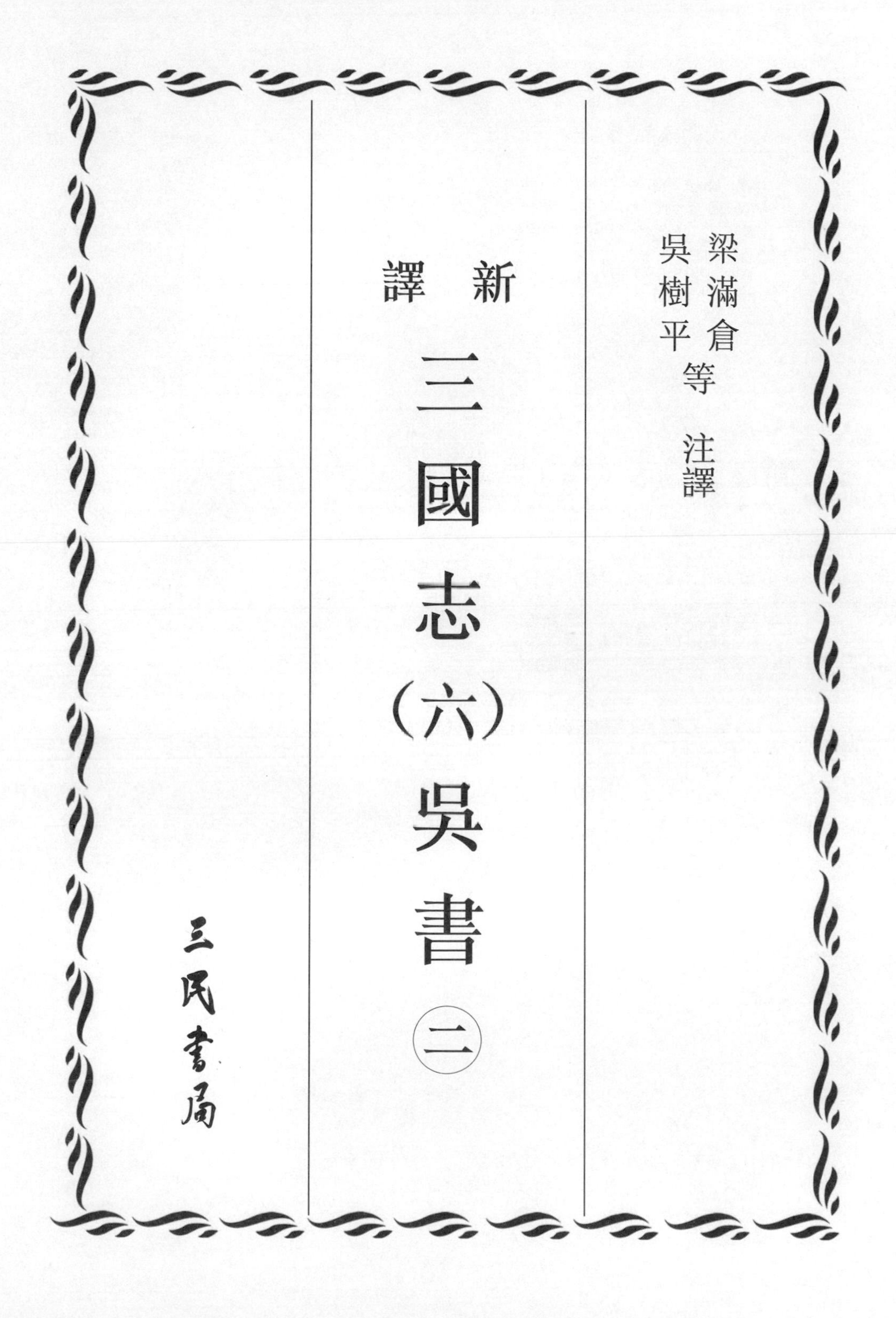

# 新譯三國志(六)吳書(二)

梁滿倉 吳樹平 等注譯

三民書局

國家圖書館出版品預行編目資料

新譯三國志(六)吳書㈡／梁滿倉,吳樹平等注譯.——
初版三刷.——臺北市：三民，2024
面； 公分.——(古籍今注新譯叢書)

ISBN 978-957-14-5791-8 （全套:精裝）
1.三國志 2.注釋

622.301

古籍今注新譯叢書

# 新譯三國志（六）吳書㈡

注譯者 梁滿倉 吳樹平等
創辦人 劉振強
發行人 劉仲傑
出版者 三民書局股份有限公司（成立於1953年）

三民網路書店
https://www.sanmin.com.tw

地址 臺北市復興北路386號 （復北門市） (02)2500-6600
臺北市重慶南路一段61號（重南門市） (02)2361-7511

出版日期 初版一刷 2013年5月
初版三刷 2024年5月
全套不分售
ISBN 978-957-14-5791-8

# 新譯三國志　目次



第六冊

吳書㈡

# 卷五十六 吳書十一

## 朱治朱然呂範朱桓傳第十一

【題解】本卷是孫吳政權中朱治、朱然、呂範、朱桓等幾個重要武將的合傳。其中朱然為朱治養子，但因其在孫吳前期軍事上的地位極為重要，幾乎與陸遜相當，因而陳壽沒有將其作為附傳處理，而是與朱治並列為傳主。朱治、呂範在孫堅時即跟隨作戰，於孫策平定江東有重要貢獻。而朱桓被孫策視為家人，被孫權尊為長輩。孫吳政權立國以江東為根本，朱治執掌吳郡長達三十餘年，朱治子朱然長期掌握長江中游的軍事指揮權，足見孫權對於朱氏的倚重。朱桓為將驕橫跋扈，不服從管理，孫權卻加以寬容，主要原因還是他屬於孫權執掌江東大政後著力培養並信重的將領。

1 朱治，字君理，丹陽❶故鄣❷人也。初為縣吏，後察孝廉❸，州辟從事❹，隨孫堅征伐。中平五年❺，拜司馬❻，從討長沙、零、桂❼等三郡賊周朝、蘇馬等，有功，堅表❽治行❾都尉❿。從破董卓於陽人⓫，入洛陽。表治行督軍校尉⓬，特將步騎，東助徐州牧⓭陶謙⓮討黃巾。

2

會堅薨⑮，治扶翼⑯策⑰，依就袁術⑱。後知術政德不立，乃勸策還平江東⑲。時太傅⑳馬日磾㉑在壽春㉒，辟治為掾，遷吳郡㉓都尉。是時吳景㉔已在丹陽，而策為術攻廬江㉕，於是劉繇㉖恐為袁、孫所并，遂搆㉗嫌隙㉘。而策家門㉙盡在州下㉚，治乃使人於曲阿㉛迎太妃及權兄弟，所以供奉輔護，甚有恩紀㉜。治從錢唐㉝欲進到吳，吳郡太守許貢拒之於由拳㉞，治與戰，大破之。貢南就山賊㉟嚴白虎，治遂入郡，領太守事。策既走㊱劉繇，東定會稽㊲。

【章旨】以上為〈朱治傳〉的第一部分，敘述朱治籍貫及其於東漢末年跟隨孫堅輾轉征戰的經歷。以及朱治在孫堅死後對於孫氏家人的保護，及其在孫策平定江東中的貢獻。

【注釋】❶丹陽　亦作「丹楊」，郡名。治所在今安徽宣州。又為縣名，隸屬於丹陽郡，治地在今安徽當塗東北的小丹陽鎮。❷故鄣　縣名。治所在今浙江安吉西北。❸察孝廉　被郡推舉為孝廉。漢武帝推行察舉制度，規定各郡每年推舉當地有孝敬廉讓著名者，稱為孝廉，由中央考察認定，授予官職。❹辟從事　召請為從事。辟，漢代任官制度。丞相、三公、地方郡太守可以自行挑選屬下官員，稱為辟召，簡稱為辟。從事，州刺史屬下主要官員的通稱，分管不同的具體事務。❺中平五年　西元一八八年。中平，東漢靈帝劉宏年號，西元一八四—一八九年。❻司馬　官名。中低級武官，在將軍府參議軍事，亦為將軍之下屯一級軍事編制的指揮長官。❼長沙零桂　長沙，郡名。治所在今湖南長沙。零，零陵郡，治所在今湖南零陵。桂，桂陽郡，治所在今湖南郴州。❽表　上表朝廷。❾行　代理。❿都尉　中級武官名。東漢時，郡太守領兵者，下置都尉，掌一郡兵事。⓫陽人　邑聚名。地當今河南汝州西。⓬督軍校尉　武官名。吳置，位在將軍、中郎將之下，秩比二千石，為中高級軍官。⓭徐州牧　官名。漢武帝置十三州部刺史掌監察，刺史秩六百石，屬中低級官員。東漢末，由於政治動亂，刺史漸掌地方民政、指揮軍隊，州演變為一級行政區，一些重要的州長官稱牧，以示其有治民之權，級別提升為秩二千石。徐州，治所在今山東郯城。⑭陶謙　字恭祖，丹陽（今安徽宣州）人。少好學，舉茂才，歷盧令、幽州刺史。黃巾兵起，任徐州刺史，擊敗當地黃巾軍。漢獻帝初，升任安東將軍、徐州牧，初平四年（西元一九三年）被兗州刺史曹操擊敗。次年，因曹操再次進攻，在逃跑途中病死。詳本書卷八〈陶謙傳〉。⑮薨　死。用於王者以示尊崇。⑯扶翼　擁戴輔助。⑰策　孫策。字伯符，吳郡富春（今浙江富陽）人。孫堅長子，孫權兄。在孫堅死後，從袁術，後所部脫離袁術，渡江南下，攻占吳郡、會稽、丹陽及豫章，分置郡縣。曹操控制的漢朝廷任命他為討逆將軍，封烏程侯。東漢建安五年（西元二〇〇年）為人刺殺，得年二十六歲。孫權稱帝，追諡長沙桓王。詳見本書卷四十六〈孫策傳〉。⑱袁術　字公路，汝南汝陽（今河南商水縣西南）人。出身東漢時最顯赫的家族，祖上數代有人出任三公。袁術本人少以俠氣聞名，董卓之亂時任河南尹、虎賁中郎將，拒絕與董卓合作，出奔南陽，任南陽太守。後受曹操、袁紹夾擊，率部退屯壽春，自稱揚州刺史，試圖擴張勢力，代漢稱帝。因徐州牧陶謙與曹操的攻擊，加上部下離散，在逃亡途中病死。詳本書卷六〈袁術傳〉。⑲江東　長江曲折東流，至今安徽蕪湖附近，折而向北，呈南北流向，至南京以西復大體東流，漢唐間稱此段長江以東地區為江東，大體上包括今江蘇長江以南、浙江及皖南地區。⑳太傅　官名。兩漢時受儒家學術影響，借用周代名號而置，尊以為皇帝師傅，位高而無實際政治權力。因其位高而無實際政務，有合適人選則置，非固定官職。㉑馬日磾　字翁叔，扶風茂陵（今陝西興平東北）人。東漢中期大經學家馬融族子，少從馬融學習，傳其學業，漢獻帝初位至太傅。事略附於《後漢書・馬融列傳》。㉒壽春　城名。地在今安徽壽縣西南。㉓吳郡　郡名。治所在今江蘇蘇州。㉔吳景　本吳人，徙家錢唐（今浙江杭州）。孫堅吳夫人之弟，孫策之舅。常隨孫堅征討，任騎都尉，後奉袁術命領丹陽太守，被漢揚州刺史劉繇趕走。孫策率部渡江南下擊敗劉繇，吳景奉使至壽春，被袁術任命為廣陵太守。袁術稱帝，復棄郡過江歸孫策，出任丹陽太守。事跡主要見於本書卷四十六〈孫策傳〉。㉕廬江　郡名。治所在今安徽廬江縣西南。㉖劉繇　字正禮，東萊牟平（今山東牟平）人，舉孝廉，為郎中，出任下邑縣長，因拒絕按權貴吩咐辦事而棄官，漢末戰亂，避居淮南，漢朝廷任命他為揚州刺史，先後與袁術、孫策交戰，敗歸丹徒，年四十二病死。詳本書卷四十九〈劉繇傳〉。㉗搆　形成；產生。㉘嫌隙　矛盾；相互敵對。㉙家門　家人。㉚州下　州刺史所在地。漢魏人習慣上將都城及地方行政治所稱作「某下」。東漢末揚州刺史常駐之地為壽春，因袁術據其地，漢所遣揚州刺史劉繇駐於曲阿。㉛曲阿　縣名。治所在今江蘇丹陽。㉜恩紀　恩情。㉝錢唐　縣名。治所在今浙江杭州。㉞由拳　縣名。治所在今浙江嘉興。㉟山賊　山地中的叛亂者。東漢末孫策、孫權兄弟創立政權時，今浙江、江西及皖南山區有不少豪族與民眾武裝，拒絕接受管理，被稱為山賊。㊱走　使退走；擊退。㊲會稽　郡名。治所在今浙江紹興。

【語譯】朱治，字君理，丹陽郡故鄣縣人。起初任縣吏，後來被察舉為孝廉，揚州刺史召請為從事，跟隨孫堅征討作戰。中平五年，任司馬，隨孫堅征討長沙、零陵、桂陽等三郡的賊寇周朝、蘇馬等，立有軍功，孫堅上表朝廷，任朱治為代理都尉。跟隨孫堅在陽人打敗董卓，攻入洛陽。孫堅上表朝廷任朱治為代理督軍校尉，另外讓他率領一支步兵和騎兵混編的部隊，往東前去援助徐州牧陶謙討伐黃巾。

2 適逢孫堅去世，朱治輔佐孫策，歸附袁術。後來發覺袁術不修政事、德行，便勸孫策回師平定江東。當時太傅馬日磾駐守壽春，召請朱治任太傅府官屬，升任吳郡都尉。當時吳景已任丹陽太守，而孫策替袁術攻打廬江，因而揚州刺史劉繇怕被袁術、孫策吞併，便與他們產生了矛盾。而孫策的家人都在劉繇統領的州中，朱治便派人到曲阿迎奉孫策的母親以及孫權兄弟，為他們提供生活所需並加以保護，恩情甚重。朱治打算通過錢唐到達吳郡，吳郡太守許貢在由拳阻擋他，朱治與許貢交戰，大敗許貢。許貢往南投奔山賊嚴白虎，朱治便進入吳郡城，代理太守職務。孫策擊退劉繇後，東進平定了會稽。

1 權❶年十五，治舉為孝廉。後策薨，治與張昭❷等共尊奉權。建安七年❸，權表治為吳郡太守❹，行扶義將軍，割婁❺、由拳、無錫、毗陵❻為奉邑❼，置長吏。征討夷越❽，佐定東南，禽❾截黃巾餘類陳敗、萬秉等。黃武元年❿，封毗陵侯，領郡如故。二年，拜安國將軍，金印紫綬⓫，徙封故鄣。

2 權歷位上將⓬，及為吳王⓭，治每進見，權常親迎，執版交拜⓮，饗宴贈賜，恩敬特隆，至從行吏⓯，皆得奉贄私覿⓰，其見異如此。

3 初，權弟翊⓱，性峭急⓲，喜怒快意⓳，治數責數⓴，諭以道義。權從兄豫章㉑

太守賁㉒，女為曹公子婦，及曹公破荊州㉓，威震南土，賁畏懼，欲遣子入質㉔。治聞之，求往見賁，為陳㉕安危，賁由此遂止。

權常歎治憂勤王事㉖。性儉約，雖在富貴，車服㉗惟供事㉘。權優異之，自令督軍御史㉙典屬城㉚文書，治領四縣租稅而已。然公族子弟㉛及吳四姓㉜多出仕郡，郡吏常以千數，治率數年一遣詣王府㉝，所遣數百人，每歲時獻御㉞，權答報過厚㉟。是時丹陽深地㊱，頻有姦叛，亦以年向老㊲，思戀土風，自表屯故鄣，鎮撫山越㊳。諸父老㊴故人，莫不詣門，治皆引進，與共飲宴，鄉黨㊵以為榮。在故鄣歲餘，還吳。黃武三年卒，在郡三十一年，年六十九。

子才，素為㊶校尉領兵，既嗣父爵，遷偏將軍。才弟紀，權以策女妻之，亦以校尉領兵。紀弟緯、萬歲，皆早夭。才子琬，襲爵為將，至鎮西將軍。

【章　旨】以上為〈朱治傳〉的第二部分，敘述朱治貴而不驕，盡心為國，以及孫權對他的特別禮遇。並交代其後嗣。

【注　釋】❶權　孫權。❷張昭　字子布，彭城（今江蘇徐州）人。少好學，博覽羣書。東漢末避亂江東，助孫策平定江東，孫策死後，復總領羣僚，安定局勢，盡心輔佐孫權。因性格剛毅，常與孫權發生衝突，孫權為吳王後，不再受重用，以婁侯老病於家，享年八十一歲。詳見本書卷五十二〈張昭傳〉。❸建安七年　西元二〇二年。建安，東漢獻帝劉協年號，西元一九六—二二〇年。❹吳郡太守　原作「九真太守」，今據宋本校改。上文云朱治入吳郡，領太守事，尚未表於漢帝。至此，孫權始表聞。❺婁　縣名。治所在今江蘇崑山市。❻毗陵　縣名。治所在今江蘇常州。❼奉邑　孫權授予屬下重要軍事將領的一種特殊待遇，以一縣或數縣給予其人管理，自置官吏，收取賦稅。這實際上是漢代以郡或以縣為國的封侯者的待遇，但孫權稱帝前，按漢制無權授予侯爵，因而是對有大功的軍事將領一種臨時變通的獎勵辦法。❽夷越　古時對東南非華夏族族羣的稱呼。周代稱今山東、蘇北非華夏的族羣為「夷」，即所謂東夷。春秋戰國時稱今江浙非華夏族的族羣為「越」。夷越合此二稱為一，實指孫氏兄弟創業時皖南及閩浙贛山地中的越人。《三國志》中又常稱之為「山越」。❾禽　通「擒」。❿黃武元年　西元二二二年。黃武，吳王孫權年號，西元二二二—二二九年。⓫金印紫綬　以黃金為質地的官印及紫色綬帶。此屬漢代高級官員表明級別的一種方式，中級為銀印青綬，低級為銅印墨綬。⓬上將　大將。孫權先後被曹操控制的漢朝朝廷授予討虜將軍、車騎將軍、驃騎將軍的名號。⓭為吳王　漢獻帝延康元年（西元二二〇年），曹丕稱帝建魏，改元黃初，次年十一月，冊封附於魏的孫權為吳王。自此至西元二二九年四月孫權正式稱皇帝為止，均以吳王身分活動。⓮執版交拜　持手版互相致敬。版，即笏，手板。漢代以來官吏向長官彙報工作時用以書寫記事。⓯從行吏　跟隨的屬吏。⓰奉贄私覿　攜帶禮物前往而被接見。⓱翊　孫翊。字叔弼，二十歲時任丹陽太守，被屬下所殺。事見本書卷五十一〈孫翊傳〉。⓲峭急　急躁。⓳快意　任意。⓴責數　譴責。㉑豫章　郡名。治所在今江西南昌。㉒賁　孫賁。字伯陽，孫堅姪子，早喪雙親，從孫堅征戰。後從孫策定江東，任豫章太守，封都亭侯。詳本書卷五十一〈孫賁傳〉。㉓荊州　州名。當今湖南、湖北及河南西南地區，東漢末為劉表割據。㉔質　人質。㉕陳　講述；分析。㉖王事　公事；國家的事。㉗車服　車馬服飾。㉘惟供事　僅夠職務所需。㉙督軍御史　官名。東漢時即置其官，屬中央最高監察機構御史臺，將領出征時隨之行動，監察領兵將領及軍隊違紀行為。㉚屬城　屬縣。㉛公族子弟　孫氏子弟。㉜吳四姓　吳郡大族。東漢時，世家大族勢力興起，不少地方出現一些長期控制郡太守下主要官吏的大族，稱為郡大姓、或四姓。吳郡四姓一般指顧、陸、朱、張四個家族。㉝王府　吳王府；中央。㉞歲時獻御　地方長官逢年過節向朝廷進獻禮物，尤其是當地的土特產品。御，指供帝王享用的物品。㉟答報過厚　回禮超過所送禮物的價值。㊱深地　深遠之地；崇山峻嶺中。㊲向老　接近老年。㊳山越　意為山中之越人。先秦時，居住在今淮河以南安徽、江蘇、浙江、福建及兩廣地區的族羣被中原華夏族人總稱為越人，春秋、戰國時的吳國、越國先後興起並接受華夏文化，漢代這些地區的華夏化更為深入，但今福建、浙江及江西毗鄰地區的山地中，居民的語言、習俗在漢末仍與華夏人有別，被稱為山越。官府亦未能有效的實施行政管理。孫策及孫權時，在這些地區廣設郡、縣行政機構，強化管理，並不斷派兵對不服從管理者進行圍剿，將他們強行遷徙到易於控制的蘇南地區，編入軍隊或在軍隊監管下耕作，這成為孫吳政權擴大兵源的重要途徑。㊴父老 鄉里的老人。㊵鄉黨 鄉親。㊶素為 原本為。

【語 譯】

1 孫權十五歲時，朱治推舉他為孝廉。後來孫策去世，朱治與張昭等共同擁戴孫權。建安七年，孫權上表任命朱治為吳郡太守，代理扶義將軍，劃分出婁、由拳、無錫、毗陵四縣作為他的奉邑，設置主管官吏。朱治出征攻打夷越，輔佐孫權平定了東南地區，截擊並擒獲了黃巾殘部陳敗、萬秉等人。黃武元年，朱治被封為毗陵侯，仍舊代理吳郡太守。黃武二年，被任命為安國將軍，佩戴金印紫綬，改封故鄣侯。

2 孫權歷任將軍，直至當吳王，朱治每次進見，孫權常是親自迎接，持手版與朱治互拜，設宴款待、賞賜財物，對朱治的情誼與尊重特別隆重。以至於跟隨朱治前來的部屬，都能帶著禮品直接面見孫權，朱治就是像這樣被特殊對待。

3 起初，孫權的弟弟孫翊，性情急躁，喜怒隨意，朱治多次責備他，用道理曉諭他。孫權的堂兄豫章太守孫賁的女兒嫁曹公的兒子為妻，等到曹公攻破荊州，威名震動南方，孫賁畏懼，想送兒子到曹公那裏當人質。朱治聽說此事，請求前往面見孫賁，向他分析這樣做的利弊得失，孫賁因此取消了原來的打算。

4 孫權經常讚嘆朱治憂慮、操勞國事。朱治生性節儉樸素，雖然身處富貴，但車馬服飾只求足夠職務所需就好。孫權優禮對待朱治，自己命令督軍御史處理吳郡各縣的文書事務，朱治只要領受四個縣的租稅就好。但是孫氏子弟及吳郡大族子弟在郡裏做官的很多，郡吏經常是數以千計。朱治大致每隔幾年就選送一批人到吳王府，所遣派的有幾百人，朱治逢年過節向孫權進獻土特產品時，孫權的回贈總是更為豐贍。當時丹陽郡的深遠地區，常有奸人叛亂，也因為朱治年紀已老，思戀鄉土風情，親自上書請求駐守故鄣縣，鎮壓安撫山越人。朱治回鄉後，諸多故鄉老人與舊識，無不登門拜會，朱治都一一接見，與他們一起宴飲，鄉親們都以此為榮。朱治在故鄣住了一年多，回到吳郡，黃武三年去世。他治理吳郡三十一年，享年六十九歲。

5 兒子朱才，原任校尉，率領軍隊，承襲父親的爵位後，升任偏將軍。朱才的弟弟朱紀，孫權把孫策的女兒嫁給他，也擔任校尉帶領軍隊。朱紀的弟弟朱緯、朱萬歲，全都早死。朱才的兒子朱琬，繼承了爵位，擔任將領，一直做到鎮西將軍。

1 朱然，字義封，治姊子也，本姓施氏。初治未有子，然年十三，乃啟❶策乞❷以為嗣。策命丹陽郡以羊酒❸召然，然到吳，策優以禮賀。

2 然嘗與權同學書，結恩愛❹。至權統事，以然為餘姚❺長，時年十九。後遷山陰❻令，加折衝校尉，督五縣。權奇其能，分丹陽為臨川郡，然為太守，授兵二❼千人。會山賊盛起❽，然平討❾，旬月❿而定。曹公出濡須⓫，然備大塢⓬及三關屯⓭，拜偏將軍。建安二十四年⓮，從討關羽⓯，別與潘璋⓰到臨沮⓱禽羽，遷昭武將軍，封西安鄉侯。

3 虎威將軍呂蒙⓲病篤⓳，權問曰：「卿如不起，誰可代者？」蒙對曰：「朱然膽守⓴有餘，愚以為可任。」蒙卒，權假然節㉑，鎮江陵㉒。黃武元年，劉備舉兵攻宜都㉓，然督五千人與陸遜㉔并力拒備。然別攻破備前鋒，斷其後道，備遂破走㉕。拜征北將軍，封永安侯。

【章 旨】以上為〈朱然傳〉的第一部分，敘述朱然成為朱治養子的緣由，以及受孫權重用及其繼呂蒙駐守江陵重鎮的原因。

【注釋】❶啟　請示。啟為當時下級對上級陳述意見的一種公文。❷乞　請求。❸羊酒　羊肉與酒。❹結恩愛　結下友誼。❺餘姚　縣名。治所在今浙江餘姚西北。❻山陰　縣名。治所在今浙江紹興。❼二　原作「一」，今從宋本。❽盛起　大起。❾平討　平定討伐；進剿。❿旬月　不到一月。十天為一旬。⓫曹公出濡須　東漢建安十八年（西元二一三年），丞相曹操親自率兵進攻淮南，步騎號稱四十萬，兵指孫權所建江北防禦重鎮濡須。孫權召集各部共七萬眾迎敵。曹操臨江而退。濡須，地名。又稱濡須口、濡須城、濡須塢，源出今安徽巢湖市西巢湖的濡須水入長江處。此水為古代江淮間重要通道，建安十七年（西元二一二年），孫權令於此築大小二城，駐軍以拒曹操。亦是後來吳國的軍事重鎮之一。⓬大塢　即濡須大城。⓭三關屯　關隘名。即東興關，又名東關，一關當三面之險。地在今安徽含山縣西南。⓮建安二十四年　西元二一九年。建安，東漢獻帝劉協年號，西元一九六－二二〇年。⓯關羽　字雲長，河東解（今山西臨猗西南）人。漢末亡命涿郡，追隨劉備，任至別部司馬、下邳太守，曹操敗劉備，獲關羽，以為偏將軍。擊殺袁紹將顏良、文醜，封漢壽亭侯。後復投劉備。赤壁戰後，為襄陽太守、盪寇將軍，駐守長江以北，後劉備、諸葛亮等舉兵入蜀，獨掌荊州軍事。為人剛猛，恃才驕橫，輕視部下。建安二十四年，劉備以為前將軍、假節，率眾圍攻曹軍所據樊城，斬龐德，降于禁，威震中原。但後方空虛，孫權用陸遜計，誘降麋芳，舉兵偷襲荊州。關羽兵敗被殺，諡壯繆侯。詳見本書卷三十六〈關羽傳〉。⓰潘璋　字文珪，東郡發干（今山東冠縣東）人。少隨孫權，作戰勇敢，為孫吳名將，性奢侈，豪橫不法，孫權常加容忍。詳見本書卷五十五〈潘璋傳〉。⓱臨沮　縣名。治所在今湖北遠安西北。⓲呂蒙　字子明，汝南富陂（今安徽阜南東南）人。少孤，以作戰勇敢而有計謀，受孫權賞識，成長為高級將領，曾參與赤壁之戰，以主將身分率軍擊殺關羽，任南郡太守，封孱陵侯，年四十二死於任上。詳見本書卷五十四〈呂蒙傳〉。⓳病篤　病危。⓴膽守　膽氣與操守。㉑假然節　節為代表中央權力的信物，漢制，出使者持節，亦漸以頒於鎮守地方的大員。漢末三國時，地方駐軍情況普遍，頒節於地方軍鎮大員的情形亦多，按授權大小有使持節、持節、假節的區分。假節者在軍事行動時可以不經上報批准處死犯軍令者。㉒江陵　今湖北江陵。㉓宜都　郡名。治所在今湖北宜都西北。㉔陸遜　字伯言，吳郡吳（今江蘇蘇州）人。出身江東大族，年二十一入仕孫權幕府，出為地方長官，頗有政績。後受呂蒙推薦，總領長江中游地區防務，用計誅殺關羽，奪取荊州。又率軍擊敗劉備，升輔國大將軍，領荊州牧，封江陵侯。孫權稱帝，升上大將軍、右都護。位至丞相，因力諫孫權廢太子，不被接受，含憤而卒。詳見本書卷五十八〈陸遜傳〉。㉕破走　戰敗逃走。

【語譯】朱然，字義封，是朱治姐姐的兒子，原本姓施。當初朱治無子，朱然十三歲那年，朱治便請求孫策，讓朱然作為自己的後嗣。孫策命令丹陽郡守以羊肉和酒召請朱然，朱然到達吳郡後，孫策送重禮表示祝賀。

2 朱然曾和孫權一起讀書，結下友誼，等到孫權主掌大政，任命朱然為餘姚縣長，當時朱然十九歲。後來升任山陰縣令，加折衝校尉之職，督管五縣。孫權驚異於他的才能，分劃丹陽郡的一部分設置臨川郡，任命朱然為太守，撥發二千名兵士。適逢山賊大肆興起，朱然出兵征討，不到一個月就平定了。曹公出兵濡須，朱然守備濡須大城和三關屯，任偏將軍。建安二十四年，隨軍進攻關羽，另與潘璋在臨沮擒獲關羽，升任昭武將軍，封西安鄉侯。

3 虎威將軍呂蒙病重，孫權詢問說：「您如果一病不起，什麼人可以接替您呢？」呂蒙回答說：「朱然膽氣與操守綽綽有餘，我認為可以任用他。」呂蒙去世，孫權授權朱然假節，鎮守江陵。黃武元年，劉備起兵攻打宜都，朱然督率五千士兵與陸遜合力抵禦劉備。朱然另率一支部隊擊敗劉備的先頭部隊，截斷劉備的後路，於是劉備兵敗逃走。朱然官拜征北將軍，封為永安侯。

1 魏遣曹真❶、夏侯尚❷、張郃❸等攻江陵，魏文帝自住宛❹，為其勢援❺，連屯❻圍城。權遣將軍孫盛督萬人備州上❼，立圍塢❽，為然外救。郃渡兵攻盛，盛不能拒，即時卻退，郃據州上圍守，然中外斷絕。權遣潘璋、楊粲等解圍❾而圍不解。時然城中兵多腫病，堪戰者裁❿五千人。真等起土山，鑿地⓫道，立樓櫓⓬，臨城弓矢雨注，將士皆失色，然晏如⓭而無恐意，方厲吏士，伺間隙攻破兩屯。魏攻圍然凡六月日⓮，未退。江陵令姚泰領兵備城北門，見外兵盛，城中人少，穀食欲盡，因與敵交通[15]，謀為內應。垂發，事覺，然治戮[16]泰。尚等不能克，乃徹[17]攻退還。由是然名震於敵國，改封當陽侯。

2 六年[18]，權自率眾攻石陽[19]，及至旋師[20]，潘璋斷後。夜出錯亂，敵追擊璋，璋不能禁。然即還住拒敵，使前船得引[21]極遠，徐乃後發。黃龍元年[22]，拜車騎將軍、右護軍[23]，領兗州牧。頃之[24]，以兗州在蜀分[25]，解牧職。

3 嘉禾三年[26]，權與蜀克期[27]大舉[28]，權自向新城[29]，然與全琮[30]各受斧鉞[31]，為左右督。會吏士疾病，故未攻而退。

4 赤烏五年[32]，征柤中[33]，魏將蒲忠、胡質[34]各將數千人，忠[35]要遮[36]險隘，圖斷然後，質為忠繼援。時然所督兵將先四出，聞問[37]不暇收合[38]，便將帳下[39]見[40]兵八百人逆掩[41]。忠戰不利，質等皆退。九年，復征柤中，魏將李興等聞然深入，率步騎六千斷然後道，然夜出逆之，軍以勝反[42]。先是，歸義[43]馬茂懷姦，覺誅[44]，權深忿之。然臨行上疏曰：「馬茂小子，敢負恩養。臣今奉天威，事蒙克捷，欲令所獲，震耀遠近，方舟[45]塞江，使足可觀，以解上下之忿。惟陛下識[46]臣先言，責臣後效。」權時抑表不出[47]。然既獻捷，羣臣上賀[48]，權乃舉酒作樂[49]，而出然表曰：「此家[50]前初[51]有表，孤以為難必，今果如其言，可謂明於見事也。」遣使拜然為左大司馬52、右軍師53。

【章　旨】以上為〈朱然傳〉的第二部分，敘述朱然經歷過的歷次重要戰爭，表明其作為孫吳前期重要將領所作的貢獻。

【注　釋】❶曹真　字子丹，沛國譙（今安徽亳州）人。曹操族子，少隨曹操征戰，屢有功。曹丕稱帝後，常為方面軍鎮大員。魏明帝即位之初，為輔政大臣，封邵陵侯，位至大司馬。詳見本書卷九〈曹真傳〉。❷夏侯尚　字伯仁，沛國譙人。早年隨曹操征戰，曹丕稱帝後，官至征南大將軍，守襄陽，負責南方軍事防禦。封昌陵侯。詳見本書卷九〈夏侯尚傳〉。❸張郃　字儁乂，河間鄚（今河北任丘）人。漢末應募從軍，參與征伐黃巾軍，後追隨袁紹。官渡之戰後，歸附曹操，戰功卓著。魏文帝時封鄚侯，為征西、車騎將軍，與蜀漢交戰時受傷而死。詳見本書卷十七〈張郃傳〉。❹宛　縣名。治所在今河南南陽。❺為其勢援　作出援助他的態勢。❻連屯　連營。屯，軍營。❼州上　據本書卷五十五〈潘璋傳〉，指江陵城附近長江中百里洲之上。❽圍塢　圓形碉堡。塢，小城。❾圍　原脫，今據《三國志集解》引錢儀吉說增補。❿裁　通「才」。⓫地　原誤作「池」，今據宋本校正。⓬樓櫓　古代攻城器械。為土製或木製高臺，頂部有平臺而無蓋，置人以瞭望或射擊敵軍。⓭晏如　安然的樣子。⓮六月日　六個月的時間。⓯交通　勾結；暗中聯繫。⓰治戮　審問並處死。⓱徹　通「撤」。⓲六年　黃武六年（西元二二七年）。⓳石陽　地名。在今湖北應城東南。孫吳時於此置縣。⓴旋師　退軍。㉑引　退走。㉒黃龍元年　西元二二九年。黃龍，吳大帝孫權年號，西元二二九—二三一年。㉓右護軍　孫權置左、右護軍，領辭訟。當為中央禁軍首領。㉔頃之　不久。㉕兗州在蜀分　黃龍元年（西元二二九年）四月孫權稱皇帝，為表示自己為全國性的政權，以臣下分領屬於曹魏境土的北方各州。據本書卷四十七〈吳主傳〉，同年六月，蜀漢使臣陳震至建業，達成「參分天下」的政治盟約：「豫、青、徐、幽屬吳，兗、冀、并、涼屬蜀。其司州之土，以函谷關為界。」故稱「兗州在蜀分」。㉖嘉禾三年　西元二三四年。嘉禾，吳大帝孫權年號，西元二三二—二三八年。㉗克期　商定好日期。㉘大舉　向曹魏全面進攻。㉙新城　城邑名。即合肥新城。魏青龍元年（西元二三三年），都督揚州諸軍事滿寵率部在合肥城（今安徽合肥）城西約十五公里處雞鳴山東麓，依山築一新城，成為曹魏在淮南的軍事重鎮。㉚全琮　字子璜，吳郡錢唐（今浙江杭州）人。初從孫權，屢立軍功，封錢唐侯。孫權稱帝，升任衛將軍、左護軍，娶孫權女魯班，官至大司馬、左軍師。詳本書卷六十〈全琮傳〉。㉛斧鉞　本為兩種兵器，古代王者執以為權力象徵，漢魏時將軍出征，皇帝舉行儀式授斧鉞，表示給予隨機處斷並處決不聽命者的權力。㉜赤烏五年　西元二四二年。赤烏，吳大帝孫權年號，西元二三八－二五一年。㉝相中　又作「沮中」。地區名。地當今湖北宜城西。㉞胡質　字文德，壽春（今安徽壽縣）人。曹操召入府中，多次出任地方長官，政績傑出。魏文帝時，先後任荊州刺史、都督青徐州諸軍事，死於任上，家中惟有書箱而已。詳見本書卷二十七〈胡質傳〉。㉟忠　原脫，今據宋本增補。㊱要遮　攔擊；阻擊。㊲問　消息。㊳收合　召集；聚集。㊴帳下　將軍出軍所在之處以帳幕為居，帳下指隨身保衛部隊。㊵見　通「現」。㊶逆掩　突然前往迎擊。逆，迎擊。掩，突然進攻。㊷反　通「返」。㊸歸義　敵國（此指曹魏）投誠者。㊹覺誅　發現並被處死。㊺方舟　兩船並行。此指規模巨大的船艦。㊻識　記住。㊼抑表不出　將奏章放起不加宣布。㊽上賀　到宮中表示祝賀。㊾舉酒作樂　擺開宴席，奏起音樂。㊿此家　此人；這人。(51)前初　起先。(52)左大司馬　漢代以來，大司馬常為執政者之名號，無屬員，不定置。吳黃武七年（西元二二八年）置大司馬。此時復分左右二大司馬，以提升大臣有殊勳者的政治地位，並無實際政務。(53)右軍師　孫吳置軍師，有時又分為左、右二員，參與軍事謀議，不常置。

【語譯】魏國派曹真、夏侯尚、張郃等攻打江陵城，魏文帝親自駐紮宛城，作為大軍增援的態勢。魏軍營寨相連圍困江陵城。孫權派將軍孫盛統率一萬名士兵在沙洲上防備，建造圓形碉堡，作為朱然的外援。張郃率軍渡江攻打孫盛，孫盛無法抵擋，立刻退卻，張郃占領了洲上的防禦工事，朱然與外界的聯繫斷絕。孫權派潘璋、楊粲等解朱然之圍卻無法解圍。這時朱然在江陵城中的士兵多患腫病，能勝任戰鬥的僅剩五千人。曹真等在城外堆起土山，挖掘地道，修建箭樓，靠近城牆，箭如雨下射入城中，吳軍將士全都驚恐失色，朱然泰然自若毫無懼意，還鼓勵官兵，伺機攻破了曹軍兩座軍營。魏軍圍攻朱然長達六個月，沒有撤退。江陵縣令姚泰領兵防守江陵城北門，看見城外敵軍強大，城中兵員不足，糧食將要耗盡，於是就與敵人暗中聯繫，陰謀作為魏軍內應。當他們即將行動時，事情被查覺，朱然依法處死了姚泰。夏侯尚等無法攻下江陵，就放棄進攻並撤退。朱然從此威震敵國，孫權改封他為當陽侯。

2　黃武六年，孫權親自率兵攻打石陽，等到退軍時，由潘璋斷後。夜間部隊出了差錯混亂，敵軍追擊潘璋，潘璋抵抗不住。朱然隨即返回停下來阻擊敵人，讓前面的船退走了很遠，他才慢慢的在後面出發。黃龍元年，朱然任車騎將軍、右護軍，兼任兗州牧。不久，因為兗州在蜀漢地域，便解除了兗州牧的職務。

3 嘉禾三年，孫權與蜀漢約定好日期大舉起兵，進攻曹魏，孫權親自向新城進軍，朱然和全琮各自接受斧鉞，任左、右督。適逢官兵染上疫病，所以沒有進攻便退了回來。

4 赤烏五年，朱然討伐柤中，魏將蒲忠、胡質各率數千兵士，蒲忠據險阻擊，企圖截斷朱然的後路，胡質當蒲忠的後援。當時朱然所督率的將士先四面出擊，聽到這個消息後沒有時間集合部隊，便率領隨身現有的兵士八百人迎擊魏軍。蒲忠作戰失利，胡質等都撤退了。赤烏九年，朱然再次征伐柤中，魏軍將領李興等聽說朱然深入魏境，率領步兵、騎兵六千人截斷朱然的後路，朱然夜間出兵迎戰李興，部隊獲勝而回。先前，魏國投誠將領馬茂心懷奸邪，發覺後被處死，孫權對此事深感憤怒。朱然臨出征時上書給孫權說：「馬茂這個小人，竟敢辜負陛下的恩情養育。臣現在奉持天威出征，戰事若能取得勝利，將用獲致的勝利，震動光耀遠近四方，巨大的戰船布滿長江，氣勢必然蔚為壯觀，以解上下心頭之恨。希望陛下先記下我的話，檢驗我後來的效驗！」孫權當時把表章壓了下來沒有向外公布。朱然傳來捷報後，羣臣上朝向孫權祝賀，於是孫權擺宴設樂，出示朱然的奏章說：「這個人一開始就有表上奏，我以為他很難取勝，如今果真如他所說，可以說他看事情明白清楚啊。」派使臣封朱然為左大司馬、右軍師。

然長不盈❶七尺❷，氣候❸分明，內行修絜❹，其所文采❺，惟施軍器，餘皆質素❻。終日欽欽❼，常在戰場，臨急膽定❽，尤過絕人。雖世無事，每朝夕嚴鼓❾，兵在營者，咸行裝❿就隊，以此玩敵⓫，使不知所備，故出輒有功。諸葛瑾⓬子融、步騭⓭子協，雖各襲任，權特復使然總為大督。又陸遜亦卒⓮，功臣名將存者惟然，莫與比隆⑮。寢疾⑯二年，後漸增篤⑰，權晝為減膳，夜為不寐，中使⑱醫藥口食之物，相望於道。然每遣使表⑲疾病消息⑳，權輒召見，口自問訊，入賜酒食，出送布帛。自創業功臣疾病，權意之所鍾，呂蒙、淩統㉑最重，然其次矣。年六十八，赤烏十二年㉒卒，權素服舉哀，為之感慟㉓。子績嗣。

【章旨】以上為〈朱然傳〉的第三部分，敘述朱然在官為公、治軍有方，說明他作戰常勝及孫權對他極為重視的原因。

【注釋】❶不盈　不足。❷七尺　約合今一百六十二點四公分。❸氣候　儀容神態。❹內行修絜　品行端正。修，美好。❺文采　豔麗而錯雜的色彩。❻質素　質樸；簡樸。❼欽欽　小心謹慎。❽臨急膽定　碰到危急的情況大膽鎮定。❾嚴鼓　播響戰鼓警戒。嚴，軍隊作好臨敵應戰準備。❿行裝　行軍的裝束；全副武裝。⓫玩敵　麻痺敵人。⓬諸葛瑾　字子瑜，琅邪陽都（今山東沂南南）人，諸葛亮之兄。漢末避亂至江東，後從孫權，為吳開國功臣，官至大將軍、左都護，封宛陵侯，享年六十八，卒於公安督任上。其子諸葛融襲爵領兵，仍鎮公安。詳見本書卷五十二〈諸葛瑾傳〉。⓭步騭　字子山，臨淮淮陰（今江蘇淮陰西南）人。東漢末避亂江東，貧寒而讀書不輟，後從孫權，為吳開國功臣，官至丞相，封臨湘侯。步騭卒於西陵督任上，其子步協繼為西陵督。詳見本書卷五十二〈步騭傳〉。⓮卒　原作「本」。《三國志集解》引陳景雲云：「『本』當作『卒』。〈孫權傳〉遜先然五年卒，云『亦』者，承上葛、步二人哀之。」⓯莫與比隆　沒有人比他地位高。⓰寢疾　因病臥床不起。⓱增篤　病情加重。⓲中使　以親信宦官充使。中指禁中、皇宮中。⓳表　以奏章的形式報告。⓴消息　升降；減輕或加重。㉑淩統　字公績，吳郡餘杭（今浙江杭州西）人。十五歲時代父統兵，作戰勇敢，戰功卓著，為孫吳創業名將。詳見本書卷五十五〈淩統傳〉。㉒赤烏十二年　西元二四九年。赤烏，吳大帝孫權年號，西元二三八—二五一年。㉓感慟　因傷感而放聲大哭。

【語譯】朱然身高不滿七尺，儀表堂堂，品行端正，他的豔麗彩飾，只用於兵器上，其他的都簡質樸素。他每日小心謹慎，經常像身在戰場一樣，遇到緊急情況膽大鎮定，尤其超過常人。就算當時沒有戰事，每日早晚也要擂響戰鼓警戒，兵士在軍營中的，都必須全副武裝列隊，以此麻痺敵人，使他們不知如何防範，所以一出戰總是立功取勝。諸葛瑾的兒子諸葛融、步騭的兒子步協，雖然各自襲任父職，孫權還是特別任命朱然為統一指揮他們的大督統。加上陸遜也去世了，功臣名將中僅存朱然，沒有人比他地位高。朱然臥病在床兩年，後來病情逐漸加重，孫權為此白天減少飲食，夜不成眠，宮中使者送藥送吃的人，絡繹不絕。朱然每次派人向孫權報告自己的病情，孫權總是召見，親口詢問，來時賜予酒食，離開時送給布帛。在所有吳國創業功臣生病時，孫權的關切所在，最深的是呂蒙、淩統，其次就是朱然了。朱然享年六十八歲，赤烏十二年去世。孫權穿白色孝服為他舉行弔唁活動，並為他放聲大哭。朱然的兒子朱績繼承爵位。

績字公緒，以父任為郎❶，後拜建忠都尉。叔父才卒，績領其兵，隨太常❷潘濬❸討五溪❹，以膽力稱。遷偏將軍營下督❺，領盜賊事，持法不傾❻。魯王霸❼注意❽交績，嘗❾至其廨❿，就之坐，欲與結好，績下地住立，辭而不當⓫。然卒，績襲業⓬，拜平魏將軍，樂鄉督⓭。明年，魏征南將軍王昶⓮率眾攻江陵城，不克而退。績與奮威將軍諸葛融書曰：「昶遠來疲困，馬無所食，力屈而走，此天助也。今追之力少，可引兵⓯相繼，吾欲破之於前，足下乘之於後，豈一人之功哉，宜同斷金之義⓰。」融答許績。績便引兵及⓱昶於紀南⓲，紀南去城三十里，績先戰勝而融不進，績後失利。權深嘉績，盛責怒融，融兄大將軍恪貴重，故融得不廢⑲。初績與恪、融不平⑳，及此事變，為隙㉑益甚。建興元年㉒，遷鎮東將軍。二年春，恪向新城，要㉓績并力，而留置半州㉔，使融兼其任。冬，恪、融被害，績復還樂鄉，假節。太平二年㉕，拜驃騎將軍。孫綝㉖秉政，大臣疑貳㉗，績恐吳必擾亂，而中國㉘乘釁㉙，乃密書結蜀，使為并兼之慮㉚。蜀遣右將軍閻宇㉛將兵五千，增白帝㉜守，以須㉝績之後命㉞。永安㉟初，遷上大將軍、都護督，自巴丘㊱上迄西陵㊲。元興元年㊳，就拜㊴左大司馬。初，然為治行喪竟㊵，乞復本姓，權不許，績以五鳳㊶中表還為施氏，建衡二年㊷卒。

【章　旨】以上為〈朱然傳〉的附傳，敘述朱然子朱績代父統兵後的事跡，並反映了朱績作為將領參與吳國後期高層政治鬥爭的情況。

【注　釋】❶以父任為郎　因其父官職高任郎官。漢代制度，高級官員以及一些位置顯要的中級官員可以舉薦子弟為郎，稱為「任子」或「保任」，為官僚隊伍重要的來源。孫吳仍用其制。❷太常　官名。秦置奉常，漢景帝時改名為太常，掌宗廟祭祀與國家禮儀、教化，居九卿之首。吳因其制。❸潘濬　字承明，武陵漢壽（今湖南漢壽）人，孫權稱尊號，拜少府，遷太常，五谿蠻夷反，權假濬節督諸軍征討，信賞必行，斬首獲生以萬數，自是羣蠻衰弱，一方寧靜。事見本書卷六十一〈潘濬傳〉❹五溪　部族名。漢代以來，於今湖南、湖北、重慶市、貴州交界地區置武陵郡，其中主體居民被稱為蠻，或武陵蠻，又因武陵郡有雄溪、樠溪、西溪、潕溪、辰溪等五條溪流匯入沅江，故稱之為五溪蠻。❺營下督　負責軍營保衛、糾察軍營中違犯軍紀行為的武官。❻持法不傾　按法紀辦事，不偏不倚。❼魯王霸　孫霸。字子威，孫權子，太子孫和之弟。初封魯王，太子孫登病死後，孫和立為太子。孫霸因受孫權寵愛，試圖奪太子之位，並得到一批大臣的支持，使朝臣分立為對立的兩派，在孫權晚年造成嚴重的政治危機。結果孫權痛下決心，廢孫和太子之位，將孫霸賜死。詳見本書卷五十九〈孫霸傳〉。

❽注意　留意；一心一意。❾嘗　曾經。❿廨　官舍；官衙。⓫辭而不當　推辭說不敢當。⓬襲業　繼承父業。孫吳領兵將領長期實行軍隊統領及駐防地父死子繼制度，無特殊情況如無子弟或犯罪，均不加改變。⓭樂鄉督　官名。孫吳沿長江設置十多個軍事重鎮，分區防禦曹魏的進攻，各鎮長官稱督，樂鄉督為其一。樂鄉，地名。在今湖北松滋東。⓮王昶　字文舒，太原晉陽（今山西太原）人。建安中入仕，歷兗州刺史、徐州刺史、征南大將軍，封京陵侯，曹魏後期時位至司空。詳見本書卷二十七〈王昶傳〉。⓯引兵　率軍。⓰斷金之義　二人同心同德。語出《易經・繫辭下》：「二人同心，其利斷金。」⓱及　追及；趕上。⓲紀南　城邑名。春秋戰國時楚國都城郢都故址，在今湖北江陵西北。⓳不廢　不被免職。⓴不平　不和。㉑隙　仇隙；矛盾。㉒建興元年　西元二五二年。建興，吳會稽王孫亮年號，西元二五二—二五三年。㉓要　通「邀」。㉔半州　亦作「半洲」。地名。在今江西九江市西。孫吳及東晉時為大軍屯駐地。㉕太平二年　西元二五七年。太平，吳會稽王孫亮年號，西元二五六—二五八年。㉖孫綝　孫堅弟孫靜後人，與孫峻為同祖兄弟輩。孫峻死後，代領朝政，多行非法，誅除異己，後又廢皇帝孫亮，改立孫休。最終被孫休處死，年二十八歲。事見本書卷六十四〈孫綝傳〉。㉗疑貳　相互猜疑，離心離德。㉘中國　中原。此指北方曹魏政權。㉙乘釁　利用內部的矛盾衝突。㉚為并兼之慮　做好占有吳國的打算。㉛閻宇　字文平，南郡（今湖北江陵）人。隨劉備入蜀，官至右大將軍，為蜀漢後期重要軍事領導人。事略附於本書卷四十三〈馬忠傳〉。㉜白帝　城邑名。西漢末公孫述割據巴蜀時所築，因其自稱白帝代漢赤帝而得名。地在今重慶市奉節東白帝山上。城居山麓，扼三峽要津，分裂割據時代為兵家重鎮。㉝須　等待。㉞後命　接下來的消息。㉟永安　吳景帝孫休年號，西元二五八—二六四年。㊱巴丘　地名。在今湖南岳陽附近，相傳夏后羿殺巴蛇於此，堆骨成丘，故名。孫吳於此駐有重兵。㊲西陵　縣名。治所在今湖北宜昌。㊳元興元年　西元二六四年。元興，吳末帝孫晧年號，西元二六四—二六五年。㊴就拜　派人前來任命。㊵竟　結束。㊶五鳳　吳會稽王孫亮年號，西元二五四—二五六年。㊷建衡二年　西元二七〇年。建衡，吳末帝孫晧年號，西元二六九—二七一年。

【語　譯】朱績，字公緒，因為父親朱然的緣故出任郎官，後官拜建忠都尉。叔父朱才去世後，朱績統領他的部隊，隨從太常潘濬討伐五溪蠻，以膽識勇力而著稱。升任偏將軍營下督，兼掌懲治盜賊等事務，執法不偏不倚。魯王霸有意結交朱績，曾經前往朱績的官舍，靠近朱績坐下，想和他結為好友，朱績離開座位站立，推辭說不敢當。朱然去世後，朱績承襲父親的功業，任平魏將軍，樂鄉督。第二年，魏征南將軍王昶率軍攻打江陵城，沒有攻克而撤軍。朱績寫信給奮威將軍諸葛融說：「王昶遠道而來，兵疲馬困，馬沒有糧草可吃，戰力用盡而退兵，這是老天幫助我們。現在追擊兵力不需多，請您率兵接應我的部隊，我希望我先打敗他，閣下隨後乘勝追擊，這難道是一個人的功勞嗎，應該與『二人同心，其利斷金』的道理相同。」諸葛融答應了朱績的要求。朱績就領兵在紀南城追上王昶的部隊，紀南城距離江陵城三十里，朱績率先交戰取勝，然而諸葛融沒有進軍，朱績後來戰事失利。孫權對朱績極為嘉許，非常氣憤的對諸葛融大加指責。諸葛融的哥哥大將軍諸葛恪位尊權重，所以諸葛融才沒有被撤職。原本朱績就和諸葛恪、諸葛融不和，等到這件事情發生，裂痕更深了。建興元年，朱績升任鎮東將軍。建興二年春天，諸葛恪進兵新城，要求朱績一起行動，卻把朱績所部留在半州，讓諸葛融兼任樂鄉督的職務。這年冬天，諸葛恪、諸葛融被殺害，朱績又回到樂鄉駐防，授予符節。太平二年，朱績任驃騎將軍。孫綝執掌朝政，大臣們相互猜疑，朱績擔心吳國定會發生動亂，而曹魏乘機取利，就祕密寫信結好蜀國，讓蜀國作好相機吞併吳國的打算。蜀國派遣右將軍閻宇率領五千士兵，增強白帝城的守備，以等待朱績後續的消息。永安初年，朱績升任上大將軍、都護督，統一指揮巴丘沿江至西陵的防務。元興元年，朝廷派員前去他的駐地任命他為左大司馬。當初，朱然為朱治服喪期滿後，請求孫權讓他恢復本來的姓氏，孫權不答應，朱績在五鳳年間上表恢復了本姓施氏。建衡二年去世。

1

呂範，字子衡，汝南❶細陽❷人也。少為縣吏，有容觀姿貌。邑人劉氏，家富女美，範求之。女母嫌，欲勿與，劉氏曰：「觀呂子衡寧當❸久貧者邪？」遂與之婚。後避亂壽春，孫策見而異之，範遂自委昵❹，將私客百人歸策。時太妃❺在江都❻，策遣範迎之。徐州牧陶謙謂範為袁氏❼覘候❽，諷❾縣掠考❿範，範親客健兒篡取⑪以歸。時唯範與孫河⑫常從策，跋涉辛苦，危難不避，策亦親戚待之，每與升堂，飲宴於太妃前。

2 後從策攻破廬江，還俱東渡，到橫江、當利⑬，破張英、于麋⑭，下小丹陽⑮、湖熟⑯，領湖熟相。策定秣陵⑰、曲阿，收笮融⑱、劉繇餘眾，增範兵二千，騎五十匹。後領宛陵⑲令，討破丹陽賊，還吳，遷都督。

3 是時下邳⑳陳瑀㉑自號吳郡太守，住海西㉒，與彊族嚴白虎交通㉓。策自將討虎，別遣範與徐逸攻瑀於海西，梟㉔其大將陳牧。又從攻祖郎㉕於陵陽㉖，太史慈㉗於勇里㉘。七縣平定，拜征虜中郎將，征江夏㉙，還平鄱陽㉚。

【章　旨】以上為〈呂範傳〉的第一部分，敘述呂範早年事跡，及其投靠孫策並得到孫策信任的情形。並簡要敘述了呂範隨孫策平定江東時所經歷的戰役及其功績。

【注　釋】❶汝南　郡名。治所在今河南平輿北。❷細陽　縣名。治所在今安徽阜陽北。❸寧當　難道會。❹委昵　投附；親附。❺太妃　孫堅夫人，孫策之母。❻江都　縣名。治所在今江蘇揚州西南。❼袁氏　指時占據壽春，欲稱帝代漢的袁術。❽覘候　偵視；偵察。❾諷　示意。❿掠考　拷打。⓫篡取　劫取；強行搶走。⓬孫河　本姓俞，孫策賜姓孫氏。孫權初，屯守京城（今江蘇鎮江市）。被部下刺殺。事略附於本書卷五十一〈孫韶傳〉。⓭橫江當利　均為津渡名。為過江南下的重要渡口，橫江又稱橫江津、橫江浦，當利又稱當利口。地均在今安徽和縣東南。⓮張英于麋　二人時為揚州刺史劉繇部下。⓯小丹陽　縣名。治所在今安徽當塗東北，因丹陽郡治宛陵（今安徽宣州），因稱同名縣為小丹陽。⓰湖熟　縣名。治所在今江蘇江寧東南湖熟鎮。⓱秣陵　縣名。治所在今江蘇江寧南秣陵關。後孫權一度以此為駐蹕地，改名建業，移治於今江蘇南京，並建造新城。⑱笮融　丹陽（今安徽宣州）人，東漢末聚眾附於徐州牧陶謙，任下邳相，放縱擅殺，陶謙被曹操擊敗，他率眾南下，奉朝廷所任命的揚州刺史劉繇為盟主，被孫策擊敗後，奔至豫章，復擅殺太守朱皓，被劉繇擊敗，逃至山中，為百姓所殺。事跡主要見於本書卷四十六〈孫策傳〉、卷四十九〈劉繇傳〉。⑲宛陵　縣名。治所在今安徽宣州。⑳下邳　郡縣名。治所在今江蘇睢寧西北。㉑陳瑀　字公偉，下邳淮浦（今江蘇漣水縣西）人。獻帝永漢元年（西元一八九年）任吳郡太守，後被孫策擊敗，走投袁術，被袁術任命為揚州刺史。主要事跡見於《三國志・袁術傳》裴松之注引《英雄記》。㉒海西　縣名。治所在今江蘇灌南東南。㉓交通　勾結。㉔梟　斬首並以示眾。㉕祖郎　東漢末今安徽涇縣一帶山民首領，曾拒擊孫策，後戰敗被俘，為孫策所用。事跡主要見本書卷四十六〈孫策傳〉。㉖陵陽　縣名。治所在今安徽太平西北。㉗太史慈　字子義，東萊黃（今山東龍口）人，少好學，善弓馬，東漢末隨劉繇割據豫章，自稱丹陽太守，孫策過江，曾興兵相拒，於涇縣被俘，轉事孫策、孫權兄弟。詳見本書卷四十九〈太史慈傳〉。㉘勇里　聚落名。地在今安徽涇縣西北十公里處。㉙江夏　郡名。漢治所在今湖北新洲西，後孫吳據其地，移治今湖北鄂州。㉚鄱陽　縣名。治所在今江西鄱陽。

**【語譯】** 呂範，字子衡，汝南郡細陽縣人。年少時任縣吏，容貌俊美。同縣一戶劉姓人家，家境富有，女兒漂亮，呂範前去求婚。劉家女兒的母親嫌棄呂範，不想把女兒嫁給他，劉氏說：「你看呂子衡難道是長久貧窮的人嗎？」於是把女兒嫁給了呂範。後來呂範躲避戰亂到了壽春，孫策見到呂範，認為他不同凡響，呂範於是就主動親附孫策，帶領家客一百人歸附孫策。當時孫策的母親在江都，孫策派遣呂範迎接她。徐州牧陶謙認為呂範替袁術偵探，示意縣衙拷問呂範，呂範心腹家客中的勇士把他搶奪回來，返回壽春。那時只有呂範和孫河經常追隨著孫策，歷經艱苦跋涉，不避危險困難，孫策也將他們當成親人一樣對待，常在自家廳堂中，一起在太妃面前設宴飲酒。

2　後來呂範跟隨孫策攻克廬江，回師後一起東渡，到達橫江、當利，擊破了張英、于麋，攻占小丹陽、湖熟二縣。呂範兼領湖熟相。孫策平定秣陵、曲阿，收編笮融、劉繇的殘部，給呂範增撥了兩千兵士，五十匹戰馬。後來呂範代理宛陵縣令，出征打敗了丹陽的賊寇，返回吳郡城，升任都督。

3　當時下邳人陳瑀自稱吳郡太守，駐紮在海西縣，與強宗大族嚴白虎勾結。孫策親自率軍征討嚴白虎，另派呂範與徐逸到海西攻打陳瑀，將陳瑀的大將陳牧斬首示眾。又跟從孫策到陵陽攻打祖郎，到勇里攻打太史慈。七個縣平定後，孫策任命呂範為征虜中郎將，出征江夏郡，回師後平定了鄱陽郡。

1 策薨，奔喪于吳。後權復征江夏，範與張昭留守。

2 曹公至赤壁❶，與周瑜❷等俱拒破之，拜裨將軍，領彭澤❸太守，以彭澤、柴桑❹、歷陽❺為奉邑。劉備詣京❻見權，範密請留備。後遷平南將軍，屯柴桑。

3 權討關羽，過❼範館❽，謂曰：「昔早從卿言，無此勞也。今當上❾取之，卿為我守建業❿。」權破羽還，都武昌⓫，拜範建威將軍，封宛陵侯，領丹陽太守，治⓬建業，督扶州⓭以下至海，轉以溧陽⓮、懷安⓯、寧國⓰為奉邑。

4 曹休⓱、張遼⓲、臧霸⓳等來伐，範督徐盛⓴、全琮、孫韶㉑等，以舟師拒休等於洞口㉒。遷前將軍，假節，改封南昌侯。時遭大風，船人覆溺，死者數千，還軍，拜揚州牧。

【章旨】以上為〈呂範傳〉的第二部分，敘述呂範參與過的戰役及其任職經歷。

【注釋】❶赤壁　地名。在今湖北蒲圻西北長江邊。❷周瑜　字公瑾，廬江舒（今安徽廬江縣西南）人。少與孫策友善，佐孫策定江東，吳中稱為「周郎」。孫策死後，與張昭同輔孫權。東漢建安十三年（西元二〇八年），帥軍大敗曹操，使孫氏得以穩定控制江東，並將勢力擴張至長江中游地區，拜偏將軍，領南郡太守。後病死。詳見本書卷五十四〈周瑜傳〉。❸彭澤郡縣名。漢置彭城縣，治所在今江西湖口東，孫吳時於此置同名郡。❹柴桑　縣名。治所在今江西九江市西南。❺歷陽　縣名。治所在今安徽和縣。❻京　城邑名。在今江蘇鎮江市。孫權一度以此為政治中心。❼過　造訪；拜訪。❽館　臨時性的住宅；住處。❾上　到上游；沿長江而上。❿建業　城邑名。在今江蘇南京，漢代名秣陵，東漢建安十七年（西元二一二年）孫權改名建業。後為孫吳國都所在。⓫武昌　城邑名。在今湖北鄂州。⓬治　治所。⓭扶州　地名。為當時江寧（今江蘇南京）西南長江中之沙洲。⓮溧陽　縣名。以在溧水之南（陽）得名，治所在今江蘇溧陽西北。⓯懷安　縣名。治所在今安徽銅陵東。⓰寧國　縣名。治所在今安徽寧國。⓱曹休　字文烈，沛國譙（今安徽亳州）人。曹操族子。早年從曹操征討，為創魏功臣，魏初位至大將軍、大司馬。詳見本書卷九〈曹休傳〉。⓲張遼　字文遠，雁門馬邑（今山西朔縣）人。早年從丁原、呂布，後改事曹操，戰功卓著。官至前將軍，魏文帝初封晉陽侯。詳見本書卷十七〈張遼傳〉。⓳臧霸　字宣高，泰山華縣（今山東費縣東北）人。東漢末聚眾自保，後依附於曹操，魏初官至執金吾，封良成侯。詳見本書卷十八〈臧霸傳〉。⓴徐盛　字文嚮，琅邪莒縣（今山東莒縣）人。漢末避亂至江東，從孫權創業，以戰功官至廬江太守、建武將軍，封都鄉侯。詳見本書卷五十五〈徐盛傳〉。㉑孫韶　孫權族人，少以猛勇兼備被委任為京下督，長期負責長江下游對北防禦。詳本書卷五十一〈孫韶傳〉。㉒洞口　地名。又稱洞浦口、洞浦。位今安徽和縣東南長江岸邊。

**【語譯】**孫策去世，呂範前往吳郡城奔喪弔唁。後來孫權再次征討江夏郡，呂範和張昭留守。

2 曹公到達赤壁，呂範與周瑜等共同抵禦並打敗曹公，呂範任裨將軍，兼任彭澤太守，以彭澤、柴桑、歷陽三縣作為食邑。劉備前往京城會見孫權，呂範暗中請求孫權扣留劉備。後來升任平南將軍，屯駐柴桑。

3 孫權討伐關羽，順道造訪呂範的住所，對呂範說：「以前要是早聽您的話扣留劉備，就沒有這番勞苦了。現在我要前往上游奪取荊州，您替我守備建業。」孫權打敗關羽返回，定都武昌，任命呂範為建威將軍，封他為宛陵侯，兼任丹陽郡太守，治所在建業，督統扶州以東直到海邊的區域，更換溧陽、懷安、寧國三縣為食邑。

4 曹休、張遼、臧霸等前來攻伐，呂範督率徐盛、全琮、孫韶等人，用水軍在洞口抵擋。呂範升任前將軍，授予符節，改封為南昌侯。當時遇上大風，船翻人溺，淹死數千人，部隊還師後，呂範被任命為揚州牧。

1 性好威儀，州民❶如陸遜、全琮及貴公子，皆脩敬虔肅❷，不敢輕脫❸。其居處服飾，於時❹奢靡，然勤事奉法，故權悅其忠，不怪其侈。

2 初策使範典主❺財計❻，權時年少，私從有求，範必關白❼，不敢專許❽，當時以此見望❾。權守❿陽羨⓫長，有所私用，策或料覆⓬，功曹周谷輒為傅著⓭簿書⓮，使無譴問⓯。權臨時⓰悅之，及後統事，以範忠誠，厚見信任，以谷能欺更⓱簿書，不用⓲也。

3 黃武七年⓳，範遷大司馬，印綬未下⓴，疾卒。權素服舉哀，遣使者追贈印綬。及還都建業，權過範墓呼曰：「子衡！」言及流涕，祀以太牢㉑。

【章旨】以上為〈呂範傳〉的第三部分，通過一些小故事反映呂範為人風範以及孫權重用他的原因。

【注釋】❶州民　家鄉在其管轄區的人。❷脩敬虔肅　在他面前都表示恭敬，行為規規矩矩。❸輕脫　輕率；言語行為過分隨意。❹於時　在當時；與當時其他人相比。❺典主　主管。❻財計　財賦收入與開支。❼關白　將情況上報；報告。❽專許　專斷答應。❾見望　被怨恨；受到責怪。❿守　試用。西漢制度，官吏任職須先試職一年，試用期間，俸祿減半。三國時魏、吳均實行官吏試用制。⓫陽羨　縣名。治所在今江蘇宜興南。⓬料覆　核查。⓭傅著　附著。指更改文書檔案並作為原始文件存檔。傅，原誤作「傳」，今據宋本校正。⓮簿書　帳簿檔案。書，文書檔案。⓯譴問　譴責盤問；追究。⓰臨時　當時。⓱欺更　偽造更改。⓲不用　不加任用。⓳黃武七年　西元二二八年。黃武，吳王孫權年號，西元二二二—二二九年。⓴印綬未下　未正式任命。印，官印。綬，繫印的絲繩。㉑太牢　古代一種祭儀規格。盛牲的食器稱牢，太牢即大牢。太牢盛牛、羊、豬三牲，用於有諸侯身分的人。

【語譯】呂範為人喜好儀表威嚴，州內民眾如陸遜、全琮及高官子弟，都對呂範畢恭畢敬，不敢在他面前隨便。呂範的住宅服飾，在當時可稱奢侈華靡，但他勤於公事，奉公守法，所以孫權很賞識他的忠誠，不責怪他的奢華。

2 起初孫策讓呂範主掌財賦收支，孫權當時年少，私底下跟呂範索求金錢，呂範必定向孫策報告，不敢擅自作主，當時為此被孫權怨恨。孫權代理陽羨縣長時，曾挪用公款，孫策有時核查帳簿，會稽郡功曹周谷往往為孫權篡改帳簿，使他免於被追究。孫權當時很喜歡周谷，等到後來主掌大政時，卻認為呂範為人忠誠，特別信任他，認為周谷善於欺騙篡改帳簿，而不加任用。

3 黃武七年，呂範升任大司馬，官印和綬帶還沒有頒授，就病逝了。孫權身穿白色喪服為他舉行弔唁活動，派使者追贈呂範大司馬印綬。等到回到建業建都，孫權路過呂範的墓地，呼叫：「子衡！」說著便流下了淚來，設太牢以祭祀呂範。

範長子先卒，次子據嗣。據字世議，以父任為郎，後範寢疾，拜副軍校尉，佐領軍事。範卒，遷安軍中郎將。數討山賊，諸深惡劇地❶，所擊皆破。隨太常潘濬討五谿，復有功。朱然攻樊❷，據與朱異破城外圍，還拜偏將軍，入補馬閑右部督❸，遷越騎校尉❹。太元元年❺，大風，江水溢流，漸淹城門，權使視水，獨見據使人取大船以備害。權嘉之，拜盪魏將軍。權寢疾，以據為太子右部督❻。太子即位，拜右將軍❼。魏出東興❽，據赴討❾有功。明年，孫峻殺諸葛恪❿，遷據為驃騎將軍，平⓫西宮⓬事。五鳳二年⓭，假節，與峻等襲壽春，還遇魏將曹珍，破之於高亭⓮。太平元年⓯，帥師侵魏，未及淮，聞孫峻死，以從弟綝自代，據大怒，引軍還，欲廢綝。綝聞之，使中書⓰奉詔，詔文欽⓱、劉纂⓲、唐咨⓳等使取據，又遣從兄憲⑳以都下㉑兵逆㉒據於江都。左右勸據降魏，據曰：「恥為叛臣。」遂自殺。夷三族㉓。

【章旨】以上為〈呂範傳〉的附傳，敘述呂範子呂據的事跡，及呂氏因權力之爭遭族滅之禍的經過。

【注釋】❶深惡劇地　崇山峻嶺中地勢險惡、難以管治的地區。❷樊　樊城。漢代以來，今湖北襄樊以漢水為界分為兩城，北為樊城，南為襄陽。❸馬閑右部督　官名。職掌宮廷廄馬。馬閑，馬廄。❹越騎校尉　漢武帝所置八校尉之一，亦是東漢京城五營長官之一，屯駐京城。❺太元元年　西元二五一年。太元，吳大帝孫權年號，西元二五一—二五二年。❻太子右部督　武官名。太子東宮所屬防衛部隊的首領之一。❼右將軍　武官名。皇宮禁衛部隊長官之一。❽東興　地名。在今安徽巢湖市境，孫權曾於此築堤遏水以阻止曹魏方面經陸路南下進攻。❾赴討　奔赴反擊。❿孫峻殺諸葛恪　事在吳建興二年（西元二五三年）十月。孫峻，字子遠，孫堅弟孫靜後人。孫權臨終，奉命與諸葛恪輔政，統宿衛軍。後誅殺諸葛恪，獨掌朝政，濫殺以樹威，引發孫吳一連串政治危機。不久病死。事跡略見於本書卷六十四〈孫峻傳〉。諸葛恪，諸葛瑾之子、諸葛亮之姪。少以聰惠知名，受孫權賞識。孫吳建國後，建議攻打丹陽郡不服統治的山越人補充兵員，取得巨大成功。後代陸遜駐守武昌。孫權臨終命其為輔政大臣，輔佐孫亮，他興利除弊，革新政治，成就斐然，但因堅持動員全部力量北伐曹魏，引發政治危機，被孫峻謀殺於宮中。詳見本書卷六十四〈諸葛恪傳〉。⓫平　處理；過問。⓬西宮　皇后宮。⓭五鳳二年　西元二五五年。五鳳，吳會稽王孫亮年號，西元二五四—二五六年。⓮高亭　聚邑名。在今安徽巢湖市西北。⓯太平元年　西元二五六年。太平，吳會稽王孫亮年號，西元二五六—二五八年。⓰中書　三國時魏吳新置機構，長官為中書監令、下有中書郎等官員，掌撰皇帝詔令。⓱文欽　字仲若，譙（今安徽亳州）人。先為魏將，官至揚州刺史。高貴鄉公曹髦正元二年（西元二五五年），與鎮東將軍毌丘儉在淮南舉兵反執政者司馬師，兵敗投吳。吳任以為都護、鎮北大將軍、幽州牧，封譙侯。事跡散見於本書卷二十七〈王基傳〉、卷二十八〈毌丘儉傳〉、〈諸葛誕傳〉、卷四十八〈孫亮傳〉。⑱劉纂　娶孫權女魯育，孫晧時為車騎將軍。⑲唐咨　三國魏利城（今江蘇贛榆西）人，魏文帝初，利城兵變，推唐咨為首領。事敗從海道逃奔吳國，官至左將軍、封侯。後魏將諸葛誕於淮南舉兵反執政的司馬懿，唐咨等奉命率吳軍前往援助，兵敗被俘。魏授以安遠將軍，以安撫隨之而降的吳國軍民。事略附於本書卷二十八〈諸葛誕傳〉。⑳憲　原誤作「慮」，今據〈孫亮傳〉校正。㉑都下　京城。㉒逆　迎擊。㉓夷三族　誅滅三族。三族，有幾種說法：父族、母族、妻族；父、子、孫三代；父母、兄弟、妻子；父輩兄弟、己兄弟、兒子輩。

【語譯】呂範的長子早死，次子呂據繼承了爵位。呂據字世議，因為父親的職位被任命為郎官，後來呂範病重不起，呂據被任命為副軍校尉，協助呂範處理軍事事務。呂範死後，呂據升任安軍中郎將。屢次討伐山中賊寇，各處崇山峻嶺中地勢險惡、難以治理的地區，他只要前往攻打都能平定。隨太常潘濬討伐五谿蠻，再次立有戰功。朱然攻打樊城，呂據和朱異攻破樊城外的營壘，回師後呂據被任命為偏將軍，調入京城擔任馬閑右部督，升任越騎校尉。太元元年，刮大風，長江泛濫，水逐漸淹到都城城門，孫權派人視察水患，只發現呂據派人準備大型船隻，以防備水患，孫權嘉獎他，任命他為盪魏將軍。孫權病重，任命呂據為太子右部督。太子孫亮即帝位，呂據任右將軍。曹魏出兵東興，呂據前往反擊立下戰功。第二年，孫峻殺死諸葛恪，升任呂據為驃騎將軍，處理西宮相關事宜。五鳳二年，授予符節，與孫峻等人襲擊壽春，回師時遭遇魏將曹珍，在高亭打敗了他。太平元年，率軍攻打曹魏，尚未到達淮河，得知孫峻去世，以他的堂弟孫綝接掌朝政。呂據大怒，率軍返回，準備廢掉孫綝。孫綝聽說此事後，派中書官員帶著詔書，詔令文欽、劉纂、唐咨等人捉拿呂據，又派堂兄孫憲指揮京城部隊前往江都迎擊呂據。部屬勸呂據投降曹魏，呂據說：「恥於當叛臣。」便自殺了。被誅滅三族。

朱桓，字休穆，吳郡吳人也。孫權為將軍，桓給事幕府❶，除餘姚長。往遇疫癘❷，穀食荒貴❸，桓分部❹良吏，隱親❺醫藥，飧粥相繼❻，士民感戴❼之。遷盪寇校尉，授兵二千人，使部伍❽吳、會二郡，鳩合遺❾散，期年❿之間，得萬餘人。後丹陽、鄱陽山賊蜂起⓫，攻沒城郭⓬，殺略長吏，處處屯聚。桓督領諸將，周旋⓭赴討，應皆平定⓮。稍遷裨將軍，封新城亭侯。

【章　旨】以上為〈朱桓傳〉的第一部分，敘述朱桓早年追隨孫權所立功績，反映他既有行政能力，又有將帥之才。

【注　釋】❶幕府　將軍府。漢制，將軍不常設，軍隊出征則命將設府，以帳幕為居，故稱為幕府。❷疫癘　瘟疫。❸荒貴　量少而價貴。❹分部　分派。❺隱親　親自慰問撫恤。❻飧粥相繼　飯食與稀粥供應相繼不斷。❼感戴　感激愛戴。❽部伍　指揮；召集軍隊。❾遺　原誤作「遣」，今據宋本校正。❿期年　一年。⓫蜂起　到處發生。如同蜂分巢時一樣混亂。⓬攻沒城郭　攻占城廓。郭，即廓，城中居民區。⓭周旋　往來。⓮應皆平定　所到之處都得到平定。

【語　譯】朱桓，字休穆，吳郡吳縣人。孫權當將軍時，朱桓任職將軍府，被任命為餘姚縣長。前往上任時碰上瘟疫，糧食缺乏價格昂貴，朱桓分派優秀的官吏，親自安撫慰問百姓，分送醫藥，粥飯供應相繼不斷，當地士人與百姓都對他感恩戴德。朱桓升任盪寇校尉，孫權撥給他兵士二千人，讓他在吳、會稽二郡召集兵士，將閒散人員編入軍隊，一年之間，收編了一萬餘人。後來丹陽、鄱陽等郡山賊四起，攻陷城池，殺戮官吏，處處屯營聚集。朱桓指揮眾將領，在二郡往來征討，所到之處都得到平定。逐步升任裨將軍，封新城亭侯。

1

後代周泰❶為濡須督。黃武元年，魏使大司馬曹仁❷步騎數萬向濡須，仁欲以兵襲取州上❸，偽先揚聲，欲東攻羨溪❹。桓分兵將赴羨溪，既發，卒❺得仁進軍拒濡須七十里問❻。桓遣使追還羨溪兵，兵未到而仁奄至❼。時桓手下及所部兵，在者五千人，諸將業業❽，各有懼心，桓喻之曰：「凡兩軍交對❾，勝負在將，不在眾寡。諸君聞曹仁用兵行師，孰與❿桓邪？兵法所以稱客倍而主人半⓫者，謂俱在平原，無城池之守，又謂士眾勇怯齊等故耳。今仁⓬既非智勇，加其士卒甚怯，又千里步涉，人馬罷困⓭，桓與諸君⓮共據高城，南臨大江，北背山陵，以逸待勞，為主制客，此百戰百勝之勢也。雖曹丕自來，尚不足憂，況仁等邪！」桓因偃⓯旗鼓，外示虛弱，以誘致仁。仁果遣其子泰攻濡須城，分遣將軍常雕督諸葛虔、王雙等，乘油船⓰別襲中洲。中洲者，部曲妻子所在也。仁自將萬人留橐皋⓱，復為泰等後拒⓲。桓部兵將攻取油船，或別擊雕等，桓等身自拒泰，燒營而退⓳，遂梟雕，生虜雙，送武昌，臨陣斬溺，死者千餘。權嘉桓功，封嘉興侯，遷奮武將軍，領彭城相。

2　黃武七年，鄱陽太守周魴⓴譎㉑誘魏大司馬曹休，休將步騎十萬至皖城㉒以迎魴。時陸遜為元帥，全琮與桓為左右督，各督三萬人擊休。休知見欺，當引軍還，自負眾盛，邀於一戰。桓進計曰：「休本以親戚見任，非智勇名將也。今戰必敗，敗必走，走當由夾石㉓、挂車㉔，此兩道皆險阸，若以萬兵柴路㉕，則彼眾可盡，而休可生虜，臣請將所部以斷之。若蒙天威，得以休自效，便可乘勝長驅，進取壽春，割有淮南，以窺㉖許、洛㉗，此萬世一時，不可失也。」權先與陸遜議，遜以為不可，故計不施行。

3 黃龍元年㉘，拜桓前將軍，領青州牧，假節。嘉禾六年㉙，魏廬江主簿呂習請大兵自迎，欲開門為應。桓與衛將軍全琮俱以師迎。既至，事露，軍當引還㉚。城外有溪水，去城一里所㉛，廣三十餘丈，深者八九尺，淺者半之，諸軍勒兵㉜渡去，桓自斷後。時廬江太守李膺整嚴兵騎，欲須諸軍半渡，因迫擊之。及見桓節蓋㉝在後，卒不敢出，其見憚如此。

【章　旨】以上為〈朱桓傳〉的第二部分，敘述朱桓參與的主要戰役及其所立功績，並突顯朱桓有勇有謀的一面。

【注　釋】❶周泰　字幼平，九江下蔡（今安徽鳳臺）人。先助孫策，後從孫權，屢立戰功，官至奮威將軍，封陵陽侯。詳見本書卷五十五〈周泰傳〉。❷曹仁　字子孝，沛國譙（今安徽亳州）人，曹操堂弟，少好弓馬，後從曹操征討，戰功卓著，位至大將軍，封陳侯。病卒，諡忠武。詳見本書卷九〈曹仁傳〉。❸州上　即下文之「中洲」。長江中之沙洲。❹羨溪　地名。在今安徽無為東北。❺卒　通「猝」。突然。❻問　情報；信息。❼奄至　突然到來。❽業業　危懼；恐懼。❾交對　交鋒。❿孰與　相比起來哪一個。⓫客倍而主人半　《漢書・陳湯傳》：「兵法曰：『客倍而主人半然後敵。』」此語出《孫臏兵法》。

原書已不存，銀雀山漢墓出土《孫臏兵法．客主人分》說：「兵有客之分，有主人之分。客之分眾，主人之分少。客倍主人半，然可敵也。」意思是說交戰雙方，進攻一方的兵士應是防守一方的兩倍，才能匹敵。客，進攻一方。主，防守一方。⑫仁　宋本、馮夢禎刻本誤作「人」。《冊府元龜》卷三百六十二、《通鑑》卷七十皆作「仁」。⑬罷困　疲困。罷，通「疲」。⑭君　宋本作「軍」。⑮偃　臥倒。⑯油船　船身塗有油脂的快船。因減少了船隻在水中的摩擦阻力，因而船行較快。⑰橐皋　地名。在今安徽巢湖市西北。⑱後拒　後援。⑲燒營而退　此謂曹泰燒營而退。《通鑑》卷七十云：「泰燒營而退。」《建康實錄》卷一云：「泰燒營走。」據此，「燒營」上脫「泰」字。⑳周魴　字子魚，吳郡陽羨（江蘇宜興南）人，有文武之才，任鄱陽太守十三年，頗有政績。詳見本書卷六十〈周魴傳〉。㉑譎　欺詐。㉒皖城　縣名。治所在今安徽潛山縣。㉓夾石　地名。在今安徽桐城北。㉔挂車　古道名。今安徽桐城西南十公里有挂車山，山中險道通舒城縣。㉕柴路　以木石阻斷險道。㉖窺　宋本作「規」。㉗許洛　許昌、洛陽。時魏以洛陽為都城，許昌為陪都之一。㉘黃龍元年　西元二二九年。黃龍，吳大帝孫權年號，西元二二九—二三一年。㉙嘉禾六年　西元二三七年。嘉禾，吳大帝孫權年號，西元二三二—二三八年。㉚引還　退軍。㉛所　大約。㉜勒兵　召集部隊。㉝節蓋　朱桓時假節，將軍所在有麾幢。合指將軍之儀仗。

【語譯】後來朱桓取代周泰任濡須督。黃武元年，曹魏派大司馬曹仁率領數萬名步兵、騎兵向濡須塢進攻，曹仁準備派兵偷襲攻取長江中的沙洲，事先放出假消息，說想東去進攻羨溪。朱桓分撥兵將奔赴羨溪，部隊出發後，突然得到曹仁部隊進軍，離濡須塢只有七十里的消息。朱桓派人追回前往羨溪的軍隊，軍隊尚未回到濡須，曹仁的部隊已經突然殺來。這時朱桓的部下和所統領的兵士，只有五千人，將領們憂心忡忡，人人心懷恐懼，朱桓曉諭他們說：「大凡兩軍交戰，決定勝負的是將領，而不是兵眾的多寡。各位聽到的曹仁用兵作戰的能力，與我朱桓比起來怎麼樣？兵法上所說攻方的兵士應是守方的二倍，講的是雙方都在平原上，沒有城池的守備，而且雙方兵士強弱程度相同。現在曹仁並不是有勇有謀，加上他的兵士非常膽怯，又徒步千里跋涉，人困馬乏，我和諸位共同據守高聳的城池，南臨長江，北依山陵，以逸待勞，是守方制服攻方，這是百戰百勝的有利形勢。即使曹丕親自前來，尚且不足為患，何況曹仁等人呢！」於是朱桓偃旗息鼓，表面上故示虛弱，用來誘惑曹仁。曹仁果然派他的兒子曹泰攻打濡須城，又分別派將軍常雕督率諸葛虔、王雙等部，乘船身塗有油脂的快船另外偷襲中洲。中洲，是朱桓將士妻兒的安置之處。曹仁自己率領一萬兵馬留守橐皋，又作為曹泰等人的後援部隊。朱桓部署兵力攻取油船，又分撥兵力攻擊常雕等軍。朱桓等將領親自抵禦曹泰，曹泰焚毀營寨後撤退，於是將常雕斬首示眾，生擒王雙，押送到武昌，這一仗在陣前斬殺及溺死於江中的敵兵有一千多人。孫權嘉獎朱桓的功績，封他為嘉興侯，升任奮武將軍，兼任彭城相。

2 黃武七年，鄱陽太守周魴設計誘騙魏大司馬曹休，曹休率領步兵、騎兵十萬人到皖城迎接周魴歸降。這時陸遜任元帥，全琮和朱桓任左右督，各督率三萬人馬進攻曹休。曹休知道被騙，本應率軍撤回，但他自恃兵馬眾多，要與吳軍一戰。朱桓獻計說：「曹休本因是曹操的親戚被任用，並非有勇有謀的名將。現今交戰他必定失敗，失敗後肯定逃跑，逃跑時應會經由夾石、掛車，這兩條路都很險惡，如果用一萬兵力阻斷道路，那麼就可全部殲滅曹軍，而曹休也可生擒，我請求率領我的部下前去阻斷曹軍。如果承蒙天威，我能抓獲曹休報效朝廷，我軍便可乘勝長驅直入，進軍奪取壽春據有淮南，進而窺視許昌、洛陽，這是個千載難逢的機會，不可失去。」孫權先與陸遜商議，陸遜認為不可行，所以計謀沒有實行。

3 黃龍元年，任命朱桓為前將軍，兼任青州牧，授以符節。嘉禾六年，曹魏廬江郡主簿呂習請求吳國大軍前來接應，他想開城門作為內應。朱桓與衛將軍全琮都帶領軍隊去迎降呂習。到達之後，事情敗露，軍隊理當撤回。廬江城外有溪水，離城一里左右，河寬三十多丈，水深的地方有八、九尺，淺的也有一半深。吳軍各支部隊召集兵士渡河離去，朱桓親自斷後。當時廬江太守李膺整頓好人馬，準備等到吳軍渡河到河中心時，乘機逼進攻擊。等到看見朱桓的儀仗停駐在吳軍後面，終究不敢出城進擊吳軍，朱桓使敵人畏懼正像這樣。

1 是時全琮為督，權又令偏將軍胡綜❶宣傳詔命，參與軍事。琮以軍出無獲，議欲部分諸將，有所掩襲❷。桓素氣高，恥見部伍，乃往見琮，問行意，感激發怒[3]，與琮校計[4]。琮欲自解[5]，因曰：「上自今胡綜為督，綜意以為宜爾。」桓愈恚恨[6]，還乃使人呼綜。綜至軍門，桓出迎之，顧[7]謂左右曰：「我縱手[8]，汝等各自去。」有一人旁出，語綜使還。桓出，不見綜，知左右所為，因斫殺[9]之。桓佐軍進諫，刺殺佐軍，遂託狂發[10]，詣建業治病。權惜其功能，故不罪。使子異攝領[11]部曲[12]，令醫視護，數月復遣還中洲。權自出祖送[13]，謂曰：「今寇虜尚存，王塗未一[14]，孤當與君共定天下，欲令君督五萬人專當一面，以圖進取，想君疾未復發也。」桓曰：「天授陛下聖姿，當君臨四海[15]，猥[16]重任臣，以除姦逆，臣疾當自愈。」

2 桓性護前[17]，恥為人下，每臨敵交戰，節度[18]不得自由[19]，輒嗔恚[20]憤激。然輕財貴義，兼以彊識[21]，與人一面，數十年不忘，部曲萬口，妻子盡識之。愛養[22]吏士，贍護[23]六親[24]，俸祿產業[25]，皆與共分。及桓疾困，舉營憂戚。年六十二，赤烏元年[26]卒。吏士男女，無不號慕[27]。又家無餘財，權賜鹽五千斛以周[28]喪事。子異嗣。

【章旨】以上為〈朱桓傳〉的第三部分，主要交代朱桓的個性與為人，反映他雖不服從上級管束，卻對部下極為愛護的性格特點。

【注釋】❶胡綜 字偉則，汝南固始（今安徽臨泉）人。年十四從孫策，後從孫權，有文武才。歷官侍中、兼左右領軍，卒於偏將軍、兼左執法任上。詳見本書卷六十二〈胡綜傳〉。❷掩襲 偷襲。❸感激發怒 越來越激動並發怒。❹校計 爭執。❺自解 推卸自己的責任。❻恚恨 生氣憤恨。❼顧 回頭。❽縱手 動手。❾斫殺 砍死。斫，砍擊。❿狂發 狂病發作；精神病復發。⓫攝領 暫時代領。⓬部曲 部下。漢代軍隊編制，將軍之下分部、部下有曲、曲下為屯，部曲合稱以指兵士。⓭祖送 餞行；設宴相送。⓮王塗未一 全國還沒統一。古人認為「車同軌」是統一的標誌之一，道路上行車軌轍不一，指未統一。⓯君臨四海 統一全國。古人以為中國在四海之內，威加四海或君臨四海意謂中國統一。⓰猥 辱，謙詞。⓱護前 要強；恥為人下。⓲節度 指揮；統率。⓳自由 自己決定。⓴嗔恚 生氣惱怒。㉑彊識 記憶力好。㉒愛護 愛護並加以優待。㉓瞻護 照顧。㉔六親 六類親屬。說法不一，代表性說法有：父子、兄弟、姑姐、甥舅、婚媾、姻婭。㉕俸祿產業 工資與自家的收入。俸祿，官職相應的工資報酬。產業，指家有土地等。㉖赤烏元年 西元二三八年。赤烏，吳大帝孫權年號，西元二三八—二五一年。㉗號慕 痛哭思念。㉘周 救濟；周濟。

【語譯】當時全琮擔任督將，孫權又命令偏將軍胡綜傳達詔令，參與軍事決策。全琮因為此次出兵沒有收穫，與大家商議，想分派諸將，進行偷襲。朱桓向來心高氣傲，恥於被別人指揮，於是前去面見全琮，質問全琮這次行動的意圖，因激動而怒氣沖沖，便和全琮起了爭執。全琮想為自己開脫，便說：「是皇上自己命令胡綜為督將，胡綜認為這樣是合適的。」朱桓更加氣憤，回到軍營就派人去叫胡綜。胡綜來到軍門前，朱桓出去迎接他，回頭看了看左右說：「我來動手，你們都各自走開。」其中有個人從側門出了軍營，告訴胡綜，要他回去。朱桓出來，沒見到胡綜，知道自己身邊的人走露了消息，於是將那個人砍死。朱桓的佐軍進行勸阻，他把佐軍也殺了。於是朱桓藉口精神病發作，前往建業治病。孫權珍愛朱桓的功勞和才幹，所以沒有將他治罪。讓他的兒子朱異暫時統領朱桓的兵士，命醫生看視照護，幾個月後又命朱桓回到中洲。孫權親自出城為朱桓設宴送行，對朱桓說：「現在敵人尚在，大業尚未統一，我將與您一起平定天下，想讓您督率五萬人馬獨當一面，以圖進取，想必您的病不會再發作了。」朱桓說：「上天授予陛下神聖英武，應該君臨天下，承蒙陛下委臣以重任，以剿滅奸逆之徒，我的病自然就會痊癒。」

2　朱桓生性好強，恥居於人下，每次對敵交戰，節制調度不能自己決定，總是憤恨惱怒。但是他輕財重義，加上記憶力很強，與人見上一面，數十年不忘，他的部下有一萬人，連同他們的妻兒，朱桓都能記住。朱桓愛護並厚待屬下將士，照顧他們的親戚，所得俸祿及自家田產，都與大家共同分享。等到朱桓病危時，全營將士都為他擔心難過。朱桓享年六十二歲，於赤烏元年去世。所部將士與男女老少，無不嚎哭思念朱桓。朱桓家中沒有多餘財產，孫權賞賜五千斛鹽用來周濟喪事。朱桓的兒子朱異繼承了爵位。

異字季文，以父任除郎，後拜騎都尉，代桓領兵。赤烏四年，隨朱然攻魏樊城，建計❶破其外圍，還拜偏將軍。魏廬江太守文欽營住六安❷，多設屯砦❸，置諸道要❹，以招誘亡叛，為邊寇害。異乃身率其手下二千人，掩破❺欽七屯，斬首數百，遷揚武將軍。權與論攻戰，辭對❻稱意。權謂異從父驃騎將軍據曰：「本知季文懀定❼，見之，復過所聞。」十三年❽，文欽詐降，密書❾與異，欲令自迎。異表呈欽書，因陳其偽，不可便迎。權詔曰：「方今北土未一❿，欽云欲歸命，宜且迎之。若嫌其有譎者，但當設計網以羅之，盛重兵以防之耳。」乃遣呂據督二萬人，與異并力，至北界，欽果不降。建興元年，遷鎮南將軍。是歲魏遣胡遵⓫、諸葛誕⓬等出東興，異督水軍攻浮梁⓭，壞之，魏軍大破。太平二年⓮，假節，為大都督，救壽春圍，不解。還軍，為孫綝所枉害。

【章　旨】以上為〈朱桓傳〉的附傳，敘述朱桓之子朱異作為將領的主要經歷。

【注　釋】❶建計　提出計策。❷六安　縣名。治所在今安徽六安北。❸屯砦　營寨。❹道要　要道。❺掩破　突襲並攻占。❻辭對　回答。❼懀定　精幹沉定。中華書局印本改作「膾定」，意謂有膽量，臨事鎮定。按：懀，通「快」，義為精明強幹，係吳人讚美常語。說詳盧文弨《龍城札記》。❽十三年　赤烏十三年（西元二五〇年）。❾密書　寫密信給。❿北土未一　北方沒有統一。⓫胡遵　三國魏將領，安定臨涇（今甘肅鎮原南）人，才兼文武，歷征東將軍、官至衛將軍。⓬諸葛誕　字公休，琅邪陽都（今山東沂南南）人。魏明帝時官至尚書，因沽名釣譽免官。齊王芳即位，復職，出任揚州刺史。高貴鄉公甘露二年（西元二五七年）在征東大將軍任上被調入朝為司空，因據壽春反，叛投孫吳，次年被魏軍攻殺。詳見本書卷二十八〈諸葛誕傳〉。⓭浮梁　簡易浮橋。⓮太平二年　西元二五七年。太平，吳會稽王孫亮年號，西元二五六－二五八年。

【語　譯】朱異，字季文，因為父親的職位被授予郎官，後來任騎都尉，代替朱桓統領部隊。赤烏四年，跟隨朱然進攻曹魏樊城，獻計攻破城外營壘，還師後被任命為偏將軍。魏廬江郡太守文欽紮營屯駐於六安，設置了很多營寨在各交通要道，以此招徠引誘吳國的叛逃者，成為邊境之害。朱異於是親率部下二千人，襲擊攻破了文欽七處營寨，斬殺敵軍數百人的首級，朱異升為揚武將軍。孫權曾與朱異討論攻伐作戰的問題，朱異的回答讓孫權很滿意。孫權對朱異的叔父驃騎將軍朱據說：「原來就知道季文精幹沉定，見到他後，才知道他的精幹沉定超過我聽到的。」赤烏十三年，文欽詐降，寫了一封密信給朱異，想讓朱異自己前去接應。朱異將文欽的密信呈交給孫權，藉此說明文欽是詐降，不能輕易去迎接。孫權詔令朱異說：「如今北方尚未統一，文欽說想前來歸降，應該去接應他。如果疑心他有詐，只須設計擒獲他，設置重兵來防備他就可以了。」於是派呂據統領二萬人，與朱異聯合行動，到達吳國北界，文欽果然沒有歸降。建興元年，朱異升為鎮南將軍。這一年，魏國派胡遵、諸葛誕等出兵東興，朱異指揮水軍攻打浮橋，把浮橋毀壞，魏軍大敗。太平二年，朝廷授予他符節，任大都督，救援壽春之圍，未能成功解圍。回軍後，被孫綝誣陷殺害。

評曰：朱治、呂範以舊臣任用，朱然、朱桓以勇烈著聞，呂據、朱異、施績咸有將領之才，克紹堂構❶。若範、桓之越隘❷，得以吉終❸，至於據、異無此之尤❹而反罹殃❺者，所遇之時殊也。

【章　旨】以上為陳壽對傳主行事的評價，特別強調孫權對呂範、朱桓兩人忘過記功的事實。

【注　釋】❶克紹堂構　能夠繼承先父的事業。《尚書・大誥》：「若考作室，既厎法，厥子乃弗肯堂，矧肯構。」傳：「以作室喻治政也。父已致法，子乃不肯為堂基，況肯構立屋乎？」後世遂以「肯堂肯構」比喻繼承祖先遺業。「堂構」為其省略。紹，繼承。❷越隘　違犯法紀；不從管束。❸吉終　善終。❹尤　罪責。❺罹殃　遭受災難。

【語　譯】評論說：朱治、呂範因為是舊臣而被重用，朱然、朱桓以勇猛剛強聞名天下，呂據、朱異、施績都有將領之才，能夠繼承父業。像呂範、朱桓這樣違法亂紀，卻能夠善終，至於呂據、朱異沒有這些罪責，反而遭受災禍，這是因為他們所遭遇的時代不同。

【研　析】本卷值得注意的是孫權的用人方式。

其一，孫權信重朱治的原因。朱治早年曾跟隨孫堅南征北戰，在孫吳初創時期，只有孫賁、黃蓋等人有這樣的經歷，朱治在孫吳政權創業與立國之初，資歷比張昭、周瑜更老。他在孫策初定江東時，「領」即實際負責吳郡政務。建安七年（西元二〇二年），孫權「表」請漢朝廷加以任命，只不過是要求漢朝承認既存事實而已，至黃武三年（西元二二四年）朱治去世時，「在郡三十一年」。吳郡是孫氏家鄉所在地，為孫吳政權立足江東的根本，亦是東漢末江東大族最為集中的地區。「公族子弟及吳四姓多出仕郡，郡吏常以千數」，他們又是成長中的孫吳政權重要的官員後備隊伍。這一地區是否穩定對孫吳政權成長最為關鍵。朱治出任吳郡太守之職雖長達三十一年，但孫權「自令督軍御史典屬城文書」，朱治似乎並沒有更多的處理實際政務。這並不是說孫權不信任朱治，而是利用他的政治資歷，震懾吳地。所以孫權特別注意維護朱治的威望。〈朱治傳〉稱：「權歷位上將，及為吳王，治每進見，權常親迎，執版交拜，饗宴贈賜，恩敬特隆。」本書卷五十二〈諸葛瑾傳〉說：「吳郡太守朱治，權舉將也，權曾有以望之，而素加敬，難以自責，忿忿不解。」孫權因事對朱治不滿，卻不願公開加以指責，弄得自己鬱鬱寡歡。就他對張昭甚至「案劍」而怒的情形看，不僅僅是因為朱治是政治老人，或者朱治曾舉他為孝廉有恩於他，主要還是吳郡局勢對孫吳政權的穩定與否意義重大，孫權需要借重朱治的資歷與聲望維繫吳郡的正常秩序。

其二，孫權執政前後對呂範態度的轉變。呂範於淮南從孫策，孫策以「親戚待之」，及平江東，「使範典主財計」，深相委重。而孫策弟孫權其時年幼，私下裏向呂範索要經費，呂範總是要先向孫策報告，聽候孫策處置。孫權代理陽羨縣長，私自挪用財賦，孫策功曹周谷為此篡改帳簿，使孫權不致受到孫策的責問。年輕的孫權因而怨恨呂範而喜歡周谷。但當孫策死後孫權統江東大政後，用人行政，一反當初個人恩怨。對孫策時即出任功曹這樣重要職務的周谷，因其欺騙長官的行為，孫權貶斥「不用」，從此銷聲匿跡。而「以範忠誠，厚見信任」。孫權出征關羽，令呂範守建業，後都武昌，又將下游軍事指揮權交給呂範，「督扶州以下至海」。呂範個人生活上講求奢華，但奉公守法，孫權「悅其忠，不怪其侈」。呂範最初被孫權怨恨，後來卻極受孫權信重，充分顯示作為個人與作為領導者在用人標準上的差異。作為個人，一般來說，信重的對象是與自己親近、有恩的人；而作為領導者特別是國家領導人，則應任用服從領導、講究原則、遵紀守法的人。孫權從怨恨呂範到重用呂範，表明他很好的適應了自身角色的轉換，是其最終能廣納人才、創立孫吳政權的重要原因。

（何德章注譯）

# 卷五十七　吳書十二

## 虞陸張駱陸吾朱傳第十二

【題　解】本卷為虞翻、陸績、張溫、駱統、陸瑁、吾粲、朱據等七人的合傳。七位傳主都來自吳郡或會稽郡，屬於孫吳政權依託的江東地區，除吾粲外，其他幾人的家族從漢末以來在當地均有相當的影響。漢末會稽四大姓為虞、魏、孔、賀，虞翻在漢末為本郡功曹，亦說明出身於當地名門；漢末吳郡大姓為朱、張、顧、陸，朱據及陸績、陸瑁即出吳郡朱氏、陸氏，張溫出吳郡張氏，駱統父駱俊漢末位至陳相，駱氏亦應為會稽名族。作為孫吳政權必須拉攏的政治對象，他們大多都從不同角度對孫權提出了批評意見，除駱統、陸瑁外，大都不得善終。

1　虞翻，字仲翔，會稽[1]餘姚[2]人也，太守王朗[3]命為功曹[4]。孫策[5]征會稽，翻時遭父喪，衰絰[6]詣府門，朗欲就之，翻乃脫衰入見，勸朗避策。朗不能用，拒戰敗績[7]，亡走浮海[8]。翻追隨營護[9]，到東部[10]侯官[11]，侯官長閉城不受，翻往說之，然後見納[12]。朗謂翻曰：「卿有老母，可以還矣。」翻既歸，策復命為功曹，待以交友之禮⑬，身詣⑭翻第⑮。

2 策好馳騁遊獵，翻諫曰：「明府用烏集之眾⑯，驅散附之士，皆得其死力，雖漢高帝⑰不及也。至於輕出微行⑱，從官不暇⑲嚴⑳，吏卒常㉑苦之。夫君人者㉒不重㉓則不威，故白龍魚服，困於豫且㉔，白虵自放，劉季害之㉕，願少㉖留意。」策曰：「君言是也。然時有所思，端坐悒悒㉗，有裨諶草創之計㉘，是以行耳。」

3 翻出為富春㉙長。策薨，諸長吏㉚並欲出㉛赴喪，翻曰：「恐鄰縣山民或有姦變，遠委城郭㉜，必致不虞㉝。」因留制服行喪。諸縣皆效之，咸以安寧。後翻州舉茂才㉞，漢召為侍御史㉟，曹公為司空辟㊱，皆不就㊲。

4 翻與少府㊳孔融㊴書㊵，并示以所著易注。融答書曰：「聞延陵之理樂㊶，覩吾子㊷之治易，乃知東南之美者，非徒會稽之竹箭也。又觀象雲物，察應寒溫，原其禍福，與神合契㊸，可謂探賾窮通㊹者也。」會稽東部都尉㊺張紘㊻又與融書曰：「虞仲翔前頗為論者所侵㊼，美寶為質，彫摩益光，不足以損。」

5 孫權以為騎都尉㊽。翻數犯顏諫爭㊾，權不能悅，又性不協俗㊿，多見謗毀(51)，坐徙(52)丹陽(53)涇縣(54)。呂蒙(55)圖取關羽，稱疾還建業(56)，以翻兼知醫術，請以自隨，亦欲因此令翻得釋(57)也。後蒙舉軍西上，南郡(58)太守麋芳(59)開城出降。蒙未據郡城而作樂沙上，翻謂蒙曰：「今區區[60]一心者麋將軍也，城中之人豈可盡信，何不急入城持其管籥[61]乎？」蒙即從之。時城中有伏計[62]，賴翻謀不行[63]。關羽既敗，權使翻筮之，得兌下坎上，節，五爻變之臨，翻曰：「不出二日，必當斷頭。」果如翻言。權曰：「卿不及伏羲[64]，可與東方朔[65]為比矣。」

6

魏將于禁[66]為羽所獲，繫在城中，權至釋之，請與相見。他日，權乘馬出，引禁併行，翻呵禁曰：「爾降虜，何敢與吾君齊馬首乎！」欲抗鞭[67]擊禁，權呵止之。後權于樓船[68]會羣臣飲，禁聞樂流涕，翻又曰：「汝欲以偽求免邪？」權悵然不平[69]。

7

權既為吳王[70]，歡宴之末，自起行酒[71]，翻伏地陽[72]醉，不持[73]。權去，翻起坐。權於是大怒，手劍[74]欲擊之，侍坐者莫不惶遽[75]，惟大司農[76]劉基起抱權諫曰：「大王以三爵[77]之後手殺善士，雖翻有罪，天下孰[78]知之？且大王以能容賢畜眾，故海內[79]望風，今一朝棄之，可乎？」權曰：「曹孟德尚殺孔文舉[80]，孤於虞翻何有哉[81]？」基曰：「孟德輕害士人，天下非之[82]。大王躬行德義，欲與堯、舜比隆，何得自喻於彼乎？」翻由是得免。權因敕左右，自今酒後言殺，皆不得殺。

8

翻嘗[83]乘船行，與麋芳相逢，芳船上人多欲令翻自避，先驅[84]曰：「避將軍船！」翻厲聲曰：「失忠與信，何以事君？傾人二城，而稱將軍，可乎？」芳闔戶[85]不應而遽[86]避之。後翻乘車行，又經芳營門，吏閉門，車不得過。翻復怒曰：「當閉反開[87]，當開反閉，豈得事宜邪？」芳聞之，有慚色。

9 翻性疏直[88]，數有酒失[89]。權與張昭[90]論及神仙，翻指昭曰：「彼皆死人，而語神仙，世豈有仙人邪[91]！」權積怒非一[92]，遂徙翻交州[93]。雖處罪放[94]，而講學[95]不倦，門徒常數百人。又為老子、論語、國語訓注[96]，皆傳於世。

10 初[97]，山陰[98]丁覽，太末[99]徐陵，或在縣吏之中，或眾所未識，翻一見之，便與友善，終成顯名。

11 在南十餘年，年七十卒。歸葬舊墓，妻子[100]得還。

12 翻有十一子，第四子汜最知名，永安[101]初，從選曹郎[102]為散騎中常侍[103]，後為監軍使者，討扶嚴[104]，病卒。汜弟忠，宜都[105]太守；聳，越騎校尉[106]，累遷廷尉[107]，湘東[108]、河間[109]太守；昺，廷尉尚書[110]，濟陰[111]太守。

【章旨】以上為〈虞翻傳〉。傳中敘述他在孫策平定會稽時，仍盡心舊主王朗，但孫策依然信重虞翻；孫策好騎馬射獵，虞翻勸他養威自重；孫策死後，虞翻出面穩定了會稽諸縣的形勢；通過孔融與張紘對虞翻的評價，反映了他在東南文壇的地位。全篇傳記中，通過幾個事例，用最多的篇幅記述了虞翻的「疏直」，以才自負，得罪多人，一再激怒孫權，終遭流放。傳末簡述了他的晚年及其子孫的仕途。

【注釋】❶會稽　郡名。治所在今浙江紹興。❷餘姚　縣名。治所在今浙江餘姚西北。❸王朗　字景興，東海郯（今山東郯城）人。漢末以通經學入仕，任菑丘長。後隨陶謙，升任會稽太守，孫策率部過江奪取會稽，王朗戰敗失守，曹操隨即上表漢獻帝，以諫議大夫召至許昌，參曹操軍事。三國魏時，位至司徒，蘭陵侯，死諡成侯。注《易》、《春秋》、《孝經》、《周禮》諸書，後散佚。❹功曹　官名。漢制，州刺史從事史、郡太守下置功曹掾，均簡稱為功曹，為州、郡主要屬員，掌州、郡官吏選署等事。❺孫策　字伯符，吳郡富春（今浙江富陽）人。孫堅長子，孫權兄。在孫堅死後，從袁術，後所部脫離袁術，渡江南下，攻占吳郡、會稽、丹陽及豫章，分置郡縣。曹操控制的漢朝廷任命他為討逆將軍，封烏程侯。東漢建安五年（西元二〇〇年）為人刺殺，得年二十六歲。孫權稱帝，追諡長沙桓王。詳見本書卷四十六〈孫策傳〉。❻衰絰　居喪之孝服，此處用為動詞，意為身穿孝服。❼拒戰敗績　防禦交戰，結果戰敗。❽亡走浮海　從海上逃走。❾營護　設法保護。❿東部　會稽郡東部都尉管轄區。⓫候官　又作「侯官」。縣名。治所在今福建福州。⓬見納　被接納。⓭交友之禮　故交朋友之禮。⓮身詣　親自造訪。⓯第　住宅。⓰烏集之眾　烏合之眾。⓱漢高帝　漢高祖劉邦。⓲輕出微行　在沒有嚴密保護的情況下出行，穿便服外出。⓳不暇　來不及。⓴嚴　戒嚴保護。㉑常　原作「長」，今從宋本改。㉒君人者　君臨百姓之人。㉓不重　不講究身分；不按自己所處地位採取合於身分的儀節。㉔白龍魚服二句　比喻貴人便服出行，到不適於身分的場合，可能會遇不測之禍。典出劉向《說苑．正諫》：吳王欲從民飲，伍子胥諫曰：「不可。昔白龍下清泠之淵，化為魚。漁者豫且射中其目。白龍上訴天帝。天帝曰：『當是之時，若安置而形？』白龍對曰：『我下清泠之淵，化為魚。』天帝曰：『魚故人之所射也，若是，豫且何罪？』夫白龍，天帝之貴畜也，豫且，宋國之賤民也。白龍不化，豫且不射。今棄萬乘之位，而從布衣之士飲酒，臣恐有豫且之患也。」㉕白虵自放二句　典出《史記．高祖本紀》：漢高祖劉邦為亭長時棄官逃命，曾醉酒於澤中遇大蛇當道，遂拔劍斬蛇，繼續前行，遇一老嫗哭訴：「吾子，白帝子也，化為蛇，當道，今為赤帝子斬之。」劉邦神其事，以為自己得天之助。劉邦字季。㉖少　稍稍。㉗悒悒　心情鬱悶。㉘裨諶草創之計　如同春秋時人裨諶，要在野外思考問題才有所收穫。《左傳》襄公三十一年：鄭國子產執政時，大夫裨諶有謀略，「謀於野則獲，謀於邑則否」。「鄭國將有諸侯之事，子產……與裨諶乘以適野，使謀可否。」㉙富春　縣名。治所在今浙江富陽。㉚長吏　主要官吏。㉛出　離開。㉜城郭　城廓。郭，即廓，城中居民區。㉝不虞　意想不到的事。㉞州舉茂才　被揚州刺史推舉為茂才。茂才，即秀才，西漢後期，全國十三州部每年須向中央推舉秀才一人至朝廷對策，根據對策內容分出等級，授予相應官職，秀才推舉由各州刺史負責。東漢時沿用其制，因避光武帝劉秀諱改為茂才。㉟侍御史　官名。秦漢為御史大夫屬官。漢秩六百石，其中十五人由御史中丞領屬，給事殿中，監察百官違法亂紀行為並奉使外出執行指定任務。㊱曹公為司空辟　曹操任司空時辟召他為府屬。辟，辟召。漢代制度，三公及高級官員可自行任命下屬官員，稱為辟召，又稱徵辟。㊲不就　不接受。㊳少府　官名。秦置，漢因之，掌管皇室財政收支、皇帝生活起居及宮廷雜務，下屬機構龐雜。東漢時，國家財政與帝室財政逐漸分開，原屬少府的尚書等機構逐漸成長獨立，屬於少府的宦官東漢中後期實際操縱大政。少府逐漸成為皇室支出和衣物、寶貨、珍膳、皇宮建築日常管理機構，權力下降。㊴孔融　字文舉，魯國（今山東曲阜）人。東漢末著名學者，少有異才，勤奮好學。漢獻帝即位後，官至北海相，在郡六年，政績突出，人稱「孔北海」。東漢建安元年（西元一九六年）入朝為官，歷將作大匠、少府、太中大夫。性好賓客，與陳琳、王粲等並稱「建安七子」。喜議論時政，言辭激烈，因而觸怒曹操，被殺。見《後漢書·孔融列傳》。有文集，已佚，明人輯有《孔北海集》傳世。㊵書　信。㊶延陵之理樂　延陵，季札，封於延陵，被稱為「延陵季子」。春秋後期吳王壽夢最小的一個兒子，深受中原華夏文化影響，曾遊歷北方諸國，至魯，「請觀周樂」，對各周代貴族雅樂理解極其深刻。見《史記·吳太伯世家》。㊷吾子　對人表示親近的稱呼。㊸觀象雲物四句　觀測天象變化，探明氣候變遷，推究禍福根源，如同神明。㊹探賾窮通　探索微妙深奧的道理，加以窮盡並融會貫通。㊺會稽東部都尉　官名。東漢時，於邊郡置都尉掌兵事，治安情況複雜地區的郡則置多名都尉，分片管理，稱為「部」。會稽東部都尉所分管地區大致為今浙南及福建一帶。㊻張紘　字子綱，廣陵（今江蘇揚州）人。漢末避亂江東，先後為孫策、孫權兄弟的重要謀士。詳本書卷五十三〈張紘傳〉。㊼為論者所侵　受研究學問的人的批評。㊽騎都尉　漢代軍隊中的中上級武官，統騎兵。漢武帝以後又作為加官加於宗室外戚，表明政治地位，以便朝會召請。孫權任命張紘為騎都尉，亦屬於政治優待，並非實際統兵。㊾犯顏諫爭　諫爭時表達自己的看法，不管別人能不能接受。犯顏，以言語直率而讓人生氣。㊿性不協俗　性格剛直，不願人云亦云；不善於圓通的與人相處。(51)謗毀　誹謗。(52)坐徙　因犯罪被流放。坐，犯罪。(53)丹陽　一作「丹楊」，郡名。治所在今安徽宣州。又為縣名，隸屬於丹陽郡，治所在今安徽當塗東北。(54)涇縣　縣名。治所在今安徽涇縣西北。(55)呂蒙　字子明，汝南富陂（今安徽阜南東南）人。少孤，以作戰勇敢而有計謀，受孫權賞識，成為高級將領，曾參與赤壁之戰，以主將身分率軍擊殺關羽，任南郡太守，封孱陵侯，年四十二死於任上。詳見本書卷五十四〈呂蒙傳〉。(56)建業　城邑名。今江蘇南京，漢代名秣陵，東漢建安十七年（西元二一二年）孫權改名建業。後為孫吳國都所在。(57)得釋　得以脫罪。(58)南郡　郡名。漢代治所在今湖北江陵。孫吳時移治今湖北公安。(59)麋芳　字子芳，東海朐（今江蘇海州）人。世代經商，家富於財，漢末任彭城相，與兄徐州別駕麋竺同棄官追隨劉備。後任南郡太守，與關羽共事。因與關羽發生矛盾，叛投孫權。事跡主要見於本書卷三十八〈麋竺傳〉。(60)區區　一心一意。(61)管籥　開鎖的鑰匙。此指關鍵要害。(62)伏計　陰謀。(63)不行　沒有實現。(64)伏羲　也作「伏戲」、「包犧」、「宓犧」。傳說中的遠古人物，又被視為傳說中的三皇之一，被稱為羲皇。據傳伏羲始畫八卦，為《易》最初的創作者。(65)東方朔　字曼倩，平原厭次（今山東惠民東北）人。博學多通，漢武帝初以自薦得幸，任太中大夫。詼諧滑稽，機智善辯，行為不拘一格，自稱避世於朝廷之中。據稱著有《十洲記》、《神異經》等書，善於在事發之前預測結果。事見《史記・滑稽列傳》。(66)于禁　字文則，泰山鉅平（今山東泰安）人。漢末從濟北相鮑信征討黃巾，後從曹操，與張遼等俱為當時名將，官至左將軍，封益壽亭侯。東漢建安二十四年（西元二一九年）從曹仁攻關羽於樊城，遇暴雨兵敗而降。孫權奪取荊州後遣還，慚恨而卒。詳本書卷十七〈于禁傳〉。(67)抗鞭　舉鞭。(68)樓船　一種戰船。舷上設有女牆，牆下開孔划槳，牆內又建棚，高如女牆，棚上再建女牆，形如高樓，便於兵士隱蔽射殺敵方，又稱鬥艦。(69)悵然不平　心中感到失意因而不滿。(70)權既為吳王　漢獻帝延康元年（西元二二〇年），曹丕稱帝建魏，改元黃初，次年十一月，冊封附於魏的孫權為吳王。自此至西元二二九年四月孫權正式稱皇帝為止，均以吳王身分活動。(71)行酒　勸酒；敬酒。(72)陽　通「佯」。假裝。(73)不持　不接酒。(74)手劍　手持劍。(75)惶遽　惶恐緊張。(76)大司農　官名。漢制，中央置大司農，主管財政，諸王國仿其制。孫權身分為王，故下亦置大司農。(77)三爵　三杯酒。爵，飲酒器。(78)孰　誰；有誰。(79)海內　中國。古人以為中國四方有大海圍繞，遂以海內指全國。(80)曹孟德尚殺孔文舉　曹孟德，曹操。孔文舉，孔融。孔融為漢末名士，雖受曹操之任，對曹操控制漢朝廷、以法駕御大夫頗為不滿，常以言語行為激怒曹操。後以誹謗朝廷、不遵朝儀、行為言語狂悖等罪名，被處死。(81)於虞翻何有哉　殺了虞翻又有什麼關係。於……何有，同「何有於」。為古人常用句式，以示肯定。(82)非之　批評；認為不對。(83)嘗　曾經。(84)先驅　高級官員出行的前導人員。(85)闔戶　關門。(86)遽　趕快；急切的。(87)當閉反開　意在諷刺麋芳不堅守而打開城門降敵。(88)疏直　粗疏耿直。(89)酒失　因醉酒而言行失禮。(90)張昭　字子布，彭城（今江蘇徐州）人。少好學，博覽羣書。東漢末避亂江東，助孫策平定江東，孫策死後，復總領羣僚，安定局勢，盡心輔佐孫權。因性格嚴峻，常與孫權發生衝突，孫權為吳王後，不再受重用，以婁侯老病於家，享年八十一歲。詳見本書卷五十二〈張昭傳〉。(91)邪　原作「也」，今從宋本。(92)非一　不止一次。(93)交州　漢武帝所置「十三刺史部」之一，東漢建安八年（西元二〇三年）改刺史部為交州。治所在今廣東廣州，三國吳治所在今越南河內東北。(94)罪放　因罪流放。(95)講學　講授學問。(96)訓注　注解。(97)初　先前；當初。史書中常以此插述另一件事的經過或另一人的事跡。❾❽山陰　縣名。治所在今浙江紹興。❾❾太末　縣名。治所在今浙江衢州東北。❿⓿妻子　妻兒。❿❶永安　吳景帝孫休年號，西元二五八—二六四年。❿❷選曹郎　官名。東漢以來，尚書臺分為五曹或六曹，分管全國最高政令，總有三十餘郎，分隸各曹，協助各曹尚書處理具體事務。選曹掌官員政績考核與任免升遷。❿❸散騎中常侍　官名。漢代即有散騎、中常侍二職，亦以為加官，均掌侍候皇帝，東漢時中常侍以宦官充任。孫吳合二者為一名，以士人充任，職掌當仍同漢代。❿❹扶嚴　交阯地方武裝首領。吳末帝孫晧建衡三年（西元二七一年）被陶璜等消滅。❿❺宜都　郡名。治所在今湖北宜都西北。❿❻越騎校尉　漢武帝所置八校尉之一，亦是東漢京城五營長官之一，屯駐京城。吳沿東漢置五校尉，越騎為其中之一。❿❼廷尉　官名。中央掌管刑事法律的長官。❿❽湘東　郡名。治所在今湖南衡陽。❿❾河間　郡名。治所在今河北獻縣東南。⓫⓿尚書　官名。漢代始置，漢武帝以前為負責保管皇帝私人書籍的小官，至東漢時逐漸演變為國家大政的實際掌管者，一般有五至六人，統隸於尚書令，分管國家某一方面的最高政令，吳國沿用其制。⓫❶濟陰　郡名。治所在今山東定陶西北。

【語　譯】虞翻，字仲翔，會稽郡餘姚縣人。太守王朗任命他為功曹。孫策征討會稽郡時，虞翻當時正逢父親去世，他穿著喪服來到府門，王朗想親自迎接他，虞翻就脫去喪服入府拜見，勸說王朗躲避孫策的進攻。王朗沒有聽從他的意見，抵抗失敗，入海逃亡。虞翻追隨王朗，加以保護，到達東部候官，候官縣長關閉城門不予接納，虞翻進城勸說，然後才被接納。王朗對虞翻說：「你有老母在家，現在可以回去了。」虞翻回到會稽後，孫策仍讓他擔任郡功曹，用朋友之禮對待他，親自到虞翻家中造訪。

2　孫策喜好騎馬射獵，虞翻勸阻說：「將軍能使用烏合之眾，驅使散亡歸附的人士，讓他們都能為您賣命，就是漢高祖也比不上您。然而經常儀從簡易，微服出行，使隨從官員來不及戒嚴護衛，下屬與兵士常以此為苦。君臨百姓的人，不注重自己身分就沒有威嚴，所以白龍變成魚，被豫且所困，白蛇自我放縱，劉邦便殺了牠，希望您稍加注意。」孫策說：「你說得很對。但我常常考慮一些問題，正襟危坐就心情鬱悶，而像裨諶一樣在野外思考問題才有收穫，因此出去走走罷了。」

3　虞翻出任富春縣長。孫策去世時，縣中主要官員都準備離縣前往弔唁，虞翻說：「我擔心鄰縣山民有可能叛亂，我們離城遠去，必生意外。」因此眾人就都留在城中穿喪服服喪。附近各縣也都加以效仿，都得以安寧無事。後來虞翻被揚州舉薦為茂才，漢朝廷徵召他擔任侍御史，曹公任司空時徵召他為司空府官員，他都沒有接受。

4 虞翻給少府孔融寫信，並把自己所著的《易注》給他看。孔融回信說：「我聽說延陵季子研習音樂，看到您探索《易經》，才知道東南美好的東西，並非只有會稽的竹箭。您觀測天象雲氣，考察順應冷暖變化，推究禍福根源，與神明相符合，真說得上是探索微妙，窮盡奧祕的作品。」會稽東部都尉張紘也給孔融寫信說：「虞仲翔以前頗受一些研究者所批評，只要本質是寶玉，越打磨越光彩照人，不會有所損害。」

5 孫權任命虞翻為騎都尉。虞翻多次勸諫冒犯了孫權，孫權很不高興。加上虞翻性不隨俗，因此常遭到誹謗詆毀，獲罪被流放到丹陽郡涇縣。呂蒙密謀進攻關羽，稱病返回建業，因為虞翻兼懂醫術，請求讓他跟隨自己，也想趁此機會使虞翻得到釋放。後來呂蒙率軍西上，南郡太守麋芳開城投降。呂蒙沒有進占南郡城，反而在城外沙洲上慶賀作樂，虞翻對呂蒙說：「現在與我們同心的，只有麋將軍，城中的人豈可全都相信，為什麼不趕快入城，控制要害？」呂蒙立即聽從他的建議。當時城中有陰謀，全賴虞翻的計謀才未能得逞。關羽被打敗之後，孫權讓虞翻占卦，得〈兌〉下〈坎〉上之〈節〉卦，五爻變化，得〈兌〉下〈坤〉上之〈臨〉卦，虞翻說：「不出兩天，關羽必然會斷頭。」果然像虞翻所言。孫權說：「你雖比不上伏羲，但也可以與東方朔相比了。」

6 曹魏將領于禁被關羽所擄獲，囚禁在城中，孫權一到後便將他釋放，請他來相見。有一天，孫權騎馬出行，帶著于禁與自己並馬而行，虞翻呵斥于禁說：「你一個俘虜，怎敢與我主公並馬同行！」準備舉鞭抽打于禁，被孫權呵止住。後來孫權在樓船上會集羣臣宴飲，于禁聞樂流淚，虞翻又說：「你想以虛偽眼淚求得免罪嗎？」孫權悵然，心中不滿。

7 孫權做了吳王後，在一次慶宴即將結束時，親自起身給大家敬酒，虞翻假裝醉倒在地，不去接酒。孫權剛離開，他就坐了起來。孫權由此大怒，親手抽出寶劍想殺他，在座的人都驚惶失措，只有大司農劉基起身抱住孫權，勸道：「大王在三杯酒後手刃名士，即使虞翻有罪，天下人誰知道呢？況且大王因為能容賢畜眾，所以海內人才望風而至，現在一下子失去好名聲，好嗎？」孫權說：「曹孟德尚且殺了孔文舉，我殺個虞翻怎麼不可以呢？」劉基說：「曹孟德輕易殺害士人，天下非議他。大王施行德義，要與堯、舜比美，怎麼能拿自己與他相比呢？」虞翻因此得以免死。孫權於是告誡左右，從此以後，如果自己在喝醉酒後命令殺人，都不得斬殺。

8 虞翻曾乘船出行，與麋芳相遇，麋芳船上大多數人想讓虞翻的船自行避讓，前導說：「避開麋將軍的船！」虞翻厲聲道：「喪失忠、信，用什麼侍奉君主？傾覆人家兩座城池，而自稱將軍，可以這樣嗎？」麋芳閉門不應，趕快避讓虞翻的船。後來虞翻乘車出行，又經過麋芳軍營的大門，守門的軍吏關上大門，車不能通過。虞翻又發怒說：「應當關的卻打開，應當開的卻關上，難道合乎事理嗎？」麋芳聽到後，面有慚色。

9 虞翻性格粗疏耿直，多次醉酒失禮。孫權與張昭談論起神仙之事，虞翻指著張昭說：「他們都是死人，卻說是神仙，世上哪有神仙呢！」孫權被虞翻激怒不止一次，於是將他流放到交州。虞翻雖然因罪被流放，仍講學不倦，門徒常常有幾百人。他還為《老子》、《論語》、《國語》作注，都流傳於世。

10 當初，山陰縣人丁覽、太末縣人徐陵，一個為縣吏，另一個眾人不知他的才能，虞翻一見到他們，便與他們非常要好，最後兩人都聞名於世。

11 虞翻在南方十多年，七十歲去世。被送回家鄉葬於家族墓地，妻兒得以返回故鄉。

12 虞翻有十一個兒子，第四子虞汜最為著名。永安初年，從選曹郎任散騎中常侍，後為監軍使者，討伐扶嚴，因病去世。虞汜之弟虞忠，任宜都太守；虞聳，任越騎校尉，逐漸升遷為廷尉，任湘東、河間太守；虞昺，任廷尉尚書、濟陰太守。

1 陸績，字公紀，吳郡❶吳❷人也。父康，漢末為廬江❸太守。績年六歲，於九江❹見袁術。術出橘，績懷三枚，去，拜辭墮地，術謂曰：「陸郎作賓客而懷橘乎？」績跪答曰：「欲歸遺❺母。」術大奇之。孫策在吳，張昭、張紘、秦松❻為上賓，共論四海❼未泰❽，須當用武治而平之，績年少末坐，遙大聲言曰：「昔管夷吾相齊桓公，九合諸侯，一匡天下❾，不用兵車。孔子曰：『遠人不服，則脩文德以來之❿。』今論者不務道德懷取之術，而惟尚武，績雖童蒙，竊⓫所未安也。」昭等異焉。

2

績容貌雄壯，博學多識，星曆算數無不該覽⓬。虞翻舊齒名盛⓭，龐統⓮荊州令士⓯，年亦差⓰長，皆與績友善。孫權統事，辟為奏曹掾⓱，以直道見憚⓲，出為鬱林⓳太守，加偏將軍，給兵二千人。績既有躄疾⓴，又意存儒雅，非其志也㉑。雖有軍事，著述不廢，作渾天圖，注易釋玄㉒，皆傳於世。豫自知亡日，乃為辭曰：「有漢㉓志士吳郡陸績，幼敦詩、書，長玩㉔禮、易，受命南征，遘疾遇厄㉕，遭命不永㉖，嗚呼㉗悲隔㉘！」又曰：「從今已去，六十年之外，車同軌，書同文㉙，恨㉚不及見也。」年三十二卒。長子宏，會稽南部都尉㉛，次子叡，長水校尉㉜。

【章旨】以上為〈陸績傳〉。傳中首先敘述了他的家族背景和年少時的聰穎逸事；之後記敘他「博學多識」，為時所稱。任孫權幕僚，「以直道見憚」，被遣往邊地為官，不得志而卒。

【注釋】❶吳郡　郡名。治所在今江蘇蘇州。❷吳　縣名。治所在今江蘇蘇州。❸廬江　郡名。治所在今安徽廬江縣西南。❹九江　郡名。治所在今安徽壽縣。❺遺　送給。❻秦松　字文表，廣陵（今江蘇揚州）人。❼四海　泛指全中國。古人以為中國四境有海環繞，遂用以代指全國。❽泰　安定。❾昔管夷吾相齊桓公三句　管夷吾，管仲。春秋前期，齊桓公任用管仲，實行政治、經濟與軍事改革，高舉尊王攘夷大旗，成為諸侯中的霸主。多次作為盟主召集華夏諸侯國會盟，使周王室危而復安。自孔子以來，便以「九合諸侯，一匡天下」加以稱頌。「九」為多次的意思，並不一定為實指。匡，正；使再次安定。❿遠人不服二句　遠方的人不服從統治，則應加強文化教育與自己的德行仁政，使他們心悅誠服，而不是武力征服。語出《論語・季氏》。⓫竊　私下裏；心中。⓬該覽　博覽。該，全部；詳盡的。⓭舊齒名盛　享有大名的前輩。舊齒，前輩。⓮龐統　字士元，襄陽（今湖北襄樊）人。初為郡功曹，赤壁之戰後從劉備，曾與諸葛亮同為劉備軍師中郎將。後隨劉備入蜀，戰鬥中受傷而卒，年三十六歲。詳見本書卷三十七〈龐統傳〉。⓯令士　名士；才智之士。令，美好。⓰差　稍稍。⓱奏曹掾　官名。漢制，三公府及各郡府下屬機構稱曹，置掾、屬主事，奏曹為其一，掌奏議。⓲以直道見憚　因說話正直為孫權所忌憚。⓳鬱林　郡名。治所在今廣西桂平西。⓴躄疾　瘸腿的疾病。躄，瘸腿。㉑意存儒雅二句　心中想保持文士儒雅之風，投身軍事並不是自己的志向。存，原作「在」，今從宋本。㉒玄　即西漢揚雄所著《太玄》，該書東漢中後期漸受重視，後世稱《太玄經》。㉓有漢　即漢朝。古人在稱呼朝代時常於其名前加一「有」字。㉔玩　玩習；熟讀。㉕遘疾遇厄　患病而遭遇災難。遘，遭遇。遇，宋本作「逼」。厄，災禍。㉖永　長久。原作「幸」，今從宋本。㉗嗚呼　悲嘆詞。㉘悲隔　傷心的死去。隔，隔世；死亡。㉙車同軌二句　車轍同一軌距，文字整齊劃一。秦漢以後，常用此形容全國統一，天下太平。㉚恨　遺憾。㉛會稽南部都尉　官名。參前文「會稽東部都尉」注。㉜長水校尉　武官名。孫吳沿用東漢制度，置屯騎、越騎、長水、射聲、步兵等五校尉，各領一支部隊，防守都城。

【語譯】陸績，字公紀，吳郡吳縣人，父親陸康，漢朝末年任廬江太守。陸績六歲時，在九江郡見到袁術。袁術拿出橘子，陸績裝了三個在懷中。臨走時，拜別辭謝，橘子掉在地上，袁術對他說：「陸郎當客人竟然懷裏揣走橘子啊？」陸績跪下回答道：「想帶回去送給母親。」袁術對他大為驚奇。孫策在吳郡時，以張昭、張紘、秦松為上賓，常在一起談論天下沒有安定，必須用武力來平定天下。陸績年紀小坐在最後的位置，遠遠的大聲說：「當年管夷吾輔佐齊桓公，九合諸侯，匡扶天下，不使用武力。孔子說：『遠方的人不歸附，就修明文德招徠他們。』現在議論的人不力求通過道德教化以爭取民心，只是崇尚武力，我陸績雖然還只是個小孩，心中也深感不安。」張昭等人認為他非同尋常。

2　陸績外貌雄偉健壯，博學多識，天文、曆法、數術無不涉獵。虞翻為享有盛名的前輩，龐統是荊州名士，年紀也稍稍大陸績一些，都與陸績友好。孫權總掌軍政大事，任命陸績為奏曹掾，因為說話直言不諱被人畏憚，出任鬱林太守，加官偏將軍，給他士卒二千人。陸績原本腳有殘疾，加之心在儒雅，投身軍旅並不是他的志向。雖然掌管軍務，但著書立說一直不斷，著有《渾天圖》，為《周易》和《太玄》兩書作注釋，都流傳於世。陸績預先知道自己的死亡日期，於是寫下這樣的話：「漢朝志士吳郡陸績，自幼篤習《詩經》、《尚書》，長大後探究《禮》、《易》，奉命南征，染病遭難，死期將至，嗚呼！悲傷的永辭人世！」又說：「從現在我逝去，六十年後，車軌相同，文字相同，遺憾的是我見不到了。」享年三十二歲。長子陸宏，任會稽南部都尉，次子陸叡，任長水校尉。

1　張溫，字惠恕，吳郡吳人也。父允，以輕財重士，名顯州郡，為孫權東曹掾❶，卒。溫少脩節操❷，容貌奇偉。權聞之，以問公卿曰：「溫當今與誰為比？」大司農劉基曰：「可與全琮❸為輩。」太常❹顧雍❺曰：「基未詳其為人也。溫當今無輩。」權曰：「如是，張允不死也。」徵到延見，文辭占對❻，觀者傾竦❼，權改容加禮❽。罷出❾，張昭執其手曰：「老夫託意，君宜明之。」拜議郎❿、選曹尚書⓫，徙⓬太子太傅⓭，甚見信重。

2　時年三十二，以輔義中郎將使蜀⓮。權謂溫曰：「卿不宜遠出，恐諸葛孔明不知吾所以與曹氏通⑮意，以故屈卿行。若山越⑯都除⑰，便欲大搆於丕⑱。行人⑲之義，受命不受辭⑳也。」溫對曰：「臣入無腹心之規，出無專對之用㉑，懼無張老延譽之功㉒，又無子產陳事之效㉓。然諸葛亮達見計數㉔，必知神慮㉕屈申之宜，加受朝廷天覆之惠㉖，推㉗亮之心，必無疑貳㉘。」溫至蜀，詣闕拜章曰：「昔高宗以諒闇昌殷祚於再興㉙，成王以幼沖隆周德於太平㉚，功冒溥天，聲貫罔極㉛。今陛下以聰明之姿，等契㉜往古，總百揆於良佐，參列精之炳燿㉝，遐邇㉞望風，莫不欣賴。吳國勤任旅力㉟，清澄江滸㊱，願與有道平一宇內㊲，委心協規㊳，有如河水㊴。軍事凶煩，使役乏少，是以忍鄙倍㊵之羞，使下臣溫通致情好。陛下敦崇禮義，未便耻忽㊶。臣自入遠境，及即近郊，頻蒙勞來㊷，恩詔輒加，以榮自懼，悚怛㊸若驚。謹奉所齎㊹函書㊺一封。」蜀甚貴其才。還，頃之，使入豫章㊻部伍㊼出兵，事業未究。

3 權既陰銜㊽溫稱美蜀政，又嫌其聲名大盛，眾庶炫惑㊾，恐終不為己用，思有以㊿中傷之，會暨豔事起，遂因此發舉[51]。豔字子休，亦吳郡人也，溫引致之，以為選曹郎，至尚書。豔性狷厲[52]，好為清議[53]，見時郎署[54]混濁淆雜，多非其人[55]，欲臧否[56]區別，賢愚異貫[57]。彈射[58]百僚，覈選三署，率皆貶高就下，降損數等，其守故者十未能一，其居位貪鄙，志節汙卑[59]者，皆以為軍吏，置營府以處之。而怨憤之聲積，浸潤之譖[60]行矣。競言豔及選曹郎徐彪，專用私情，憎愛不由公理。豔、彪皆坐自殺。溫宿[61]與豔、彪同意，數交書疏[62]，聞問往還[63]，即罪溫。權幽之有司[64]，下令曰：「昔令召張溫，虛己待之，既至顯授，有過舊臣，何圖凶醜[65]，專挾異心。昔暨豔父兄，附于惡逆[66]，寡人無忌[67]，故進而任之，欲觀豔何如。察其中間，形態果見。而溫與之結連死生[68]，豔所進退[69]，皆溫所為頭角[70]，更相表裏，共為腹背[71]，非溫之黨，即就疵瑕，為之生論[72]。又前任溫董督[73]三郡，指撝[74]吏客及殘餘兵，時恐有事，欲令速歸，故授棨戟[75]，獎以威柄。乃便到豫章，表討宿惡[76]，寡人信受其言，特以繞帳、帳下、解煩[77]兵五千人付之。後聞曹丕自出淮、泗[78]，故豫敕溫有急便出[79]，而溫悉內[80]諸將，布於深山，被命[81]不至。賴丕自退，不然，已往豈可深計[82]。又殷禮者，本占候[83]召，而溫先後乞將到蜀[84]，扇揚[85]異國，為之譚論[86]。又禮之還，當親本職，而令守[87]尚書戶曹郎，如此署置，在溫而已。又溫語賈原，當薦卿作御史，語蔣康，當用卿代賈原，專衒賈[88]國恩，為己形勢[89]。揆[90]其姦心，無所不為。不忍暴於市朝[91]，今斥還本郡，以給廝吏[92]。嗚呼溫也，免罪為幸！」

4 將軍駱統表理[93]溫曰：「伏惟殿下[94]，天生明德，神啟聖心，招髦秀[95]於四方，置俊乂[96]於宮朝。多士[97]既受普篤之恩，張溫又蒙最隆之施。而溫自招罪譴，孤負[98]榮遇，念其如此，誠可悲疚[99]。然臣周旋之閒[100]，為國觀聽，深知其狀，故密陳其理。溫實心無他情，事無逆迹，但年紀尚少，鎮重尚淺[101]，而戴赫烈[102]之寵，體卓偉之才，亢臧否之譚，效褒貶之議。於是務勢者妒其寵，爭名者嫉其才，玄默[103]者非其譚，瑕釁者[104]諱其議，此臣下所當詳辨，明朝[105]所當究察也。昔賈誼[106]，至忠之臣也，漢文，大明之君也，然而絳、灌[107]一言，賈誼遠退。何者？疾之者深，譖[108]之者巧也。然而誤聞於天下，失彰於後世，故孔子曰『為君難，為臣不易』[109]也。溫雖智非從橫[110]，武非虓虎[111]，然其弘雅之素，英秀之德，文章之采，論議之辨，卓躒[112]冠羣，煒曄曜世[113]，世人未有及之者也。故論溫才即可惜，言罪則可恕。若忍威烈以赦盛德，宥賢才以敦大業，固明朝之休[114]光，四方之麗觀也。國家之於暨豔，不內之忌族[115]，猶等之平民，是故先見用於朱治，次見舉於眾人，中見任於明朝，亦見交於溫也。君臣之義，義之最重；朋友之交，交之最輕者也。國家不嫌與豔為最重之義，是以溫亦不嫌與豔為最輕之交也。時世寵之於上，溫竊親之於下也。夫宿惡之民，放逸山險，則為勁寇，將置平土，則為健兵，故溫念在欲取宿惡，以除勁寇之害，而增健兵之銳也。但自錯落[116]，功不副言。然計其送兵，以比許晏，數之多少，溫不減之，用之彊羸[117]，溫不下之，至於遲速，溫不後之，故得及秋冬之月，赴有警之期，不敢忘恩而遺力也。溫之到蜀，共譽殷禮，雖臣無境外之交，亦有可原也。境外之交，謂無君命而私相從，非國事而陰相聞者也；若以命行，既脩君好，因敘己情，亦使臣之道也。故孔子使鄰國，則有私覿之禮[118]；季子聘諸夏[119]，亦有燕譚[120]之義也。古人有言，欲知其君，觀其所使，見其下之明明，知其上之赫赫。溫若譽禮，能使彼歎之，誠所以昭[121]我臣之多良，明使之得其人，顯國美於異境，揚君命於他邦。是以晉趙文子之盟于宋也，稱隨會於屈建；楚王孫圉之使于晉也，譽左史於趙鞅[122]。亦向他國之輔，而歎本邦之臣，經傳[123]美之以光國，而不譏之以外交[124]也。王靖[125]內不憂時，外不趨事，溫彈之不私，推之不假，於是與靖遂為大怨，此其盡節之明驗也。靖兵眾之勢，幹任之用，皆勝於賈原、蔣康，溫尚不容私以安於靖[126]，豈敢賣恩以協[127]原、康邪？又原在職不勤，當事不堪，溫數對以醜色，彈以急聲[128]；若其誠欲賣恩作亂，則亦不必貪原也。凡此數者，校[129]之於事既不合，參之於眾亦不驗。臣竊念人君雖有聖哲之姿，非常之智，然以一人之身，御兆民[130]之眾，從層宮[131]

之內，瞰四國之外，照羣下之情，求萬機之理，猶未易周也，固當聽察羣下之言，以廣聰明之烈[132]。今者人非[133]溫既殷勤，臣是[134]溫又契闊[135]，辭則俱巧，意則俱至，各自言欲為國，誰其言欲為私，倉卒[136]之間，猶難即別。然以殿下之聰叡，察講論之曲直，若潛神留思，纖粗研核，情何嫌而不宣，事何昧而不昭哉？溫非親臣，臣非愛溫者也。昔之君子，皆抑私忿，以增君明。彼獨行之於前，臣恥廢之於後[137]，故遂發宿懷[138]於今日，納愚言於聖聽[139]，實盡心於明朝，非有念於溫身也。」權終不納。

5 後六年，溫病卒。二弟祗、白，亦有才名，與溫俱廢。

【章旨】以上為〈張溫傳〉。傳中首先記述他以文才為時人推重，孫權亦因此加以任用。然後記述他奉孫權之命出使蜀國，通過與孫權的對答和入蜀時的辭令，表現出引經據典、出口成章的才華。接著便記述他被孫權貶廢的緣由，以及孫權指陳的罪狀。後面照錄駱統為張溫申訴的長篇訴狀，說明張溫各條罪狀並不成立。篇末簡述張溫兩個弟弟的情況。

【注釋】❶東曹掾　漢制，丞相、三公府、州郡長官及將軍府下置東、西二曹，以掾主事，西曹主管內務，東曹主管外事。❷少脩節操　年少時便注重行為的修養。❸全琮　字子璜，吳郡錢唐（今浙江杭州）人。初從孫權，屢立軍功，封錢唐侯。孫權稱帝，升任衛將軍、左護軍，娶孫權女魯班，官至大司馬、左軍師。詳本書卷六十〈全琮傳〉。❹太常　秦置奉常，漢景帝時改名為太常，掌宗廟祭祀與國家禮儀、教化，居九卿之首。吳因其制。❺顧雍　字元歎，吳郡吳（今江蘇蘇州）人。為人寬厚而正直，勤於政事，受到孫權賞識。在孫吳前期任丞相十九年，頗有政績。詳見本書卷五十二〈顧雍傳〉。❻文辭占對言語談吐。❼傾竦　深感驚異而傾心。❽改容加禮　改變態度加以禮遇。❾罷出　結束後出來。❿議郎　郎官中地位較高者，無固定編制，掌顧問應對。⓫選曹尚書　東漢以來，尚書臺分為五曹或六曹，分管全國最高政令。選曹尚書掌官員政績考核與升遷任免。三國魏改名選部，吳仍沿用漢代稱呼。⓬徙　平級調動。⓭太子太傅　官名。秦、漢相沿，置以教導、監護太子。三國及以後亦有其制。⓮使蜀　張溫出使蜀漢事在孫權黃武三年（西元二二四年）夏。⓯與曹氏通　依附曹魏。按：東漢建安十三年（西元二〇八年）赤壁之戰後，孫權與曹氏結仇，常有戰事。建安二十四年，孫權發兵襲殺關羽，奪取荊州，孫、劉二方由聯盟而成仇。同年曹操以漢朝廷的名義任命孫權為驃騎將軍、假節領荊州牧，孫權接受，孫氏與曹氏開始靠攏。次年，曹丕代漢建魏，封孫權為吳王，孫權在名義上成為曹魏的附庸。黃武元年（西元二二二年）、二年，曹魏因孫權不送子弟為人質，「誠心不款」，在長江下游與中游發動攻勢，吳國內部山越又不安定，與蜀漢又結深仇，孫權疲於應付。黃武二年五月，劉備死於白帝，諸葛亮執掌政權，調整與吳敵對政策，於同年十一月派鄧芝到武昌表示和好之意。數面受敵的孫權因而決心與蜀漢重結和好，共抗曹魏，遂有次年派張溫使蜀之事。⓰山越　意為山中之越人。先秦時，居住在今淮河以南安徽、江蘇、浙江、福建及兩廣地區的族羣被中原華夏族人總稱為越人，春秋、戰國時的吳國、越國先後興起並接受華夏文化，漢代這些地區的華夏化更為深入，但今福建、浙江及江西毗鄰地區的山地中，居民的語言、習俗在漢末仍與華夏人有別，被稱為山越。官府亦未能有效的實施行政管理。孫策及孫權時，在這些地區廣設郡、縣行政機構，強化管理，並不斷派兵對不服從管理者進行圍剿，將他們強行遷徙到易於控制的蘇南地區，編入軍隊或在軍隊監管下耕作，這成為孫吳政權擴大兵源的重要途徑。⓱都除　全部消滅。⓲大搆於丕　對曹魏採取大規模的行動。丕，原作「蜀」，今從宋本。⓳行人　使臣。⓴受命不受辭　受命出使，應對時應相機行事。㉑入無腹心之規二句　在朝廷未能提出重大建議，出使也只能恪守主上成規。專對，自出主張。㉒張老延譽之功　張老，字孟，春秋時晉國大夫。有計略。晉悼公時為中軍司馬，魏絳依法殺悼公之弟揚干，悼公欲殺魏絳，魏絳亦欲自殺。張老向悼公稱讚魏絳之才，悼公反加重用，結果魏絳用計與晉國周邊戎族建立和好關係，使晉國再次強大。㉓子產陳事之效　子產，春秋時鄭國大夫，鄭簡公時執掌國政，為政仁愛，事君忠厚。《左傳》昭公元年：子產奉命出使晉國，正好晉平公有病，卜者稱實沈、臺駘作祟，史臣不知何指，以問子產。子產據史實詳加陳述。《史記·鄭世家》亦記其事，並稱晉平公因此稱子產為「博物君子」。㉔達見計數　見多識廣，深謀遠慮。㉕神慮　指孫權的想法。㉖受朝廷天覆之惠　指赤壁之戰前後，劉備與孫權結成以孫權為主的聯盟，才得以打敗曹操，從而擁有一塊自己的地盤。㉗推　推想。㉘疑貳　因猜疑而有二心。㉙高宗以諒闇句　高宗，商王武丁廟號。《史記·殷本紀》記：商王盤庚遷都於殷地，商朝因而強盛。盤庚死後，商王小辛、小乙在位時，商朝走向衰落。「武丁即位，思復興殷，而未得其佐。三年不言，政事決定於冢宰，以觀國風」。後在徒隸中找到賢相傅說，「修政行德，天下咸歡，殷道復興。」儒者對於武丁即王位之初「三年不言」，解釋為其父小乙行三年之喪，稱之為「諒闇」或「諒陰」，特指帝王居喪不問政事。㉚成王以幼沖句　《史記・周本紀》記：周武王滅商後兩年即去世，原商朝統治的地區並不安定，其子即周成王即位而年少，由武王之弟周公旦攝政七年之後，成王才親掌朝政，「興正禮樂，度制於是改，而民和睦，頌聲興。」張溫使蜀時，劉備死去僅一年，蜀後主劉禪年十八歲，仍屬三年之喪期，諸葛亮輔政，「政事無巨細，咸決於亮」（本書卷三十五〈諸葛亮傳〉）。張溫引用殷高宗武丁與成王的典故，既在說劉禪終將使蜀漢強盛起來，又兼吹捧諸葛亮是傅說、武丁那樣的賢相。幼沖，年紀小。㉛功冒溥天二句　功德覆蓋天下，名聲永遠相傳。㉜等契　完全一樣。㉝總百揆於良佐二句　良佐總攬百官，有如天上的星宿熠熠生輝。百揆，百官。㉞遐邇　遠近。㉟旅力　軍隊。㊱江滸　江邊。㊲平一宇內　統一全國。上下四方為宇。㊳協規　同謀。㊴有如河水　發誓語。河水作證。河，黃河。㊵鄙倍　鄙陋背理。倍，通「背」。《論語・泰伯》：「君子所貴乎道者三：動容貌，斯遠暴慢矣；正顏色，斯近信矣；出辭氣，斯遠鄙倍矣。」㊶未便恥忽　沒有就因此瞧不起我，加以輕視。㊷勞來　勞徠；因遠來投附而加以慰勞。㊸悚怛　敬畏恐懼。怛，恐懼。㊹齎　攜帶。㊺函書　密封的信件。㊻豫章　郡名。治所在今江西南昌。㊼部伍　指揮。㊽銜懷恨。㊾眾庶炫惑　眾人受其迷惑。㊿有以　用什麼來。(51)發舉　採取行動。(52)狷厲　性格急躁。(53)清議　評論人物。尤指以儒家崇尚的行為標準批評別人。(54)郎署　即下文所說「三署郎」。漢制，諸取得任官資格者初為郎，分隸於郎中令所屬左、右中郎將與五官中郎將三署，等待正式任命，稱作三署郎。三署郎因年限不同秩石級別有高下之別，從最高的六百石到最低的比三百石，分為七個等級。吳制與此同。(55)多非其人　大都不是合適的人選。(56)臧否　分別好壞。(57)異貫　分別。貫為穿錢的繩子，同貫即同串，異貫本意為用不同的繩子串起，比喻分別為不同的類型。(58)彈射　彈劾。(59)志節汙卑　人品與行為低劣。(60)浸潤之譖　越來越多的壞話。浸潤，本指水之滲透，引申為不斷的有人說壞話。譖，壞話；誹謗言論。(61)宿　一直；長期。(62)書疏　書信。(63)聞問往還　互通消息。(64)幽之有司　讓有關機構加以囚禁。幽，囚禁。(65)何圖凶醜　沒想到他們是壞人。何圖，哪想到；沒料到。凶醜，窮兇極惡之徒。(66)惡逆　指孫策奪取江東時武裝反抗者。(67)無忌　不加忌恨。(68)結連死生　結成死黨；結成生死之交。(69)進退　舉動。(70)頭角　頭緒。此意為指使。(71)更相表裏二句　相互呼應，猖狂為奸。(72)為之生論　找一番說辭，妄為議論。(73)董督　全面負責。(74)指撝　指揮。(75)棨戟　儀仗。棨戟為以絲織品或油漆裝飾的木戟，作為官吏出行的儀仗。(76)宿惡　長期未被平定的叛亂者。(77)繞帳帳下解煩　均為孫權所置近身護衛兵士的名稱，分別由與之同名的督統領。(78)淮泗　淮河、泗水。曹魏進攻，常利用淮河北邊支流運送兵員糧餉，淮泗實指淮南。(79)有急便出　有緊急情況就立即率部出山。(80)內　通「納」。(81)被命　接到命令。(82)已往豈可深計　上次發生的事怎敢深想。指無法想像。(83)占候　占卜算卦。(84)先後乞將到蜀　前後多次請求帶他一起到蜀。(85)扇揚　張揚吹捧。(86)為之譚論　大發議論。譚，通「談」。(87)守　代理。漢制，官員初任職有一年試用期，稱為守某職，合格者才正式任命。擔任資歷不到的官職亦稱為守。(88)衒賈　炫耀賣弄。賈，賣。(89)為己形勢　培養自己的勢力。(90)揆　推測；揣度。(91)暴於市朝　在市場上處死並以屍體示眾。暴，通「曝」。(92)廝吏　從事雜役的小吏。(93)表理　上書申辯。(94)伏惟殿下　伏惟，發語詞，無實際意義。殿下，漢代以來對諸侯王的尊稱，孫權當時身分為吳王，故以此相稱。(95)髦秀　傑出人才。(96)俊乂　德高望重之人。(97)多士　士人；士大夫。(98)孤負　辜負。(99)悲疢　痛心。(100)周旋之閒　與羣臣士大夫應酬往來中。(101)鎮重尚淺　還不那麼穩重。(102)赫烈　顯赫。(103)玄默　不說話；不表明態度。(104)瑕釁者　有缺點錯誤的人。(105)明朝　對孫權的尊稱。(106)賈誼　洛陽（今河南洛陽）人。西漢前期著名政論家。二十歲時因能誦《詩》《書》被漢文帝召為博士，後因請按儒家觀念改革制度受到大臣忌妒，被貶為梁王太傅。仍多次上書建議削弱諸侯，重農抑商。以不得志，憂鬱而死，年三十三。傳世之作有《新語》及〈過秦論〉等。見《史記·屈原賈生列傳》。(107)絳灌　絳侯周勃、丞相灌嬰。(108)譖　誹謗。(109)為君難二句　語見《論語·子路》。(110)智非從橫　沒有蘇秦、張儀那樣的智謀。從橫，縱橫，指戰國縱橫家代表性人物蘇、張二人。(111)虓虎　咆哮的猛虎；勇士。(112)卓躒　同「卓犖」。卓絕出眾。(113)煒曄曜世　光彩閃耀，映照世間。煒曄，火光明亮。曜，同「耀」。(114)休　美好；吉慶。(115)內之忌族　放到需要提防者的名單中；視為不可信任的人。內，通「納」。(116)錯落　因計畫錯誤而落空。(117)羸　弱。(118)孔子使鄰國二句　指孔子入衛私見衛靈公夫人南子之事。(119)季子聘諸夏　春秋時吳國季札出使中原華夏諸侯國。季子，春秋時吳王壽夢之子季札，因封延陵，被稱為延陵季子。聘，出使。(120)燕譚　宴談。(121)昭　昭示；表明。(122)楚王孫圉二句　《國語·楚語下》：楚國大夫王孫圉出使晉國，晉定公問楚國之寶物，王孫圉宣稱楚國不以物為寶而以賢人為寶，並稱：「又有左史倚相，能道訓典，以敘百物，以朝夕獻善敗於寡君，使寡君無忘先王之業；又能上下說於鬼神，順道其欲惡，使神無有怨痛於楚國。」(123)經傳　經典著作及後人解釋。傳，漢代以來指解釋經典的著作。(124)外交　結交外國；私下裏與外國勾結。(125)王靖　曾為廣陵太守，因郡中發生民變被追查，密謀叛投曹魏，謀洩，全家被處死。見本書卷六十〈周魴傳〉。(126)容私以安於靖　出於私心對其罪行不加追究以結好於王靖。容私，因私心而拋棄公法。(127)協　與合謀。(128)對以醜色二句　當面惡狠狠的加以批評，用極其嚴厲的語言對他們加以彈劾。(129)校　核實。(130)兆民　億萬百姓。(131)層宮　樓臺重疊的深宮。(132)烈　光明。(133)非　批評；指責。(134)是正確；肯定。[135]契闊　勞苦；不厭其煩。[136]倉卒　倉促。[137]彼獨行之於前二句　他們已在前面作出了榜樣，我以他們後繼無人而感到恥辱。[138]宿懷　長期的想法。[139]聽　原作「德」，今從宋本。

【語　譯】張溫，字惠恕，吳郡吳縣人。父親張允，因輕視錢財，尊重士人，聞名於州郡，擔任孫權東曹掾時去世。張溫年少時就注重操行修養，面貌出眾，身材高大。孫權聽說後，就詢問大臣們：「張溫可與當今的哪一位相比？」大司農劉基說：「和全琮同等級。」太常顧雍說：「劉基不詳知張溫的為人。當今沒有與他同等級的人。」孫權說：「如此說來，張允可以說是沒死啊。」孫權徵召張溫，引進相見，張溫的言語談吐，使在場的人深感驚異，為之傾倒，孫權也改變態度，加以禮遇。會見結束出來，張昭握著他的手說：「老夫屬意於你，你應明白我的意思。」任命為議郎、選曹尚書，改任太子太傅，很被信任尊重。

2 三十二歲時，以輔義中郎將的身分出使蜀漢。孫權對張溫說：「卿本來不適合遠出，但我擔心諸葛孔明不知道我們與曹魏交往的真正用意，所以委屈你走一趟。如果山越全部翦除，就準備大規模的與曹丕交戰。使節的原則，只接受任命，不接受具體的應對之詞。」張溫回答說：「我在朝沒有提出令主上心中滿意的謀劃，出使沒有外交應對的作用，我擔心沒有張老那樣播揚國家聲譽的功勞，也沒有子產陳述事務的功效。但諸葛亮見多識廣深謀遠慮，一定會理解您委屈求全的意圖，加上我們以前庇護他們的恩惠，我推測諸葛亮態度，一定不會有猜忌疑心。」張溫到達蜀漢後，前往朝廷呈遞奏章說：「從前商朝高宗居喪期間使殷商再次興盛，周成王少年即位卻使周朝走向太平盛世，他們的功德覆蓋天下，聲名永世流傳。如今陛下以聰慧英明的資質，與古代聖王一樣，優秀的輔佐總攬百官，有如天上閃爍的繁星，遠近都仰望陛下的風采，沒有不高興依附的。吳國勤苦征戰，掃滅了江邊的敵人，希望能與您一同平定天下，全心誠意共同謀劃，敢指黃河為誓。軍事任務激烈而頻繁，可派用的合適人選缺乏，因此忍受鄙陋背理的羞恥，只好派我張溫來轉達真誠結好之意。陛下崇尚禮義，沒有因此而加以輕視。臣從進入遠方的邊境，直到都城近郊，多次受到慰勞，蒙受陛下的關照，因為感到無上榮耀而懼怕，惶恐若驚。謹獻上帶來的書信一封。」蜀國很器重他的才幹。返回吳國，不久，派他到豫章郡指揮出征事宜，任務未能完成。

3 孫權既對張溫稱頌蜀國暗自銜恨，又嫌他名聲越來越大，眾人都被他迷惑，惟恐他最終不會被自己所用，便想用個什麼藉口陷害他。正好發生暨豔事件，於是藉此採取行動。暨豔字子休，也是吳郡人，張溫推薦他，任選曹郎，升至選曹尚書。暨豔性格急躁，喜歡品評人物。他看見當時朝廷中的郎官人員混雜，大多不是合適的人選，想對他們區別優劣，分辨賢才和庸人。他彈劾百官，對三署郎官加以核查篩選，大部分都貶高到低降職數級，保持原有職級的不到十分之一，那些在任內貪婪卑鄙、品行污下卑劣的官吏，都被貶為軍中小吏，設置軍營安置他們。因而怨恨之聲日漸積累，對他的誹謗誣陷逐漸流傳開來。人們爭相舉報暨豔與選曹郎徐彪，說他們專用私情，愛憎不遵從公理。暨豔、徐彪都坐罪自殺。張溫一向與暨豔、徐彪見解相同，多次書信往來，互通消息，因此給張溫定罪。孫權囚禁張溫於有關機構，下令說：「我以前下令召張溫，虛心相待，他到了之後便授以重要職位，超過了原有的大臣，哪想到他是個窮兇極惡之徒，專持異心。先前暨豔的父親與兄長，依附叛逆，我不加忌恨，特意進用他，是想看一下暨豔到底怎麼樣。經過這段時間的觀察，他果然原形畢露。而張溫與他結為死生之交，暨豔的一舉一動，都是張溫指使的，他們裏應外合，相互呼應。只要不是張溫的同黨，就加以指責，妄為議論。而且前次讓張溫督統三郡，指揮武吏及剩餘部隊，當時擔心有戰事發生，想讓他迅速回來，所以給他儀仗，授予權柄勉勵他。他到豫章後，上表說要討伐宿敵，我聽信了他的話，特地把繞帳、帳下、解煩兵五千人撥交給他。後來聽說曹丕親自出兵淮、泗，所以預先命令張溫，如果軍情緊急立即出來，然而張溫卻將軍隊布置於深山之中，接到命令後也沒有趕到。幸好曹丕自行撤退，不然，後果不堪設想。還有，殷禮這個人，原本因占卜算卦被徵召，張溫卻先後多次請求帶他隨行到蜀，在異國張揚吹捧他，為他大發議論。殷禮返回後，應當回到本職，張溫卻任命他代理尚書戶曹郎，這樣的安排，全在張溫一人而已。張溫還曾告訴賈原，要舉薦他為御史，對蔣康說，要讓他代替賈原的職務，專事炫耀賣弄國家給他的恩典，培養個人的勢力。猜度他的奸心，無所不為。我不忍把他曝屍街市，現將他遣返本郡，做一個雜役小吏。唉呀張溫，免於死罪是幸運了！」

4 將軍駱統上書為張溫申訴說：「殿下，天生聰明聖德，神明開啟了殿下的聖心，招攬四方傑出人才，安排才俊之士在朝廷。眾多賢士已經蒙受普遍深厚的恩德，張溫又受到最隆重的賜與。可是張溫自招罪責，辜負了榮寵的待遇，想到他這樣做，實在令人痛心。然而，我在與他人往來時，為國家做了一些訪查，深知其中的原委，所以祕密的陳說其中的道理。張溫心裏確實沒有其他想法，沒有違逆行為，只是由於他年紀尚輕，不夠穩重，卻受到顯耀之寵，懷有卓犖奇偉之才，高調發表臧否人物的議論，獻上褒貶百官的評說。於是，追求權勢者妒嫉他受寵，爭名好勝者妒嫉他的才能，靜默無為者批評他的言論，有缺點錯誤者忌恨他的建議。這些是我應當詳細分析，而殿下應當推究考察的。過去賈誼是至忠之臣，漢文帝是至明之君，然而周勃、灌嬰的一句話，賈誼便被疏遠黜退。這是什麼原因呢？是因為賈誼被嫉恨得太深，誣陷賈誼的方式極為巧妙。結果漢文帝的錯誤天下人盡知，過失顯示於後世。所以孔子會說『為君難，為臣也不易』呀。張溫雖然沒有縱橫謀士的智慧，沒有像咆哮老虎般的勇猛，但他恢宏高雅的素質，傑出高尚的道德，文章的光彩，論議的雄辯，都卓絕超羣，光彩耀世，當今無人能比得上他。所以說就他的才能來看實在可惜，論他的罪過也是可以饒恕的。殿下若能忍住盛怒，赦免大德名士，寬容賢才，以實現宏圖大業，那實在是您的華美光輝，天下觀瞻的美景。國家對於暨豔，沒有把他歸為不可信任之人，而是把他視同平民，所以他先被朱治任用，後又被眾人舉薦，當中被您任用，也得以與張溫交往。君臣之間的道義，是道義中最重要的；朋友間的交往，是交往中最不重要的。國家既然不嫌棄暨豔，與之結成最重之義，張溫自然也不嫌棄與暨豔結成最輕之交。當世對暨豔恩寵於上，張溫竊自親密於下。那些一貫作惡的民眾，逃到山裏盤踞險要之地，就成為強悍的賊寇，放在平地，就成為健勇的士卒，所以張溫試圖剿滅惡賊，既可以清除強寇為害，又可以擴充健勇的精兵，只是因謀劃失誤而落空，實效與他說的未能相符。但總計張溫送交的兵員，與許晏相比，數量多寡，張溫並未少於他。從所送兵員的強弱來說，也不比許晏差。行動的速度，張溫也沒落在許晏後面。所以能在秋冬之際，趕赴有敵情警報的地方，不敢忘記國恩，保留力量。張溫出使蜀國，共同讚譽殷禮，雖然人臣應無境外之交，也情有可原。境外之交，指的是沒有君王的許可而私相追隨，不是因為國事而暗通消息；如果受命而行，既已完成使命結成兩國之好，趁機交流一下私人的情誼，也符合使臣之道。所以孔子出使鄰國，也有私自會見之禮；季札出使中原諸侯國，也有宴聚談論的合理舉動。古人曾說，想了解一個國家的君主，觀察他所派遣的使臣，看到下臣聰明智慧，就可知上位的君主聖明而威嚴。張溫如果讚譽殷禮，能夠讓蜀人讚嘆他，正好用來表用我國臣子良才眾多，說明派遣的使臣稱職，在異國顯示國家的美好，在他邦宣揚君主的命令。所以晉國趙文子在宋與諸侯結盟，在楚臣屈建面前盛讚晉臣隨會；楚國王孫圉出使晉國，在趙鞅面前稱讚楚國的左史。這些都是在他國輔臣面前，讚譽本國臣子，經傳讚美他們為國爭光，而沒有因為在境外私自交往加以譏諷。王靖在內不憂國事，在外不為國事奔走，張溫彈劾他不是出於私憤，推究他不加寬容，於是與王靖結下深仇大恨，這是張溫盡臣下之節的最好明證。王靖兵多之勢，職務的任用，是賈原、蔣康之輩所不能相比的，張溫尚且不私自寬容與王靖相安，又怎麼敢賣恩來拉攏賈原、蔣康呢？而且賈原任職不勤奮，辦事不能勝任，張溫多次不假辭色，用極其嚴厲的語言對他進行彈劾；如果他真想賣恩作亂，那麼也沒有必要去拉攏賈原。所有的這幾個事例，與事實相核對，已經不符合，與眾人核對，也未能驗證。我私下考慮，君王雖然有聖哲的資質，非同尋常的才智，然而靠自己一人，治理億萬民眾，從重重宮殿之內，俯視四方之外，明瞭臣民的實情，尋求治理萬機，還是不易做到周全，本當聽取並辨別羣臣的話，來擴大聰慧明智的光輝。現在人們勤於指責張溫，我又不厭其煩的肯定張溫，言辭都很巧妙，意見都表達到了，各自都說想一心為國，誰也不會說是為了個人，匆忙之間，還是難於立刻分辨是非。但是以殿下的聰明睿智，細察各種說法的是非曲直，如果留意深思，查核大小情節，實情怎麼會疑惑而不明，事理怎麼會隱蔽而不清呢？張溫並不親近我，我也並不喜歡張溫。古代的君子，都能壓抑個人的私怨，以增加君王的英明。他們已在前面獨立特行，我恥於在後面廢棄他們的行為，所以現在才把平素的想法說出來，把愚昧的言論獻給聖上，實在是想為朝廷盡心，並非顧念一個張溫。」孫權最終未加採納。

5 六年以後，張溫病逝。兩個弟弟張祗、張白，也有才學聲名，與張溫一同被革職不用。

1 駱統，字公緒，會稽烏傷❶人也。父俊，官至陳❷相❸，為袁術所害。統母改適❹，為華歆❺小妻❻，統時八歲，遂與親客歸會稽。其母送之，拜辭上車，面而不顧❼，其母泣涕於後。御者❽曰：「夫人猶在也。」統曰：「不欲增母思，故不顧耳。」事適母❾甚謹。時饑荒，鄉里及遠方客多有困乏，統為之飲食衰少。其姊仁愛有行，寡歸❿無子，見統甚哀之，數問其故。統曰：「士大夫糟糠不足，我何心獨飽！」姊曰：「誠如是，何不告我，而自苦若此？」乃自以私粟與統，又以告母，母亦賢之，遂使分施，由是顯名。

2 孫權以將軍領會稽太守，統年二十，試為烏程⓫相，民戶過萬，咸歎其惠理⓬。權嘉之，召為功曹，行騎都尉，妻以從兄輔⓭女。統志在補察⓮，苟所聞見，夕不待旦。常勸權以尊賢接士，勤求損益⓯，饗賜之日，可人人別進⓰，問其燥溼⓱，加以密意，誘諭使言，察其志趣，令皆感恩戴義，懷欲報之心。權納用焉。出為建忠中郎將，領武射吏三千人。及淩統⓲死，復領其兵。

3 是時徵役繁數⓳，重以疫癘⓴，民戶損耗㉑，統上疏曰：「臣聞君國者，以據疆土為彊富，制威福為尊貴，曜德義為榮顯，永世胤為豐祚㉒。然財須民生，彊賴民力，威恃民勢，福由民殖，德俟㉓民茂，義以民行，六者既備，然後應天受祚，保族宜邦。書曰：『眾非后無能胥以寧，后非眾無以辟四方[24]。』推是言之，則民以君安，君以民濟，不易之道也。今彊敵未殄[25]，海內未乂[26]，三軍有無已之役，江境有不釋之備，徵賦調數[27]，由來積紀[28]，加以殃疫死喪之災，郡縣荒虛，田疇蕪曠，聽聞屬城[29]，民戶浸寡[30]，又多殘老[31]，少有丁夫[32]，聞此之日，心若焚燎。思尋所由[33]，小民無知，既有安土重遷之性，且又前後出為兵者，生則困苦無有溫飽，死則委棄[34]骸骨不反[35]，是以尤用[36]戀本[37]畏遠，同之於死[38]。每有徵發，羸謹居家重累者[39]先見輸送。小有財貨，傾居行賂[40]，不顧窮盡。輕剽[41]者則迸入險阻，黨就羣惡。百姓虛竭，嗷然愁擾，愁擾則不營業[42]，不營業則致窮困，致窮困則不樂生。故口腹急[43]，則姦心動而攜叛[44]多也。又聞民間，非居處小能自供，生產兒子，多不起養；屯田貧兵，亦多棄子。天則生之，而父母殺之，既懼干逆[45]和氣，感動陰陽。且惟殿下開基建國，乃無窮之業也，彊鄰大敵非造次[46]所滅，疆埸[47]常守非期月[48]之戍，而兵民減耗，後生[49]不育，非所以歷遠年，致成功也。夫國之有民，猶水之有舟，停則以安，擾則以危，愚而不可欺，弱而不可勝，是以聖王重焉，禍福由之，故與民消息，觀時制政[50]。方今長吏親民[51]之職，惟以辦具[52]為能，取過目前之急，少復以恩惠為治，副稱殿下天覆之仁[53]，勤恤之德者。官民政俗，日以彫敝[54]，漸以陵遲[55]，勢不可久。夫治疾及其未篤，除患貴其未深，願殿下少以萬機餘閒，留神思省，補復荒虛，深圖遠計，育殘餘之民，阜人財之用，參曜三光[56]，等崇天地。臣統之大願，足以死而不朽矣。」權感統言，深加意焉。

4 以隨陸遜破蜀軍於宜都，遷偏將軍。黃武[57]初，曹仁攻濡須[58]，使別將常雕等襲中洲[59]，統與嚴圭共拒破之，封新陽亭侯，後為濡須督。數陳便宜[60]，前後書數十上，所言皆善，文多故不悉載。尤以占募[61]在民間長惡敗俗，生離叛之心，急宜絕置，權與相反覆[62]，終遂行之。年三十六，黃武七年卒。

【章旨】以上為〈駱統傳〉。傳中記述他事母孝謹，對士大夫仁愛。受孫權重用後，勸孫權尊賢禮士。傳中著墨最多的地方，是敘述駱統針對「征役繁數」、「民戶損耗」所上的奏疏，疏中勸告孫權「育殘餘之民，阜人財之用」。他經常上疏，指陳時政利弊，對將領自行擴編軍隊提出批評，孫權採納了他的建議。

【注釋】❶烏傷　縣名。治所在今浙江義烏。❷陳　郡縣名。治所在今河南淮陽。❸相　漢制，郡或縣如屬王國或侯國封地，其長官不稱為太守或縣令，統稱為相。❹改適　改嫁。❺華歆　字子魚，平原高唐（今山東禹城西南）人。漢靈帝末舉孝廉為郎，獻帝初為豫章刺史。孫策定江東，歆以士人裝束奉迎，策執弟子禮，奉為上賓。後曹操召至北方，歷尚書、侍中、尚書令等職。曹魏時位至太尉，封博平侯。詳見本書卷十三〈華歆傳〉。❻小妻　妾。❼面而不顧　直盯前面而不回頭。❽御者　趕車人。❾適母　嫡母；父親的正妻。適，通「嫡」。❿寡歸　丈夫死後歸於本族。歸，原作「居」，今從宋本。⓫烏程縣名。治所在今浙江吳興南。⑫惠理　惠政。⑬從兄輔　堂兄孫輔。孫輔，字國儀，孫堅之兄孫賁之子，隨孫策、孫權創業，官至平南將軍、領交州刺史。赤壁之戰前欲投附曹操，被孫權軟禁至死。詳見本書卷五十一〈孫輔傳〉。⑭志在補察　全心幫助孫權彌補明察政務上的失誤。⑮勤求損益　努力徵詢政事的利弊得失。⑯人人別進　一個一個的親自引見。⑰燥溼　冷暖；生活上的困難。⑱淩統　字公績，吳郡餘杭（今浙江杭州西）人。十五歲繼統其父淩操部屬，屢立戰功，參與過赤壁之戰。從破皖，曾救孫權於危難之中，拜偏將軍。詳見本書卷五十五〈淩統傳〉。⑲徵役繁數　力役調發頻繁。⑳疫癘　瘟疫。㉑損耗　減少。㉒永世胤為豐祚　子孫連綿不絕才可能使統治長久。祚，福分；帝王的統治權力。㉓傒　依賴。㉔眾非后無能胥以寧二句　語出《尚書．太甲中》：「民非后，罔克胥匡以生；后非民，罔以辟四方。」意為百姓沒有帝王管理便不能實現安寧，而帝王沒有百姓便不可能開疆拓土。后，帝王。㉕殄　消滅。㉖乂　安寧。㉗徵賦調數　徵發賦稅，調發力役，相當頻繁。調，力役與正稅之外的徵收。㉘由來積紀　已經歷了十多年。紀，十二年。㉙屬城　治下各縣。㉚浸寡　越來越少。㉛殘老　殘疾人與老年人。㉜丁夫　成年男子。㉝所由　原由；原因。㉞委棄　拋棄。㉟反　通「返」。㊱尤用　尤以；尤其。㊲戀本　依戀家鄉。㊳同之於死　將離家遠行視為死亡。㊴羸謹居家重累者　柔弱膽小、拖累大而老老實實在家待著的人。㊵傾居行賂　將家中財物全用來行賄。㊶輕剽　行為輕率、身體敏捷的人。㊷不營業　不從事生產。㊸口腹急　挨餓。㊹攜叛　離叛；叛逃。攜，離散。㊺干逆　冒犯。㊻造次　倉促之際；短時間。㊼疆埸　疆境。埸，邊境。㊽期月　一整年。㊾後生　後來出生的人。㊿與民消息二句　根據百姓的情況加強或減輕其負擔，體察現實情況而制定政令。消息，增加或減少。(51)親民　愛護民眾。(52)辦具　將上面要求徵發的賦稅與力役如數辦妥，完成任務。(53)天覆之仁　如天覆育百姓的仁心。(54)彫敝　凋敝。(55)陵遲　衰退。(56)參曜三光　與日月星同輝。曜，通「耀」。三光，日、月、星。(57)黃武　吳王孫權年號，西元二二二—二二九年。(58)曹仁攻濡須　事在孫權黃武元年（西元二二二年）九月。濡須，地名。又稱濡須口、濡須城、濡須塢，源出今安徽巢湖市西巢湖的濡須水入長江處。此水為古代江淮間重要通道，東漢建安十七年（西元二一二年），孫權令於此築城駐軍，以督統領，作為北防重鎮。(59)中洲　地名。應是當時濡須水入江處之一大型沙洲。(60)數陳便宜　多次上書提出各種建議。(61)占募　將軍自行召募或通過剷除叛亂者擴編軍隊。(62)相反覆　多次磋商。

【語譯】駱統，字公緒，會稽郡烏傷縣人。父親駱俊，官做到陳國相，被袁術所害。駱統母親改嫁，成為華歆的小妾，駱統當時八歲，便與親人、賓客一起返回會稽。他的母親送他，他拜別上車後，面視前方頭也不回，他母親在後面哭泣。趕車的人說：「夫人還在車後。」駱統說：「我不想增加母親對我的思念，所以不回頭。」他侍奉嫡母十分恭謹。當時發生饑荒，鄉里及外來人大多忍飢挨餓，駱統為此吃不下飯。他姐姐為人仁慈而有操行，回家守寡沒有兒子，看見駱統這樣，非常哀憐他，多次詢問駱統原因。駱統說：「士大夫們連粗劣的食物都不足，我有什麼心思獨自飽餐！」姐姐說：「既然是這樣，為什麼不告訴我，而把自己苦成這樣？」於是將自己的糧食交給駱統，又把此事告訴了母親，母親也認為駱統有賢德，於是讓他將家裏的糧食分給大家，駱統由此出了名。

2 孫權以將軍身分兼任會稽太守，駱統二十歲，試任烏程相，一萬多民戶，都稱讚他治理得好。孫權嘉獎他，徵召為郡功曹，代理騎都尉，把堂兄孫輔的女兒嫁給他。駱統專心補救、洞察政事的缺失，只要有所見聞，便刻不容緩地報告。經常規勸孫權要尊賢禮士，努力徵詢政事的利弊得失，宴請賞賜時，應一個一個的親自接見，詢問他們生活上的冷暖，加以關切，誘導曉諭，使人們說心裏的話，觀察他們的志趣，讓他們都感恩戴德，懷抱著要報答恩情的心理。孫權採納了他的意見。出任建忠中郎將，率領武射吏三千人。等到淩統去世，又統領淩統的兵眾。

3 當時勞役繁多，加上瘟疫，民戶減少。駱統上書說：「我聽說君臨國家的，占領疆土才能富強，控制刑罰才能尊貴，仁德照人才能榮耀，子孫連綿不絕才能使統治長久。然而財富靠百姓產生出來，強盛有賴百姓的力量，威嚴倚靠百姓造勢，福祉由百姓來培育，仁德需要百姓興旺，道義得靠百姓來實行。六種都已具備，然後才能應天受命，保護宗族，有利邦國。《尚書》中說：『民眾沒有君王就不能獲得安寧，君王沒有民眾就無法開拓疆土。』由此說來，那麼民眾有賴君王而得到安寧，君王有賴民眾而成就大業，這是不變的道理。現今強敵未滅，天下未安，三軍有著無法停息的戰役，長江邊境有著不能解除的防備。賦役徵調頻繁，從始至今十多年，加上瘟疫死亡之災，郡縣空虛，田地荒蕪，聽說郡轄各縣，民戶越來越少，又多為老弱病殘，少有壯丁。聽到這消息那一天，我心急如焚。尋思其原因，是小民無知，原本有安土重遷的習性，加上先後被徵調當兵的，生者則生活困苦不得溫飽，死者則屍骨拋於他鄉，所以這更加使他們依戀家鄉，害怕被徵調遠行，將它視為死亡。每當遇有力役徵發，柔弱、拘謹、持家負擔重的人總是先被調發。稍有些財產的，傾盡家產行賄，不惜耗盡家產。年輕剽悍者則竄入深山險阻，成羣結夥作惡。百姓財力枯竭，哀鳴憂愁；憂愁則不從事生產，不從事生產則導致窮困，導致窮困則生活不樂。所以飢餓難忍，便起邪惡之心而反叛眾多。又聽說在民間，如果居家度日不是稍能自給自足，生下男孩，多不養育；屯田的貧窮兵卒，也大都丟棄子女。上天生育了他們，而父母殺死了他們，這恐怕要違反祥和之氣，使陰陽失調。而且我想殿下開基建國，是無窮無盡的大業，強鄰大敵不是短期內就能消滅的，戍守疆界也不是一年半載的事情，而兵員與百姓都在不斷減少，出生的孩子得不到養育，這不是使國家長久，獲致功業的辦法。國家擁有民眾，猶如水中有船，水穩則船安，水蕩則船危。百姓愚昧但不能欺負，柔弱卻是不可戰勝，所以聖明的君主都重視民眾，國家禍福由民眾決定，所以與民休息，根據現實情況而制定政令。當今地方長官本是親民愛眾的職務，只是他們卻以完成任務為能事，索取的超過了眼下的急需，很少還有人採用恩惠來治理百姓，符合殿下天覆地載一樣的仁愛，努力體恤百姓的聖德。官員和百姓，政務和風俗，一天天衰敗，逐漸墮落衰微，勢必不能長久。治病要趁著不嚴重，消除禍患貴在為害不深。希望殿下稍微在日理萬機中抽出時間，認真思考這個問題，設法彌補政治的缺陷，深入思考長遠的計畫，撫育殘存的百姓，增加可以利用的人力與財力，使殿下與日月星爭輝，與天地同樣崇高。這是臣駱統最大的希望，完全可以死而不朽了。」孫權被駱統的話感動，對他的上言特別重視。

[4] 因為跟隨陸遜在宜都大破蜀軍，改任偏將軍。黃武初年，曹仁攻打濡須，派別將軍常雕等襲擊中洲，駱統與嚴圭共同抵禦並將其擊退，被封為新陽亭侯，後任濡須督。他多次陳述利國易行的建議，前後上書幾十次，上書的內容都很好。因文字多，所以不能全部記載。上書中特別批評將領自行招募，在民間助長邪惡，敗壞風俗，使百姓滋生叛逆之心，應當立即取消。孫權與他反覆爭論，最終推行了他的建議。駱統享年三十六歲，黃武七年去世。

1 陸瑁，字子璋，丞相遜弟也。少好學篤義。陳國陳融、陳留[1]濮陽逸、沛郡[2]蔣纂、廣陵袁迪等，皆單貧[3]有志，就瑁遊處，瑁割少分甘，與同豐約。及同郡徐原，爰居[4]會稽，素不相識，臨死遺書[5]，託以孤弱，瑁為起立墳[6]墓，收導[7]其子。又瑁從父[8]績早亡，二男[9]一女，皆數歲以還，瑁迎攝養[10]，至長乃別。州郡辟舉[11]，皆不就。

2 時尚書暨豔盛明臧否，差斷三署[12]，頗揚人闇昧之失[13]，以顯其謫[14]。瑁與書曰：「夫聖人嘉善矜愚，忘過記功，以成美化。加今王業始建，將一大統，此乃漢高棄瑕錄用[15]之時也，若令善惡異流，貴汝潁月旦之評[16]，誠可以厲俗明教[17]，然恐未易行也。宜遠模仲尼之汎愛[18]，中則郭泰之弘濟[19]，近有益於大道[20]也。」豔不能行，卒以致敗。

3 嘉禾元年[21]，公車徵[22]瑁，拜議郎、選曹尚書。孫權忿公孫淵之巧詐反覆，欲親征之[23]，瑁上疏諫曰：「臣聞聖王之御遠夷，羈縻而已，不常保有，故古者制地，謂之荒服[24]，言慌惚無常，不可保也。今淵東夷[25]小醜，屏在海隅，雖託人面，與禽獸無異。國家所為不愛貨寶遠以加之者[26]，非嘉其德義也，誠欲誘納愚弄，以規[27]其馬耳。淵之驕黠[28]，恃遠負命[29]，此乃荒貊[30]常態，豈足深怪？昔漢諸帝亦嘗銳意以事外夷，馳使散貨，充滿西域[31]，雖時有恭從，然其使人見害，財貨并沒，不可勝數。今陛下不忍悁悁之忿[32]，欲越巨海，身踐其土，羣臣愚議，竊謂不安。何者？北寇[33]與國，壤地連接，苟有間隙[34]，應機而至。夫所以越海求馬，曲意於淵者，為赴目前之急，除腹心之疾也，而更棄本追末，捐近治遠，忿以改規，激以動眾[35]，斯乃猾虜[36]所願聞，非大吳之至計也。又兵家之術，以功役相疲，勞逸相待，得失之間，所覺輒多。且沓渚[37]去淵，道里尚遠，今到其岸，兵勢三分，使彊者進取，次當守船，又次運糧，行人[38]雖多，難得悉用。加以單步負糧，經遠深入，賊地多馬，邀截無常。若淵狙詐[39]，與北未絕[40]，動眾之日，脣齒相濟。若實孑然[41]無所憑賴，其畏怖遠迸，或難卒[42]滅。使天誅稽於朔野[43]，山虜[44]承間而起，恐非萬安之長慮也。」權未許。

4 瑁重上疏曰：「夫兵革者，固前代所以誅暴亂，威四夷[45]也，然其役皆在姦雄已除，天下無事，從容廟堂之上[46]，以餘議議之耳。至於中夏[47]鼎沸，九域[48]槃互[49]之時，率須深根固本，愛力惜費，務自休養，以待鄰敵之闕[50]，未有正於此時，舍近治遠，以疲軍旅者也。昔尉佗[51]叛逆，僭號稱帝，于時天下乂安[52]，百姓殷阜[53]，帶甲[54]之數，糧食之積，可謂多矣，然漢文猶以遠征不易，重興師旅，告喻[55]而已。今凶桀[56]未殄，疆埸猶警，雖蚩尤[57]、鬼方[58]之亂，故當以緩急差之[59]，未宜以淵為先。願陛下抑威任計，暫寧六師[60]，潛神嘿規[61]，以為後圖，天下幸甚。」權再覽瑁書，嘉其詞理端切，遂不行。

初，瑁同郡聞人敏見待國邑[62]，優[63]於宗脩，惟瑁以為不然，後果如其言。

赤烏二年[64]，瑁卒。子喜亦涉[65]文籍[66]，好人倫[67]，孫晧時為選曹尚書。

【章　旨】以上為〈陸瑁傳〉。傳中依次記述他為人仁愛、寬和；入朝為官後，上書勸阻孫權親自遠征遼東公孫淵，主張養育民力，全力應付中原曹魏。篇末插敘陸瑁善於識辨人物，交待了其子陸喜的情況。

【注　釋】❶陳留　郡名。治所在今河南開封東南。❷沛郡　郡名。治所在今安徽濉溪縣西北。❸單貧　家族沒政治地位，又貧窮。單，單家。東漢時各地一些富有家族儒學化、官僚化，甚至數代公卿，被稱為世家大族，與之相對應的則被稱為單家。❹爰居　遷居。❺遺書　留下一封信。❻立墳　原二字互倒，今從宋本。❼收導　收養教育。❽從父　同一曾祖的父輩。❾二男　原誤作「一男」。陸績長子宏，次子叡。❿攝養　收養；領養。⓫州郡辟舉　州郡長官召請為官。⓬差斷三署　指暨豔對三署郎官進行清理，分出優劣等級。⓭闇昧之失　隱私與缺點。⓮讁　貶讁；挑剔別人的過失。⓯漢高棄瑕錄用　指漢高祖重用按儒者觀點看品行有問題的陳平及韓信。⓰汝潁月旦之評　東漢後期，士大夫喜好品評人物，干預選舉，尤以當時文化發達、士人眾多的汝南、潁川二郡最為突出。《後漢書．許劭列傳》說，汝南人許劭與堂兄許靖「俱有高名，好共核論鄉黨人物，每月輒更其品題，故汝南俗有『月旦評』焉」。⓱厲俗明教　使風俗澄清，教化盛行。⓲仲尼之汎愛　孔子那樣的仁者胸懷。按：孔子主張仁者愛人，己所不欲，勿施於人，是所謂「汎愛」。⓳郭泰之弘濟　郭泰，字林宗，太原界休（今山西介休）人。博學多通，有天下大名而不應官府辟召，閉門講學，好提攜人物，無論貴賤，因其鼓勵求學成名者甚多。見《後漢書．郭泰列傳》。⓴大道　弘大的規則。㉑嘉禾元年　西元二三二年。嘉禾，吳大帝孫權年號，西元二三二—二三八年。㉒公車徵　皇帝下令召請由官府機構負責沿途接待。㉓孫權忿公孫淵二句　吳嘉禾元年，遼東割據者公孫淵試圖擺脫曹魏的控制，向孫權稱臣。孫權封之為燕王，派出一萬人的使團，攜帶財物前往並加以援助，結果公孫淵為阻止曹魏進攻，奪取財物並將使團人員俘虜，以邀功於魏。㉔荒服　先秦出現的一種政治地理觀念，荒服指距王畿二千五百里之外的地區，為五服中最遠之地。㉕東夷　先秦中原華夏民族對東方非華夏民族的稱呼。㉖所為不愛貨寶句　之所以不吝惜財寶接受他為臣屬。㉗規　謀取。㉘驕黠　驕悍狡猾。㉙負命　違抗命令。㉚荒貊　邊遠之地的貊人。戰國至於漢代，將今遼東至朝鮮半島上的居民統稱為貊或穢貊。㉛西域　古代指今新疆及於中亞地區。㉜悁悁之忿　急躁憤怒。㉝北寇　指北方的曹魏政權。㉞苟有間隙　假如有機可乘。㉟忿以改規二句　因憤恨而改變計畫，在激動的情況下發動戰爭。㊱猾虜　狡猾的敵人。㊲沓渚　地名。在今遼寧大連西南郊。㊳行人　出征的軍人。㊴狙詐　詭詐。㊵與北未絕　與北方的曹魏未斷絕關係。㊶孑然　孤獨的樣子。㊷卒　通「猝」。㊸天誅稽於朔野　出征的大軍被拖住在北方的曠野中，久久不能結束戰事。稽，稽留；拖延。朔，北方。㊹山虜　山中的叛亂者。指山越。㊺四夷　先秦時中原華夏民族認為自己所居為中國，並分別稱東、南、西、北四邊非華夏民族為夷、蠻、戎、狄。四夷即四方非華夏族人。㊻從容廟堂之上　在朝廷之上緩慢從事。㊼中夏　中原。㊽九域　九州；中國。㊾槃互　交錯；錯亂。㊿闕　通「缺」。錯誤；缺陷。(51)尉佗　真定（今河北正定南）人。秦亡之際為南海郡（今廣東廣州）尉，舉兵擊桂林、象郡，建立南越國，自立為南越武王。漢高祖加以承認，使之成為漢之附屬國。後因呂后當權禁止鐵器輸入南越而自立為武帝，與漢分庭抗禮。漢文帝時復以漢臣屬自處，去帝號而稱王。見《漢書・南粵傳》。(52)乂安　安定。(53)殷阜　富足。(54)帶甲　兵士；軍隊。(55)告喻　警告。(56)凶桀　頑凶。(57)蚩尤　遠古傳說中的一個部落首領。《史記・五帝本紀》記，黃帝時，以武力征服諸侯，而蚩尤不服，與黃帝統率的諸侯軍隊戰於涿鹿之野，被黃帝擒殺。(58)鬼方　商代後期在北方與商朝敵對的一個族羣，後世解釋為匈奴人的前身。(59)故當以緩急差之　本來應分清輕重緩急與先後次序。緩急，偏義複詞，重在「急」。差，分出等級。此指分出先後。(60)六師　王者之師；軍隊。周代天子置六師，後用以帝王平叛之師。(61)潛神嘿規　暗中好好籌劃。嘿，通「默」。(62)見待國邑　在吳郡受到重視。(63)優　原誤作「憂」，據宋本校正。(64)赤烏二年　西元二三九年。赤烏，吳大帝孫權年號，西元二三八—二五一年。(65)涉　涉獵；誦讀。(66)文籍　詩文著作。(67)好人倫　喜歡品評人物等級。

【語　譯】陸瑁，字子璋，丞相陸遜的弟弟。少年時就好學重義。陳國人陳融、陳留郡人濮陽逸、沛郡人蔣纂、廣陵人袁迪等，都貧寒而有志向，前來與陸瑁相處交遊。陸瑁把自己不多和甘美的東西分給他們，同享甘苦。

甚且同郡有位叫徐原的人，遷居會稽郡，與陸瑁素不相識，臨死留下遺書，將孤兒幼子託付陸瑁，陸瑁為他修建墳墓，收養和教育他的兒子。還有陸瑁的叔父陸績早亡，留下二男一女，都只有幾歲，陸瑁將他們接來撫養，到長大後才離開。州、郡徵召舉薦，都不去就職。

[2] 當時尚書暨豔大肆品評人才，對三署郎官分別等級，公開了許多人的隱私和短處，以炫耀他挑剔別人正確。陸瑁寫信給他說：「聖人稱讚好人憐憫愚昧的人，忘掉別人的錯誤記住別人的功勞，從而實現美好的教化。加以現在王業初興，將要完成一統大業，此時正是像漢高祖那樣不計缺失用人的時候。如果要使善惡分明，崇尚汝南、潁川喜歡品評人物的風氣，確實可以整飭風俗宣明教化，但恐怕不容易推行。應當遠效孔仲尼的泛愛，中學郭泰的廣濟博施，近則有益於弘大的規則。」暨豔沒有採納實行，終致失敗。

[3] 嘉禾元年，公車徵召陸瑁，任為議郎、選曹尚書。孫權憤恨公孫淵奸詐反覆，想親自征討他。陸瑁上書勸阻說：「我聽說聖王治理邊遠的夷人，懷柔籠絡而已，不長久占有。所以古人規劃疆域，稱之為荒服，意思就是這些地方的人搖擺不定，不能穩定的占有。現今公孫淵不過是一個東夷小醜，屏絕在大海一角，雖有人形，實際與禽獸無異，國家所以不吝惜財貨寶物，從遠方送給他，不是稱美他的德義，實際是想招誘愚弄他，以獲取他的馬匹罷了。公孫淵驕悍狡詐，依恃邊遠而違抗命令，這是荒遠貊人的常態，怎麼值得深加責怪呢？從前漢朝各位皇帝亦曾一心想控制遠夷，派遣使節散發財貨，足跡遍及西域，雖然偶有恭敬順從，然而使者被害，財貨被吞失的事不可勝數。現在陛下不忍一己的憤怒，想越過大海，親臨其地，羣臣愚昧議論，私下認為不妥。為什麼呢？北邊的敵寇與我國，疆域相連，如果有機可乘，便會乘機前來。我們之所以渡過大海獲取馬匹，曲意逢迎公孫淵，是為了解決當務之急，去除心腹之患，而現在要捨本逐末，棄近圖遠，因憤恨而改變計畫，在激動的情況下興師動眾，這是狡詐的敵人所希望聽到的，不是我大吳的最佳策略。還有兵家的計謀，用勞役使對方疲憊，以逸待勞，得失之間，感覺往往差距很大。況且沓渚距離公孫淵，道路尚遠。如果到達海岸，兵力分成三部分，讓強大的一部分進攻，稍次的看守船隻，最次的運輸糧草，出征的兵士雖多，難於全部用上。加上徒步負糧，長途跋涉，深入敵境，敵境多馬，阻截無常。如果公孫淵詭詐，與

曹魏並未斷絕關係，我們興師動眾之日，他們便會如唇齒相助。如果公孫淵確實孤立無援，他恐懼遠遁，也很難立刻把他消滅。假使我軍征討被拖在北方平原野地中，國內山中的叛賊乘機起事，這恐怕不是萬全的長遠考慮了。」孫權沒有贊同。

4 陸瑁再次上書說：「用兵打仗，確實是前代用來誅滅暴亂，威懾四夷的，然而那都是在奸雄已經除掉，天下安定無事，從從容容的在朝廷之上，以多餘的議題來加以討論罷了。至於中原不安、九州羣雄割據的時候，一般說來需要深根固本，愛惜人力財力，致力於自我休養，以等待鄰敵出現漏洞。沒有在這種時候，捨近求遠，使自己的軍隊疲憊的。從前尉佗叛逆，偽稱帝號，當時天下安定，百姓富足，軍隊的數量，糧食的積蓄，可以說相當多了。然而漢文帝還是認為出師遠征不是容易的事，很重視興師動眾，只是派使者加以警告而已。現在頑凶未滅，邊境還要警戒。就是出現蚩尤、鬼方那樣的叛逆，也應當分別輕重緩急，不宜以公孫淵為首要敵人。希望陛下抑制憤怒，停止出征計畫，暫且安定軍隊，潛心思考，默默謀劃，以後再作打算，這是天下百姓的大幸。」孫權再次看了陸瑁的上書，讚賞他言詞有道理，端正貼切，於是沒有親自率軍出征。

5 當初，陸瑁的同郡人聞人敏在本郡受到人們的重視，大家認為他優於宗脩。只有陸瑁認為不是這樣，後來果然如陸瑁所說。

6 赤烏二年，陸瑁去世。陸瑁兒子陸喜也涉獵詩文典籍，喜歡品評人物等次，孫皓時期任選曹尚書。

1 吾粲，字孔休，吳郡烏程人也。孫河❶為縣長❷，粲為小吏，河深奇之。河後為將軍，得自選長吏，表粲為曲阿丞❸，遷為長史❹，治有名迹❺。雖起孤微❻，與同郡陸遜、卜靜等比肩齊聲❼矣。孫權為車騎將軍，召為主簿❽，出為山陰令，還為參軍校尉。

2 黃武元年[9]，與呂範[10]、賀齊[11]等俱以舟師[12]拒魏將曹休[13]於洞口[14]。值天大風，諸船綆紲[15]斷絕，漂沒著岸，為魏軍所獲，或覆沒沉溺，其大船尚存者，水中生人[16]皆攀緣號呼，他吏士恐船傾沒，皆以戈矛撞擊不受[17]。粲與黃淵獨令船人以承取之，左右以為船重必敗[18]，粲曰：「船敗，當俱死耳！人窮[19]，奈何[20]棄之。」粲、淵所活者百餘人。

3 還，遷會稽太守，召處士謝譚為功曹，譚以疾不詣[21]，粲教[22]曰：「夫應龍[23]以屈伸為神，鳳皇[24]以嘉鳴為貴，何必隱形於天外，潛鱗於重淵[25]者哉？」粲募合人眾[26]，拜昭義中郎將，與呂岱[27]討平山越，入為屯騎校尉[28]、少府，遷太子太傅。遭二宮之變[29]，抗言[30]執正，明嫡庶之分[31]，欲使魯王霸出駐夏口[32]，遣楊竺[33]不得令在都邑。又數以消息語陸遜，遜時駐武昌[34]，連表諫爭。由此為霸、竺等所譖害，下獄誅。

【章　旨】以上為〈吾粲傳〉。傳中依次敘述吾粲的三件事：一是由基層小吏逐漸遷升的經歷；二是黃武元年，與魏將曹休拒戰，冒死拯救落水士卒；三是因捲入魯王孫霸與太子孫和爭位的鬥爭，被誣陷致死。

【注　釋】❶孫河　本姓俞，孫策賜姓孫氏。孫權初，屯守京城（今江蘇鎮江市）。被部下刺殺。事略附於本書卷五十一〈孫韶傳〉。❷縣長　秦漢制度，大縣長官稱令，小縣稱長。❸曲阿丞　曲阿縣丞，縣丞為縣令或縣長的副職，協助長官處理政事。

曲阿，縣名。治所在今江蘇丹陽。❹長史　三公及將軍之首要屬員，協助長官全面處理公務。❺治有名迹　治理百姓很有名且事跡突出。❻起孤微　出身於貧寒家庭。❼比肩齊聲　名聲一樣大。❽主簿　官名。置於公府、將軍府及州、郡衙門，管理公文檔案，協助長官處理政務，如同今之祕書長。❾黃武元年　西元二二二年。黃武，吳王孫權年號，西元二二二—二二九年。❿呂範　字子衡，汝南細陽（今安徽阜陽北）人。東漢末避亂壽春，率私客百餘從孫策，於孫氏兄弟平定江東有功。孫權率兵擊關羽，都武昌，命呂範留守建業。官至前將軍、揚州牧，封南昌侯。詳見本書卷五十六〈呂範傳〉。⓫賀齊　字公苗，會稽山陰（今浙江紹興）人。少為郡吏，後從孫策、孫權兄弟，歷任地方長官，率兵平定各地叛亂。官至後將軍、假節領徐州牧。詳本書卷六十〈賀齊傳〉。⓬舟師　水軍。⓭曹休　字文烈，沛國譙（今安徽亳州）人。曹操族子。早年從曹操征討，為創魏功臣，魏初官大將軍、大司馬。詳見本書卷九〈曹休傳〉。⓮洞口　地名。又稱洞浦口、洞浦。位於今安徽和縣東南長江岸邊。⓯綆紲　纜繩。⓰生人　活人；未死者。⓱不受　不接受；不讓上船。⓲敗　沉沒。⓳窮　困境。⓴奈何　怎麼。㉑不詣　不到郡府任職；不接受任命。㉒教　太守所下行政公文的名稱。㉓應龍　神話傳說中有翼的龍。㉔鳳皇　即鳳凰。古代傳說中的一種神鳥，在天下太平、民風純樸時才會出現。㉕重淵　深淵。㉖募合人眾　召募組建部隊。㉗呂岱　字定公，廣陵海陵（今江蘇泰州）人。初為郡縣吏，漢末過江從孫權，歷餘姚長、廬陵太守，率部奪取交州，就任交州刺史，後率部還鎮長沙。孫權時官至上大將軍，孫亮時位至大司馬。詳見本書卷六十〈呂岱傳〉。㉘屯騎校尉　孫吳仿東漢制度，置五校尉領營兵防禦都城，屯騎校尉為其中之一。㉙二宮之變　指太子孫和與孫權子魯王孫霸爭奪權力引起的政治鬥爭。太子孫登病死後，孫權立次子孫和為太子。孫霸因受孫權寵愛，試圖奪太子之位，並得到一批大臣的支持，孫權一度亦有此打算。朝臣因而分裂為對立的兩派，在孫權晚年造成嚴重的政治危機。結果孫權痛下決心，廢孫和太子之位，將孫霸賜死。㉚抗言　公開表示強烈反對。㉛明嫡庶之分　闡明嫡庶分別對於穩定政權的重要性。漢代遠承周制，確立皇位嫡長子繼承制，如有嫡子而以庶子繼承皇位，就可能使最高權力繼承失序，引發政治危機與衝突。㉜夏口　夏水入江之處。地在今湖北武漢。㉝楊竺　廣陵（今江蘇揚州）人，魯王孫霸黨羽。㉞武昌　地名。今湖北鄂州。

**【語譯】**吾粲，字孔休，吳郡烏程縣人。孫河任縣長時，吾粲為小吏，孫河對他深為驚奇。孫河後來任將軍，得以自選屬下官吏，便上表薦舉吾粲為曲阿縣丞，後升任將軍府長史，為政很有政績。吾粲雖出身低微，但與同郡陸遜、卜靜等齊名。孫權擔任車騎將軍時，召請他為主簿，出任山陰縣令，回來後任參軍校尉。

2 黃武元年，吾粲與呂範、賀齊等都率水軍在洞口抵禦魏將曹休。正值天颳大風，許多船纜都被拉斷，船隻漂到對岸，被魏軍俘獲，或者船翻沉沒，那些保存下來的大船，落入水中還活著的人都攀船呼救，大船上的其他官吏士卒怕船傾沉沒，都用戈矛撞擊落水的士兵，不讓他們上船。只有吾粲和黃淵命令船上的兵士接納溺水者，身邊的人認為船過重一定會沉沒，吾粲說：「船沉了，大家應當一塊兒死罷了！別人遇到困境，怎麼能丟下他們。」吾粲、黃淵救活了一百多人。

3 回師後，吾粲升任會稽太守，召請隱士謝譚為郡功曹，謝譚以身體有病為藉口不肯到任。吾粲下教令說：「應龍因為能屈能伸，被視為神物，鳳凰因為優美的鳴聲受到珍貴，你為何一定要隱形於天外，藏鱗於深淵呢？」吾粲募集人眾，被任命為昭義中郎將，與呂岱一起征討平定了山越，入朝任屯騎校尉、少府，升為太子太傅。適遇魯王孫霸與太子孫和爭位引起的變故，吾粲直言守正，主張明辨嫡庶之別，想讓魯王孫霸出朝駐守夏口，遣送楊竺，不讓他在都城。又多次向陸遜通報情況，當時陸遜駐守武昌，接連上書諫爭。吾粲因此被孫霸、楊竺等人所誣蔑陷害，下獄處死。

1 朱據，字子範，吳郡吳人也。有姿貌膂力❶，又能論難❷。黃武初，徵拜五官郎中❸，補侍御史❹。是時選曹尚書暨豔，疾貪汙在位❺，欲沙汰❻之。據以為天下未定，宜以功覆過，棄瑕取用，舉清厲濁❼，足以沮勸❽，若一時❾貶黜，懼有後咎❿。豔不聽，卒敗。

2 權咨嗟⓫將率，發憤歎息，追思呂蒙、張溫，以為據才兼文武，可以繼之，由是拜建義校尉，領兵屯湖熟⓬。黃龍元年⓭，權遷都建業，徵據尚公主，拜左將軍，封雲陽侯。謙虛接士，輕財好施，祿賜雖豐而常不足用。嘉禾⑭中，始鑄大錢，一當五百⑮。後據部曲⑯應受三萬緡⑰，工王遂詐而受之，典校⑱呂壹⑲疑據實取，考問主者⑳，死於杖下，據哀其無辜㉑，厚棺斂之。壹又表據吏為據隱㉒，故厚其殯㉓。權數責問據，據無以自明，藉草待罪㉔。數月，典軍吏劉助覺，言王遂所取，權大感寤㉕，曰：「朱據見枉，況吏民乎？」乃窮治壹罪，賞助百萬。

3

赤烏九年㉖，遷驃騎將軍。遭二宮搆爭㉗，據擁護㉘太子，言則懇至，義形於色，守之以死㉙，遂左遷㉚新都郡㉛丞。未到，中書令㉜孫弘㉝譖潤㉞據，因權寢疾㉟，弘為詔書追賜死㊱，時年五十七。孫亮時，二子熊、損各復領兵，為全公主㊲所譖，皆死。永安㊳中，追錄前功，以熊子宣襲爵雲陽侯，尚公主。孫晧時，宣至驃騎將軍。

【章　旨】以上是〈朱據傳〉。傳中記述朱據在暨豔清查貪腐官吏時，主張「舉清厲濁」，以功補過。又記述孫權認為朱據才兼文武，委以重任。雖處高位，仍謙虛接士，不貪財貨。最後記述朱據在太子孫和與魯王孫霸爭奪繼承權的鬥爭中被誣陷致死。對朱據子孫的情況也作了簡略交待。

【注　釋】❶膂力　膂力；力氣。❷能論難　有口才。❸五官郎中　官名。漢制，五官中郎將與左、右中郎將統郎官護衛皇宮中宮殿建築，郎官中地位高者為郎中。❹侍御史　官名。秦漢為御史大夫屬官。漢秩六百石，其中十五人由御史中丞領屬，給事殿中，監察百官違法亂紀行為並奉使外出執行指定任務。❺疾貪汙在位　痛恨貪婪卑劣之人擔任官吏。疾，痛恨。汙，人品卑劣。❻沙汰　淘汰。❼舉清厲濁　提拔清廉的人以促使行為不檢點者改變自己的行為。❽沮勸　阻止為惡，勸人向善。❾一時　突然間；短期內。❿後咎　後患。⓫咨嗟　感慨；感嘆。⓬湖熟　縣名。治所在今江蘇江寧東南。⓭黃龍元年　西元二二九年。黃龍，吳大帝孫權年號，西元二二九—二三一年。⓮嘉禾　吳大帝孫權年號，西元二三二—二三七年。⓯一當五百　一個大錢與五百個五銖錢等值。⓰部曲　部下。漢代軍隊編制，將軍之下分部、部下有曲、曲下為屯，部曲合稱以指兵士。⓱緡　穿錢的繩子，古代用作貨幣計量單位，一緡為一千錢。⓲典校　官名。孫權置於中書機構，掌審查中央及地方各機構檔案，糾察違法亂紀行為。⓳呂壹　孫權嘉禾年間任中書郎，受孫權信任，審查中央各部門及地方州郡檔案文書，刺探臣民言行，因而作威作福，大臣多被誣陷，遭受審問，引發政治危機。孫權最終不得不將其處死以塞責。⓴考問主者　拷問主管人員。㉑辜　罪責。㉒表據吏為據隱　報告說朱據的屬吏幫助朱據隱瞞了真象。㉓厚其殯　厚葬。㉔藉草待罪　以草墊地而坐，表示等待發落。㉕寤　驚醒；因吃驚而醒悟。㉖赤烏九年　西元二四六年。赤烏，吳大帝孫權年號，西元二三八—二五一年。㉗搆爭　相互結仇爭權。㉘擁護　支持。㉙守之以死　表示以死保護太子的地位。㉚左遷　貶官。㉛新都郡　郡名。孫吳分丹陽等郡置，治所在今浙江淳安西。㉜中書令　官名。三國魏文帝始置，與中書監同掌撰寫皇帝詔令，因而成為朝廷顯要之職。孫吳中書令大體上仿曹魏而置。㉝孫弘　孫權後期任中書令，依附魯王孫霸，陷害太子孫和及支持孫和的朝臣。孫權臨終命其為領太子少傅，與諸葛恪等輔太子。孫權死，孫弘密不發喪，欲矯詔誅殺諸葛恪，事洩，諸葛恪以議事為名召請，於座中殺之。㉞譖潤　誹謗。㉟寢疾　因生病而臥床不起。㊱賜死　令其自殺。㊲全公主　孫權長女，名魯班。先嫁周瑜子周循，後改嫁全琮，稱為全公主。㊳永安　吳景帝孫休年號，西元二五八—二六四年。

【語譯】朱據，字子範，吳郡吳縣人，有容貌，有力氣，又有口才能辯論。黃武初，徵召任命為五官郎中，補侍御史。這時選曹尚書暨豔痛恨貪官汙吏在位，想淘汰他們。朱據認為天下尚未平定，應當以功掩過，忽略缺點，取用人才，舉用清廉的人，激勵汙濁的人，這樣足以阻止為惡，勸人向善，如果在很短的時間內將他們全都貶斥罷官，怕有後患。暨豔不聽，終於失敗。

2　孫權感嘆將帥乏人，鬱悶嘆息，追思呂蒙、張溫，認為朱據文武雙全，可以接替他們，於是任為建義校尉，領兵屯駐湖熟。黃龍元年，孫權遷都建業，召回朱據，娶了公主，任為左將軍，封雲陽侯。朱據謙虛待人，輕財好施，俸祿賞賜雖然很豐厚，但常不夠用。嘉禾年間，開始鑄造大錢，一個大錢等值五百個五銖錢，後來朱據的部曲應領大錢三萬緡，被工匠王遂詐領。典校呂壹懷疑實際是朱據領走的，拷問朱據屬下的主管軍吏，軍吏被拷打致死，朱據哀憐他無辜冤死，厚棺殮葬。呂壹又上表稱朱據的部下為他隱瞞實情，所以朱據才厚葬他。孫權多次責問朱據，朱據無法證明自己清白，只得於草上坐臥，等待處罰。幾個月後，典軍吏劉助察覺了事情的真象，說明軍費是由王遂領走的，孫權恍然大悟，說：「朱據都被冤枉，何況吏民百姓呢？」於是徹底清查呂壹所犯罪行，賞賜劉助一百萬錢。

3 赤烏九年，升任驃騎將軍。遇上魯王孫霸與太子孫和結仇爭權，朱據支持太子孫和，出言懇切，臉色上表現出正義之氣，以死相守，於是被貶為新都郡丞。尚未到達任所，中書令孫弘誹謗朱據，趁著孫權病重，孫弘造作詔書追賜朱據自殺，時年五十七歲。孫亮時期，朱據的兩個兒子朱熊、朱損又各統領軍隊，被全公主所誣陷，都被處死。永安年間，追記以前的功勞，以朱熊之子朱宣承襲雲陽侯爵位，娶公主為妻。孫晧時期，朱宣官至驃騎將軍。

評曰：虞翻古之狂直❶，固難免乎末世❷，然權不能容，非曠宇❸也。陸績之於揚玄❹，是仲尼之左丘明❺，老聃之嚴周❻矣；以瑚璉❼之器，而作守南越❽，不亦賊夫人❾歟！張溫才藻俊茂，而智防未備，用致艱患。駱統抗明大義，辭切理至，值權方閉不開❿。陸瑁篤義規諫，君子有稱焉。吾粲、朱據遭罹⓫屯蹇⓬，以正喪身，悲夫！

【章旨】以上為陳壽對本卷所記史實的評論，主要意思是指責孫權用人缺乏氣度與昏庸失察。

【注釋】❶狂直　狂傲直率。❷末世　君主昏庸、政治混亂的時代。古代儒者又有一種觀念，認為遠古為聖世，而秦漢以後君主專權為末世。❸非曠宇　沒氣度;胸懷不廣。❹揚玄　揚雄所著《太玄》。❺仲尼之左丘明　孔子撰定《春秋》,文字簡略。左丘明所撰《左傳》,與《春秋》記事時間大致相同,但內容豐富,使《春秋》所記之事更為清楚。後人或認為《左傳》原本就是解釋《春秋》的著作,稱之為《春秋左氏傳》,左丘明被視為闡發《春秋》的功臣。❻老聃之嚴周　老聃,即老子,其著作《老子》或稱《道德經》,以五千字的篇幅講述高深哲理。嚴周,即莊周、莊子。東漢時因明帝名劉莊,避諱稱改「莊」為「嚴」。後人認為《莊子》七篇是對《老子》思想的繼承與發展。❼瑚璉　古代祭祀時用以盛粟稷的兩種玉質器皿,喻指人有才能,堪當朝廷大任。❽南越　漢代對今廣東、廣西及越南中北部地區居民的稱呼,意為南方之越人,亦用以指所居地域。❾賊夫人　用人不當;讓人擔任不能勝任的職位。《史記·仲尼弟子列傳》:孔子弟子高柴子羔從孔子學,孔子認為他愚笨,子路推薦子羔為費郈宰,孔子認為子羔不能勝任,評論說:「賊夫人之子。」❿方閉不開　昏庸不清醒。⓫遭罹　遭受;遭遇。⓬屯蹇　《易》二卦名。〈震〉下〈坎〉上為〈屯〉,〈艮〉下〈坎〉上為〈蹇〉,都預示艱難困苦。後遂將二卦連稱,意指受挫折、不順利。

【語　譯】評論說:虞翻是古代狂傲直率的那類人,在衰敗末世確實難免獲罪,然而孫權不能寬容,胸襟不夠開闊。陸績對於揚雄的《太玄》,有如左丘明對於仲尼的《春秋》、莊周對於老聃的《老子》;以國家棟梁之才,卻被派往南越駐守,不也是作賤人才嗎!張溫才華傑出,而智謀不足,招來禍患。駱統申明大義,詞嚴理正,卻碰上孫權昏昧不醒。陸瑁為國恪守道義,敢於諍諫,為君子所稱道。吾粲、朱據遭受挫折,正身而行卻喪於非命,真可悲啊!

【研　析】陳壽在本卷評論中,對虞翻、陸績頗為褒揚,對孫權不能寬容善待進行了嚴厲的批評,同時認為張溫雖有高才,但不會韜光養晦,終而造成個人悲劇。我們可以就此三人的行事與個人悲劇,分析孫權與江東大族之間相互依存又相互矛盾的微妙關係。

虞翻無疑是東漢末江東最有名的文士,他在漢末任會稽太守王朗的功曹,當孫策率兵臨郡時,虞翻曾勸王朗避免與孫策衝突。當王朗執意抵抗孫策,因而失敗後,虞翻仍隨王朗奔走,盡心保護。可以說當孫策過江時,虞翻為代表的會稽大族並不視孫策為自己人,他們忠心於漢朝,並沒認識到孫氏就要在江東實現統治的可能性。後來虞翻回到家鄉，再次出任孫策的功曹，與其說是虞翻主動投附，不如說是孫策「待以交友之禮，身詣翻第」，全力籠絡的結果。作為江東文人代表，虞翻與北方文人代表孔融互通書信，惺惺相惜，顯示他們心靈相通的一面。與孔融在「漢賊」曹操面前傲慢無禮一樣，虞翻對在孫策之後繼掌江東大政的孫權也沒有給以足夠的尊重，「數犯顏諫爭，權不能悅。」後孫權為吳王，舉行慶祝宴會，親自敬酒，虞翻竟「伏地陽醉，不持」。這種行為不僅僅因為虞翻本人性格「疏直」，應是虞翻根本瞧不起孫權這種亂世奸雄的心理在作怪。虞翻先被孫權貶到丹陽涇縣這個當時治安最複雜的偏遠地區任縣令，最終在年已花甲時被流放交州。對於仍寄希望於王道一統的虞翻來說，學術的傳承是心中唯一不滅的理想，「雖處罪放，而講學不倦，門徒常數百人」，並著書傳世。

陸績屬於虞翻的晚輩，但作為出身江東名族且「博學多識」的有名文士，其心態與虞翻大致相同。他認為治國應「脩文德」而不是「尚武」，他臨終自稱「有漢志士」，並寄希望於「車同軌，書同文」，都表明他在動盪的時代仍舊持漢代知識分子的心態。據相關史料，陸績父親陸康，漢末察孝廉、舉茂才入仕，歷三郡太守，在廬江太守任上被孫策攻殺，陸績入仕孫氏，等於是事於殺父仇人。孫權不可能對陸績完全信任，陸績也不可能盡釋前嫌。文士心態與家門血仇，都使陸績不可能絕對效忠於孫權。他在孫權幕府因「直道」被孫權忌憚，傳記沒說明具體事實，可以推測大致是陸績仍忠心於實際上名存實亡的漢朝，以春秋時齊桓、晉文之事，要求試圖自創政權的孫權忠心朝廷，放棄武力征服而行仁政。孫權不得不將他派出任鬱林太守，實際上是將他流放，使其遠離政治中心，從而不能發揮自己的政治影響力。

張溫有高才，顧雍稱當時無人能比，其父張允曾於孫權幕府任東曹掾，對於孫權來說，可以說是江東大族中最為純正的人士，可以充分信任。因而年輕時便被任命為選曹尚書，升任太子太傅，「甚見信重」。但結果孫權卻「嫌其聲名大盛」，「恐終不為己用」，從而強加罪行，將張溫與其二弟同時貶斥不用。張溫被廢起因於他「稱美蜀政」，直接原因是暨豔整頓吏治。孫吳立國江南，以長江為屏障，需要控制長江上游，或與長江上游的勢力合作，形成南北對抗之勢，東西牽制，才有可能在一定時期內與北方的曹魏抗衡。由於武力奪取荊州、在夷陵擊敗劉備，孫劉從赤壁之戰開始後的抗曹聯盟短時期內瓦解，孫權不得不對曹魏由敵對走向接觸，接受魏文帝吳王的封號。但孫權並不願做曹魏的附庸，聯合蜀漢全力抗曹是孫權在江南建立帝業的關鍵，因而派張溫出使，向蜀漢方面解釋自己與曹魏暫時走近的真實意圖，要求張溫達到孫、劉二方真正了解溝通的目的。但張溫至蜀，自恃能言，將劉禪比喻為商王武丁，又將劉禪與諸葛亮比喻為周成王與周公，稱蜀主聖臣賢，「遐邇望風，莫不欣賴」。儘管當時劉禪為皇帝、孫權為魏之吳王，但這種將孫氏置於蜀漢附庸地位的言詞，有悖於以前孫劉聯盟以孫氏為主導的歷史背景，加上「漢」在一些江東士人如虞翻、陸績輩心目中地位崇高，孫權因而對張溫稱頌蜀漢特別忌諱。孫權要以江東為政治基礎在江南建立獨立的政權，必須籠絡江東士人，但選曹尚書暨豔沙汰郎署，彈劾吳王府僚，大加貶斥，「守故者十未能一」。過激的行動造成政治上的危機。暨豔的父親與哥哥，曾「附于惡逆」，也就是曾於孫氏奪取江東之時，與之對抗。對於暨豔整頓吏治造成的政治危機，不論初衷如何，孫權都會視之為別有用心，逼使自殺。暨豔是張溫任選曹尚書時任用的，在孫權看來，暨豔所作所為，張溫脫不了干係，因而將張溫及其兩個弟弟同時貶黜。

虞翻、陸績、張溫三人，均是孫權正式稱帝建國之前放逐的名士，這預示士人如東漢那樣利用名聲影響政治的時代業已結束，成長中的江東士人，只有承認現實，學會與孫權合作，才有可能發揮自己的政治影響力。(何德章注譯)

# 卷五十八　吳書十三

## 陸遜傳第十三

【題解】本卷是孫吳重臣陸遜的傳記，並附載其子陸抗事跡。在《三國志》臣屬列傳中，以單個人物作為傳主的情況，只有〈陸遜傳〉與〈諸葛亮傳〉，因而本傳是《三國志》極為重要的傳記之一，同時也反映了傳主在三國歷史中的重要地位。與孫吳政權的創業功臣張昭、周瑜、魯肅、呂蒙等相比，陸遜屬於晚輩，但孫吳政權的建立卻直接源於其擊敗關羽、打敗劉備等一系列軍事活動。作為孫權稱帝以後長期的重要軍事領導人，陸遜又長期以儒生自處，具備出將入相的政治軍事才能，在不同時期對於孫權的內外政策持積極的批評態度，這又使他不同於孫吳政權中僅以軍事見長的虎將。陸遜子陸抗與其父風範、行事都極為相似。其父子二人的經歷實際上是孫吳政權政治軍事歷史的縮影。

1　陸遜，字伯言，吳郡❶吳人也。本名議，世❷江東❸大族。遜少孤❹，隨從祖❺廬江❻太守康在官。袁術❼與康有隙，將攻康，康遣遜及親戚還吳。遜年長於康子績❽數歲，為之綱紀❾門戶。

2 孫權為將軍[10]，遜年二十一，始仕幕府[11]，歷東西曹[12]令史[13]，出為海昌[14]屯田都尉[15]，並領縣事。縣連年亢旱[16]，遜開倉穀以振[17]貧民，勸督農桑，百姓蒙賴。時吳、會稽[18]、丹陽[19]多有伏匿[20]，遜陳便宜[21]，乞[22]與募焉。會稽山賊[23]大帥潘臨，舊為所在[24]毒害，歷年不禽[25]。遜以手下召兵[26]，討治深險，所向皆服，部曲[27]已有二千餘人。鄱陽[28]賊帥尤突作亂，復往討之。拜定威校尉，軍屯利浦[29]。

3 權以兄策女配遜，數訪[30]世務[31]，遜建議曰：「方今英雄棊跱，豺狼闚望[32]，克敵寧亂[33]，非眾不濟[34]。而山寇舊惡[35]，依阻深地[36]。夫腹心[37]未平，難以圖遠，可大部伍[38]，取其精銳。」權納其策，以為帳下[39]右部督。會丹陽賊帥費棧受曹公[40]印綬[41]，扇動山越[42]，為作內應，權遣遜討棧。棧支黨多而往兵少，遜乃益施牙幢[43]，分布鼓角[44]，夜潛山谷間，鼓譟而前[45]，應時破散。遂部伍[46]東三郡[47]，彊者為兵，羸者[48]補戶，得精卒數萬人，宿惡[49]蕩除，所過肅清，還屯蕪湖。

4 會稽太守淳于式表遜枉取民人，愁擾所在。遜後詣都[50]，言次[51]，稱式佳吏，權曰：「式白[52]君而君薦之，何也？」遜對曰：「式意欲養民，是以白遜。若遜復毀[53]式以亂聖聽，不可長[54]也。」權曰：「此誠長者之事，顧[55]人不能為耳。」

【章　旨】以上為第一部分，依次敘述陸遜的家世、追隨孫權創業的初期經歷、孫權對陸遜的信任、陸遜擴編軍隊，以及不計個人恩怨，稱讚曾告發自己的會稽太守淳于式為「佳吏」。

【注　釋】❶吳郡　郡名。治所在今江蘇蘇州。❷世　世代。❸江東　長江曲折東流，至今安徽蕪湖附近，折而向北，呈南北流向，至南京市以西復大體東流，漢唐間稱此段長江以東地區為江東，大體上包括今江蘇長江以南、浙江及皖南地區。❹少孤　年紀很小便成為孤兒。據裴松之注引《陸氏世頌》，陸遜祖父陸紆，曾任守城門校尉，父陸駿，曾任九江都尉。❺從祖　堂祖父。❻廬江　郡名。治所在今安徽廬江縣西南。❼袁術　字公路，汝南汝陽（今河南商水縣西南）人。出身東漢時最顯赫的家族，祖上數代有人出任三公。袁術本人少以俠氣聞名，董卓之亂時任河南尹、虎賁中郎將，拒絕與董卓合作，出奔南陽，任南陽太守。後受曹操、袁紹夾擊，率部退屯壽春，自稱揚州刺史，試圖擴張勢力，代漢稱帝。因徐州牧陶謙與曹操的攻擊，加上部下離散，在逃亡途中病死。詳本書卷六〈袁術傳〉。❽績　陸績，字公紀，博學多識，孫權繼兄總掌江東，召請為奏曹掾，因正直為孫權忌憚，出任鬱林太守，卒於任上。詳本書卷五十七〈陸績傳〉。❾綱紀　處理；管理。❿孫權為將軍　東漢建安五年（西元二〇〇年），孫權在兄孫策死後，總掌江東軍政，曹操為加拉攏，上表漢朝廷，授以討虜將軍、領會稽太守。⓫幕府　將軍府。漢制，將軍不常設，軍隊出征則命將設府，以帳幕為居，故稱為幕府。⓬東西曹　漢制，丞相、三公府、州郡長官及將軍府下置東、西二曹，以掾主事，西曹主管內務，東曹主管外事。⓭令史　漢制，各機構下層辦事人員稱為令史。⓮海昌　城邑名。地在今浙江平湖市東南。⓯屯田都尉　官名。都尉為漢代郡太守下主管一郡軍事事務的武官，曹魏及孫吳均設置屯田區，實行軍事化管理，長官亦稱都尉。⓰亢旱　大旱。⓱振　通「賑」。救濟。⓲會稽　郡名。治所在今浙江紹興。⓳丹陽　亦作「丹楊」。郡名。治所在今安徽宣州。又為縣名，隸屬於丹陽郡，治所在今安徽當塗東北的小丹陽鎮。⓴伏匿　躲藏於深山不受官府管理的人。㉑陳便宜　彙報自己認為應辦的事。㉒乞　請求。㉓山賊　孫吳時稱在崇山峻嶺中武裝反抗官府管理的民眾。㉔所在　當地。㉕禽　通「擒」。㉖手下召兵　召募的現有兵士。㉗部曲　部下。漢代軍隊編制，將軍之下分部、部下有曲、曲下為屯，部曲合稱以指兵士。㉘鄱陽　縣名。治所在今江西鄱陽。㉙利浦　地名。又名當利浦、當利口，地在今安徽和縣北十公里之長江北岸。㉚訪　詢問；徵求意見。㉛世務　時局要務。㉜豺狼闚望　如同豺狼一樣窺望，伺機獲取政治權力。㉝寧亂　使動亂局面得以安定。㉞濟　成功。㉟山寇舊惡　山中的強盜及舊時的惡民。㊱深地　深山中險要之地。㊲腹心　內部。㊳大部伍　補充部隊。㊴帳下　將軍府保衛部隊。㊵曹公　曹操。㊶印綬　官印。綬為繫印的絲繩。受印綬指接受官職。㊷山越　意為山中之越人。先秦時，居住在今淮河以南安徽、江蘇、浙江、福建及兩廣地區的族羣被中原華夏族人總稱為越人，春秋、戰國時的吳國、越國先後興起並接受華夏文化，漢代這些地區的華夏化更為深入，但今福建、浙江及江西毗鄰地區的山地中，居民的語言、習俗在漢末仍與華夏人有別，被稱為山越。官府亦未能有效的實施行政管理。孫策及孫權時，在這些地區廣設郡、縣行政機構，強化管理，並不斷派兵對不服從管理者進行圍剿，將他們強行遷徙到易於控制的蘇南地區，編入軍隊或在軍隊監管下耕作，這成為孫吳政權擴大兵源的重要途徑。㊸牙幢　牙旗與麾幢。牙旗為軍官指揮部下作戰使用的工具，麾幢是將軍出行的儀仗。㊹鼓角　戰鼓與號角。㊺鼓譟而前　擂響戰鼓、大呼著向前進攻。㊻部伍　組建部隊。㊼東三郡　指前文所說位於江東的吳、會稽、丹楊三郡。㊽羸者　身體柔弱的人。㊾宿惡　長期存在的惡民。㊿詣都　到都城。孫權此時未稱帝，都指其駐蹕地，即建業。㉛言次　談話之際。㉜白　告發。㉝毀誹謗；說壞話。㉞不可長　不應當提倡。㉟顧　但是。

【語　譯】陸遜，字伯言，吳郡吳縣人。本名叫議，世代都是江東大族。陸遜小時候就喪父，跟著他的堂祖父廬江太守陸康在任所生活。袁術與陸康有嫌隙，準備攻打陸康，陸康送陸遜和親屬回吳縣。陸遜比陸康的兒子陸績年長幾歲，就替他料理家務。

2　孫權任將軍，陸遜時年二十一歲，開始在將軍府任職，歷任東西曹令史，出任海昌縣屯田都尉，同時兼理縣政。海昌縣連年大旱，陸遜就開倉出穀用來賑濟貧民，鼓勵並督促百姓農耕、養蠶，百姓蒙受利益。當時吳、會稽、丹陽郡有很多人在山林中藏匿不受管理，陸遜向孫權陳述當前應該做的事，請求准許對他們進行召募。會稽山賊首領潘臨，一直是這個地區的禍患，多年無法擒獲。陸遜率領召募的士兵，深入險要地區進行討伐，所到之處，都來降服，這時他的兵士已有兩千多人。鄱陽郡的賊人首領尤突叛亂，陸遜又前往征討。被任命為定威校尉，部隊屯駐在利浦。

3　孫權把哥哥孫策的女兒嫁給陸遜，多次向他訪求對世局的看法，陸遜建議說：「現在英雄各霸一方，互相對峙，如同豺狼一樣窺望，戰勝敵人，平定禍亂，沒有部眾是不能成功的。而山中的強盜及舊時的惡民，盤踞深山險阻。內部的禍亂沒有平定，難以圖謀長遠，我們應當補充隊伍加以平定，從中挑選精銳的人手。」

孫權採納了他的策略，任命他為帳下右部督。正好丹陽賊寇首領費棧接受了曹公的任命，煽動山越作亂，替曹操充當內應，孫權派陸遜討伐費棧。費棧的徒黨很多，而陸遜前去的部眾很少，陸遜就增設了很多軍旗麾幢，分散設置戰鼓號角，夜間潛伏在山谷中，擊鼓吶喊著前進，費棧的人馬頓時潰散逃跑。陸遜於是在東三郡組建部隊，身強的人當兵，體弱的人補入民戶，得到了精兵幾萬人，長久以來的禍患得以全部掃清，部隊所到之處，全被平定，陸遜回師屯駐蕪湖。

4　會稽太守淳于式上書孫權，說陸遜恣意徵調百姓，騷擾所在地區，百姓愁苦。陸遜後來到了建業，談話中，稱讚淳于式是好官員，孫權說：「淳于式告發你，而你卻推薦他，這是為什麼？」陸遜回答說：「淳于式想要養育百姓，所以告發我。如果我再詆毀他來混淆您的視聽，這種做法不能提倡。」孫權說：「這實在是長者的行為，但是一般人做不到罷了。」

1　呂蒙❶稱疾詣建業❷，遜往見之，謂曰：「關羽接境，如何遠下，後不當可憂也？」蒙曰：「誠如來言❸，然我病篤❹。」遜曰：「羽矜其驍氣❺，陵轢❻於人。始有大功，意驕志逸，但❼務北進，未嫌❽於我，有❾相聞病❿，必益無備。今出其不意，自可禽制。下⓫見至尊，宜好為計。」蒙曰：「羽素勇猛，既難為敵⓬，且已據荊州⓭，恩信大行，兼始有功，膽勢益盛，未易圖也。」蒙至都，權問：「誰可代卿者？」蒙對曰：「陸遜意思深長⓮，才堪負重，觀其規慮⓯，終可大任。而未有遠名⓰，非羽所忌，無復是過⓱。若用之，當令外自韜隱⓲，內察形便⑲，然後可克。」權乃召遜，拜偏將軍⑳右部督代蒙。

2 遜至陸口㉑，書與羽曰：「前承觀釁而動㉒，以律行師㉓，小舉大克，一何㉔巍巍！敵國敗績㉕，利在同盟，聞慶拊節㉖，想遂席卷，共獎王綱。近以不敏，受任來西，延慕光塵，思稟良規㉗。」又曰：「于禁㉘等見獲，遐邇㉙欣歎，以為將軍之勳足以長世㉚，雖昔晉文城濮之師㉛，淮陰拔趙之略㉜，蔑以尚茲㉝。聞徐晃㉞等少㉟騎駐旌，闚望麾葆㊱。操猾虜也，忿不思難，恐潛增眾，以逞其心。雖云師老㊲，猶有驍悍。且戰捷之後，常苦輕敵，古人杖術㊳，軍勝彌警㊴，願將軍廣為方計㊵，以全獨克。僕書生疏遲㊶，忝所不堪㊷，喜鄰威德，樂自傾盡㊸，雖未合策，猶可懷也㊹。儻明注仰㊺，有以察之。」羽覽遜書，有謙下自託之意，意大安，無復所嫌。遜具啟形狀㊻，陳其可禽之要㊼。權乃潛軍而上，使遜與呂蒙為前部，至即克公安㊽、南郡㊾。遜徑進，領宜都㊿太守，拜撫邊將軍，封華亭侯。備宜都太守樊友委郡走㊿，諸城長吏㊿及蠻夷君長皆降。遜請金銀銅印，以假授㊿初附。是歲建安二十四年㊿十一月也。

3 遜遣將軍李異、謝旌等將三千人，攻蜀將詹晏、陳鳳。異將水軍，旌將步兵，斷絕險要，即破晏等，生降得鳳。又攻房陵㊿太守鄧輔、南鄉㊿太守郭睦，大破之。秭歸57大姓文布、鄧凱等合夷兵數千人，首尾西方。遜復部旌討破布、凱。布、凱脫走，蜀以為將。遜令人誘之，布帥眾還降。前後斬獲招納，凡數萬計。權以遜為右護軍58、鎮西將軍，進封婁侯。

4 時荊州士人新還，仕進或未得所，遜上疏曰：「昔漢高受命，招延英異，光武中興，羣俊畢至，苟可以熙隆道教59者，未必遠近60。今荊州始定，人物未達61，臣愚慺慺62，乞普加覆載抽拔之恩63，令並獲自進，然後四海64延頸，思歸大化。」權敬納其言。

【章　旨】以上為第二部分，敘述陸遜因其對全局的觀察而受呂蒙推薦，執掌孫吳長江中游軍政指揮權，並用計用策，打敗前輩勇將關羽，奪取荊州。及消滅蜀漢在荊州的殘餘勢力，與其收羅人才穩定統治的建議。

【注　釋】❶呂蒙　字子明，汝南富陂（今安徽阜南東南）人。少孤，以作戰勇敢而有計謀，受孫權賞識，成長為高級將領，曾參與赤壁之戰，以主將身分率軍擊殺關羽，任南郡太守，封孱陵侯，年四十二死於任上。詳見本書卷五十四〈呂蒙傳〉。❷建業　城邑名。今江蘇南京，漢代名秣陵，東漢建安十七年（西元二一二年）孫權改名建業。後為孫吳國都所在。❸來言　您所說的。❹病篤　病危。❺驍氣　驍勇強悍之氣。❻陵轢　欺壓；欺負。❼但　原作「得」，今從宋本。❽嫌　心存顧忌；擔心。❾有　通「又」。❿相聞病　聽說您病了。⓫下　原誤作「不」，今據宋本校改。⓬難為敵　難以與之抗衡。⓭荊州　州名。治所在今湖北襄樊。漢末曹、孫、劉氏三方爭奪，此時關羽所據荊州實只有今湖南湘江以西及湖北沿西部地區，孫吳控制著湖北東部及湖南湘江以東地區，曹氏控制湖北中北部地區。⓮意思深長　思慮深遠。⓯規慮　謀略和思考。⓰未有遠

名　名氣不大，境外的人不知道他。⑰無復是過　沒有人比他更合適。⑱韜隱　掩藏鋒芒。⑲形便　有利的形勢。⑳偏將軍　武官名。漢制，置偏將軍，隸於將軍，可率一部獨立行動。㉑陸口　地名。在今湖北嘉魚西南陸水入長江處。㉒觀釁而動　利用敵人內部變化的有利時機發動進攻。㉓以律行師　按兵法的原則指揮作戰。㉔一何　多麼。㉕敗績　失敗。㉖拊節　手擊節杖。拊，拍打。節，將軍奉命出征所持，用以全權指揮作戰。㉗思稟良規　希望接受您的良策。㉘于禁　字文則，泰山鉅平（今山東泰安）人。漢末從濟北相鮑信征伐黃巾軍，後從曹操，與張遼等俱為當時名將，官至左將軍，封益壽亭侯。東漢建安二十四年（西元二一九年）從曹仁攻關羽於樊城，遇暴雨兵敗而降。孫權奪取荊州後遣還，慚恨而卒。詳本書卷十七〈于禁傳〉。㉙遐邇　遠近。㉚長世　傳之永遠。㉛晉文城濮之師　西元前六三二年，晉文公在「尊王攘夷」旗號下，帥晉軍及齊、宋、秦等諸侯國軍隊，在衛國的城濮（在今山東鄄城西南，一說在今河南開封陳留附近）擊敗楚國軍隊，成功的阻止了楚國北進中原、吞滅華夏諸侯的企圖。㉜淮陰拔趙之略　淮陰，漢淮陰侯韓信。楚漢戰爭中，韓信奉漢王劉邦之命，率部渡過黃河，迫降西楚霸王項羽所封之魏王豹，兵臨井陘，欲越太行山進攻附於項羽的趙國。趙聚兵二十餘萬死守，韓信背水為陣鼓勵部下決死作戰，拔旗易幟瓦解趙軍士氣，以少勝眾，活捉趙王歇。事見《史記・淮陰侯列傳》。㉝蔑以尚茲　不能超過這一次。蔑，無。茲，此。㉞徐晃　字公明，河東楊（今山西洪洞東南）人。東漢末從曹操，治軍嚴整，屢立戰功。關羽圍襄陽、樊城，俘于禁，晃奉命率部救援，直入圍中，戰而勝之，迫使關羽解圍。魏文帝時官至右將軍，封陽平侯。詳見本書卷十七〈徐晃傳〉。㉟少　原作「步」，宋本、馮夢禎刻本作「少」，今據改。《三國志集解》引趙一清云：「下云『恐潛增眾』，則『少』字義長。」㊱麾葆　將帥的旗幟與車蓋。㊲師老　軍隊長期作戰士氣低落。㊳杖術　所依仗的用兵之術。㊴彌警　更加警惕。㊵方計　計謀。㊶疏遲　性格舒緩，反應遲鈍。㊷忝所不堪　忝任自己不能勝任的職務。㊸樂自傾盡　喜歡將自己的心裏話全說出來。㊹雖未合策二句　我的意見雖然與您的計畫不合，也可以考慮一下。㊺儻明注仰　如果您能明白這是我對您表達的仰慕之情。㊻具啟形狀　將情況詳細彙報給孫權。㊼要　關鍵之處。㊽公安　縣名。治所在今湖北公安西北。㊾南郡　郡名。漢代治所在今湖北江陵。孫吳時移治今湖北公安。㊿宜都　郡名。三國蜀置，後屬吳，治所在今湖北宜都。(51)委郡走　拋棄郡城逃走。(52)諸城長吏　宜都郡下轄各縣長官。(53)假授　臨時授予官職，以待中央權力機構正式任命。(54)建安二十四年　西元二一九年。建安，東漢獻帝劉協年號，西元一九六－二二〇年。(55)房陵　郡名。治所在今湖北房縣。(56)南鄉　郡名。治所在今河南淅川縣西南。(57)秭歸　縣名。治所在今湖北秭歸。(58)右護軍　三國政權均置左、右護軍，相當於全部軍隊的左、右兩位統帥。(59)熙隆道教　使國家昌盛，教化風行。道教，道德教化。(60)未必遠近　不必分遠近。(61)人

物未達　人才未得到很好的安置。62慺慺　誠懇；殷切。63覆載抽拔之恩　普遍關照提拔之恩。覆載，自天無不覆，地無不載，形容帝王恩加萬物。64四海　泛指全中國。古人以為中國四境有海環繞，遂用以代指全國。

【語　譯】呂蒙稱病回到建業，陸遜前去看望他，對他說：「關羽的防區和您接壤，您怎麼遠離防區東下，您走後就沒有可憂慮的嗎？」呂蒙說：「正如您所言，但我病得很重。」陸遜說：「關羽自誇驍勇，欺負別人。剛剛取得重大戰功，驕傲自滿，只顧向北進軍，對我們沒有戒心，又聽到您生病的消息，必定更不防備。現在我們出其不意，自然可以擒獲他。您回京見到主上，應當好好的為主上籌劃。」呂蒙說：「關羽素來勇猛，本來就難以與他為敵，況且他已經占據荊州，廣施恩信，再加上新立大功，膽略和氣勢更盛，不容易圖謀啊。」呂蒙到了都城，孫權問他：「誰可以代替你呢？」呂蒙回答說：「陸遜深謀遠慮，才能足以承擔重任，我觀察他的謀略和思考，最終可以承擔重任。他現在名聲沒有遠播，不被關羽所忌憚，沒有人比他更合適了。如果任用他，應當讓他表面上掩藏鋒芒，暗中觀察有利形勢，這樣才能消滅關羽。」孫權於是召見陸遜，任他為偏將軍右部督，取代呂蒙。

2　陸遜到了陸口，寫信給關羽說：「以前得知您觀察到敵人的破綻而後採取行動，用兵法部署軍隊，小舉動而大收獲，是多麼偉大啊！敵國失利，同盟也獲得益處，聽到您勝利的喜訊，我不自覺的擊節稱賀，想就此席捲中原，共同維護漢室秩序。最近我這個沒有什麼才能的人，接受任命西來，仰慕您的風采，希望得到您的良策。」又說：「于禁等人被您俘獲，遠近都為之歡欣讚嘆，認為將軍的功績足以流傳後世。即使當年晉文公在城濮之師，淮陰侯破趙之謀，也不能超過您這次的功績。聽說徐晃等駐紮了少量軍隊，窺伺將軍的動向。曹操是老奸巨猾的敵人，他憤怒不顧危難，恐怕會暗中增兵，以滿足他的報復心。儘管他的部隊長期作戰士氣低落，但仍有驍勇強悍的將領。而且戰爭大捷之後，常被輕敵思想所害。古人用兵之術，部隊勝利之後更加警惕，請將軍廣為計謀，以保全這獨一無二的勝利。我一介書生，性格舒緩，反應遲鈍，忝任不能勝任的職務，十分高興與您這樣威望高、德行好的前輩為鄰，樂意向您盡傾我的肺腑之言，即使與您的計畫不合，也可以考慮一下。如果您能明白這是我對您表達的仰慕之情，請您明察。」關羽看了陸遜的信，有居下謙卑依附自己的意思，完全放了心，不再有所猜疑。陸遜把情況詳細報告給孫權，說明可以擒獲關羽的要領。孫權於是祕密派兵西上，任陸遜和呂蒙為前鋒，部隊一到就攻克了公安和南郡。陸遜逕行進兵，兼任宜都太守，官拜撫邊將軍，封為華亭侯。劉備的宜都太守樊友棄城逃跑，各縣的官員和郡內蠻夷首領全都投降。陸遜請求給他金銀銅印，頒授給那些新降附的人，這年是建安二十四年十一月。

3 陸遜派將軍李異、謝旌等帶領三千人，進攻蜀國將領詹晏、陳鳳。李異率領水軍，謝旌帶領步兵，斷絕險要，馬上打敗了詹晏，生擒了陳鳳。接著進攻蜀國房陵太守鄧輔、南鄉太守郭睦，大敗他們。秭歸大族文布、鄧凱等糾集了幾千個夷兵，投靠蜀漢。陸遜又部署謝旌等討伐打敗了他們。文布、鄧凱逃走，蜀國任命他們為將軍。陸遜派人引誘他們，文布率領部眾來降。陸遜先後殲滅、俘虜、誘降了數以萬計的敵人。孫權任命他為右護軍、鎮西將軍，進封為婁侯。

4 當時荊州士人剛剛歸附，有的還沒有適當的職位安排，陸遜上書說：「過去漢高祖接受天命為帝，招納任用英傑奇才，光武帝中興，大批俊傑都去歸附。只要是能使國家政教昌盛的人才，就不必區分遠近親疏。現在荊州剛剛平定，人才沒有被任用，我懷著至誠的心，請求您對這些人普施關照提拔之恩，讓他們都得到進身的機會，這樣，各地的人才都會充滿想望，想來歸向您的偉大教化。」孫權尊敬的採納了他的建議。

1 黃武元年❶，劉備率大眾來向西界，權命遜為大都督、假節❷，督朱然❸、潘璋❹、宋謙、韓當❺、徐盛❻、鮮于丹、孫桓❼等五萬人拒之。備從巫峽、建平❽連圍至夷陵❾界，立數十屯❿，以金錦爵賞誘動諸夷，使將軍馮習為大督，張南為前部，輔匡、趙融、廖淳、傅肜等各為別督，先遣吳班將數千人於平地立營，欲以挑戰。諸將皆欲擊之，遜曰：「此必有譎⑪，且觀之。」備知其計不可，乃引伏兵八千，從谷中出。遜曰：「所以不聽諸君擊班者，揣之必有巧故也。」遜上疏曰：「夷陵要害，國之關限⑫，雖為易得，亦復易失。失之非徒損一郡之地，荊州可憂。今日爭之，當令必諧⑬。備干⑭天常，不守窟穴，而敢自送。臣雖不材，憑奉威靈，以順討逆，破壞⑮在近。尋備前後行軍，多敗少成，推此論之，不足為戚⑯。臣初嫌之，水陸俱進，今反舍船就步，處處結營，察其布置，必無他變。伏願至尊高枕，不以為念也。」諸將並曰：「攻備當在初，今乃令入五六百里，相銜持⑰經七八月，其諸要害皆以固守，擊之必無利矣。」遜曰：「備是猾虜，更嘗⑱事多，其軍始集，思慮精專，未可干也。今住已久，不得我便，兵疲意沮⑲，計不復生，掎角⑳此寇，正在今日。」乃先攻一營，不利。諸將皆曰：「空殺兵耳。」遜曰：「吾已曉破之之術。」乃敕㉑各持一把茅，以火攻拔之。一爾㉒勢成，通率㉓諸軍同時俱攻，斬張南、馮習及胡王沙摩柯等首，破其四十餘營。備將杜路、劉寧等窮逼㉔請降。備升㉕馬鞍山㉖，陳兵自繞。遜督促諸軍四面蹙㉗之，土崩瓦解，死者萬數。備因夜遁，驛人㉘自擔，燒鐃㉙鎧斷後，僅得入白帝城㉚。其舟船器械，水步軍資，一時略盡，尸骸漂流，塞江而下。備大慚恚㉛，曰：「吾乃[32]為遜所折辱，豈非天邪！」

2 初，孫桓別討備前鋒於夷道[33]，為備所圍，求救於遜。遜曰：「未可。」諸將曰：「孫安東[34]公族[35]，見圍已困[36]，奈何[37]不救？」遜曰：「安東得士眾心，城牢糧足，無可憂也。待吾計展[38]，欲不救安東，安東自解。」及方[39]略大施，備果奔潰。桓後見遜曰：「前實怨不見救，定至今日，乃知調度[40]自有方[41]耳。」

3 當禦備時，諸將軍或是孫策時舊將，或公室貴戚，各自矜恃[42]，不相聽從。遜案[43]劍曰：「劉備天下知名，曹操所憚。今在境界，此彊對[44]也。諸君並荷國恩，當相輯睦[45]，共翦[46]此虜，上報所受[47]，而不相順，非所謂也[48]。僕雖書生，受命主上。國家所以屈諸君使相承望[49]者，以僕有尺寸可稱，能忍辱負重故也。各任[50]其事，豈復得辭！軍令有常，不可犯矣。」及至破備，計多出遜，諸將乃服。權聞之，曰：「君何以初不啟[51]諸將違節度[52]者邪？」遜對曰：「受恩深重，任過其才。又此諸將或任腹心，或堪爪牙，或是功臣，皆國家所當與共克定大事者。臣雖駑懦[53]，竊慕相如、寇恂相下之義[54]，以濟國事。」權大笑稱善，加拜遜輔國將軍，領荊州牧，即改封江陵侯。

4 又備既住白帝，徐盛、潘璋、宋謙等各競表言備必可禽，乞復攻之。權以問遜，遜與朱然、駱統[55]以為曹丕大合士眾，外託助國討備，內實有姦心，謹決計輒還。無幾，魏軍果出，三方受敵[56]也。

【章旨】以上為第三部分，敘述陸遜在夷陵之戰中擊敗劉備所統蜀漢大軍的過程；並追述戰前以大局為重，化解內部矛盾，得到將領們的擁戴；又敘及戰後停止攻擊蜀漢，全力應付曹操隨時可能發動的進攻。前後一系列行動，充分展現了陸遜超凡的軍事才能。

【注釋】[1]黃武元年　西元二二二年。黃武，吳王孫權年號，西元二二二—二二九年。[2]假節　節為代表中央權力的信物，漢制，出使者持節，亦漸以頒於鎮守地方的大員。漢末三國時，地方駐軍情況普遍，頒節於地方軍鎮大員的情形亦多，按授權大小有使持節、持節、假節的區分。假節者在軍事行動時可以不經上報批准處死犯軍令者。[3]朱然　字義封，本姓施，孫權將朱治外甥，朱治抱養為子。以所部擒殺關羽有功，升任昭武將軍，封西安鄉侯。後繼呂蒙守江陵，復從陸遜擊敗劉備，敗曹魏將領夏侯尚，威震敵國。官至左大司馬、右軍師。詳本書卷五十六〈朱然傳〉。[4]潘璋　字文珪，東郡發干（今山東冠縣東）人。少隨孫權，多有戰功。孫吳立國，任右將軍，為人善用兵，然多豪橫不法行為。詳見本書卷五十五〈潘璋傳〉。[5]韓當　字義公，遼西令支（今河北遷安西）人。早年從孫堅征討，後從孫策、孫權兄弟，屢立戰功，而奉公守法，善待部下。官至昭武將軍，封石城侯。詳見本書卷五十五〈韓當傳〉。[6]徐盛　字文嚮，琅邪莒縣（今山東莒縣）人。漢末避亂至江東，從孫權創業，以戰功官至廬江太守、建武將軍，封都鄉侯。詳見本書卷五十五〈徐盛傳〉。[7]孫桓　字叔武，孫吳宗室，孫河之子。以博學而行為正，被孫策稱為「宗室顏淵」。參與攻殺關羽、擊退劉備的戰役，升至建武將軍、封丹徒侯，卒於牛渚督任上。詳見本書卷五十一〈孫桓傳〉。[8]建平　郡名。治所在今重慶市巫山縣北。[9]夷陵　縣名。治所在今湖北宜昌東南郊。[10]屯　軍營。[11]譎　詐；詭計。[12]關限　要地；要塞。[13]必諧　一定要成功。[14]干　觸犯；冒犯。[15]破壞　擊敗；擊潰。[16]戚　憂慮。[17]銜持　對峙；對壘。[18]更嘗　經歷。[19]意沮　精神沮喪。[20]掎角　夾擊；分兵牽制。[21]敕　命令；告誡。[22]一爾　一旦。[23]通率　總率；統領。[24]窮逼　走投無路。[25]升　登。[26]馬鞍山　山名。地在今湖北宜昌西北。[27]蹙　逼近；逼迫。[28]驛人　驛路維護人員。漢代及以後各政權，於交通要道設驛，驛有宅舍及馬匹、船隻等交通工具，供官方人員往來及公文傳遞之用，並設專門人員管理維護。㉙鐃　樂器名。形如鈴，古代用於軍樂。㉚白帝城　西漢末公孫述割據巴蜀時所築，因其自稱白帝代漢赤帝而得名。地在今重慶市奉節東白帝山上。城居山麓，扼三峽要津，分裂割據時代為兵家重鎮。㉛恚　忿恨。㉜乃　竟然。㉝夷道　縣名。治所在今湖北宜都西北。㉞孫安東　孫桓當時軍職為安東中郎將，故稱「孫安東」。㉟公族　國君同姓子孫。㊱見圍已困　被圍攻，到了極其危急的境地。㊲奈何　為什麼。㊳展　實施。㊴方　原作「才」，今從宋本。㊵調度　指揮調動。㊶方　術；辦法。㊷矜恃　驕傲自負。㊸案　通「按」。㊹彊對　強敵。㊺輯睦　和睦。㊻翦　消滅。㊼上報所受　上報主上的恩待。㊽非所謂也　不當如此啊。㊾使相承望　讓你們聽從於我。㊿任　宋本作「在」。(51)啟　報告；上報。(52)節度　指揮。(53)駑懦　才能低下，軟弱無力。(54)相如寇恂句　相如，戰國時趙人藺相如。《史記・廉頗藺相如列傳》記，藺相如本趙宦者繆賢府中的屬員，時秦強攻趙，索取和氏璧，相如奉命攜帶和氏璧出使秦庭，最終不辱使命，完璧歸趙。後又隨趙王會秦王於澠池，使秦不得侮辱趙王，回國後，趙王拜相如為上卿，位在戰功卓著的大將軍廉頗之上。廉頗不服氣，多次尋釁，藺相如反覆避讓，終使廉頗醒悟，相互結為生死友誼。後世戲劇演繹為「將相和」。寇恂，漢光武帝創業功臣。《後漢書・寇恂列傳》記，建武二年（西元二六年），寇恂任潁川太守。執金吾賈復率部出征，其部將在潁川郡內濫殺平民，寇恂將該人逮捕處死。賈復以此為對自己的侮辱。當賈復率部經過潁川，公開表示要親手殺死寇恂洩憤，寇恂部下表示要帶劍相從，以死相拼。寇恂則命部下準備豐盛酒席犒勞賈復大軍，自己接到賈復大軍後便稱病回府，不與賈復本人會面。後經光武帝當面調解，二人結成好友。(55)駱統　字公緒，會稽烏傷（今浙江義烏）人。少以推才重士知名，孫權代兄統領江東，任以為官，嫁以姪女。駱統勸孫權撫納士人、減輕賦役、休養生息，均被接受。吳國建立後，卒於偏將軍、濡須督任上。詳見本書卷五十七〈駱統傳〉。(56)三方受敵　受到曹魏三路大軍的進攻。陸遜敗劉備於吳黃武元年（西元二二二年）六月，同年九月，魏將曹休等進軍洞口、曹仁等攻濡須、曹真等攻南郡，孫吳方面窮於應付。

**【語　譯】**黃武元年，劉備率大軍來到吳國西部邊界，孫權任命陸遜為大都督、假節，督率朱然、潘璋、宋謙、韓當、徐盛、鮮于丹、孫桓等五萬人抵禦劉備大軍。劉備從巫峽、建平修築防禦工事一直到達夷陵地界，設立了幾十座營寨，用金銀、錦緞、爵位、賞賜等方式引誘煽動蠻夷，任將軍馮習為大督，張南為前鋒，輔匡、趙融、廖淳、傅肜等將領各為別將，先派吳班率領幾千人在平地紮營，想藉此挑戰。吳國眾將領都想攻打吳班，陸遜說：「這一定有詐，暫且觀察一下。」劉備自知計策不能成功，就帶領八千名伏兵，從山谷中撤出。

陸遜說：「我之所以不讓各位攻打吳班，是因為揣測蜀軍一定有詐的緣故。」陸遜上書孫權說：「夷陵是軍事上的要害，國家的要塞，雖然容易取得，但也容易失去，失去夷陵，不只是損失一郡之地，荊州也要讓人擔憂了。今日爭奪這個地方，務必要成功。劉備冒犯天理，不固守老巢，竟敢前來送死。我雖不才，但依仗您的威望，以順討逆，打敗他們就在近期。回顧劉備前前後後的用兵，敗多勝少，由此推斷，不值得擔憂。我一開始時擔心他水陸並進，現在他反而捨棄船隻，使用步兵，處處紮營，我觀察他的部署，必定不會再有什麼變化。衷心希望您高枕無憂，不必放在心上。」眾將領都說：「攻擊劉備應當趁他一進軍之時，現在已經讓他深入五、六百里，相互對峙歷經七、八個月，要害之處都被他嚴密防守，攻擊他必然不利。」陸遜說：「劉備是個狡猾的敵人，經歷很多事情，他的軍隊開始集結時，他思慮精密專一，不可進犯。現在部隊駐紮已久，沒有找到攻擊我們的有利機會，軍隊疲憊，士氣頹喪，他已無計可施。夾擊這個敵人，現在正是時候。」便先攻打劉備的一處營寨，沒有成功。眾將領都說：「白白送死而已啊。」陸遜說：「我已經曉得破敵的辦法了。」於是命令士兵各帶一把茅草，用火攻破了劉備營寨。一下子形成進攻態勢，陸遜率領各軍同時進攻，斬了張南、馮習和胡王沙摩柯等的首級，攻破了劉備的四十多個營寨。劉備的將領杜路、劉寧等人無路可走，被迫請降。劉備登上馬鞍山，周圍布置軍隊防守。陸遜督促軍隊四面進逼，劉備的軍隊土崩瓦解，死者數以萬計。劉備趁夜逃走，驛站人員自動把樂器鎧甲擔到一起，放火焚燒，截斷道路，劉備才勉強退入白帝城。他的船隻、兵器、水軍、步兵、軍用物資，幾乎損失殆盡，兵士的屍體漂流而下堵塞了江面。劉備極為慚愧憤恨，說：「我劉備竟然被陸遜挫敗侮辱，難道不是天意嗎！」

2 起先，孫桓另率部隊到夷道攻打劉備的前鋒部隊，被劉備的部隊包圍，向陸遜求援。陸遜說：「不能派遣援軍。」將領們說：「孫安東是主公的族人，他被圍困情況危急，為什麼不去援救呢？」陸遜說：「孫安東深得軍心，城池堅固，糧食充足，沒有可擔憂的。等到我的計策實施以後，就算不去救他，他也會自然解圍。」等到陸遜的計畫全面實施，劉備果然大敗潰逃。孫桓後來見到陸遜說：「先前我確實埋怨您不救我，到了今天，我才知道您指揮調動有方法啊。」

3　當陸遜抵禦劉備時，諸位將領有的是孫策時的老將，有的是王親貴戚，各有所恃，驕傲自負，不聽指揮。陸遜手握寶劍說：「劉備天下知名，為曹操所懼怕。如今在我方境內，這是強大的對手。各位都身受國恩，應該和睦相處，共同消滅這個敵人，上報主上的恩情，然而現在諸位不服從我的指揮，實在不應該如此啊。我雖是一介書生，受到主上的任命，國家委屈各位，讓大家接受我指揮的原因，是認為我還有一點長處值得稱道，能夠忍辱負重的緣故。各人做好自己分內之事，豈能再推辭！軍令是有常規的，不能違犯。」等到打敗了劉備，計策大都出自陸遜，眾將領這才佩服他。孫權聽到這一情況，說：「你為什麼當初不向我報告違抗指揮的將領呢？」陸遜回答說：「我受恩深重，所擔負的任務超過了才幹。又加上這些將領有的是國家重臣，有的是國家戰將，有的是國家功臣，他們都是國家賴以共同奠定大業的人才。我雖然才能低下，但內心傾慕藺相如、寇恂顧全大局謙虛克己的美德，以國家大事為重。」孫權大笑讚美他，升任陸遜為輔國將軍，兼任荊州牧，旋即改封他為江陵侯。

4　還有劉備進駐白帝城後，徐盛、潘璋、宋謙等人各自競相上書說，劉備一定可以擒獲，請求再次攻打劉備。孫權就此詢問陸遜，陸遜和朱然、駱統認為，曹丕大規模集結軍隊，表面假託幫助吳國攻打劉備，實際上用心險惡，孫權謹慎決策，立即撤回軍隊。不久，魏軍果然出擊，吳國三面受敵。

1　備尋❶病亡，子禪襲位，諸葛亮秉政❷，與權連和❸。時事所宜，權輒令遜語亮，并刻權印，以置遜所。權每與禪、亮書，常過示遜❹，輕重可否，有所不安，便令改定，以印封行之。

2　七年❺，權使鄱陽❻太守周魴❼譎❽魏大司馬❾曹休❿，休果舉眾入皖⓫，乃召遜假黃鉞⑫，為大都督，逆⑬休。休既覺知，恥見欺誘，自恃兵馬精多，遂交戰。遜自為中部，令朱桓⑭、全琮⑮為左右翼，三道俱進，果衝休伏兵，因驅走之，追亡逐北⑯，徑至夾石⑰，斬獲萬餘，牛馬騾驢⑱車乘萬兩⑲，軍資器械略盡。休還，疽⑳發背死。諸軍振旅過武昌㉑，權令左右以御蓋覆遜，入出殿門，凡所賜遜，皆御物上珍㉒，於時莫與為比。遣還西陵㉓。

【章旨】以上為第四部分，敘述夷陵之戰後，孫權對陸遜的倚重與信任。

【注釋】❶尋　不久。❷秉政　執政。秉，持；執。❸與權連和　與孫權講和，重結同盟。據本書卷三十二〈先主傳〉、卷四十七〈吳主傳〉及相關人物傳，吳黃武元年（西元二二二年）六月敗劉備，十月，孫權派使至白帝求和，劉備答應，並派宗瑋出使孫權。黃武二年五月，劉備死於白帝，諸葛亮執掌政權，「遣尚書鄧芝固好於吳」。同年十一月，鄧芝到達武昌，次年夏，孫權因擔心諸葛亮會懷疑自己聯盟的誠意，派張溫使蜀說明情況。吳、蜀「連和」，不僅是諸葛亮穩定蜀漢的要求，也是孫吳對抗曹魏必然的選擇。❹過示遜　讓信使經過陸遜的駐地，將信件拿給陸遜看看。❺七年　黃武七年（西元二二八年）。❻鄱陽　郡名。治所在今江西鄱陽。❼周魴　字子魚，吳郡陽羨（江蘇宜興南）人，有文武之才，任鄱陽太守十三年，頗有政績。詳見本書卷六十〈周魴傳〉。❽譎　欺詐；欺騙。❾大司馬　官名。漢代仿周代制度而置，常以為執政者的名號。三國魏、吳均置，吳偶爾分置左、右大司馬，受其號者政治地位極高，但僅有此號並無實際職務，均為對功臣政治地位的肯定。❿曹休　字文烈，沛國譙（今安徽亳州）人。曹操族子。早年從曹操征討，為創魏功臣，魏初位至大將軍、大司馬。詳見本書卷九〈曹休傳〉。⓫皖　皖城縣。治所在今安徽潛山縣。⓬假黃鉞　授予黃色大斧，表示有生殺大權。黃鉞為周代天子所用，後世或作為帝王儀仗之一種。⓭逆　迎擊。⓮朱桓　字休穆，吳郡吳縣（今江蘇蘇州）人。初仕孫權幕府，後出任地方長官，平山越人暴動有功，升任濡須督，為人妄自尊大，但深受孫權信重。官到前將軍，封嘉興侯。詳見本書卷五十六〈朱桓傳〉。⓯全琮　字子璜，吳郡錢唐（今浙江杭州）人。初從孫權，屢立軍功，封錢唐侯。孫權稱帝，升任衛將軍、左護軍，娶孫權女魯班，官至大司馬、左軍師。詳本書卷六十〈全琮傳〉。⑯逐北　追擊逃亡者。北，逃跑。⑰夾石　地名。在今安徽桐城北。⑱驢騾　宋本二字互倒。⑲兩　通「輛」。⑳疽　毒瘡。㉑武昌　今湖北鄂州，西元二一九至二二九年間為孫吳政治中心與都城所在。㉒御物上珍　孫權所用物品中上好的珍品。御物，帝王所用之物。㉓西陵　縣名。治所在今湖北宜昌。

【語　譯】劉備不久病死，兒子劉禪繼位，諸葛亮執政，與孫權講和結盟。當時政務所應處置的，孫權總是命令陸遜告訴諸葛亮，並且刻了自己的印璽，將它放在陸遜住處。孫權每次寫信給劉禪、諸葛亮，都讓陸遜看過，語氣輕重是否恰當，有所不妥，便讓他改定，用印封好送去。

2　黃武七年，孫權讓鄱陽太守周魴向曹魏大司馬曹休詐降，曹休果然率部眾進入皖縣。孫權便徵調陸遜，授予黃鉞，任命他為大都督，迎擊曹休。曹休發覺上當，恥於被騙，倚仗自己兵馬精強眾多，與陸遜交戰。陸遜自己率領中軍，讓朱桓、全琮率領左右兩翼，三路並進，果敢的衝擊曹休的伏兵，藉勢趕走了曹軍，追擊敗逃的敵軍，一直追到夾石，斬首俘獲一萬多人，牛、馬、驢、騾車一萬多輛，曹軍的軍需物資、裝備器械幾乎全被繳獲。曹休回去後，背生毒瘡而死。陸遜整頓部隊，經過武昌，孫權命令左右侍從用他的御用傘蓋為陸遜遮塵，進出宮殿大門，凡是賜給陸遜的東西，都是自己用的上等珍品，在當時沒有人能與他相比。孫權派陸遜返回西陵。

1　黃龍元年❶，拜上大將軍、右都護。是歲，權東巡建業，留太子、皇子及尚書九官❷，徵遜輔太子，並掌荊州及豫章三郡事，董督軍國❸。時建昌侯慮❹於堂前作鬭鴨欄，頗施小巧❺，遜正色曰：「君侯宜勤覽經典以自新益，用此何為？」慮即時毀徹❻之。射聲校尉❼松❽於公子中最親，戲兵不整，遜對之髡❾其職吏❿。

南陽⑪謝景⑫善劉廙⑬先刑後禮之論，遜呵景曰：「禮之長於⑭刑久矣，廙以細辯而詭⑮先聖之教，皆非也。君今侍東宮，宜遵仁義以彰德音，若彼之談，不須講也。」

2　遜雖身在外，乃心於國，上疏陳時事曰：「臣以為科法⑯嚴峻，下犯者多。頃年⑰以來，將吏罹⑱罪，雖不慎可責，然天下未一，當圖進取，小宜恩貸⑲，以安下情。且世務⑳日興，良能為先，自非㉑姦穢入身，難忍之過，乞復㉒顯用，展其力效。此乃聖王忘過記功，以成王業。昔漢高舍陳平之愆㉓，用其奇略，終建勳祚，功垂千載。夫峻法嚴刑，非帝王之隆業；有罰無恕，非懷遠之弘規也。」

【章　旨】以上為第五部分，敘述陸遜身處高位，正身行事，為國分憂。

【注　釋】❶黃龍元年　西元二二九年。黃龍，吳大帝孫權年號，西元二二九—二三一年。❷尚書九官　尚書臺自東漢以後，實際成為國家最高政務機構，東漢尚書臺置有尚書令、僕射、六曹尚書，合稱「八座」。此稱「尚書九官」，難以詳究。❸董督軍國　總掌軍政大事。❹建昌侯慮　孫慮，字子智，孫權次子，少聰穎，封建昌侯。吳黃龍二年（西元二三〇年）出鎮半州（今江西九江市），頗稱職。二十歲時病死。詳見本書卷五十九〈孫慮傳〉。❺小巧　精緻。❻徹　通「撤」。❼射聲校尉　武官名。孫吳沿用東漢制度，置屯騎、越騎、長水、射聲、步兵五校尉，各領兵屯駐京城，號稱五營。❽松　孫松，字子喬，孫權弟孫翊之子，吳黃龍三年（西元二三一年）去世。事略附於本書卷五十一〈孫翊傳〉。❾髡　古代剃髮之刑。❿職吏　部下主管人員。⓫南陽　郡名。治所在今河南南陽。⓬謝景　字叔發，南陽宛（今河南南陽）人，孫權以為太子孫登賓客，與太子遊處。後出為豫章太守，有治績，卒於任上。事略附於本書卷五十九〈孫登傳〉。⓭劉廙　字恭嗣，南陽安眾（今河南鄧州東北）人。曹操時任至魏國黃門侍郎，曹魏初為侍中。詳見本書卷二十一〈劉廙傳〉。「劉廙」下原有「之」字，今據宋本刪。⑭長於　高於；優於。⑮詭　歪曲。⑯科法　刑罰條文。科為漢代以來法令之一種，主要用於規範行政及相應處罰。⑰頃年　近年。⑱罹　遭受。⑲小宜恩貸　應稍加寬恕。⑳世務　政務。㉑非　原作「不」，今據宋本、元本改。㉒乞復　請求加以赦免。復，免除。㉓漢高舍陳平之愆　漢高，漢高祖劉邦。愆，小過失。《史記・陳丞相世家》記，陳平先從項羽，楚漢相爭時歸漢王劉邦，劉邦以為亞將。周亞夫、灌嬰等稱陳平早先有與家嫂關係不清，受漢王任用為「護軍」而受諸將賄賂，視金多少安排官位，又稱其先附項羽，不可信任。劉邦最終採納魏無知的意見，認為在當時情況下，應重才能而非品行，反而重賜陳平，提升他為護軍中尉，「使盡護諸將，諸將乃不敢復言」。後世常以此作為動盪時代用人以才能為主要標準的論據。

**【語　譯】** 黃龍元年，陸遜任上大將軍、右都護。這年，孫權東巡建業，留下太子、皇子以及尚書九官，徵召陸遜輔佐太子，並掌管荊州及豫章等三郡政務，總攬軍政大權。當時，建昌侯孫慮在殿堂前建造鬥鴨欄，裝飾得十分精巧，陸遜嚴肅的說：「您應當多讀些經書以求長進，玩這些東西有什麼用？」孫慮立即拆毀鬥鴨欄。射聲校尉孫松在孫氏公子中與孫權最親近，他與兵士嬉戲，軍紀鬆弛，陸遜當面給予他手下的官吏剃髮的處分。南陽人謝景稱讚劉廙的先刑後禮之說，陸遜斥責謝景說：「禮高於刑已經很久了，劉廙用煩瑣詭辯歪曲先聖之教，完全是不對的。您現在侍奉太子，應當遵循仁義，用來彰顯美言，像劉廙那樣的說法，不必講了！」

2　陸遜雖然駐守在外，卻心繫國事，他上書陳述時政說：「我認為刑罰條文過於嚴酷，下面觸犯的人多。近年來，文武官員犯罪，雖由於他們自己不謹慎，應當究責，但天下尚未統一，應當謀求進取，對小過錯應該加以寬恕，以安定下面的情緒。況且政務越來越多，任用有才幹的人優先，只要不是本質邪惡汙穢，犯有難容的罪過，我請求赦免他們予以任用，讓他們施展才能效用。這是聖王忘人過失，記人功勞，實現帝王大業的途徑。過去漢高祖不計較陳平的過失，採納他的奇謀妙計，最終確立了帝業，功績永垂千載。嚴法酷刑，不是帝王的興盛功業；只有懲罰，沒有寬恕，也不是懷柔遠人的宏圖大略。」

1 權欲遣偏師[1]取夷州[2]及朱崖[3]，皆以諮遜，遜上疏曰：「臣愚以為四海未定，當須民力，以濟時務。今兵興歷年，見眾[4]損減，陛下憂勞聖慮，忘寢與食，將遠規[5]夷州，以定大事，臣反覆思惟[6]，未見其利。萬里襲取，風波難測，民易[7]水土，必致疾疫。今驅見眾，經涉不毛[8]，欲益更損，欲利反害。又珠崖絕險，民猶禽獸，得其民不足濟事，無其兵不足虧眾。今江東見眾，自足圖事，但當畜力而後動耳。昔桓王[9]創基，兵不一旅[10]，而開大業。陛下承運，拓定江表[11]。臣聞治亂討逆，須兵為威，農桑衣食，民之本業，而干戈未戢[12]，民有飢寒。臣愚以為宜育養士民，寬其租賦，眾克在和，義以勸[13]勇，則河渭可平[14]，九有[15]一統矣。」權遂征夷州[16]，得不補失。

2 及公孫淵背盟[17]，權欲往征，遜上疏曰：「淵憑險恃固，拘留大使，名馬不獻，實可讎忿[18]。蠻夷猾夏[19]，未染王化[20]，鳥竄荒裔[21]，拒逆王師，至令陛下爰赫斯怒[22]，欲勞萬乘[23]汎輕越海，不慮其危而涉不測。方今天下雲擾[24]，羣雄虎爭，英豪踊躍，張聲大視[25]。陛下以神武之姿，誕膺期運[26]，破操烏林[27]，敗備西陵，禽羽荊州，斯三虜者當世雄傑，皆摧其鋒。聖化所綏，萬里草偃[28]，方蕩平華夏，總一大猷[29]。今不忍小忿，而發雷霆之怒，違垂堂之戒[30]，輕萬乘之重，此臣之所惑也。臣聞志行萬里者，不中道而輟㉛足；圖四海者，匪㉜懷細以害大。彊寇在境，荒服未庭，陛下乘桴㉝遠征，必致闚閫，慼至而憂，悔之無及。若使大事時捷㉞，則淵不討自服；今乃遠惜遼東眾之與馬，奈何獨欲捐㉟江東萬安之本業而不惜乎？乞息六師㊱，以威大虜，早定中夏㊲，垂耀將來。」權用㊳納焉。

【章旨】以上為第六部分，敘述陸遜主張以安定內部為吳國當務之急，勸阻孫權遠征夷州、朱崖及遼東公孫淵。

【注釋】❶偏師　非主力部隊；小部隊。❷夷州　又作「夷洲」。《後漢書·東夷列傳》注引三國吳沈瑩《臨海水土志》：「夷洲在臨海東南，去郡二千里。土地無霜雪，草木不死。四面是山溪。人皆髡髮穿耳，女人不穿耳。土地饒沃，既生五穀，又多魚肉。有犬，尾短如麇尾狀。此夷舅姑子婦臥息共一大床，略不相避。地有銅鐵，唯用鹿格為矛以戰鬥，摩礪青石以作矢鏃。取生魚肉雜貯大瓦器中，以鹽鹵之，歷月所日，乃啖食之，以為上肴。」從夷州在「臨海（今浙江臨海縣）東南」二千里的地理位置上推斷，為今臺灣。❸朱崖　一作「珠厓」。郡名。三國吳治所在今廣東徐聞南。❹見眾　現有兵士。見，通「現」。❺遠規　試圖遠遠的占有。❻思惟　思考。❼易　改變。❽不毛　不生長莊稼草木之地。此處意為荒涼之地。❾桓王　孫策。孫權稱帝，追諡為長沙桓王。❿一旅　旅為周代貴族軍隊編制，一旅約當五百人。⓫江表　江南。⓬干戈未戢　戰爭沒有停止。干，盾。戢，收藏。⓭勸　鼓勵。⓮河渭可平　北方可以平定。河，黃河。渭，渭水。河渭統指黃河流域。⓯九有　九州。泛指全國。《詩經·商頌·玄鳥》：「方命厥後，奄有九有。」⓰遂征夷州　本書卷四十七〈吳主傳〉：黃龍二年（西元二三〇年），「遣將軍衛溫、諸葛直將甲士萬人浮海求夷洲及亶洲」，「得夷洲數千人還」。⓱公孫淵背盟　吳嘉禾元年（西元二三二年），遼東割據勢力公孫淵欲擺脫曹魏的控制，遣使向孫權投誠。次年三月，孫權不顧朝臣反對，執意遣太常張彌、執金吾許晏等率兵萬人，攜帶大量珍寶前往封公孫淵為燕王，結果公孫淵奪寶而俘其眾，殺張彌而送其頭給曹魏。⓲讎忿　仇視憤怒。⓳蠻夷猾夏　四方少數民族擾亂華夏。猾，亂。語出《尚書·舜典》：「蠻夷猾夏，寇賊姦宄。」⓴未染王

化　化外之民；沒有接受管理。王化，帝王教化。㉑荒裔　邊遠荒涼之地；華夏文化影響不深的地方。㉒爰赫斯怒　發起帝王才能有的震怒；將要發動戰爭。語出《詩經．大雅．皇矣》：「王赫斯怒，爰整其旅。」㉓萬乘　帝王。周制，天子兵車萬乘，後遂以萬乘指代帝王。㉔雲擾　如烏雲翻捲。形容政治動盪不安。㉕張聲大視　高聲呼叫，怒目而視。形容試圖有所作為。㉖誕膺期運　承受天命。膺，身受。㉗烏林　地名。在今湖北洪湖東北長江北岸烏林磯，赤壁戰後曹操退師途中於此遭受伏擊。㉘萬里草偃　風行萬里，天下為之畏服。草偃，指百姓接受教化。語出《論語．顏淵》：「君子之德風，小人之德草，草上之風必偃。」㉙總一大猷　統一全國人民的行為規範。猷，帝王治國所持之規。㉚垂堂之戒　帝王應注意自己的安危。語出先秦兩漢流行的一個諺語：「千金之子，坐不垂堂。」㉛輟　停下。㉜匪　通「非」。㉝乘桴　乘船。桴，小船；筏子。㉞大事時捷　統一天下的大業迅速完成。㉟捐　拋棄。㊱六師　帝王之師。周制，天子六師，後遂用指帝王之師。㊲中夏　中原。㊳用　以；因而。

**【語　譯】**孫權想派遣非主力部隊攻取夷州和朱崖，都以此詢問陸遜，陸遜上書說：「臣愚意認為天下還沒有平定，當依賴民眾的力量，用來完成當今的事情。如今戰爭多年不斷，現有兵士不斷減少，陛下勞心憂思，廢寢忘食，準備要遠圖夷州，以成大事，臣反覆思考，不見它的好處。遠涉萬里奪取夷州，風浪難測，士兵改換水土，必然產生疾病瘟疫。今天役使現有的兵士，前往荒涼之地，想要獲益卻反受損失，想要得利卻反而受害。況且朱崖十分險峻，民眾如禽獸般野蠻，得到那裏的民眾不足以成就大事，沒有他們當兵也不會使軍隊缺員。如今江東現有民眾，已足以圖謀大業，只需要先積蓄力量然後再行動而已。過去桓王創立吳國的基業，兵士不到五百人，就開創了大業。陛下承受天命，開疆闢土，平定了長江以南。臣聽說治亂世討叛逆，必須借助軍隊的威力，從事農桑提供衣食，是百姓的本分工作，而現在干戈尚未平息，民眾忍飢受凍。臣愚意認為應當養育百姓，寬緩他們的賦稅，軍隊取得成功在於同心協力，用道義來激發士兵的勇氣，那麼黃河、渭水流域就可以平定，天下就可以統一了。」孫權還是派兵征討夷州，果然得不償失。

2　等到公孫淵背棄盟約，孫權想前往征討，陸遜上書說：「公孫淵憑藉地勢險要堅固，拘留大使，不貢獻名馬，實在令人仇恨憤怒。蠻夷擾亂中原，沒有接受君王的教化，躲竄到荒僻邊遠之處，抗拒王者之師，致使陛下勃然震怒，打算以萬乘之尊駕乘小船穿越大海，不考慮自身安危而涉足不測之險。現在天下風起雲湧，羣雄如虎爭鬥，豪傑騰躍，希望有所作為。陛下以神明英武的天姿，承受天命，在烏林打敗曹操，在西陵擊敗劉備，在荊州擒殺關羽，這三個敵人都是當代的英傑，陛下全都摧毀了他們的鋒芒。聖明的教化所安撫的地方，風行萬里，百姓接受教化，這正是平定中原，實現天下一統的偉大規劃。如今不能忍耐小的怨憤，而大發雷霆之怒，違背了『千金之子，坐不垂堂』的古訓，漠視帝王的貴重身分，這是臣感到迷惑之處啊。臣聽說有志於行萬里路的人，不會在半途停下腳步；圖謀統一天下的人，不會因計較小事而妨害大局。強敵在邊境，邊遠荒蠻還沒有歸順朝廷，陛下乘船遠征，必然招致他們的覬覦，禍至而憂，後悔莫及。如果統一大業能夠迅速完成，那麼公孫淵不需討伐自然降服；如今竟然顧惜遠在遼東的兵眾和馬匹，反倒只想拋棄江東穩固的基業卻毫不愛惜呢？請求停止征遼大軍，用來對付主要的敵人，早日平定中原，光輝永垂後世。」孫權因而採納了他的建議。

1 嘉禾五年❶，權北征，使遜與諸葛瑾❷攻襄陽❸。遜遣親人韓扁齎❹表奉報，還，遇敵於沔中❺，鈔邏❻得扁。瑾聞之甚懼，書與遜云：「大駕已旋❼，賊得韓扁，具知❽吾闊狹❾。且水乾，宜當急去。」遜未答，方催人種葑豆❿，與諸將弈棊射戲如常。瑾曰：「伯言多智略，其當有以⓫。」自來見遜，遜曰：「賊知大駕以旋，無所復慼，得專力於吾。又已守要害之處，兵將意動⓬，且當自定以安之，施設變術，然後出耳。今便示退，賊當謂吾怖，仍來相蹙，必敗之勢也。」乃密與瑾立計⓭，今瑾督舟船，遜悉上⓮兵馬，以向襄陽城。敵素憚遜，遽還赴城。瑾便引船出，遜徐整部伍，張拓聲勢[15]，步趨船，敵不敢干。軍到白圍[16]，託言住獵，潛遣將軍周峻、張梁等擊江夏新市[17]、安陸、石陽[18]。石陽市盛[19]，峻等奄[20]至，人皆捐物入城。城門噎[21]不得關，敵乃自斫殺[22]己民，然後得闔[23]。斬首獲生，凡千餘人。其所生得，皆加營護[24]，不令兵士干擾[25]侵侮。將家屬來者，使就料視[26]。若亡其妻子者，即給衣糧，厚加慰勞，發遣令還，或有感慕相攜而歸者。鄰境懷之[27]，江夏功曹趙濯、弋陽備將[28]裴生及夷王梅頤等，並帥支黨[29]來附遜。遜傾[30]財帛，周贍經恤[31]。

2 又魏江夏[32]太守逯式，兼領兵馬，頗作邊害，而與北舊將[33]文聘[34]子休宿[35]不協[36]。遜聞其然，即假作答式書云：「得報懇惻[37]，知與休久結嫌隙，勢不兩存，欲來歸附，輒以密呈來書[38]表聞，撰眾[39]相迎。宜潛速嚴[40]，更示定期。」以書置界上，式兵得書以見式，式惶懼，遂自送妻子還洛。由是吏士不復親附，遂以免罷。

3 六年，中郎將[41]周祗乞於鄱陽召募，事下[42]問遜。遜以為此郡民易動難安，不可與召，恐致賊寇。而祗固陳取之，郡民吳遽等果作賊殺祗，攻沒諸縣。豫章[43]、廬陵[44]宿惡民，並應遽為寇。遜自聞，輒[45]討即破，遽等相率降，遜料[46]得精兵八千餘人，三郡平。

【章　旨】以上為第七部分，通過幾件具體事例敘述陸遜駐守武昌時期對於防禦曹魏進攻、安定內部方面所作的貢獻。

【注　釋】❶嘉禾五年　西元二三六年。嘉禾，吳大帝孫權年號，西元二三二—二三八年。❷諸葛瑾　字子瑜，琅邪陽都（今山東沂南南）人，諸葛亮之兄。漢末避亂至江東，後從孫權，為吳開國功臣，官至大將軍、左都護，封宛陵侯，享年六十八。詳本書卷五十二〈諸葛瑾傳〉。❸襄陽　今湖北襄樊。時以漢水為界分為兩城，水北為樊城，水南為襄陽。❹齎　攜帶。❺沔中　今江漢平原中部。古稱今湖北襄陽以下的漢水為沔水。❻鈔邏　來往巡邏阻截搜查敵方人員的小分隊。鈔，通「抄」。❼旋　回軍；退回。❽具知　全面了解。❾闊狹　引申為兵力布置的重點與防禦的弱點。❿葑豆　蔓菁和豆子。葑，蔓菁。⓫其當有以　他應當有應對的辦法。⓬意動　不安。⓭立計　制定計策。⓮上　召集。⓯張拓聲勢　虛張聲勢。⓰白圍　陸遜所立軍營名，地在今湖北襄樊東北。⓱新市　縣名。治所在今湖北京山縣東北。⓲石陽　縣名。治所在今湖北應城東南。⓳市盛　市場繁榮。⓴奄　突然。㉑噎　堵塞。㉒斫殺　砍殺。㉓闔　關門；門扇合閉。㉔營護　救護。㉕干擾　打攪並求取物品。干，求取。㉖料視　照料探望。㉗懷之　感其恩德。㉘備將　負責防守的將領。一說原隨劉備的將領。不能確證。㉙支黨　徒黨。㉚傾　用盡；全部拿出。㉛周贍經恤　加以周到的關懷照顧。㉜魏江夏　江夏，郡名。漢治所在今湖北新洲西。三國時，魏吳分據其地，均置江夏郡。魏江夏郡治所在今湖北雲夢；吳江夏郡治所在今湖北鄂州。㉝北舊將　曹魏老將。北，北方曹魏。㉞文聘　字仲業，南陽宛（今河南南陽）人。東漢末為荊州牧劉表大將，曹操征荊州時降操，後為魏鎮守江夏數十年，威震敵國，官至後將軍，封新野侯。詳見本書卷十八〈文聘傳〉。㉟宿　素來；早就。㊱不協　關係不和。㊲懇惻　誠懇痛切。㊳來書　來信。㊴撰眾　聚集兵馬。撰，聚集。㊵嚴　穿戴整齊；軍隊作好戰鬥準備。㊶中郎將　武官名。漢代為中央禁軍將領，秩比二千石，屬高級武官，地位低於將軍。孫策、孫權創業時多置雜號中郎將以授部下，吳國建立後，沿用漢制。㊷事下　將其事下達徵求意見。㊸豫章　郡名。治所在今江西南昌。㊹廬陵　郡名。治所在今江西泰和西北。㊺輒　當即；立刻。㊻料　挑選。

【語 譯】嘉禾五年，孫權北征曹魏，派陸遜和諸葛瑾攻打襄陽。陸遜派親信韓扁帶著奏章向孫權彙報戰況，韓扁返回時，在沔中遇到敵人，巡邏部隊俘獲韓扁。諸葛瑾聽說後十分恐懼，寫信對陸遜說：「君上已返回，敵人擒獲韓扁，完全掌握了我方的底細。而且江水乾涸，應該急速撤離。」陸遜沒有回信，只見他催促人種蔓菁和豆子，將領們像往常一樣下棋射箭。諸葛瑾說：「陸伯言足智多謀，他這樣做必有他的道理。」就親自來見陸遜。陸遜說：「敵人知道君上已經返回，沒有什麼可擔憂的了，可以專力對付我們。加上他們已經據守險要地方，我方將士動搖不安，應當保持鎮靜來穩定軍心，採取靈活多變的策略，然後退兵。如果馬上表現出要退兵，敵人當會認為我們害怕，仍將前來逼迫我們，這是必敗的形勢。」於是與諸葛瑾密謀定計，讓諸葛瑾督率戰艦，陸遜召集所有兵馬，作勢向襄陽城進攻。敵軍向來忌憚陸遜，立刻回返城內。諸葛瑾趁勢帶領船隻撤離，陸遜從容整頓隊伍，虛張聲勢，步行靠向船隻，敵人不敢進犯。軍隊到達白圍，陸遜假稱要駐紮打獵，暗中派將軍周峻、張梁等進攻江夏郡的新市、安陸、石陽等縣。石陽集市正熱鬧，周峻等突然殺到，人們都丟下貨物跑進城裏，城門堵塞無法關上，敵軍竟然砍殺自己的民眾，這才得以關上城門。吳軍斬首、俘虜總共一千多人。對那些所俘獲生擒的人，都給予救護，不讓兵士侵擾欺侮。帶著家屬來的，讓他們前去照料看護，如果失去妻兒的，就給予衣服、糧食，厚加慰勞，遣送他們回去，有的人感動傾慕，相攜前來歸附。鄰近地區的人們也對陸遜感恩戴德，江夏郡功曹趙濯、弋陽守將裴生以及夷王梅頤等人，都率領徒黨前來歸附陸遜。陸遜傾盡財物，予以周到的照料。

2 還有魏國的江夏太守逯式兼領兵馬，深深為害邊境，而他與曹魏老將文聘的兒子文休一向不和。陸遜得知此事，立即假造給逯式的回信說：「得到你誠懇痛切的來信，知道你和文休長期結下仇隙，勢不兩立，想前來歸附，我便祕密呈上你的來信上表朝廷，集合人馬接應你。你應當暗中盡快做好準備，再告訴來歸附的確切時間。」把這封信放在邊界上，逯式的士兵拾到信拿給逯式看，逯式驚惶恐懼，於是親自送妻兒返回洛陽。從此部下不再親附他，於是被免官。

3 嘉禾六年，中郎將周祗請求在鄱陽郡募兵，孫權把此事下達徵詢陸遜。陸遜認為這個郡的民眾容易動盪，很難安定，不可招募，恐怕招致賊寇。但周祇堅持說要去招募士兵，郡民吳遽等果然作亂，殺了周祇，攻下了幾個縣城。豫章、廬陵郡向來為惡的百姓，一起響應吳遽作亂。陸遜本人聽到這一情況，當即討伐，立刻攻破亂軍，吳遽等相率投降，陸遜從中挑選了八千多精兵，三郡平定。

1 時中書典校❶呂壹❷，竊弄權柄，擅作威福，遜與太常❸潘濬❹同心憂之，言至流涕。後權誅壹，深以自責，語在權傳❺。

2 時謝淵、謝厷等各陳便宜，欲興利改作❻，以事下遜。遜議曰：「國以民為本，彊由民力，財由民出。夫民殷❼國弱，民瘠❽國彊者，未之有也。故為國者，得民則治，失之則亂，若不受利，而令盡用立效，亦為難也。是以詩歎『宜民宜人，受祿于天❾』。乞垂聖恩，寧濟百姓，數年之間，國用少豐，然後更圖。」

【章　旨】以上為第八部分，簡述嘉禾年間孫權重用校事監督臣下及加強皇權時，陸遜的反對態度與憂慮。

【注　釋】❶中書典校　嘉禾年間，孫權於中書機構置校事官，稱為典校，又稱校事，主要通過審查中央與地方各機構的檔案清查官員違法亂紀的行為。孫權藉此強化皇權，而典校官員趁機弄權，陷害無辜，眾多官員受到清查，甚至丞相亦不能幸免，弄得人心惶惶。最終以孫權誅殺弄權的典校官告終。❷呂壹　孫權嘉禾年間任中書郎，受孫權信任，主管中書典校，因而作威作福，大臣多被誣陷，引發政治危機。孫權將其處死以塞責。❸太常　官名。漢代以來居九卿之首，主管國家禮儀與教化工作。❹潘濬　字承明，武陵漢壽（今湖南漢壽）人。東漢末為郡功曹，先後從劉表、劉備，孫權殺關羽後，歸吳。歷少府、太常，後與陸遜駐守武昌。詳見本書卷六十一〈潘濬傳〉。❺語在權傳　其事詳細記錄在孫權的傳中。❻興利改作　興辦有利的事業，採取新舉措。❼殷　富足；殷實。❽瘠　貧困。❾宜民宜人二句　語出《詩經・大雅・假樂》。意思是統治者只要給百姓帶來好處，就會受到上天的保護，永遠享有權力。

【語　譯】當時中書典校呂壹竊位弄權，擅自作威作福，陸遜和太常潘濬都心中憂慮，一說起來甚至傷心流淚。後來孫權誅殺呂壹，深深以此事自責，這一情況記錄在〈孫權傳〉中。

2　當時謝淵、謝厷等人各自陳述福國利民之策，想要興辦有利的事業，改革原來的措施，孫權把他們的意見交代下去給陸遜。陸遜評議說：「國家以民為本，強盛是出自百姓的力量，財富是由百姓產生出來。百姓富足而國家貧弱，百姓貧弱而國家強盛的，是未曾有過的。所以治理國家的人，得到民心就能治理好，失去民心就會動亂。如果不讓百姓得利，卻要他們全力報效國家，也是很難的。所以《詩經》中感嘆說『宜民宜人，受祿于天』。請求聖上施恩，安定和救助百姓，幾年時間，國家的財力稍稍豐足了，然後再予考慮。」

1　赤烏七年❶，代顧雍❷為丞相，詔曰：「朕以不德，應期踐運，王塗未一❸，姦宄❹充路，夙夜❺戰❻懼，不遑❼鑒寐❽。惟君天資聰叡❾，明德顯融❿，統任上將，匡國弭難⓫。夫有超世之功者，必膺⓬光大⓭之寵；懷文武之才者，必荷社稷⓮之重。昔伊尹隆湯⓯，呂尚翼周⓰，內外之任，君實兼之。今以君為丞相，使使持節守太常傅常授印綬。君其茂昭明德，修乃懿績⓱，敬服王命，綏靖⓲四方。於乎！總司三事⓳，以訓羣寮，可不敬與？君其勖⓴之！其州牧都護領武昌事如故。」

2

先是，二宮並闕㉑，中外職司㉒，多遣子弟給侍。全琮㉓報遜，遜以為子弟苟有才，不憂不用，不宜私出以要榮利；若其不佳，終為取禍。且聞二宮勢敵㉔，必有彼此㉕，此古人之厚忌㉖也。琮子寄，果阿附魯王，輕為交構㉗。遜書與琮曰：「卿不師日磾㉘，而宿留㉙阿寄，終為足下門戶㉚致禍矣。」琮既不納，更以致隙㉛。及太子有不安之議㉜，遜上疏陳：「太子正統㉝，宜有盤石㉞之固，魯王藩臣，當使寵秩㉟有差㊱，彼此得所㊲，上下獲安。謹叩頭流血以聞。」書三四上，及求詣都㊳，欲口論適庶㊴之分，以匡得失。既不聽許，而遜外生㊵顧譚㊶、顧承、姚信，並以親附太子，枉見流徙。太子太傅㊷吾粲㊸坐㊹數與遜交書，下獄死。權累遣中使㊺責讓㊻遜，遜憤恚㊼致卒，時年六十三，家無餘財。

【章旨】以上為第九部分，敘述陸遜雖被孫權任命為丞相，但在孫權晚年繼承人之爭時，因支持太子孫和而受到孫權的猜忌，不久憤恨去世。

【注釋】❶赤烏七年　西元二四四年。赤烏，吳大帝孫權年號，西元二三八—二五一年。❷顧雍　字元歎，吳郡吳（今江蘇蘇州）人。為人寬厚而正直，勤於政事，受到孫權賞識。在孫吳前期任丞相十九年，頗有政績。詳見本書卷五十二〈顧雍傳〉。❸王塗未一　全國還沒統一。古人認為「車同軌」是統一的標誌之一，道路上行車軌轍不一，指未統一。❹姦宄　為非作歹的人。❺夙夜　晨夜；從早到晚。❻戰　通「顫」。❼不遑　沒有時間。❽鑒寐　假寐，不脫衣冠而睡。❾聰叡　聰明睿智。❿明德顯融　美德昭著。⓫匡國弭難　匡扶國家平定禍亂。匡，正。弭，平息。⓬膺　宋本作「應」。⓭光大　廣大；

巨大。⑭社稷　國家。社，土地神。稷，穀神。先秦傳統，立國先立社稷，滅人國則變置其社稷，社稷因而成為國家政權的標誌。⑮伊尹隆湯　夏朝末年，商族首領湯舉賢人伊尹，「任以國政」，商族因而強大起來，消滅夏朝，建立商朝。事見《史記・殷本紀》。⑯呂尚翼周　呂尚即姜太公。翼，輔翼；輔佐。傳說他年老窮困，魚釣之時與周族首領西伯姬昌（周文王）認識，其言論為西伯所賞識，認為其祖太公希望有「聖人」至周而使周興旺強大，呂尚正是其人，因稱之為「太公望」，又因其姓氏為姜，故又稱姜太公。儘管呂望族屬及與西伯如何發生關係，有不同說法，「然要之為文武師」，即以師傅的身分指導周文王、武王。並利用其「兵權與奇計」促成周強大，使其在武王時消滅商朝，建立周朝。呂望受封於齊，為春秋戰國時齊國的始祖。見《史記・齊太公世家》。⑰懿績　偉大的功績。懿，美好。⑱綏靖　安定；撫平。⑲總司三事　總掌三公的權力。⑳勖　努力；勉勵。㉑二宮並闕　太子孫和的太子宮與魯王孫霸的王府並立於都城。闕，門觀。皇宮或王宮正門外兩邊高聳的瞭望建築。㉒中外職司　皇宮內的機要機構與皇宮外的政務機構的長官。中外，皇宮內外。職司，司能部門。㉓全琮　字子璜，吳郡錢唐（今浙江杭州）人。初從孫權，屢立軍功，封錢唐侯。詳本書卷六十〈全琮傳〉。㉔勢敵　指孫權待他們一樣。本書卷五十九〈孫霸傳〉稱孫權對孫霸「寵愛崇特，與（對太子孫）和無殊」。㉕彼此　分成兩派。㉖厚忌　大忌。㉗交構　相互勾結並陷害對手。㉘日磾　即金日磾。字翁叔，本匈奴休屠王太子，漢武帝時隨父附漢，漢武帝時任至侍中，後受遺詔與霍光等輔佐昭帝。日磾侍中時，其二子受漢武帝喜愛，其長子弄兒，親近得竟從武帝背後用手勒武帝脖子玩耍，被日磾怒目而視驅走。後弄兒漸長大，在殿後與宮女發生關係，日磾發現將其殺死。見《漢書・金日磾傳》。㉙宿留　留下；庇護。㉚門戶　家門；全家。㉛致隙　發生矛盾；關係弄僵。㉜太子有不安之議　指孫權有廢太子孫和的打算。㉝正統　合法。指孫和為孫霸兄，按長幼次序，較孫霸更符合繼承原則。㉞盤石　磐石。㉟寵秩　親厚與給予的地位。秩，等級。㊱差　差別。㊲彼此得所　雙方都處於應處的位置。㊳詣都　到京城。㊴適庶　嫡庶。㊵外生　外甥。㊶顧譚　字子默，吳郡吳（今江蘇蘇州）人。顧雍之孫、顧邵之子。初為太子孫登府屬，仕至太常，支持後太子孫和，因魯王孫霸黨陷害，與其弟京下督顧承同時被流放交州而死。顧譚、顧承事略均附於本書卷五十二〈顧雍傳〉。㊷太子太傅　官名。秦、漢相沿，置以教導、監護太子。三國及以後亦有其制。㊸吾粲　字孔休，吳郡烏程（今浙江宜興）人。初為小吏，後人為孫權屬員，升為會稽太守、太子太傅，因擁護太子孫和，被魯王孫霸黨誣陷，下獄死。詳見本書卷五十七〈吾粲傳〉。㊹坐　犯罪；因某事有罪。㊺中使　皇帝身邊的人奉皇帝命出宮為使。中，指皇宮中。中使人選可能是宦官，也有可能是置於皇宮中的機要機構的官員。㊻責讓　指責。㊼憤恚　憤恨至極。恚，忿恨。

【語譯】赤烏七年，陸遜接替顧雍任丞相，孫權下詔書說：「我以一個無德之人，順天應運，登上帝位，統一天下的大業尚未完成，為非作歹的人充塞道路。我日夜憂愁恐懼，沒有閒暇，衣服沒脫就睡了。您天資聰穎，美德昭著，擔任上將，扶持國家，平定禍亂。有蓋世功勞的人，必定獲有巨大的榮寵；懷有文才武略的人，必定擔負國家的重任。過去伊尹使商湯興盛，呂尚輔助周朝，如今朝廷內外的重任，您一個人實在都兼任了。現在任命您為丞相，派使持節代理太常傅常授予您印綬。您應當發揚美德，建立美好的功績，恭敬的執行王命，平定天下。嗚呼！總掌三公，訓導百官，可以不恭謹嗎？您努力啊！原任荊州牧、右都護、領武昌留事等職務依舊不變。」

2　在此之前，太子和魯王的宮殿並立，皇宮內外各機構的主要官員，大多派遣其子弟去服侍太子或魯王。全琮報告陸遜這種狀況，陸遜認為官員子弟如果有才幹，不愁不被任用，不應私自請託以求取功名利祿；如果子弟才幹人品不好，最終只會自取禍患。而且聽說兩宮勢均力敵，必然分成兩派，這是古人深以為大忌的。全琮的兒子全寄，果然逢迎攀附魯王，輕率的陷害他人。陸遜寫信給全琮說：「您不效法金日磾，而庇護阿寄，最終會給您家族招致災禍。」全琮不加採納，反而與陸遜有了嫌隙。等到孫權有了廢太子孫和的想法，陸遜上書說：「太子地位合法，應使他的地位有如磐石般穩固，魯王是藩臣，在寵幸和地位上應當有所差別，兩人彼此各得其所，朝廷上下才能獲得安寧。我恭謹的叩頭流血向您陳述我的意見。」他三、四次上書，並要求到都城，想向孫權親口論述嫡庶的分別，用來匡正孫權的過失。孫權不聽從他的意見，而陸遜的外甥顧譚、顧承、姚信，都因為親近攀附太子，被無辜流放。太子太傅吾粲因多次與陸遜書信往來而獲罪，被關進監獄致死。孫權屢次派宮中使者指責陸遜，陸遜憤怒致死，死時六十三歲，家中沒有多餘的財物。

初，暨豔❶造營府之論❷，遜諫戒❸之，以為必禍。又謂諸葛恪❹曰：「在我前者，吾必奉之同升；在我下者，則扶持之。今觀君氣陵❺其上，意蔑乎下❻，非安德之基也。」又廣陵❼楊竺少獲聲名，而遜謂之終敗❽，勸竺兄穆令與別族❾。其先覩如此。長子延早夭，次子抗襲爵。孫休時❿，追謚遜曰昭侯。

【章　旨】以上為第十部分，追述陸遜與人交往的一些逸事，反映陸遜謙虛審慎的性格。

【注　釋】❶暨豔　字子休，吳郡（今江蘇蘇州）人。孫權為吳王時，任選曹郎，後升任選曹尚書。他認為官吏及作為官吏後補隊伍的三署郎官魚龍混雜，主張按優劣將其分出明確的等級並付諸行動，大量官吏被貶職，任內貪財鄙陋、品行卑劣的官吏，都被貶為軍隊的雜役人員，專門設置軍府加以安置。結果羣起而攻之，孫權將其處死以平息官僚們的憤怒。參見本書卷五十七〈張溫傳〉。❷造營府之論　提出將貶職官吏安置到軍營的意見。營府，軍營。❸諫戒　勸阻告誡。❹諸葛恪　字元遜，諸葛瑾之子、諸葛亮之姪。少以聰惠知名，受孫權賞識。孫吳建國後，建議攻打丹楊郡不服統治的山越人補充兵員，取得巨大成功。後代陸遜駐守武昌。孫權臨終命其為輔政大臣，輔佐孫亮，他興利除弊，革新政治，成就斐然，但因堅持動員全部力量北伐曹魏，引發政治危機，被孫綝謀殺於宮中。詳見本書卷六十四〈諸葛恪傳〉。❺陵　通「淩」。❻蔑乎下　對於下屬視若無人；瞧不上下屬。❼廣陵　郡名。治所在今江蘇揚州。❽終敗　最終會失敗。楊竺後因附於魯王孫霸而被殺。❾別族　分家。❿孫休時　指西元二五八至二六四年間孫休為皇帝時。

【語　譯】當初，暨豔提出將貶職官吏安置到軍營的論調，陸遜勸阻他，認為必然招致禍患。他又對諸葛恪說：「才幹人品高於我的，我一定幫助他與自己一起得到升遷；才幹人品不如我的，就扶持他。我看你對比自己優秀的人就盛氣淩人，對不如自己的人便輕視他，這不是鞏固道德的根基。」還有，廣陵人楊竺年輕時就頗有名聲，而陸遜卻說他終究會失敗，勸楊竺的哥哥楊穆與他分家另立門戶。他的先見之明都是這樣。陸遜的長子陸延早死，次子陸抗繼承爵位。孫休在位時期，追謚陸遜為昭侯。

抗字幼節，孫策外孫也。遜卒時，年二十，拜建武校尉，領遜眾五千人，送葬東還❶，詣都謝恩。孫權以楊竺所白遜二十事問抗，禁絕賓客，中使臨詰❷，抗無所顧問❸，事事條答，權意漸解❹。赤烏九年，遷立節中郎將，與諸葛恪換屯❺柴桑❻。抗臨去，皆更繕完城圍❼，葺❽其牆屋，居廬桑果，不得妄敗❾。恪入屯，儼然若新。而恪柴桑故屯，頗有毀壞，深以為慚。太元元年❿，就都治病。病差⓫當還，權涕泣與別，謂曰：「吾前聽用讒言，與汝父大義不篤⓬，以此負汝。前後所問，一⓭焚滅之，莫令人見也。」建興元年⓮，拜奮威將軍。太平二年⓯，魏將諸葛誕⓰舉壽春⓱降，拜抗為柴桑督，赴壽春，破魏牙門將偏將軍，遷征北將軍。永安二年⓲，拜鎮軍將軍，都督西陵，自關羽⓳至白帝。三年，假節⓴。孫晧即位，加鎮軍大將軍，領益州牧㉑。建衡二年㉒，大司馬施績㉓卒，拜抗都督信陵㉔、西陵、夷道、樂鄉㉕、公安諸軍事，治樂鄉。

【章　旨】以上為第十一部分，敘述陸遜子陸抗二十歲時繼父統兵後，因其才幹與處事能力，使孫權消除猜忌之心並加重用，成為孫吳後期長江中游軍事事防務首要人物的過程。

【注　釋】❶送葬東還　送陸遜靈柩回到家鄉吳縣。因吳縣（今江蘇蘇州）在陸遜駐防及死亡地武昌（今湖北鄂州）之東，故稱東還。❷臨詰　到場質問。❸無所顧問　沒有遲疑；不必詢問左右。❹意漸解　對陸遜不滿的情緒慢慢消除。❺換屯　交換駐防地。❻柴桑　縣名。治所在今江西九江市。❼繕完城圍　修繕城牆與營區圍牆。❽葺　修葺；維修。❾妄敗　隨意毀壞。❿太元元年　西元二五一年。太元，吳大帝孫權年號，西元二五一—二五二年。⓫差　通「瘥」。病癒。⓬大義不篤君臣關係不深厚篤實。大義，指君臣之間的道德標準。⑬一　全部。⑭建興元年　西元二五二年。建興，吳會稽王孫亮年號，西元二五二—二五三年。⑮太平二年　西元二五七年。太平，吳會稽王孫亮年號，西元二五六—二五八年。⑯諸葛誕　字公休，琅邪陽都（今山東沂南南）人。魏明帝時官至尚書，因沽名釣譽免官。齊王芳即位，復職，出任揚州刺史。高貴鄉公甘露二年（西元二五七年）在征東大將軍任上被調入朝為司空，因據壽春反，叛投孫吳，次年被魏軍攻殺。詳見本書卷二十八〈諸葛誕傳〉。⑰壽春　縣名。治所在今安徽壽縣。⑱永安二年　西元二五九年。永安，吳景帝孫休年號，西元二五八—二六四年。⑲關羽　地名。即關羽瀨，在今湖南益陽。參見本書卷五十五〈甘寧傳〉。⑳假節　節為代表中央權力的信物，漢制，出使者持節，亦漸以頒於鎮守地方的大員。漢末三國時，地方駐軍情況普遍，頒節於地方軍鎮大員的情形亦多，按授權大小有使持節、持節、假節的區分。假節者在軍事行動時可以不經上報批准處死犯軍令者。㉑領益州牧　益州為原蜀漢境，其時蜀漢已滅，地為西晉所有。吳置益州牧旨在表明自己統有其地。㉒建衡二年　西元二七〇年。建衡，吳末帝孫皓年號，西元二六九—二七一年。㉓施績　即朱績，其父朱然本姓施，後抱養給其舅朱治，及貴，復為本姓。見本書卷五十六朱然附傳。㉔信陵　縣名。治所在今湖北秭歸東南。㉕樂鄉　城邑名。三國吳築，地在今湖北松滋東。

**【語　譯】**陸抗，字幼節，是孫策的外孫。陸遜死時，他二十歲，任建武校尉，帶領陸遜的部眾五千人，護送陸遜的靈柩東歸，前往都城謝恩。孫權就楊竺所告發陸遜的二十件事責問陸抗，禁絕陸抗的賓客往來，派宮中使者親臨盤問，陸抗不必詢問左右，每一件事都答的有條有理，孫權對陸遜不滿的情緒漸漸消除。赤烏九年，升任陸抗為立節中郎將，與諸葛恪換防，駐紮柴桑。陸抗移防時，把武昌城牆與軍營圍牆全部修繕好，修葺了房屋，住所旁的桑樹、果樹，不許妄加毀壞。諸葛恪進入軍營，整齊得如新的一樣。而諸葛恪過去駐紮的柴桑軍營，毀壞卻十分嚴重，他深感慚愧。太元元年，陸抗前往都城治病，病癒應當返回駐地，孫權揮淚與陸抗告別，對他說：「我以前聽信讒言，與你父親之間的君臣大義未能深固篤實，因此有負於你。我前前後後責問你的資料，全部燒掉，不要讓別人看見。」建興元年，陸抗任奮威將軍。太平二年，魏國將領諸葛誕獻壽春城投降。任命陸抗為柴桑督，趕赴壽春，打敗魏國的牙門將偏將軍，升任征北將軍。永安二年，任鎮軍將軍，都督西陵，總管自關羽瀨到白帝城的防務。永安三年，假節。孫晧即帝位，加授鎮軍大將軍，兼任益州牧。建衡二年，大司馬施績去世，任命陸抗總管信陵、西陵、夷道、樂鄉、公安各種軍務，治所設在樂鄉。

1 抗聞都下❶政令多闕❷，憂深慮遠，乃上疏曰：「臣聞德均則眾者勝寡，力侔❸則安者制危，蓋六國所以兼并於彊秦，西楚❹所以北面❺於漢高也。今敵跨制九服❻，非徒關右❼之地；割據九州，豈但鴻溝❽以西而已。國家外無連國之援❾，內非西楚之彊，庶政陵遲❿，黎民未乂⓫，而議者所恃，徒以長川峻山，限帶封域⓬，此乃守國之末事⓭，非智者之所先也。臣每遠惟⓮戰國存亡之符⓯，近覽劉氏⓰傾覆之釁，考之典籍⓱，驗之行事，中夜撫枕，臨餐忘食。昔匈奴未滅，去病辭館⓲；漢道未純，賈生哀泣⓳。況臣王室之出，世荷光寵，身名否泰，與國同慼⓴，死生契闊㉑，義無苟且，夙夜憂怛㉒，念至情慘。夫事君之義犯而勿欺㉓，人臣之節匪躬是殉㉔，謹陳時宜十七條如左㉕。」十七條失本㉖，故不載。

2 時何定㉗弄權，閹官預政。抗上疏曰：「臣聞開國承家㉘，小人勿用，靖譖庸回，唐書攸戒㉙，是以雅人㉚所以怨刺，仲尼所以歎息㉛也。春秋已來，爰及秦、漢，傾覆之釁㉜，未有不由斯者也。小人不明理道㉝，所見既淺，雖使竭情盡節，猶不足任，況其姦心素篤，而憎愛移易哉？苟患失之，無所不至㉞。今委以聰明之任，假以專制之威，而冀㉟雍熙㊱之聲作，肅清之化㊲立，不可得也。方今見吏㊳，殊才雖少，然或冠冕之冑㊴，少漸㊵道教㊶，或清苦自立，資能足用，自可隨才授職，抑黜羣小，然後俗化㊷可清，庶㊸政無穢也。」

【章　旨】以上為第十二部分，敘述陸抗當吳主孫皓政治混亂之時，上書反對輕開戰事，主張任用賢人，反映他與其父陸遜一樣忠誠正直的風範。

【注　釋】❶都下　都城。此指朝廷。❷闕　通「缺」。❸侔　相等。❹西楚　指西楚霸王項羽。❺北面　臣服於；屈服於。❻九服　全國。先秦形成的一種政治地理觀念，認為天下之地，天子所居京城及附近方圓千里之地為王畿，其外以五百里為差別，分為九等，即侯服、甸服、男服、采服、衛服、蠻服、夷服、鎮服、藩服，總稱九服。見《周禮・夏官・職方氏》。❼關右　函谷關之西。秦漢時稱今陝甘地區，亦即漢王劉邦與西楚霸王項羽相爭時的後方根據地。❽鴻溝　水道名。自今河南滎陽北引黃河水，東流至今中牟北，又東經開封北，折而向南流至淮陽入潁水。楚漢相爭時，雙方曾約以此為界，東面為楚，西面為漢。❾連國之援　同盟國家援助。❿庶政陵遲　各種政務廢弛。⓫黎民未乂　老百姓不安。黎，面黑色。因百姓勞作而與貴族相比皮膚要黑，故古稱百姓為黎民。乂，安寧。⓬限帶封域　環繞於疆域周圍。⓭末事　最不重要的事；下下之策。⓮遠惟　遠思。惟，思考。⓯符　徵兆。⓰劉氏　指東漢政權。⓱典籍　書籍。⓲匈奴未滅二句　去病，漢武帝時名將霍去病。館，宅第。《史記・衛將軍驃騎列傳》：霍去病打擊匈奴有功，漢武帝為其興建府第，讓霍去病去看看，霍去病表示：「匈奴未滅，無以家為也。」⓳漢道未純二句　賈生，賈誼。《史記・屈原賈生列傳》：賈誼誦讀儒家經典《詩》與《尚書》，時漢朝政治思想上崇尚黃老之治，制度上沿用秦法。及賈誼被漢文帝用為太中大夫，建議：「改正朔，易服色，法制度，定官名，興禮樂，乃悉草具其事儀法，色尚黃，數用五，為官名，悉更秦之法。」結果被權貴排斥出朝廷，三十三歲時鬱鬱不得志而死。⓴身名否泰二句　自己的聲望與前途，同國家的興衰休戚相關。〈否〉與〈泰〉均為《易》的卦名，〈否〉為大凶，

〈泰〉為大吉，遂合用以指命運吉凶變化。慼，憂慮。㉑死生契闊　生死離合。㉒怛　悲傷；慘痛。㉓犯而勿欺　寧願冒犯也不加欺騙。㉔匪躬是殉　不顧自己為國獻身。匪躬，不顧自身。匪，通「非」。㉕如左　古時書寫方式自上豎排左行，「如左」與今之「如下」意同。㉖失本　原始文本丟失。印刷術發明以前，古代文件檔案甚至大多數作品，往往以手寫原本留傳，原本丟失就意謂永遠無法查證。㉗何定　汝南（今河南平輿北）人。原奉侍孫權，後出宮為吏。孫晧時自請入侍，受到孫晧寵幸，委以眾事，任殿中列將，作威作福。大臣陸凱、賀邵等當面向孫晧指責何定小人弄權。後被孫晧處死。㉘開國承家　創建國家繼承家業。㉙靖譖庸回二句　聽信讒言，任用邪佞之人，在《尚書・堯典》裏就曾加以告誡。靖，安定；安於。㉚雅人　作〈雅〉之詩人。指《詩經・小雅》中〈青蠅〉、〈巧言〉等諷刺佞人、讒言傷害善人的詩篇。㉛仲尼所以歎息　《論語》諸章記孔子語有：「巧言令色，鮮矣仁。」「巧言、令色、足恭，左丘明恥之，丘亦恥之。匿怨而友其人，左丘明恥之，丘亦恥之。」㉜傾覆之釁　國家衰亡的原因。㉝理道　治道；治理國家的原則。㉞苟患失之二句　如果他們怕失去什麼，就會什麼壞事也能做出來。㉟冀　希望。㊱雍熙　祥和快樂。㊲肅清之化　清明的教化。㊳見吏　現任官吏。見，通「現」。㊴冠冕之胄　賢達或官員的後代。冠冕，頭戴之物，比喻出人頭地的人或家族，亦用作世代官僚家族的代稱。胄，後人。㊵漸染　習；受影響。㊶道教　道德教化。㊷俗化　風俗教化；社會風氣。㊸庶　眾多。

【語　譯】陸抗聽說朝廷的政令多有缺失，深深憂慮，於是上書說：「我聽說，兩國君主德行不相上下那麼民眾多的勝過少的，武力相等則安定的制服混亂的，這是六國被強秦兼併，楚霸王敗給漢高祖的原因。現在，敵國跨有廣闊的疆土，不僅據有函谷關以西地區；它占有華夏九州，豈止鴻溝以西而已。我們外無同盟援助，內部也沒有西楚的強盛，各種政務廢弛，老百姓沒有安定。而議論者所仗恃的，只是因為河流與高山，環繞著我方疆域，這是守衛國家最不重要的事情，不是聰明人最優先考慮的。我常常遠思戰國時各國存亡的徵兆，近觀漢朝劉姓滅亡的原因，與書籍上記錄的相驗證，再對照我們的所作所為，半夜撫枕難安，面對飯食忘了進餐。過去匈奴沒有消滅，霍去病推辭建築府第；漢朝的治國之道不純正，賈誼傷心哭泣。何況我出自皇室，世代蒙受榮寵，個人的聲名與吉兇，與國家休戚相關，死生離合，從道義上說不能苟且偷生。我日夜憂慮，想到這些便心痛難過。人臣奉侍君主的道德標準，在於寧可冒犯也不加欺騙，做人臣的節操在於不顧自己捨身殉國。我恭謹的陳述當前應做的事十七條如下。」這十七條的原件已失，所以沒有記載。

當時何定弄權，宦官干預朝政。陸抗上書說：「我聽說帝王開創國家繼承家業，小人不能任用，安於小人的讒言，任用奸人，在《尚書・堯典》裏有所告誡，所以《詩經・小雅》中的作者對此加以批評嘲諷，孔子為之嘆息。春秋以來，直至秦、漢，各個朝代敗亡的原因，沒有不是由此形成的。那些小人不懂治國的原則，所見本就短淺，即使能竭盡心力，尚且不能完全任用，何況他們奸惡之心向來深篤，愛憎之情易於變化呢？如果他們怕失去什麼，就會什麼壞事也能做出來。現在委任他們本是聰明人該擔的重任，授予他們獨斷專行的權力，而希望和樂的聲音興起，清明的教化得到建立，那是不可能的。現任官員，有特殊才幹的雖然很少，但他們有的是賢達或官宦的後代，幼年接受道德教化的薰陶，有的人清貧寒苦自立於社會，他們的資質與才幹足可任用，自然可以隨才授職，抑制、貶退那些小人，這樣風俗教化才能清平，各項政務也不會汙濁了。」

鳳皇元年❶，西陵督步闡❷據城以叛，遣使降晉。抗聞之，日部分諸軍，令將軍左奕、吾彥❸、蔡貢等徑赴西陵，敕軍營更築嚴圍❹，自赤谿❺至故市，內以圍闡，外以禦寇❻，晝夜催切❼，如敵以❽至，眾甚苦之。諸將咸諫曰：「今及三軍之銳，亟❾以攻闡，比❿晉救至，闡必可拔。何事於圍⓫，而以弊士民之力乎？」抗曰：「此城處勢既固，糧穀又足，且所繕修備禦之具，皆抗所宿規⓬。今反身攻之，既非可卒克⓭，且北救必至，至而無備，表裏⓮受難，何以禦之？」諸將咸欲攻闡，抗每不許。宜都太守雷譚言至懇切，抗欲服眾，聽令⓯一攻。攻果無利，圍備始合[16]。晉車騎將軍羊祜[17]率師向江陵，諸將咸以抗不宜上[18]，抗曰：「江陵城固兵足，無所憂患。假令敵沒[19]江陵，必不能守，所損者小。如使西陵槃結，則南山羣夷[20]皆當擾動，則所憂慮，難可竟言[21]也。吾寧棄江陵而赴西陵，況江陵牢固乎？」初，江陵平衍[22]，道路通利，抗敕江陵督張咸作大堰遏水，漸漬平中[23]，以絕寇叛。祜欲因所遏水，浮船運糧，揚聲[24]將破堰以通步軍[25]。抗聞，使咸亟破之。諸將皆惑，屢諫不聽。祜至當陽[26]，聞堰敗，乃改船以車運，大費損功力[27]。晉巴東[28]監軍徐胤率水軍詣建平，荊州刺史楊肇至西陵。抗令張咸固守其城；公安督孫遵巡南岸御祜；水軍督留慮、鎮西將軍朱琬拒胤；身率三軍，憑圍對肇。將軍朱喬、營都督俞贊亡詣[29]肇。抗曰：「贊軍中舊吏，知吾虛實者，吾常慮夷兵[30]素不簡練[31]，若敵攻圍，必先此處。」即夜易夷民，皆以舊將充之。明日，肇果攻故夷兵處，抗命旋軍[32]擊之，矢石雨下，肇眾傷死者相屬。肇至經月，計屈夜遁。抗欲追之，而慮闡畜力項領[33]，伺視閒隙，兵不足分，於是但鳴鼓戒眾，若將追者。肇眾兇懼[34]，悉解甲挺走[35]，抗使輕兵躡[36]之，肇大破敗，祜等皆引軍還。抗遂陷西陵城，誅夷[37]闡族及其大將吏，自此以下，所請赦者數萬口。修治城圍，東還樂鄉，貌無矜色，謙沖[38]如常，故得將士歡心。

【章　旨】以上為第十三部分，集中敘述步闡據西陵降晉時，陸抗頭腦清醒，指揮若定，用計運策，最終擊退晉軍、消滅叛軍，穩定了長江中游的局勢。

【注　釋】❶鳳皇元年　西元二七二年。鳳皇，吳末帝孫皓年號，西元二七二—二七四年。❷步闡　臨淮淮陰（今江蘇淮陰西南）人。繼父步騭為吳西陵督，後吳主孫皓召其入朝，懼禍據城降西晉，被陸抗率軍攻殺。見本書卷五十二步騭附傳。❸吾彥　字士則，吳郡吳（今江蘇蘇州）人。出身寒微，有文武才能，受陸遜賞識，自小吏升為吳建平太守。吳亡降晉，西晉時歷任金城、敦煌、雁門太守，後出任南中都督、交州太守二十年，均有功績。卒於大長秋任上。詳見《晉書．吾彥傳》。❹嚴圍　堅固完密的圍牆。❺赤谿　地名。故址當今湖北宜昌西。❻寇　指前來增援的西晉部隊。❼催切　督促；催促。❽以　通「已」。❾亟　急；盡快。❿比　等到。⓫何事於圍　何必要修造圍牆。⓬宿規　早先規劃而成。宿，起先；早先。⓭卒克　立即加以攻克。卒，通「猝」。立即；很快。⓮表裏　裏外。⓯聽令　允許。⓰始合　才建成。⓱羊祜　字叔子，泰山南城（今山東費縣西南）人。東漢末名士蔡邕外孫，三國魏末權臣司馬師妻弟。魏末任相國從事中郎，參與司馬昭丞相府機密，西晉建立，歷散騎常侍、衛將軍、尚書左僕射。出任都督荊州諸軍事，密為滅吳戰爭做準備，並提出完整的攻吳軍事方案。為人為政崇尚德行，頗受當時人稱道。詳見《晉書．羊祜傳》。⓲上　指從駐守地樂鄉率軍溯長江到西陵。⓳沒　攻占。⓴南山羣夷　指西陵長江以南山地中的少數民族。漢魏六朝多稱其地居民為蠻，今土家族前身。㉑難可竟言　難以說得盡。竟，原作「而」，今據宋本改。㉒平衍　地勢平坦廣闊。㉓漸漬平中　逐漸淹沒地勢平坦的地區。㉔揚聲　宣稱；揚言。㉕步軍　步兵。㉖當陽　縣名。治所在今湖北當陽東。㉗功力　時間與人力。㉘巴東　郡名。治所在今重慶市奉節東。㉙亡詣　叛逃至。㉚夷兵　指吳西陵駐軍中當地少數民族為兵者。㉛素不簡練　平常就不精練。㉜旋軍　回師。㉝畜力項領　集中力量攻擊自己要害之處。項領，脖子。比喻要害之地。㉞兇懼　大懼；極其恐懼。㉟挺走　退走。㊱躡　跟蹤。㊲誅夷　全部殺死。㊳謙沖　謙虛。

【語　譯】鳳皇元年，西陵督步闡據城叛亂，派遣使者向晉國投降。陸抗聽到這件事，連日部署各軍，命令將軍左奕、吾彥、蔡貢等直接趕赴西陵，下令各軍營重新構築堅固完密的圍牆，從赤谿到故市，對內以圍困步闡，對外用來防禦敵人，陸抗日夜督促，彷彿敵兵已經到來，眾人深為此事所苦。眾將領都勸阻說：「現在以我全軍精銳，迅速進攻步闡，等到晉國救兵到了，步闡必定被攻克了。為什麼要築圍牆，耗盡軍士百姓之力呢？」陸抗說：「西陵城所處地勢險要而又堅固，糧食又充足，並且修建的防禦工事和器械，都是我以前規劃的。現在反過來攻打它，不但不可能立即攻克，而且北方的救兵一定會來，敵人來了卻沒有防備，內外受敵，用什麼來抵禦敵人呢？」眾將領都想攻打步闡，陸抗總是不同意。宜都太守雷譚說得極為懇切，陸抗想讓眾人服氣，聽任他們攻打一次。進攻果然不利，圍牆與防禦工事這才得以完成。晉國的車騎將軍羊祜率軍向江陵進發，眾將領都認為陸抗不應率軍西上西陵，陸抗說：「江陵城池堅固，兵員充足，沒什麼可憂慮。假如敵人攻下江陵，必守不住，我們所損失的很少。如果讓西陵被叛軍盤踞，那麼南山中的夷人都會騷動，那樣我們所憂慮的，就難以道盡了。我寧可放棄江陵而前往西陵，何況江陵城池堅固呢？」當初，江陵平坦，道路通暢便利，陸抗命令江陵督張咸修建大堤攔水，逐漸淹沒地勢低窪的平原，以阻絕敵人和內部叛亂。羊祜準備利用大壩所攔住的水域，用船運糧，卻揚言要破壞大壩，以利步兵通行。陸抗聽到後，命張咸立即毀掉大壩。眾將領都感到困惑，多次勸阻，陸抗不聽。羊祜到達當陽，聽說大壩毀壞，於是改船運為車運，大量耗費了時間和人力。晉國的巴東監軍徐胤率水軍抵達建平，荊州刺史楊肇到達西陵。陸抗命令張咸堅守江陵城；公安督孫遵在長江南岸遊動，防禦羊祜；水軍督留慮、鎮西將軍朱琬抵禦徐胤；陸抗親率三軍，依託圍牆抵禦楊肇。將軍朱喬、營都督俞贊叛投楊肇。陸抗說：「俞贊是軍中舊吏，了解我軍部署虛實，我常常擔心夷兵向來不精練，如果敵軍攻打圍牆，必先從此下手。」他即刻連夜撤換夷兵，全部用舊將補充上去。第二天，楊肇果然攻打過去夷兵防守的地方。陸抗下令回師反擊楊肇，箭、石塊像下雨一般，楊肇部眾傷亡累累。楊肇到達西陵一個月，無計可施，趁夜逃遁。陸抗想追趕楊肇，但擔心步闡集中力量進攻要害，兵力不夠分配，於是只擂響戰鼓激勵將士，好像將要追趕的樣子。楊肇的兵眾極其恐懼，全都脫下鎧甲撤退逃走，陸抗派輕裝兵士跟蹤追擊，楊肇軍大敗，羊祜等人都率軍返回。陸抗於是攻占西陵城，誅殺步闡家族和他手下的高層將吏，自此以下的幾萬人，陸抗請求朝廷全部赦免。陸抗修繕西陵城牆，東去返回樂鄉，面無驕色，謙虛如同往常，所以得到將士的歡心擁戴。

1 加拜都護。聞武昌左部督薛瑩[1]徵下獄[2]，抗上疏曰：「夫俊乂[3]者，國家之良寶，社稷之貴資，庶政所以倫敘[4]，四門所以穆清[5]也。故大司農[6]樓玄[7]、散騎中常侍[8]王蕃[9]、少府[10]李勖，皆當世秀穎[11]，一時顯器，既蒙初寵，從容列位[12]，而並旋受誅殛[13]，或圮族替祀[14]，或投棄荒裔[15]。蓋周禮有赦賢之辟[16]，春秋有宥善之義[17]。書曰：『與其殺不辜，寧失不經[18]。』而蕃等罪名未定，大辟[19]以加，心經忠義[20]，身被極刑，豈不痛哉！且已死之刑，固無所識，至乃焚爍流漂，棄之水濱，懼非先王之正典[21]，或甫侯[22]之所戒也。是以百姓哀聳[23]，士民同慼。蕃、勖永已，悔亦靡及[24]，誠望陛下赦召玄出，而頃聞薛瑩卒見逮錄[25]。瑩父綜納言先帝[26]，傅弼文皇[27]，及瑩承基，內厲名行，今之所坐[28]，罪在可宥[29]。臣懼有司未詳其事，如復誅戮，益失民望，乞垂天恩，原赦瑩罪，哀矜庶獄，清澄刑網，則天下幸甚！」

2 時師旅仍[30]動，百姓疲弊，抗上疏曰：「臣聞易貴隨時，傳美觀釁，故有夏[31]多罪而殷湯用師，紂作淫虐而周武授鉞。苟無其時，玉臺有憂傷之慮[32]，孟津有反旆之軍[33]。今不務富國強兵，力農畜穀，使文武之才效展其用，百揆之署無曠厥職[34]，明黜陟以厲庶尹[35]，審刑賞[36]以示勸沮，訓諸司以德，而撫百姓以仁，然後順天乘運，席卷宇內㊲，而聽諸將徇名㊳，窮兵黷武，動費萬計，士卒彫瘁，寇不為衰，而我已大病矣！今爭帝王之資，而昧十百之利㊴，此人臣之姦便㊵，非國家之良策也。昔齊魯三戰，魯人再克㊶而亡不旋踵㊷。何則？大小之勢異也。況今師所克獲，不補所喪哉？且阻兵無眾㊸，古之明鑒，誠宜暫息進取小規，以畜士民之力，觀釁伺隙，庶無悔吝㊹。」

【章旨】以上為第十四部分，敘述陸抗當吳主孫皓殘害賢才、濫用民力之時，上書勸諫，強調認清形勢，只有任用賢才、蓄養民力，才能轉危為安，與強大的西晉抗衡。

【注釋】❶薛瑩 字道言，沛郡竹邑（今安徽宿縣）人。學識廣博，善於作文。因事入獄，流放廣州。後召還任左國史，撰寫《吳書》，升任光祿勳。孫皓降晉，薛瑩撰寫降書。詳見本書卷五十三薛綜附傳。❷徵下獄 召回京城並關進監獄。❸俊乂 才德超羣者；俊傑。❹倫敘 條理分明；有條有理。❺四門所以穆清 京城之內因而秩序井然。四門，特指京城四方之門。《尚書・堯典》：「賓於四門，四門穆穆。」❻大司農 漢代以後所置九卿之一，主管國家財政。❼樓玄 字承先，沛郡蘄（今安徽宿縣南）人。後因被人誣陷，流放交州，自殺。詳見本書卷六十五〈樓玄傳〉。❽散騎中常侍 官名。漢代設散騎、中常侍，多以為加官，無定員，職責是侍從皇帝左右，中常侍亦常用宦官充任。吳合為一職，以士人充任。❾王蕃 字永元，廬江（今安徽廬江縣西南）人。博覽多聞，初為尚書郎，吳主孫休時為散騎中常侍，孫皓時任至常侍，被殺。詳見本書卷六十五〈王蕃傳〉。❿少府 官名。秦置，漢代以來九卿之一，主管皇室財政、皇帝日常生活起居及皇宮內務。⓫秀穎 傑出人物。⓬列位 列卿之位；朝廷顯職。漢代稱九卿為九列，又習稱秩中二千石的官職為列位。⓭誅殛 被處極刑。殛，殺。⓮圮族替祀 舉族被殺。圮，毀滅；斷絕。祀，祭祀。替祀指家族無主持祭祀祖先之人，意為族滅。⓯投棄荒裔 流徙到邊遠之地。⓰周禮有赦賢之辟 《周禮》中有寬赦賢者的條文。指《周禮・秋官・小司寇》所規定的「八議」中的一款：「以八辟麗邦法，一曰議親之辟……三曰議賢之辟。」鄭玄注：「賢，謂有德行者，若今之廉吏有罪先請是也。」辟，法律。⓱春秋

有宥善之義　《春秋》中有寬恕善人的道理。漢以來儒者闡述孔子《春秋》的微言大義，有為尊者諱、為賢者諱、為善者諱等書法。⑱與其殺不辜二句　與其濫殺無罪之人，寧可失之不遵法度。語出《尚書・大禹謨》。⑲大辟　死刑。⑳心經忠義　心中常懷忠義之心。經，常。㉑先王之正典　先代聖王懲處犯人的正規刑制。㉒甫侯　又稱「呂侯」，據稱周穆王時為司寇，穆王採其建議，制定國家刑律。今《尚書・呂刑》據稱即穆王與呂侯討論刑律原則的記敘。㉓哀聳　傷心並驚懼不安。㉔悔亦靡及　後悔也來不及了。靡，無；不。㉕逮錄　逮捕。㉖綜納言先帝　薛綜在孫權時曾任尚書僕射，參與最高政策制定，古以協助帝王討論國家大政的職務為「納言」之職。先帝，指孫權。㉗傅弼文皇　孫皓之父孫和為太子時，薛綜曾任太子少傅。文皇，即孫和，孫皓即帝位後追謚之為文皇帝。㉘所坐　所犯。㉙宥　寬恕；赦免。㉚仍　頻繁。㉛有夏　夏朝。㉜玉臺有憂傷之慮　玉臺，傳說中天帝所居之地。此指商湯曾被夏桀囚禁於夏臺。見《史記・夏本紀》。㉝孟津有反旆之軍　孟津，又作「盟津」。津渡名。地在今河南孟津東北。《史記・周本紀》記周武王繼王位後，率周軍東出伐商至盟津，「諸侯不期而會盟津者八百諸侯。諸侯皆曰：『紂可伐矣。』武王曰：『女未知天命，未可也。』乃還師歸」。旆，旗幟。反旆即還師。㉞百揆之署句　各機構部門的官員都稱職。百揆，百官。署，機構名，漢代九卿命衙門稱寺，其下屬機構稱署。厥，通「其」。㉟明黜陟以厲庶尹　明確升遷與貶官的原則以激勵所有官員。尹，周代對官員的一種總稱。㊱賞　宋本作「罰」。「賞」字於義較長。㊲席卷宇內　統一全國。上下四方為宇，宇內指全國。㊳徇名　追求名聲。㊴昧十百之利　為小利所蒙蔽。昧，貪求。㊵姦便　因有利於己而用的奸計。㊶再克　打了兩次勝仗。㊷旋踵　轉足之間；迅速。踵，足跟。㊸阻兵無眾　只依仗武力便沒有民眾。語出《左傳》隱公四年。㊹庶無悔吝　或許沒有悔恨。吝，惋惜。

【語　譯】陸抗被加任都護。聽說武昌左部督薛瑩被召入獄，陸抗上書說：「才德出眾的人，是國家的瑰寶，社稷的寶貴資本，有了他們，各項政務得以有條有理，京城之內得以嚴整清平。前大司農樓玄、散騎中常侍王蕃、少府李勖，都是當代優秀傑出的人物，一代英才。一開始都承蒙恩寵，從容位居高官，但不久都被殺戮，有的被滅族絕後，有的被流徙到邊遠地區。《周禮》上有赦免賢者的法律，《春秋》中有寬恕善人的道理。《尚書》中說：『與其濫殺不辜，寧可失之不遵法度。』而且王蕃等人的罪名尚未確定，就死刑加身，他們心懷忠義，卻身受極刑，難道不令人痛心嗎！況且對已死的人施刑，本來就無記載，至於竟然焚屍揚灰，漂流水中，拋棄在水邊，恐怕這不是古聖先王的正規刑制，或甫侯所曾訓戒的。所以百姓驚懼不安，士民同感憂心。王蕃、李勖生命永遠結束，後悔也來不及了，懇切希望陛下赦免樓玄出獄，徵召他，而且最近又聽說薛瑩突然被捕入獄，薛瑩的父親薛綜曾在先帝身邊論議政事，輔弼文皇帝，等到薛瑩繼承其父的基業，注意行為操守的修養，現在他犯的罪，是可以寬宥的。我擔心主管官員未詳其情，如果又加誅殺，更加使人民失望，請求聖上施恩，赦免薛瑩的罪過，對所有罪犯都持哀憐之心，使刑法清明，那天下就幸運非常了！」

2 當時軍隊頻繁征戰，百姓疲憊，陸抗上書說：「臣聽說《周易》推重順應時勢，《左傳》稱美相機行事，所以夏桀罪惡多端商湯才用兵，商紂荒淫暴虐周武王才授鉞發兵。如果沒有那種時機，商湯寧可被囚於夏臺而擔驚受怕，周武王寧可在孟津回師。現在不致力於富國強兵，努力農事，積蓄糧食，讓文武之才施展他們的效用，使各官署都不要荒廢職事，明確升遷與貶職的原則以激勵所有官員，審慎的利用刑法和獎賞以表明朝廷提倡什麼、禁止什麼，用道德誡飭各部門官吏，用仁義撫育百姓，然後順應天命，稟受時運，一統天下，卻聽任諸將追求名利，窮兵黷武，動不動耗費數以萬計的軍費，將士凋零憔悴，敵人卻未衰敗，而我們已經非常疲乏了！如今要爭奪帝王的資本，卻被小利所蒙蔽，這是人臣為圖己利的奸計，不是國家的良策。過去齊國和魯國三次交戰，魯國兩次獲勝卻旋即滅亡。為什麼呢？因為兩國實力強弱不同。何況今天用兵打仗所得的戰果，無法補償損失呢？再說只靠行兵打仗便沒有民眾，自古就有明證，實在應該暫停攻城略地的小計劃，積蓄軍民的力量，等待時機到來，這樣差不多可以無悔了。」

二年春，就拜❶大司馬、荊州牧。三年夏，疾病，上疏曰：「西陵、建平，國之蕃表，既處下流❷，受敵二境❸。若敵汎舟順流，舳艫❹千里，星奔電邁，俄然❺行至，非可恃援他部以救倒縣❻也。此乃社稷安危之機，非徒封疆侵陵小害❼也。臣父遜昔在西垂❽陳言，以為西陵國之西門，雖云易守，亦復易失。若有不守，非但失一郡，則荊州非吳有也。如其有虞❾，當傾國爭之。臣往在西陵，得涉遜迹，前乞精兵三萬，而主者❿循常，未肯差赴。自步闡以後，益更損耗。今臣所統千里，受敵四處，外禦彊對，內懷百蠻⓫，而上下見兵⓬財⓭有數萬，羸弊日久，難以待變。臣愚以為諸王幼沖⓮，未統國事，可且立傅相，輔導賢姿，無用兵馬，以妨要務。又黃門豎宦⓯，開立占募⓰，兵民怨役⓱，逋逃入占⓲。乞特詔簡閱⓳，一切料出⓴，以補疆場㉑受敵常處，使臣所部足滿八萬，省息眾務，信其賞罰，雖韓、白㉒復生，無所展巧。若兵不增，此制不改，而欲克諧㉓大事，此臣之所深慼㉔也。若臣死之後，乞以西方為屬㉕。願陛下思覽臣言，則臣死且不朽。」

【章旨】以上為第十五部分，敘述陸抗臨終上書朝廷，闡述西陵對於長江中游防禦的重要性及吳國防禦的嚴重不足情況。

【注釋】❶就拜　派人前往任命。❷下流　下游。❸受敵二境　兩面受敵。指來自蜀地沿江東下及北方的攻擊。❹舳艫　戰艦；船隻。❺俄然　突然。❻倒縣　倒懸；危急狀態。縣，通「懸」。❼封疆侵陵小害　邊境的小騷擾。封疆，邊界。❽垂　通「陲」。❾虞　憂慮。❿主者　原誤作「至者」，今據《通鑑》卷八十校正。胡三省注：「主者，謂居本兵之職者也。」⓫百蠻　眾多的少數民族。漢魏時稱今鄂西、湘西地區的少數民族為蠻。⓬見兵　現有兵士。見，通「現」。⓭財　通「才」。⓮幼沖　幼小。⓯黃門豎宦　宦官。漢制，皇宮中最後一重門為黃色，此門以內為後宮，往來出入者多屬宦官，遂以黃門指稱宦官。豎，奴僕。此用以蔑稱宦官。⑯占募　自行召募或通過剷除叛亂者擴編軍隊。⑰怨役　因勞役沉重而怨恨。⑱逋逃入占　逃離軍府與地方政府管理而應募。占，占籍。編入另一種戶籍中。⑲簡閱　清查。簡，挑選。閱，面見其人。⑳一切料出　將其全部清理出來。料，揀擇。㉑疆埸　疆境；邊疆。㉒韓白　韓信、白起。㉓克諧　成就；成功。㉔深慼　深憂。㉕屬　通「矚」。留意。

【語譯】鳳皇二年春，朝廷派人前往陸抗駐地授任大司馬、荊州牧。鳳皇三年夏，陸抗患病，上書說：「西陵和建平，是國家的邊防屏障，地處蜀漢下游，受到敵國兩方面的威脅。如果敵方坐船順流而下，戰艦航行千里如同星奔電馳，頃刻就會到達，無法指望別處的援兵來解救危急。這是國家安危的關鍵，不只是邊疆地區遭受小騷擾啊。臣的父親陸遜過去在西部邊境時上書陳述意見，認為西陵是國家的西邊門戶，雖說容易防守，也容易丟失。如果失守，不只是喪失了一個郡，整個荊州都將非吳國所有了。如果這裏有憂慮，應當傾全國的兵力爭奪它。臣先前駐守西陵，得以踏訪我父親陸遜舊地，以前請求增派精兵三萬人，但主事的人按照常規，不肯調遣這麼多軍隊。自從步闡叛亂之後，西陵駐軍折損更大。現在臣統轄的千里防地，四面受敵。外要抵禦強敵，內要懷柔百蠻，而上下現有兵員才幾萬人，疲憊已久，難以應付緊急情況。臣認為諸王年幼，沒有管理王國事務，應當暫時設立傅、相，輔導他們賢能之身，不必配給兵馬，以免妨害國家要務。還有宮中的宦官，開始召募軍隊，兵士與百姓痛恨勞役，逃離軍府與地方政府管理而應募。請求特下詔書加以清查，將他們全部清理出來，用來補充經常受敵侵擾的邊境地區的兵員，使臣所統的部下足額到八萬人，減少且停止眾多的勞役，申明賞罰，即使韓信、白起重生，也無法施展妙計。如果兵員無法增加，幼小皇子領兵與宦官募兵的制度不改變，而想完成大事，這是我所深感憂慮的。如果臣死了之後，請求陛下留意西部邊境。希望陛下思考臣的話，那臣死了也將不朽了。」

秋遂卒，子晏嗣。晏及弟景、玄、機、雲❶，分領抗兵。晏為裨將軍、夷道監。天紀四年❷，晉軍伐吳，龍驤將軍王濬❸順流東下，所至輒剋，終如抗慮。景字士仁，以尚❹公主拜騎都尉❺，封毗陵侯，既領抗兵，拜偏將軍、中夏督，澡身❻好學，著書數十篇也。二月壬戌，晏為王濬別軍❼所殺。癸亥，景亦遇害，時年三十一。景妻，孫皓適妹❽，與景俱張承❾外孫也。

【章　旨】以上為第十六部分，簡要交代陸遜孫輩、陸抗諸子在孫吳末期的活動情況。

【注　釋】❶機雲　陸機、陸雲。陸機，字士衡。年十四為牙門將分領父兵，二十歲時吳國滅亡，退居家鄉，與弟陸雲閉門勤學近十年。應召入洛陽，以文才名重當時。任至太子洗馬、著作郎。西晉政亂，陸機先後附於趙王司馬倫、成都王司馬穎，參與政爭，後為司馬穎所殺，享年四十二歲。其詩文辭藻宏麗，講求排偶，著有〈文賦〉，論及詩文創作過程、經驗及各種文體特徵，為文學批評史上的重要著作。後人集有《陸士衡集》。陸雲，字士龍，六歲能作文，後以文才知名，與兄陸機合稱「二陸」。西晉時官至清河內史，與陸機同時為司馬穎所殺。後人集有《陸士龍集》。二人傳記並見《晉書》卷五十四。❷天紀四年　西元二八〇年。天紀，吳末帝孫皓年號，西元二七七—二八〇年。❸王濬　字士治，弘農湖（今河南靈寶）人。少有大志，西晉初官至龍驤將軍、益州刺史。奉命於蜀建造船艦，訓練水軍，滅吳戰爭中，率部沿江東下，勢如破竹，直達建業。因功升為輔國大將軍、封襄陽縣侯。五年後去世，享年八十歲。見《晉書·王濬傳》。❹尚　娶。❺騎都尉　漢代軍隊中的中上級武官，統騎兵。漢武帝後又做為加官加於宗室外戚，表明政治地位，以便朝會召請。孫權任命張紘為騎都尉，亦屬於政治優待，並非實際統兵。❻澡身　潔身；嚴格要求自己。❼別軍　主力軍隊之外的部隊。❽適妹　嫡妹；親妹。適，通「嫡」。❾張承　字仲嗣，彭城（今江蘇徐州）人，張昭之子。少以才學而享盛名，為人忠直，樂於提攜後進。孫權時仕至濡須督、奮威將軍，封都鄉侯。詳見本書卷五十二張昭附傳。

【語　譯】這年秋天陸抗就去世了，兒子陸晏繼承爵位。陸晏和弟弟陸景、陸玄、陸機、陸雲分別統領陸抗的軍隊。陸晏擔任裨將軍、夷道監。天紀四年，晉軍討伐吳國，龍驤將軍王濬順流東下，所到之處總是全都攻克，結果果然如陸抗生前憂慮的一樣。陸景字士仁，因為娶了公主官拜騎都尉，封毗陵侯，統領陸抗的軍隊後，任偏將軍、中夏督。他潔身自好而又好學，著書幾十篇。二月初五，陸晏被王濬的非主力部隊所殺。二月初六，陸景也遇害，當時年僅三十一歲。陸景的妻子是孫皓的親妹妹，和陸景都是張承的外孫。

評曰：劉備天下稱雄，一世所憚，陸遜春秋方壯❶，威名未著，摧而克之，罔❷不如志。予既奇遜之謀略，又歎權之識才，所以濟❸大事也。及遜忠誠懇至，憂國亡身，庶幾❹社稷之臣❺矣。抗貞亮籌幹❻，咸有父風，奕世載美❼，具體而微❽，可謂克構❾者哉！

【章旨】以上為陳壽對陸遜、陸抗父子兩代忠心為國、立有大功的讚美。

【注釋】❶春秋方壯　年紀正輕。春秋，年齡。❷罔　無。❸濟　成功；成就。❹庶幾　差不多。❺社稷之臣　國之重臣。❻貞亮籌幹　忠貞誠實，有謀略、有才幹。亮，誠實；誠信。❼奕世載美　累世美名。奕世，累世；一代接一代。❽具體而微　陸抗在功業上，具備大體，只是規模稍小。❾克構　能夠繼承先父的事業。《尚書・大誥》：「若考作室，既厎法，厥子乃弗肯堂，矧肯構。」傳：「以作室喻治政也。父已致法，子乃不肯為堂基，況肯構立屋乎？」後世遂以「肯堂肯構」比喻繼承祖先遺業。克，完成；成功。

【語譯】評論說：劉備稱雄天下，舉世忌憚，陸遜年紀正輕，威名還未顯揚，便摧毀戰勝了劉備，沒有不遂心如意的。我既為陸遜的謀略而驚奇，又讚嘆孫權能識別人才，這就是他能夠成就大業的原因啊。至於陸遜忠誠懇切，憂國獻身，可算是國家的重臣了。陸抗忠貞誠實，謀略才幹，完全具有父親的風範，累世美名，陸抗功業具備大體，而規模略小，可以稱得上是能繼承父業的人了啊！

【研析】此傳作為《三國志》中重要的傳記之一，內容相當豐富，反映的問題也很多，以下兩個方面值得深入分析。

首先，陸遜被孫權重用以及最終受到孫權懷疑的原因。

陸遜出身漢代的江東大族。據《後漢書·陸續列傳》，吳郡陸氏（在吳郡未獨立建置前籍貫為會稽吳人）名人首推東漢光武帝時的陸閎，曾官至尚書令。陸續為陸閎之孫，曾為會稽郡別駕、郡門下掾，傳稱其母「截肉未嘗不方，斷蔥以寸為度」，就此一小事，表明陸氏其時門風謹然。陸續三子，長子陸稠官至廣陵太守，次子陸逢，官至樂安太守，最小的兒子陸褒，樂處家鄉，「連徵不就」。褒子陸康舉茂才入仕，歷武陵、桂陽、樂安、盧江數郡太守。陸氏在東漢，屬於「世世二千石」的名門，但類似名族，在江東地區並不多見。

陸康任盧江太守時，正逢漢末動盪，袁術在淮南擴張地盤。據《後漢書·陸康列傳》，孫策時附從袁術，率部為袁術攻盧江達兩年之久，「宗族百餘人，遭離飢戹，死者將半」。從這一角度可以說，陸氏與孫氏有深仇。陸康子陸績後仕孫權，被處邊地，臨死自稱「有漢志士」，希望統一，與此不無關係，見本書卷五十七〈陸績傳〉。據相關史料，陸遜祖父陸紆，官至守城門校尉，父陸駿，曾任九江都尉。但陸駿早死，如本傳所說，「遜少孤，隨從祖盧江太守康在官」。由於陸康在孫策攻盧江前命陸遜返回家鄉吳郡，才幸免於難。當出身門第不高的孫策率部定江東時期，對江東大族亦嚴加防範，原本有仇的陸氏人物不大可能與之合作。

但孫氏畢竟穩穩的占據了江東，而孫權時的政治目標是要以江東為基礎建立割據江南的政權，對江東大族的著力籠絡勢在必然，江東大族要保持自己的家族利益，也不得不與之合作。這便是陸遜出仕孫權幕府，孫權作主將孫策之女嫁與陸遜的原因。通過婚姻，孫氏與陸氏的仇隙得以彌縫，陸遜也因此一步步受到重用。陸遜繼周瑜、魯肅、呂蒙之後執掌孫氏在長江中游的軍政大權，固然與陸遜本人傑出的政治軍事才幹有關，但在其名不經傳時被委此重任，同時也與孫權需要通過重用陸遜，從而獲取江東大族對自己的支持有很大關係，也與陸遜娶孫策之女為妻與孫權結為親屬有很大的關係。

陸遜晚年雖位至丞相，但明顯早已不被孫權信任。由於孫權晚年對太子孫和不滿意，有用四子魯王孫霸為太子的可能，陸遜與自己的外甥，同是江東大族的顧譚、顧承等堅決擁護太子，結果顧譚、顧承被流放，太子太傅吾粲因經常與陸遜有書信往來，被處死，「權累遣中使責讓遜，遜憤恚致卒。」這只是長期矛盾的最終爆發而已。陸遜出於漢代名門，深受儒學影響，他坐鎮武昌輔佐前太子孫登時，即曾要求孫登「勤覽經典以自新益」，「遵仁義以彰德音」，也同樣是出於這種理念。他上書批評孫權「科法嚴峻」，強烈反對孫權攻夷州、朱崖，及親征遼東。對於陸遜行仁政、寬刑罰的主張，孫權曾加以公開批評，可參本書卷五十二〈諸葛瑾傳〉。可以說，孫權最終不信任陸遜，既是作為專制皇帝的孫權對陸遜權力過重產生的一種必然反應，也是陸遜任賢人、行仁政的主張，與孫權駕御臣下、嚴刑峻法政治實施之間，長期矛盾衝突的結果。

其次，陸抗晚年上書所反映的孫吳後期軍隊情形。

孫吳創立前及以後一段時間，軍隊來源主要是通過將領召募，特別是將領率部到江南山地抓捕不服從行政管理的民眾充當兵源，將領通過種種方式獲取兵員組成的部隊，主要被安置於沿江地帶，分區承擔防禦重任，基本上父死子繼統領，一般不被剝奪。陸抗本人在陸遜死後，以建武校尉身分，「領遜眾五千人，送葬東還」。這五千人應是屬於陸遜本人部隊，並非他鎮守長江中游時期指揮的所有軍隊。

陸抗在孫晧時「都督信陵、西陵、夷道、樂鄉、公安諸軍事」，時西晉據有長江上游原蜀漢之地，在襄陽及其以南置有重兵，陸抗防區防禦任務重大，兵力吃緊，他請求增調精兵三萬歸他指揮，使所統增加到八萬，但不被允許。他在上書中說朝廷其實有力量調配兵員給他，指出兩種人不應統兵：年紀尚小的「諸王」不應配兵，「無用兵馬，以妨要務」；「又黃門豎宦，開立占募，兵民怨役，逋逃入占」，應「一切料出，以補疆場受敵常處」。也就是造成當時中游防禦緊張，並非無兵可調，而是孫晧諸子雖年紀很小，仍配給兵馬，而宦官也組建並統領軍隊。這表明孫晧時力圖通過加強皇帝及其親信對軍隊直接的控制，實行類似軍隊中央化的措施，引發了嚴重的軍事問題。關於這一情況，以往的研究還未過多的涉及，實有深入探討的餘地。（何德章注譯）

# 卷五十九　吳書十四

## 吳主五子傳第十四

【題解】本卷是孫權五個兒子孫登、孫慮、孫和、孫霸、孫奮的合傳。孫權共有七子，長子孫登、次子孫慮、三子孫和、四子孫霸、五子孫奮、六子孫休、七子孫亮。諸子皆非同母所生，為同父異母兄弟。其中孫亮、孫休在孫權死後相繼為吳皇帝，見本書卷四十八〈三嗣主傳〉。孫登為孫權長子，早年立為吳王太子，後又立為皇太子，孫權曾慎選太子僚屬，著意加以輔導，但早死。孫權因次子孫慮已死，遂立三子孫和為太子，卻又寵愛四子孫霸，致使孫霸圖謀太子之位，朝臣遂為各自的政治利益，分為兩個相互敵對的政治營壘，逼使孫權晚年廢孫和，殺孫霸，改立少子孫亮為太子。本卷對於孫權諸子之間以繼承人問題為中心展開的矛盾鬥爭，有較多的反映。

1　孫登，字子高，權長子也。魏黃初二年❶，以權為吳王❷，拜登東中郎將❸，封萬戶侯❹，登辭疾不受。是歲，立登為太子❺，選置師傅❻，銓簡秀士❼，以為賓友。於是諸葛恪❽、張休❾、顧譚❿、陳表⓫等以選入⓬，侍講詩書，出從騎射。

權欲登讀漢書⑬，習知近代之事，以張昭⑭有師法⑮，重煩勞之⑯，乃命休從昭受讀，還以授登。登待接寮屬⑰，略用布衣之禮⑱，與恪、休、譚等或同輿而載，或共帳而寐。太傅⑲張溫⑳言於權曰：「夫中庶子㉑官最親密，切問近對㉒，宜用儁德㉓。」於是乃用表等為中庶子。後又以庶子禮拘㉔，復令整巾侍坐㉕。黃龍元年㉖，權稱尊號㉗，立為皇太子，以恪為左輔，休右弼，譚為輔正，表為翼正都尉，是為四友㉘，而謝景㉙、范慎㉚、刁玄㉛、羊衜等皆為賓客㉜，於是東宮號為多士。

2 權遷都建業㉝，徵㉞上大將軍㉟陸遜輔登鎮武昌㊱，領宮府㊲留事。登或射獵，當由徑道㊳，常遠避良田，不踐苗稼，至所頓息㊴，又擇空閒之地，其不欲煩民如此。嘗㊵乘馬出，有彈丸過，左右㊶求之。有一人操彈佩丸，咸以為是，辭對不服㊷，從者欲捶之，登不聽，使求過丸，比之非類㊸，乃見釋㊹。又失盛水金馬盂，覺得其主㊺，左右所為，不忍致罰，呼㊻責數㊼之，長遣歸家，敕親近勿言。後弟慮㊽卒，權為之降損㊾，登晝夜兼行，到賴鄉㊿，自聞(51)，即時召見。見權悲泣，因諫曰：「慮寢疾不起(52)，此乃命也。方今朔土未一(53)，四海喁喁(54)，天戴陛下，而以下流(55)之念，減損太官(56)殽饌，過於禮(57)制，臣竊憂惶。」權納其言，為之加膳。住十數日，欲遣西還，深自陳乞[58]，以久離定省[59]，子道有闕，又陳陸遜忠勤，無所顧憂，權遂留焉。嘉禾三年[60]，權征新城[61]，使登居守，總知留事。時年穀不豐，頗有盜賊，乃表定科令[62]，所以防禦，甚得止姦之要。

3 初，登所生庶賤[63]，徐夫人[64]少有母養之恩[65]，後徐氏以妒廢處吳，而步夫人[66]最寵。步氏有賜，登不敢辭[67]，拜受而已。徐氏使至，所賜衣服，必沐浴服之。登將拜太子，辭曰：「本立而道生[68]，欲立太子，宜先立后。」權曰：「卿母安在？」對曰：「在吳。」權默然。

【章　旨】以上為〈孫登傳〉的第一部分，敘述孫登被立為皇太子的過程，孫權最初對他的著意培養以及孫登雖貴不驕的事例。並敘述孫登任太子時的善待百姓、屬吏，及其孝行與政治才能。最後插述孫登生母情況以及對養母徐氏的孝敬之心。

【注　釋】❶魏黃初二年　西元二二一年。黃初，魏文帝曹丕年號，西元二二〇—二二六年。❷以權為吳王　封孫權為吳王。東漢獻帝延康元年（西元二二〇年），曹丕稱帝建魏，改元黃初，次年十一月，冊封附於魏的孫權為吳王。自此至西元二二九年四月孫權正式稱皇帝為止，均以吳王身分活動。❸東中郎將　武官名。中郎將本為東漢時禁衛軍統領，秩二千石。東漢末，始置東、西、南、北四中郎將，分統京城四面屯守部隊。❹萬戶侯　以一萬戶為封戶的侯爵。❺太子　吳王太子。封王者的法定繼承人亦稱太子。❻師傅　即太子太傅、太子少傅，漢以來有太子則置其官，掌教導太子，總東宮事務。❼銓簡秀士　挑選優秀傑出人士。❽諸葛恪　字元遜，諸葛瑾之子、諸葛亮之姪。少以聰慧知名，受孫權賞識。孫吳建國後，建議攻打丹陽郡不服統治的山越人補充兵員，取得巨大成功。後代陸遜駐守武昌。孫權臨終命其為輔政大臣，輔佐孫亮，他興利除弊，革新政治，成就斐然，但因堅持動員全部力量北伐曹魏，引發政治危機，被孫綝謀殺於宮中。詳見本書卷六十四〈諸葛恪傳〉。❾張休　字叔嗣，彭城（今江蘇徐州）人，孫吳創業元勳功臣張昭之子。初為太子孫登屬官，後官至侍中，被誣陷，與顧譚等一併流放交州，後朝廷令其自殺。詳見本書卷五十二〈張休傳〉。❿顧譚　字子默，吳郡吳（今江蘇蘇州）人。顧雍之孫、顧邵之子。初為太子孫登府屬，仕至太常，支持後太子孫和，因魯王孫霸黨陷害，與其弟京下督顧承同時被流放交州而死。詳見本書卷五十二顧雍附傳。⓫陳表　字文奧，廬江松滋（今安徽潛山縣西南）人，孫吳創業時期武將陳武之子。初為太子賓客，父死之後，求為將，歷新安都尉、偏將軍，年三十四歲去世。詳見本書卷五十五陳武附傳。⓬以選入　通過選拔入太子東宮為官。⓭漢書　東漢班固撰，仿司馬遷《史記》體例，以紀傳體專記西漢一代歷史，分紀、傳、表、志，共一百卷，後一些卷因內容多而分析為多卷，今本為一百二十卷。因《漢書》為第一部紀傳體斷代史，且以儒家理念評判史實與人物，東漢以後史學興盛時，研讀者多，過於《史記》。⓮張昭　字子布，彭城（今江蘇徐州）人。少好學，博覽羣書。東漢末避亂江東，助孫策平定江東，孫策死後，復總領羣僚，安定局勢，盡心輔佐孫權。因性格嚴峻，常與孫權發生衝突，孫權為吳王後，不再受重用，以婁侯老病於家，享年八十一歲。詳見本書卷五十二〈張昭傳〉。⓯師法　學有淵源。漢代經學傳統，治學講究師法、家法，即一位學者對某部經典有深入的研究，提出一系列觀點，其學生或後人堅守其說法並加以發揮。這種治經的方法亦影響史學與其他學術。⓰重煩勞之　不想讓他過度勞累。⓱寮屬　即僚屬，屬下。寮，通「僚」。⓲略用布衣之禮　基本上採用民間士人相互交往時的禮儀。指孫登待僚屬有如朋友。略，基本上；大致。布衣，平民。⓳太傅　官名。即太子太傅。秦、漢相沿，置以教導、監護太子。三國及以後亦有其制。⓴張溫　字惠恕，吳郡吳（今江蘇蘇州）人，少修節操，容貌奇偉。孫權初加重用，以為選曹尚書，掌管人事權力，後嫌其聲名太盛，終不為己所用，因事免除其官職，病卒於家中。詳見本書卷五十七〈張溫傳〉。㉑中庶子　官名。即太子中庶子。東漢制度，太子東宮置中庶子五人，職如侍中，侍奉太子，隨時回答太子有關政事、學術方面的問題。㉒切問近對　就近回答問題。切，貼近。㉓雋德　才智道德出眾的人。雋，通「俊」。㉔禮拘　禮儀較為煩瑣嚴格。㉕整巾侍坐　穿戴頭巾陪坐。頭巾為當時士人常服。整，裝備。㉖黃龍元年　西元二二九年。黃龍，吳大帝孫權年號，西元二二九—二三一年。㉗權稱尊號　孫權正式稱皇帝。㉘四友　傳說文王、孔子有四友，古代稱四友者均仿其意。㉙謝景　詳見本傳末附傳。㉚范慎　字孝敬，初為太子友，後為侍中，曾任武昌督，孫皓時位至太尉而卒。㉛刁玄　丹陽（今安徽宣州）人。孫吳時號稱名儒，歷太子孫登友、五官中郎將、侍中等職。㉜賓客　如朋友客人相處。指不以臣子相待。至唐代，太子賓客正式成為一種官職。㉝建業　城邑名。今江蘇南京，漢代名秣陵，建安十七年（西元二一二年）孫權改名建業。後為孫吳國都所在。㉞徵　召請。㉟上大將軍　三國吳始置之將軍號，作為武將最高名號。加其號者有陸遜、呂岱、施（朱）績、陸抗等人。㊱武昌　地名。今湖北鄂州。原名鄂，孫權改名。㊲宮府　指吳王宮。㊳徑道　便捷的道路。㊴頓息　停頓休息。㊵嘗　曾經。㊶左右　身邊的人。㊷辭對不服　被質問時不承認。㊸使求過丸二句　讓人將剛才飛過的彈丸找到，兩相比較並不相似。㊹乃見釋　於是那人才被釋放。㊺覺得其主　查覺是誰偷了的。㊻呼　叫來。㊼責數　指責；譴責。㊽弟慮　孫慮。詳見下文〈孫慮傳〉。㊾降損　指減少飲食。因悲痛非常之故。㊿賴鄉　地名。盧弼《三國志集解》認為當在今江蘇南京西南。(51)自聞　派人向孫權報告自己從武昌回都城的消息。(52)寢疾不起　因患病而死。(53)朔土未一　北方還未統一。朔土，北方。(54)四海喁喁　天下百姓都翹首期待。四海，先秦時人們以為中國四方皆大海所繞，遂以四海指稱天下、全國。喁喁，眾人嚮往，如魚羣於水面將嘴朝上的樣子。(55)下流　下層人；普通人。(56)太官　太官令的簡稱，漢代以來隸屬少府，負責皇帝飲食。(57)禮　原誤作「體」，今據宋本校正。(58)陳乞　求情。(59)定省　向父母請安問好。《禮記・典禮上》：「凡為人子之禮，冬溫而夏清，昏定而晨省。」(60)嘉禾三年　西元二三四年。嘉禾，吳大帝孫權年號，西元二三二—二三八年。(61)新城　城邑名。即合肥新城。魏青龍元年（西元二三三年），都督揚州諸軍事滿寵率部在合肥城（今安徽合肥）城西約十五公里處雞鳴山東麓，依山築一新城，成為曹魏在淮南的軍事重鎮。(62)表定科令　上書請求孫權批准重新制定新的法令條文。(63)所生庶賤　生身母親非孫權正室，家庭出身低賤。(64)徐夫人　吳郡富春（今浙江富陽）人，其祖父徐真與孫堅為友，娶孫堅妹為妻，生其父徐琨。徐夫人先嫁同郡陸尚，陸尚死，孫權娶之，以養育孫登。後因徐氏妒忌，孫權逐之，被留置於吳十餘年。孫登為太子，羣臣曾請立徐氏為皇后，被孫權拒絕，後病死。詳見本書卷五十〈吳主權徐夫人傳〉。(65)母養之恩　充當母親哺養之恩。(66)步夫人　臨淮淮陰（今江蘇淮陰西南）人。孫吳創業功臣步騭同族。因貌美而最受孫權喜愛，為孫權生女魯班、魯育。孫權稱帝後雖欲冊封皇后，而羣臣主張立徐夫人，雖皇宮中稱之為皇后，但直至死後才得正式追贈皇后身分。詳見本書卷五十〈吳主權步夫人傳〉。(67)辭　推謝。(68)本立而道生　本，即孝，意思是說自己以孝為本，才能承擔皇太子的責任。語出《論語・學而》第一所記孔子語：「其為人也孝弟，而好犯上者，鮮矣；不好犯上，而好作亂者，未之有也。君子務本，本立而道生。孝弟也者，其為仁之本與！」

**【語　譯】**孫登，字子高，是孫權的長子。魏黃初二年，封孫權為吳王，任命孫登為東中郎將，封為萬戶侯，孫登以病推辭，沒有接受。這一年，立孫登為太子，選任太子太傅、太子少傅，挑選俊傑之士，作為太子的賓客和朋友。於是，諸葛恪、張休、顧譚、陳表等被選中進入宮中，陪侍並講解詩書，出宮則相隨騎馬射獵。孫權想讓孫登研讀《漢書》，以便熟悉近代史事，由於張昭於《漢書》頗得師傳，學有所承，但又怕張昭過度勞累，便讓張休先跟從張昭學習，然後再教孫登。孫登接待僚屬，大致上採用平民百姓的禮儀，與諸葛恪、張休、顧譚等有時同車出行，有時同帳而眠。太子太傅張溫向孫權建議說：「中庶子與太子之間關係最為親密，在太子身邊回答太子的詢問，應當挑選才智道德出眾的人擔任。」於是孫權這才任命陳表等為太子中庶子。後來孫登又認為中庶子之禮太過繁瑣，便要他們穿戴士人平常服裝陪侍而已。黃龍元年，孫權稱帝，立孫登為皇太子，任用諸葛恪為左輔，張休為右弼，顧譚為輔正，陳表為翼正都尉，號稱「四友」，謝景、范慎、刁玄、羊衜等充任太子的賓客，於是東宮號稱人才濟濟。

2 孫權遷都建業，徵召上大將軍陸遜輔佐孫登鎮守武昌，兼管王宮留守事務。孫登有時外出射獵，本當走便捷的小路，但他常常繞遠路以避開農田，不踐踏莊稼，到達射獵場所停頓休息時，又選閒置的地方，他不願煩擾百姓就像這樣。他曾乘馬出行，有彈丸從身邊射過，隨從搜尋射丸之人。看見有一人手拿彈弓身掛彈丸，都認為是他所為，回答質問，這個人並不認罪，隨從想毆打這人，孫登不許，叫人找來剛才飛過的彈丸，與這人所佩彈丸對比並不相同，於是那人便被釋放。又有一次丟失了盛水的金馬盂，查覺出偷竊的人，正是孫登身邊的人，孫登不忍心處罰他，把這人叫來指責一番後，將他永久的遣送回家，並飭令周圍親近的人不要說這件事。後來孫登弟孫慮去世，孫權為此減少飲食，孫登晝夜趕路奔赴京城，到達賴鄉時，派人向孫權報告自己回京的消息，孫權當即召見他。孫登見孫權悲泣，便勸諫說：「孫慮一病不起，這是他命當如此。現在北方還未統一，四海人民仰仗陛下，如同仰望上天，陛下卻懷常人之悲，減損飲食，超過了禮制規定，臣私下憂慮惶恐。」孫權接受他的意見，為此增加了飲食。住了十多天，孫權想讓孫登西返武昌，孫登懇切請求，說自己因為長期離別沒有向父母請安問好，有損人子之道，又說陸遜忠誠勤勞，武昌那邊沒有什麼可憂慮的，孫權於是留他下來。嘉禾三年，孫權進攻合肥新城，讓孫登留守建業，統管留守事務。當時糧食歉收，多有盜賊，孫登於是上表制定新的法令條文，用來加強防備，十分切合制止盜賊的要領。

3　當初，孫登的生母不是正室，出身低賤，徐夫人在他小時候有養育之恩，後來徐氏由於妒忌被貶黜在吳郡，而步夫人最受孫權寵愛。步氏有所賞賜，孫登不敢推辭，只不過恭敬的接受而已。徐夫人派人來，所賜給的衣服，他一定會洗澡後再穿上。孫登將要被立為太子，推辭說：「確立了根基，才會有大道，想要立太子，應先立太子之母為皇后。」孫權問道：「你母親現在何處？」回答說：「在吳。」孫權默然無語。

立凡二十一年，年三十三卒。臨終，上疏曰：「臣以無狀❶，嬰抱篤疾❷，自省微劣，懼卒❸隕斃❹。念當委❺離供養，埋胔❻后土❼，長不復奉望宮省❽，朝覲日月，生無益於國，死貽❾陛下重慼❿，以此為哽結⓫耳。臣聞死生有命，長短自天⓬，周晉⓭、顏回⓮有上智之才，而尚夭折，況臣愚陋，年過其壽，生為國嗣⓯，沒⓰享榮祚，於臣已多，亦何悲恨⓱哉！方今大事未定，逋寇未討，萬國喁喁，係命陛下，危者望安，亂者仰治。願陛下棄忘臣身，割下流之恩，修黃老之術⓲，篤養神光，加羞⓳珍膳，廣開神明之慮，以定無窮之業，則率土⓴幸賴，臣死無恨也。皇子和㉑仁孝聰哲㉒，德行清茂㉓，宜早建置㉔，以繫民望㉕。諸葛恪才略博達，器任佐時㉖。張休、顧譚、謝景，皆通敏有識斷，入宜委腹心㉗，出可為爪牙㉘。范慎、華融㉙矯矯㉚壯節，有國士㉛之風。羊衜辯捷，有專對之材㉜。刁玄優弘，志履道真。裴欽博記㉝，翰采㉞足用。蔣修、虞翻㉟，志節分明。凡此諸臣，或宜廊廟[36]，或任將帥，皆練[37]時事，明習法令，守信固義，有不可奪之志[38]。此皆陛下日月所照[39]，選置臣官，得與從事，備知情素[40]，敢以陳聞。臣重惟當今方外多虞[41]，師旅未休，當厲六軍，以圖進取。軍以人為眾，眾以財為寶，竊聞郡縣頗有荒殘，民物[42]凋敝，姦亂萌生，是以法令繁滋，刑辟重切[43]。臣聞為政聽民，律令與時推移[44]，誠宜與將相大臣詳擇時宜，博采眾議，寬刑輕賦，均息力役，以順民望。陸遜忠勤於時，出身憂國[45]，謇謇[46]在公，有匪躬[47]之節。諸葛瑾[48]、步騭[49]、朱然[50]、全琮[51]、朱據[52]、呂岱[53]、吾粲[54]、闞澤[55]、嚴畯[56]、張承[57]、孫怡忠於為國，通達治體。可令陳上便宜[58]，蠲除[59]苛煩，愛養士馬[60]，撫循百姓。五年之外，十年之內，遠者歸復，近者盡力，兵不血刃，而大事可定也。臣聞『鳥之將死，其鳴也哀，人之將死，其言也善[61]』，故子囊臨終，遺言戒時，君子以為忠[62]，豈況臣登，其能已乎？願陛下留意聽采[63]，臣雖死之日，猶生之年也。」既絕而後書聞[64]，權益以摧慼[65]，言則隕涕。是歲，赤烏四年[66]也。謝景時為豫章[67]太守，不勝哀情，棄官奔赴[68]，拜表自劾[69]。權曰：「君與太子從事，異於他吏。」使中使[70]慰勞，聽復本職，發遣還郡。諡[71]登曰宣太子。

【章旨】以上為〈孫登傳〉的第二部分，詳錄孫登臨死前給孫權的上書，表明孫登對於孫權用人行政等問題的擔心，從而表明孫登早死對孫吳政治穩定是一個重大損失。

【注釋】❶無狀 自謙之辭。無善狀，沒有優秀的資質。❷嬰抱篤疾 身患重病。嬰抱，纏繞。❸卒 通「猝」。突然。❹隕斃 死亡。❺委 拋棄。❻胔 腐肉。此指屍骨。❼后土 古代用以稱土地神，此指地下。❽奉望宮省 晉見皇帝。宮省，宮禁。即皇宮中。省，意為禁中。❾貽 送給；留下。❿重慼 深深的悲痛。慼，悲痛；憂傷。⓫哽結 哽咽氣結。傷心得哭不出聲來。⓬臣聞死生有命二句 為先秦以來常用語，一般作「生死有命，富貴在天」。長短，指壽命長短。⓭周晉 周靈王子姬晉，為賢才而早死。為後世道教中人神「王子晉」的原型。⓮顏回 春秋後期魯國人，字子淵，又稱顏淵、顏子。為孔子弟子，生活貧苦而以求學行仁道為樂，深得孔子賞識，年二十九而髮盡白，後三年去世，孔子為之傷痛。詳見《史記．仲尼弟子列傳》。⓯國嗣 國家繼承人。指皇太子。⓰沒 死去。⓱悲恨 悲痛遺憾。恨，遺憾。⓲黃老之術 黃帝老子之術，亦即修身養性以求長生之術。⓳加羞 多吃一些。羞，進食。⓴率土 普天下百姓；全國人民。㉑皇子和 孫和。詳見下文〈孫和傳〉。㉒哲 睿智。㉓德行清茂 道德與行為都很好。清茂，良好而高於常人。㉔建置 指立為太子。㉕以繫民望 以維繫百姓對於朝廷的希望。㉖器任佐時 才幹足以承擔大任。器，才具。㉗委腹心 指可作為謀臣。㉘為爪牙 指出任地方軍政長官。㉙華融 字德蕤，廣陵江都（今江蘇揚州西南）人。孫亮時官至侍中、左將軍，為大司馬滕胤所殺。事見《三國志．孫綝傳》裴松之注引《文士傳》。㉚矯矯 剛勇的樣子。《詩經．魯頌．泮水》：「矯矯虎臣，在泮獻馘。」㉛國士 國中才能最為傑出的人。㉜專對之材 指可以讓君主放心的外交人才。《論語．子路》：「子曰：『誦《詩》三百，授之以政，不達；使於四方，不能專對；雖多，亦奚以為？』」㉝博記 背誦很多篇章典籍。㉞翰采 文采。㉟虞翻 字仲翔，會稽餘姚（今浙江餘姚）人。為人博學多才，尤長於《易》。東漢末為會稽郡功曹，後從孫策，頗受重視。孫權時，因恃才傲物，性格直率而為孫權所不容，被流放於交州。詳見本書卷五十七〈虞翻傳〉。㊱廊廟 朝廷。廊，殿四周的廊。廟，太廟。都是古代帝王和大臣議論政事舉行禮儀的場所。後遂以廊廟指稱朝廷。㊲練 熟悉。㊳不可奪之志 矢志不渝。其志向不可能被輕易改變。㊴陛下日月所照 陛下所照如同日月光輝。㊵情素 忠誠；本心。㊶方外多虞 邊疆多戰事。方外，邊境。虞，憂慮。㊷民物 百姓物力。㊸刑辟重切 刑罰重而嚴厲。㊹與時推移 根據現實情況加以調整改進。㊺出身憂國 為國獻身。出身，獻身。㊻謇謇 忠誠正直。㊼匪躬 毫不顧己。匪，通「非」。㊽諸葛瑾 字子瑜，琅邪陽都（今山東沂南南）

人，諸葛亮之兄。漢末避亂至江東，後從孫權，為吳開國功臣，官至大將軍、左都護，封宛陵侯，享年六十八，卒於公安督任上。詳見本書卷五十二〈諸葛瑾傳〉。㊾步騭　字子山，臨淮淮陰（今江蘇淮陰西南）人。東漢末避亂江東，貧寒而讀書不輟，後從孫權，為吳開國功臣，官至丞相，封臨湘侯。詳見本書卷五十二〈步騭傳〉。㊿朱然　字義封，本姓施，孫權將朱治外甥，朱治抱養為子。以所部擒殺關羽有功，升任昭武將軍，封西安鄉侯。後繼呂蒙守江陵，復從陸遜擊敗劉備，敗曹魏將領夏侯尚，威震敵國。官至左大司馬、右軍師。詳本書卷五十六〈朱然傳〉。(51)全琮　字子璜，吳郡錢唐（今浙江杭州）人。初從孫權，屢立軍功，封錢唐侯。孫權稱帝，升任衛將軍、左護軍，娶孫權女魯班，官至大司馬、左軍師。詳見本書卷六十〈全琮傳〉。(52)朱據　字子範，吳郡吳（今江蘇蘇州）人。孫權為吳王後始入吳王府任職，因創業功臣人才凋零而朱據才兼文武，頗受孫權提拔，娶孫權女，以為左將軍，封雲陽侯。後升任驃騎將軍，魯王霸與太子孫和相爭，他堅決支持太子，被貶官賜死。詳見本書卷五十七〈朱據傳〉。(53)呂岱　字定公，廣陵海陵（今江蘇泰州）人。孫權時漸受重用，歷任地方長官，官至上大將軍。吳主孫亮時，位至大司馬。詳見本書卷六十〈呂岱傳〉。(54)吾粲　字孔休，吳郡烏程（今浙江宜興）人。初為小吏，後入為孫權屬員，升為會稽太守、太子太傅，因擁護太子孫和，被魯王孫霸黨誣陷，下獄死。詳見本書卷五十七〈吾粲傳〉。(55)闞澤　字德潤，會稽山陰（今浙江紹興）人。家世貧寒，而闞澤好學有成，為孫吳名儒。孫權時歷任尚書、中書令、侍中、太子太傅等職，為官持正，主張依禮制與法律行事，深為孫權所重。詳見本書卷五十三〈闞澤傳〉。(56)嚴畯　字曼才，彭城（今江蘇徐州）人。少而好學，博學多通，為人忠厚純樸。漢末因亂過江，後出仕孫權，官至衛尉、尚書令。詳見本書卷五十三〈嚴畯傳〉。(57)張承　字仲嗣，彭城（今江蘇徐州）人，張昭之子。少以才學而享盛名，為人忠直，樂於提攜後進。孫權時仕至濡須督、奮威將軍，封都鄉侯。詳見本書卷五十二張昭附傳。(58)陳上便宜　陳述國家眼下應該採取什麼樣的政策或做什麼樣的事才有益處。(59)蠲除　廢除。蠲，免除。(60)士馬　兵馬。引申指軍隊。(61)臣聞鳥之將死四句　語出《論語・泰伯》記曾子語。(62)故子囊臨終三句　子囊，又稱公子貞，春秋時楚莊王之子、楚共王之弟。後為令尹，長期率兵征戰。《左傳》襄公十四年：「楚子囊還自伐吳，將死，遺言謂子庚『必城郢』。君子謂：『子囊忠，君薨不忘增其名，將死不忘衛社稷，可不謂忠乎？』」(63)聽采　被聽取並被採納。(64)既絕而後書聞　死去之後這封信才送達孫權。(65)摧感　傷心感動。(66)赤烏四年　西元二四一年。赤烏，吳大帝孫權年號，西元二三八—二五一年。(67)豫章　郡名。治所在今江西南昌。(68)棄官奔赴　自動離開任職地前去奔喪。(69)拜表自劾　送上奏章自我承認罪責。(70)中使　宦官充任的皇帝個人的特使。(71)諡　諡號。皇帝以及大臣死後朝廷按先秦傳統及儒者整理後的諡法，選取一個或兩個字概括其一生行事。

【語　譯】孫登立為太子共二十一年，三十三歲時去世。臨終前，上書給孫權說：「兒臣沒有優秀的資質，現在身患重病，自感鄙陋低劣，擔心突然間死去。兒臣並不自覺可惜，想到就要永別養育我的親人，埋屍地下，永遠不可能再向父皇請安問好，朝覲聖顏，活著無益於國家，死了還要給陛下留下深深的悲痛，因此哽咽難言罷了。兒臣聽說生死有命，壽命長短來自上天，周晉、顏回有上等的智慧和才能，尚且早年死去，何況兒臣愚昧鄙陋，我活的歲數已經超過了他們的壽命，生前為國家的繼承人，死後榮及後代，對兒臣來說已經過多了，還有什麼悲痛遺憾呢！當今天下大事未定，寇賊尚未討伐，天下萬民仰望，把命運寄託在陛下身上。身處危難的人渴望安定，身處動亂的人期望得到治理。願陛下忘記兒臣，割捨常人的親情，修習黃老之術，保養精神，盡量多吃珍饈美食，廣開神明般的智慮，以創立無盡的大業，這樣的話就是天下百姓的幸運與依賴，兒臣死而無憾了。皇子孫和仁孝睿智，道德行為良好，應及早立他為皇太子，以維繫民眾的願望。諸葛恪才幹超羣，謀略出眾，足當輔佐重任。張休、顧譚、謝景，為人都通達聰慧，有見識，有魄力，用於朝廷，可充當心腹謀臣，用於地方，可充軍政要員。范慎、華融剛勇守節，有國士的風範。羊衜能言善辯，有出使應對的才能。刁玄為人優雅大度，有志履行道德教化。裴欽博聞廣記，辭藻華麗足當任用。蔣修、虞翻，志向節操清明。所有這些臣子，有的適宜在朝廷，有的適宜任將帥，他們都熟知時事，明曉法令，堅守信義，有不能輕易改變的志向。這都是陛下如日月般光輝照耀，為兒臣選拔任用的官員，使我得以與他們共事，完全了解他們的忠誠，才敢向陛下推薦。兒臣著重思考的是，當今境外多事，戰爭沒有停止，應當激勵全軍以圖進取。軍隊的擴大是靠人員構成的，大量的軍隊最為寶貴的是財物。兒臣私下聽說各郡縣地方多有荒蕪殘破，百姓物力凋敗，犯奸作亂之事萌生，因此法令不斷增多，刑律深重。臣聽說為政應聽取百姓的意見，法律和政令要因時勢而改變，實在應該與將相大臣們詳細分析現在的情況，廣泛聽取大家的意見，放寬刑罰，減輕賦稅，使力役徵調更為公正，盡量少徵發力役，以此順應民心。陸遜忠心勤奮，獻出生命，憂慮國事，忠心為公，有捨己忘私的節操。諸葛瑾、步騭、朱然、全琮、朱據、呂岱、吾粲、闞澤、嚴畯、張承、孫怡忠心報國，通曉治理國家的方略，可以讓他們向陛下陳述利國利民的意見，取消苛刻繁瑣的政令，愛護兵士，撫恤百姓。五年之外，十年之內，遠方的人前來歸附，國內的人為國盡力，兵不血刃，便可以統一天下。兒臣聽說『鳥之將死，其鳴也哀，人之將死，其言也善』。從前楚國令尹子囊臨終時，留下遺言，告誡要修築新都，被認為是忠臣的行為，何況我作為兒臣，怎能閉口不言呢？願陛下留心聽取並加採納，臣雖死猶生啊。」孫登死後孫權才見到這封信，孫權為此更加傷心悲痛，提到這件事便落淚。這年是赤烏四年。謝景當時任豫章太守，聞孫登死訊，不勝悲痛，未經請示批覆便從任所到建業奔喪，並上表自我彈劾，孫權說：「你跟隨太子做事多年，與其他官吏不同。」派宦官慰勞他，要他返回豫章郡繼續任職。賜孫登的諡號為「宣太子」。

1 子璠、希，皆早卒，次子英，封吳侯。五鳳元年❶，英以大將軍孫峻❷擅權，謀誅峻，事覺自殺，國除❸。

2 謝景者，字叔發，南陽宛❹人。在郡有治迹，吏民稱之，以為前有顧劭❺，其次即景。數年卒官。

【章　旨】以上為〈孫登傳〉的第三部分，簡要交代孫登子嗣及其屬員謝景的情況。

【注　釋】❶五鳳元年　西元二五四年。五鳳，吳會稽王孫亮年號，西元二五四—二五六年。❷孫峻　字子遠，孫堅弟孫靜後人。孫權臨終，奉命與諸葛恪輔佐孫亮，統宿衛軍。後誅殺諸葛恪，獨掌朝政，濫殺以樹威，引發孫吳一連串政治危機。不久病死。事跡略見於本書卷六十四〈孫峻傳〉。❸國除　吳侯的爵位被取消。漢制，王、侯以郡、縣為封地者，稱國，長官稱相。孫吳封爵行漢制。❹宛　縣名。治所在今河南南陽。❺顧劭　字孝則，吳郡吳（今江蘇蘇州）人，顧雍長子。博覽羣書，少有盛名。取孫策女為妻，二十七歲時直接出任豫章太守，政績頗佳，在任五年去世。詳見本書卷五十二顧雍附傳。

【語　譯】孫登的兒子孫璠、孫希，都早死，次子孫英，封為吳侯。五鳳元年，孫英因大將軍孫峻專擅朝政，密謀誅殺孫峻，事情敗露後自殺，封國被取消。

2 謝景，字叔發，南陽郡宛縣人。在郡太守任內有政績，官吏和百姓都稱讚他，認為前任有顧劭，其次就是謝景。數年後死於任上。

孫慮，字子智，登弟也。少敏慧❶有才藝，權器愛❷之。黃武七年❸，封建昌侯。後二年，丞相雍❹等奏慮性聰體達，所尚日新，比方近漢❺，宜進爵稱王，權未許。久之，尚書僕射❻存❼上疏曰：「帝王之興，莫不褒崇至親，以光羣后❽，故魯衛於周❾，寵冠諸侯，高帝五王❿，封列于漢，所以藩屏本朝，為國鎮衛。建昌侯慮稟性聰敏，才兼文武，於古典制，宜正名號。陛下謙光⓫，未肯如舊，羣寮⓬大小，咸用於邑⓭。方今姦寇恣睢⓮，金鼓未弭⓯，腹心爪牙，惟親與賢。輒與丞相雍等議，咸以慮宜為鎮軍大將軍，授任偏方⓰，以光大業。」權乃許之，於是假節⓱開府⓲，治半州⓳。慮以皇子之尊，富於春秋⓴，遠近㉑嫌㉒其不能留意。及至臨事，遵奉法度，敬納師友，過於眾望。年二十，嘉禾元年㉓卒。無子，國除。

【章旨】以上為〈孫慮傳〉，敘述孫權次子孫慮的事跡。

【注釋】❶敏慧　機靈聰明。❷器愛　器重並寵愛。❸黃武七年　西元二二八年。黃武，吳王孫權年號，西元二二二—二二九年。❹丞相雍　顧雍。字元歎，吳郡吳（今江蘇蘇州）人。為人寬厚而正直，勤於政事，受到孫權賞識。在孫吳前期任丞相十九年，頗有政績。詳見本書卷五十二〈顧雍傳〉。❺比方近漢　按近代漢朝慣例。❻尚書僕射　官名，尚書臺主要官員，尚書令副手，協助尚書令處理全國政務。❼存　人名。史失其姓。❽以光羣后　作為地方諸侯王中地位最尊崇者。后，王者。❾魯衛於周　周朝初年推行分封制，周武王弟周公旦封於魯、康叔封於衛。❿高帝五王　指漢高祖之子五人封為王，即齊王劉肥、趙王劉如意、趙王劉友、趙王劉恢、燕王劉建。詳見《漢書・高五王傳》。實際上漢高祖子劉長亦封為淮南王，《漢書》中另有傳，並非只此五王。⓫謙光　謙虛禮讓的風度。⓬寮　通「僚」。⓭咸用於邑　大家都感到憂慮不安。咸，都。用，以；因為。於邑，憂慮。⓮恣睢　恣意放肆。⓯金鼓未弭　戰爭不息。金鼓，軍隊作戰時用作發號施令的鉦與鼓。弭，平息。⓰授任偏方　任之為地方軍政長官。偏方，相對朝廷而言。⓱假節　節為代表中央權力的信物，漢制，出使者持節，亦漸以頒於鎮守地方的大員。漢末三國時，地方駐軍情況普遍，頒節於地方軍鎮大員的情形亦多，按授權大小有使持節、持節、假節的區分。假節者在軍事行動時可以不經上報批准處事犯軍令者。⓲開府　指設府自辟僚屬，地位如同朝廷三公。⓳半州　亦作「半洲」。地名。在今江西九江市西。孫吳及東晉時為大軍屯駐地。⓴富於春秋　太年輕。㉑遠近　朝廷及地方的人。㉒嫌　擔心。㉓嘉禾元年　西元二三二年。嘉禾，吳大帝孫權年號，西元二三二─二三八年。

【語　譯】孫慮，字子智，是孫登的弟弟。自小機靈有才，孫權器重寵愛他。黃武七年，封為建昌侯。兩年後，丞相顧雍等人上奏孫慮聰明通曉事理，每天都有進步，按照近代漢朝慣例，應晉升爵位封王，孫權沒有答應。過了好久，尚書僕射存上書說：「帝王的興起，沒有人不褒揚推崇自己的至親，使他在諸侯王中最受尊重，所以魯、衛在周朝的諸侯中最為尊貴，漢高帝時也分封五子為王，用來屏障護衛朝廷，為國家鎮守防衛。建昌侯孫慮生性聰敏，文武才能兼備。按照古代的典章制度，應當確立名號。陛下謙虛，不肯依照舊制，大小官員都為此感到憂慮不安。當今敵寇恣意放肆，戰爭不止息，親信將領，只有親人和賢德之才。臣常與丞相顧雍等人討論這事，都認為應該任命孫慮為鎮軍大將軍，離開京城鎮守一方，以弘揚大業。」孫權這才答應，於是授予孫慮假節開府，設置僚屬，駐防半州。孫慮以皇子之尊，加上年紀過輕，朝廷內外的人都擔心他不能留心軍務。等到他就任以後，遵奉法令制度，敬待師長朋友，超過了大家的期望。二十歲時，於嘉禾元年去世。孫慮沒有兒子，封國取消。

1　孫和，字子孝，慮弟也。少以母王①有寵見愛②，年十四，為置宮衛，使中書令③闞澤教以書藝④。好學下士⑤，甚見稱述。赤烏五年⑥，立為太子，時年十九。闞澤為太傅，薛綜⑦為少傅，而蔡穎、張純、封俌、嚴維等皆從容侍從。

2　是時有司⑧頗以條書⑨問事⑩，和以為姦妄之人，將因事錯意⑪，以生禍心，不可長⑫也，表宜絕之⑬。又都督劉寶白⑭庶子⑮丁晏，晏亦白寶，和謂晏曰：「文武在事，當能幾人？因隙搆薄⑯，圖相危害，豈有福哉？」遂兩釋⑰之，使之從厚⑱。常言當世士人宜講修術學⑲，校習射御⑳，以周㉑世務，而但交游㉒博弈㉓以妨事業，非進取之謂。後羣寮侍宴，言及博弈，以為妨事費日而無益於用，勞精損思而終無所成，非所以進德修業，積累功緒㉔者也。且志士㉕愛日惜力，君子慕其大者，高山景行㉖，恥非其次。夫以天地長久，而人居其間，有白駒過隙之喻㉗，年齒一暮㉘，榮華不再。凡所患者，在於人情所不能絕㉙，誠能絕無益之欲以奉德義之塗㉚，棄不急之務以修功業之基，其於名行，豈不善哉？夫人情猶不能無嬉娛，嬉娛之好，亦在於飲宴琴書射御之間，何必博弈，然後為歡？乃命侍坐者八人，各著論以矯之㉛。於是中庶子韋曜㉜退而論奏㉝，和以示賓客。時蔡穎好弈，直事在署者㉞頗斅焉，故以此諷㉟之。

3 是後王夫人與全公主㊱有隙㊲。權嘗㊳寢疾㊴，和祠祭㊵於廟㊶，和妃叔父張休居近廟，邀和過所居。全公主使人覘視㊷，因言太子不在廟中，專就妃家計議，又言王夫人見上寢疾，有喜色。權由是發怒，夫人憂死㊸，而和寵稍損，懼於廢黜。魯王霸㊹覬覦滋甚㊺，陸遜、吾粲、顧譚等數陳適庶之義㊻，理不可奪㊼；全寄、楊竺為魯王霸支黨㊽，譖愬㊾日興。粲遂下獄誅，譚徙交州。權沉吟㊿者歷年，後遂幽閉(51)和。於是驃騎將軍朱據、尚書僕射屈晃率諸將吏泥頭(52)自縛，連日詣闕(53)請和。權登白爵觀見，甚惡之，敕據、晃等無事忩忩(54)。權欲廢和立亮，無難督(55)陳正、五營督(56)陳象上書，稱引晉獻公殺申生，立奚齊，晉國擾亂(57)，又據、晃固諫不止。權大怒，族誅正、象，據、晃牽入殿，杖一百，竟(58)徙和於故鄣(59)，羣司(60)坐諫誅放(61)者十數。眾咸冤之。

【章　旨】以上為〈孫和傳〉的第一部分，敘述孫和備受孫權寵愛及其為皇太子後行為端正，關心政事。同時敘述孫和太子之位被廢黜的原因與經過。

【注　釋】❶母王　他的母親王氏。❷見愛　受到孫權喜愛。❸中書令　三國魏文帝始置，與中書監同掌撰寫皇帝詔令，因而成為朝廷顯要之職。孫吳中書令大體上仿曹魏而置。❹書藝　書法。❺下士　降尊與士人平等相處。❻赤烏五年　西元二四二年。赤烏，吳大帝孫權年號，西元二三八－二五一年。❼薛綜　字敬文，沛郡竹邑（今安徽宿縣北）人。少依族人流亡交州，從著名學者劉熙學習，後隨士燮附於孫權，任交阯太守。受召入朝任謁者僕射，出任鎮軍大將軍孫慮長史。後入朝歷尚書、尚書僕射、太子少傅兼任選曹尚書。詳見本書卷五十三〈薛綜傳〉。❽有司　有關機構。❾條書　便條而非正式公文。❿問事　處理政事。⓫錯意　措意；打主意。錯，通「措」。⓬不可長　不應加以助長。⓭表宜絕之　上書孫權，認為應當加以禁止。⓮白　告發。⓯庶子　應即太子中庶子。⓰因隙搆薄　因有矛盾而相互陷害。隙，矛盾。搆薄，陷害。⓱兩釋　將兩人都免於罪責。⓲從厚　做好關係。⓳講修術學　講習學問，使有進步。⓴校習射御　練習武藝。射、御為先秦貴族必須學習的兩種作戰技能。㉑周　滿足。㉒交游　呼朋喚友玩樂。㉓博弈　六博與圍棋。博，六博，先秦到漢代流行的一種遊戲，長形盤上兩邊各有六孔，遊戲雙方各有六棋子，以手指彈己方之棋子入對方孔多者為勝。弈，圍棋。㉔功緒　功業。㉕志士　有志之士。㉖高山景行　「高山仰止，景行行止」的縮略語。㉗夫以天地長久三句　語出《莊子・知北遊》：「人生天地之間，若白駒之過隙，忽然而已。」是說人的一生很短暫。白駒，日光。㉘年齒一暮　年紀一老。㉙人情所不能絕　人們心中對一些無益的事不能完全放開。㉚塗　通「途」。㉛矯之　加以糾正。㉜韋曜　字弘嗣，吳郡雲陽（今江蘇丹陽）人。少好學，善於作文。歷任丞相掾、尚書郎、孫和太子中庶子。至孫晧時，任至侍中、兼掌修國史。因持正為孫晧所殺。著有《論語注》、《官職訓》、《國語注》等著作。詳見本書卷六十五〈韋曜傳〉。其著作今已不存，內容散見於古注中。㉝論奏　寫出一篇論文並遞交上來。㉞直事在署者　其下機構中辦事的人員。署，漢代以來中層機構的一種通用名稱。㉟諷　委婉的加以批評。㊱全公主　孫權長女，名魯班。先嫁周瑜子周循，後改嫁全琮，稱為全公主。㊲有隙　有嫌隙矛盾。原脫「有」字，據宋本補。㊳嘗　曾經。㊴寢疾　因生病而臥床不起。㊵祠祭　祭祀。㊶廟　太廟。㊷覘視　窺探。㊸憂死　憂慮發病而死。㊹魯王霸　孫權之子孫霸。詳見下文〈孫霸傳〉。㊺覬覦滋甚　貪圖太子位的野心更加膨脹。㊻適庶之義　皇位嫡長子繼承制。適，通「嫡」。嫡指正妻所生之子，庶指妾所生之子；同為子，年居長者為嫡，幼者為庶。古代皇位原則上實行嫡長子繼承制，以免引起兄弟相爭，政權不穩。㊼奪　改變。㊽支黨　黨羽。㊾譖愬　說壞話。㊿沉吟　反覆考慮。(51)幽閉　軟禁。(52)泥頭　以泥塗於頭部，以示有罪。(53)詣闕　到皇宮門外。漢代皇宮正門公車司馬門樹有雙闕，後遂以闕指稱皇宮。闕為高聳的木製建築，本以為瞭望警衛之用，後演變為以示威嚴的裝飾性建築。(54)忩忩　急急忙忙的樣子。忩，「匆」的異體字。(55)無難督　武官名。孫權創立的一支近衛部隊的頭領，兵士稱無難士。(56)五營督　武官名。為京城駐軍屯騎、越騎、步兵、長水、射聲五營的統領。57晉獻公殺申生三句　春秋前期，晉獻公有子八人，太子申生為齊桓公之女所生，公子重耳、夷吾亦賢，晉獻公所寵驪姬生子奚齊，獻公欲立奚齊為太子，遂讓申生等離開國都，後申生為驪姬誣陷自殺，重耳、夷吾等出逃。及獻公死，晉國內亂多年，重耳才在秦穆公支持下返國行政，即晉文公。詳見《史記・晉世家》。58竟　最後。59故鄣　縣名。治所在今浙江安吉西北。60羣司　中央各機構。61誅放　被處死與被流放。

【語譯】孫和，字子孝，孫慮的弟弟。年輕時因為母親王氏受寵，所以被孫權喜愛，十四歲時，就為他設置宮廷衛兵，指派中書令闞澤教他學習書法。孫和好學，禮賢下士，深受人們稱讚。赤烏五年，立為太子，時年十九。闞澤任太子太傅，薛綜任太子少傅，蔡穎、張純、封俌、嚴維等從容不迫的侍從左右。

2 當時有關機構多以便條而不是正式公文處理政務，孫和認為奸邪之人，將會藉著辦事的機會打主意，出現禍害他人的心思，此風不可滋長，上書孫權應當杜絕這種現象。另外都督劉寶告發太子中庶子丁晏，丁晏也反告劉寶，孫和對丁晏說：「能居文武官職的，能有幾個人？你們因為有矛盾便相互陷害，試圖危害對方，難道有好處嗎？」於是都不加處罰，要他們做好關係。他常說當代士子應當講修學問，操練武藝，以便滿足現實的需要，只是忙著交遊博弈而妨害事業，這不是所說的進取行為。後來孫和有次宴請僚屬，談笑間言及六博之戲與圍棋，孫和認為這些妨礙正事，浪費時間，對於現實沒有任何作用，傷害精神智慮而最後無所成就，不是用來提高道德、增長學識，以及建功立業的方法。而且有志向的人應當愛惜光陰與精力，君子仰慕大業，道德高尚，光明磊落，恥於落人之後。天長地久，而人生活在天地之間，有如日光穿過牆上的孔隙，年紀一老，青壯年美好的時光就不再來。大凡人們所苦的是，心中對一些無益的事放不下，如果真能杜絕無益的欲望，奉行德義的大道，拋棄不急的事務，來建立成就功業的基礎，這對於名聲與操行，豈不是更好嗎？人之本性固然不能沒有娛樂，娛樂的愛好，也在於如禮飲宴、彈琴、讀書、射御等活動，何必非要六博之戲、下圍棋，才能盡興呢？於是命令陪坐的八個人，各著文立論對不良風氣加以糾正。太子中庶子韋曜回去後寫了一篇文章遞上來，孫和將這篇文章拿給自己的賓客們看。當時蔡穎喜歡下棋，他機構中的辦事人員不少人跟他學習，所以孫和以這種方式委婉的加以批評。

3 後來王夫人與全公主有了嫌隙。孫權曾經臥病在床，孫和到宗廟祭祀禱告，孫和妃子的叔父張休家在太廟附近，邀請孫和到他家去。全公主派人窺探到這個情況後，便對孫權說孫和不在廟中，專門跑到妃子家密謀，還說王夫人見皇上臥病在床，面有喜色。孫權因此發怒，王夫人憂慮發病而死，而孫和的受寵逐漸減少，害怕自己會被廢黜。魯王孫霸對太子之位的覬覦更加強烈，陸遜、吾粲、顧譚等人多次向孫權陳述立太子的嫡庶道理，無法改變孫權的心意；全寄、楊竺等是魯王的黨羽，說壞話誣陷孫和等人，日甚一日。吾粲於是人獄被誅殺，顧譚流放到交州。孫權反覆思考了一年，後來便把孫和軟禁在宮中。於是驃騎將軍朱據、尚書僕射屈晃率領眾多的文武官員用泥塗面，自縛雙手，連日到皇宮門前告罪，乞求寬赦孫和。孫權登上白爵觀見到這種情形，非常惱怒他們，下詔斥責朱據、屈晃等無事起鬨。孫權想廢黜孫和另立孫亮為太子，無難督陳正、五營督陳象上書，文中引據春秋時晉獻公殺太子申生，立奚齊為太子，導致晉國混亂的事例，朱據、屈晃等人又不停的上書堅決阻止。孫權大怒，將陳正、陳象族滅，將朱據、屈晃抓入朝堂，杖責一百，最終把孫和放逐到故鄣，羣臣中被處死、流放的十多人。大家都為孫和感到冤枉。

1 太元二年❶正月，封和為南陽王，遣之長沙。四月，權薨，諸葛恪秉政❷。恪即和妃張之舅也。妃使黃門❸陳遷之建業上疏中宮❹，并致問❺於恪。臨去，恪謂遷曰：「為我達❻妃，期❼當使勝他人。」此言頗泄。又恪有徙都❽意，使治武昌宮，民間或言欲迎和。及恪被誅，孫峻❾因此奪和璽綬❿，徙新都⓫，又遣使者賜死。和與妃張辭別，張曰：「吉凶當相隨，終不獨生活⓬也。」亦自殺，舉邦⓭傷焉。

2

孫休⑭立，封和子晧為烏程侯，自新都之本國⑮。休薨，晧即阼⑯，其年追謚父和曰文皇帝，改葬明陵，置園邑⑰二百家，令、丞奉守⑱。後年正月，又分吳郡⑲、丹陽⑳九縣為吳興郡，治烏程，置太守，四時㉑奉祠。有司奏言，宜立廟京邑㉒。寶鼎二年㉓七月，使守大匠㉔薛珝㉕營立寢堂，號曰清廟。十二月，遣守丞相孟仁、太常㉖姚信等備官僚中軍步騎二千人，以靈輿㉗法駕㉘，東迎神㉙於明陵。晧引見仁，親拜送於庭。靈輿當至，使丞相陸凱㉚奉三牲㉛祭於近郊，晧於金城㉜外露宿。明日，望拜㉝於東門之外。其翌日，拜廟薦祭㉞，歔欷㉟悲感。比七日三祭，倡技㊱晝夜娛樂。有司奏言「祭不欲數，數則黷㊲，宜以禮斷情」，然後止。

【章旨】以上為〈孫和傳〉的第二部分，敘述孫和在孫權死後被冤殺及其子孫晧為皇帝後對他的褒崇。

【注釋】❶太元二年　西元二五二年。太元，吳大帝孫權年號，西元二五一—二五二年。❷秉政　執政。❸黃門　小宦官。❹中宮　皇后宮。❺致問　通消息。❻達　轉告；傳話。❼期　一定。❽徙都　遷都。❾孫峻　字子遠，孫堅弟孫靜後人。孫權臨終，奉命與諸葛恪輔政，統宿衛軍。後誅殺諸葛恪，獨掌朝政，濫殺以樹威，引發孫吳一連串政治危機。不久病死。事見於本書卷六十四〈孫峻傳〉。❿璽綬　南陽王王印。綬為繫印之繩。⓫新都　郡名。治所在今浙江淳安西。⓬生活　活著。⓭舉邦　全國。⓮孫休　字子烈，孫權第六子，初為琅琊王，居虎林，後徙居會稽。太平三年（西元二五八年）孫亮被廢，孫綝等迎立他為皇帝，改元永安。當年底，以孫綝專橫，與丞相張布合謀殺之，後又逼孫亮自殺。孫休好讀書，喜射獵，為帝期間，下令廣開農田，輕減賦稅，在孫權之後吳國三個皇帝中，較有政績。詳見本書卷四十八〈孫休傳〉。⓯本國　自己的封國，即烏程。⓰即阼　登上皇帝位。阼，皇位。⓱園邑　園陵管理處，設置相應的長官並撥給一定的民戶，負責園陵日常管理。⑱令丞奉守　設園邑令、園邑丞守護。⑲吳郡　郡名。治所在今江蘇蘇州。⑳丹陽　一作「丹楊」，郡名。治所在今安徽宣州。又為縣名，隸屬於丹楊郡，治地在今安徽當塗東北的小丹陽鎮。㉑四時　四季。㉒京邑　京城。㉓寶鼎二年　西元二六七年。寶鼎，吳末帝孫皓年號，西元二六六—二六九年。㉔大匠　官名。即將作大匠。漢制，京城有重要工程建設則置其官以主事，秩二千石。孫吳如其制。㉕薛珝　沛郡竹邑（今安徽宿縣北）人，薛綜之子，仕至威南將軍。事見本書卷五十三薛綜附傳。㉖太常　秦置奉常，漢景帝時改名為太常，掌宗廟祭祀與國家禮儀、教化，居九卿之首。吳因其制。㉗靈輿　靈車。㉘法駕　帝王出行時的一種儀式規格。漢制有大駕、法駕、小駕三種，《後漢書·輿服志上》敘法駕：「河南尹、執金吾、洛陽令奉引，奉車郎御，侍中參乘。屬車三十六乘。前驅有九斿雲罕，鳳皇闟戟，皮軒鸞旗，皆大夫載。……後有金鉦黃鉞，黃門鼓車。」孫吳法駕應如其制而官名隨時變通而已。㉙迎神　迎接靈位。㉚陸凱　字敬風，吳郡吳（今江蘇蘇州）人，陸遜堂姪。孫權為吳王時出任永興、諸暨長，有政績，歷任要職。寶鼎元年（西元二六六年）升任左丞相。愛惜民力，直言敢諫。四年後去世。詳見本書卷六十一〈陸凱傳〉。㉛三牲　特指牛、豬、羊三種祭祀用牲。㉜金城　建業城區內一處防禦性的小城。㉝望拜　舉行祭祀活動迎候靈車。望，一種祭祀形式，指不在神祠或規定的場所，而於遠處進行祭祀活動。㉞薦祭　進獻供品與犧牲。㉟歔欷　哀嘆抽泣聲。㊱倡技　各類雜技、逗樂人員。㊲數則黷　次數太頻繁則有褻瀆神靈的嫌疑。

【語譯】太元二年正月，封孫和為南陽王，遣送到長沙。四月，孫權去世，諸葛恪執掌朝政。諸葛恪是孫和妃子張妃的舅舅。張妃派宦官陳遷前往建業上書皇后，並與諸葛恪通消息。臨走的時候，諸葛恪對陳遷說：「代我轉告張妃，我一定會設法使她地位高於他人。」這話洩漏了出去。加上諸葛恪又有遷都的想法，派人到武昌修繕舊時的宮殿，因此民間有人說諸葛恪想要迎立孫和。等到諸葛恪被殺後，孫峻便奪取孫和南陽王印璽，把他遷徙到新都郡，又派使臣去新都讓他自殺。孫和與張妃訣別，張妃說：「生死相隨，絕不獨自偷生。」張妃也自殺了，舉國悲傷不已。

2　孫休即帝位，封孫和子孫皓為烏程侯，從新都郡遷居烏程縣。孫休去世後，孫皓即帝位，同一年追諡其父孫和為「文皇帝」。改葬明陵，派遣百姓二百家守護陵園，並設置園邑令、丞加以管理。第三年正月，又分吳郡、丹陽郡地共九個縣設置吳興郡，治所在烏程，置太守，四季祭祀明陵。有關機構上書說，應在京城為孫和立廟。寶鼎二年七月，孫皓派薛珝代理將作大匠營建神堂，稱為清廟。十二月，派代理丞相孟仁、太常姚信等人及中軍步騎兵二千人，用靈車法駕東往明陵迎接孫和的神位。孫皓接見孟仁，親自在朝廷大殿前送行。靈車將要到達時，又派丞相陸凱奉三牲在近郊祭祀，孫皓到金城外露宿等候。第二天，在京城東門外舉行祭祀活動。第三天，到清廟祭獻供品，孫皓因感傷而悲泣出聲。七天之內舉行了三次祭祀活動，雜技雜耍人員表演娛樂晝夜不停。有關機構上奏說「祭祀不能頻繁，頻繁了則褻瀆神靈，應該根據禮制抑制個人情感」，孫皓才停止了祭祀活動。

1

孫霸，字子威，和同母弟❶也。和為太子。霸為魯王，寵愛崇特❷，與和無殊。頃之❸，和、霸不穆❹之聲聞於權耳，權禁斷往來❺，假以精學❻。督軍使者羊衜上疏曰：「臣聞古之有天下者，皆先顯別適庶，封建子弟❼，所以尊重祖宗，為國藩表❽也。二宮❾拜授，海內稱宜，斯乃大吳興隆之基。頃聞二宮並絕賓客，遠近悚然❿，大小失望。竊從下風⓫，聽採眾論，咸謂二宮智達英茂，自正名建號⓬，於今三年，德行內著，美稱外昭⓭，西北二隅⓮，久所服聞。謂陛下當副順遐邇⓯所以歸德，勤命二宮賓延四遠⓰，使異國聞聲，思為臣妾⓱。今既未垂意於此，而發明詔，省奪⓲備衛，抑絕賓客，使四方禮敬，不復得通，雖實陛下敦尚⓳古義，欲令二宮專志於學，不復顧慮觀聽小宜，期於溫故博物⓴而已，然非臣下傾企㉑喁喁之至願也。或謂二宮不遵典式㉒，此臣所以寢息不寧㉓。就如所嫌㉔，猶宜補察，密加斟酌，不使遠近得容異言。臣懼積疑成謗，久將宣流㉕，而西北二隅，去國不遠，異同之語㉖，易以聞達。聞達之日，聲論㉗當興，將謂二宮有不順之愆㉘，不審㉙陛下何以解之？若無以解異國，則亦無以釋境內。境內守疑，異國興謗，非所以育巍巍㉚，鎮社稷㉛也。願陛下早發優詔，使二宮周旋㉜禮命如初，則天清地晏㉝，萬國幸甚矣。」

2　時全寄、吳安、孫奇、楊竺等陰共附霸，圖危太子。譖毀㉞既行，太子以敗㉟，霸亦賜死。流竺屍于江，兄穆以數諫戒竺，得免大辟㊱，猶徙南州㊲。霸賜死後，又誅寄、安、奇等，咸以黨霸搆㊳和故也。

【章　旨】以上為〈孫霸傳〉的第一部分，敘述孫霸因孫權之寵，受人利用而欲奪太子之位，及其引發的嚴重政治後果。

【注　釋】❶和同母弟　霸與和不同母，霸母姓謝，和母姓王。「同母」二字或是衍文，譯文未譯「同母」二字。❷崇特　特別。❸頃之　不久。❹不穆　不和；關係不好。❺禁斷往來　禁止二人與官員及士大夫交往。❻假以精學　以讓他們專心學習為藉口。❼封建子弟　授予兒子與弟弟以封國。❽藩表　在外為國家屏藩。❾二宮　指孫和太子東宮與孫霸魯王府。❿悚然　驚懼的樣子。⓫竊從下風　私下裏聽說。⓬正名建號　指二人分別被立為太子、封為魯王。⓭外昭　外顯。⓮西北二隅　指西方的蜀漢政權與北方的曹魏政權。⓯遐邇　遠近。⓰四遠　從四方遠道而來的人。⓱思為臣妾　指願意接受統治。⓲省

奪 裁減、剝奪。⑲敦尚 崇尚。⑳溫故博物 溫故知新，博學多知。㉑傾企 企盼。㉒典式 禮儀制度。㉓不寧 不安。㉔就如所嫌 即使如人們所猜疑的那樣。㉕久將宣流 時間一久便傳播開來。㉖異同之語 各種各樣的流言。㉗聲論 議論。㉘愆 過失。㉙不審 不清楚。㉚育巍巍 培育儲君威嚴。㉛鎮社稷 使國家安寧。社，土地神。稷，穀神。先秦傳統立國必立社稷，滅人國則遷其社稷，後遂以社稷指稱國家。㉜周旋 往來。㉝晏 安寧；祥和。㉞譖毀 誣陷。㉟太子以敗 太子因而被廢黜。㊱大辟 死刑。㊲南州 南方邊遠之地。此指交州。㊳搆 陷害。

【語譯】孫霸，字子威，是孫和的弟弟。孫和立為太子。孫霸封為魯王，孫權對他特別寵愛，與對孫和沒有區別。不久，孫和、孫霸兩人不和的言論傳到孫權耳裏，孫權禁止他們與外界交往，藉口讓他們專心學習。督軍使者羊衜上書說：「臣聽說古代統治天下的帝王，都要先明顯區分嫡庶，授予子弟封國，用來使他們尊重祖先，成為國家的屏障。太子、魯王被封授時，天下都說是合宜的，這是大吳興隆的基礎。近來聽說太子與魯王同時摒絕賓客，遠近之人驚懼，大小官吏失望。臣私下聽到大家議論，都說太子和魯王聰明通達，英才卓異，自從正式封授他們以來，至今已有三年，德行著名於國內，美名傳揚於外邦，蜀、魏二國對此早有聞知。大家都以為陛下會順應遠近歸德的趨勢，督促他們延納四方賓客，使其他國家聽到他們的名聲，都想成為陛下的臣僕。現今陛下沒有這樣考慮，卻頒發詔令，減少他們的守衛和侍從，禁止與賓客往來，使得四方要向他們表示敬意的，不再得以往來。雖然陛下崇尚古代傳統，想讓他們專心學習，不再考慮觀察的小事情，只希望他們能夠溫故知新、博學多識而已。然而這樣做並非臣下衷心企求的最大盼望。有人說太子、魯王不遵守禮儀法度，這是使我寢息不安的原因。即使如人們猜疑的那樣，也應當把問題弄清楚以便補救，暗中加以商量解決的辦法，不讓國內國外有閒言閒語。我擔心懷疑長期積累必然產生誹謗之言，時間久了就會傳播開來。蜀魏二國，離我國不遠，各種各樣的流言，容易傳到他們那裏，傳到那裏的時候，各種議論就會產生，將會認為二宮犯有不順從陛下的過失，不知陛下將如何解決這些問題？倘若不能化解鄰國的議論，也就不能解除國內的疑慮。國人存有疑慮，他國產生誹謗，這可不是培育儲君威嚴，使國家安寧的方法啊。願陛下早日下達英明的詔令，使太子和魯王與賓客往來，如同先前的禮制，如此則舉國安寧，天下就十分幸運了。」

當時全寄、吳安、孫奇、楊竺等人暗中一起依附孫霸，陰謀危害太子。他們散布誣陷誹謗之言後，太子因此被廢黜，孫霸也被賜死。楊竺被處死，屍體漂流江中，楊竺的兄長楊穆因為多次勸誡楊竺，得以免除死刑，仍被流放到交州。孫霸被賜死後，又處死全寄、吳安、孫奇等人，全都因為他們夥同孫霸陷害孫和的緣故。

霸二子，基、壹。五鳳❶中，封基為吳侯，壹宛陵侯。基侍孫亮❷在內。太平二年❸，盜乘御馬，收付獄。亮問侍中❹刁玄曰：「盜乘御馬罪云何？」玄對曰：「科應死。然魯王早終，惟陛下哀原之。」亮曰：「法者，天下所共，何得阿❺以親親❻故邪？當思惟❼可以釋此❽者，奈何以情相迫乎？」玄曰：「舊赦有大小，或天下，亦有千里、五百里赦，隨意所及。」亮曰：「解人❾不當爾邪！」乃赦宮中，基以得免。孫晧即位，追和、霸舊隙，削基、壹爵土，與祖母謝姬俱徙會稽烏傷縣❿。

【章旨】以上為〈孫霸傳〉的第二部分，敘述孫霸二子孫基、孫壹的情況。

【注釋】❶五鳳　吳會稽王孫亮年號，西元二五四—二五六年。❷孫亮　字子明，孫權少子。孫權廢黜孫和後，立以為太子。孫權死後繼位為皇帝。大將軍孫綝專擅朝政，孫亮謀加誅除，事洩被孫綝廢為會稽王，不久降為候官侯，遣送至其封國，於途中自殺。孫亮在位共六年，年號有建興、五鳳、太平。❸太平二年　西元二五七年。太平，吳會稽王孫亮年號，西元二五六—二五八年。❹侍中　官名。意為侍皇帝於禁中。漢代即有其官，或作為名號加於皇帝親近者。掌於皇帝身邊顧問應對，並可對政事提出意見，同時負責皇帝日常起居。❺阿　曲從；迎合。❻親親　親其所當親。《禮記・中庸》：「仁者人也，親親為大；義者宜也，尊賢為大。」❼思惟　想一想。❽釋此　為此開脫。❾解人　解救別人。❿烏傷縣　治所在今浙江義烏。

【語譯】孫霸有兩個兒子，孫基、孫壹。五鳳年間，封孫基為吳侯，孫壹為宛陵侯。孫基留在皇宮內侍奉孫亮。太平二年，孫基偷騎皇帝的坐騎，被抓進監獄。孫亮問侍中刁玄說：「偷騎御馬應當以什麼罪名處治？」刁玄回答說：「按律法應是死罪。然而魯王早死，希望陛下哀憐寬恕他。」孫亮說：「法律是天下人所共同遵守的，怎麼能因為愛護親人的緣故而枉法呢？你應當想想可以為他開脫的辦法，為什麼要用親情來逼我呢？」刁玄說：「舊時赦免有大赦小赦之分，有對全國進行的大赦，也有針對方圓千里、五百里的特赦，隨意而定。」孫亮說：「解救別人不正是該這樣子嗎！」於是特赦宮內有罪的人，孫基因此得以免除死罪。孫皓當皇帝後，追究其父孫和與魯王孫霸之間的舊怨，剝奪孫基、孫壹的爵位和封地，把他倆連同他們的祖母謝姬全都流放到會稽郡烏傷縣。

孫奮，字子揚，霸弟也，母曰仲姬。太元二年，立為齊王，居武昌。權薨，太傅❶諸葛恪不欲諸王處江濱兵馬之地❷，徙奮於豫章。奮怒，不從命，又數越法度❸。恪上牋諫曰：「帝王之尊，與天同位，是以家天下❹，臣父兄❺，四海之內，皆為臣妾。仇讎❻有善，不得不舉，親戚有惡，不得不誅❼，所以承天理物❽，先國後身，蓋聖人立制，百代不易之道也。昔漢初興，多王❾子弟，至於太彊，輒為不軌❿，上則幾危社稷，下則骨肉相殘，其後懲戒，以為大諱⓫。自光武以來⑫，諸王有制，惟得自娛於宮內，不得臨民⑬，干預⑭政事，其與交通⑮，皆有重禁，遂以全安，各保福祚⑯。此則前世得失之驗也。近袁紹⑰、劉表⑱各有國土⑲，土地非狹，人眾非弱，以適庶不分，遂滅其宗祀⑳。此乃天下愚智，所共嗟痛㉑。大行皇帝㉒覽古戒今，防芽遏萌，慮於千載。是以寢疾之日，分遣諸王，各早就國，詔策殷勤，科禁嚴峻，其所戒敕，無所不至，誠欲上安宗廟，下全諸王，使百世相承，無凶國害家之悔也。大王宜上惟㉓太伯順父之志㉔，中念河間獻王㉕、東海王彊㉖恭敬之節，下當裁抑驕恣荒亂㉗以為警戒。而聞頃至武昌以來，多違詔敕，不拘制度，擅發諸將兵治護㉘宮室。又左右常從有罪過者，當以表聞㉙，公付有司㉚，而擅私殺，事不明白㉛。大司馬㉜呂岱㉝親受先帝詔敕，輔導大王，既不承用其言，令懷憂怖。華錡先帝近臣，忠良正直，其所陳道㉞，當納用之，而聞怒錡，有收縛㉟之語。又中書㊱楊融，親受詔敕，所當恭肅，云：『正自不聽禁㊲，當如我何？』聞此之日，大小驚怪，莫不寒心。里語㊳曰：『明鏡所以照形，古事所以知今。』大王宜深以魯王為戒，改易其行，戰戰兢兢，盡敬朝廷㊴，如此則無求不得。若棄忘先帝法教㊵，懷輕慢㊶之心，臣下寧負大王，不敢負先帝遺詔；寧為大王所怨疾㊷，豈敢忘尊主之威㊸，而令詔敕不行於藩臣邪？此古今正義㊹，大王所照知㊺也。夫福來有由，禍來有漸㊻，漸生不憂，將不可悔。向使魯王早納忠直之言，懷驚懼之慮，享祚無窮，豈有滅亡之禍哉？夫良藥苦口，惟疾者能甘之。忠言逆耳，惟達者能受之。今者恪等慺慺㊼欲為大王除危殆於萌芽，廣福慶之基原，是以不自知言至㊽，願蒙三思。」

【章旨】以上為〈孫奮傳〉的第一部分，敘述孫權死後，孫權少子孫亮即帝位，身為孫亮兄長的孫奮不將孫亮放在眼裏，執政者諸葛恪加以處置並嚴加警告。

【注釋】❶太傅　官名。漢代仿周代而置，意為皇帝師傅，地位極高，但基本上為一種表明政治地位崇高的名號，僅任此官者並無實際政務。❷江濱兵馬之地　孫吳時，為防禦北方南進，沿江布置軍事防區，上至西陵（今湖北宜昌），下至京（今江蘇鎮江市）設置十餘個相對獨立的防區，置督統軍駐防。❸數越法度　多次違法亂紀。❹家天下　以天下為家。❺臣父兄　即使是父親與兄弟也是臣下。❻仇讎　仇人。❼誅　懲處；有罪而殺。❽承天理物　秉承天意治理萬物。❾王　封為王。用作動詞。❿不軌　不合法紀的行為。⓫大諱　大忌。⓬光武以來　即東漢初以後。光武為東漢開國皇帝劉秀的諡號。⓭臨民　指擔任地方長官。⓮預　宋本作「與」。⓯交通　往來。特指為違法之事勾結在一起。⓰福祚　福慶。⓱袁紹　字本初，汝南汝陽（今河南商水縣西南）人。其祖上四代有五人在東漢位居三公，本人少為郎官，有盛名，好交遊，年二十歲出任濮陽縣長。後辟大將軍何進府掾，漢靈帝置西園八校尉，任中軍校尉，典領禁軍。靈帝死，與何進謀誅宦官，事洩，何進被殺，袁紹帶兵入宮，盡誅宦官。董卓率部進入洛陽，控制朝政，他逃到冀州，利用家族影響，號召討伐董卓，被推舉為關東牧守聯軍盟主。及聯軍瓦解，軍閥割據，他占據冀、青、幽、并四州，即今河北、山西及山東部分地區，成為漢末最大的割據勢力。後於官渡之戰中被曹操擊敗，不久病死。其子袁譚、袁尚舉兵相互攻擊，結果被曹操消滅。詳見本書卷六〈袁紹傳〉。⓲劉表　字景升，山陽高平（今山東微山縣西北）人。漢靈帝時知名於士林，靈帝死後，出任荊州刺史，後升格為鎮南將軍、荊州牧，封成武侯。劉表在荊州統治達二十年，以武力敉平內部叛亂與民眾反抗勢力，將今兩湖在政治上連為一氣，熱心於文化教育。面對建安年間北方曹操的發展與東方孫策、孫權兄弟的西進，採取自保之術。被稱為「坐談客」。赤壁之戰前去世。詳見本書卷六〈劉表傳〉。⑲國土　指各占有地盤。⑳滅其宗祀　宗族祭祀活動被滅絕。指遭遇族滅之禍。㉑嗟痛　感嘆痛惜。㉒大行皇帝　對去世不久且仍處於喪事期間的前任皇帝的尊稱。㉓惟　思。㉔太伯順父之志　太伯，人名，周文王伯父。周文王祖父古公亶父有三子，長子名太伯，次子名虞仲，周文王父親季歷最小。按周人所行嫡長子繼承制，太伯應繼立為周王，但古公見季歷之子姬昌即周文王生時有吉祥之兆，認為他應為王，使周族強大。太伯知父親之意，遂與弟虞仲逃至「荊蠻」之地，使小弟季歷得以繼位為王，並傳位給姬昌。事見《史記．周本紀》及〈吳太伯世家〉。㉕河間獻王　漢景帝子劉德，封河間王，好儒學，「修學好古，實事求是」，「山東諸儒多從之游」。死謚為「獻」，意為「聰明睿智」。詳見《漢書．河間獻王傳》。㉖東海王彊　漢光武帝長子劉彊。光武帝初立為太子，後其母郭氏失寵，皇后位被剝奪，劉彊自動請求辭太子之位，被封為東海王，又多次請求讓還封地。因其「恭儉有禮」，死後謚為「恭」。詳見《後漢書．東海恭王列傳》。㉗驕恣荒亂　驕傲自大，胡作非為。荒亂，迷亂；享樂過度。㉘治護　修繕守衛。㉙表聞　上奏將情況彙報給朝廷。㉚公付有司　將其交給相關機構公開處理。㉛事不明白　使朝廷不知事情真相。㉜大司馬　漢代以來，大司馬常為執政者之名號，無屬員，不定置。吳黃武七年（西元二二八年）置大司馬。後偶爾分置左右二大司馬，以提升大臣有殊勳者的政治地位，並無實際政務。㉝呂岱　字定公，廣陵海陵（今江蘇泰州）人。初為郡縣吏，漢末過江從孫權，歷餘姚長、廬陵太守，率部奪取交州，就任交州刺史，後率部還鎮長沙。孫權時官至上大將軍，孫亮時位至大司馬。詳見本書卷六十〈呂岱傳〉。㉞陳道　講述的意見。㉟收縛　逮捕捆綁。㊱中書　吳仿曹魏制度置中書令，負責撰寫詔令，下置中書郎等屬員。㊲正自不聽禁　我就是不服從禁令。㊳里語　俗語；民間諺語。漢代以來，基層實行鄉、里制，民戶約一百戶為一里，置里長主事。㊴盡敬朝廷　對朝廷保持絕對的恭敬。㊵法教　法令與教誨。㊶輕慢　輕視怠慢。㊷怨疾　怨恨仇視。疾，痛恨。㊸尊主之威　尊重皇上的威嚴。㊹正義　正理。㊺照知　明知。㊻有漸　慢慢形成的。㊼慺慺　誠懇；恭謹。㊽言至　言重；言語過分。

【語　譯】孫奮，字子揚，是孫霸的弟弟，母親名叫仲姬。太元二年，孫奮封為齊王，居於武昌。孫權去世後，太傅諸葛恪不願諸王處於重兵所在的長江沿岸，準備將孫奮遷到豫章郡。孫奮大怒，拒不從命，又多次僭越法度。諸葛恪寫信勸他說：「帝王之尊，與天等同，所以才能視天下為家，以父兄為臣，普天之下的人，都是帝王的臣民。仇人有善行，不能不舉用，親戚有惡行，不能不誅殺，以此來承襲天命治理萬物，先考慮國家安危而後顧及個人得失，這是聖人建立制度，百代不會改變的原則。過去漢朝初創，分封許多子弟為王，致使一些王國過於強大，動不動就違法犯紀，上則幾乎危害國家，下則骨肉相殘，後來便引以為戒，把諸侯王強大視為大忌。自漢光武帝以後，對諸侯王制定新的政策，他們只能在王宮內自娛，不得管理百姓，干預政事，與外界的交往，都有嚴格的禁令，這樣才使得諸王自身得以保全，各自享受福慶。這就是前代得失的明證。近代的袁紹、劉表各有地盤，土地並非不廣，人口並非稀少，但因為嫡庶不分，終遭滅族斷祀之災。這是天下不管愚蠢還是聰明的人，所共同嘆息傷痛的。大行皇帝觀察古事以為今天的警戒，防患未然，考慮長久。所以在重病不起之時，分派諸王，讓他們盡早回到自己的封地，詔書言語懇切，所制定的相關法令條文也極為嚴厲，對諸王的告誡，無所不至。他實在是想上使國家安寧，下以保全諸王，使子子孫孫相傳，不會發生滅國毀家的恨事。大王首先應該考慮像周代太伯那樣順從父親的想法，其次也應像漢代河間獻王劉德、東海恭王劉彊那樣，對朝廷畢恭畢敬，最次也應對抑制驕恣減少胡作非為有所警戒。但是最近聽說大王居住武昌以來，多次違抗朝廷詔令，不受制度約束，擅自調發諸侯兵將修繕護衛王宮。再者，左右侍從有罪過的，應當上報朝廷，公開交給有關機構處理，但大王竟然擅自私下殺害，致使真相不明。大司馬呂岱親受先帝詔令，輔佐教導大王，卻不採納他的意見，致使他心懷憂懼。華錡是先帝近臣，忠良正直，他提出的意見，應該採用，卻聽聞大王惱怒華錡，有把他逮捕捆綁的話。還有中書楊融，也親自接受皇帝的詔令，應該對他恭恭敬敬。大王卻對他說：『我就是不服從禁令，又能把我怎樣呢？』聽到這些事的時候，大小官員無不驚恐訝異，無不寒心。俗話說：『明鏡用來照形，古事用以知今。』大王應該深自以魯王為戒，改變現在的行為，戰戰兢兢，對朝廷恭敬有加，這樣做就會沒有什麼要求實現不了。倘若摒棄忘記先帝制定的法令、教誨，對朝廷懷有輕視怠慢的想法，臣下寧願辜負大王，也不敢辜負先帝的遺詔；寧願被大王怨恨仇視，又怎敢忘記維護皇帝的威嚴，使詔令不能在藩臣那裏貫徹執行呢？我說的這些可是古往今來的正理，大王是很清楚的。福來有由，禍來有因，禍事已經出現徵兆仍然不以為憂，將來後悔都來不及。假如先前魯王早早接受忠誠正直的言論，心懷驚恐畏懼的想法，必定享有無盡的福分，怎會有滅亡的大禍呢？良藥苦口，只有生了病的人才情願服用，忠言逆耳，只有聰明的人才能接受。今日我等誠懇的想為大王除去業已萌芽的危險，拓展福祿的基礎，所以不知不覺說了些過分的話，願大王三思。」

1 奮得牋懼，遂移南昌，游獵彌甚，官屬不堪命❶。及恪誅，奮下住蕪湖，欲至建業觀變❷。傅相❸謝慈等諫奮，奮殺之。坐❹廢為庶人❺，徙章安縣❻。太平三年，封為章安侯。

2 建衡二年❼，孫皓左夫人王氏卒。皓哀念過甚，朝夕哭臨❽，數月不出，由是民間或謂皓死，訛言❾奮與上虞侯奉當有立者。奮母仲姬墓在豫章，豫章太守張俊疑其或然，掃除❿墳塋。皓聞之，車裂俊，夷三族⓫，誅奮及其五子，國除。

【章旨】以上為〈孫奮傳〉的第二部分，敘述孫奮因政治野心被廢為庶人，最終在孫皓時被誅夷三族。

【注釋】❶不堪命　疲於奔命；受不了。❷觀變　觀察政局變化。❸傅相　齊王傅及南昌相。漢以來制度，諸王府置傅，掌輔導諸王，王國封地所在郡或縣的長官稱相。傅、相可兼任。❹坐　犯法。❺庶人　平民。❻章安縣　治所在今浙江臨海東南章安鎮。❼建衡二年　西元二七〇年。建衡，吳末帝孫皓年號，西元二六九－二七一年。❽哭臨　到靈堂悲哭悼念。❾訛言　謠言。❿掃除　祭掃。⓫夷三族　誅滅三族。三族，有幾種說法：父族、母族、妻族；父、子、孫三代；父母、兄弟、妻子；父輩兄弟、己兄弟、兒子輩。

【語譯】孫奮收到諸葛恪的信後感到恐懼，於是還至南昌，更加沉溺於射獵活動，下屬不堪忍受。等到諸葛恪被殺以後，孫奮東下住於蕪湖，想到建業觀察政局變化。傅相謝慈等人勸諫孫奮，孫奮殺了他們。獲罪被廢為平民，流放到章安縣。太平三年，封為章安侯。

2 建衡二年，孫皓左夫人王氏死，孫皓悲痛萬分，早晚都到靈堂悲哭悼念，好幾個月不出皇宮，因此民間有人認為孫皓已死，謠言稱孫奮和上虞侯孫奉兩人中有一人當被立為皇帝。孫奮母親仲姬的墓地在豫章，豫章太守張俊疑心謠言可能是真的，便祭掃孫奮母親的塋墓。孫皓知道這件事後，車裂張俊，處死了他的三族。誅殺孫奮和他的五個兒子，封國被廢除。

評曰：孫登居心所存，足為茂美之德。慮、和並有好善之姿，規自砥礪❶，或短命早終，或不得其死❷，哀哉！霸以庶干適❸，奮不遵軌度❹，固取危亡之道也。然奮之誅夷❺，横遇飛禍矣。

【章旨】以上為陳壽對幾位傳主的簡略評價。

【注釋】❶規自砥礪 自我嚴格要求，磨練自己的品行。❷不得其死 死不以罪；無罪而被殺。❸干適 謀奪嫡子之位。干，謀求；冒犯。適，通「嫡」。❹軌度 法度。❺誅夷 被處以滅族之刑。

【語譯】評論說：孫登內心所想，堪稱美好高尚的德行。孫慮和孫和也同時有向善的本質，自我嚴格要求，砥礪品行，但孫慮短命早死，孫和死於非命，令人痛惜啊！孫霸以庶子的身分謀奪嫡子之位，孫奮不遵守法度，本來就是自取滅亡。然而孫奮被處以滅族之刑，卻是飛來橫禍啊。

【研析】通過本傳敘事，我們可以看出，孫權死後繼承人問題引發的政治衝突與悲劇，都是孫權一手造成的。

首先，太子孫登死前地位並不穩定，其早死既是不幸，對於其政治生命來說也是一件幸事。

漢代以來確立的皇位嫡長子繼承制，按《春秋公羊傳》的經典說法，原則是：「立嫡以長不以賢，立子以貴不以長。……子以母貴，母資子貴。」孫登作為孫權的長子，在孫權為吳王後被立為王太子，孫權稱帝，又冊封他為皇太子，無疑符合「立嫡以長」的原則，同時傳中敘述的關於孫登待賓友、待父母以及對於國家政事的關切，又都表明他是一個「賢者」，足以在孫權死後承擔重任。他臨終上孫權書，對孫權用人與行政提出了委婉的批評，而且極為中肯，可以想像，如果由他來當皇帝，可能比這時的孫權更為合適。

不過，孫登作為太子，卻又有先天的不足。他身為太子二十餘年，其生身母親卻在史書中未留名姓，我們只知她「庶賤」。孫登被孫權徐夫人養育大，亦將徐夫人視為母親，可是徐夫人卻因生性妒忌，被孫權嫌棄，而趕出皇宮，一人居於吳。當孫登被立為太子時，曾希望孫權同時也將養母徐氏立為皇后，以期「子以母貴，母資子貴」。但孫權「默然」，最終沒有答應。據本書卷五十〈吳主權步夫人傳〉，步夫人，「以美麗得幸于權」，為孫權生有兩女，長名魯班，即所謂「全公主」，次名魯育。孫權為吳王及皇帝，「意欲以為后，而羣臣議在徐氏，權依違者十餘年，然宮內皆稱（步氏）為『皇后』，親戚上書稱『中宮』」。及赤烏元年（西元二三八年）死後，才追贈為皇后。好在步氏只生女未生子，否則有子而立為皇后，孫登太子之位必然難保。

孫權稱帝遷都建業，卻讓太子孫登在武昌留守，這並不符合太子居於京城的傳統，內宮權力之爭完全有可能造成太子地位不穩。所以嘉禾元年（西元二三二年），孫登趁弟弟孫慮死後，孫權因傷心而身體不適之機，主動從武昌奔赴建業請安問好，一來表示對孫權的孝心，二來藉機得以居於京城這一政治中心。所以十餘天後，孫權命其返回武昌時，他以行「子道」打動孫權，堅決請求留在建業，並稱陸遜忠誠，足以擔當武昌留守重任，孫權「遂留焉」。孫權將孫登留在建業顯然有些勉強，而孫登把握時機留居京城，顯然與陸遜出於孫吳政治穩定在幕後為孫登出謀獻策有很大的關係。

孫登回到京城，並不等於太子地位就此穩定下來。孫權在步氏之後，又喜歡上王夫人。卷五十〈吳主權王夫人傳〉稱王夫人出琅琊王氏，其在孫權為吳王時選入宮中，「寵次步氏」，為孫權生下第三個兒子孫和。因寵愛王氏，孫權對於王氏所生之子孫和也寵愛有加。孫和「少以母王有寵見愛，年十四，為置宮衛，使中書令闞澤教以書藝」。為孫和置宮衛時間在赤烏元年（西元二三八年）。亦就是在這一年，步夫人去世，王夫人為中宮專寵，孫和「子以母貴」。儘管孫和本人可能還沒有或從沒有奪太子之位的野心，但孫權的態度卻表明孫登的地位從此受到嚴重挑戰。至少孫權與孫登父子之間，從此少了感情上的聯繫，孫登在生病期間寫給孫權的那封重要信件，要到孫登死後才得以交到孫權手裏，足以說明父子或者說皇帝與太子之間疏於溝通。孫登在信中提到了孫和，說：「皇子和仁孝聰哲，德行清茂，宜早建置，以繫民望。」裴松之注引《吳書》稱：「弟和有寵于權，登親敬，待之如兄，常有欲讓之心。」既無母援，又失父愛，孫登「欲讓」太子位實在是一個較好的選擇，否則亦將被逼而讓位。其早死，不論與長期憂慮致病有無關係，都使孫權在孫和與孫登之間的選擇簡單化了。

其次，孫和失寵的原因與引發的政治衝突。

孫和因母王氏受寵而得寵於孫權，幾乎危及孫登。孫登於赤烏四年（西元二四一年）病死，孫權次子孫慮早於孫登而死，既有孫權的寵愛，又符合「立嫡以長」的原則，次年正月，十九歲的孫和名正言順的成了新的太子。就〈孫和傳〉所記來說，他善待左右，關心政事，為人正直，主張立德立行，反對玩物喪志，無疑是一個很好的皇位繼承者。但他貴由母寵，敗也因母受寵。

孫和母王夫人受寵，且生子，對專寵中宮，有「皇后」之稱的步夫人無疑構成了威脅，亦會引起步夫人之女亦即孫權兩個女兒的忌恨，所以「王夫人與全公主有隙」。〈吳主權王夫人傳〉稱：「步氏薨後，（孫）和立為太子，（孫）權將立夫人為后，而全公主素憎夫人，稍稍譖毀。」最惡毒的攻擊是全公主稱王夫人在孫權因病臥床不起時「有喜色」，也就是說王夫人急於讓孫和繼位為帝，希望孫權早死。全公主又稱孫和在孫權病時名義上到太廟禱告，實際上「專就妃家計議」。孫權絕不容忍對自己有不利的人，於是大怒，「夫人憂死」。結果孫權將心思放在了第四子孫霸身上。值得注意的是，孫權次子孫慮，雖羣臣反覆要求孫權按傳統封之為王，孫權不加理睬，卻於立孫和為太子的同年八月，立孫霸為魯王，而另外三子孫慮、孫奮、孫亮並不得封。這實際上是受全公主的毀謗影響，對孫和失望之後，有意提高孫霸的地位。孫權的寵待，全公主的支持，終於激發起孫霸的政治野心，一些政治上投機者趁機依附孫霸，而朝廷大臣出於對「立嫡以長原則」的堅持，以及對孫和個人品行的欣賞，堅決維護其太子的地位。結果造成此後朝廷逐漸因繼承人問題分化為水火不容的兩派，迫使孫權最終痛下決心，既廢太子，又殺魯王，讓年僅十歲的少子孫亮為繼承人，從而為孫權死後孫吳政權政治上的動盪不安埋下禍根。（何德章注譯）

# 卷六十 吳書十五

## 賀全呂周鍾離傳第十五

【題解】本卷為賀齊、全琮、呂岱、周魴、鍾離牧五人的合傳。表明他們一生行事具有相似性，這主要體現在以下三個方面。首先，從地域上說，他們基本上可以說是孫吳時期「江東」地區土生土長的重要軍政人才。賀齊、鍾離牧為會稽人，全琮、周魴為吳郡人，呂岱原籍廣陵海陵，廣陵與江東從來聲氣相通，呂岱又是過江投於孫權幕府後方有作為，因而可以說，與漢末孫吳時期從淮泗「北來」者，有所不同。其次，他們基本上是孫吳時期在任職郡縣基礎上培養起來的著名軍政人員，都有長期在地方任職的經歷，或者通過在任職地方而取得名聲。其三，他們在地方任職的重要活動，都體現為對當地民眾反抗勢力的有效鎮壓，對穩定孫吳內部具有重要的貢獻。

賀齊，字公苗，會稽❶山陰❷人也。少為郡吏，守剡長❸。縣吏斯從輕俠❹為姦，齊欲治❺之，主簿❻諫曰：「從，縣大族❼，山越❽所附，今日治之，明日寇至。」齊聞大怒，便立斬❾從。從族黨❿遂相糾合，眾千餘人，舉兵攻縣。齊率吏民⓫，開城門突擊，大破之，威震山越。後太末⓬、豐浦民反，轉守太末長，誅惡養善，期月盡平⓭。

【章　旨】以上為〈賀齊傳〉的第一部分，敘述賀齊在東漢末年對於穩定會稽郡內部的貢獻。

【注　釋】❶會稽　郡名。治所在今浙江紹興。❷山陰　縣名。治所在今浙江紹興。❸守剡長　代理剡縣縣長。守，代理。漢制，官員任職高於資歷，稱為守。又任職第一年為試用，亦稱守。縣民戶萬戶以上，長官稱令，少於萬戶稱長。❹輕俠　為人輕浮不守法紀。❺治　處理；處罰。❻主簿　官名。漢制，秩二千石以上長官置主簿，協助長官掌管公文檔案與機構內事務，如同今日之祕書長一職。❼縣大族　縣中豪族。❽山越　意為山中之越人。先秦時，居住在今淮河以南安徽、江蘇、浙江、福建及兩廣地區的族羣被中原華夏族人總稱為越人，春秋、戰國時的吳國、越國先後興起並接受華夏文化，漢代這些地區的華夏化更為深入，但今福建、浙江及江西毗鄰地區的山地中，居民的語言、習俗在漢末仍與華夏人有別，被稱為山越。官府亦未能有效的實施行政管理。孫策及孫權時，在這些地區廣設郡、縣行政機構，強化管理，並不斷派兵對不服從管理者進行圍剿，將他們強行遷徙到易於控制的蘇南地區，編入軍隊或在軍隊監管下耕作，這成為孫吳政權擴大兵源的重要途徑。❾立斬　當即處死。❿族黨　族人與徒黨。⓫吏民　官吏與百姓。⓬太末　縣名。治所在今浙江衢州東北。⓭期月盡平　一月內將其全部平定。期月，一整月。

【語　譯】賀齊，字公苗，會稽郡山陰縣人。年輕時任會稽郡吏，代理剡縣長。剡縣小吏斯從輕浮不守法紀，作奸犯科，賀齊打算懲治他。郡主簿勸賀齊說：「斯從，是本縣的豪強世族，山越人所依附。今天懲處他，明天賊寇便會到來了。」賀齊聽了大怒，就立即把斯從斬首。斯從的族人與黨徒便相互糾集徒眾一千多人，起兵攻打縣城。賀齊率領吏民百姓，打開城門突襲，把他們打得大敗，威震山越。後來太末、豐浦的民眾叛亂，賀齊被改任代理太末縣縣長，到任後誅除壞人，撫慰良善，一個月的時間就把叛亂全部平息。

1 建安元年❶，孫策❷臨郡，察齊孝廉❸。時王朗❹奔東冶❺，候官長商升為朗起兵。策遣永寧❻長韓晏領南部都尉❼，將兵討升，以齊為永寧長。晏為升所敗，齊又代晏領都尉事。升畏齊威名，遣使乞盟❽。齊因告喻，為陳禍福❾，升遂送上印綬❿，出舍⓫求降。賊帥張雅、詹彊等不願升降，反共殺升，雅稱無上將軍，彊稱會稽太守。賊盛兵少，未足以討，齊住軍息兵⓬。雅與女壻何雄爭勢兩乖⓭，齊令越人因事交構⓮，遂致疑隙⓯，阻兵相圖。齊乃進討，一戰大破雅，彊黨震懼，率眾出降。

2 候官既平，而建安⓰、漢興⓱、南平⓲復亂，齊進兵建安，立都尉府，是歲八年⓳也。郡發屬縣五千兵，各使本縣長將之，皆受齊節度⓴。賊洪明、洪進、苑御、吳免、華當等五人，率各萬戶，連屯㉑漢興，吳五六千戶別屯大潭㉒，鄒臨六千戶別屯蓋竹㉓，同出餘汗㉔。軍討漢興，經餘汗。齊以為賊眾兵少，深入無繼，恐為所斷，令松陽㉕長丁蕃留備餘汗。蕃本與齊鄰城㉖，恥見部伍㉗，辭不肯留。齊乃斬蕃，於是軍中震慄，無不用命㉘。遂分兵留備，進討明等，連大破之。臨陣斬明，其免、當、進、御皆降。轉擊蓋竹，軍向大潭，二將㉙又降。凡討治斬首六千級，名帥㉚盡禽㉛，復立縣邑㉜，料㉝出兵萬人，拜為平東校尉。十年，轉討上饒(34)，分以為建平縣(35)。

3 十三年(36)，遷威武中郎將，討丹楊(37)黟(38)、歙(39)。時武彊、葉鄉、東陽、豐浦四鄉先降，齊表言(40)以葉鄉為始新縣(41)。而歙賊帥金奇萬戶屯安勒(42)山，毛甘萬戶屯烏聊山，黟帥陳僕、祖山等二萬戶屯林歷山。林歷山四面壁立，高數十丈，徑路危狹，不容刀楯(43)，賊臨高下石(44)，不可得攻。軍住經日(45)，將吏患之。齊身出周行(46)，觀視形便(47)，陰募輕捷(48)士，為作鐵弋(49)，密於隱險(50)賊所不備處，以弋拓塹(51)為緣道(52)，夜令潛上，乃多縣(53)布以援下人(54)，得上百數人，四面流布(55)，俱鳴鼓角，齊勒兵(56)待之。賊夜聞鼓聲四合，謂大軍悉已得上，驚懼惑亂(57)，不知所為，守路備險者，皆走(58)還依眾。大軍因是得上，大破僕等，其餘皆降，凡斬首七千。齊復表分歙為新定(59)、黎陽、休陽(60)。并黟、歙凡六縣，權遂割為新都郡，齊為太守，立府(61)於始新，加偏將軍。

4 十六年(62)，吳郡(63)餘杭(64)民郎稚合宗起賊(65)，復數千人，齊出討之，即復破稚，表言分餘杭為臨水縣(66)。被命詣所在(67)，及當還郡，權出祖道(68)，作樂舞象(69)。賜齊輧車(70)駿馬，罷坐住駕(71)，使齊就車。齊辭不敢，權使左右扶齊上車，令導吏卒兵騎(72)，如在郡儀。權望之笑曰：「人當努力，非(73)積行累勤，此不可得。」

去百餘步乃旋⑭。

【章　旨】以上為〈賀齊傳〉的第二部分，敘述賀齊對於孫氏平定江東吳郡、會稽、丹陽三郡民眾反抗，從而得以穩定在江東的統治所作的貢獻。

【注　釋】❶建安元年　西元一九六年。建安，東漢獻帝劉協年號，西元一九六—二二〇年。❷孫策　字伯符，吳郡富春（今浙江富陽）人。孫堅長子，孫權兄。在孫堅死後，從袁術，後所部脫離袁術，渡江南下，攻占吳郡、會稽、丹陽及豫章，分置郡縣。曹操控制的漢朝廷任命他為討逆將軍，封烏程侯。東漢建安五年（西元二〇〇年）為人刺殺，享年二十六歲。孫權稱帝，追諡長沙桓王。詳見本書卷四十六〈孫策傳〉。❸察孝廉　西漢武帝開始，全國各郡每年推舉二人為孝廉至中央，經考察後授予相應的官職，東漢後期以郡為單位，大致每年每二十萬戶舉一人。❹王朗　字景興，東海郯（今山東郯城）人。漢末以通經學入仕，任菑丘長。後隨陶謙，升任會稽太守，孫策率部過江奪取會稽，王朗戰敗失守，曹操隨即上表漢獻帝，以諫議大夫召至許昌，參曹操軍事。三國魏時，位至司徒，蘭陵侯，死諡成侯。注《易》、《春秋》、《孝經》、《周禮》諸書，後散佚。❺東冶　縣名。亦泛指東冶所在地區。東漢置縣，治所在今福建福州。❻永寧　縣名。治所在今浙江溫州。❼南部都尉　官名。東漢時，於邊郡置都尉掌兵事，治安情況複雜地區的郡則置多名都尉，分片管理，稱為「部」。會稽南部都尉所分管地區大致為今浙南一帶。❽乞盟　乞求和談。❾為陳禍福　給他分析抵抗的壞處與投誠的好處。❿印綬　官印。漢代以金、銀、銅等不同質地及不同顏色的繫印絲繩表示官員級別與權限。縣令長為銅印黑綬。綬，繫印的帶子。⓫舍　縣舍；縣衙。⓬住軍息兵　讓部隊駐紮下來停止攻擊。⓭兩乖　相互背離；各自為政。⓮因事交構　趁機挑撥離間。⓯疑隙　相互猜疑，產生嫌隙。⓰建安　郡縣名。治所在今福建建甌。⓱漢興　縣名。治所在今福建浦城。⓲南平　縣名。治所在今福建南平。⓳八年　建安八年（西元二〇三年）。⓴節度　調度指揮。㉑連屯　連營駐軍。屯，軍營。㉒大潭　聚落名。地在今福建建陽城。㉓蓋竹　聚落名。地在今福建建陽南。此二字下原衍「大潭」二字。㉔餘汗　縣名。治所在今江西餘干東北。㉕松陽　縣名。治所在今浙江松陽南。原誤作「楊松」，今據宋本校正。㉖鄰城　為相鄰縣的縣長。城，縣。㉗部伍　指揮。㉘用命　聽從命令。㉙二將　謂守蓋竹的鄒臨、守大潭的吳五。原誤作「三將」。㉚名帥　叛亂者中有名的首領。㉛禽　通「擒」。㉜復立縣邑　重新設縣加以管理。㉝料　挑選。㉞上饒　縣名。治所在今江西上饒。㉟建平縣　治所在今福建建陽東南。㊱十

三年　建安十三年（西元二〇八年）。㊲丹楊　本卷或作「丹陽」。郡名。治所在今安徽宣州。又為縣名，隸屬於丹楊郡，治所在今安徽當塗東北。㊳黟　縣名。治所在今安徽黟縣。㊴歙　縣名。治所在今安徽歙縣。㊵表言　奏請。㊶始新縣　治所在今浙江淳安西北。㊷勒　原誤作「勤」。㊸不容刀楯　不能攜帶武器與盾牌通過。楯，即盾。㊹臨高下石　居高臨下扔砸石頭。㊺經日　拖延多日。㊻身出周行　親自出去四處巡視。㊼形便　有利地勢。㊽輕捷　身體矯健。㊾鐵弋　小鐵樁。「弋」字原均作「戈」，誤，《太平御覽》三百三十七引韋昭《吳書》作「弋」，據改。㊿隱險　隱蔽險要處。(51)拓塹　開鑿峭壁。塹，原誤作「斬山」。(52)緣道　可以攀緣的小路。(53)縣　通「懸」。垂下。(54)援下人　牽引山崖下的人。(55)四面流布　四周散布。(56)勒兵　部署好部隊。(57)惑亂　疑惑慌亂。(58)走　逃跑。(59)新定　縣名。治所在今浙江淳安西南。(60)休陽　縣名。治所在今安徽休寧西南。(61)府　太守府衙；郡治所。(62)十六年　建安十六年（西元二一一年）。(63)吳郡　郡名。治所在今江蘇蘇州。(64)餘杭　縣名。治所在今浙江杭州。(65)合宗起賊　全部族人起兵叛亂。(66)臨水縣　治所在今浙江臨安北。(67)被命詣所在　奉孫權之命到孫權駐地。孫權於東漢建安十六年（西元二一一年）將政治中心從吳郡遷往秣陵（今江蘇南京）。(68)祖道　設宴送行。(69)作樂舞象　演奏音樂，跳起象舞。(70)軿車　四周有障蔽的馬車。軿，即屏。(71)罷坐住駕　宴會結束後仍待在原地。(72)令導吏卒兵騎　命吏員、兵卒、騎兵在前面開路。(73)非　如果不是。(74)去百餘步乃旋　賀齊的車駕走了百餘步遠孫權才起身回去。步，古代度量單位，一步為六尺。旋，回。

【語譯】建安元年，孫策治理會稽郡，察舉賀齊為孝廉。當時王朗逃往東冶，候官縣縣長商升幫助王朗起兵。孫策派永寧縣長韓晏兼任會稽南部都尉，率軍討伐商升，任命賀齊為永寧縣縣長。韓晏被商升打敗，賀齊又接替韓晏兼管南部都尉事務。商升畏懼賀齊的威名，派遣使者請和。賀齊藉機曉諭，向他陳述利害禍福。商升於是獻上官印，走出縣衙請求投降。賊寇的首領張雅、詹彊等不願意商升投降，反而聯手殺死商升，張雅自稱無上將軍，詹彊自稱會稽太守。賊寇兵盛，賀齊兵寡，兵力不足以討伐賊寇，賀齊把部隊駐紮下來，休兵不動。張雅與其女婿何雄因爭權各自為政，賀齊命越人趁機從中挑撥離間，於是使他們雙方互相猜疑，產生嫌隙，都想倚恃兵力圖謀對方。賀齊於是進軍討伐，一戰大敗張雅，詹彊黨羽驚恐，率眾投降。

候官平定之後，建安、漢興、南平等縣又發生叛亂，賀齊進軍建安，設立都尉府，這年是建安八年。會稽郡調發所屬各縣五千士卒，分別由各縣長率領他們，全部歸賀齊指揮調度。賊寇洪明、洪進、苑御、吳免、華當等五人，各率領部眾一萬戶，連營屯駐在漢興，吳五部眾六千戶，另外駐紮在大潭，鄒臨部眾六千戶另外屯駐在蓋竹，共同從餘汗縣出兵。賀齊的軍隊討伐漢興縣，途經餘汗。賀齊認為賊寇眾多而自己兵少，深入敵境，沒有後援部隊，擔心被敵人截斷後路，就命令松陽縣縣長丁蕃留守餘汗。丁蕃任職松陽縣和賀齊任縣長的永寧縣相鄰，丁蕃恥於被賀齊指揮差遣，因此推辭不肯留守。賀齊便斬殺丁蕃，於是全軍震驚，沒有不聽從命令的。賀齊便分兵留守餘汗，進軍討伐洪明等人，接連大敗洪明等人，在戰場上斬殺洪明，吳免、華當、洪進、苑御全都投降。賀齊移師進擊蓋竹，軍鋒指向大潭，鄒臨、吳五兩人又投降了。此役共計斬殺叛軍六千人，叛亂者中有名的首領全部被擒，重新設立縣邑，挑選了兵士一萬人，賀齊被任命為平東校尉。建安十年，移師攻打上饒，分出部分地方設立建平縣。

3 建安十三年，賀齊升任威武中郎將，討伐丹楊郡黟縣、歙縣。當時武彊、葉鄉、東陽、豐浦四鄉首先投降，賀齊上書奏請以葉鄉為始新縣。而歙縣賊寇首領金奇率部眾一萬戶屯駐安勒山，毛甘率一萬戶屯駐烏聊山，黟縣賊寇首領陳僕、祖山等共二萬戶屯駐林歷山。林歷山四面懸崖矗立，高達數十丈，山路又窄又險，無法攜帶刀劍盾牌通過，賊寇居高投石，無法進攻。部隊屯駐已有一些時日，軍中將士對此都很憂慮。賀齊親自出營四處巡視，觀察有利的地形，暗中招募身手輕便矯健的士卒，給他們製作小鐵椿，讓他們祕密來到隱蔽險要敵人不加防備的地方，用小鐵椿在峭壁上開鑿可供攀緣的小路，令他們乘黑夜潛行登山，再多懸掛布條來牽引山崖下的人，成功上去了一百多人，散布四周，一齊擂響戰鼓，鳴起號角，賀齊部署好部隊等待時機。賊寇夜間聽到鼓聲四起，以為賀齊大軍已全部攻了上來，驚惶恐懼，迷惑慌亂，不知所措，扼守道路防衛險阻的人，全都逃回依附大隊人馬。賀齊大軍因此得以攻上山頭，大敗陳僕等人，其他人全部投降，總共斬殺七千人。賀齊又上書把歙縣分出新定、黎陽、休陽三縣，連同黟、歙共六縣，孫權於是劃為新都郡，賀齊任太守，郡治設在始新縣，加封賀齊偏將軍。

4 建安十六年，吳郡餘杭縣人郎稚整個宗族起兵作亂，又加上黨徒有數千人，賀齊出兵討伐他們，很快又打敗了郎稚，上書劃分餘杭縣地設置臨水縣。奉命到達孫權駐地，到了當辭別回郡時，孫權親自在城外設宴送行，演奏音樂，跳起象舞。賜給賀齊四周有帷幕的馬車和駿馬，宴會結束後孫權沒有離開，讓賀齊登車先走。賀齊推辭說不敢當，孫權便讓左右隨從扶賀齊上車，命令吏員、步卒、騎兵在前面開道，和賀齊在郡內出行的儀式一樣。孫權望著賀齊笑著說：「大家應該努力啊，如果不是積累德行累建功勞，是不會得到這樣的殊榮。」賀齊的車走了一百多步遠，孫權才回城。

1 十八年，豫章❶東部民彭材、李玉、王海等起為賊亂，眾萬餘人。齊討平之，誅其首惡，餘皆降服。揀其精健為兵，次為縣戶❷。遷奮武將軍。

2 二十年，從權征合肥❸。時城中出戰，徐盛❹被創失矛，齊引兵拒擊，得盛所失。

3 二十一年，鄱陽❺民尤突受曹公印綬，化民為賊❻，陵陽❼、始安、涇縣❽皆與突相應。齊與陸遜❾討破突，斬首數千，餘黨震服，丹陽三縣❿皆降，料得精兵八千人。拜安東將軍，封山陰侯，出鎮江上⓫，督扶州⓬以上至皖⓭。

【章旨】以上為〈賀齊傳〉的第三部分，簡述賀齊平定豫章、鄱陽民眾叛亂，及其成為沿江軍事防務重要軍事將領之一的情況。

【注釋】❶豫章　郡名。治所在今江西南昌。❷縣戶　縣政權管理下的民戶。❸合肥　城邑名。今安徽合肥。❹徐盛　字文嚮，琅邪莒縣（今山東莒縣）人。漢末避亂至江東，從孫權創業，以戰功官至廬江太守、建武將軍，封都鄉侯。詳見本書卷五十五〈徐盛傳〉。❺鄱陽　郡縣名。治所在今江西鄱陽。❻化民為賊　將受官府管理的良民變成叛亂者。❼陵陽　縣名。治所在今安徽太平西北。❽涇縣　縣名。治所在今安徽涇縣西北。❾陸遜　字伯言，吳郡吳（今江蘇蘇州）人。出身江東大族，年二十一入仕孫權幕府，出為地方長官，頗有政績。後受呂蒙推薦，總領長江中游地區防務，用計誅殺關羽，奪取荊州。又率軍擊敗劉備，升輔國大將軍，領荊州牧，封江陵侯。孫權稱帝，升上大將軍、右都護。位至丞相，因力諫阻孫權廢太子，不被接受，含憤而卒。詳見本書卷五十八〈陸遜傳〉。❿丹陽三縣　丹陽郡三縣指陵陽、始安、涇。⓫江上　江邊。⓬扶州　地名。為當時江寧（今江蘇南京）西南長江中之沙洲。⓭皖　縣名。治所在今安徽潛山縣。此皖當為皖口，為皖河入長江之口，地在今安徽安慶西。

【語譯】建安十八年，豫章郡東部民眾彭材、李玉、王海等起來作賊叛亂，徒眾有一萬多人。賀齊討伐平定了他們，誅殺了他們的首惡分子，其餘的人全部投降。賀齊挑選其中精明強健的補充軍隊，其餘的成為縣裏的民戶。升任奮武將軍。

2 建安二十年，賀齊隨從孫權征討合肥。當時城內守軍出城迎戰，徐盛受傷，丟失長矛，賀齊率軍抵擋攻擊，奪回了徐盛丟失的武器。

3 建安二十一年，鄱陽郡人尤突接受曹公官印，誘騙百姓為寇，陵陽、始安、涇縣都與尤突相呼應。賀齊與陸遜討伐擊敗尤突，殺死幾千人，其餘黨羽震懾降服，丹陽三縣全部投降，挑選出精兵八千人。賀齊被任命為安東將軍，封山陰侯，出外鎮守長江沿線，負責扶州以西至皖口間的防務。

1 黃武初❶，魏使曹休❷來伐，齊以道遠後至，因住新市❸為拒。會洞口❹諸軍遭風流溺❺，所亡中分❻，將士失色，賴齊未濟❼，偏軍獨全，諸將倚以為勢。

2 齊性奢綺❽，尤好軍事，兵甲器械極為精好，所乘船雕刻丹鏤❾，青蓋絳襜❿，干櫓⑪戈矛，葩瓜文畫⑫，弓弩矢箭，咸取上材，蒙衝⑬鬭艦之屬，望之若山。休等憚之，遂引軍還。遷後將軍，假節⑭領徐州牧⑮。

3 初，晉宗為戲口將，以眾叛如⑯魏，還為蘄春⑰太守，圖襲安樂⑱，取其保質⑲。權以為恥忿，因軍初罷⑳，六月盛夏，出其不意，詔齊督麋芳、鮮于丹等襲蘄春，遂生虜㉑宗。後四年卒，子達及弟景皆有令名㉒，為佳將㉓。

【章　旨】以上為〈賀齊傳〉的第四部分，主要敘述黃武元年賀齊有抵禦曹魏軍隊進攻的作用，並交代他追求奢華的一面。

【注　釋】❶黃武初　即黃武元年（西元二二二年）。黃武，吳王孫權年號，西元二二二—二二九年。❷曹休　字文烈，沛國譙（今安徽亳州）人。曹操族子。早年從曹操征討，為創魏功臣，魏初位至大將軍、大司馬。詳見本書卷九〈曹休傳〉。❸新市　縣名。治所在今湖北京山縣東北。❹洞口　地名。又稱洞浦口、洞浦。位今安徽和縣東南長江岸邊。❺遭風流溺　遭遇大風翻船，兵士落入水中淹死。❻所亡中分　死亡的將士占了全軍一半。❼濟　渡江。❽奢綺　奢華。綺，綺麗；華麗。❾雕刻丹鏤　雕刻花紋圖案，染成紅色。❿絳襜　深紅色的帷帳。絳，深紅色。襜，帷幕。⓫干櫓　盾。干為小盾，櫓為大盾。⓬葩瓜文畫　花朵、瓜果等圖像。葩，花。⓭蒙衝　古時戰船，船形狹長，上覆生牛皮，兩側開孔以便划槳及以弩、矛擊敵，不懼矢石，易於保護自己並襲擊敵方。⓮假節　節為代表中央權力的信物，漢制，出使者持節，亦漸以頒於鎮守地方的大員。漢末三國時，地方駐軍情況普遍，頒節於地方軍鎮大員的情形亦多，按授權大小有使持節、持節、假節的區分。假節者在軍事行動時可以不經上報批准處死犯軍令者。⓯領徐州牧　漢代掌徐州地域當今山東東南、河南西南及今皖北、蘇北地區。孫權當時並未占有這一廣大地區，虛設徐州牧，只在表示自己志在統一全國。⓰如　通「入」。⓱蘄春　郡名。治所在今湖北蘄春蘄州鎮西北。⓲安樂　聚落名。地在今湖北鄂州，吳黃武三年（西元二二四年），孫權於此築安樂宮，設置軍營。⓳保質　將領帶兵在外，家屬做人質，以防其叛變。⓴因軍初罷　利用戰事結束，軍隊剛剛分散開來的時機。㉑生虜　活捉。㉒令名好名聲。令，美好。㉓佳將　出色的將領。

【語譯】黃武初年，曹魏派曹休率軍前來進攻，賀齊因路途遙遠最晚到達，於是駐軍新市抵禦曹休。適逢洞口各支部隊遇上風浪翻船，溺死一半的兵士，將士們大驚失色，幸好賀齊所部尚未渡江，這一部分軍隊獨得保全，所有將領均依靠他作為援助。

2 賀齊生性奢華，尤其喜歡軍用器物，軍中兵器、甲冑及各類器械極為精美，所乘船隻雕刻著紅色圖紋，青色的篷蓋，深紅色的帷帳，大小盾牌以及戈、矛等武器上都裝飾著花草瓜果圖案，弓弩箭矢，都選用上等材料，大小戰船，看過去像山一樣。曹休等人畏懼他，於是率軍撤退。升為後將軍，假節，兼任徐州牧。

3 當初，晉宗為鎮守戲口的將領，率領部眾叛逃到曹魏，後來擔任蘄春太守，企圖襲擊安樂，奪回他留做人質的家屬。孫權為此感到受了侮辱，十分惱怒，趁著戰事剛剛結束，在六月盛夏，出其不意，下詔命令賀齊督率麋芳、鮮于丹等部襲擊蘄春，於是活捉晉宗。四年後賀齊去世，其子賀達和弟弟賀景都有美名，是出色的將領。

全琮，字子璜，吳郡錢唐❶人也。父柔，漢靈帝時舉孝廉，補尚書郎右丞❷，董卓❸之亂，棄官歸，州辟❹別駕從事❺，詔書就拜❻會稽東部都尉。孫策到吳❼，柔舉兵先附，策表❽柔為丹陽都尉。孫權為車騎將軍❾，以柔為長史❿，徙桂陽⓫太守。柔嘗⓬使琮齎⓭米數千斛⓮到吳，有所市易⓯。琮至，皆散用，空船而還。柔大怒，琮頓首⓰曰：「愚以所市非急，而士大夫方有倒縣⓱之患，故便振贍⓲，不及啟報⓳。」柔更以奇之。是時中州⓴士人避亂而南，依琮居者以百數㉑，琮傾家給濟㉒，與共有無，遂顯名遠近。後權以為奮威校尉，授兵數千人，使討山越。因開募召㉓，得精兵萬餘人，出屯牛渚㉔，稍遷㉕偏將軍。

【章　旨】以上為〈全琮傳〉的第一部分，敘述全琮在東漢末傾全部家產資助逃難而來的北方人士，從而反映其性格特徵及成名的原因。

【注　釋】❶錢唐　縣名。治所在今浙江杭州。❷尚書郎右丞　官名。即尚書右丞，尚書臺內主要官員，主管尚書機構內人員俸祿、休假及內部財務開支。❸董卓　字仲穎，隴西臨洮（今甘肅岷縣）人。為人剛猛有謀，東漢桓帝末，從軍為中郎將張奐軍事參謀，因戰功至漢靈帝末任至并州牧。漢靈帝死，奉執政何進之召率部入首都洛陽，誅殺宦官，廢少帝，改立漢獻帝，專斷朝政，引發關東牧守聯軍的討伐。他縱火焚燒洛陽，挾漢獻帝遷長安，自立為太師，三年後被王允、呂布設計刺殺。詳見本書卷六〈董卓傳〉。❹辟　召請。漢制，高級長官可自行召請僚屬，州刺史、郡太守原則上從當地人士中選取士人作僚屬。❺別駕從事　官名。簡稱別駕。漢制，州刺史下主要僚屬統稱從事，別駕從事為其中主要僚屬，統管刺史衙門內各種事務，刺史出行，則單獨乘一輛車為前導。❻就拜　派人前往任命。❼吳　吳郡。❽表　上表朝廷。❾孫權為車騎將軍　東漢建安五年（西元二〇〇年），孫權繼兄孫策統領江東眾事，曹操奏請所控制的漢獻帝，授孫權討虜將軍、領會稽太守，加以籠絡。至建安十四年（西元二〇九年），劉備表請漢獻帝任命孫權為車騎將軍、領徐州牧。❿長史　官名。漢代丞相、三公、將軍及領兵之郡太守下置，協助長官處理全部政務。⓫桂陽　郡名。治所在今湖南郴州。⓬嘗　曾經。⓭齎　攜帶。⓮斛　量器。據出土的獻帝光和大司農銅斛，一斛約合今二十點四五公升。⓯有所市易　打算作點生意。⓰頓首　磕頭。⓱倒縣　倒懸。縣，通「懸」。⓲振贍　賑濟；救濟。⓳啟報　啟奏稟報。⓴中州　中原。㉑以百數　數以百計。㉒傾家給濟　拿出家裏全部財產救濟他們。㉓開募召　設立校尉府召募兵士。開，設立機構。㉔牛渚　地名。在今安徽當塗西北十公里的長江邊，因牛渚山而得名，與江北采石磯相對，為古代長江南岸重要渡口。㉕稍遷　逐漸升任。

【語　譯】全琮，字子璜，吳郡錢唐縣人。父親全柔，漢靈帝時被推舉為孝廉，補任尚書郎右丞。董卓作亂時，棄官回鄉，州刺史召請他任別駕從事，皇帝下詔派人前往任命他為會稽東部都尉。孫策到達吳郡，全柔舉兵首先歸附，孫策上表推薦全柔任丹陽都尉。孫權任車騎將軍時，以全柔為長史，轉任桂陽郡太守。全柔曾讓全琮帶著數千斛米到吳郡，想賣米做生意。全琮到達後，把米散發一空，空船返回。全柔十分生氣，全琮叩頭說：「我認為所要買的並非急需，而那裏的士人們正有危急之患，所以就接濟了他們，來不及啟奏稟報。」全柔越發感到他不同尋常。這時中原士人為避戰亂逃往南方，依靠全琮生活的數以百計，全琮傾全部家產接濟他們，同他們共有無，於是遠近揚名。後來孫權任命全琮為奮威校尉，給他幾千名士兵，讓他討伐山越。全琮便設立校尉府召募士兵，募得精兵一萬多人，出外屯駐牛渚，逐漸提升為偏將軍。

1　建安二十四年❶，劉備將關羽❷圍樊、襄陽❸，琮上疏❹陳❺羽可討之計，權時已與呂蒙❻陰議襲之，恐事泄，故寢❼琮表不答。及禽羽，權置酒公安❽，顧謂琮曰：「君前陳此，孤雖不相答，今日之捷，抑❾亦君之功也。」於是封陽華亭侯❿。

2　黃武元年，魏以舟軍大出洞口，權使呂範⓫督諸將拒之，軍營相望。敵數以輕船⓬鈔擊⓭，琮常帶甲仗兵⓮，伺候⓯不休。頃之⓰，敵數千人出江中，琮擊破之，梟⓱其將軍尹盧。遷琮綏南將軍，進封錢唐侯。四年，假節領九江⓲太守。

3　七年⓳，權到皖，使琮與輔國將軍陸遜擊曹休，破之於石亭⓴。是時丹陽、吳、會山民㉑復為寇賊，攻沒屬縣㉒，權分三郡險地為東安郡，琮領太守。至，明賞罰，招誘降附，數年中，得萬餘人。權召琮還牛渚，罷東安郡。黃龍元年㉓，遷衛將軍、左護軍、徐州牧，尚公主㉔。

4

嘉禾二年㉕，督步騎五萬征六安㉖，六安民皆散走，諸將欲分兵捕之。琮曰：「夫乘危徼倖㉗，舉不百全者，非國家大體也。今分兵捕民，得失相半，豈可謂全哉？縱有所獲，猶不足以弱敵而副國望㉘也。如或邂逅㉙，虧損非小，與其獲罪，琮寧以身受之，不敢徼功㉚以負國也。」

【章旨】以上為〈全琮傳〉的第二部分，敘述全琮在征關羽、抗曹休及平定江東三郡民眾叛亂中的貢獻，以及孫權對他的重視。並通過全琮率兵出征顧全大局，不圖小利事例的敘述，反映其忠心為國的品格。

【注釋】❶建安二十四年　西元二一九年。建安，東漢獻帝劉協年號，西元一九六—二二〇年。❷關羽　字雲長，河東解（今山西臨猗西南）人。漢末亡命涿郡，追隨劉備，任至別部司馬、下邳太守，曹操敗劉備，獲關羽，以為偏將軍。擊殺袁紹將顏良、文醜，封漢壽亭侯。後復投劉備。赤壁戰後，為襄陽太守、盪寇將軍，駐守長江以北，後劉備、諸葛亮等舉兵入蜀，獨掌荊州軍事。為人剛猛，恃才驕橫，輕視部下。東漢建安二十四年（西元二一九年），劉備以為前將軍、假節，率眾圍攻曹軍所據樊城，斬龐德、降于禁，威震中原。但後方空虛，孫權用陸遜計，誘降麋芳，舉兵偷襲荊州。關羽兵敗被殺，諡壯繆侯。詳見本書卷三十六〈關羽傳〉。❸樊襄陽　即今湖北襄樊，古夾漢水分為二城，北為樊城、南為襄陽。❹疏　一種文體。逐條陳述意見。❺陳　陳述。❻呂蒙　字子明，汝南富陂（今安徽阜南東南）人。少孤，以作戰勇敢且有計謀，受孫權賞識，成長為高級將領，曾參與赤壁之戰，以主將身分率軍擊殺關羽，任南郡太守，封孱陵侯，年四十二死於任上。詳見本書卷五十四〈呂蒙傳〉。❼寢　留置；不予公開。❽公安　縣名。治所在今湖北公安西北。❾抑　連詞。則。表示轉折。❿亭侯。漢制，有軍功者爵位可至封侯，封侯者又因功勳大小，封地大小有別，或以一縣數縣地，為縣侯，或以一鄉地為封，為鄉侯，或以一亭為封，稱亭侯，封於縣治所在之鄉，又稱都鄉侯。侯者「食」即收取封地百姓所交租稅。孫吳時大致從漢制。⑪呂範　字子衡，汝南細陽（今安徽阜陽北）人。東漢末避亂壽春，率私客百餘從孫策，於孫氏兄弟平定江東有功。孫權率兵擊關羽，都武昌，命呂範留守建業。官至前將軍、揚州牧，封南昌侯。詳見本書卷五十六〈呂範傳〉。⑫輕船　快船。⑬鈔擊　以虜獲人員物資為目的的偷襲。鈔，通「抄」。⑭帶甲仗兵　身穿鎧甲，手持武器。兵，兵器。⑮伺候　偵察巡邏。伺，偵伺。候，巡邏。⑯頃之　不久；很快。⑰梟　斬首並以首示眾。⑱九江　郡名。三國魏據有其地，改名淮南郡，孫吳並未實際控制這一地區。⑲七年　黃武七年（西元二二八年）。⑳石亭　聚落名。地在今安徽潛山縣東北。㉑山民　山區中的百姓。㉒攻沒屬縣　攻占丹陽郡、吳郡、會稽郡下屬的一些縣城。㉓黃龍元年　西元二二九年。黃龍，吳大帝孫權年號，西元二二九—二三一年。㉔尚公主　娶公主。即娶孫權長女魯班，魯班先嫁周瑜子周循，後改嫁全琮，故被稱為全公主。㉕嘉禾二年　西元二三三年。嘉禾，吳大帝孫權年號，西元二三二—二三八年。㉖六安　縣名。治所在今安徽六安北。㉗乘危徼倖　冒著危險希望僥倖成功。徼，同「僥」。㉘副國望　不辜負陛下的期望。國，指作為一國之君的皇帝。㉙邂逅　萬一。㉚徼功　邀功。徼，通「邀」。

【語譯】建安二十四年，劉備的將領關羽率兵圍攻樊城、襄陽，全琮上書陳述可以征討關羽的計策，孫權這時已同呂蒙祕密商議襲擊關羽，擔心事機洩露，所以擱置全琮的奏疏，不作答覆。等到擒獲關羽，孫權在公安縣設酒宴，回頭對全琮說：「您先前上書陳奏此事，我雖然沒有答覆，今天這個大勝仗，也還是有你的功勞啊！」於是封全琮為陽華亭侯。

2　黃武元年，曹魏派水軍從洞口大舉出兵，孫權命呂範督領眾將抵禦魏軍，兩方軍營相互對峙。魏國敵軍屢次用快船偷襲，全琮常身穿鎧甲，手持兵器，不停的偵察。不久，敵軍數千人出現在江面上，全琮進擊打敗了敵軍，斬下敵軍的將軍尹盧的首級示眾。升全琮為綏南將軍，進封為錢唐侯。黃武四年，假節，兼任九江郡太守。

3　黃武七年，孫權到達皖縣，命令全琮與輔國將軍陸遜攻擊曹休，在石亭擊敗曹休。這時，丹陽、吳、會稽三郡山區百姓又成為賊寇，攻陷所屬的一些縣城，孫權劃分這三郡的險要地區設立東安郡，由全琮兼任太守。全琮到任後，賞罰分明，招撫、勸導賊寇降附，幾年時間，獲得一萬多人。孫權召全琮回到牛渚，撤銷東安郡。黃龍元年，升為衛將軍、左護軍、徐州牧，娶公主為妻。

4 嘉禾二年，全琮統轄步兵、騎兵五萬人征伐六安縣，六安縣的百姓都四處逃跑，眾將領打算分出兵力追捕他們。全琮說：「冒著危險心存僥倖，行事考慮不夠周全的，不符合國家的基本原則。現在分兵追捕百姓，得失各半，難道可以說是考慮周全了嗎？縱然有所擒獲，尚且不足以削弱敵人而符合陛下的期望。假如有個萬一，損失可不小，與其這樣獲罪，我寧願自己承受，也不敢為了邀功而有負於國家。」

1 赤烏九年❶，遷右大司馬❷、左軍師。為人恭順，善於承顏納規❸，言辭未嘗切迕❹。初，權將圍珠崖❺及夷州❻，皆先問琮，琮曰：「以聖朝之威，何向而不克❼？然殊方異域，隔絕障海❽，水土氣毒，自古有之，兵入民出❾，必生疾病，轉相汙染❿，往者懼不能反⓫，所獲何可多致⓬？猥⓭虧江岸之兵，以冀⓮萬一之利，愚臣猶所不安。」權不聽。軍行經歲⓯，士眾疾疫⓰死者十有八九，權深悔之。後言次⓱及之，琮對曰：「當是時，羣臣有不諫者，臣以為不忠。」

2 琮既親重⓲，宗族⓳子弟並蒙寵貴，賜累⓴千金㉑，然猶謙虛接士㉒，貌無驕色。十二年㉓卒，子懌嗣㉔。後襲業領兵㉕，救諸葛誕㉖於壽春㉗，出城先降，魏以為平東將軍，封臨湘侯。懌兄子禕、儀、靜等亦降魏，皆歷郡守列侯。

【章　旨】以上為〈全琮傳〉的第三部分，敘述全琮晚年身處高位，對主上柔媚，待人謙和，並交代其後代叛降曹魏的情況。

【注　釋】❶赤烏九年　西元二四六年。赤烏，吳大帝孫權年號，西元二三八─二五一年。❷右大司馬　官名。漢代仿周代制度而置，常以為執政者的名號。三國魏、吳均置，吳偶爾分置左、右大司馬，受其號者政治地位極高，但僅有此號並無實際職務，均為對功臣政治地位的肯定。❸承顏納規　察言觀色，然後向孫權提出意見。❹切迕　尖刻逆耳。迕，違背；抵觸。❺珠崖　一作「朱厓」。郡名。漢治所在今海南瓊山區東南。三國吳所置朱崖郡，治所在今廣東徐聞南。❻夷州　又作「夷洲」。《後漢書·東夷列傳》注引三國吳沈瑩《臨海水土志》：「夷洲在臨海東南，去郡二千里。土地無霜雪，草木不死。四面是山溪。人皆髡髮穿耳，女人不穿耳。土地饒沃，既生五穀，又多魚肉。有犬，尾短如麕尾狀。此夷舅姑子婦臥息共一大床，略不相避。地有銅鐵，唯用鹿格為矛以戰鬥，摩礪青石以作矢鏃。取生魚肉雜貯大瓦器中，以鹽鹵之，歷月所日，乃啖食之，以為上肴」。臨海為孫吳所置郡，治所在今浙江臨海市東南，夷州復在「臨海東南」二千里，從地理位置上推斷，為今臺灣。❼不克　不能攻克。❽障海　大海屏障。❾兵入民出　士兵百姓進出。❿轉相汙染　相互傳染。⓫反　通「返」。⓬所獲何可多致　即使抓獲當地的人，又有什麼辦法將大量的人口送回來。⓭猥　不當；毫無意義的。⓮冀　希望；希圖。⓯經歲　一整年。⓰疾疫　染患瘟疫。⓱言次　言談之間。⓲親重　與孫權親近受重用。⓳宗族　家族。⓴累　累積。㉑千金　一千斤黃金。㉒接士　待人；與他人相處。㉓十二年　赤烏十二年（西元二四九年）。㉔嗣　繼承爵位。㉕襲業領兵　繼承家族世襲統領的軍隊。孫吳時，創業武將所組建的部隊包括其防區，一般情況都由子弟繼承。㉖諸葛誕　字公休，琅邪陽都（今山東沂南南）人。魏明帝時官至尚書，因沽名釣譽免官。齊王芳即位，復職，出任揚州刺史。高貴鄉公甘露二年（西元二五七年）在征東大將軍任上被調入朝為司空，因據壽春反，叛投孫吳，次年被魏軍攻殺。詳見本書卷二十八〈諸葛誕傳〉。㉗壽春　城邑名。今安徽壽縣。

【語　譯】赤烏九年，升任右大司馬、左軍師。全琮為人謙恭和順，善於察顏觀色向孫權表達自己的意見，言辭未曾尖刻逆耳。當初，孫權想要派兵圍攻珠崖和夷州，都先詢問全琮，全琮說：「憑我聖朝的威勢，向什麼地方前進不能攻克？但是異國他鄉，有大海屏障，當地水土散發溼氣毒熱，自古如此，士兵百姓進出，必然生病，互相傳染，派去的人恐怕都回不來，抓到人又如何將大量人員運送回來呢？毫無意義的損失了用來防守長江沿岸的兵士，寄望於一點點小利，愚臣還是對此深感不安。」孫權沒有聽從勸告。軍隊出征歷經一年，兵眾因瘟疫死亡的有十之八九，孫權十分後悔。後來言談之間提起這件事，全琮回答說：「當那個時候，羣臣中有不勸諫的，我認為這是不忠的表現。」

2 全琮與孫權親近受器重，宗族子弟都受到寵待，地位顯貴。所受賞賜加起來共有千金，但全琮依然謙虛待人，外表沒有高傲得意的神色。全琮在赤烏十二年去世，兒子全懌繼承爵位。後來全懌繼承家業，統領軍隊，在壽春援救諸葛誕時，首先出城降魏，被魏國任命為平東將軍，封臨湘侯。全懌兄長的兒子全禕、全儀、全靜等也投降了魏國，都歷官郡守封侯。

1 呂岱，字定公，廣陵❶海陵❷人也，為郡縣吏，避亂南渡。孫權統事，岱詣❸幕府❹，出守吳丞❺。權親斷❻諸縣倉庫❼及囚繫❽，長丞❾皆見，岱處法應問❿，甚稱權意，召署錄事⓫，出補餘姚⓬長，召募精健，得千餘人。會稽東冶五縣賊呂合、秦狼等為亂，權以岱為督軍校尉，與將軍蔣欽⓭等將兵討之，遂禽合、狼，五縣平定，拜昭信中郎將。

2 建安二十年，督孫茂等十將從取長沙三郡⓮。又安成⓯、攸⓰、永新⓱、茶陵⓲四縣吏共入陰山⓳城，合眾拒岱，岱攻圍，即降，三郡克定⓴。權留岱鎮長沙。安成長吳碭及中郎將袁龍等首尾㉑關羽，復為反亂。碭據攸縣，龍在醴陵㉒。權遣橫江將軍魯肅㉓攻攸，碭得突走。岱攻醴陵，遂禽斬龍，遷廬陵㉔太守。

【章　旨】以上為〈呂岱傳〉的第一部分，敘述呂岱跟隨孫權，因具軍政才幹，迅速成長起來的過程。

【注　釋】❶廣陵　郡名。治所在今江蘇揚州。❷海陵　縣名。治所在今江蘇泰州。❸詣　到。❹幕府　漢制，將軍不常置，有事則置以統軍出征，置府徵辟僚屬，所在以帳幕為住所，習稱幕府。❺吳丞　官名。吳縣丞。漢制，縣置丞，協助縣令或縣長處理政務，主要職責為掌管一縣公文檔案，管理倉庫案件。❻斷　處理。❼倉庫　儲糧為倉，儲錢為庫。❽囚繫　監獄中囚禁的罪犯。❾長丞　縣長與縣丞。❿處法應問　據法律條款回答問題。⓫錄事　官名。行政長官僚屬，掌錄眾事，收發處理公文檔案。⓬餘姚　縣名。治所在今浙江餘姚西北。⓭蔣欽　字公奕，九江壽春（今安徽壽縣）人。初從孫策，累有戰功，官至右護軍。詳見本書卷五十五〈蔣欽傳〉。⓮取長沙三郡　東漢建安二十年（西元二一五年），孫權要求已據蜀地的劉備歸還「借」走的荊州，派兵進入長沙等郡，幾乎爆發全面戰爭。後經和談，雙方議定以湘江為界，孫氏取得湘水以東的長沙、江夏、桂陽三郡。⓯安成　縣名。治所在今江西安福西。⓰攸　縣名。治所在今湖南攸縣東北。⓱永新　縣名。治所在今江西永新西。⓲茶陵　縣名。治所在今湖南茶陵東北。⓳陰山　縣名。治所在今湖南攸縣西北。⓴克定　終於平定。㉑首尾　勾結；相互呼應。㉒醴陵　縣名。治所在今湖北醴陵。㉓魯肅　字子敬，臨淮東城（今安徽定遠東南）人。家富於財，為人豪爽，漢末聚眾百餘人附於居巢長周瑜，經周瑜引見，從孫權。向孫權提出立足江東，奪取長江中上游，進而對抗曹操，伺機統一天下的策略，極受孫權重用。後與周瑜力主抗擊曹操，促成孫劉聯盟，為孫權奪取荊州並穩定在荊州的統治，立有大功，享年四十六歲，卒於橫江將軍任上。詳見本書卷五十四〈魯肅傳〉。㉔廬陵　郡名。治所在今江西泰和西北。

【語　譯】呂岱，字定公，廣陵郡海陵縣人，當過縣中小吏，為避戰亂渡江南下。孫權總攬軍政大事，呂岱進入孫權的幕府，外調代理吳縣縣丞。孫權親自處理各縣糧倉錢庫及在押囚犯，接見各縣縣長、縣丞，呂岱據法律條文回答孫權提出的各種問題，很合孫權的意，召回代理錄事，外調補任餘姚縣縣長，召募精壯為兵，獲得一千多人。會稽郡東冶五縣賊寇呂合、秦狼等作亂，孫權任命呂岱為督軍校尉，同將軍蔣欽等率兵征討他們，於是俘獲呂合、秦狼，平定了五縣，任命呂岱為昭信中郎將。

2 建安二十年，呂岱督領孫茂等十位將領跟隨自己奪取長沙等三郡。又有安成、攸、永新、茶陵四縣官吏全都進入陰山城，聯合部眾抵抗呂岱，呂岱攻打包圍，他們當即投降，三郡總算平定。孫權命留下呂岱鎮守長沙。安成縣長吳碭和中郎將袁龍等人與關羽遙相呼應，又起來造反作亂。吳碭占據攸縣，袁龍占據醴陵。孫權派橫江將軍魯肅攻打攸縣，吳碭突圍逃脫。呂岱進攻醴陵，活捉袁龍斬首，被提升為廬陵郡太守。

1 延康元年❶，代步騭❷為交州❸刺史。到州，高涼❹賊帥錢博乞降，岱因承制❺，以博為高涼西部❻都尉。又鬱林❼夷賊❽攻圍郡縣，岱討破之。是時桂陽湞陽❾賊王金合眾於南海❿界上，首亂為害，權又詔岱討之，生縛金，傳送詣都，斬首獲生凡萬餘人。遷安南將軍，假節，封都鄉侯。

2 交阯⓫太守士燮⓬卒，權以燮子徽為安遠將軍，領九真⓭太守，以校尉陳時代燮。岱表分海南三郡⓮為交州，以將軍戴良為刺史，海東四郡⓯為廣州，岱自為刺史。遣良與時南入，而徽不承命⓰，舉兵戍海口⓱以拒良等。岱於是上疏請討徽罪，督兵三千人晨夜浮海。或謂岱曰：「徽藉累世之恩，為一州所附，未易輕也。」岱曰：「今徽雖懷逆計，未虞⓲吾之卒⓳至，若我潛軍輕舉，掩其無備，破之必也。稽留⓴不速，使得生心㉑，嬰城㉒固守，七郡百蠻㉓，雲合㉔響應，雖有智者，誰能圖之？」遂行，過合浦㉕，與良俱進。徽聞岱至，果大震怖，不知所出，即率兄弟六人肉袒[20]迎岱。岱皆斬送其首。徽大將甘醴、桓治等率吏民攻岱，岱奮擊大破之，進封番禺侯。於是除廣州，復為交州如故。岱既定交州，復進討九真，斬獲以萬數。又遣從事南宣國化，暨徼外[27]扶南[28]、林邑[29]、堂明[30]諸王，各遣使奉貢。權嘉其功，進拜鎮南將軍。

3

黃龍三年，以南土清定，召岱還屯長沙漚口[31]。會武陵[32]蠻夷蠢動，岱與太常[33]潘濬[34]共討定之。嘉禾三年[35]，權令岱領潘璋[36]士眾，屯陸口[37]，後徙蒲圻[38]。四年，廬陵賊李桓、路合、會稽東冶賊隨春、南海賊羅厲等一時並起。權復詔岱督劉纂[39]、唐咨[40]等分部討擊，春即時首降，岱拜春偏將軍，使領其眾，遂為列將，桓、厲等皆見斬獲，傳首詣都。權詔岱曰：「厲負險作亂，自致梟首；桓凶狡[41]反覆[42]，已降復叛。前後討伐，歷年不禽，非君規略[43]，誰能梟之？忠武之節，於是益著。元惡[44]既除，大小震懾，其餘細類，掃地[45]族[46]矣。自今已去，國家永無南顧之虞，三郡晏然[47]，無怵惕[48]之驚，又得惡民以供賦役，重用歎息[49]。賞不踰月，國之常典，制度所宜，君其裁[50]之。」

【章旨】以上為〈呂岱傳〉的第二部分，敘述呂岱為孫吳政權穩定控制交州所作的貢獻。並敘述呂岱在平定孫吳政權內部叛亂勢力中的活動，及孫權對他的褒獎。

【注釋】❶延康元年　西元二二〇年。延康，東漢獻帝劉協年號，西元二二〇年。❷步騭　字子山，臨淮淮陰（今江蘇淮陰西南）人。東漢末避亂江東，貧寒而讀書不輟，後從孫權，為吳開國功臣，官至丞相，封臨湘侯。步騭卒於西陵督任上，其子步協繼為西陵督。詳見本書卷五十二〈步騭傳〉。❸交州　漢武帝「十三刺史部」之一，東漢建安八年（西元二〇三年）改刺史部為交州，治所在今廣東廣州。三國吳治所在今越南河內東北。❹高涼　郡名。治所在今廣東恩平東北。❺承制　秉承皇帝的意旨。❻部　原誤作「郡」，據宋本校改。❼鬱林　郡名。治所在今廣西桂平西。❽夷賊　少數民族叛亂者。秦漢時將西南地區非華夏族人總稱為夷。❾湞陽　縣名。治所在今廣東英德東。❿南海　郡名。治所在今廣東廣州。⓫交阯　亦作「交趾」。郡名。治所在今越南河內東北。⓬士燮　字威彥，本魯國汶陽（今山東泰安西南）人。祖上於王莽之亂時避亂交州，因居其地。士燮少遊學洛陽，舉秀才，東漢末任交阯太守，庇護逃難而來的中原士人以百數。東漢建安十五年（西元二一〇年），與兄弟率交州數郡歸附孫權，官至衛將軍，封龍編侯。詳見本書卷四十九〈士燮傳〉。⓭九真　郡名。治所在今越南清化。⓮海南三郡　大海以南三郡，指今北部灣以南的交阯、九真、日南三郡。⓯海東四郡　指今北部灣以東之南海、鬱林、蒼梧、合浦四郡。⓰不承命　不接受命令。⓱海口　指從「海東」經海路登陸交州的地點。地在今越南河內以東紅河三角洲沿海一帶。⓲未虞　沒料到。⓳卒　通「猝」。突然。⓴稽留　拖延時間。㉑生心　心生戒備。㉒嬰城　據城。㉓百蠻　各少數民族族羣。蠻亦為漢唐間對南方少數民族的一種通稱。㉔雲合　如雲聚集。㉕合浦　郡名。治所在今廣西合浦東北。㉖肉袒　脫去上衣，裸露上身。古人謝罪或祭祀時以此為禮，表示虔誠和惶恐。㉗徼外　邊境之外。徼，邊境。㉘扶南　國名。地在今柬埔寨境。西元一世紀建國，西元七世紀時國亡，與漢及三國吳、東晉南朝政權往來密切。㉙林邑　國名。又名占城、占婆。西元二世紀中期建國，至西元十五世紀國亡，地當今越南中南部。㉚堂明　國名。地約當今泰國境內。㉛漚口　地名。古漚水匯入來水之處。地在今湖南資興東。㉜武陵　郡名。治所在今湖南常德。㉝太常　官名。漢代以來居九卿之首，主管國家禮儀與教化工作。㉞潘濬　字承明，武陵漢壽（今湖南常德東北）人。東漢末為郡功曹，先後從劉表、劉備，孫權殺關羽後，歸吳。歷少府、太常，後與陸遜駐守武昌。詳見本書卷六十一〈潘濬傳〉。㉟嘉禾三年　西元二三四年。嘉禾，吳大帝孫權年號，西元二三二—二三八年。㊱潘璋　字文珪，東郡發干（今山東冠縣東）人。少隨孫權，作戰勇敢，為孫吳名將，性奢侈，豪橫不法，孫權常加容忍。詳見本書卷五十五〈潘璋傳〉。㊲陸口　地名。在今湖北嘉魚西南陸水入長江處。㊳蒲圻　縣名。治所在今湖北蒲圻。㊴劉纂　娶孫權次女魯育，孫吳後期官至車騎將軍。事跡散見於本書卷四十八〈孫亮傳〉、卷六十四〈諸葛恪傳〉。㊵唐咨　利城（今江蘇贛榆）人。三國魏初，被當地暴動者推為主，事敗逃亡至吳，官至左將軍。後於壽春助諸葛誕反魏，兵敗被俘。魏以為安遠將軍。詳見本書卷二十八諸葛誕附傳。咨，原誤作「資」。㊶凶狡　兇殘狡猾。㊷反覆　反覆無常。㊸規略　謀劃。㊹元惡　元兇；首惡。㊺掃地　乾淨徹底的。㊻族　族類全部被消滅。㊼晏然　安寧的樣子。㊽怵惕　戒懼；警懼。㊾重用歎息　深為感嘆。㊿裁　裁決；定奪。

【語譯】延康元年，呂岱接替步騭為交州刺史。到達交州後，高涼郡賊寇首領錢博請求降附，呂岱秉承孫權的意旨，任用錢博為高涼西部都尉。另外鬱林夷人賊寇圍攻郡縣，呂岱討伐打敗了他們。這時，桂陽郡湞陽縣賊寇首領王金聚集賊眾在南海郡邊界上，帶頭作亂為害，孫權又詔命呂岱征討他們，生擒王金，傳送到京城，斬首的活捉的共有一萬多人。升遷為安南將軍，假節，封都鄉侯。

2　交阯太守士燮去世，孫權任命士燮的兒子士徽為安遠將軍，兼任九真郡太守，任命校尉陳時代替士燮。呂岱上表劃分海南三郡為交州，由將軍戴良任刺史，劃分海東四郡為廣州，呂岱自己任刺史。派遣戴良、陳時南入交阯，然而士徽不接受詔令，派兵駐防海口，阻止戴良等赴任。呂岱於是上疏，請求聲討士徽的罪狀，親自督率三千人馬連夜渡海。有人對呂岱說：「士徽憑藉世代的恩寵，一州的人都歸附於他，不可輕視。」呂岱說：「現在士徽雖然心懷叛逆的計畫，但沒有料到我軍會突然到來。如果我軍暗中進軍，輕裝行動，乘其不備，打敗士徽是一定的。如果拖延時間不迅速動作，使得士徽心生戒備，據城固守，七郡『百蠻』，雲集響應，就算是有智謀的人，誰能夠應付他們？」於是行軍進發，經過合浦郡，同戴良一起前進。士徽聽說呂岱兵至，果然大為驚恐，不知所措，立即率兄弟六人裸露上身迎接呂岱。呂岱把他們全部斬首報捷。士徽的大將甘醴、桓治等率吏民百姓攻打呂岱，呂岱奮起還擊，大敗甘醴等人，被晉封為番禺侯。於是撤銷廣州建置，交州恢復如舊。呂岱既已平定交州，又進兵討伐九真，斬首俘獲數以萬計。又派遣從事南下宣揚國威教化，境外的扶南、林邑、堂明諸王，都派遣使者來朝貢。孫權嘉獎呂岱的功勞，提升他為鎮南將軍。

3　黃龍三年，由於南方已經清明安定，孫權召呂岱回軍駐屯長沙漚口。適逢武陵郡的蠻族叛亂，呂岱與太常潘濬共同征討平定了叛亂。嘉禾三年，孫權命令呂岱統領潘璋所部士卒，屯駐陸口，後來又移駐蒲圻。黃龍四年，廬陵賊人李桓、路合、會稽東冶賊人隨春、南海賊人羅厲等同時起來作亂，孫權又詔令呂岱督率劉纂、唐咨等分頭討伐進擊，隨春立即投降，呂岱任命他為偏將軍，讓他統領他的部眾，於是成為將領之一。李桓、羅厲等都被斬殺，首級傳送到京城。孫權下詔給呂岱說：「羅厲憑藉險要作亂，自取滅亡；李桓兇殘狡猾，反覆無常，已經投降而又反叛。前後征討，經年沒有擒獲，如果不是您規劃謀略，誰能消滅他們？您忠誠勇武的品德，於是更加顯著。元兇已經剪除，大小賊寇震驚恐懼，餘下的小賊，被徹底消滅。從今以後，國家永遠沒有南邊不寧的顧慮了，三郡安寧，沒有擔驚受怕的恐懼，又能使那些刁民從此向國家納賦稅、服徭役，我為此深切讚嘆。賞功不得過月，是國家常規，制度所允許的，您可以選擇決定。」

潘濬卒，岱代濬領荊州文書❶，與陸遜並在武昌❷，故督蒲圻。頃之，廖式作亂，攻圍城邑，零陵❸、蒼梧❹、鬱林諸郡騷擾，岱自表輒行，星夜兼路❺。權遣使追拜❻岱交州牧，及遣諸將唐咨等駱驛相繼，攻討一年破之，斬式及遣諸所偽署臨賀❼太守費楊等，并其支黨，郡縣悉平，復還武昌。時年已八十，然體素精勤❽，躬親王事❾。奮威將軍張承❿與岱書曰：「昔旦奭⓫翼⓬周，二南⓭作歌，今則足下與陸子⓮也。忠勤相先，勞謙相讓，功以權成，化與道合，君子歎其德，小人悅其美。加以文書鞅掌⓯，賓客終日，罷⓰不舍事，勞不言倦，又知上馬輒自超乘，不由跨躡⓱，如此足下過廉頗⓲也，何其事事快⓳也。周易有之，禮言恭，德言盛⓴，足下何有盡此美耶！」及陸遜卒，諸葛恪㉑代遜，權乃分武昌為兩部，岱督右部，自武昌上至蒲圻。遷上大將軍，拜子凱副軍校尉，監兵蒲圻。孫亮㉒即位，拜大司馬。

【章 旨】以上為〈呂岱傳〉的第三部分，敘述呂岱年已八十，仍體格強健，為國操勞，成為孫權後期重要的軍事將領。

【注 釋】❶領荊州文書 兼管荊州文書案卷。❷武昌 郡名。治所在今湖北鄂州。❸零陵 郡名。治所在今湖南零陵。❹蒼梧 郡名。治所在今廣西梧州。❺星夜兼路 不分晝夜的加速趕路，一天走兩天的路程。星指早上出發時還能見到天上的星星。❻追拜 派人趕上前去任命。❼臨賀 郡名。治所在今廣西賀州東南。❽體素精勤 身體一向精健勤勞。❾躬親王事 親自處理公務。❿張承 字仲嗣，彭城（今江蘇徐州）人，張昭之子。少以才學而享盛名，孫權時仕至濡須督、奮威將軍，封都鄉侯。為人忠直，樂於提攜後進。詳見本書卷五十二張昭附傳。⓫旦奭 周公旦與召公奭，周文王去世後，二人輔佐周武王，完成滅商大業。周公封魯，召公封燕。見《史記・周本紀》。⓬翼 輔佐。⓭二南 指《詩經》國風之〈周南〉、〈召南〉兩組詩歌。⓮陸子 指陸遜。⓯鞅掌 煩忙。語出《詩經・小雅・北山》：「或王事鞅掌。」⓰罷 通「疲」。疲倦。⓱又知上馬二句 又聽說騎馬時自己一躍而上，不需要攀扶蹬踩。其時乘馬還沒有馬蹬，上馬較為困難，一躍而上說明年已八十的呂岱仍身體矯健。超乘，飛身上馬。躡，踩踏。⓲廉頗 戰國時趙國勇將，趙惠文王時為將，屢率趙軍擊敗齊國軍隊，後年老，趙襄王以樂乘代之為將，廉頗怨而奔魏都大梁。趙王欲再用之為將，使人至大梁觀察其身體狀況。「廉頗為之一飯斗米，肉十斤，被甲上馬，以示尚可用。」使人收其仇者金，回報趙王：「廉將軍雖老，尚善飯，然與臣坐，頃之三遺矢矣。」終不為趙所用。詳見《史記・廉頗藺相如列傳》。⓳快 快意。⓴周易有之三句 《易經・繫辭上傳》：「勞謙君子，有終吉。子曰：『勞而不伐，有功而不德，厚之至也，語以其功下人者也。德言盛，禮言恭，謙也者，致恭以存其位者也。』」意思是功績越大，為人越謙虛有禮，為盛德之事。㉑諸葛恪 字元遜，諸葛瑾之子、諸葛亮之姪。少以聰惠知名，受孫權賞識。孫吳建國後，建議攻打丹陽郡不服統治的山越人補充兵員，取得巨大成功。後代陸遜駐守武昌。孫權臨終命其為輔政大臣，輔佐孫亮，他興利除弊，革新政治，成就斐然，但因堅持動員全部力量北伐曹魏，引發政治危機，被孫綝謀殺於宮中。詳見本書卷六十四〈諸葛恪傳〉。㉒孫亮　字子明，孫權少子。孫權太子孫登早死，次立為太子的孫和因與魯王孫霸爭位俱廢，晚年立孫亮為太子。孫權死後繼立為皇帝，大將軍孫綝殺首要的輔政大臣諸葛恪，專擅朝政，孫亮欲誅之，事洩被廢為會稽王，後降為候官侯，在遣送封國途中自殺。在位共六年，年號為建興、五鳳、太平。詳見本書卷四十八〈孫亮傳〉。

**【語譯】** 潘濬死後，呂岱代替他兼管荊州文書案卷，與陸遜同時駐紮在武昌，因此督率蒲圻駐軍。不久，廖式作亂，圍攻城池，零陵、蒼梧、鬱林各郡動盪騷亂，呂岱自行上表後立即率軍出發，晝夜兼程趕路。孫權派人趕上呂岱任命他為交州牧，並派唐咨等將領相繼前往增援，攻伐征討了一年擊敗叛軍，斬殺廖式和他非法任命的臨賀郡太守費楊等，收編他的黨羽，各郡縣亂事都已平定，呂岱又返回武昌。這時呂岱已經八十歲了，但身體一向精健勤勞，還親自處理公務。奮威將軍張承寫信給呂岱說：「從前周公、召公輔佐周朝，〈周南〉、〈召南〉有讚美之歌，比之當今就是您和陸遜了。忠誠勤勞相互爭先，辛勞謙虛互相推讓，功業因為謀略成就，教化與大道相符，君子嘆服這樣的品德，百姓喜歡您的善美。加上，儘管您文書公務煩勞，賓客整天不斷，但您疲憊也不耽誤公事，勞累也不說自己倦勤，還聽說騎馬時總是一躍而上，不需要攀扶蹬踩，如此看來您超過廉頗了啊，您怎麼事事如此快意啊！《周易》上有這樣的話，禮儀崇尚恭敬，道德重視盛美，您怎麼占全了這些美德啊！」到了陸遜去世後，諸葛恪接替陸遜，孫權便劃分武昌為兩部分，呂岱總管右部，從武昌沿長江溯流直至蒲圻為其防區。升呂岱為上大將軍，任命他的兒子呂凱為副軍校尉，監管駐防蒲圻的部隊。孫亮即帝位後，任命呂岱為大司馬。

1　岱清身奉公，所在可述❶。初在交州，歷年不餉❷家，妻子❸飢乏。權聞之歎息，以讓❹群臣曰：「呂岱出身萬里❺，為國勤事，家門內困，而孤不早知。股肱耳目❻，其責安在？」於是加賜錢米布絹，歲有常限❼。

始，岱親近吳郡徐原，慷慨有才志，岱知其可成❽，賜巾褠❾，與共言論，後遂薦拔❿，官至侍御史⓫。原性忠壯⓬，好直言，岱時有得失，原輒諫諍，又公論⓭之，人或以告岱，岱歎曰：「是我所以貴德淵者也。」及原死，岱哭之甚哀，曰：「德淵，呂岱之益友，今不幸，岱復於何聞過？」談者美之。

太平元年⓮，年九十六卒，子凱嗣。遺令殯以素棺⓯，疏巾布褠，葬送之制，務從約儉，凱皆奉行之。

【章旨】以上為〈呂岱傳〉的第四部分，通過呂岱為公不顧家、願聞己過及臨終遺令薄葬，反映其高尚的品格。

【注釋】❶所在可述　所任職之處都有可以稱述的政績。❷餉　供給。❸妻子　妻子、兒女。❹讓　責備。❺出身萬里　出任官職身在萬里之外。❻股肱耳目　古人認為臣子為君主的胳膊眼耳，應為君主勤於工作，協助君主發現政事的缺失。❼歲有常限　每年有固定的數額。❽可成　可以建功立業。❾巾褠　頭巾與單衣。此為漢代未任官之士人常服。❿薦拔　推薦提拔。⓫侍御史　官名。秦漢時為御史大夫屬官。漢秩六百石，其中十五人由御史中丞領屬，給事殿中，監察百官違法亂紀行為並奉使外出執行指定任務。吳承漢制而設。⓬忠壯　忠誠直爽。⓭公論　公開討論。⓮太平元年　西元二五六年。太平，吳會稽王孫亮年號，西元二五六—二五八年。⓯素棺　未加漆染的棺材。

【語譯】呂岱廉潔奉公，他所任職的地方都有可以稱述的政績。當初在交州時，經年不供養家屬，妻子兒女飢餓貧乏。孫權聽說這種情況後為之嘆息，藉這件事責備羣臣說：「呂岱出任官職身在萬里之外，為國家辛勤任事，家中如此貧困，而我早先都不知道。我的親近大臣，你們的責任在什麼地方？」於是厚加賞賜呂岱家中錢財、米糧、布匹、絹帛，每年都有定額。

2 最初，呂岱親近吳郡徐原，徐原為人慷慨，有才華、志向，呂岱知道他將來可以功成業就，於是送給他士人的衣帽，與他一起交談討論，後來便推薦提拔他，官至侍御史。徐原秉性忠誠直爽，喜歡直話直說，呂岱有了缺點，徐原總是直言規勸，還公開談論這些缺失，有人將此告訴呂岱，呂岱讚嘆說：「這正是我器重德淵的緣故。」等到徐原去世，呂岱痛哭得十分悲傷，說：「德淵，是我的益友，如今遭逢不幸，我今後還能從誰那裏了解自己的缺點錯誤呢？」談論的人都稱讚呂岱。

3 太平元年，呂岱九十六歲去世，他的兒子呂凱繼承爵位。呂岱遺命用素棺殯殮，戴粗頭巾，穿麻布單衣，葬禮務必儉省，呂凱全部奉行。

周魴，字子魚，吳郡陽羨❶人也。少好學，舉孝廉，為寧國❷長，轉在懷安❸。錢唐大帥❹彭式等蟻聚❺為寇，以魴為錢唐侯相❻，旬月之間，斬式首及其支黨，遷丹楊西部都尉。黃武中，鄱陽大帥彭綺作亂，攻沒屬城❼，乃以魴為鄱陽太守，與胡綜❽戮力❾攻❿討，遂生禽綺，送詣武昌，加昭義校尉。被命⓫密求山中舊族名帥為北敵⓬所聞知者，令譎挑⓭魏大司馬揚州牧曹休。魴答，恐民帥小醜不足仗任⓮，事或漏泄，不能致休⓯，乞遣親人⓰齎牋⓱七條以誘休。

【章　旨】以上為〈周魴傳〉的第一部分，敘述周魴成為孫吳一方要員的過程，及其奉命以假降致信曹魏大將曹休，試圖聚而殲之的源起。

【注　釋】❶陽羨　縣名。治所在今江蘇宜興南。❷寧國　縣名。治所在今安徽寧國。❸懷安　縣名。治所在今安徽銅陵東。❹大帥　首領。漢代常用以稱西北、北方少數民族首領，此稱「大帥」應與叛亂者多屬山越人有關。❺蟻聚　如蟻集聚。形容集聚者眾多。❻錢唐侯相　官名。漢制，王、侯封國所在郡的太守、令長稱相。時錢唐侯為全琮。❼攻沒屬城　攻占鄱陽郡所轄各縣。❽胡綜　字偉則，汝南固始（今安徽臨泉）人。年十四從孫策，後從孫權，有文武才。歷官侍中、兼左右領軍，卒於偏將軍、兼左執法任上。詳見本書卷六十二〈胡綜傳〉。❾戮力　齊心協力；合力。❿攻　原作「致」，於義亦通。今從宋本、殿本作「攻」。⓫被命　奉命；接到命令。⓬北敵　指北方的曹魏。⓭譎挑　詐降誘騙。⓮仗任　依靠。⓯致休　使曹休率軍前來接應。致，使到來。⓰親人　親近的人。⓱齎牋　攜帶信件。

【語　譯】周魴，字子魚，吳郡陽羨縣人。年少好學，郡推舉為孝廉，擔任寧國縣縣長，調任懷安縣縣長。錢唐山越人首領彭式等聚眾為寇，周魴被任命為錢唐侯相，一個月內就斬殺了彭式及其黨羽，升任丹楊西部都尉。黃武年間，鄱陽山越人首領彭綺作亂，攻陷鄱陽郡所轄各縣縣城，又任命周魴為鄱陽太守，與胡綜合力討伐，於是活捉彭綺，押送到武昌，加授周魴為昭義校尉。奉孫權之命，祕密訪求山中為曹魏所熟知的舊族名帥，讓他們詐降誘騙曹魏大司馬、揚州牧曹休，把他引來。周魴回覆說，恐怕民間首領是些卑小人物，不足以依靠，事情或者洩露，就不能使曹休前來，請求派遣親近的人攜帶書信說明自己投誠的七條理由來誘騙曹休。

1　其一曰：「魴以千載徼幸，得備州民❶，遠隔江川，敬恪未顯❷，瞻望雲景，天寔為之。精誠微薄，名位不昭❸，雖懷焦渴，曷緣見明❹？狐死首丘❺，人情戀本❻，而逼所制❼，奉覲禮違❽。每獨矯首❾西顧❿，未嘗不寤寐⓫勞歎，展轉反側⓬也。今因隙穴⓭之際，得陳宿昔之志，非神啟之，豈能致此！不勝翹企⓮，萬里託命。謹遣親人董岑、邵南等託叛⑮奉牋。時事變故，列於別紙⑯，惟明公君侯垂日月之光，照遠民之趣⑰，永今歸命者有所戴賴⑱。」

2 其二曰：「魴遠在邊隅，江汜⑲分絕，恩澤教化，未蒙撫及，而於山谷之間，遙陳所懷，懼以大義，未見信納。夫物有感激，計因變生，古今同揆⑳。魴仕東典郡㉑，始願已獲，銘心立報，永矣無貳㉒。豈圖頃者㉓中被橫讒㉔，禍在漏刻㉕，危於投卵。進有離合去就之宜㉖，退有誣罔㉗枉死之咎，雖志行輕微，存沒一節㉘，顧非其所㉙，能不悵然！敢緣古人，因知所歸，拳拳輸情㉚，陳露肝膈㉛。乞降春天之潤㉜，哀拯其急，不復猜疑，絕其委命㉝。事之宣泄，受罪不測，一則傷慈損計㉞，二則杜絕向化㉟者心；惟明使君遠覽前世，矜而愍之，留神所質㊱，速賜祕報。魴當候望㊲舉動，俟須嚮應㊳。」

3 其三曰：「魴所代故太守廣陵㊴王靖，往者亦以郡民為變㊵，以見㊶譴責，靖勤自陳釋，而終不解，因立密計，欲北歸命，不幸事露，誅及嬰孩。魴既目見靖事，且觀東主一所非薄㊷，嫿不復厚㊸，雖或蹔舍，終見翦除。今又令魴領郡者，是欲責後效，必殺魴之趣㊹也。雖尚視息㊺，憂惕焦灼㊻，未知軀命，竟在何時。人居世間，猶白駒過隙㊼，而常抱危怖，其可言乎！惟當陳愚，重自披盡，懼以卑賤，未能采納。願明使君[48]少[49]垂詳察，忖度[50]其言。今此郡民，雖外名降首[51]，而故在山草，看伺空隙，欲復為亂，為亂之日，魴命訖[52]矣。東主頃者潛部分[53]諸將，圖欲北進。呂範[54]、孫韶[55]等入淮，全琮[56]、朱桓[57]趨合肥，諸葛瑾[58]、步騭[59]、朱然[60]到襄陽，陸議[61]、潘璋[62]等討梅敷[63]。東主中營[64]自掩石陽[65]，別遣從弟孫奐[66]治安陸[67]城，修立邸閣[68]，輦貲[69]運糧，以為軍儲，又命諸葛亮進指關西[70]，江邊諸將無復在者，才留三千所兵守武昌耳。若明使君以萬兵從皖南[71]首[72]江渚[73]，魴便從此[74]率厲吏民，以為內應。此方諸郡，前後舉事，垂成而敗者，由無外援使其然耳；若北軍臨境，傳檄屬城[75]，思詠之民[76]，誰不企踵[77]？願明使君上觀天時，下察人事，中參蓍龜[78]，則足昭往言[79]之不虛也。」

4 其四曰：「所遣董岑、邵南少長家門，親之信之，有如兒子，是以特令齎牋，託叛為辭，目語心計，不宣脣齒[80]，骨肉至親，無有知者。又已敕之，到州當言往降，欲北叛來者[81]得傳之也。魴建此計，任之於天，若其濟[82]也，則有生全之福；邂逅泄漏，則受夷滅[83]之禍。常中夜仰天，告誓星辰。精誠之微，豈能上感，然事急孤窮，惟天是訴耳。遣使之日，載生載死[84]，形存氣亡[85]，魄爽恍惚[86]。私恐使君未深保明，岑、南二人可留其一，以為後信。一齎教還[87]，教還故當言悔叛還首[88]。東主有常科[89]，悔叛還者，皆自原罪。如是彼此俱塞[90]，永無端原[91]。縣命[92]西望，涕筆俱下[93]。」

5 其五曰：「鄱陽之民，實多愚勁[94]，帥之赴役，未即應人，倡之為變，聞聲響抃[95]。今雖降首，盤節未解[96]，山棲草藏，亂心猶存。而今東主圖興大眾[97]，舉國悉出，江邊空曠，屯塢[98]虛損，惟有諸刺姦[99]耳。若因是際[100]而騷動此民，一旦可得便會，然要恃外援，表裏機互[101]，不爾以往[102]，無所成也。今使君若從皖道進住江上，魴當從南對岸歷口[103]為應。若未徑到江岸，可住百里上，今此間民知北軍在彼，即自善[104]也。此間民非苦飢寒而甘兵寇[105]，苦於征討，樂得北屬，但窮困舉事[106]，不時見應[107]，尋受其禍耳。如使石陽及青、徐諸軍[108]首尾相銜[109]，牽綴住兵[110]，使不得速退者，則善之善也。魴生在江、淮，長於時事[111]，見其便利，百舉百捷，時不再來，敢布腹心[112]。」

6 其六曰：「東主致恨前者不拔石陽，今此後舉，大合新兵，并使潘濬發夷民[113]，人數甚多，聞豫[114]設科條[115]，當以新羸[116]兵置前，好兵在後，攻城之日，云欲以羸兵填塹[117]，使即時破，雖未能然，是事大趣[118]也。私恐石陽城小，不能久留住兵[119]，明使君速垂救濟，誠宜疾密[120]。王靖之變，其鑒不遠。今魴歸命，非復在天，正在明使君耳。若見救以往，則功可必成，如見救不時，則與靖等同禍。前彭綺時，聞旌麾(121)在逢龍(122)，此郡民大小歡喜，並思立效。若留一月日間(123)，事當大成，恨(124)去電速，東得增眾專力討綺，綺始(125)敗耳。願使君深察此言。」

7　其七曰：「今舉大事，自非爵號(126)無以勸(127)之，乞請將軍、侯印各五十紐，郎將(128)印百紐，校尉(129)、都尉(130)印各二百紐，得以假授(131)諸魁帥，獎厲其志(132)，并乞請幢麾(133)數十，以為表幟，使山兵吏民，目瞻見之，知去就之分已決(134)，承引所救畫定(135)。又彼此降叛，日月有人，闊狹(136)之間，輒得聞知。今之大事，事宜神密，若省(137)魴牋，乞加隱祕(138)。伏知智度有常(139)，防慮必深，魴懷憂震灼(140)，啟事蒸仍(141)，乞未罪怪。」

【章旨】以上為〈周魴傳〉的第二部分，詳錄周魴以投誠為名給曹休數封書信的內容，力求使曹休相信自己投誠為真實情形。

【注釋】❶得備州民　漢代揚州轄區包括今贛江流域，鄱陽郡在其轄區範圍，曹休職為曹魏揚州牧，故周魴自稱為其州民。❷敬恪未顯　未能表達自己的恭敬之情。恪，恭敬。❸不昭　不顯；不高。❹曷緣見明　哪有機會被您明白。曷，通「何」。❺狐死首丘　傳說狐狸將死，頭必朝向出生的山丘。《淮南子．說林》：「鳥飛反鄉，兔走歸窟，狐死首丘，寒將翔水，各哀其生。」❻人情戀本　依戀父母家鄉為人之常情。此將揚州牧曹休比喻為自己生存下去的依靠。❼而逼所制　受形勢的限制。❽奉覲禮違　有違拜見之禮。❾矯首　舉頭。矯，高舉。❿西顧　指從周魴所在的鄱陽遙望魏都洛陽，相對為從東望西。⓫寤

寐　清醒時與睡著時；日日夜夜。⑫展轉反側　翻來覆去的睡不著覺。展轉，同「輾轉」。⑬隙穴　指難得的機會。⑭不勝翹企　不勝期待之情。翹，舉著。企，踮著腳。⑮託叛　偽稱叛逃。⑯列於別紙　在紙箋的其他地方有詳細說明。⑰照遠民之趣　體察您身在遠方的百姓的內心所想。⑱戴賴　依靠。⑲江汜　江水。汜，通「涘」。水邊。⑳同揆　情形相同。㉑仕東典郡　出仕東吳，主管一郡事務。典，主管。㉒永矣無貳　永遠不會有二心。㉓豈圖頃者　哪想到近來。頃者，最近。㉔橫讒　意外責備。㉕漏刻　頃刻之間。㉖進有離合句　前進有離合去就的適宜標準。㉗誣罔　以不實之詞陷人於罪；誣陷。㉘存沒一節　生死方面。㉙顧非其所　只不過死而不得其所；無罪而死。㉚拳拳輸情　將我懇切的心情表露給您。拳拳，懇切；誠懇。㉛肝膈　同「肝鬲」。猶言「肺腑」。㉜春天之潤　春雨。㉝委命　委身效命。㉞傷慈損計　有損仁慈，破壞計劃。㉟向化　投誠。儒者以為統治者重在教化，向化指願於接受統治。㊱留神所質　留心我的質疑的問題。㊲候望　期待；等待。㊳俟須嚮應　等待迅速回應。俟，等候。㊴廣陵　郡名。治所在今江蘇揚州。㊵郡民為變　郡內百姓發生暴動。㊶見　被。㊷一所非薄　一旦有所鄙薄。㊸孄不復厚　再優秀的人也不再厚待。孄，嫻靜美好。㊹趣　打算。㊺視息　活著。㊻憂惕焦灼　憂心忡忡，焦慮不堪。㊼人居世閒二句　人的一生很短暫。語出《莊子・知北遊》：「人生天地之間，若白駒之過隙，忽然而已。」白駒，日光。㊽使君　漢代州刺史巡察地方，身分為朝廷使節，漢末演變為地方一級行政長官，但作為朝廷使節的身分不變，因而被稱為使君。㊾少　通「稍」。原誤作「小」。㊿忖度　考慮思量。51降首　投降首服；歸附。52訖　結束。53部分　分派。54呂範　字子衡，汝南細陽（今安徽阜陽北）人。東漢末避亂壽春，率私客百餘從孫策，於孫氏兄弟平定江東有功。孫權率兵擊關羽，都武昌，命呂範留守建業。官至前將軍、揚州牧，封南昌侯。詳見本書卷五十六〈呂範傳〉。55孫韶　孫權族人，少以猛勇兼備被委任為京下督，長期負責長江下游對北防禦。詳本書卷五十一〈孫韶傳〉。56全琮　字子璜，吳郡錢唐（今浙江杭州）人。初從孫權，屢立軍功，封錢唐侯。孫權稱帝，升任衛將軍、左護軍，娶孫權女魯班，官至大司馬、左軍師。詳本書卷六十〈全琮傳〉。57朱桓　字休穆，吳郡吳縣（今江蘇蘇州）人。初仕孫權幕府，後出任地方長官，平山越人暴動有功，升任濡須督，為人妄自尊大，但深受孫權信重。官到前將軍，封嘉興侯。詳見本書卷五十六〈朱桓傳〉。58諸葛瑾　字子瑜，琅邪陽都（今山東沂南南）人，諸葛亮之兄。漢末避亂至江東，後從孫權，為吳開國功臣，官至大將軍、左都護，封宛陵侯，享年六十八。詳本書卷五十二〈諸葛瑾傳〉。59步騭　字子山，臨淮淮陰（今江蘇淮陰西南）人。東漢末避亂江東，貧寒而讀書不輟，後從孫權，為吳開國功臣，官至丞相，封臨湘侯。詳見本書卷五十二〈步騭傳〉。60朱然　字義封，本姓施，孫權將朱治外甥，朱治抱養為子。以所部擒殺關羽有功，升任昭武將軍，封西安鄉侯。後繼呂蒙守江陵，復從陸遜擊敗劉備，敗曹魏將領夏侯尚，威震敵國。官至左大司馬、右軍師。詳本書卷五十六〈朱然傳〉。(61)陸議　即陸遜，「議」為其原名。(62)潘璋　字文珪，東郡發干（今山東冠縣東）人。少隨孫權，作戰勇敢，為孫吳名將，性奢侈，豪橫不法，孫權常加容忍。詳見本書卷五十五〈潘璋傳〉。(63)梅敷　漢末三國初襄陽東南少數民族首領，率族人萬餘戶屯據今湖北襄樊東南一帶，後歸附曹魏為將。(64)中營　中軍；中央軍。(65)石陽　縣名。治所在今湖北應城東南。(66)孫奐　字季明，孫堅之弟孫靜之子。代兄孫皎領兵，為揚武中郎將，領江夏太守，隨孫權攻石陽有功，升任揚威將軍，封沙羨侯。詳見本書卷五十一〈孫奐傳〉。(67)安陸　縣名。治所在今湖北雲夢。(68)邸閣　一種以儲藏貨物為主兼有住宿功用的建築。(69)輦貲　用車輛運送物資。貲，同「資」。(70)關西　潼關以西，指諸葛亮率蜀軍「北伐」所指向的今陝甘一帶。(71)皖南　皖城以南。即今安徽潛山縣以南。(72)首指向。(73)江渚　長江邊。(74)從此　在這裏。(75)傳檄屬城　命令轄下各縣。傳檄，通過驛站快速傳達軍令。檄，一種用於發兵的軍事文書。(76)思詠之民　一心想著要接受王化的百姓。詠，指歌頌王化。(77)企踵　踮起腳跟。形容盼望、期待。(78)蓍龜　占卜。古人迷信，遇事以蓍草為占，炙龜為卜，以定吉凶。蓍龜遂為占卜的代稱。(79)往言　所派人帶來的話。(80)目語心計二句　指只能通過使眼色讓別人明白，因擔心洩漏不敢說出口。(81)北叛來者　從北方向孫吳投誠而來的人。(82)濟　成功。(83)夷滅　舉族被殺。(84)載生載死　似死似活的狀態。(85)形存氣亡　徒具一副肉體；魂不守舍。(86)魄爽恍惚　精神差，神情恍惚。爽，差錯。(87)一齎教還　其中一人可以讓他帶著您的教示回來。(88)悔叛還首　後悔叛逃回來自首。(89)常科　法律條文。科為漢魏時法律的一個種類，為臨時性的法規及辦事章程。(90)彼此俱塞　指南北兩方面都可以斷絕祕密被洩漏的可能性。(91)端原　頭緒。(92)縣命　懸命。縣，通「懸」。(93)涕筆俱下　邊寫邊流淚。(94)愚勁　愚笨但民風勁悍。(95)響抃　手舞足蹈的響應。抃，鼓掌，表示高興。(96)盤節未解　盤根錯節的關係沒有消除。(97)圖興大眾　圖謀大舉進兵。(98)屯塢　兵營與城堡。塢，防禦性的小城。(99)刺姦　軍中糾察罪失的人員。《後漢書．百官志一》記東漢將軍下置有刺姦一職，「主罪法」。孫權曾置有刺姦督，當即統領諸刺姦、彙總情報的武官。(100)是際　此際；這一時機。(101)表裏機互　裏外配合。機互，又作「機牙」。為弩上含箭之處和鉤弦制動的機件。此比喻雙方協調配合。(102)不爾以往　不這樣就還會像以前一樣。(103)歷口　地名。在今安徽祁門西。(104)即自善　就會自己向善。(105)苦飢寒而甘兵寇　因飢寒交迫所苦而心甘情願的作亂。(106)窮困舉事　走投無路時發起暴動。(107)不時見應　不能及時得到接應。(108)青徐諸軍　指曹魏方面布置在青、徐二州的軍隊，即今山東半島、河南西南及淮河流域一帶的駐軍。(109)相銜　相呼應；相互連接。(110)牽綴往兵　牽制並絆住孫吳方面進攻的部隊。(111)長於時事　善於分析時事。(112)敢布腹心　斗膽向您推心置腹的陳述這些建議。敢，謙詞。猶言「斗膽」。(113)夷民　少數民族人。(114)豫　通「預」。(115)科條　法令條款。116羸　體弱。117塹　壕溝。118大趣　大致差不多。119不能久留往兵　不能長期絆住前往進攻的孫吳部隊。意思是很快會被攻占。120疾密　盡快祕密的行動。121旍麾　主帥的旗幟。此指稱主帥本人。122逢龍　城邑名。故址在今安徽安慶市郊之集賢關。123一月日閒　一個月的功夫。124恨　遺憾。125始　才。126爵號　爵位與軍職名號。127勸　鼓勵；激發。128郎將　即中郎將。漢制，將軍為中二千石，中郎將則為比二千石，屬於將軍下一級武官。129校尉　武官名。漢代為將軍下一級武官，比二千石，與中郎將同。但中郎將屬於中央禁軍系統，地位相對較校尉重要。130都尉　武官名。漢代為將軍下一級武官，亦秩比二千石，但地位低於校尉。131假授　暫時任命，以待中央政府正式批准。132獎勵其志　通過獎賞以激發其鬥志與決心。133幢麾　將軍用的旗幟儀仗。幢，圓形平頂之傘蓋，用於野外遮擋風雨。麾，將領戰場上用於指揮調動部隊的一種旗幟。134去就之分已決　何去何從已成定局。135承引所救畫定　認定將有援助早已計劃好了。承引，認為；認定。136闊狹　底細；詳情。137省　閱讀。138隱祕　隱藏好。139智度有常　素常有智慧與謀劃。140震灼　恐懼焦灼。141蒸仍　繁雜。

**【語　譯】**第一條說：「我周魴憑著千年難逢的機運，得以成為您州裏的百姓，遠隔江河，未能向您表達恭敬之情，僅能遙望您如雲的風采，這實在是老天造成的。我的真誠淺薄，名聲、地位也不顯揚，雖然心中如飢似渴，又哪有機會被您明白呢？狐死首丘，依戀父母家鄉為人之常情，然而由於所處環境的限制，有違拜見之禮。每每獨自舉頭往西邊眺望，沒有不日夜長吁短嘆，輾轉反側。現在藉著難得的機會，得以陳述我長久以來的想法，如果不是神靈啟發我，怎能到這種程度！我不勝期待，萬里之外把生命託付給您。恭謹的派遣我的親信董岑、邵南等假裝叛逃，奉上我給您的信。當前情況和發生的變故，敘述在信箋的其他地方，希望您投下日月一樣的光輝，體察我的所思所想，使投奔您的人永遠能有所依靠。」

2　第二條說：「我遠在邊地，大江隔絕，您的恩澤教化，還沒有蒙受，而在山谷之間，遙遙的述說我的胸懷，擔心您懷疑我和吳主之間的君臣大義，因而不被信任接納。世上所有事情都是有一定的緣由激發才產生的，計策因情況的變化而產生，古今情況相同。我在吳國做官，主管一郡，當年的志向已經實現，心中銘記吳主恩德，立志報效，永無二心。哪裏想到近來遭受意外的責備，禍在眉睫，危險萬分。前進有離合去就的適宜標準，後退有遭誣陷而屈死的災禍，雖然我的志向與操行微不足道，但在生死大節方面，卻死而不得其所，我能不悵然若失嗎！我斗膽像古人那樣，知道了自己應該歸屬的地方，便陳述自己的拳拳之心，披肝瀝膽。請求您降下春天的潤澤之雨，哀憐我，解救我的危難，不要再猜疑我，拒絕我委身效命。這件事洩露出去，將遭受難以想像的災禍，一來有損您的仁慈，破壞了計畫，二來斷絕了歸順者的心願；希望您遠察前人的舉措，憐憫我，留心我質疑的問題，盡快祕密給個答覆。我期待您的行動，等待您的迅速回應。」

[3] 第三條說：「我接替的原太守、廣陵人王靖，從前也因為郡中百姓暴亂，以致被朝廷譴責，王靖盡力自訴解釋，但始終沒有得到諒解，因此祕密謀劃，想北上歸順魏國，不幸事情敗露，誅殺及於嬰兒。我既已親眼目睹王靖的事，而且看出吳國國君一旦對誰有所鄙薄，表現再優秀的人也不再厚待他，雖然可能暫時放過，但終會被除掉。現在又讓我典領一郡，是想求取以後的成效，肯定有殺害我的打算。我雖尚且活著，但憂心忡忡，焦灼不安，不知生命何時完結。人生在世，猶如白駒過隙異常短暫，卻常心懷危懼，那種狀況真是不可言語！我只有訴說愚見，深深的坦露心懷，卻擔心身分卑賤，說的話不被採納。願您稍加詳察，考慮我說的話。如今這個郡的百姓，雖然表面上歸順了，但他們原本是山野草民，都在那裏等待時機，想再起來叛亂，發生叛亂之日，我的生命就結束了。東吳君主最近暗中調兵遣將，圖謀要北進。呂範、孫韶等率軍入淮，全琮、朱桓奔赴合肥，諸葛瑾、步騭、朱然抵達襄陽，陸議、潘璋等攻打梅敷。吳主的中軍大營親自掩襲石陽，另外派遣其堂弟孫奐整修安陸城，修建倉舍，運送物資糧食，作為軍事儲備，又命蜀國的諸葛亮進兵潼關以西，長江沿岸已經沒有守將了，只留有三千左右士兵防守武昌罷了。如果您派一萬部隊從皖城以南殺向長江邊，我就在此地率領吏民百姓，作為內應。這裏的幾個郡，前後都曾經起事，功敗垂成的原因，是沒有外援才造成這樣；如果魏國大軍兵臨邊境，傳檄下屬各縣，思慕歌頌魏國的百姓，誰不翹首盼望歸順呢？願您上觀天時，下察人事，中參占卜，便可完全明白我先前說的沒有一點虛假。」

[4] 第四條說：「我所派的董岑、邵南，從小在我家裏長大，我親近信任他們，有如兒子一般，因此特別命他們攜帶信函，以叛逃為藉口，我用眼睛示意，心裏算計，不用口齒表白，骨肉至親，沒有知道這件事的。我又告誡他們，要他們到您州府後，應說是前去投降的，目的是讓北方叛逃過來孫吳的人，能夠傳布這個消

息。我提出這個計策，成敗聽天由命，如果成功，那麼我還有保全生命的福分；萬一洩露，就將受舉族誅滅之禍。我常在半夜仰望天空，向星辰祈禱發誓。微小的精誠之意，怎能感動上天，但事情緊急，孤立危困，只有向上天訴說罷了。派遣使者這天，我似死似活，魂不守舍，精神恍惚。私下擔心您不能深明我的誠意，董岑、邵南二人您可以留下其中一位，作為以後的憑信。另一位讓他帶著您的教示回來，讓他回來後當然應該說對叛逃感到後悔，回來自首。東吳君主有規定，後悔叛變歸還的，都自然免罪。這樣，彼此堵塞了漏洞，永遠沒有洩密的源頭。命懸一線，遙望西方，涕淚、筆墨一起流下來。」

5 第五條說：「鄱陽的民眾，實在多愚昧而剽悍，率領他們出征參戰，不能立刻符合人意，號召他們叛亂，無不聞聲響應。如今雖然投降歸附，盤根錯節的關係並沒有消除，棲身於山林草莽，叛亂之心依然存在。而今東吳君主圖謀大舉興兵，全國之兵都已出動，長江沿岸空無一人，各地軍營與防禦工事也都毀損如同虛設，只有些刺姦人員罷了。如果趁此機會挑動這裏的老百姓，立刻就能得到有利時機，但是需要依靠外援，裏外互相配合，不如此，就會如以前一樣，無法成事的。現在您如果從皖城方向進駐江邊，我將在南邊對岸的歷口接應。如您沒有直接到達江岸，可駐紮在距江岸百里之處，使這裏的百姓知道魏軍駐在那裏，就會自己向善。這裏的百姓並非苦於飢寒而甘願為寇，而是苦於征戰，樂於歸屬魏國，但他們在走投無路時發起暴動，得不到及時接應，不久就會遭受鎮壓。如果魏國能派遣石陽及青州、徐州各軍首尾相連，牽制住前來進攻的吳軍，使他們不能迅速撤回，那就好上加好了。我生長在江淮之間，長於分析時事，見到現在是個好機會，必定百戰百勝，時機一過是不會再來的，才斗膽推心置腹的向您陳說我的建議。」

6 第六條說：「東吳君主深恨上次未能攻下石陽，如今此次是在上次失敗之後發兵，大量募集新兵，並命潘濬徵發夷民百姓，人數很多，聽說預先下達了法令規章，準備把新兵弱兵布置在前邊，精壯的士兵布置在後邊，攻城時，說是要拿弱兵填充壕溝，以便盡快破城，即便不是如此，這次的軍事行動也大致是這樣。我私下擔心石陽城小，不能長久牽制前來進攻的吳軍，您要趕快援救，而且確實應當迅速而機密行事。王靖之變的教訓，是不遠的借鑑。如今我歸順魏國，命不是由上天決定，而是掌握在您的手中啊。如果得到救援再前往魏國歸順，那麼大功必成，如果救援不及時，那將與王靖等人有同樣的災禍。前次彭綺起事時，聽說您的部隊在逢龍，此郡的百姓老少歡喜，都想建功效力。如果當時大軍留駐一個月的時間，事情應當會取得重大成功，遺憾的是撤走得快如雷電，使東吳君主得以增兵全力攻打彭綺，彭綺才遭到失敗啊。願您深切的明察我說的這些話。」

7 第七條說：「現在要發起大事，如果沒有爵位和職位名號，就難以激勵大家，請求頒發將軍、侯印各五十枚，郎將印一百枚，校尉、都尉印各二百枚，以便我暫時頒發給各首領，以激勵他們的鬥志，並請求發給數十副儀仗，作為標幟，使深山中的兵丁及官吏百姓看見，知道何去何從已成定局，認定援軍一定會按計畫到來。另外，南北兩方的叛逃人員，日日月月都有，事情的底細，用不了多久就會被人知道。如今這樣的重大事情，事情應該保守機密，您看完我的信，請多加保密。我知道你素常有智慧、謀劃，防範與顧慮必然很深。周魴我滿懷憂愁，恐懼焦灼，稟告的事情繁雜囉嗦，請不要怪罪。」

1 魴因別為密表曰：「方❶北有逋寇❷，固阻河洛❸，久稽王誅❹，自擅朔土❺，臣曾❻不能吐奇舉善❼，上以光贊洪化❽，下以輸展萬一❾，憂心如擣❿，假寐⓫忘寢。聖朝天覆⓬，含臣無效⓭，猥發優命⓮，敕臣以前誘致賊休，恨不如計。今於郡界求山谷魁帥為北賊所聞知者，令與北通。臣伏思惟，喜怖交集，竊恐此人不可卒⓯得，假使得之，懼不可信，不如令臣譎休，於計為便。此臣得以經年⓰之冀願⓱，逢值千載之一會，輒自督竭⓲，竭盡頑蔽⓳，撰立牋草以誑誘休者，如別紙。臣知無古人單複之術⓴，加卒奉大略，伀矇㉑狼狽，懼以輕愚㉒，忝負特施㉓，豫懷憂灼。臣聞唐堯㉔先天而天弗違㉕，博詢芻蕘㉖，以成盛勳。朝廷神謨㉗，欲必致休於步度㉘之中，靈贊聖規㉙，休必自送，使六軍囊括㉚，虜無孑遺，威風電邁，天下幸甚。謹拜表以聞，并呈牋草，懼於淺局㉛，追用悚息㉜。」被報施行。休果信魴，帥步騎十萬，輜重滿道，徑來入皖。魴亦合眾，隨陸遜橫截㉝休，休幅裂瓦解㉞，斬獲萬計。

2 魴初建密計時，頗有郎官㉟奉詔詰問諸事，魴乃詣部郡㊱門下㊲，因下髮謝㊳，故休聞之，不復疑慮。事捷軍旋㊴，權大會諸將歡宴，酒酣，謂魴曰：「君下髮載義，成孤大事，君之功名，當書之竹帛㊵。」加裨將軍，賜爵關內侯㊶。

【章旨】以上為〈周魴傳〉的第三部分，敘述周魴與孫權為誘騙曹休進攻，相互配合，最終取得成果。

【注釋】❶方 現在。❷逋寇 逃竄的賊寇。❸固阻河洛 依靠黃河、洛水以自保。洛水源同陝西華山南麓，東南流經河南盧氏，折而向東北，在偃師境納伊水，至鞏縣洛口以北匯入黃河，長約四百二十公里。古時將洛水流域稱為河洛，視為華夏文明的核心區。❹久稽王誅 長期躲避朝廷的討伐。稽，延遲。❺朔土 北方的土地。朔，北方。❻曾 卻。❼吐奇舉善 提出好的計謀。❽光贊洪化 幫助發揚宏大的教化。❾輸展萬一 盡一己棉薄之力。❿擣 同「搗」。有人認為字通「疛」，心疾。⓫假寐 不脫衣而睡；打個盹。《詩經・小雅・小弁》：「我心憂傷，惄焉如擣。假寐永嘆，維憂用老。」以上兩句本此。⓬天覆 上天庇護養育。⓭含臣無效 對我沒有功用加以包容。含，包容。⓮優命 有意加以照顧的命令。⓯卒 通「猝」。倉促。⓰經年 常年；歷年。⓱冀願 期望。⓲自督竭 督促自己用盡全力。⓳頑蔽 低下愚鈍。⓴單複之術 正奇相倚的一整套謀略計畫。㉑倊矇 恐慌。㉒輕愚 輕率和愚蠢。㉓特施 特別的措施。㉔唐堯 即帝堯，因其氏族號為有唐氏，故稱唐堯。㉕先天而天弗違　先以占卜尋求天意而得吉兆。語出《易經・乾卦・文言》：「夫大人者，與天地合其德，與日月合其明，與四時合其序，與鬼神合其吉凶。先天下而天弗違，後天而奉天時。天且弗違，而況於人乎？況於鬼神乎？」㉖博詢芻蕘　廣泛徵求下層民眾的意見。芻蕘，打柴割草的人，借指百姓。㉗謨　通「謀」。謀略。㉘步度　算計。此指預設的圈套。㉙靈贊聖規　神靈會幫助這聖明的計畫。㉚六軍囊括　被我軍一網打盡。六軍，周代制度，天子六軍。後以此六軍或六師指稱帝王之師。囊括，裝入口袋中。㉛淺局　見識短淺。㉜悚息　緊張得不敢喘氣。謂惶恐不安。㉝橫截　攔擊；截擊。㉞幅裂瓦解　崩潰。幅裂，如布幅裂一道口子便一破到底。瓦解，如陶製器皿，一碎便不可收拾。瓦，陶製器物。㉟郎官　漢制，通過各種方式取得任官資格的人先入皇宮，受統於光祿勳下屬之五官中郎將與左、右中郎將三署，稱三署郎，負責輪流在皇宮中各宮殿執勤，等待外派為官，統稱郎官。其中資歷高者為議郎，常受命出使。㊱部郡　官名。漢制，各州刺史下有部郡從事，簡稱部郡，郡各一人，派駐各郡就近監察，向刺史負責。孫吳如漢制，周魴任太守之鄱陽時屬揚州。㊲門下　衙門。漢魏時稱各機構衙門之內為門下。㊳下髮謝　割下頭髮以表示謝罪。㊴旋　凱旋；回師。㊵書之竹帛　登載於史冊。古時無紙，以竹簡與帛為書寫材料。㊶關內侯　秦漢二十等級軍功爵制之第十九等，無固定封地，但有封戶與相應的租稅收人。

**【語　譯】**周魴於是又另寫了祕密章表說：「現在北邊有逃竄的賊寇，固守黃河、洛水之險，長期躲避朝廷的討伐，割據著北方的土地，我卻未能提出什麼好的策略，上得以幫助發揚宏大的教化，下得以為國家盡一己棉薄之力，因此心中憂愁，有如重錘敲擊，睡覺都不踏實。聖朝如天一樣撫育我，包容我的無能，屈尊下達優寵我的詔令，令我像以前一樣誘騙賊人曹休前來，遺憾沒能實現計畫。又令我在郡內山中尋找被北敵所聞知的首領，讓他與北方暗通聲氣。臣俯首思考，既高興又害怕，私底下擔心這樣的人一時難以找到，即使找到這種人，怕也不可信任，不如讓我去詐騙曹休，從計畫上看更為妥當。這是我多年的願望，值此千載難逢的一次機會，我總是督促自己盡力而為，竭盡低下愚鈍的才能，撰寫了一封誘騙曹休的信箋，內容請見附紙。我自知沒有古人那樣的正奇相倚的謀略，加上突然接受這樣的重大方略，有些惶惑恐懼，擔心會因自己的輕率愚笨，有辱朝廷特別的措施，預先心懷焦慮。我聽說唐堯先尋求天意，上天不相違背，廣泛徵詢下層民眾的意見，以此成就了偉業。朝廷聖明的謀略，打算一定要讓曹休落進圈套中，神靈會幫助實現這一聖明的計畫，曹休一定會自己送上門來，被我軍一網打盡，敵人一個都不留，陛下的聲威如同雷電傳播般迅捷，這是天下百姓莫大的幸事。恭謹的奉表奏聞，並呈上給曹休信件的草稿，我擔心自己見識短淺，回想起來便惶恐不安。」得到朝廷准予實施的答覆。曹休果然相信了周魴，率領步兵、騎兵十萬，滿路都是裝載軍用物資的車輛，直奔皖城而來。周魴也調集部下，隨同陸遜截擊曹休，曹休的部隊土崩瓦解，被斬殺、俘獲的數以萬計。

2 周魴最初提出祕密計謀時，頻頻有郎官奉詔質問他各種事情，周魴於是到部郡從事的辦事處所，割下頭髮以示謝罪，所以曹休聽到這一情況，不再有疑慮。戰事勝利，部隊凱旋，孫權大規模召集眾將歡宴，喝到酣暢之時，孫權對周魴說：「您出於國家大義割下頭髮，使我大事得以成功，您的功名，應該記載在史書中。」加官周魴為裨將軍，賜予關內侯爵位。

1 賊帥董嗣負阻❶劫鈔❷，豫章、臨川❸並受其害。吾粲❹、唐咨嘗以三千兵攻守，連月不能拔。魴表乞罷兵，得以便宜從事。魴遣間諜，授以方策❺，誘狙❻殺嗣。嗣弟怖懼，詣武昌降於陸遜，乞出平地，自改為善，由是數郡無復憂惕。

2 魴在郡十三年卒，賞善罰惡，威恩並行。子處❼，亦有文武材幹，天紀❽中為東觀令❾、無難督❿。

【章　旨】以上為〈周魴傳〉的第四部分，敘述周魴的治績，及其子周處的簡略事跡。

【注　釋】❶負阻　依仗險阻。❷劫鈔　搶劫；搶掠。❸臨川　郡名。治所在今江西南城東南。❹吾粲　字孔休，吳郡烏程

（今浙江宜興）人。初為小吏，後人為孫權屬員，升為會稽太守、太子太傅，因擁護太子孫和，被魯王孫霸黨誣陷，下獄死。詳本書卷五十七〈吾粲傳〉。❺方策　方略、計策。❻狙　狙擊。❼子處　周處。字子隱。少時橫行鄉里，時人稱為鄉里「三害」之一，後改過自新，勵志勤學。西晉滅吳後，歷新平、廣漢太守、楚國內史等職，升為御史中丞，後以建威將軍率部征討齊萬年，死於戰場。詳見《晉書．周處傳》。❽天紀　吳末帝孫皓年號，西元二七七－二八〇年。❾東觀令　官名。東觀原為東漢宮殿名，章帝、和帝以後為宮中藏書之處。三國吳承其制置東觀令，掌典籍，修國史。❿無難督　武官名。孫權時組建的一支皇帝近身護衛部隊的統領。

【語譯】賊寇首領董嗣依恃險要搶劫，豫章郡、臨川郡都蒙受其害。吾粲、唐咨曾經率三千士兵去進攻董嗣據守的地方，一連幾個月都無法攻克。周魴上書請求撤軍，由他隨機處置。周魴派出間諜，授予計策，加以誘騙，在路上狙擊，殺死了董嗣。董嗣的弟弟感到恐懼，到武昌向陸遜投降，請求出來遷到平地，自新從善，從此幾個郡就不再有憂患。

2 周魴在鄱陽郡十三年後去世，他為官賞善罰惡，恩威並施。兒子周處，也有文才武略，天紀年間任東觀令、無難督。

鍾離牧，字子幹，會稽山陰人，漢魯相意❶七世孫也。少爰居❷永興❸，躬自墾田，種稻二十餘畝。臨熟，縣民有識認之❹，牧曰：「本以田荒，故墾之耳。」遂以稻與縣人。縣長聞之，召民繫獄❺，欲繩以法，牧為之請。長曰：「君慕承宮❻，自行義事，僕為民主❼，當以法率下，何得寢公憲而從君邪？」牧曰：「此是郡界❽，緣君意顧❾，故來暫住。今以少稻而殺此民，何心復留？」遂出裝❿，還山陰，長自往止之，為釋繫民。民慚懼，率妻子舂所取稻得六十斛⑪米，送還牧，牧閉門不受。民輸置⑫道旁，莫有取者。牧由此發名⑬。

【章旨】以上為〈鍾離牧傳〉的第一部分，敘述鍾離牧早年逸事及其成名原因。

【注釋】❶漢魯相意　鍾離意，字子阿。東漢初為郡督郵，後歷瑕丘令、屬徒府屬、尚書、尚書僕射，死於魯相任上。為官清廉，秉公行事，深受漢光武帝、漢明帝信重。詳見《後漢書‧鍾離意列傳》。❷爰居　遷居。❸永興　縣名。治所在今浙江杭州蕭山區。❹識認之　認領其所種田地。❺繫獄　關進監獄。❻承宮　字少子，東漢時人，少孤貧好學，曾於山中開墾荒地，莊稼將收穫時，有人聲稱土地為自己所有，承宮不與計較，將莊稼給其人而離去。漢明帝時歷博士、左中郎將、侍中。詳見《後漢書‧承宮列傳》。❼為民主　為百姓作主；為百姓主人。❽郡界　郡內；同郡。❾緣君意顧　因您有意關照我。緣，因為。❿出裝　收拾行裝。⓫斛　量器，漢代一斛約合今二十點四五公升。⓬輸置　運送並堆放於。⓭發名　獲得名聲。

【語譯】鍾離牧，字子幹，會稽郡山陰縣人，漢朝魯王相鍾離意的七代孫。年少時移居永興縣，親自開墾田地，種稻二十多畝。稻子快成熟時，有個本地百姓來認領這些田地，鍾離牧說：「我原本以為是塊荒田，所以才開墾它。」於是把稻穀給了那個人。縣長知道了這件事後，召來那個人將他關入牢獄，準備依法治罪，鍾離牧請求將他釋放。縣長說：「您仰慕承宮，自己做仁義之事，而我是百姓的父母官，應該用法來治理下民，怎能把國家的法律丟在一旁而聽從您呢？」鍾離牧說：「這裏是會稽郡界內，因為您的特意關照，所以來此暫住。如今為了一點稻穀便把這個縣民殺了，我還有什麼心思再留在這裏？」於是收拾行裝，要回山陰，縣長親自前來阻止他，為他釋放了那個縣民。縣民又慚愧又害怕，帶著妻兒把所獲得的稻穀舂成六十斛米，送還鍾離牧，鍾離牧閉門不肯接受。那個人把米運來放在路邊，沒有人去取。鍾離牧從此揚名。

1 赤烏五年❶，從郎中補太子輔義都尉，遷南海太守。還為丞相長史，轉司直❷，遷中書令[3]。會建安、鄱陽、新都三郡山民作亂，出牧為監軍使者[4]，討平之。賊帥黃亂、常俱等出其部伍[5]，以充兵役。封秦亭侯，拜越騎校尉[6]。

2 永安六年[7]，蜀并于魏[8]，武陵五谿夷[9]與蜀接界，時論[10]懼其叛亂，乃以牧為平魏將軍，領武陵太守，往之郡。魏遣漢葭縣[11]長郭純試守武陵太守，率涪陵[12]民入蜀遷陵[13]界，屯于赤沙[14]，誘致諸夷邑君[15]，或起應純，又進攻酉陽縣[16]，郡中震懼。牧問朝吏[17]曰：「西蜀傾覆，邊境見侵，何以禦之？」皆對曰：「今二縣山險，諸夷阻兵，不可以軍驚擾，驚擾則諸夷盤結[18]。宜以漸安，可遣恩信吏[19]宣教[20]慰勞。」牧曰：「不然。外境內侵，誑誘人民，當及其根柢[21]未深而撲取之，此救火貴速之勢也。」敕外趣嚴[22]，掾史[23]沮議[24]者便行軍法。撫夷將軍高尚說牧曰：「昔潘太常[25]督兵五萬，然後以討五谿夷耳。是[26]時劉氏[27]連和[28]，諸夷率化[29]，今既無往日之援，而郭純已據遷陵，而明府以三千兵深入，尚未見其利也。」牧曰：「非常之事，何得循舊？」即率所領，晨夜進道，緣山險行[30]，垂[31]二千里，從塞[32]上，斬惡民懷異心者魁帥百餘人及其支黨凡千餘級，純等散，五谿平。遷公安督、揚[33]武將軍，封都鄉侯，徙濡須督[34]。復以前將軍假節，領武陵太守。卒官。家無餘財，士民思之。子禕嗣，代領兵。

【章　旨】以上為〈鍾離牧傳〉的第二部分，主要敘述蜀國滅亡之後，孫吳西部局勢不安，鍾離牧在平定五谿少數民族叛亂、穩定西部局勢中所作的貢獻。

【注　釋】❶赤烏五年　西元二四二年。赤烏，吳大帝孫權年號，西元二三八—二五一年。❷司直　官名。丞相府屬，負責監察官員行政方面的違法亂紀行為。❸中書令　官名。三國魏文帝始置，與中書監同掌撰寫皇帝詔令，因而成為朝廷顯要之職。孫吳中書令大體上仿曹魏而置。❹監軍使者　官名。簡稱監軍。漢代以來，將軍出征，中央派員為使者監軍，負責協調參戰部隊，並查處違法行為。❺部伍　部下。❻越騎校尉　武官名。東漢時京城置屯騎、越騎、長水、步兵、射聲五營，為京城常備武裝，長官為校尉。孫吳沿其制。❼永安六年　西元二六三年。永安，吳景帝孫休年號，西元二五八—二六四年。❽蜀并于魏　指魏丞相、晉王司馬昭遣鍾會、鄧艾率軍攻滅蜀漢。❾五谿夷　部族名。漢代以來，於今湖南、湖北、重慶市、貴州交界地區置武陵郡，其中主體居民被稱為蠻，或武陵蠻，又因武陵郡有雄溪、樠溪、酉溪、潕溪、辰溪等五條溪流匯入沅江，故稱之為五谿蠻。夷指非華夏族人。❿時論　當時的議論。⓫漢葭縣　治所在今重慶市彭水縣東北。⓬涪陵　郡名。治所在今重慶市彭水縣。⓭遷陵　縣名。治所在今湖南保靖東南。⓮赤沙　地名。在今湖南保靖東北。⓯邑君　邑聚首領。⓰酉陽縣　治所在今湖南永順東南。⓱朝吏　郡中官吏。漢代郡府習慣上被稱為朝。⓲盤結　聯合。⓳恩信吏　有恩於百姓因而被百姓信任的官吏。⓴宣教　傳達郡太守的公告。教，用於上對下的一種行政文書，主要用於宣傳政令。㉑根柢　即「根蒂」。㉒趣嚴　趕緊整裝待發。趣，立刻；趕快。嚴，整頓行裝。㉓掾史　郡府僚屬的總稱。㉔沮議　阻止這一決定。㉕潘太常　即潘濬。曾以太常身分率從平定五谿蠻暴動。見本書卷六十一〈潘濬傳〉。㉖是　此字上原有「又」字，今據宋本刪。㉗劉氏　指三國蜀漢政權。㉘連和　聯盟；和平相處。㉙率化　遵從統治。㉚緣山險行　攀山越嶺，經過險要地段。㉛垂將近。㉜塞　邊境防禦線。㉝揚　原誤作「陽」，宋本不誤，據改。㉞濡須督　濡須，地名。又稱濡須口、濡須城、濡須塢，源出今安徽巢湖市西巢湖的濡須水入長江處。此水為古代江淮間重要通道，東漢建安十七年（西元二一二年），孫權令於此築城駐軍，以拒曹操。亦是後來吳國的軍事重鎮之一。督前加地名，表示掌管一地駐軍的軍事長官，孫吳為防禦北方魏、蜀，三峽以下沿長江設有西陵督、武昌督、夏口督等十多個軍事轄區，分段防禦，濡須督為其中之一。

【語　譯】赤烏五年，鍾離牧由郎中補任太子輔義都尉，升任南海太守。調回任丞相長史，轉任司直，遷升中書令。適逢建安、鄱陽、新都三郡的山越百姓叛亂，鍾離牧出任為監軍使者，討伐平定了叛亂。賊寇首領黃亂、常俱等交出部下，用以補充國家兵員。鍾離牧被封為秦亭侯，任越騎校尉。

2　永安六年，蜀漢被曹魏吞併，武陵郡的五谿夷與蜀地接壤，當時的議論擔心他們叛亂，便任命鍾離牧為平魏將軍，兼領武陵太守，前往該郡。魏國派漢葭縣縣長郭純試任武陵太守，率領涪陵郡百姓進入蜀地遷陵縣界，屯駐在赤沙，招誘眾夷部落首領，有的便起來響應郭純，郭純又進攻酉陽縣，郡內震動驚懼。鍾離牧問郡府中的官吏：「西蜀滅亡，我國邊境被侵犯，用什麼辦法抵禦魏國？」大家都回答說：「現在這兩個縣山勢險峻，眾夷以武力相拒，不能動用軍隊去驚擾他們，驚擾他們那麼眾夷就會結合在一起。應當讓他們慢慢安定下來，可以派有恩德於百姓而受信任的官吏去傳達郡府的公告，加以安撫慰勞。」鍾離牧說：「不對。外來敵人入侵，誘騙百姓，應該在他們基礎未穩固時消滅他們，這種形勢就好比救火貴在迅速一樣。」於是下令軍隊盡快整裝待發，郡中官吏阻止這一決定的便處以軍法。撫夷將軍高尚勸鍾離牧說：「從前潘太常督率五萬士兵，而後才征討五谿夷啊。那時蜀漢與我聯盟，眾夷才接受我們的統治，如今既沒有從前的外援，加上郭純又已占據了遷陵，而您以三千士兵深入作戰，我看不出有利的地方。」鍾離牧說：「非常情況下發生的事，怎麼能因循舊法？」即刻率領所統轄的士兵，不分晝夜進軍，攀山越嶺，乘險行進，將近二千里，從邊境線上發起攻擊，斬殺懷有異心的奸民首領百餘人及其黨羽共計一千多人，郭純等人逃散，五谿平定。鍾離牧升任公安都督、揚武將軍，封都鄉侯，調任濡須督。又任前將軍，假節，兼領武陵太守。死於任上。去世時家中沒有多餘的財產，士人和百姓懷念他。兒子鍾離禕繼承爵位，接替他統領軍隊。

評曰：山越好為叛亂，難安易動，是以孫權不遑外禦❶，卑辭魏氏❷。凡此諸臣，皆克寧內難，綏靖邦域❸者也。呂岱清恪❹在公；周魴譎略多奇；鍾離牧蹈長者之規❺；全琮有當世之才，貴重於時，然不檢❻姦子，獲譏毀名云。

【章　旨】以上為陳壽對五位傳主總體的評價。

【注　釋】❶不遑外禦　無暇抵禦外敵。不遑，無暇。❷卑辭魏氏　向曹魏表示臣服。❸綏靖邦域　使境內和平安定。❹清恪　清廉恭謹。❺蹈長者之規　踐行忠厚長者的原則。蹈，踐行；親身經歷。長者，忠厚者。規，行為準則。❻檢　約束。

【語　譯】評論說：山越人喜歡作亂，很難使他們安定，容易叛亂，所以孫權無暇抵禦外敵，以卑下的言詞臣服曹魏。以上的這幾位臣子，都是平息內亂，使國家得以安寧的人。呂岱為官清廉恭謹；周魴奇謀異策；鍾離牧踐行忠厚長者的行為；全琮是當時的傑出人才，位高權重於時，然而他沒有約束好邪惡不肖之子，遭受譏諷，敗壞了名聲。

【研　析】本卷可以集中討論孫吳時期「山越」問題的由來及其對孫吳政治的影響。

陳壽將賀齊等五人作為合傳，其理由體現在卷末他對這五人行事的總體評價上，即：「山越好為叛亂，難安易動，是以孫權不遑外禦，卑辭魏氏。凡此諸臣，皆克寧內難，綏靖邦域者也。」孫吳時期「邦域」之內的「叛亂」當然不只是所謂的「山越」，呂岱的貢獻主要是在平定交州，而鍾離牧的主要功績在於繼潘濬之後再次平定「五谿夷」。但「山越」的反叛確實是孫吳建國前後一個極為嚴重的問題，不僅在本卷所記賀齊、全琮、周魴三人的傳記中有較多的敘述，在孫吳時期重要人物的傳記中都有或多或少的反映。本書卷五十七〈張溫傳〉記孫權在接受曹丕授予的吳王封號，表示臣服曹魏後，派張溫出使蜀漢，要他向蜀漢方面說明自己不得不這樣做的原因。說：「卿不宜遠出，恐諸葛孔明不知吾所以與曹氏通意，故屈卿行。若山越都除，便欲大搆於丕。」這說明「孫權不遑外禦，卑辭魏氏」，「山越好為叛亂，難安易動」，也就是說孫權還未能實現對江南地方穩定的控制，確實是相當重要的原因。問題是，兩漢統一時期，歷史記錄中很少見到這一地區「山越」的活動，為什麼在漢末孫吳前期，他們忽然變得「好為叛亂，難安易動」起來？

從史實中看，「山越」活動頻繁的主要地區，為東漢時的吳郡、會稽、丹陽、豫章四郡，而後三郡最為嚴重。「山越」往往又被稱為「山民」，他們就是閩浙贛山地中居住的越人。先秦時期，上述地區便被日益擴展的中原華夏文化所影響，但當地居民與中原華夏族人在語言、習俗及生活方式上又呈明顯的差異，史書上以「越」或「揚越」相稱。春秋及戰國早期的吳國與越國，就是他們建立的在中國歷史上有影響的早期國家。隨著吳、越被楚國吞併，緊接著秦漢的長期統一，有關「越」的記錄，在地域上主要為今福建、兩廣，現在的蘇南、皖南及浙江、江蘇並沒有越人頻繁活動的記錄。漢武帝時平東越即今福建地區的一支越人，他曾下詔：「東越險阻反覆，為後世患，遷其民於江淮間。」（見《漢書・武帝紀》）。或認為東漢末、孫吳時活躍的「山越」就是他們的後裔，「江淮間」與閩浙贛山地地理位置並不吻合，這種看法並不可信。

兩漢時期對江南的統治不斷強化，江南地方與中原華夏文化的趨同越來越深入，但秦漢統一政權的中心地區無疑是在黃河流域，對江南地區的行政管理明顯不如在黃河流域那樣嚴密。漢代一百餘郡，今蘇南、皖南、浙江及福建廣大地區，西漢長期僅置有丹陽、會稽二郡，東漢時才重新恢復吳郡建置，而今贛江流域長期只設有豫章一郡，主要原因當然是其地「地廣人稀」，社會經濟發展程度低於黃河流域，但同時也表明兩漢政權對這一地區的行政管理並不嚴密。先秦以來便居住、生活、繁衍於閩浙贛山地中的「越」人後裔，生活方式並沒受到嚴重的干擾，因而還在很大程度上保持著自己獨特的民族屬性。孫氏兄弟據「江東」立國，情形與兩漢統一時期迥然不同，必須將統治觸角延伸到每一個村落，盡可能控制每一個百姓，增加兵員與人口，才能與傳統上政治經濟勢力具有優勢的曹魏政權抗衡。

孫氏控制江南後，在江南地區進行了大規模的行政建置，郡大量增加，縣級行政機構增加更為迅速，這在本卷相關內容中也有反映。如〈賀齊傳〉所說之新都郡、〈周魴傳〉所說之鄱陽郡等皆是。這些新置郡縣目的是更好的控制所置地區的民眾，無疑會引起當地民眾的不適應。如本書卷六十四〈諸葛恪傳〉所說，「丹楊地勢險阻，與吳郡、會稽、新都、鄱陽四郡鄰接，周旋數千里，山谷萬重，其幽邃民人，未嘗入城邑，對長吏，皆仗兵野逸，白首於林莽。」這些在深山密林中，未曾受到官府嚴密管制的百姓，現在必須承受孫吳政權所亟需的兵役、力役以及賦稅，其結夥反抗勢在必然，這種情況在〈周魴傳〉所記誘騙曹休的第五封信中也有很好的說明。信中稱鄱陽郡民雖暫時接受孫吳的管制，但「盤節未解，山棲草藏，亂心猶存」，他們「非苦飢寒而甘兵寇，苦於征討，樂得北屬」。由於長期反抗，在孫吳當政者看來，他們變成了「宿惡民」，必須反覆征討，使之服從，或者強行將他們遷出山，以便管理。〈張溫傳〉記駱統所說：「夫宿惡之民，放逸山險，則為勁寇，將置平土，則為健兵。」這就是孫吳時期「山越」突然成為政治與社會問題的主要原因。

從客觀結果來說，通過賀齊等等人物的長期征討，江南山地中仍或多或少保持自身民族特性的越人，終於接受了管理，這是江南整體社會進步與經濟發展的必然趨勢。(何德章注譯)

# 卷六十一　吳書十六

## 潘濬陸凱傳第十六

【題解】〈潘濬陸凱傳〉是《三國志．吳書》記載吳國臣僚中的第十篇列傳。潘濬、陸凱是孫吳政權中的重臣，他們共同的特徵是以忠見稱。潘濬曾奉命率軍平定五谿蠻夷的反叛，使那一帶地方安寧平靜。對校事呂壹玩弄權勢，除想利用宴請百官之機親手殺死他，為國家除去禍患之外，還多次在孫權面前揭露呂壹奸詐陰險的所作所為，最後孫權明白過來後，即時誅殺呂壹，同時引咎自責。陸凱雖居內任文職，居外任武職，但他對孫皓的統治造成「政事多謬，黎元窮匱」的弊端犯顏強諫，對奸佞巧詐的大臣何定當面進行斥責，他不顧及別人的誣陷中傷，全憑一片忠君的熱忱之心，力盡所能，為振興國家效力。正如陳壽讚頌時所說，他們二人「皆節槩梗梗，有大丈夫格業」。

1　潘濬，字承明，武陵漢壽❶人也。弱冠❷從宋仲子❸受學。年未三十，荊州牧❹劉表❺辟❻為部江夏從事❼。時沙羨❽長❾贓穢❿不修⓫，濬按⓬殺之，一郡震竦⓭。後為湘鄉⓮令，治甚有名。劉備⓯領荊州，以濬為治中從事⓰。備入蜀⓱，留典州事⑱。

孫權殺關羽⑲，并荊土，拜濬輔軍中郎將⑳，授以兵。遷奮威將軍㉑，封常遷亭侯㉒。權稱尊號㉓，拜為少府㉔，進封劉陽侯，遷太常㉕。五谿㉖蠻夷叛亂盤結㉗，權假濬節㉘，督諸軍討之。信賞必行㉙，法不可干㉚，斬首獲生，蓋㉛以萬數。自是羣蠻衰弱，一方寧靜。

【章旨】以上為〈潘濬傳〉的第一部分，簡述潘濬的生平，說明他無論任官治理郡縣，或為將軍平定反叛，都取得顯著成績。

【注釋】❶武陵漢壽　武陵，郡名。治所在今湖南常德東北。漢壽，縣名。治所在今湖南漢壽。❷弱冠　古時男子二十成年，行冠禮，結髮加冠。又因身體還未壯實，故稱弱冠。後成為男子年二十左右的通稱。❸宋仲子　名衷或忠，南陽（今河南南陽）人。奉劉表命與綦毋闓撰《五經章句後定》，又在劉表所辦州學講授儒家經典。詳見《三國志・劉表傳》裴松之注引《英雄記》、卷四十二〈尹默傳〉。❹州牧　官名。漢武帝時，分全國為「十三刺史部」，每州置刺史一人，秩六百石，負責檢查地方豪強和郡縣官的不法行為，為臨時派遣的巡察官。西漢後期，改稱州牧。到東漢時期，復稱刺史。州逐漸成為郡以上的一級行政區劃，刺史權勢越來越大，擁有治民之權。到漢靈帝時，為了平定各地農民起事，朝廷又賦予刺史有領兵之權，掌握一州的軍政大權，同時將州刺史改稱為州牧，因而成為割據一方的軍閥。❺劉表　字景升，山陽高平（今山東微山縣西北）人。東漢遠支皇族。曾任荊州刺史，據有今湖南、湖北地方。後為荊州牧。他在羣雄混戰中，採取觀望態度，轄區破壞較小，中原人來避難者甚眾。後病死，其子劉琮降於曹操。詳見本書卷六〈劉表傳〉。❻辟　徵召授官。❼部江夏從事　即州江夏郡從事史。部，即州。從事，官名。州刺史屬吏，又稱從事史。有別駕從事史、治中從事史、兵曹從事史、部從事史等。其中部從事史每郡一人。❽沙羨　縣名。治所在今湖北武昌西長江南岸。❾長　縣之長官。漢制規定，萬戶以上縣官稱令，不足萬戶的縣官稱長。❿贓穢　貪贓腐化。⓫不修　指放任自己，不遵守法紀。⓬按　查明法辦。⓭震竦　震驚恐懼。⓮湘

鄉 縣名。治所在今湖南湘鄉。⑮劉備 字玄德，涿郡涿縣（今河北涿州）人。少與母織席販履為業。漢靈帝末年，率徒屬參與征討黃巾，因功升至高唐令。不久，為黃巾所敗，投奔少時好友中郎將公孫瓚，為別部司馬。在軍閥混戰中，他先後依附陶謙、袁紹、曹操、劉表等軍閥。後在諸葛亮輔佐下與孫吳聯合在赤壁大敗曹軍，又乘勝進取荊州，西入益州，占領漢中，自立為王。章武元年（西元二二一年）稱帝，史稱蜀漢。同年，率兵伐吳，大敗於夷陵。不久病逝於白帝城。詳見本書卷三十二〈先主傳〉。⑯治中從事 即治中從事史，是州刺史的屬吏，主掌文書案卷，居中治事，與別駕從事史分別為州府內外總管。⑰蜀 郡名。治所在今四川成都。⑱留典州事 留下來負責管理州府裏的事務。典，掌管；負責管理。「留典」二字原誤倒。⑲關羽 字雲長，本字長生，河東解縣（今山西臨猗西南）人。東漢末亡命奔涿郡，從劉備起兵，任別部司馬。後被曹操所俘，在官渡之戰中他斬殺袁紹大將顏良。仍歸劉備，為前將軍。建安二十四年（西元二一九年），率軍攻打樊城，威震華夏。因後方空虛，遭吳軍突襲，在回師援救中被吳軍俘獲殺害。詳見本書卷三十六〈關羽傳〉。⑳拜濬輔軍中郎將 授給潘濬輔軍中郎將。拜，授給官職。輔軍中郎將，官名。吳置一人，位次於將軍。建安以後，地方割據，自相署置，始多名號中郎將。㉑遷奮威將軍 升任為奮威將軍。遷，調任，一般指升官。奮威將軍，官名。第四品。㉒亭侯 侯是漢代封爵之一。秦制，十里一亭，十亭一鄉。漢制，列侯大者食縣邑，小者食鄉、亭。列侯中食祿為亭者，為亭侯。㉓稱尊號 即稱帝。尊號，帝王的稱號。㉔拜為少府 任命為少府。拜，授任官職。少府，官名。漢九卿之一。東漢時掌管宮中御衣、寶貨、珍膳等物資及雜務。㉕太常 官名。秦置奉常，漢改名太常。掌管宗廟、社稷祭祀禮儀，兼選試博士。㉖五谿 部族名。古代武陵地區少數部族有五支，即雄谿、樠谿、酉谿、潕谿、辰谿。故地在今湖南、四川、貴州交界地區。㉗盤結 盤根錯節，指相互勾結。㉘權假濬節 孫權授予潘濬掌管諸軍的大權。假，借，此為授予之意。節，符節。獲取假節稱號，可以誅殺違犯軍令的人。㉙信賞必行 有功必賞。㉚法不可干 法令不可違犯。干，違犯；抵觸。㉛蓋 大概；大約。

【語 譯】潘濬，字承明，武陵郡漢壽縣人。二十歲時隨宋仲子學習。不到三十歲時，荊州牧劉表徵召他任江夏郡從事史。當時沙羨縣長貪贓枉法，不守法紀，潘濬查明法辦處死了他，全郡震驚。後來潘濬擔任湘鄉縣令，治績非常有名。劉備兼任荊州刺史時，任命潘濬為州府治中從事。劉備進入蜀地，留潘濬掌管荊州的事務。

2 孫權殺死關羽，兼併荊州，任命潘濬為輔軍中郎將，給他士兵。升任奮威將軍，封為常遷亭侯。孫權稱帝後，任命他為少府，進封劉陽侯，升遷為太常。五谿蠻夷相互勾結叛亂，孫權授予潘濬節杖，讓他督率諸軍討伐。他治軍有功必賞，法令不容侵犯，斬殺和俘虜的敵人，約數以萬計。從此五谿蠻夷勢力衰弱，這一帶地方得到安寧平靜。

1 先是，濬與陸遜❶俱駐武昌❷，共掌留事❸，還復故❹。時校事❺呂壹❻操弄威柄❼，奏按丞相❽顧雍❾、左將軍❿朱據⓫等，皆見禁止⓬。黃門侍郎⓭謝厷⓮語次⓯問壹：「顧公事何如？」壹答：「不能佳。」厷又問：「若此公免退⓰，誰當⓱代之？」壹未答厷，厷曰：「得無⓲潘太常得之乎？」壹良久曰：「君語近之也。」厷謂曰：「潘太常常切齒於君，但⓳道遠無因⓴耳。今日代顧公，恐明日便擊㉑君矣。」壹大懼，遂解散㉒雍事。濬求朝，詣㉓建業㉔，欲盡辭極諫㉕。至，聞太子登㉖已數㉗言之而不見從，濬乃大請百寮㉘，欲因會㉙手刃㉚殺壹，以身當之，為國除患。壹密聞知，稱疾㉛不行。濬每進見㉜，無不陳壹之姦險也。由此壹寵漸衰，後遂誅戮㉝。權引咎責躬㉞，因誚讓㉟大臣，語在權傳。

2 赤烏㊱二年，濬卒，子翥嗣㊲。濬女配㊳建昌侯孫慮㊴。

【章 旨】以上為〈潘濬傳〉的第二部分，敘述了潘濬對校事呂壹玩弄權勢、奸詐陰險的痛恨和極力除之的過程。表明他對朝廷的忠誠，也反映出孫權勇於改正錯誤，引咎自責的崇高品格。

【注釋】❶陸遜　字伯言，吳郡吳縣（今江蘇蘇州）人。先世江東大族。始仕幕府，歷東西曹令史，出為海昌屯田都尉，曾開倉穀以賑災民。後為大都督領兵拒蜀，火燒劉備軍四十餘營。又於皖大敗魏將曹休。官至丞相。詳見本書卷五十八〈陸遜傳〉。❷武昌　縣名。治所在今湖北鄂州。❸留事　留守之事。西元二二一年，孫權將都城從公安遷到武昌。西元二二九年，返都建業，便命陸遜等留守武昌，負責處理軍政要務。❹還復故　指潘濬出征返回後，仍和過去一樣駐守武昌。還，不久；很快。復故，恢復原狀，各歸原職。❺校事　官名。魏吳皆設有校事，典校諸官府及州郡文書，充當皇帝或執政耳目，刺探軍民言行。俞正燮《癸巳存稿》卷七〈校事〉條稱：魏吳有校事官，似北魏之候官，明之廠衛。吳之校事則尤橫。或謂之典校（〈顧雍傳〉、〈步騭傳〉、〈朱據傳〉），或謂之校曹（〈陸凱傳〉），或謂之校郎（〈是儀傳〉），或謂之校官（〈諸葛恪傳〉）。❻呂壹　孫權嘉禾中任中書校事，典校諸官府及州郡文書，為孫權所信任。他竊弄權柄，擅作威福，使他人橫受大刑。太子孫登數次進諫，孫權不聽，致使大臣畏懼，莫有敢言。後奸惡罪行暴露，被殺。事跡散見於本書卷四十七〈吳主傳〉、卷五十二〈顧雍傳〉。❼操弄威柄　即操縱權柄，玩弄權勢。操弄，操縱玩弄。威柄，威勢權力。❽丞相　官名。秦、漢置丞相為百官之長，輔佐皇帝，綜理全國政務。漢武帝開始削弱相權，以左右諸曹吏分掌尚書奏事。此後，領尚書事者方能總攬朝政。西漢末，改丞相為大司徒，雖為三公之一，已無實權。東漢獻帝時，復置丞相。孫吳於黃武初年始置丞相。❾顧雍　字元歎，吳郡吳縣（今江蘇蘇州）人。年二十為合肥長，後轉在婁、曲阿、上虞，皆有政績。吳黃武四年（西元二二五年），代孫邵為丞相，平尚書事。善於用人，舉動時當。任相十九年。詳見本書卷五十二〈顧雍傳〉。❿左將軍　官名。位如上卿，金印紫綬，掌管京師兵衛及戍守邊隘，討伐四夷。平時加諸吏、給事中等號，則得以宿衛皇帝，參與中朝朝議，決定國家大事。若領尚書事，就負責實際事務。⓫朱據　字子範，吳郡吳縣（今江蘇蘇州）人。黃武初年，任五官郎中，補侍御史。他才兼文武，謙虛接士，輕財好施。黃龍初年，升任為左將軍。後為中書令孫弘所誣陷，賜死。詳見本書卷五十七〈朱據傳〉。⓬皆見禁止　都被軟禁了。見，被。禁止，軟禁；行動受到限制。《資治通鑑．魏紀》明帝太和四年胡三省注：「禁止者，雖未下之獄，使人守之，禁其不得出入，止不得與親黨交通也。」⓭黃門侍郎　官名，秦及西漢郎官給事於黃闥（宮門）之內者，稱黃門郎或黃門侍郎。東漢始設為專官，或稱給事黃門侍郎，由宦官充任。其職為侍從皇帝左右，出入禁中，傳達詔令，聯絡皇宮內外。⓮謝厷　吳官吏。才辯有計術。任黃門侍郎，曾上書陳言，欲興利改作。詳見本書卷五十八〈陸遜傳〉及裴松之注引《吳曆》。⓯語次　言談之間。⓰免退　免職黜退。⓱當　會。⓲得無　莫非是；是不是。⓳但　只是。⓴無因　沒有機會。因，此指機會。㉑擊　抨擊；舉劾。漢制，丞相、御史舉奏百官中有罪之人。㉒解散　解除；取消。㉓詣　到；前往。㉔建業　縣名。

東漢建安十七年（西元二一二年），孫權以秣陵縣改名，治所在今江蘇南京。吳黃龍元年（西元二二九年），定都於此。㉕盡辭極諫　用盡辭語，極力規勸。盡辭，說完要說的話。極諫，極力規勸。諫，規勸，多用於大臣對君主。㉖太子登　即太子孫登，字子高，孫權長子。魏黃初二年（西元二二一年），為東中郎將，封萬戶侯，登辭侯不受。孫權稱帝，立為皇太子。為人仁慈，不欲煩民。出外狩獵時，遠避良田，不踐苗稼。他人有過不忍致罰。詳見本書卷五十九〈孫登傳〉。㉗數　多次。㉘百寮　百官。寮，通「僚」。㉙因會　趁機。㉚手刃　持刀。㉛稱疾　藉口有病。稱，聲稱；藉口。㉜進見　朝見皇帝。㉝誅戮　殺。㉞引咎責躬　把過失歸到自己身上，責備自己。咎，罪過；過失。躬，自身。㉟誚讓　責備。㊱赤烏　吳大帝孫權年號，西元二三八—二五一年。㊲嗣　繼承爵位。㊳配　出嫁；許配。㊴孫慮　字子智，孫權次子。吳郡富春（今浙江富陽）人。少聰慧，才兼文武。遵奉法度，敬納師友，過於眾望。吳黃武七年（西元二二八年），封建昌侯。後獲取假節稱號，開建府署，辟置僚屬，將治所設在半州（今江西九江市）。詳見本書卷五十九〈孫慮傳〉。

【語　譯】在此之前，潘濬和陸遜都駐守在武昌，一起掌管留守的事務，潘濬出征回來後，還是和過去一樣。當時校事呂壹操縱權柄，玩弄權勢，奏請查辦丞相顧雍、左將軍朱據等人，這些人都被軟禁起來。黃門侍郎謝厷在談話間問呂壹說：「顧公的事情怎麼樣了？」呂壹回答說：「不可能好。」謝厷又問道：「如果這個人被免官，誰會替代他呢？」呂壹沒有回答。謝厷說：「是不是潘太常呢？」呂壹沉吟一陣才說：「你說的差不多。」謝厷對呂壹說：「潘太常對你常常恨得咬牙切齒，只是因為路遠無從下手罷了。今日他代顧公為丞相，恐怕明天就會抨擊你了。」呂壹十分害怕，便取消了對顧雍等人的追查。潘濬請求朝見，前往建業，想用盡言語極力規勸孫權。到達建業後，聽說太子孫登已經多次進言而不被採納，潘濬於是大肆宴請百官，想利用宴會趁機殺死呂壹，然後以身抵罪，為國除患。呂壹暗中聽到這一消息，託病不去赴宴。潘濬每次進見，沒有一次不述說呂壹的奸詐陰險。因此，呂壹所受恩寵逐漸衰減，後來便被誅殺。孫權引咎自責，又責怪朝廷大臣，這件事記載在〈孫權傳〉中。

2 赤烏二年，潘濬去世，兒子潘翥繼承爵位。潘濬的女兒嫁給了建昌侯孫慮。

陸凱，字敬風，吳郡吳人❶，丞相遜族子❷也。黃武初為永興❸、諸暨❹長，所在有治迹❺，拜建武都尉❻，領兵。雖統軍眾，手不釋❼書。好太玄❽，論演其意❾，以筮❿輒驗。赤烏中，除儋耳太守⓫，討朱崖⓬，斬獲有功，遷為建武校尉⓭。五鳳⓮二年，討山賊⓯陳毖於零陵⓰，斬毖克捷⓱，拜巴丘督⓲、偏將軍⓳，封都鄉侯⓴，轉為武昌右部督㉑。與諸將共赴壽春㉒，還，累遷盪魏㉓、綏遠將軍㉔。孫休㉕即位，拜征北將軍，假節領豫州牧㉖。孫晧㉗立，遷鎮西大將軍，都督㉘巴丘，領荊州㉙牧，進封嘉興侯。孫晧與晉平㉚，使者丁忠㉛自北還，說晧弋陽㉜可襲，凱諫止，語在晧傳。寶鼎㉝元年，遷左丞相㉞。

【章　旨】以上為〈陸凱傳〉的第一部分，概述了陸凱在孫權、孫亮、孫休、孫晧四代皇帝執政時期從事政治和軍事活動的主要功績。

【注　釋】❶人　此字下原有「也」字，讀下句，可知「也」字係衍文，宋本無，據刪。❷族子　同族兄弟之子，即族姪。❸永興　縣名。治所在今浙江杭州蕭山區。❹諸暨　縣名。治所在今浙江諸暨。❺所在有治迹　所任官之處都有政績。所在，所至之處，指管轄的地方。治迹，施政的事跡；政績。❻拜建武都尉　任命為建武都尉。拜，授官。建武都尉，官名，為縣一級長官，負責領兵征伐。❼釋　放下。❽太玄　書名，即《太玄經》，西漢揚雄模仿《周易》而作。該書有八十一首，每首有九贊。全書以「玄」為中心，認為「玄」可使人「知陰知陽，知止知行，知晦知明」，從而認識宇宙萬物。注本有晉范望《太玄經注》和宋司馬光《太玄經集注》等。❾論演其意　論述演繹其中的內涵。論演，論述推演。❿筮　古代用蓍草占卜的一種方法，從蓍草的排列來預測吉凶。⓫除儋耳太守　升任儋耳太守。除，任命；升任。往往指免去舊官而任以新職。儋耳，郡名。西漢元封元年（西元前一一○年）置，治所在今海南儋縣西北。儋耳郡於西漢昭帝始元五年（西元前八二年）撤銷。盧弼《三國志集解》引清人洪亮吉：「吳時未嘗復儋耳郡。〈陸傳〉除儋耳太守者，蓋因討珠崖使遙領之耳。」太守，郡的行政長官。⑫朱崖　又作「珠崖」。郡名，因崖邊出產珍珠而得名。吳赤烏五年（西元二四二年）置，治所在今廣東徐聞南。⑬建武校尉　官名。比建武都尉高一級。⑭五鳳　吳會稽王孫亮年號，西元二五四—二五六年。⑮山賊　指山越的盜匪。⑯零陵　郡名。西漢治所在今廣西全州西南。東漢移治今湖南零陵。⑰克捷　取勝。⑱巴丘督　巴丘軍事指揮官。巴丘，又作「巴陵」。古城名，即今湖南岳陽西南。督，官名。負責軍事要地的防禦。⑲偏將軍　官名。將軍中地位較低的，多由校尉或裨將升遷，為雜號將軍，負責征伐。⑳都鄉侯　爵位名。位在列侯下，關內侯、都亭侯之上。㉑轉為武昌右部督　調任武昌右部督。轉，調任官職。武昌右部督，吳原本有武昌督，陸遜死後，孫權分武昌為左右兩部，各置督。右部督負責從武昌至蒲圻一帶的軍事防務。㉒與諸將共赴壽春　和許多將領一同奔赴壽春。壽春，縣名。治所在今安徽壽縣，為當時魏九江郡治和揚州治所在地。魏甘露二年（西元二五七年），魏將諸葛誕擔心回京師後被解除兵權，便欲以壽春降吳求救。被魏以重兵圍困壽春，此時吳派兵往救。此處「共赴壽春」，就說此事。吳兵未到，諸葛誕即被魏軍破城殺害。㉓盪魏　即盪魏將軍，官名。因吳、魏對立，盪魏，有掃平魏國之意。盪，清除；掃平。㉔綏遠將軍　官名。吳設置，魏、蜀未見。㉕孫休　字子烈，孫權第六子。初封為琅邪王。吳太平三年（西元二五八年）孫亮廢後，被孫綝等羣臣立為皇帝。曾詔令廣開農田，輕其賦稅。詳見本書卷四十八〈孫休傳〉。㉖領豫州牧　兼任豫州牧。領，兼任官職。但這裏指遙領，即只有名號，並不到任視事。豫州，州名。三國時治所在今河南正陽東北，當時屬魏。吳黃龍元年（西元二二九年），吳蜀約定中分魏地，其中豫、青、徐、幽等四州屬吳，故設此官遙領。㉗孫晧　字元宗。孫權之孫，孫和之子。初封烏程侯。景帝孫休死，羣臣立晧為帝。初尚振作，既得志，粗暴驕淫，多忌諱，好酒色，羣臣失望。誅殺丞相濮陽興、左將軍張布，更加肆無忌憚。詳見本書卷四十八〈孫晧傳〉。㉘都督　官名。全稱為「都督某某諸軍事」，負責某地的軍事防禦，統領當地駐軍，為當地最高軍政長官。孫吳在長江沿線設立若干個小軍事區，其長官為督。幾個小軍事區連成一片為大軍事區，其長官為都督。㉙荊州　州名。漢獻帝初平元年（西元一九○年），荊州刺史劉表將治所從漢壽（今湖南漢壽）移到襄陽（即今湖北襄樊）。㉚與晉平　和晉國講和。晉，司馬氏所建立的政權。西元二六五年，司馬炎代魏稱帝，是為武帝，國號晉，都洛陽。平，講和。㉛丁忠　吳五官中郎將。吳甘露二年（西元二六六年），奉命出使晉講和。㉜弋陽　郡名。治所在今河南潢川西南。㉝寶鼎　吳末帝孫晧年號，西元二六六—二六九年。㉞左丞相　黃武初年吳始置丞相。孫晧於寶鼎元年（西元二六六年）分置左、右丞相。

【語譯】陸凱，字敬風，吳郡吳縣人，丞相陸遜的族姪。黃武初年擔任永興縣、諸暨縣縣長，所任官之處都有政績，被任命為建武都尉，統領部隊。他雖然率領兵眾，卻手不釋卷。他喜好《太玄》，論述推演其中的意涵，用來占筮，總是應驗。赤烏年間，擔任儋耳太守，征討朱崖，斬殺、俘虜敵人有功，升為建武校尉。五鳳二年，在零陵討伐山賊陳毖，斬殺了陳毖，取得勝利。被任命為巴丘督、偏將軍，封為都鄉侯。改任為武昌右部督。與各路部隊將領一起奔赴壽春，返回後，多次獲得提升後擔任盪魏將軍、綏遠將軍。孫休即位，任命他為征北將軍，假節，兼任豫州牧。孫皓即位，陸凱升任為鎮西大將軍，總管巴丘軍政，兼任荊州牧，進封為嘉興侯。孫皓與晉講和，使者丁忠從北方返回後，勸孫皓說弋陽郡可以襲擊，陸凱進諫勸阻方才停止。這件事情記載在〈孫皓傳〉中。寶鼎元年，升任為左丞相。

1 皓性不好人視己，羣臣侍見，皆莫敢迕❶。凱說皓曰：「夫君臣無不相識之道，若卒有不虞❷，不知所赴。」皓聽凱自視❸。

2 皓時徙都武昌，揚土❹百姓泝流❺供給，以為患苦，又政事多謬，黎元窮匱❻。凱上疏❼曰：

3 「臣聞有道之君，以樂樂民❽；無道之君，以樂樂身。樂民者，其樂彌❾長；樂身者，不樂❿而亡。夫民者，國之根也，誠宜⓫重其食，愛其命。民安則君安，民樂則君樂。自頃年⓬以來，君威傷於桀紂⓭，君明闇⓮於姦雄⓯，君惠閉於羣孽⓰。無災而民命盡，無為而國財空，辜無罪⓱，賞無功，使君有謬誤之愆⓲，天為作妖[19]。而諸公卿媚上[20]以求愛，困民以求饒[21]，導君於不義[22]，敗政於淫俗[23]，臣竊[24]為痛心。今鄰國[25]交好，四邊無事，當務[26]息役養士，實其廩庫[27]，以待天時[28]。而更傾動天心[29]，騷擾萬姓，使民不安，大小呼嗟[30]，此非保國養民之術[31]也。

4 「臣聞吉凶在[32]天，猶影之在形，響之在聲也[33]。形動則影動，形止則影止，此分數[34]乃有所繫，非在口之所進退[35]也。昔秦所以亡天下者，但坐[36]賞輕而罰重，政刑錯亂，民力盡於奢侈，目眩[37]於美色，志濁[38]於財寶，邪臣在位，賢哲[39]隱藏，百姓業業[40]，天下苦之，是以遂有覆巢破卵之憂[41]。漢所以彊者，躬行誠信[42]，聽諫納賢，惠及負薪[43]，躬請巖穴[44]，廣采博察，以成其謀。此往事之明證也。

5 「近者漢之衰末，三家鼎立[45]。曹失綱紀[46]，晉有[47]其政。又益州危險[48]，兵多精彊，閉門固守[49]，可保萬世，而劉氏與奪乖錯[50]，賞罰失所[51]，君恣意[52]於奢侈，民力竭於不急[53]，是以為晉所伐，君臣見虜[54]。此目前之明驗也。

6 「臣闇於大理[55]，文不及義[56]，智慧[57]淺劣，無復冀望，竊為陛下惜天下耳。臣謹奏[58]耳目所聞見，百姓所為煩苛[59]，刑政所為錯亂[60]，願陛下息大功[61]，損百役[62]，務寬盪[63]，忽苛政[64]。

7 「又武昌土地，實危險而塉确[65]，非王都安國養民之處。船泊則沉漂，陵居[66]

則峻危，且童謠言：『寧飲建業水，不食武昌魚；寧還建業死，不止武昌居。』臣聞翼星為變[67]，熒惑作妖[68]，童謠之言，生於天心[69]，乃[70]以安居而比死，足明天意，知民所苦也。

8「臣聞國無三年之儲，謂之非國[71]，而今無一年之蓄[72]，此臣下之責也。而諸公卿位處人上，祿延子孫[73]，曾無致命[74]之節，匡救[75]之術，苟進[76]小利於君，以求容媚[77]，荼毒[78]百姓，不為君計[79]也。自從孫弘造義兵[80]以來，耕種既廢，所在[81]無復輸入，而分一家父子異役[82]，廩食[83]日張，畜積日耗，民有離散之怨，國有露根之漸[84]，而莫之恤[85]也。民力困窮，鬻[86]賣兒子，調賦相仍[87]，日以疲極[88]，所在長吏[89]，不加隱括[90]，加有監官[91]，既不愛民，務行威勢，所在騷擾，更為煩苛。民苦二端[92]，財力再[93]耗，此為無益而有損也。願陛下一息[94]此輩，矜哀孤弱[95]，以鎮撫[96]百姓之心。此猶魚鼈得免毒螫之淵[97]，鳥獸得離羅網之綱[98]，四方之民繈負而至[99]矣。如此，民可得保[100]，先王之國存焉。

9「臣聞五音令人耳不聰，五色令人目不明[101]，此無益於政，有損於事者也。自昔先帝[102]時，後宮列女[103]，及諸織絡[104]，數不滿百，米有畜積，貨財有餘。先帝崩[105]後，幼、景在位[106]，更[107]改奢侈，不蹈先迹[108]。伏聞織絡及諸徒坐，乃有千數，計其所長[109]，不足為國財，然坐食官廩[110]，歲歲相承，此為無益，願陛下料出賦嫁[111]，給與[112]無妻者。如此，上應天心，下合地意，天下幸甚[113]。

「臣聞殷湯取士於商賈[114]，齊桓取士於車轅[115]，周武取士於負薪[116]，大漢取士於奴僕[117]。明王聖主取士以賢[118]，不拘[119]卑賤，故其功德洋溢[120]，名流竹素[121]，非求顏色而取好服、捷口、容悅者也[122]。臣伏見當今內寵之臣[123]，位非其人，任非其量[124]，不能輔國匡時，羣黨[125]相扶，害忠隱賢[126]。願陛下簡[127]文武之臣，各勤其官[128]，州牧督將[129]，藩鎮方外[130]，公卿尚書[131]，務修仁化[132]，上助陛下，下拯[133]黎民，各盡其忠，拾遺萬一[134]，則康哉之歌[135]作，刑錯[136]之理清。願陛下[137]留神思臣愚言。」

時殿上列將何定佞巧便辟[138]，貴幸任事[139]，凱面責[140]定曰：「卿[141]見前後事主不忠，傾亂[142]國政，寧有得以壽終者[143]邪？何以專為佞邪[144]，穢塵天聽[145]？宜自改厲[146]。不然，方見卿有不測之禍[147]矣。」定大恨凱，思中傷[148]之，凱終不以為意，乃心公家[149]，義形於色[150]，表疏皆指事不飾[151]，忠懇[152]內發。

【章旨】以上為〈陸凱傳〉的第二部分，描寫了陸凱對吳主孫皓過失的深情勸諫，及對佞臣何定罪過的嚴厲斥責，反映出他盡忠於朝廷的一片赤誠之心。

【注釋】❶皆莫敢迕　都不敢違背。莫，沒有誰。迕，冒犯；違背。❷卒有不虞　突然出現意外。卒，突然。不虞，料想不到的事；意外。❸自視　看自己。❹揚土　指揚州。❺泝流　逆水而上。泝，同「溯」。❻窮匱　困窘匱乏。匱，空乏；窮盡。❼疏　書面分條向皇帝陳述政見。❽臣聞有道之君二句　有道的君主，是用快樂的事使百姓快樂。有道，指有道德，或指有作為。以樂樂民，第一個「樂」，指快樂的事。第二個「樂」，是使動用法，指「使……快樂」。下句「以樂樂身」同。❾彌　更加。❿樂　原作「久」，今從宋本。⓫誠宜　確實應當。⓬頃年　近年。⓭君威傷於桀紂　夏桀、商紂般的殘暴傷害了君威。君威，國君的尊嚴或威勢。桀紂，夏桀和商紂，古代暴君名。後用作暴君的代稱，這裏指昏暴的行為。桀，名履癸，夏朝末代國王。他嗣位後，對內殘暴荒淫，對外濫施征伐。後被商湯大敗於鳴條，出奔南巢而死。紂，即帝辛，名受。商朝末代國王。自恃天命在身，對內重刑厚斂，對外黷武好戰。他荒於酒色，殘害忠良。後在牧野被周兵大敗，被迫登鹿臺自焚而死。⓮闇　昏昧；黯然失色。⓯姦雄　邪惡之人的首領；狡詐欺世的野心家。⓰閉於羣孽　被一羣罪惡之人所阻絕。閉，阻絕。孽，罪惡。⓱辜無罪　懲罰無罪的人。辜，罪惡，這裏指懲罰、懲辦。⓲愆　過失；過錯。⓳作妖　興起怪異、邪惡的事。這裏指反常怪異的東西或現象。古人把許多罕見的自然現象看成是上天對人的警告。⓴公卿媚上　王公貴族諂媚皇上。公卿，原指三公九卿，這裏指代王公貴族。媚，諂媚；討好。㉑困民以求饒　使民眾貧困以求得富裕。困，使……貧困。饒，富裕；財富。㉒不義　不符合道義。㉓淫俗　淫亂的風俗；荒淫無恥的習俗。㉔竊　私下，常用作表示個人意見的謙詞。㉕鄰國　指當時司馬炎建立的晉國。㉖務　致力；從事。㉗廩庫　倉庫。這裏泛指倉庫或國庫。廩，米倉。庫，武器庫。㉘天時　天命；時機。這裏指天下統一的時機。㉙傾動天心　動搖天的心意。古人認為君權神授，天心一旦動搖，不再護佑，政權就會不穩，朝代就會更迭。㉚大小呼嗟　大人小孩都悲呼哀嘆。大小，指大人和小孩。呼，呼號；呼叫。嗟，嘆息。㉛保國養民之術　安定國家養息民眾的辦法。保，安定。術，辦法。㉜在　在於。後文的兩個「在」同此。㉝影之在形二句　人的影子在於人的形體本身，聲音的回響在於原聲。形，指實有形體。響，回響。㉞分數　天命；命運氣數。㉟口之所進退　言語所增減。口，這裏指言語。進退，是說增加或減少之意。㊱坐　因為。㊲眩　眼花；看不清楚。這裏指迷惑，迷亂。㊳志濁　內心被某種東西所腐蝕而汙濁不堪。志，志向；心意。這裏指內心。濁，汙濁不堪。㊴賢哲　賢能明達的人。㊵業業　擔心害怕的樣子。㊶遂有覆巢破卵之憂　終於有遭遇滅亡的憂患。遂，終於。覆巢破卵，是指鳥巢傾覆，其卵皆破。比喻一旦政權滅亡，一切都會傾滅。《史記．秦始皇本紀》記載，項羽破秦後「殺子嬰及秦諸公子宗族」。㊷誠信　誠實可信；誠守信義。㊸負薪　背柴草的人。這裏指地位低下的人。㊹巖穴　山洞。這裏指居住在山林中的人，即隱士。㊺三家鼎立　魏、蜀、吳三國鼎立。鼎立，比喻三方並峙，如鼎之三足。㊻綱紀　指控制力或法紀。古代以網喻政，網繩為綱，網孔為紀；

或稱總持為綱，分系為紀。㊼有　據有；取得。這裏指奪取。㊽益州危險　指益州地勢險要。益州，州名。三國時益州為蜀所有，治所在成都。危險，指地勢高峻險要。㊾固守　堅守。㊿劉氏與奪乖錯　後主劉禪在給與和剝奪的問題上互相錯亂。劉氏，指蜀漢後主劉禪，字公嗣，乳名阿斗，劉備之子。繼位後，寵信宦官，朝政腐敗。後降魏。詳見本書卷三十三〈後主傳〉。與奪，給與和剝奪。乖錯，錯亂。乖，違背；不協調。錯，不合。(51)失所　失當。(52)恣意　肆意。恣，放縱。(53)竭於不急　在無關緊要的事情上用盡百姓的人力和財力。竭，盡；用完。不急，不急於要辦的事情；無關緊要。(54)見虜　被俘獲。見，表示被動的意思。(55)大理　大道理；萬事萬物的規律。(56)文不及義　文詞沒有一句是有道理的。本作「言不及義」。語出《論語・衛靈公》：「子曰：『羣居終日，言不及義，好行小慧，難矣哉！』」文，即文詞。義，指道理。(57)慧　原誤作「惠」，今據宋本校正。(58)謹奏　指恭謹的呈報。謹，謹慎；恭謹。奏，進言；呈報。用於臣下對君主。(59)所為煩苛　感到煩瑣苛刻的原因。所為，指由於……的原因。煩苛，煩瑣苛刻。(60)錯亂　錯雜混亂。(61)大功　指浩大的工程。(62)損百役　減少眾多繁重的勞役。損，減少。(63)務寬盪　致力放寬政策。務，致力；從事。寬盪，平坦；廣大。這裏指政策放寬些。(64)忽苛政　減輕苛刻殘暴的政令。忽，減輕；除滅。苛政，苛重的負擔；苛刻殘暴的政令。(65)墝确　土地貧瘠多石。墝，瘦；不肥沃。确，石頭多。(66)陵居　在大土山上居住。陵，大土山。(67)翼星為變　翼星發生變亂。翼星，星宿名。即二十八宿中朱雀（南方）七宿的第六宿，共有二十二顆星。按《史記・天官書》所說，古人把天上的星宿分別指配地上的州國，說某某星是某國的分星，某某星宿是某某州國的分野。其中翼星是荊州的對應星宿，武昌屬於荊州，翼星出現異常變化，表明荊州將會出現災禍，所以孫晧欲遷都武昌是不吉利的。(68)熒惑作妖　火星出現異常徵兆。熒惑，火星的別名。火星呈紅色，熒熒像火，亮度常有變化；從地面看，火星運行有時從西向東，有時又似從東向西，情況複雜，令人迷惑，故稱「熒惑」。古人認為熒惑運行到某一星宿，與這一星宿相應的州國就有戰爭等各種災禍發生。作妖，興起異常現象。作，興起。妖，古時稱一切反常的東西或現象。(69)童謠之言二句　童謠所說的，是出自上天的心意。古人認為童謠出於天意，是人世間吉凶禍福的預兆。(70)乃　竟然。(71)臣聞二句　《禮記・王制》：「國無九年之蓄，曰不足；無六年之蓄，曰急；無三年之蓄，曰國非其國也。」(72)蓄　儲蓄；積蓄。(73)祿延子孫　爵祿延伸到子孫身上。古代爵位及其俸祿可以世襲，所以這樣說。(74)致命　效命；獻身。(75)匡救　匡正補救。匡，糾正。(76)苟進　隨便進獻。(77)容媚　逢迎諂媚。(78)荼毒　殘害；毒害。荼，一種苦菜。毒，毒蟲。(79)計　打算。(80)孫弘造義兵　孫弘興起義兵。「孫弘造義兵」一事不詳。孫弘，先後任吳中書令、太子少傅。善於諂媚欺詐。曾誣告侍中張休致死。在太子孫和與魯王孫霸的爭鬥中依附孫霸，曾詆毀擁護太子的驃騎將軍朱據，並趁孫權病重之機，偽造詔書對朱據追加賜死。孫權臨終前，召孫弘與諸葛恪、孫峻等囑咐後事。權死，弘素與恪不和，懼為恪所治，祕權死訊，欲矯詔除恪，被孫峻告發。恪利用請弘議事之機，於座中殺弘。詳見本書卷五十七〈朱據傳〉、卷六十四〈諸葛恪傳〉。造，興起。義兵，強制徵調民丁組成的一種地方武裝部隊。81所在　到處；處處。82異役　在不同的地方服役。83廩食　用公糧供養他們。84露根之漸　樹木開始露出根部。比喻國家根基出現危險。漸，逐步發展。85莫之恤　沒有人為此擔憂。莫，沒有人。恤，憐憫；憂慮。86鬻　出賣。87調賦相仍　各種人頭稅、土地稅的徵收接連不斷。調，當時把民戶向國家繳納的綿、麻、布、絹等實物稱為調。調實際上是一種人頭稅，但當時常以戶為單位收繳實物。賦，這裏指土地稅。當時也以實物形式即穀物來繳納。相仍，接連不斷。88疲極　疲困到極點。疲，疲憊；困頓。極，盡頭；極點。89長吏　地位較高的官員。這裏指郡守、縣令等主要官員。90隱括　一種矯正竹木彎曲的器具。這裏引申為糾正、調正、扭轉等義。91監官　監察地方官員的官。92二端　事情的開始和結尾。這裏泛指中央和地方官吏。93再　一再；再次。94一息　一概予以撤職。一，全部；一概。息，停止。這裏指罷免、撤職、貶逐。95矜哀孤弱　憐憫孤苦貧弱的人。96鎮撫　安撫。97免毒螫之淵　逃脫有毒刺侵害的深淵。免，逃脫；逃避。螫，即「蜇」。尾部有毒刺的蟲子。98羅網之綱　羅網綱繩的籠罩。羅網，捕捉鳥獸的網。綱，網上的總繩。一提總繩，網隨即收攏。99襁負而至　用襁褓背負小孩來到。襁，襁褓，背負小孩的背帶。此語出自《論語・子路》：「上好禮，則民莫敢不進；上好義，則民莫敢不服；上好信，則民莫敢不用情。夫如是，則四方之民襁負其子而至矣，焉用稼？」100保　保全；保護。101臣聞五音二句　為臣聽說五音使人的聽覺不清楚，五色使人的視覺不明亮。語出《老子》第十二章：「五色令人目盲，五音令人耳聾。」五音，是指中國古代音樂中的五個音階，即宮、商、角、徵、羽。又用以泛指音樂。聰，聽覺好；清楚。五色，即中國古代稱之為正色的青、赤、黃、白、黑，其他色稱為雜色。也泛指各種顏色。這裏指各種色彩豔麗的東西。明，視力好；明亮。102先帝　同「先王」。指孫權。103後宮列女　後宮的妃嬪。後宮，宮中妃嬪居住之處。104織絡　指孫吳皇宮中從事紡織、縫紉等手工勞作的宮女。105崩　古稱帝王去世。106幼景在位　幼主、景帝在位時。幼主，指孫亮。景，指景帝孫休。107更　反而；卻。108不蹈先迹　不遵循先帝的成規。蹈，遵循；實行。迹，足跡；腳印。這裏是指遺留下來的成規。109長　增長。這裏指生產出來的產品。110官廩　官府發給的糧食。111料出賦嫁　從中挑選出宮女准許她們出嫁。料，從中挑選。賦嫁，准予出嫁。112給與　給予。113幸甚　非常幸運。114殷湯取士於商賈　商湯王從商人中選取人才。殷湯，即商湯，商朝建立者。原名履、天乙，卜辭稱太乙、高祖乙。子姓。滅夏後，又稱武湯、成湯。他原為商部族首領。商賈，商人。這裏指商湯王的輔佐大臣伊尹。尹是官名。名伊，一說名摯。據《鶡冠子・世兵》載，伊尹原來是賣酒的商人。

(115)齊桓取士於車轅　齊桓公從駕車人中選拔人才。齊桓，即齊桓公，名小白，春秋時齊國國君。他任用管仲為相，進行改革，國力強盛，成為春秋時期第一霸主。卒謚桓。車轅，車前架牲口的直木，指代駕車人。這裏是指甯戚。據《呂氏春秋・舉難》載：甯戚，春秋時衛國人，想效力於齊桓公，因「窮困無以自進」，於是為人挽車到齊國，「暮宿於郭門之外」。一次齊桓公夜出迎客，甯戚「望桓公而悲」，擊牛角而高歌，桓公「聞之，撫其僕之手曰：『異哉！之歌者，非常人也。』」便召見他。後拜他為上卿大夫。(116)周武取士於負薪　周武王從低賤的服役人中選取人才。周武，即周武王，周王朝建立者。姬姓，名發。率軍攻商於牧野，商軍陣前倒戈，遂滅商，建立周王朝，廟號武王。負薪，背柴草。這裏指低賤服役的人。(117)大漢取士於奴僕　大漢朝從奴僕中選取人才。奴僕，這裏是指季布。據《史記・季布欒布列傳》記載，季布曾為項羽部將，「數為項羽窘上（指劉邦）」。劉邦即帝位，他混雜在奴僕中躲藏起來。後得到劉邦的赦免和任用。(118)賢　指有道德有才能的人。(119)不拘　不受限制。拘，拘泥；限制。(120)洋溢　廣泛傳播。(121)竹素　即竹帛。古人用竹簡和白絹來書寫文字。這裏作「史冊」講。(122)非求顏色句　不是為追求人才容貌而選取那些喜好服飾華麗、很會說話、善於逢迎取悅的人。顏色，指容貌。好服，喜好華麗的服飾。好，喜愛；喜好。捷口，口齒伶俐；能言善辯。容悅，打扮自己使他人喜悅。這裏是指逢迎取悅於皇上。(123)內寵之臣　得到皇帝寵愛的朝臣。內寵，內官得到皇帝寵愛的人。多指宦官、妃嬪及親信侍從等人中的得寵者。(124)量　氣量；抱負。這裏指能力。(125)羣黨　聚合一起結成派別組織。(126)隱賢　埋沒有才能的人。(127)簡　挑選。(128)官　職務；本職官的工作。(129)督將　都督和將軍。(130)藩鎮方外　充作藩屏鎮守邊境地區。藩鎮，原是指地方上某一區域的軍事設防區，以作為拱衛中央的屏障。這裏用為動詞，指鎮守。方外，邊境地區。(131)尚書　官名。尚書臺的官員。東漢時尚書臺是總理國家政務的中樞。(132)修仁化　治理仁義教化。修，整治；治理。(133)拯　救援；救出。(134)拾遺萬一　萬分之一的過失也要加以彌補。拾遺，原為補充他人所遺漏的事物，或為補闕。這裏指彌補過失。萬一，萬分之一，表示極少。(135)康哉之歌　讚頌康樂的歌曲。據《尚書・皋陶謨》載，虞舜時，政治清明，大臣們唱歌讚頌說：「元首明哉！股肱良哉，庶事康哉！」意為國王聖明，大臣賢良，諸事安寧。後世便以「康哉」作為讚頌時勢安寧之詞。(136)刑錯　也作「刑措」。指刑法置而不用，比喻無人犯法。錯，通「措」。放置。(137)陛下　古代臣下敬稱天子之辭。漢蔡邕《獨斷》：「陛，階也，所由升堂也。天子必有近臣，執兵陳於陛側，以戒不虞。羣臣與至尊言，不敢指斥天子，故呼在陛下者而告之，因卑達尊之意也。」(138)殿上列將句　殿上皇帝侍從武官何定奸佞巧詐，諂媚奉迎。殿上列將，官名。為皇帝左右侍從武官。何定，孫晧的寵臣，汝南（今河南平輿北）人。他善諂媚，得晧信任，委以眾事。先後任樓下都尉、殿中列將。專作威福，後罪行敗露，被殺。便辟，善於逢迎諂媚。辟，原作「僻」，今從宋本。[139]貴幸任事　得到孫皓的看重寵愛而擔任要職。[140]面責　當面斥責。[141]卿　古代君對臣、長輩對晚輩的稱謂。[142]傾亂　擾亂。[143]寧有得以壽終者　哪有一個能得到善終的。寧有，豈有；哪有。得，能；可以。壽終，自然死亡。[144]佞邪　諂媚邪惡。原作「姦邪」，今從宋本。[145]穢塵天聽　汙染皇上的視聽。天聽，古時稱帝王的視聽為天覽、天聽。[146]改厲　改正；悔過。厲，禍害；過錯。[147]方見卿有不測之禍　將會看到你有不可預知的大禍來臨。方，將。不測之禍，不可預知的大禍。[148]中傷　攻擊陷害，使對方受到傷害。[149]乃心公家　一心為了朝廷。[150]義形於色　臉上表露出仗義持正的神氣。[151]表疏皆指事不飾　呈表上疏都是直陳其事，不加掩飾。表疏，呈表上疏。表和疏都是一種奏章，指向皇帝上書進言，發表政見。指事，直指實事。不飾，不加掩飾。[152]忠懇　忠誠懇切。

【語譯】孫皓生性不喜歡別人看自己，羣臣進見陪侍，沒人敢違背他的習慣。陸凱勸告孫皓說：「君臣沒有互不相識的道理，如果突然有意外之事，羣臣就不知道怎麼去護駕。」孫皓便允許陸凱看他。

2　孫皓當時遷都武昌，揚州地域的百姓要逆水而上運送物資供給朝廷，他們感到困苦，加上朝廷政事多有失誤，百姓陷於貧窮困乏的境地。陸凱上書說：

3　「臣聽說有道的君主，是用快樂的事使百姓歡樂；無道的君主，是用快樂的事使自己歡樂。使民快樂的君主，他的快樂更加長久；使自己快樂的君主，他得不到歡樂會走向滅亡。百姓是國家的根本，實在應當重視他們的生活，愛惜他們的生命。百姓安定那麼君主就安定，百姓歡樂那麼君主才會歡樂。自近年以來，桀、紂一樣的殘暴傷害了君威，奸惡之人使國君的英明黯然無光，罪惡之人阻絕了國君的恩惠。沒有災害而百姓的生命卻被奪去，無所作為而國家的財物卻被耗空，懲罰無罪的人，獎賞無功的人，使君主出現謬誤，上天興起妖異之事示警。而公卿們諂媚皇上以求得寵愛，使百姓窮困以求得自己富饒，用不義引導國君，用淫亂的習俗來敗壞國政，為臣私下深感痛心。如今與鄰國結好，四方無事，本當致力停止勞役，養息士民，充實倉庫，以等待天時。但卻動搖上天的心意，騷擾百姓，使百姓不得安寧，大人小孩都悲呼哀嘆，這不是安定國家養息百姓的辦法。

4　「臣聽說人世間的吉凶禍福在於天意，就像人的影子在於人的形體本身，聲音的回響在於原聲。形動則影動，形止則影止，這與命運氣數有直接聯繫，不是口說就可以進退的。從前秦王朝喪失天下的原因，就是因為獎賞輕而刑罰重，政令刑法混亂，人力和財力被君主的奢侈所耗盡，君主的雙眼被美色所迷惑，心靈被財寶所汙濁，奸佞之臣在位，賢達之人退隱，百姓擔驚害怕，天下人深受其苦，所以終於有了國破家亡的憂患。漢王朝之所以強盛，是因為君主親行誠信，納諫用賢，恩惠施及奴僕，親請隱士出山，廣泛採納，全面考察，以此來確定謀略。這是以往歷史的明顯例證。

5「近來漢王朝衰落，魏、蜀、吳三家鼎立。曹魏失去法紀，晉國取代了曹魏政權。另外益州地勢險要，士卒大多精悍強壯，閉關固守，可以保守萬世基業，但劉氏在給與和剝奪的問題上互相錯亂，賞罰失當，國君奢侈腐化而恣意妄為，百姓被不急之務搞得財竭力盡，所以受到晉軍討伐，君臣被俘。這是眼前的明證。

6「臣不了解大道理，文辭沒有道理，智慧淺陋低劣，不再有其他期望，只是私下為陛下痛惜天下罷了。臣恭謹的奏上耳聞目睹的情況，百姓感到煩擾苛虐的原因，刑法、政事錯亂的根由，希望陛下停止浩大的工程，減少眾多的勞役，盡力實行寬緩的政策，減輕苛暴的政令。

7「另外武昌地區，實在是地勢險要，土地瘠薄多石，不是建都安國養民的地方。船隻停泊會沉沒漂走，在山上居住又陡峭危險，況且有童謠說：『寧飲建業水，不食武昌魚；寧還建業死，不止武昌居。』臣聽說翼宿發生變化，火星出現異常徵兆，童謠之言，出自上天的心意，竟然把安居武昌和回到建業去死兩相對比，這完全足以明白天意，知道百姓的痛苦。

8「臣聽說國家沒有三年的儲備，就不能稱之為國家，而如今沒有一年的儲備，這是臣下的責任啊。然而各位公卿位居人上，爵祿惠及子孫，竟然沒有獻身的節操，匡正補救的方法，隨便向國君進獻一些小利，以此來逢迎諂媚，殘害百姓，不為國君打算。自從孫弘組織義兵以來，農耕已經荒廢，到處都不再有賦稅繳納，而將一家父子分在不同地方服役，官府供給的糧食一天天增多，國家的積蓄一天天消耗，百姓有妻離子散的怨恨，國家有根基動搖的跡象，但卻無人為此憂慮。民力困窮，賣兒賣女，田租賦役接連不斷，百姓日益疲困到了極點，地方郡縣長官，不加糾正，加上監察官員，既不愛護百姓，又只知仗權行威，到處騷擾百姓，更為煩瑣苛刻。百姓兩頭受苦，財力一再消耗，這對國家沒有好處，只有損害。希望陛下一律罷免這些官員，憐憫孤苦貧弱的百姓，以此安撫百姓的心。這就如同使魚鱉得以逃脫有毒刺侵害的深淵，使鳥獸得以脫離羅網的籠罩，四面八方的百姓都會背負著孩子前來歸附了。如果這樣，百姓可以得到保全，先王創建的國家就可以永存。

9 「臣聽說五音使人的聽覺不清楚，五色使人的視覺不明亮，這些對政事沒有益處，而有損於國事。從前先帝在世時，後宮的妃嬪以及從事紡織的女僕，人數不滿百人，米糧有積蓄，財貨有盈餘。先帝去世後，幼主、景帝在位，反而一改節儉變得奢侈，不遵從先帝的成規。臣聽說宮裏紡織的女僕以及各種閒人，竟有一千多人，估計他們所生產的物品，不足以為國家增添財富，然而他們坐吃國家的糧食，年復一年，這是沒有益處的。希望陛下挑選出該嫁的宮女，嫁給沒有妻子的人。這樣，上應天心，下合地意，天下百姓就非常幸運了。

10 「臣聽說商湯從商賈中選取人才，齊桓公從車伕中挑選人才，周武王從服役人中選拔人才，大漢朝從奴僕中選取人才。聖明的君王選取人才都是以賢德作為標準，不被地位低賤所限制，所以他們的功德廣為傳揚，英名流傳史冊。他們不是追求容貌而去選取那些喜歡穿好衣服、口齒伶俐、善於逢迎取悅的人。臣看到當今內官受寵之臣，地位與人品不相符，職務與才能不相合。他們不能輔佐國政匡扶時局，而是結黨營私，殘害忠良，埋沒賢能。希望陛下選擇文臣武將，各自勤勉於自身職務，州牧督將，鎮守邊境，公卿尚書，致力於仁義教化。對上輔佐陛下，對下拯救百姓，各自竭盡忠誠，有萬分之一的過失也要彌補。這樣，讚頌君明臣良的歌曲就會唱起來，刑法置而不用的道理就會清楚。希望陛下留意考慮臣所說的這些愚陋的言論。」

11 當時殿上列將何定奸佞巧詐，諂媚逢迎，受寵當權，陸凱當面斥責何定說：「你看從古到今事主不忠，禍亂國政的人，哪一個能得到善終的？為什麼要專幹那些諂媚邪惡，蒙蔽皇上視聽的事呢？你應當改正。不如此的話，你將會有不測之禍了。」何定特別憎恨陸凱，想中傷他，但陸凱始終不以為意，仍一心為國，正義之氣表露在臉上，奏表上疏都是直言不諱，忠誠懇切之情發自內心。

1 建衡❶元年，疾病❷，晧遣中書令❸董朝❹問所欲言，凱陳：「何定不可任用，宜授外任❺，不宜委❻以國事。奚熙❼小吏，建起浦里❽田，欲復嚴密❾故迹，亦不可聽。姚信❿、樓玄⓫、賀邵⓬、張悌⓭、郭逴⓮、薛瑩⓯、滕修⓰及族弟喜、抗⓱，或清白忠勤，或姿才卓茂⓲，皆社稷之楨幹⓳，國家之良輔，願陛下重留神思，訪以時務⓴，各盡其忠，拾遺萬一。」遂卒，時年七十二。

2 子禕，初為黃門侍郎㉑，出領部曲㉒，拜偏將軍㉓。凱亡後，入為太子中庶子。右國史㉔華覈㉕表薦禕曰：「禕體質方剛，器幹彊固㉖，董率㉗之才，魯肅不過㉘。及被召當下㉙，徑還㉚赴都，道由武昌，曾不迴顧㉛，器械軍資，一無所取，在戎㉜果毅，臨財有節。夫夏口㉝，賊之衝要㉞，宜選名將以鎮戍㉟之，臣竊思惟㊱，莫善㊲於禕。」

3 初，晧常銜凱數犯顏忤旨㊳，加何定譖構㊴非一，既以重臣㊵，難繩㊶以法，又陸抗時為大將在疆場㊷，故以計容忍。抗卒後，竟徙凱家於建安㊸。

4 或曰寶鼎元年十二月，凱與大司馬㊹丁奉㊺、御史大夫㊻丁固㊼謀，因晧謁廟㊽，欲廢晧立孫休子。時左將軍㊾留平㊿領兵先驅(51)，故密語平，平拒而不許，誓以不泄，是以所圖不果(52)。太史郎(53)陳苗奏晧久陰不雨，風氣迴逆(54)，將有陰謀(55)，皓深警懼(56)云。

5 予(57)連從荊、揚來者得凱所諫皓二十事，博問吳人，多云不聞凱有此表。又按其文殊甚切直(58)，恐非皓之所能容忍也。或以為凱藏之篋笥(59)，未敢宣行(60)，病困(61)，皓遣董朝省問(62)欲言，因以付之。虛實難明，故不著于篇(63)，然愛其指擿(64)皓事，足為後戒，故鈔列于凱傳左(65)云。

6 皓遣親近趙欽口詔報凱前表(66)曰：「孤動(67)必遵先帝，有何不平？君所諫非也。又建業(68)宮不利，故避之，而西宮室宇摧朽(69)，須謀移都，何以不可徙乎？」

凱上疏曰：

7 「臣竊見陛下執政以來，陰陽不調(70)，五星失晷(71)，職司(72)不忠，奸黨相扶，是陛下不遵先帝之所致。夫王者(73)之興，受之於天，修(74)之由德，豈在宮乎？而陛下不諮之公輔(75)，便盛意驅馳(76)，六軍(77)流離悲懼，逆犯天地，天地以(78)災，童歌其謠。縱(79)今陛下一身得安，百姓愁勞，何以用(80)治？此不遵先帝一也。

8 「臣聞有(81)國以賢為本，夏殺龍逄(82)，殷獲伊摯，斯(83)前世之明效，今日之師表(84)也。中常侍王蕃黃中通理(85)，處朝忠謇(86)，斯社稷(87)之重鎮，大吳之龍逄也，而陛下忿其苦辭(88)，惡其直對(89)，梟(90)之殿堂，屍骸暴棄。邦內傷心(91)，有識(92)悲悼，咸以吳國夫差[93]復存。先帝親賢，陛下反之，是陛下不遵先帝二也。

9 「臣聞宰相[94]國之柱也，不可不彊，是故漢有蕭、曹[95]之佐，先帝有顧、步[96]之相。而萬彧瑣才凡庸之質[97]，昔從家隸[98]，超步紫闥[99]，於彧已豐，於器已溢，而陛下愛其細介[100]，不訪大趣[101]，榮以尊輔[102]，越尚舊臣[103]。賢良憤惋，智士赫咤[104]，是不遵先帝三也。

10 「先帝愛[105]民過於嬰孩，民無妻者以妾妻[106]之，見單衣者以帛[107]給之，枯骨不收而取埋之。而陛下反之，是不遵先帝四也。

11 「昔桀紂滅由妖婦[108]，幽厲亂在嬖妾[109]，先帝鑒之，以為身戒，故左右不置淫邪之色，後房無曠積之女[110]。今中宮[111]萬數，不備嬪嬙[112]，外多鰥夫[113]，女吟於中[114]。風雨逆度，正由此起[115]，是不遵先帝五也。

12 「先帝憂勞萬機[116]，猶懼有失。陛下臨阼[117]以來，游戲後宮，眩惑[118]婦女，乃令庶事多曠[119]，下吏容姦[120]，是不遵先帝六也。

13 「先帝篤尚朴素[121]，服不純麗[122]，宮無高臺，物不彫飾[123]，故國富民充，姦盜不作[124]。而陛下徵調州郡，竭[125]民財力，土被玄黃[126]，宮有朱紫[127]，是不遵先帝七也。

14

「先帝外仗顧、陸、朱、張[128]，內近胡綜[129]、薛綜[130]，是以庶績雍熙[131]，邦內清肅。今者外非其任，內非其人[132]，陳聲[133]、曹輔[134]，斗筲小吏[135]，先帝之所棄，而陛下幸之，是不遵先帝八也。

15

「先帝每宴見羣臣，抑損醇醲[136]，臣下終日無失慢之尤[137]，百寮庶尹[138]，並展[139]所陳。而陛下拘以視瞻之敬[140]，懼以不盡之酒[141]。夫酒以成禮[142]，過則敗德，此無異商辛長夜之飲[143]也，是不遵先帝九也。

16

「昔漢之桓、靈[144]，親近宦豎[145]，大失民心。今高通、詹廉、羊度[146]，黃門小人，而陛下賞以重爵，權[147]以戰兵。若江渚有難[148]，烽燧[149]互起，則度等之武不能禦侮明也，是不遵先帝十也。

17

「今宮女曠積，而黃門復走州郡，條牒[150]民女，有錢則舍[151]，無錢則取，怨呼道路，母子死訣[152]，是不遵先帝十一也。

18

「先帝在時，亦養諸王太子，若取乳母，其夫復役[153]，賜與錢財，給其資糧，時遣歸來[154]，視其弱息[155]。今則不然，夫婦生離，夫故作役[156]，兒從後死，家為空戶，是不遵先帝十二也。

19

「先帝歎曰：『國以民為本，民以食為天[157]，衣其次也，三者，孤存之於心。』

今則不然，農桑[158]並廢，是不遵先帝十三也。

20 「先帝簡士[159]，不拘卑賤，任之鄉閭[160]，效之於事，舉者不虛，受者不妄[161]。今則不然，浮華者登[162]，朋黨[163]者進，是不遵先帝十四也。

21 「先帝戰士，不給他役，使春惟知農，秋惟收稻，江渚有事，責其死效[164]。今之戰士，供給眾役，廩賜不贍[165]，是不遵先帝十五也。

22 「夫賞以勸功[166]，罰以禁邪，賞罰不中[167]，則士民散失。今江邊將士，死不見哀[168]，勞不見賞，是不遵先帝十六也。

23 「今在所監司[169]，已為煩猥[170]，兼有內使[171]，擾亂其中，一民十吏[172]，何以堪命[173]？昔景帝[174]時，交阯反亂[175]，寔由茲[176]起，是為遵景帝之闕[177]，不遵先帝十七也。

24 「夫校事[178]，吏民之仇也。先帝末年，雖有呂壹[179]、錢欽[180]，尋皆誅夷[181]，以謝[182]百姓。今復張立校曹[183]，縱吏言事[184]，是不遵先帝十八也。

25 「先帝時，居官者咸久於其位，然後考績黜陟[185]。今州郡職司，或莅政無幾[186]，便徵召遷轉[187]，迎新送舊，紛紜[188]道路，傷財害民，於是為甚，是不遵先帝十九也。

26 「先帝每察竟解之奏[189]，常留心推按[190]，是以獄無冤囚，死者吞聲[191]。今則違之，是不遵先帝二十也。

27 「若臣言可錄[192]，藏之盟府[193]；如其虛妄[194]，治臣之罪。願陛下留意。」

【章　旨】以上為〈陸凱傳〉的第三部分，敘述了陸凱在病重期間留下的遺囑和死後其家人的境況，尤其是引錄陸凱託中書令董朝轉交給孫皓的上疏，更加表現出陸凱「忠壯質直」、大義凜然和對腐敗朝政嫉惡如仇的大無畏的精神。

【注　釋】❶建衡　吳末帝孫皓年號，西元二六九—二七一年。❷疾病　病重。❸中書令　官名。中書省的長官，執掌機要，主擬詔旨，發布政令。❹董朝　先後任吳中書郎、中書令、司徒等職，很受孫皓寵用。❺外任　到地方去任職。外，是指對京師而言。❻委　託付；委託。❼奚熙　孫皓在位時，任中書郎、臨海太守。曾誣以皓舅子何都代皓自立，遂舉兵欲回師誅討何都，被何都叔父何植擊殺，夷滅三族。事跡散見於本書卷四十八〈孫皓傳〉、《三國志・孫和何姬傳》裴松之注引《江表傳》。❽浦里　指浦里塘。是嚴密建丹楊湖田時修築，故址在今安徽當塗與江蘇高淳、溧水交界處的石臼湖西岸。據本書卷四十八〈孫休傳〉記載，吳永安三年（西元二六〇年）「秋，用都尉嚴密議，作浦里塘。」。❾嚴密　在任吳都尉時，建議開墾丹楊湖田，作浦里陂堰，以灌溉農田。後因傭工之費巨大，士卒死亡，百姓大怨之，未竣工即停修。詳見本書卷六十四〈濮陽興傳〉。❿姚信　字元直，武康（今浙江德清）人。陸遜的外甥。孫權曾欲廢太子，信因親附太子，被流徙。孫皓即位後，任太常。事跡散見於本書卷五十八〈陸遜傳〉、卷五十九〈孫和傳〉。⓫樓玄　字承先，沛郡蘄（今安徽宿縣南）人。孫休時為監農御史。孫皓即位，為散騎中常侍，出為會稽太守，累遷大司農、宮下鎮禁中候。後因多次違背皓意，並被人誣謗，遂收付入獄，徙交阯，不久自殺。後其子孫也被誅殺。玄清忠奉公，冠冕當世，眾服其操，無與爭先。詳見本書卷六十五〈樓玄傳〉。⓬賀邵　字興伯，會稽山陰（今浙江紹興）人。孫休時，為散騎中常侍，出為吳郡太守。孫皓即位，遷中書令，領太子太傅。他針對孫皓兇暴驕矜，政事日弊的情況，上疏切諫，為皓深恨之。邵奉公貞正，親近所憚。乃共譖邵與樓玄謗毀國事，俱被詰責。後邵中惡風，口不能言，皓疑其託疾，收付酒藏，掠考千所，邵卒無一語，竟被殺害，其家屬被徙臨海。詳見本書卷六十五〈賀邵傳〉。⓭張悌　字巨先，襄陽（今湖北襄樊）人。少有名理，孫休時為屯騎校尉。孫皓天紀三年（西元二七九年），由軍師升為丞相。次年，為晉安東將軍王渾所殺。事跡散見於本書卷四十八〈孫皓傳〉及裴松之注引《襄陽記》。

⓮郭逴　孫皓即位，為散騎中常侍。詳見本書卷六十五〈樓玄傳〉。⓯薛瑩　字道言，沛郡竹邑（今安徽宿縣）人。薛綜次子。孫休時為散騎中常侍，不久以病去官。孫皓時領少傅，出為武昌左部督。後因督萬人鑿聖谿事受牽連，入獄，徙廣州。後奉召還參與編撰《吳書》，任左國史。尋又坐同郡繆禕事，復徙廣州。又召還復職。時法政多謬，舉措煩苛，瑩數上疏，主張緩刑簡役，養育百姓。遷光祿勳。吳亡，瑩寫降文。仕晉為散騎常侍。詳見本書卷五十三〈薛綜傳〉。⓰滕修　字顯先，南陽西鄂（今河南南陽北）人。據《晉書・滕修傳》載，初仕吳為將帥，封西鄂侯。孫皓時，代熊睦為廣州刺史，甚有威惠。徵為執金吾。廣州部曲督郭馬反叛，受命率兵討之。未克而晉伐吳，吳降。入晉，封武當侯。修在南方數年，為邊夷所附。⓱族弟喜抗　同族弟弟陸喜、陸抗。陸喜，字文仲，吳郡吳（今江蘇蘇州）人。陸瑁次子。喜涉獵文章典籍，好辨別、評述他人作品。孫皓時為選曹尚書。入晉為散騎常侍。詳見本書卷五十七〈陸瑁傳〉及裴松之注引《吳錄》。陸抗，字幼節，吳郡吳（今江蘇蘇州）人。孫策外孫，陸遜之子。年二十，拜建武校尉。孫皓時，為鎮軍大將軍，領益州牧。抗聞都下政令多闕，憂深慮遠，極力上疏。對佞臣何定弄權，閹官預政，又上表勸諫。吳鳳皇元年（西元二七二年），西陵督步闡據城降晉，抗率軍破晉將羊祜，攻陷西陵城，誅夷闡族及其大將吏，加拜都護。詳見本書卷五十八〈陸遜傳〉。⓲姿才卓茂　品格卓越，才華出眾。

⓳楨幹　原指築牆時所用的夾板。引申為骨幹、根本，用來比喻棟梁之材，擔當重任的人才。⓴訪以時務　徵詢對時務的看法。訪，徵詢；諮詢。時務，當時的要事。㉑黃門侍郎　官名。執掌侍從皇帝左右，受尚書事，上在內宮，關通中外及中宮以下眾事。㉒出領部曲　外出統領部隊。出，指離開京城。部曲，本為漢代軍隊的編制單位。該詞最早見於《漢書・李廣傳》和〈趙充國傳〉。據《後漢書・百官志》：「領軍皆有部曲。大將軍營五部，部校尉一人，比二千石；軍司馬一人，比千石。部下有曲，曲有軍候一人，比六百石。……其餘將軍，置以征伐，無員職，亦有部曲、司馬、軍候以領兵。」由此可知，「部」和「曲」本來是軍隊兩級組織名稱，後來由於部、曲經常連用，加之二者在軍隊編制中是基層組織，具有常規性質，所以後人逐漸用「部曲」一詞來泛指軍隊。東漢時期田莊經濟出現後，豪強地主為保護自己的既得利益，就按「部曲」的軍事建制在田莊內組織自己的私人武裝，於是，「部曲」一詞便被用來指稱私人武裝了。㉓偏將軍　官名。將軍中地位較低的將領，多由校尉或裨將升遷，無定員，第五品。㉔右國史　吳置此官，與左國史並掌修國史。㉕華覈　字永先，吳郡武進（今江蘇鎮江市東）人。以文學入為祕府郎，遷中書丞。孫皓即位，封徐陵亭侯。敢於言事，前後陳便宜及貢薦良能，解釋罪過，對時

政弊端極力規諫，上書百餘次，皆有補益。詳見本書卷六十五〈華覈傳〉。㉖器幹彊固　才幹堅實可靠。器幹，指才幹。彊固，強實堅固。固，有可靠的意思。㉗董率　統領；統率。㉘魯肅不過　魯肅也比不過他。魯肅，字子敬，臨淮東城（今安徽定遠東南）人。好濟貧結士，甚得鄉邑歡心。初仕袁術，見其不足成事，便率百餘人南依周瑜。瑜薦之於孫權，權貴重之。在曹操南征劉表時，建言聯合劉備抗曹，後孫劉聯軍大敗曹軍於赤壁。周瑜卒，代領兵。年四十六卒。詳見本書卷五十四〈魯肅傳〉。不過，不會超過。㉙下　指順長江而下。㉚徑還　直接返回。㉛迴顧　回頭看。這裏指停留。㉜戎　戰爭；軍隊。㉝夏口　地名。一曰沔口，指夏水（漢水下游的古稱）注入長江處，即現今武漢之漢陽。當時為孫吳水師屯駐之處。㉞衝要　指交通或軍事要地。㉟鎮戍　戍守。㊱思惟　考慮；思考。㊲莫善　莫過於；沒有更好。㊳銜凱數犯顏忤旨　對陸凱多次冒犯他的尊嚴、違抗他的旨意而常常懷恨在心。銜，懷恨在心；怨恨。顏，面容。這裏指尊嚴。旨，皇帝的旨意。㊴譖構　詆毀誣陷。譖，說壞話誣陷他人。構，把某些事情牽連在一起作為罪狀陷害人。㊵重臣　身居重要職位的大臣。㊶繩　木工用的墨線。這裏指制裁。㊷彊埸　國界；邊境。彊，界限；盡頭。㊸建安　縣名。東漢建安初治所在今福建建甌。吳永安三年（西元二六〇年），分會稽南部置建安郡，治建安。㊹大司馬　官名。協助皇帝總領全國軍事。孫吳於黃龍七年（西元二二八年）初置。後分左右大司馬。㊺丁奉　字承淵，廬江安豐（今河南固始）人。少以驍勇為小將，數隨征戰，常有軍功，遷偏將軍。後以招降魏將諸葛誕有功，升左將軍。又與濮陽興等迎立孫皓，遷右大司馬、左軍師。詳見本書卷五十五〈丁奉傳〉。㊻御史大夫　官名，主管監察、執法和圖書檔案。㊼丁固　字子賤，本名密，避滕密，改作固。山陰（今浙江紹興）人。少喪父，獨與母居，有美名聲。孫休時，任左御史大夫。孫皓即位，遷司徒。詳見《三國志・虞翻傳》裴松之注引《會稽典錄》。㊽因皓謁廟　趁著孫皓拜謁宗廟的機會。因，趁著；利用。謁廟，拜謁宗廟。㊾左將軍　官名。負責京師兵衛及戍守邊境，討伐四夷。若加給事中號，就宿衛皇帝，參與朝議，決定國家大事。若領尚書事，就負責實際政務。㊿留平　留贊次子。會稽長山（今浙江金華）人。先後任征西將軍、左將軍。與施績並稱「智略名將」。拒絕參與陸凱等人謀廢孫皓、立孫休之子的計劃。事跡散見於本書卷六十一〈陸凱傳〉、《三國志・孫峻傳》裴松之注引《吳書》。(51)先驅　走在前面引導。(52)所圖不果　圖謀沒有成功。圖，謀劃；計議。不果，沒有成為事實。(53)太史郎　官名。秦漢置太史，又稱太史令，負責天文曆法、祭祀和典籍。太史郎可能是太史令的屬官。(54)迴逆　迂迴不順；迴旋不暢。(55)陰謀　暗中謀劃。(56)警懼　警覺害怕。(57)予　我。本書作者陳壽自稱。(58)殊甚切直　非常懇切直率。(59)篋笥　竹製的箱子。篋，小箱子。笥，竹器。(60)宣行　公布；公開。(61)病困　病危。(62)省問　探問；探望。(63)著于篇　指撰寫在傳的正文中。(64)指擿　指出。擿，揭發；挑出。(65)左　後。古人直行書寫，從右至左，故左為後。66晧遣親近句　孫晧派遣親信趙欽口頭傳達詔令，答覆陸凱先前上奏的表章。親近，親密接近的人；親信。趙欽，孫吳官吏。生平事跡不詳。口詔，口頭宣授皇帝的命令。報，回答；答覆。表，文章的一種，臣下給皇帝的奏章。67孤動　我的行動。孤，古代侯王對自己的謙稱。動，行動；舉動。68建業　地名。原名秣陵，即今江蘇南京。東漢建安十六年（西元二一一年），孫權自京口（今江蘇鎮江市）徙治秣陵。次年，修築石頭城，並將秣陵改名建業，遂為孫吳京都。晉武帝平吳後，復稱秣陵。晉太康二年（西元二八一年），分秣陵北為建鄴，改「業」為「鄴」。西晉末，避愍帝諱，改為建康。69西宮室宇摧朽　西宮的房屋崩坍腐朽。西宮，指西都武昌的皇宮。據《建康實錄》卷四記載，吳甘露元年（西元二六五年）九月，孫晧以建業宮不吉利為由遷居武昌。次年十二月，又以武昌宮破舊為由遷回建業。室宇，即房屋。摧朽，崩坍腐朽。摧，毀壞。朽，腐朽。70陰陽不調　指陰陽二氣不調和。陰陽二氣是中國古代人們用以解釋人與自然、人與人之間關係的一種哲學概念。古人重視陰陽二者之間的變化跡象，認為適應它們的變化，做事就會成功。反之，就是違反天意和規律，做事就會失敗。71五星失晷　五星運行失常。五星，指水、木、金、火、土五大行星。失晷，指天體運行反常，失去正常的軌道。古人認為這是一種不祥之兆。晷，是一種按照日影測定長度、方向以定時刻的儀器。72職司　任職的官員。73王者　指帝王。74修　學習；培養。75公輔　指三公等輔佐大臣。76盛意驅馳　決意要驅車趕馬進行遷移。盛意，一心一意；決意。驅馳，驅車趕馬奔馳。77六軍　周制，天子有六軍，諸侯國君有三軍、二軍、一軍不等。後泛指軍隊。此指皇帝的衛戍部隊。78以　因此；因而。79縱　即使。80用　施行。81有　擁有；據有。這裏指治理，統治。82龍逢　即關龍逢。夏桀時為大夫。桀作酒池，荒於政事，他引黃圖以諫，立而不去，被桀指為妖言而將其囚禁殺害。83斯　這是。84師表　學習的榜樣。師，學習；效法。表，標準；表率。85中常侍王蕃句　中常侍王蕃心懷美德，通達事理。中常侍，官名。出入宮廷，侍從皇帝，傳達皇帝詔令。專由宦官擔任。王蕃，字永元，廬江（今安徽潛山縣西）人。博覽多聞，兼通術藝。初為尚書郎，孫晧時入為常侍。後被晧所殺。詳見本書卷六十五〈王蕃傳〉。黃中通理，即心懷美德，通達事理。出自《易經‧坤卦》：「君子黃中通理，正位居體，美在其中，而暢於四支，發於事業，美之至也。」黃色於五色居中，故為中和之色。中是指內在的本性。黃中，是說內德之美。通理，通曉事物的道理。86忠謇　忠誠正直。謇，正直。87社稷　喻指國家。社，土神。稷，穀神。古代天子、諸侯都要立壇祭祀社稷，故常用社稷代表國家。88苦辭　苦口勸說。比喻逆耳的忠言。89直對　直率的對答。90梟　殺人後將其頭割下懸於木樁上示眾。91邦內傷心　國內的人為其傷心。這裏是形容人們極度悲痛。92有識　指有遠見卓識的人。93夫差　春秋末年吳國國君。曾攻破越國，又大敗齊軍，與晉國爭霸。後聽信讒言，殺害忠言勸諫的大臣伍子胥，被越國打敗，自殺而亡國。(94)宰相　泛指掌握政權的長官。秦漢以後用以指代輔佐皇帝、統領百官、總攬國家政務的最高行政長官。這裏是指丞相。(95)蕭曹　即蕭何、曹參。蕭何，西漢初大臣。沛（今江蘇沛縣）人。曾為沛縣吏。西元前二〇九年，佐劉邦起事，取勝項羽有功。漢朝建立後，以功第一封為酇侯。定律令，發展經濟，與民休息，為開國名相。曹參，西漢初大臣。沛（今江蘇沛縣）人。秦時為獄掾，從劉邦起兵反秦有功。劉邦即帝位，賜平陽侯，任齊相國。相齊九年，用黃老之術，使政治安定，經濟發展，時稱賢相。後繼蕭何為漢朝相國，舉事無所變更，時稱「蕭規曹隨」。(96)顧步　即顧雍、步騭。顧雍，字元歎，吳郡吳（今江蘇蘇州）人。初為合肥長，後代孫邵為丞相，政績甚著。詳見本書卷五十二〈顧雍傳〉。步騭，字子山，臨淮淮陰（今江蘇淮陰西南）人。初被孫權召為主記，歷海鹽長、驃騎將軍等職。後代陸遜為丞相。詳見本書卷五十二〈步騭傳〉。(97)萬彧瑣才句　萬彧才智微小，資質平庸。萬彧，初為烏程令、左典軍，與孫晧相好。孫休死後，進言力主立晧為帝，甚受晧寵愛。後官至右丞相。瑣才，瑣碎細小的才能。這裏指才智微小。(98)家隸　私家的奴僕。(99)超步紫闥　越級提拔為宮廷侍從人員。超步，指越級。紫闥，皇宮中紫色的小門。喻指出入帝王宮廷的侍從人員。(100)細介　細微之處。介，通「芥」。小草，比喻細小瑣屑的事物。(101)不訪大趣　不考察志向等大的方面。訪，考察；查訪。趣，意向。(102)尊輔　尊崇的輔佐大臣職位。這是指萬彧曾任右丞相一事。(103)越尚舊臣　超越原有的大臣。越尚，超越在……之上。(104)赫吒　憤怒和感嘆。赫，發怒的樣子。吒，嘆息聲。(105)愛　原作「憂」，今從宋本。(106)妻　作動詞用，表示嫁給……人。(107)帛　絲織品的總稱。這裏泛指紡織品。(108)妖婦　妖豔嫵媚的女子。這裏指夏桀的寵妾妹喜、殷紂的寵妾妲己。妹喜，一作末喜。相傳桀伐有施氏，有施氏把她獻給桀，很得桀寵愛。由於桀淫侈暴虐，引起湯的討伐。桀自鳴條戰敗後，與她同舟浮江，奔南巢之山而死。一說桀伐蒙山時得到了她，故又稱蒙妹。妲己，己姓，名妲，有蘇氏之女。紂伐有蘇氏，她被收留，受到紂的特殊寵愛，以至言聽計從。曾慫恿紂王殺害宗室大臣，以毒刑整治異己。牧野潰敗後，紂奔鹿臺自焚，她亦自縊而死。(109)幽厲亂在嬖妾　周幽王、周厲王時出現的禍亂，是在於寵幸的男侍小妾。幽厲，即周幽王、周厲王。周幽王，姬姓，名宮涅，宣王子。即位後，任用虢石父為卿，善諛好利，對百姓敲剝吸髓，對外用兵，招致大敗，寵愛褒姒，荒淫昏亂。後被犬戎殺於驪山。周厲王，姬姓，名胡。寵信榮夷公，橫徵暴斂，實行專利，又命衛巫監謗「國人」言論，引起「國人」暴動。他逃奔至彘死。嬖，寵愛；得寵的人。這裏指榮夷公。(110)後房無曠積之女　後宮沒有聚集閒置多餘的女子。後房，這裏指後宮。曠積，指聚集閒置多餘的。過去帝王後宮中妃嬪眾多，其中能得到帝王寵幸的只是少數，大部分甚至終生難得見帝王一面，所以這裏說「曠積」。(111)中宮　即宮中，是指宮中的婦女。(112)嬪嬙　泛指宮廷女官，也就是有機會親近皇帝的正式小妾。(113)鰥夫老而無妻或喪妻的男子。(114)女吟於中　宮內的女子在呻吟。吟，嘆息；呻吟。中，宮中。(115)風雨逆度二句　風雨出現反常，正是由此引起的。古人以男為陽，女為陰。現今宮中聚集大批女子，而宮外有眾多鰥夫，這是陰陽失調。所以說「風雨逆度，正由此起」。逆度，指違反常規。(116)萬機　指皇帝平常繁忙的政務。(117)臨阼　指即皇帝位。臨，統治。阼，臺階。古代廟寢堂前兩階，主階在東，稱阼階。帝王登阼階主持祭祀，因此以「阼」指帝位、登基。(118)眩惑　迷惑。眩，兩眼昏花。惑，迷惑。(119)庶事多曠　使很多政事多有荒廢。庶事，眾多的政事。庶，眾；多。曠，這裏指荒廢。(120)容姦　包容邪惡。容，寬容。姦，邪惡；狡詐。(121)篤尚朴素　非常崇尚節儉。篤，甚；非常。(122)純麗　精美華麗。(123)彫飾　雕琢修飾。(124)作　興起；發生。(125)竭盡；完。(126)土被玄黃　地上鋪有用各色絲帛織成的席和毯。被，覆蓋。玄黃，彩色的絲帛。(127)朱紫　華麗的服飾。朱紫為古代高級官員的服色，這裏指官員都穿戴華貴的服飾。(128)顧陸朱張　即顧雍、陸遜、朱治、張昭。顧雍已見前述。陸遜，字伯言，吳郡吳（今江蘇蘇州）人。孫策女婿。歷東西曹令史，後拜上大將軍，官至丞相。詳見本書卷五十八〈陸遜傳〉。朱治，字君理，丹楊故鄣（今浙江安吉西北）人。隨孫堅征戰有功，為督軍校尉。後扶助孫策平定江東，又與張昭等遵奉孫權。詳見本書卷五十六〈朱治傳〉。張昭，字子布，彭城（今江蘇徐州）人。孫策時文武之事，一以委昭。策臨亡，以弟權託昭，昭率羣僚立而輔之。孫權行車騎將軍，昭為軍師，後封由拳侯。權當置丞相，眾議歸昭，權以昭性剛、敢諫，不用昭。權稱帝後，昭以老病，孫權還官位及所統領。更拜輔吳將軍，改封婁侯。一度不參與政事，在家撰寫《春秋左氏傳解》及《論語注》。詳見本書卷五十二〈張昭傳〉。(129)胡綜　字偉則，汝南固始（今安徽臨泉）人。初仕孫策，後從孫權，為建武中郎將。與蜀重修盟好，他起草盟文。詳見本書卷六十二〈胡綜傳〉。(130)薛綜　字敬文，沛郡竹邑（今安徽宿縣）人。孫權即位後，先後任尚書僕射、選曹尚書、太子太傅等職。學識規納，為吳良臣。詳見本書卷五十三〈薛綜傳〉。(131)庶績雍熙　各項事務和諧興盛。出自《尚書・堯典》：「允厘百工，庶績咸熙。」庶績，眾多的事務。庶，眾。雍熙，這裏是指上下關係融洽和睦。熙，《爾雅・釋詁》：「熙，興也。」(132)今者外非其任二句　意為內外朝官都是人非其任，任非其人。(133)陳聲　孫皓的寵臣。因對皓愛妾使人至市劫奪百姓財物繩之以法，而被皓燒鋸斷頭處死。詳見本書卷四十八〈孫皓傳〉。(134)曹輔　孫皓寵臣。事跡不詳。(135)斗筲小吏　器量狹小的小官。出自《論語・子路》：「(子貢)曰：『今之從政者何如？』子曰：『噫！斗筲之人，何足算也？』」斗，古代的量名，容十升。筲，古代一種竹製盛物之器，能容五升。這裏比喻見識短淺，器量狹小。(136)抑損醇醲　限制飲酒的數量。抑損，限制；減少。醇醲，味道厚重的酒，泛指酒。(137)失慢之尤　失禮的過失。失慢，失禮和輕慢；不敬。尤，過錯；罪過。(138)百寮庶尹　羣臣百官；文武百官。庶尹，百官之長，泛指百官。(139)展　發揮；施展。(140)視瞻之敬　瞻望時的恭敬。因為孫晧「性不好人視己」，所以特別看重別人在看他時的態度如何。(141)懼以不盡之酒　用沒完沒了的飲酒來使羣臣害怕。據載孫晧每次宴會羣臣，都要他們喝得爛醉，一旦發現大臣酒後失言露出不滿情緒，就施以酷刑。(142)酒以成禮　指酒是用來完成禮儀的。出自《左傳》莊公二十二年：「飲桓公酒，樂。公曰：『以火繼之。』辭曰『臣卜其晝，未卜其夜，不敢。』君子曰：『酒以成禮，不繼以淫，義也。以君成禮，弗納於淫，仁也。』」由此可知，夜飲為淫樂。(143)商辛長夜之飲　商紂王通宵達旦的狂飲。商辛，即商紂，紂名辛，故又稱商辛。長夜之飲，通宵達旦的喝酒。《史記・殷本紀》記載說，商紂「大冣樂戲於沙丘。以酒為池，縣（懸）肉為林，使男女倮（裸）相逐其間，為長夜之飲」。(144)桓靈　即東漢桓帝劉志、靈帝劉宏。在他們統治期間，宦官外戚擅權，政治腐敗，社會矛盾尖銳。(145)宦豎　對宦官的鄙稱。豎，童僕；小子。對人的一種蔑稱。(146)高通詹廉羊度　這三人都是宦官，為孫晧所寵信。(147)權　權力。這裏指給予征戰帶兵的權力。(148)江渚有難　長江岸邊發生戰爭。渚，水邊。難，災難，這裏指戰爭。(149)烽燧　即狼煙烽火，古代邊防報警的兩種信號。邊境一旦發現外敵入侵時，守邊人員便在所築高臺上發出信號，白天燃起濃煙，叫「燧」，夜間燒起大火，叫「烽」。這樣一站一站的將敵人入侵消息迅速傳遞到京城。(150)條牒　逐項登記的名冊。這裏指按照逐項登記的名冊進行挑選。(151)舍　放過。(152)死訣　如同生死離別。(153)復役　免除服勞役。(154)時遣歸來　按時打發回家。(155)弱息　弱小的子女。(156)夫故作役　丈夫仍然要服勞役。故作，仍然從事。(157)國以民為本二句　國家以民眾為根本，民眾以吃飯為最重要的事。(158)農桑　農耕和蠶桑。指耕織。(159)簡士　選拔人才。簡，選擇；挑選。(160)任之鄉閭　從民間任用他們。任，任用。鄉閭，古代居民組織單位。以二十五家為一閭，一萬二千五百戶為一鄉。這裏指基層，也可指民間。(161)妄　不實；欺妄。(162)登　晉升。(163)朋黨　為私利而勾結同伙拉幫結派，組成排斥異己的宗派集團。(164)責其死效　要求他們拼死效力。責，要求；督促。死效，拼死效力。(165)稟賜不贍　指糧餉給養不充足。贍，充足；豐富。(166)勸功　鼓勵立功。(167)不中　不適當。(168)哀　哀悼。(169)監司　專司監察軍隊或地方官吏有關部門的官員。(170)煩猥　繁多混雜。猥，雜濫。(171)內使　即中使，由宦官充任，作為駐宮中派出的使臣。(172)一民十吏　是指官吏之多之濫，並非指實數。(173)堪命　活下去。堪，忍受。(174)景帝　指吳景帝孫休。(175)交阯反亂　交阯叛亂。吳永安六年（西元二六三年），因在該郡徵調一千多名手工藝人到建業，郡官員呂興便煽動兵士民眾進行反叛，殺死太守孫諝。交阯，郡名。西漢置。東漢末改為交州。泛指五嶺以南。(176)茲　此。這裏指上面所說的這些事。(177)闕　過失；過錯。(178)校事　官名。或作典校、校曹。他們充當皇帝耳目，專門刺探各級官吏和民眾的言行。(179)呂壹　見前所述。(180)錢欽　孫權時任校事。事跡不詳。(181)尋皆誅夷　不久都誅殺了。尋，不久；很快。(182)謝　道歉。(183)復張立校曹　重新設立校曹。張立，設立。(184)言事　談論政事。這裏指舉報告發，進讒言。[185]考績黜陟　考核官員政績，決定降職或提升。黜，貶退。這裏指降職或免職。陟，提升職務。[186]莅政無幾　指到任理政沒有多久。莅，到任。無幾，沒有幾天；時間很短。[187]遷轉　升任或轉任。[188]紛紜　多而亂，這裏指充塞。[189]竟解之奏　指呈進請求核准的判決文書。竟解，辦好之後呈上請求核准的公文。竟，完畢。解，呈上請求批准的公文。[190]推按　追查；審查。[191]吞聲　不作聲。本指有怨恨而不敢作聲，這裏指沒有怨恨，心服口服。[192]錄　採納；接受。[193]盟府　負責保存盟約之類文書的官府。[194]虛妄　不符合事實。

**【語　譯】** 建衡元年，陸凱病重，孫皓派中書令董朝去問他想說些什麼話，陸凱陳述說：「何定不能任用，應該授任外職，不宜把國家大事委託給他。奚熙是個小官吏，是由修建浦里塘起家，他想再走嚴密的老路，也不能聽從。姚信、樓玄、賀邵、張悌、郭逴、薛瑩、滕修，以及臣的族弟陸喜、陸抗，他們有的清正廉潔，忠誠勤勉，有的品格卓越，才華出眾，都是社稷的棟梁，國家的優秀輔佐，希望陛下多加留心關注，向他們徵詢當今的政事，讓他們各盡忠心，拾遺補闕於萬一。」陸凱說完這些話後就去世了，時年七十二歲。

2　兒子陸禕，最初擔任黃門侍郎，後來外任統領部隊，授任偏將軍。陸凱去世後，調回京城任太子中庶子。右國史華覈上表推薦陸禕說：「陸禕氣質剛正，才幹堅實可靠，統率軍隊的能力，連魯肅也比不上他。當他被徵召時，直接趕回京都，路過武昌時，竟不作停留，軍用器械物資，絲毫沒有拿走。軍事上果敢剛毅，面對財物，堅守節操。夏口，是敵軍的軍事要衝，應當挑選名將去鎮守，臣私下考慮，沒有人比陸禕更適合的。」

3　最初，孫皓常常銜恨陸凱多次對他違旨冒犯，加上何定不止一次詆毀誣陷，但一方面因為陸凱是朝廷重臣，很難繩之以法，另方面陸抗時任大將駐守邊境，因此出於策略而加以容忍。陸抗去世後，孫皓最終將陸凱的家屬流放到了建安。

4　有人說，在寶鼎元年十二月，陸凱曾與大司馬丁奉、御史大夫丁固密謀，打算趁孫皓拜祭宗廟的機會，廢黜孫皓，擁立孫休的兒子。當時左將軍留平率兵開路，所以陸凱就把謀劃祕密告訴留平，留平拒絕了，沒有答應，但發誓不把這件事洩露出去，因此他們所謀劃的事情沒有成功。太史郎陳苗上奏孫皓說，天氣久陰不雨，風氣迴旋，將有陰謀出現，孫皓非常警惕。

5 我接連從荊州、揚州來的人中得到了陸凱勸諫孫晧二十件事情的章表，廣泛詢問吳地人，大多數人說沒有聽過陸凱有這二十件事情的章表。另外我考察章表上的那些文字都非常懇切直率，恐怕不是孫晧所能容忍的。有人認為陸凱是將章表藏在書箱裏，沒有敢公開上奏，病危時，孫晧派董朝前去探望並詢問他想留下什麼話時，他才把這些章表交給了董朝。這件事情真假難明，所以沒有載入本篇正文，然而我喜歡章表中批評孫晧各事，足以作為後世的鑑戒，因此把它抄錄在陸凱傳記的後面。

6 孫晧派遣親信趙欽口頭傳達詔書，回答陸凱先前的上疏說：「朕的行動一定遵循先帝的制度，你有什麼不滿意的？你的勸諫是不對的。另外建業的宮殿不吉利，所以要躲避它，而且西宮的房屋崩坍腐朽，應該謀劃遷都，為什麼不能遷徙呢？」陸凱上疏說：

7 「臣私下看到陛下執政以來，陰陽不調，五星運行失常，主管官員不忠誠，奸黨相互勾結，這就是陛下不遵循先帝的制度所導致的。帝王的興起，是受命於上天，是修行道德的結果，怎麼在於宮殿呢？而且陛下不徵詢輔佐大臣，就決意驅車遷都，全軍流動轉移，官兵悲懼，冒犯天地，天地因此降災，童謠流傳。即使陛下一人得以安全，但百姓愁苦勞累，又怎麼來治理國家？這是陛下不遵從先帝的第一件事。

8 「臣聽說治理國家應以賢才為本，夏桀殺害龍逢而亡，商湯得到伊摯而興，這是前世的明證，也是今天學習的榜樣。中常侍王蕃心懷美德，通曉事理，在朝忠直，是國家的重臣，大吳國的龍逢。然而陛下憤恨他的逆耳忠言，厭惡他直言對答，把他在殿堂上斬首，拋棄屍體。國內人士傷心，有識之士悲悼，都以為吳國的夫差又出現了。先帝親近賢才，而陛下相反，這是陛下不遵從先帝的第二件事。

9 「臣聽說宰相是國家的柱石，不能不強有力，所以漢朝有蕭何、曹參這樣的輔佐，先帝有顧雍、步騭這樣的丞相。然而萬彧才能資質猥瑣平庸，過去起自奴僕，越級邁入宮廷。這對於萬彧來說，已經夠多了；比之於器皿，已經流溢了。但陛下喜愛他的細微之處，而不去考察他重大方面的志趣，用尊崇的輔政大臣職務來使他榮耀，超過了舊臣的地位。賢良之臣悲憤嘆息，智謀之士憤慨，這是陛下不遵從先帝的第三件事。

10 「先帝愛民勝過對自己的嬰兒，百姓中沒有妻室的便把自己的妾嫁給他們，看到衣衫單薄的人就把布帛送給他們，枯骨沒有人收殮的就派人取來埋葬。而陛下與此相反，這是陛下不遵從先帝的第四件事。

11「從前夏桀、商紂亡於妖豔的婦人，周幽王、周厲王的禍亂出於寵妾，先帝以此為鑑，用這些教訓告誡自己，所以身邊不安排淫亂邪惡的女色，後宮沒有閒置多餘的女子。現今宮中的女子數以萬計，她們沒有機會當上妃嬪，宮外很多男人沒有妻子，宮內的女子卻在呻吟。風雨違反常規，正是由此引起的，這是陛下不遵從先帝的第五件事。

12「先帝憂勞於繁重的政務，還擔心失誤。陛下即位以來，在後宮遊樂嬉戲，迷惑於女色，以致政事多有荒廢，下面的官吏包容邪惡，這是陛下不遵從先帝的第六件事。

13「先帝非常崇尚節約樸素，衣服不求精緻華麗，宮中沒有高大的樓臺，器物不加雕飾，所以國富民豐，奸盜不起。而陛下向州郡徵收賦稅，調發勞役，耗盡百姓財力，宮中地面鋪著各色席毯，宮人穿著華貴的衣服，這是陛下不遵從先帝的第七件事。

14「先帝對外倚仗顧雍、陸遜、朱治和張昭，對內親近胡綜、薛綜，因此各項政事和諧興旺，國內清靜平安。如今外臣不能稱職，內官任用的人選也不合適，陳聲、曹輔，都是器量淺薄狹隘的小吏，被先帝所拋棄，但陛下卻寵愛他們，這是陛下不遵從先帝的第八件事。

15「先帝每次設宴接見羣臣，總是限制大臣的飲酒數量，因此臣下終日沒有輕慢失禮的過失，羣臣百官，都能陳述自己的想法。而陛下卻不許臣下對您直視，臣下因無止境的飲酒而恐懼。酒是用來完成禮儀的，過量就會有損德行，這無異於商紂的長夜之飲，這是陛下不遵從先帝的第九件事。

16「過去漢朝的桓帝、靈帝，親近宦官，大失民心。如今高通、詹廉、羊度，都是宦官小人，然而陛下賞給他們尊貴爵位，給他們帶兵征戰的權力。假如長江岸邊防線發生戰事，烽煙燃起，羊度等人的軍事能力不能抵禦外敵入侵是非常明顯的，這是陛下不遵從先帝的第十件事。

17「如今宮女大量閒置，而宦官們還奔走於各州郡，登記民間的女子，交錢的就放過，沒錢的就搶走，百姓哀怨呼喊的聲音充塞道路，母女之間生死離別，這是陛下不遵從先帝的第十一件事。

18 「先帝在世時，也撫養諸王和太子，如果給他們選取奶媽，奶媽的丈夫就免除勞役，賜給錢財，供給他生活物資和糧食，按時讓奶媽回家，探視她們幼小的子女。如今卻不是這樣，夫妻活生生被拆散，丈夫仍舊要服勞役，兒女隨後死去，這些家庭便成為空戶，這是陛下不遵從先帝的第十二件事。

19 「先帝嘆息說：『國以民為本，民以食為天，其次是穿衣。這三件事，朕放在心上。』如今卻不是這樣，農耕和紡織都同時荒廢，這是陛下不遵從先帝的第十三件事。

20 「先帝選拔人才，不被地位卑賤所限制，起用於鄉里，通過辦事成效來進行檢驗，舉薦的人不作假，被薦舉的人不欺妄。現在卻不是這樣，浮華不實的人遷升，拉幫結派的人被進用，這是陛下不遵從先帝的第十四件事。

21 「先帝的戰士，不服其他的勞役，使他們春天時只知道從事農耕，秋天只是收穫稻穀。長江岸邊防線一有戰事，就責成他們拼死效力。現在的戰士，要服眾多的勞役，糧餉給養又不充足，這是陛下不遵從先帝的第十五件事。

22 「獎賞是用來鼓勵建功立業的，懲罰是用來禁止邪惡的，賞罰不當，士兵和百姓就會散失。現今江邊的將士，死了得不到哀悼，勞累得不到獎賞，這是陛下不遵從先帝的第十六件事。

23 「現今各地的監察官員，已經繁多混雜，加上宮中派出的使臣，從中騷擾搗亂，一個百姓十個官，百姓怎麼活得下去呢？過去景帝時，交阯發生叛亂，實際上就是由此引起的，這是陛下沿襲了景帝的過失，不遵從先帝的第十七件事。

24 「校事，是官吏和百姓的仇敵。先帝晚年，雖然有呂壹、錢欽，但很快就都誅殺了，以此向百姓道歉。如今又重新設立校曹，任隨他們舉報，這是陛下不遵從先帝的第十八件事。

25 「先帝的時候，做官的人都久居其職，然後考察他們的政績，或黜或升。如今的州郡官員，有的理政沒有幾天，就徵召升遷或轉任他職，迎新送舊，紛紛來往於道路，禍民傷財，於此為甚，這是陛下不遵從先帝的第十九件事。

26 「先帝每次審察判決文書，總是留心推究審查，所以監獄裏沒有蒙冤的囚犯，被判處死刑的人心服無語。現今卻違背了這種做法，這是陛下不遵從先帝的第二十件事。

27 「如果臣的話可以採納，請把奏疏收藏在盟府中；如果臣所言虛妄，就懲治臣的罪過。希望陛下留心臣所說的話。」

1 胤字敬宗，凱弟也。始為御史❶、尚書選曹郎❷，太子和❸聞其名，待以殊禮。會❹全寄❺、楊竺❻等阿附❼魯王霸❽，與和分爭❾，陰相譖搆❿，胤坐⓫收下獄，楚毒⓬備至，終無他辭⓭。

2 後為衡陽督軍都尉⓮。赤烏十一年，交阯九真⓯夷賊攻沒⓰城邑，交部⓱騷動。以胤為交州刺史、安南校尉⓲。胤入南界，喻以恩信⓳，務崇招納⓴，高涼渠帥黃吳等支黨㉑三千餘家皆出降。引軍而南，重宣至誠㉒，遺以財幣㉓。賊帥百餘人，民五萬餘家，深幽不羈㉔，莫不稽顙㉕，交域清泰。就加安南將軍㉖。復討蒼梧建陵㉗賊，破之，前後出兵㉘八千餘人，以充軍用。

3 永安㉙元年，徵為西陵㉚督，封都亭侯㉛，後轉在㉜虎林㉝。中書丞華覈㉞表薦胤曰：「胤天姿㉟聰朗，才通行絜㊱，昔歷選曹㊲，遺迹可紀㊳。還在交州，奉宣㊴朝恩，流民歸附，海隅㊵肅清。蒼梧、南海㊶，歲有暴風瘴氣之害㊷，風則折木，飛砂轉石，氣則霧鬱，飛鳥不經。自胤至州，風氣絕息，商旅平行㊸，民無疾疫，田稼豐稔㊹。州治臨海㊺，海流秋鹹㊻，胤又畜㊼水，民得甘食。惠風橫被㊽，化感㊾人神，遂憑天威㊿，招合遺散(51)，至被詔書當出(52)，民感其恩，以忘戀土(53)，負老攜幼，甘心景從(54)，眾無攜貳(55)，不煩兵衛。自諸將合眾，皆脅之以威(56)，未有如胤結(57)以恩信者也。銜命(58)在州，十有餘年(59)，賓帶殊俗(60)，寶玩所生(61)，而內無粉黛附珠(62)之妾，家無文甲犀象(63)之珍，方(64)之今臣，實難多得。宜在輦轂(65)，股肱(66)王室，以贊唐虞(67)康哉之頌。江邊任輕，不盡其才，虎林選督，堪(68)之者眾。若召還都，寵以上司(69)，則天工畢修(70)，庶績咸熙矣。」

4 胤卒，子式嗣，為柴桑督(71)、揚武將軍(72)。天策(73)元年，與從兄禕俱徙建安。天紀(74)二年，召還建業，復將軍、侯。

【章 旨】以上為〈陸凱傳〉附傳，描寫陸凱之弟陸胤的生平事跡，表現了他恪盡職守，忠清奉公，繼承了陸氏傳統的門風，他所擔任的各項工作成績斐然，為時人所稱讚。

【注 釋】❶御史 官名。御史臺屬官，負責彈劾監察百官。❷尚書選曹郎 官名。尚書臺屬官。❸太子和 即太子孫和，字子孝，孫權子，孫皓父。孫權初立孫登為太子。登死，便立和為太子，時年十九。後因遭全公主誹謗而被廢。詳見本書卷五十九〈孫和傳〉。❹會 適逢；恰巧。❺全寄 吳郡錢唐（今浙江杭州）人。全琮次子。與吳安、孫奇、楊竺等人同為魯王孫霸支黨，圖危太子孫和。後和被廢，孫霸賜死，他亦被殺。事跡散見於本書卷五十九〈孫霸傳〉、〈孫和傳〉和卷六十〈全琮傳〉。❻楊竺　廣陵（今江蘇揚州）人。少獲聲名。與全寄等人同為魯王孫霸支黨，誣告誹謗他人，圖謀危害太子孫和。後孫霸賜死，他也被殺，其屍首漂流江中。事跡散見於本書卷五十八〈陸遜傳〉、卷五十九〈孫霸傳〉。❼阿附　迎合依附。❽魯王霸　即魯王孫霸，字子威，孫和弟，封為魯王。甚受孫權寵愛，與孫和不睦。權禁絕他們同外界的往來。時全寄等人陰共附霸，圖危太子。和因而被廢，霸亦賜死。❾分爭　爭鬥。❿陰相譖搆　暗中羅織罪名進行誣陷。陰，暗中。譖，誣陷。搆，羅織罪狀。⓫坐　獲罪；受牽連。古代法律規定，一人犯法，其家屬連同治罪。⓬楚毒　泛指酷刑。⓭他辭　其他的供詞。辭，口供。⓮衡陽督軍都尉　衡陽，郡名。治所在今湖南湘潭西南。督軍都尉，官名，郡之佐吏，地位僅次於郡太守，負責一郡的軍事。⓯九真　郡名。治所在今越南清化境內。⓰攻沒　攻陷；攻克。⓱交部　即交州，治所在今廣東廣州。⓲安南校尉　官名。吳置。⓳喻以恩信　用恩惠信譽進行開導。喻，告訴；開導。⓴務崇招納　極力提倡開展招降納叛的工作。㉑高涼渠帥黃吳句　高涼，郡名。治所在今廣東恩平北。渠帥，頭目；首領。古代統治者稱敵對方的首領為渠魁或渠帥。黃吳，人名，事跡不詳。支黨，黨羽；同伙。㉒重宣至誠　再次表示招降的誠意。㉓遺以財幣　把錢財送給他們。遺，給予；贈送。財幣，財物和錢幣。㉔深幽不羈　深居山林，不受管束。羈，約束；管束。㉕稽顙　磕頭請罪。稽，古代一種隆重的禮節，下跪，頭手觸地，表示對對方的一種謝意和崇敬之情。這裏表示謝恩請罪。㉖就加安南將軍　就地升任安南將軍。就加，就地提升或加封，即提升時不召至京師領授。加，是指在原所擔任職務外再給予高級職銜。㉗蒼梧建陵　蒼梧，郡名。治所在今廣西梧州。建陵，縣名。治所在今廣西荔浦西南。㉘出兵　從俘虜的人中挑選出士兵。㉙永安　吳景帝孫休年號，西元二五八—二六四年。㉚西陵　地名。即夷陵，在今湖北宜昌東南。㉛都亭侯　爵位名。東漢時增置縣、鄉、亭侯。鄉侯中有都鄉侯，亭侯中又有都亭侯，三國時沿置。㉜在　原誤作「左」。《三國志集解》引陳景雲云：「『左』當作『在』，如王昶從兗州轉在徐州，張飛從宜都轉在南郡是也。」今據陳說校改。㉝虎林　地名。在今安徽貴池西南長江邊。㉞中書丞華覈　中書丞，官名。協助中書令起草管理軍國機要文書。吳置。華覈，字永先，吳郡武進（今江蘇鎮江市東）人。孫晧時為東觀令，領右國史。忠於職守，敢於言事，舉薦賢良。詳見本書卷六十五〈華覈傳〉。㉟天姿　天賦的才能。姿，通「資」。㊱才通行絜　才能全面，品行高潔。絜，同「潔」。高潔之意。㊲選曹　官署名。負責官吏的選拔和任用。㊳遺迹可紀　指有值得記載的事跡。遺迹，留下的足跡。這裏指事跡、政績。可紀，值得記載。紀，通「記」。㊴奉宣　恭敬宣示。㊵海隅　海角，這裏指沿海地區。隅，角落。㊶南海　郡名。秦始皇三十三年（西元前二一四年）置，治所在今廣東廣州。西漢初為南越國。西漢元鼎六年（西元前一一一年）滅南越國後復為郡。㊷歲有暴風瘴氣之害　每年都有暴風瘴氣的災害。歲，每年。瘴氣，舊指中國南方熱帶或亞熱帶山林中致人疾病的溼熱空氣。暴，原誤作「舊」。《三國志集解》引何焯說，認為「舊」字當從《冊府元龜》作「暴」。瘴，原誤作「障」。㊸平行　平安的往來。㊹豐稔　指穀物豐收。稔，穀物成熟。㊺臨海　瀕臨大海。㊻海流秋鹹　指海水苦鹹。秋，《三國志集解》云：「或曰秋字疑誤」。㊼畜　同「蓄」。㊽惠風橫被　指仁愛恩惠覆蓋大地。橫被，充滿；覆蓋。㊾化感　教化感動。㊿天威　皇上的威勢。(51)遺散　這裏指流亡逃散的百姓。(52)至被詔書當出　到接受詔書將要離開交州時。至，到。被，接受。當，將要。出，離開。(53)以忘戀土　以至於忘記了留戀故土的感情。戀土，留戀故土。(54)景從　像影子一樣緊緊跟隨。景，同「影」。表示跟隨之意。(55)攜貳　離心；叛離。(56)脅之以威　使用威勢脅迫對方。脅，脅迫；逼迫。(57)結　凝聚；團結。(58)銜命　受命；肩負使命。(59)十有餘年　十幾年。有，通「又」。用於整數與零數之間。(60)賓帶殊俗　指歸順的少數民族地區持有特殊的風俗。(61)寶玩所生　出產珍寶玩器的地方。(62)粉黛附珠　指搽粉描眉，佩戴珠寶。古代婦女化妝時，敷面用粉，畫眉用黛。黛，是一種青黑色的顏料。附，佩戴。珠，珍珠；珠寶。(63)文甲犀象　指玳瑁、犀角、象牙。(64)方　比起。(65)輦轂　皇帝的車駕。這裏指京城。(66)股肱　這裏比喻輔佐皇帝的大臣。股，大腿。肱，胳膊。(67)唐虞　古代傳說中陶唐氏（堯）和有虞氏（舜）的時代，被稱為是太平盛世時期。(68)堪　可以勝任。(69)上司　漢代對三公的稱呼。(70)天工畢修　指上天給予的使命都能全部完成。(71)柴桑督　官名。指柴桑戰區的軍事指揮官。柴桑，縣名。治所在今江西九江市西南。(72)揚武將軍　官名。主征伐。(73)天策　即天冊。吳末帝孫皓年號，西元二七五年。(74)天紀　吳末帝孫皓年號，西元二七七—二八〇年。

**【語　譯】**陸胤，字敬宗，是陸凱的弟弟。最初擔任御史、尚書選曹郎，太子孫和聽到他的聲名，就用特殊的禮節接待他。恰逢全寄、楊竺等人依附魯王孫霸，與孫和爭權奪利，暗中羅織罪名誣陷孫和，陸胤因受到牽連而被捕入獄，受盡毒刑拷打，始終沒有說什麼。

2　後來他擔任衡陽督軍都尉。赤烏十一年，交阯、九真夷賊攻陷城邑，交州騷亂動盪。朝廷任命陸胤為交州刺史、安南校尉。陸胤進入南部地域，採用恩惠信義加以開導，努力提倡招降納叛，高涼叛軍頭領黃吳等人及其同伙三千多家都出來投降。陸胤率軍南下，再次宣示最大的誠懇心意，送給他們財物和錢幣，賊帥一百多人，百姓五萬多家，深山幽居，不受管束，這時他們沒有不前來磕頭請降的，交州境內清平安寧。朝廷就地加官安南將軍。又征伐蒼梧建陵的賊寇，打敗了他們，先後從俘獲的人中挑選出士兵八千多人，用來補充軍中的兵員需求。

3 永安元年，徵召他任西陵督，封為都亭侯，後來調虎林任職。中書丞華覈上表推薦陸胤說：「陸胤天資聰明，才能通達，品行高潔，過去任職選曹，就有值得記載的事跡。隨後在交州，宣示朝廷的恩德，使流民前來歸附，沿海清靜。蒼梧、南海，每年都有暴風瘴氣之害。暴風來時吹折樹木，飛沙走石；起瘴氣時，霧氣鬱結，飛鳥都不經過。自從陸胤到了交州，暴風和瘴氣就絕跡了，商旅平安往來，百姓沒有疫病，莊稼豐收。交州治所瀕臨大海，海水苦鹹，陸胤又積蓄淡水，使百姓得有甜美的食物。恩惠覆蓋大地，教化感動人神，於是憑藉皇上的威勢，聚攏流亡逃散的百姓。到了他受詔將離開交州時，百姓感戴他的恩德，以至於忘卻了對故土的眷戀，扶老攜幼，甘願像影子一樣跟隨著他，大家沒有異心，無須煩勞軍隊護衛。從來各將領集合兵眾，都是使用威勢相逼迫，還沒有像陸胤那樣用恩德信義來團結他們。他肩負使命在交州任職十多年，歸順的少數民族有不同的習俗，出產珍寶玩器，但他府內沒有擦粉描眉佩戴珠寶的侍妾，家裏也沒有玳瑁、犀角、象牙之類的珍寶，和現在的大臣相比，實在是很難多得。應當把他安排在皇上身邊，輔佐王室，來幫助陛下實現唐堯、虞舜那樣的太平盛世。防守長江沿岸的職責較輕，不能完全發揮他的才幹，虎林戰區選取督將，可以勝任的人很多。如果把他召回京都，寵信他，授與他三公的職位，那上天給予的使命就能全部完成，各項政績都會興盛起來。」

4 陸胤去世後，兒子陸式繼承爵位，擔任柴桑督、揚武將軍。天策元年，和堂兄陸禕一起被流徙到建安。天紀二年，陸式又被召回建業，恢復將軍的職務和侯爵的爵位。

評曰：潘濬公清割斷❶，陸凱忠壯質直❷，皆節槩梗梗❸，有大丈夫格業❹。胤身絜事濟❺，著稱南土❻，可謂良牧❼矣。

【章 旨】以上為陳壽對潘濬、陸凱以及陸胤的評價。在陳壽眼中潘濬和陸凱雖是朝廷重臣，但他們二人敢於犯顏直諫，有大丈夫的氣概，表現了忠臣的本色。而陸胤這位地方官員，一身清白，事業有成，又是一名優秀的州牧。這些評價是公正而客觀的。

【注 釋】❶割斷 指做事果斷。❷質直 質樸正直。❸梗梗 剛直的樣子。❹格業 品格功業。❺事濟 事業成功。❻南土 南方地區。❼良牧 優秀的州行政長官。

【語 譯】評論說：潘濬公正清廉，處事果斷，陸凱忠貞壯烈，樸實正直，都是節操剛直，具有大丈夫的品格和功業。陸胤一身清白，事業有成，在南方地區享有盛名，可以說是一位優秀的州牧了。

【研 析】本卷描述了潘濬、陸凱、陸胤等三位大臣的生平業績，他們不管是在中央朝廷擔任要職，或在地方任守宰，都是恪盡職守，富民教化，保土安邦。他們之所以要這樣做，就是要「盡其忠」。正如陸凱在給孫皓的上疏中所說：「願陛下簡文武之臣，各勤其官，州牧督將，藩鎮方外，公卿尚書，務修仁化，上助陛下，下拯黎民，各盡其忠，拾遺萬一，則康哉之歌作，刑錯之理清。」這就是說，「各盡其忠」就是「各勤其官」。那些「州牧督將，藩鎮方外，公卿尚書」的職責，就是「務修仁化，上助陛下，下拯黎民」，為君主「拾遺萬一」，這樣就可以出現「康哉之歌作，刑錯之理清」的太平盛世。這才是名副其實的忠臣。

什麼是「忠」？《說文》曰：「忠，敬也，从中从心。」這即是說，忠是一種發自內心的敬愛之情。這種敬愛表現在思想上是始終如一，至死不渝；在行動上是殷勤王事，忠清奉公。

我們從本卷所描述的有關潘濬、陸凱、陸胤等三人的功績中，可以看出所謂「忠臣」有如下幾個特點：一、恪盡職守，盡心盡力完成使命。潘濬原在任湘鄉令時，就「治甚有名」。在平定五谿蠻夷叛亂中，他「信賞必行，法不可干」，至是該「一方寧靜」。陸凱「初為永興、諸暨長，所在有治迹」。因後來累有戰功，而升為左丞相。陸胤為交州刺史，「入南界，喻以恩信，務崇招納」，致使高涼渠帥「出降」，其餘人「莫不稽顙」。「自諸將合眾，皆脅之以威，未有如胤結以恩信者也」。

二、不計較個人得失，敢於犯顏直諫。《論語・憲問》曰：「忠焉，能勿誨乎？」這就是說，如忠於某人，對其錯誤能不及時進行規勸嗎？《孝經・事君》也說：「君子之事上也，進思盡忠，退思補過，將順其美，匡救其惡，故上下能相親也。」總之，對君主盡忠言、補過失、順其美、救其惡，犯顏強諫，這是作為忠臣最基本的職責。潘濬、陸凱就忠實的履行了這一職責。潘濬對校事呂壹操弄威柄深惡痛絕，他「求朝，詣建業，欲盡辭極諫」。為此，他一方面想利用大請百官之機，持刀殺壹，以「為國除患」；另一方面雖「太子登已數言之而不見從」，但他出於效忠朝廷，仍「每進見，無不陳壹之姦險」。最後終於使孫權明白過來了，不僅誅殺了呂壹，還「引咎責躬」。潘濬這種鍥而不舍的勸諫精神，在封建時代是難得的。陸凱不僅對孫皓的統治所造成「政事多謬，黎元窮匱」的境況，採取擺事實講道理的方法，用先帝孫權和時主孫皓的所作所為進行對比，心平氣和的進行規勸，而且對孫皓「不好人視己」這樣的小問題，也敢於當面直諫。後人對他們二人堅守「忠臣之事君也，莫先于諫」的信條，深為讚賞，陳壽說：「潘濬公清割斷，陸凱忠壯質直，皆節槩梗梗，有大丈夫格業。」

三、為官清正廉潔，不取一介於民。陳壽在敘述潘濬、陸凱的事跡中，雖未有記載他們在任官時清正廉潔的隻言片語，但從字裏行間中仍可見他們廉潔的端倪。如潘濬在任荊州江夏從事時，曾對「贓穢不修」的沙羨長「按殺之」，從而使「一郡震竦」。從陸凱在上疏中痛斥孫皓「游戲後宮，眩惑婦女」，「徵調州郡，竭民財力，土被玄黃，宮有朱紫」等等奢侈腐化行為，可以想見陸凱為官必定是清正廉潔的。再者從陸凱弟陸胤在任交州刺史時，「內無粉黛附珠之妾，家無文甲犀象之珍」，也可得到印證。

在漢末三國這樣一個動亂時期，「非但君擇臣，臣亦擇君」。君臣之間關係的原則，那就是君明臣則良，君仁臣方能忠。正如孔子所說：「君使臣以禮，臣事君以忠。」（《論語・八佾》）作為君主要禮賢下士，獲得臣心歸服。如孫權「克荊州，將吏悉皆歸附，而（潘）濬獨稱疾不見。權遣人以床就家輿致之」，「權慰勞與語」，並「使親近以手巾拭其面」。孫權的行動使潘濬深為感動，立即「起下地拜謝」。孫權「即以為治中，荊州諸軍事一以諮之」。（《三國志・潘濬傳》裴松之注引《江表傳》）這是君仁臣忠的例證。相反的如君主不明不仁，即算是忠臣竭盡誠心，義形於色，所上表疏都是「指事不飾，忠懇內發」，也無濟於事，弄不好還會給後代帶來禍患。陸凱「忠壯質直」，一心為「公家」，多次規勸孫晧，「願陛下重留神思，訪以時務，各盡其忠，拾遺萬一」。但孫晧非但一概不聽，而且認為「凱數犯顏忤旨，加何定譖構非一」，對陸凱更加惱火，後來在陸抗去世後，「竟徙凱家於建安」。這一事例也說明臣僚盡忠絕非是無條件的對君主以死相報，盡愚忠，而是要觀其盡忠對象的優劣。只有這樣，才能使「忠」真正起到「固國君，安社稷，感天地，動神明」（漢・馬融《忠經》）的作用。（余鵬飛注譯）

# 卷六十二 吳書十七

## 是儀胡綜傳第十七

【題 解】本卷是《三國志・吳書》記載吳國臣僚中的第十一篇列傳。是儀、胡綜不是孫吳政權所依靠的江南土著大姓，也不是南渡的北方大族，但他們二人卻是孫權時代創立吳國的功臣。是儀在孫權繼承大業後，入宮主持尚書職務，總攬眾官，兼理獄訟事務。對外出使蜀國，充當友好使者。他奉事國政數十年，不曾有過失。胡綜從小就和孫權一起讀書，後隨孫權征伐各地，與是儀等共掌軍國機要。他既有文采又有才幹，深得孫權的信任。陳壽專為他們立傳，可知二人在孫權創建吳國過程中所起的重要作用。

是儀，字子羽，北海營陵❶人也。本姓氏，初為縣吏，後仕郡❷，郡相孔融嘲儀❸，言「氏」字「民」無上，可改為「是」❹，乃遂改焉。後依劉繇❺，避亂江東❻。繇軍敗❼，儀徙會稽❽。

【章 旨】以上為〈是儀傳〉的第一部分，簡述「是」姓的來歷和初期投靠劉繇的情況。

【注釋】❶北海營陵　北海，郡名。治所在今山東昌樂東南。營陵，縣名。治所在今山東昌樂東南。❷仕郡　在郡府任職。仕，任職。❸郡相孔融嘲儀　北海相孔融嘲笑氏儀。郡相，官名。郡國之相，或稱國相。西漢初實行郡國並行制，除少數郡（十五郡）直屬中央外，其餘多數郡分屬異姓七國和同姓九國。東漢仍沿郡國並置之制，即在州之下，有郡有國，郡置守，稱郡太守；國置相，稱國相，而稱郡相較少見，均由朝廷任命。孔融，字文舉，魯國（治今山東曲阜）人。孔子二十世孫。少有異才，勤奮好學。漢獻帝時先後任北軍中候、虎賁中郎將、議郎，官至北海相，時稱孔北海。後曹操召為將作大匠，遷少府。性好賓客，與陳琳等人並稱「建安七子」，喜抨議時政，言辭激烈，為曹操所忌，被下獄棄市。詳見《後漢書・孔融列傳》。嘲，嘲笑。❹是　從日從正，會意字，寓正直之義。❺劉繇　字正禮，東萊牟平（今山東牟平）人。少有勇氣，從父劉韙遭劫持，他奪取以歸，由是顯名。為下邑長時，因郡守以貴戚託之，遂棄官而去。辟司空掾，除侍御史，不就。獻帝初，為揚州刺史，因畏憚袁術，移居曲阿。後遭孫策攻破，南奔豫章，不久病卒。詳見本書卷四十九〈劉繇傳〉。❻江東　這裏指長江中下游以南地區。❼繇軍敗　指劉繇先後受到袁術、孫策和笮融的攻打，節節敗退。❽會稽　郡名。治所在今浙江紹興。

【語譯】是儀，字子羽，是北海郡營陵縣人。他本來姓氏，起初任縣吏，後來任職郡府。北海相孔融嘲笑氏儀，說「氏」字是「民」字沒有上面的部分，可以改為「是」，於是就改「氏」為「是」。後來他依附劉繇，到江東躲避戰亂。劉繇的軍隊敗戰後，是儀遷徙到了會稽。

1 孫權承攝❶大業，優文徵儀❷。到見❸親任，專典❹機密，拜騎都尉❺。

2 呂蒙圖襲關羽❻，權以問儀，儀善❼其計，勸權聽之。從❽討羽，拜忠義校尉❾。儀陳謝❿，權令曰：「孤雖非趙簡子⓫，卿安得不自屈為周舍⓬邪？」

3 既定荊州⓭，都武昌⓮，拜裨將軍⓯，後封都亭侯⓰，守侍中⓱。欲復⓲授兵，儀自以非材，固辭⓳不受。黃武⓴中，遣儀之皖㉑就將軍劉邵㉒，欲誘致曹休㉓。

休到，大破之，遷偏將軍㉔，入闕省尚書事㉕，外總平㉖諸官，兼領辭訟㉗，又令教諸公子書學㉘。

4　大駕東遷㉙，太子登㉚留鎮武昌，使儀輔太子。太子敬之，事先諮詢，然後施行。進封都鄉侯㉛。後從太子還建業㉜，復拜侍中、中執法㉝，平諸官事、領辭訟如舊。典校郎呂壹誣白故江夏太守刁嘉謗訕國政㉞，權怒，收嘉繫獄㉟，悉驗問㊱。時同坐人㊲皆怖畏壹，並言聞之，儀獨云無聞。於是見窮詰累日㊳，詔旨轉厲㊴，羣臣為之屏息㊵。儀對曰：「今刀鋸已在臣頸，臣何敢為嘉隱諱㊶，自取夷滅㊷，為不忠之鬼！顧以聞知當有本末㊸。」據實答問，辭不傾移㊹。權遂舍㊺之，嘉亦得免。

5　蜀相諸葛亮㊻卒，權垂心西州㊼，遣儀使蜀申固㊽盟好。奉使稱意，後拜尚書僕射㊾。

6　南、魯二宮㊿初立，儀以本職領魯王傅[51]。儀嫌二宮相近切[52]，乃上疏曰：「臣竊以魯王天挺懿德[53]，兼資[54]文武，當今之宜，宜鎮四方[55]，為國藩輔[56]。宣揚德美，廣耀威靈，乃國家之良規，海內所瞻望[57]。但臣言辭鄙野[58]，不能究盡其意[59]。愚以二宮宜有降殺[60]，正上下之序，明教化[61]之本。」書三四上。為傅盡忠，動輒規諫；事上勤，與人恭62。

【章　旨】以上為〈是儀傳〉的第二部分，通過敘述孫權重用是儀，聽從進諫，是儀竭盡忠心，為孫權效力的具體事例，來表明是儀「事上勤，與人恭」的良好品格及受孫權「稱意」的緣由。

【注　釋】❶承攝　繼承和掌管。攝，掌管；統管。❷優文徵儀　用褒獎的文告徵召是儀。❸見　被。❹典　掌管。❺騎都尉　官名。負責統率皇帝的羽林騎兵。❻呂蒙圖襲關羽　呂蒙謀劃襲擊關羽。呂蒙，字子明，汝南富陂（今安徽阜南東南）人。勇而有謀，善決斷，明於軍事大計。從孫權累建奇功，任左護軍、虎威將軍等。魯肅死，代領其軍，襲破荊州，擒殺關羽，授南郡太守，封孱陵侯。詳見本書卷五十四〈呂蒙傳〉。圖襲，圖謀襲擊。圖，謀劃；圖謀。關羽，字雲長，河東解（今山西臨猗西南）人。漢末亡命奔涿郡，從劉備起兵，並與劉備、張飛結為兄弟，誓共生死。任別部司馬、下邳太守。後備為曹操所敗，羽被俘。白馬之戰斬顏良。仍歸劉備。升任前將軍，率軍攻樊城，威震華夏。因後備空虛，荊州被呂蒙隱兵襲取，羽士眾妻子被虜，軍隊遂散，羽隨即被俘殺。詳見本書卷三十六〈關羽傳〉。❼善　認為是好的。❽從　跟隨。❾忠義校尉　官名。負責領兵征伐。❿陳謝　陳辭推讓。⓫趙簡子　即趙鞅，春秋末晉國六卿之一。初為范氏、中行氏所攻，走保晉陽。後發兵支持公室，反擊范、中行氏，連克朝歌、邯鄲，逼范、中行氏出奔齊國，最後執掌晉國政權。《史記・趙世家》載：「趙名晉卿，實專晉權，奉邑侔於諸侯。」⓬卿安得不自屈句　你怎麼不能委屈自己做個周舍。卿，古代君對臣、長輩對晚輩的稱謂。安得，怎麼能夠。自屈，委屈自己。周舍，趙簡子的臣僚。據《韓詩外傳》七記載：「趙簡子有臣曰周舍，立於門下三日三夜。簡子使問之曰：『子欲見寡人何事？』周舍對曰：『願為諤諤之臣。』」孫權說這句話是希望是儀充當臣僚為他效力。⓭荊州　州名。東漢治所在今湖南常德，劉表移治今湖北襄樊。⓮武昌　縣名。治所在今湖北鄂州。⓯裨將軍　官名。將軍中名號比較低下者之稱。⓰都亭侯　爵位名。東漢時增置縣、鄉、亭侯。鄉侯中有都鄉侯，亭侯中又有都亭侯，三國時沿置。⓱守侍中　代理侍中職務。守，代理。侍中，官名。秦始置，為丞相屬官，往來殿中，入侍天子，故曰侍中。負責侍從皇帝，應對顧問，出入宮廷，興建制度，權力頗大。⓲欲復　還想；又準備。⓳固辭　堅決辭讓。固，堅決。辭，辭讓；推辭。⓴黃武　吳王孫權年號，西元二二二—二二九年。㉑之皖　到皖城。之，往；到。皖，縣名。治所在今安徽潛山縣。㉒劉邵　孫吳將軍，駐守皖。吳黃武二年（西元二二三年）六月，俘獲魏蘄春太守晉宗。㉓曹休　字文烈，沛國譙（今安徽亳州）人，曹操族子。常從征伐，為騎都尉。魏文帝時，先後任鎮南將軍、征東將軍，領揚州刺史。明帝即位，遷大司馬。後在與吳軍於尋陽交戰時，不利，不久病卒。㉔偏將軍　官名。將軍中地位較低的將領，多由校尉或裨將升遷，無定員，第五品。㉕入闕省尚書事　入宮檢查尚書事務。闕，宮門，這裏指皇宮。省，察看；檢查。尚書，官名。協助皇帝處理政務，文武百官的奏章都要經過他呈奏給皇帝，權勢很重。㉖總平　負責評議。㉗辭訟　訴訟，這裏是指官僚之間發生的各類辯爭訟議。㉘書學　指讀書和學習書法、算術、武術、琴曲、繪畫和棋藝等。㉙大駕東遷　指黃龍元年（西元二二九年）秋九月，孫權由武昌東遷，定都建業。大駕，皇帝出行乘坐的車，按規模有大駕、法駕、小駕。據《後漢書・輿服志》載曰：「乘輿大駕，公卿奉引，太僕御，大將軍參乘，屬車八十一乘。」這裏指孫權已於黃龍元年夏四月丙申日在武昌「南郊即皇帝位」了，所以遷都稱大駕東遷。㉚太子登　即太子孫登，字子高，孫權長子。魏黃初二年（西元二二一年），為東中郎將，封萬戶侯，登辭侯不受。孫權稱帝，立為皇太子。為人仁慈，不欲煩民。出外狩獵時，遠避良田，不踐苗稼。他人有過不忍致罰。詳見本書卷五十九〈孫登傳〉。㉛都鄉侯　爵位名。位在列侯下，關內侯、都亭侯之上。㉜建業　地名。原名秣陵，即今江蘇南京。東漢建安十六年（西元二一一年），孫權自京口（今江蘇鎮江市）徙治秣陵。次年，修築石頭城，並將秣陵改名建業，遂為孫吳京都。晉武帝平吳後，復稱秣陵。晉太康二年（西元二八一年），分秣陵北為建鄴，改「業」為「鄴」。西晉末，避愍帝諱，改為建康。㉝中執法　官名。即中丞。漢代御史中丞負責察舉非法，故又稱御史中執法。內掌文書，外督百官。三國時吳於御史中丞下設中執法一人，左、右執法各一人。㉞典校郎呂壹句　典校郎呂壹誣告原江夏太守刁嘉誹謗國家大政。典校郎，官名。又稱校事、校曹、校郎、校官等。典校諸官府及州郡文書，充當皇帝或執政耳目，刺探軍民言行。俞正燮《癸巳存稿》卷七〈校事〉條稱：魏吳有校事官，似北魏之候官，明之廠衛。吳之校事則尤橫。或謂之典校（〈顧雍傳〉、〈步騭傳〉、〈朱據傳〉），或謂之校曹（〈陸凱傳〉），或謂之校郎（〈是儀傳〉），或謂之校官（〈諸葛恪傳〉）。呂壹，孫權嘉禾中任中書校事，典校諸官府及州郡文書，為孫權所信任。他竊弄權柄，擅作威福，使他人橫受大刑。太子孫登數次進諫，孫權不聽，致使大臣畏懼，莫有敢言。後奸惡罪行暴露，被殺。其事跡散見於本書卷四十七〈吳主傳〉、卷五十二〈顧雍傳〉。誣白，誣告。白，告發。江夏，郡名。劉表以黃祖為江夏太守，治所在今湖北武昌西南。黃祖死後，劉琦為江夏太守，卻屯夏口。此後，魏、吳並置江夏郡。刁嘉，孫權時任江夏郡太守，事跡不詳。謗訕，誹謗詆毀；指責。㉟收嘉繫獄　逮捕刁嘉入獄。收，逮捕。繫，拴；綁。獄，監獄。㊱悉驗問　將有關人員全部進行查證審問。驗，查驗；驗證。問，詢問；追究。㊲時同坐人　指所有當時在場的官員。㊳窮詰累日　接連數日受到盤根究底的追問。窮，追究到底。詰，追問；責問。㊴詔旨轉厲　指孫權下達的詔令越來越嚴厲。詔旨，皇帝的命令或文告。轉厲，日益厲害。㊵屏息　抑制呼吸，形容擔心到極點，或者說捏把冷汗。㊶隱諱　隱瞞。㊷夷滅　滅亡；誅滅。㊸顧以聞知當有本末　只是認為聽到的事情應當有來龍去脈。顧，只是；不過。以，認為。本末，指事實的經過，或者說事情的來龍去脈。㊹傾移　改變。㊺舍　放棄；放過。㊻諸葛亮　字孔明，琅邪陽都（今山東沂南南）人。自幼父母雙亡，隨從叔父諸葛玄到荊州。玄去世後，寓居隆中躬耕苦讀。後劉備三顧茅廬，尋求統一大計，亮提出隆中對策，頗中劉備胸懷，而後遂成為劉備主要謀士。在聯吳抗曹取得赤壁之戰勝利後，又乘機占領荊、益，建立蜀漢政權，因功拜丞相。備去世後，輔佐後主劉禪，實行法治，抑制豪強，發展耕織，平定南中，而後揮戈北伐曹魏。因勞累過度，不久病死於五丈原。㊼垂心西州　關切西部益州。㊽申固　重申鞏固。㊾尚書僕射　官名，職位僅次於尚書令，主管文書啟封等政務。㊿南魯二宮　即太子孫和的居處與孫權子魯王孫霸的居處。據《建康實錄》卷二載，孫權時建業皇宮的主體建築是太初宮。太初宮之南有南宮，通常是太子居住處。(51)傅　官名。《後漢書・百官志》曰：「皇子封王，其郡為國，每置傅一人，相一人，皆二千石。」本注曰：「傅主導王以善，禮如師，不臣也。相如太守。」三國時仍沿襲其制。(52)近切　接近。這裏指受到的恩寵待遇接近。(53)臣竊以魯王句　臣私下認為魯王具有天生的美德。竊，私下，常用作表示個人意見的謙詞。天挺，天資卓越。挺，突出。懿德，美德。(54)資　資質，指天生的才能、性情。(55)四方　指邊疆。(56)藩輔　屏藩輔佐；衛戍輔佐。(57)海內所瞻望　指國內人民所盼望的。(58)鄙野　淺陋粗俗。(59)究盡其意　充分表達這個意思。(60)降殺　降低，指魯王孫霸受到的恩寵待遇應當要比太子低一些。(61)教化　教導感化。(62)事上勤二句　侍奉皇上勤勉，待人很謙恭。

【語　譯】孫權繼承掌管大業後，用褒獎的文告徵召是儀。是儀到後被孫權所喜愛和信任，讓他專門掌管機要，任騎都尉。

2　呂蒙圖謀襲擊關羽，孫權以此事詢問是儀，是儀認為呂蒙的計謀很好，就勸孫權聽從呂蒙。孫權讓是儀隨從征討關羽，並任命為忠義校尉。是儀陳辭推讓，孫權命令說：「我雖然不是趙簡子，你怎麼就不能委屈自己做個周舍呢？」

3　平定荊州之後，孫權建都武昌，是儀任裨將軍，後來封為都亭侯，代理侍中職務。孫權還想授予他兵權，是儀自認為不是將才，堅決推辭不肯接受。黃武年間，孫權派遣是儀前往皖縣到將軍劉邵那裏，準備引誘曹休前來。曹休一到，吳軍大敗曹軍，是儀升任偏將軍，入宮督察尚書事務，對外負責評議各官署呈報的公事，還兼管訴訟，又讓他教各公子讀書和學習。

4　都城東遷建業，太子孫登留守武昌，孫權派是儀輔佐太子。太子敬重是儀，有事會先徵詢他的意見，然後才付諸實施。是儀進封為都鄉侯。後來他隨從太子返回建業，又擔任侍中、中執法，仍舊像以前一樣負責評議各官署呈報的公事，兼管訴訟事務。典校郎呂壹誣告原江夏太守刁嘉誹謗國政，孫權發怒，逮捕刁嘉入獄，對所有有關人員進行查證審問。當時在場的官員都畏懼呂壹，都說聽過刁嘉誹謗國政，唯獨是儀說不曾聽過。於是是儀被盤根究底的追問了好幾天，孫權下達的詔令越來越嚴厲，羣臣為是儀擔心到了極點。是儀回答說：「如今刀鋸已經在臣的脖子上，臣怎麼敢替刁嘉隱瞞，而自取滅亡，成為不忠之鬼呢！只是認為既然聽到了刁嘉誹謗國政的話，就應當有來龍去脈。」他據實回答審問，言辭沒有改變。孫權於是放了他，刁嘉也得以免罪。

5　蜀國丞相諸葛亮去世，孫權留心西部益州的局勢，派遣是儀出使蜀國，重申鞏固兩國的友好。是儀這次奉命出使的表現，孫權感到很滿意，後來任命是儀為尚書僕射。

6　南宮和魯宮剛剛設置時，是儀以原職兼任魯王傅。是儀嫌惡太子和魯王二人的恩遇過於接近，就上疏說：「臣私下認為魯王有天生的美德，又兼有文才武略，目前最適合的，應當是鎮守邊疆，作為國家的屏障和輔佐。宣揚仁德美政，廣泛的顯耀威武神靈，這是國家良好的策略，也是國內人民所盼望的。只是臣言辭淺陋粗俗，不能充分表達這個意思。愚臣認為南宮與魯宮二宮，魯宮的地位應該降低，端正上下次序，明示教化的根本。」他接連幾次上疏。是儀擔任魯王傅竭心盡忠，經常進行規勸；他侍奉君上勤勉，待人很謙恭。

1　不治產業❶，不受施惠，為屋舍財足自容❷。鄰家有起大宅者，權出望見，問起大室者誰，左右對曰：「似是儀家也。」權曰：「儀儉，必非也。」問果他家。其見知信如此。

2 服不精細，食不重膳❸，拯贍❹貧困，家無儲畜。權聞之，幸❺儀舍，求視蔬飯，親嘗之，對之歎息，即增俸賜❻，益❼田宅。儀累辭讓，以恩為戚❽。

3 時時有所進達❾，未嘗❿言人之短。權常責儀以不言事，無所是非，儀對曰：「聖主在上，臣下守職，懼於不稱⓫，實不敢以愚管之言⓬，上干天聽⓭。」

4 事國數十年，未嘗有過⓮。呂壹歷白⓯將相大臣，或一人以罪聞者數四⓰，獨無以白儀。權歎曰：「使人盡如是儀，當安用科法為⓱？」

5 及寢疾⓲，遺令素棺⓳，斂以時服⓴，務從省約，年八十一卒。

【章旨】以上為〈是儀傳〉的第三部分，概述了是儀節儉樸素，為人寬容大度，從政數十年未曾有過失的具體事例，說明是儀是一位深得孫權信任的朝廷命官。

【注釋】❶不治產業　不置辦家私產業。❷為屋舍財足自容　修建的房屋僅僅足夠容身。財，通「才」。僅僅。❸重膳　指菜肴豐富的膳食。膳，飯菜。❹拯贍　救助。❺幸　古代特指皇帝到某處去。❻俸賜　俸祿賞賜。❼益　增加。❽戚　憂慮；憂心。❾進達　這裏指薦舉人才。❿未嘗　未曾。嘗，曾經。⓫不稱　指不稱職。⓬愚管之言　淺陋片面的看法。愚，自稱謙詞。管，比喻見識狹小短淺。⓭上干天聽　向上干擾皇帝的視聽。干，干擾。天聽，古時稱帝王的視聽為天覽、天聽。⓮過　過失；錯誤。⓯歷白　一個一個告發。⓰數四　猶言再三再四，數次。⓱當安用科法為　哪裏還用得著法令呢。安，哪裏。科法，法令。為，句末語氣詞。表示感嘆之意。⓲及寢疾　到臥病不起時。及，到；至。⓳素棺　本色的不加漆飾彩繪的棺材。⓴斂以時服　用一般的衣服裝殮。斂，把屍體裝入棺材。

【語譯】是儀不置辦家產，不接受施捨好處，修建的房舍僅僅足夠容身。鄰居有人起造大宅，孫權外出看見了，詢問起造大宅的是誰，侍從回答說：「好像是是儀家。」孫權說：「是儀節儉，必定不是。」詢問後，果然是別人家。是儀就是這樣被孫權了解和信任。

2 服飾不精美，飲食不豐富，而救助貧乏困苦的人，家中沒有積蓄。孫權聽說後，親自到是儀家，要求看他吃的飯菜，並親口品嘗，面對這一切發出嘆息，隨即增加是儀的俸祿賞賜，增擴他的田地和住宅。是儀多次推辭，以受到恩賜感到憂心。

3 時常舉薦人才，不曾談論別人的缺點。孫權曾經責備是儀不進諫言，沒有任何批評，是儀回答說：「聖明的君主在上，臣下堅守職責，擔心不能稱職，實在不敢以淺薄片面的管見上擾皇上的視聽。」

4 服務國家數十年，不曾有過失。呂壹一個一個告發文武大臣，有的一個人接二連三的因罪被告發，唯獨無法告發是儀。孫權讚嘆說：「要是人人都像是儀，哪裏還用得著法令呢？」

5 到了是儀臥病不起時，留下遺言使用無彩素棺，用一般的衣服裝殮，務必要簡省節約，八十一歲時去世。

胡綜，字偉則，汝南固始❶人也。少孤，母將避難江東。孫策❷領會稽❸太守，綜年十四，為門下循行❹，留吳與孫權共讀書。策薨❺，權為討虜將軍❻，以綜為金曹從事❼，從討黃祖❽，拜鄂長❾。權為車騎將軍❿，都京⓫，召綜還，為書部⓬，與是儀、徐詳⓭俱典軍國密事。劉備下白帝⓮，權以見兵少，使綜料⓯諸縣，得六千人，立解煩兩部⓰，詳領左部、綜領右部督⓱。吳將晉宗⓲叛歸魏，魏以宗為蘄春⓳太守，去江數百里，數為寇害⓴。權使綜與賀齊㉑輕行掩襲㉒，生虜得宗，加建武中郎將㉓。魏拜權為吳王㉔，封綜、儀、詳皆為亭侯㉕。

【章旨】以上為〈胡綜傳〉的第一部分，簡述胡綜從十四歲起就為孫策門下循行，後隨從孫權征討黃祖、晉宗，取勝後擔任侍中等要職，說明胡綜從少年起就參與了孫吳政權的創建。

【注釋】❶固始　縣名。治所在今河南固始。❷孫策　字伯符，吳郡富春（今浙江富陽）人。孫堅長子，孫權之兄。少與周瑜相友。父死，依附袁術，後率軍渡江，削平當地割據勢力，據吳、會稽等五郡。善於用人，是以士民見者，莫不盡心，樂為致死。後被曹操看重，任討逆將軍，封為吳侯。官渡之戰時，他欲進襲許昌，迎獻帝。兵未發，為故吳郡太守許貢門人刺傷而死。詳見本書卷四十六〈孫策傳〉。❸會稽　郡名。治所在今浙江紹興。❹門下循行　官名。漢制，郡太守屬吏，類似門下客，不主實事。❺薨　古代特稱諸侯王去世。據《禮記．曲禮》載曰：「天子死曰崩，諸侯曰薨，大夫曰卒，士曰不祿，庶人曰死。」❻討虜將軍　官名。東漢雜號將軍之一，主征伐。三國時，蜀置此官。吳因曹操於東漢建安五年（西元二〇〇年）上表舉薦孫權為討虜將軍，後便不再復置此官。❼金曹從事　官名。負責鑄造貨幣、製鹽、冶鐵。❽黃祖　荊州刺史劉表部將，任江夏太守。東漢初平二年（西元一九一年）孫堅征討劉表時，其軍士射殺堅於襄陽峴山。後孫權復征討，祖軍敗退，後被俘獲。事跡散見於本書卷四十六〈孫堅傳〉、卷五十四〈呂蒙傳〉等。❾拜鄂長　被任命為鄂縣縣長。鄂，縣名。治所在今湖北鄂州。魏黃初元年（西元二二〇年）孫權自公安遷都於此，改名武昌縣。長，縣之長官。漢制規定，萬戶以上的縣官稱令，不足萬戶的縣官稱長。❿車騎將軍　官名。職位僅次於大將軍和驃騎將軍，相當於上卿，負責京師兵衛，吳置，並於景耀初分置左右。這裏是指東漢建安十四年（西元二〇九年）劉備上表權行車騎將軍。⓫京　即京口，地名。今江蘇鎮江市。⓬書部　官名。指擔任軍政機要文書一類的職務。⓭徐詳　字明，吳郡烏程（今浙江吳興）人。詳見本卷後附。⓮白帝　城名。故址在今重慶市奉節城東白帝山上。東漢初公孫述在此築城，述自號白帝，故以為名，並移魚復縣治於此。城居高山，為險要之地。劉備兵敗夷陵，退居此城，後病死於城西永安宮。⓯料　挑選。⓰立解煩兩部　設立一支名為解煩的軍隊，並分為兩部。解煩，孫吳設立的軍隊名，主要任務是保衛君主，有時臨時出外執行軍事任務。⓱督　官名，孫吳將長江防線設立若干個小軍事區，這些戰區的長官就稱督，負責該軍事要地的防禦。⓲晉宗　初為吳戲口守將，後殺將領王直率部叛吳，魏以為蘄春太守，數犯吳境，為吳將賀齊、胡綜等所俘獲。事跡散見於本書卷四十七〈吳主傳〉、卷六十〈賀齊傳〉。

⑲蘄春　縣名。治所在今湖北蘄春。《資治通鑑·魏紀》黃初四年胡三省注曰：「蘄春縣，漢屬江夏郡；吳分立蘄春郡。」⑳寇害　侵犯邊境，危害百姓。寇，侵犯；騷擾。㉑賀齊　字公苗，會稽山陰（今浙江紹興）人。少為郡吏，守剡長。孫策時為永寧長，平定境內叛亂，任平東校尉。後官至後將軍，假節領徐州牧。詳見本書卷六十〈賀齊傳〉。㉒掩襲　突然襲擊。㉓建武中郎將　官名。領兵征伐。中郎將，本為秦置，以統領供事禁中的郎中。漢武帝時，皇帝的衛侍分置五官、左、右三中郎將。東漢又增設東、南、西、北四中郎將，以征討四方為職任，類似將軍。三國時，各國自相署置，中郎將名目繁多。㉔魏拜權為吳王　這是指魏黃初二年（西元二二一年），魏文帝即帝位，孫權使命稱藩，及遣于禁等還。魏文帝便拜權為大將軍，封吳王。㉕亭侯　爵位名。秦制，十里一亭，十亭一鄉。漢制，列侯大者食縣邑，小者食鄉、亭。列侯中食祿為亭者，為亭侯。

【語譯】胡綜，字偉則，汝南郡固始縣人。從小喪父，母親帶著他避難到江東。孫策代理會稽太守時，胡綜十四歲，任孫策的門下循行，留在吳郡和孫權一起讀書。孫策去世，孫權任討虜將軍，任命胡綜為金曹從事，隨從征討黃祖，任鄂縣縣長。孫權任車騎將軍，都城設在京口，徵召胡綜返回，任書部職務，和是儀、徐詳共同掌管軍國機要。劉備率軍抵達白帝城，孫權因為現有兵員少，就派胡綜到各縣挑選士卒，得到六千人，設立名為解煩的兩支軍隊，徐詳兼任左部督、胡綜兼任右部督。吳國將領晉宗叛變歸降魏國，魏國任命晉宗為蘄春太守，距長江數百里，多次侵犯邊境危害百姓。孫權派胡綜和賀齊輕裝行進，突然襲擊，活捉了晉宗，胡綜被加授建武中郎將。魏國授命孫權為吳王，胡綜、是儀、徐詳全部封為亭侯。

黃武八年夏，黃龍見夏口❶，於是權稱尊號❷，因瑞改元❸。又作黃龍大牙❹，常在中軍❺，諸軍進退，視其所向，命綜作賦❻曰：

「乾坤肇立❼，三才是生❽。狼弧垂象❾，實惟兵精❿。聖人觀法⓫，是效是營⑫。始作器械，爰求厥成⑬。黃、農創代⑭，拓定皇基。上順天心，下息民災。高辛誅共⑮，舜征有苗⑯。啟有甘師⑰，湯有鳴條⑱。周之牧野⑲，漢之垓下⑳。靡不由兵㉑，克定厥緒㉒。明明大吳，實天生德。神武是經㉓，惟皇之極㉔。乃自在昔，黃、虞是祖㉕。越歷五代㉖，繼世在下。應期受命㉗，發迹南土。將恢大繇㉘，革我區夏㉙。乃律天時㉚，制為神軍。取象太一㉛，五將三門㉜。疾則如電，遲則如雲㉝。進止有度㉞，約而不煩㉟。四靈既布㊱，黃龍處中。周制日月㊲，實曰太常㊳。桀然特立㊴，六軍所望㊵。仙人在上㊶，鑒觀四方。神實使之，為國休祥㊷。軍欲轉向，黃龍先移。金鼓不鳴㊸，寂然變施㊹。闇謨若神㊺，可謂祕奇。在昔周室，赤烏銜書㊻。今也大吳，黃龍吐符㊼。合契河洛㊽，動與道俱㊾。天贊人和，僉曰惟休㊿。」

3 蜀聞權踐阼(51)，遣使重申前好。綜為盟文，文義甚美，語在權傳。

4 權下都(52)建業，詳、綜並為侍中，進封鄉侯，兼左右領軍(53)。時魏降人或云魏都督河北振威將軍吳質(54)，頗見猜疑，綜乃偽為質作降文三條：

5 其一曰：「天綱弛絕(55)，四海分崩，羣生憔悴(56)，士人播越(57)，兵寇(58)所加，邑無居民，風塵煙火，往往而處，自三代(59)以來，大亂之極，未有若今時者也。

臣質志薄，處時無方，繫於土壤，不能翻飛[60]，遂為曹氏執事戎役[61]。遠處河朔[62]，天衢[63]隔絕，雖望風慕義，思託大命，媿[64]無因緣，得展其志。每往來者，竊聽風化[65]，伏知陛下齊德乾坤，同明日月，神武之姿，受之自然，敷演皇極[66]，流化[67]萬里，自江以南，戶受覆燾[68]。英雄俊傑，上達之士，莫不心歌腹詠，樂在歸附者也。今年六月末，奉聞吉日，龍興踐阼，恢弘大繇，整理天綱，將使遺民[69]，覩見定主[70]。昔武王伐殷，殷民倒戈；高祖誅項，四面楚歌[71]。方之今日，未足以喻。臣質不勝昊天至願，謹遣所親同郡黃定[72]恭行奉表，及託降叛，間關求達[73]，其欲所陳，載列于左[74]。」

6　其二曰：「昔伊尹去夏入商[75]，陳平委楚歸漢[76]，書功竹帛[77]，遺名後世，世主不謂之背誕者[78]，以為知天命也。臣昔為曹氏所見交接[79]，外託君臣，內如骨肉，恩義綢繆[80]，有合無離，遂受偏方[81]之任，總河北之軍。當此之時，志望高大，永與曹氏同死俱生，惟恐功之不建，事之不成耳。及曹氏之亡，後嗣[82]繼立，幼沖[83]統政，讒言彌興[84]。同儕[85]者以勢相害，異趣者得間其言[86]，而臣受性簡略[87]，素不下人，視彼數子，意實迫之，此亦臣之過也。遂為邪議所見搆會[88]，招致猜疑，誣臣欲叛。雖識真者保明其心[89]，世亂讒勝，餘嫌[90]猶在，常懼一旦橫受無辜，憂心孔疚[91]，如履冰炭[92]。昔樂毅[93]為燕昭王[94]立功於齊，惠王[95]即位，疑奪其任，遂去燕之趙，休烈不虧[96]。彼豈欲二三其德[97]，蓋[98]畏功名不建，而懼禍之將及也。昔遣魏郡周光以賈販為名[99]，託叛南詣[100]，宣達密計。時以倉卒，未敢便有章表[101]，使光口傳而已。以為天下大歸可見[102]，天意所在，非吳復誰？此方之民，思為臣妾，延頸舉踵[103]，惟恐兵來之遲耳。若使聖恩少加信納[104]，當以河北承望王師[105]，款心赤實[106]，天日是鑒。而光去經年[107]，不聞咳唾[108]，未審此意竟得達不[109]？瞻望長歎，日月以幾[110]，魯望高子[111]，何足以喻！又臣今日見待稍薄[112]，蒼蠅之聲[113]，緜緜不絕，必受此禍，遲速事耳。臣私度陛下未垂明慰者[114]，必以臣質貫穿仁義之道[115]，不行若此之事，謂光所傳，多虛少實，或謂此中有他消息[116]，不知臣質搆讒見疑，恐受大害也。且臣質若有罪之日，自當奔赴鼎鑊[117]，束身待罪，此蓋人臣之宜也。今日無罪，橫見譖毀[118]，將有商鞅[119]、白起[120]之禍。尋惟事勢，去亦宜也。死而弗義[121]，不去何為！樂毅之出，吳起[122]之走，君子傷其不遇，未有非之者也[123]。願陛下推古況今[124]，不疑怪於臣質也。又念人臣獲罪，當如伍員[125]奉己自效，不當徼幸因事為利。然今與古，厥勢不同[126]，南北悠遠[127]，江湖隔絕，自不舉事，何得濟免[128]！是以忘志士之節[129]，而思立功之義也。且臣質又以曹氏之嗣，非天命所在，政弱刑亂，柄奪於臣[130]，諸將專威於外，各自為政，莫或同心[131]，士卒衰耗，帑藏空虛[132]，綱紀毀廢，上下並昏，想前後數[133]得降叛，具聞此問[134]。兼弱攻昧[135]，宜應天時，此實陛下進取之秋[136]，是以區區[137]敢獻其計。今若內兵淮、泗[138]，據有下邳[139]，荊、揚二州[140]，聞聲響應，臣從河北席卷而南，形勢一連，根牙[141]永固。關西之兵繫於所衛[142]，青、徐二州[143]不敢徹守，許、洛[144]餘兵眾不滿萬，誰能來東與陛下爭者？此誠千載一會[145]之期，可不深思而熟計乎！及臣所在，既自多馬，加以[146]羌胡[147]常以三四月中美草時，驅馬來出，隱度[148]今者，可得三千餘匹。陛下出軍，當投此時，多將騎士來就[149]馬耳。此皆先定所一二[150]知。凡兩軍不能相究虛實，今此間實羸[151]，易可克定，陛下舉動，應者必多。上定洪業[152]，使普天一統，下令臣質建非常之功，此乃天也。若不見納，此亦天也。願陛下思之，不復多陳。」

7　其三曰：「昔許子遠舍袁就曹[153]，規畫計較[154]，應見納受[155]，遂破袁軍，以定曹業。向使[156]曹氏不信子遠，懷疑猶豫，不決於心，則今天下袁氏有也。願陛下思之。間聞界上將閻浮、趙楫欲歸大化[157]，唱和[158]不速，以取破亡。今臣款款[159]，遠授其命[160]，若復懷疑，不時[161]舉動，令臣孤絕[162]，受此厚禍，即恐天下雄夫烈士[163]

欲立功者，不敢復託命陛下矣。願陛下思之。皇天后土[164]，實聞其言。」此文既流行，而質已入[165]為侍中矣。

8 二年[166]，青州人隱蕃[167]歸吳，上書曰：「臣聞紂為無道，微子[168]先出；高祖寬明，陳平先入。臣年二十二，委棄封域[169]，歸命有道，賴蒙天靈，得自全致。臣至止有日[170]，而主者[171]同之降人，未見精別[172]，使臣微言妙旨[173]，不得上達。於邑[174]三歎，曷惟其已[175]。謹詣闕拜章[176]，乞蒙引見。」權即召入。蕃謝答問，及[177]陳時務，甚有辭觀[178]。綜時侍坐[179]，權問何如，綜對曰：「蕃上書，大語有似東方朔[180]，巧捷詭辯有似禰衡[181]，而才皆不及。」權又問可堪[182]何官，綜對曰：「未可以治民，且試以都輦[183]小職。」權以蕃盛論刑獄，用為廷尉監[184]。左將軍朱據[185]、廷尉郝普[186]稱蕃有王佐之才，普尤與之親善，常怨歎其屈。後蕃謀叛，事覺伏誅，普見責自殺。據禁止[187]，歷時乃解。拜綜偏將軍，兼左執法[188]，領辭訟[189]。遼東之事[190]，輔吳將軍張昭以諫權言辭切至[191]，權亦大怒，其和協彼此，使之無隙[192]，綜有力焉。

9 性嗜酒，酒後歡呼極意[193]，或推引杯觴[194]，搏擊左右。權愛其才，弗之責也。

10 凡自權統事，諸文誥策命[195]，鄰國書符[196]，略皆綜之所造也。初以內外多事，特立科，長吏遭喪，皆不得去[197]，而數有犯者。權患之，使朝臣下議[199]。綜議以為宜定科文[200]，示以大辟[201]，行之一人，其後必絕。遂用綜言，由是[202]奔喪乃斷。

【章 旨】以上為〈胡綜傳〉的第二部分，通過敘述胡綜受命作賦、偽為吳質作降文三條以及對答孫權關於對隱蕃的看法等事例，說明胡綜不僅起草文誥策命，鄰國書符，而且還以介入選拔朝官，擬訂條文等方式參與孫吳政權的創建。

【注 釋】❶夏口 地名。一曰沔口，指夏水（漢水下游的古稱）注入長江處。即今武漢之漢陽。當時為孫吳水師屯駐之處。夏，原誤作「舉」。❷稱尊號 即稱帝。尊號，帝王的稱號。❸因瑞改元 藉著吉祥兆頭更換年號。瑞，凶吉的預兆；吉祥兆頭。改元，改年號。元，開始。❹大牙 大帥旗。牙，軍營的大旗。❺中軍 軍營中心。❻賦 中國古代一種文體，盛行於漢魏六朝，講求韻律，句式對稱，多用鋪敘手法寫景記事，也有像散文用來抒情說理的。❼乾坤肇立 乾坤初立之時。乾、坤二字都是《周易》中所指的卦名，代表天和地。肇，開始。❽三才是生 天、地、人三者得以生成。三才，指天、地、人。❾狼弧垂象 狼弧顯示徵兆。狼，星名，又名天狼，是一顆很明亮的星。弧，星座名，在天狼星東南有九顆星。這九顆星構成的形狀很像一張搭上箭拉開弦的弓，箭的指向即是天狼星。垂象，顯示徵兆。這裏作者認為狼、弧的形象是使用武力的象徵。❿實惟兵精 顯示的是兵力強盛。⓫聖人觀法 聖人揣測天意。聖人，古代指人格最高尚的人，大多認為文王、周公、孔子等為聖人。法，效法，這裏指效法天意。⓬是效是營 仿效並且經營。是，語氣詞。效，仿效。營，經營；製造（武器）。⓭爰求厥成 謀求成功。厥，代詞，指製作武器。⓮黃農創代 黃、炎二帝開創一個時代。黃，指中國古代傳說中的黃帝。《史記・五帝本紀》載其曰：「少典之子，姓公孫，名曰軒轅。」曾敗炎帝於阪泉，擒蚩尤於涿鹿，被推為炎黃部落聯盟首領。有土德之瑞，故號黃帝。傳說他創造發明了文字、曆法、養蠶、舟車等。農，指中國古代傳說中的神農氏，又稱炎帝。相傳神農始教民為耒耜以興農業，嘗百草為醫藥以治疾病。和黃帝一起後被推崇為中華民族的共同祖先，後人故稱為炎黃子孫。⓯高辛誅共 高辛誅殺共工。高辛，即帝嚳，號高辛氏。傳說為中國古代五帝之一，是黃帝的曾孫，唐堯的父親。所領部落由八個氏族所組成，居住於亳。卜辭中殷人以嚳為高祖，為殷人主要祭祀對象。共，即共工，傳說是炎帝的後裔，黃帝時為水官。其子后土能平水土，治水有功，被祀奉為社神。有關共工與高辛氏爭鬥一事，可見《淮南子・原道》。⑯舜征有苗　虞舜討伐有苗。舜，中國古代傳說中有虞氏部落長，炎黃部落聯盟首領。姚姓，一說嬀姓，名重華，史稱虞舜。有苗，傳說中國古代少數民族名。虞舜征伐有苗一事，見《國語・周語下》韋昭注。⑰啟有甘師　夏啟大戰有扈氏於甘。啟，姒姓，傳說是夏禹之子，禹死後，啟繼位為夏朝帝王，廢除了禪讓制，確立王位世襲制度。從而引起有扈氏的不服，他便率兵與有扈氏大戰於甘（今陝西戶縣西南）。⑱湯有鳴條　成湯大戰夏桀於鳴條。湯，指商朝建立者成湯，原名履、天乙，卜辭稱太乙、高祖乙。相傳成湯率兵與夏桀大戰於鳴條（今山西運城東北），取勝滅夏。⑲周之牧野　武王伐紂陳師牧野。周，指周武王，姬姓，名發，周文王次子。繼位後第四年，率軍攻至牧野（今河南淇縣西南），商紂王部下倒戈，遂滅商。⑳漢之垓下　漢高祖把項羽擊潰於垓下。漢，指漢高祖劉邦，於西元前二〇二年在垓下（今安徽靈壁東南）大敗項羽軍，建立西漢。㉑靡不由兵　無不使用武力。靡不，無不。兵，武器；軍隊。㉒克定厥緒　戰勝敵人開啟帝業。克，戰勝。厥，就。緒，開端。㉓神武是經　神武立為法則。神武，至上威武。經，指法則、常規。㉔惟皇之極　帝業偉大至極。惟，句首語氣詞。皇，帝王。㉕黃虞是祖　祖先開始於黃帝和虞舜。是，代詞，用在被提前的賓語「黃、虞」和動詞「祖」之間，表示強調。㉖五代　指從黃帝、虞舜至孫吳經歷了夏、商、周、秦、漢等五個朝代。㉗應期受命　應時接受天命。這裏指夏口出現黃龍，孫權稱帝號。㉘大繇　宏大的謀劃。繇，通「猷」。計謀；謀劃。㉙革我區夏　改變華夏分割局面。革，改變。區，區域。夏，指華夏。㉚乃律天時　順應天時。㉛取象太一　按照天帝顯示的徵兆。太一，星名，為天極星座五顆星中最亮的一顆。古代認為它是天帝的居處，所以又指代天帝。㉜五將三門　太微垣星區，古代人們認為象徵天子宮廷，因為在它周圍有五顆以「將」命名的星，即東上將、東次將、西上將、西次將、郎將，這五顆星被認為是保衛天子宮廷的將軍。另外，太微垣正南門有端門，兩旁有左、右掖門。以上合稱五將三門。這裏是指孫權皇宮周圍部署的護衛軍營和營區大門。㉝遲則如雲　慢時如同行雲。遲，緩慢。㉞度　法度；標準。㉟約而不煩　簡明而不繁複。約，簡明。煩，繁複。㊱四靈既布　標識四種靈異動物圖案的部隊部署完成。四靈，指蒼龍、白虎、朱雀、玄武等四種靈異動物的圖案。這裏是指孫權部署在京城周圍的諸路軍隊。㊲周制日月　飛龍環繞著太陽和月亮。㊳太常　指古代天子所使用的旌旗。據《續漢書・輿服志》載曰：「天子玉路，以玉為飾，錫樊纓十有再就，建太常，十有二斿、九仞曳地，日月升龍，象天明也。」劉昭注引鄭眾曰：「太常九旗之畫日月者。」又引鄭玄曰：「七尺為仞，天子之旗高六丈三尺。」由此可知，天子使用的大旗，高六丈三尺，有十二根飄帶，旗上繪太陽、月亮和飛龍圖案。㊴桀然特立　高高飄揚巍然突立。㊵望　仰望；注視。㊶仙人在上　聖明天帝高高在上。仙人，資質出眾的人。這裏是指孫權。㊷休祥　吉祥。休，美好；長久。㊸金鼓不鳴　不需要鳴金擊鼓。金，指金鉦，一種行軍時用的金屬樂器，用以節止步伐。鼓，一種行軍時用的敲擊樂器，擊鼓可節止步伐，振動士氣。㊹變施　變換實施。㊺闇謨若神　暗中若有神助。㊻赤烏銜書　赤烏飛臨昭示天命。此語出自《呂氏春秋．應同》：「文王之時，天先見火，赤烏銜丹書集於周社。」是說周文王時，有一隻紅色烏鴉口銜紅書飛到周國的土神祭壇上，後來周即得到天下。這裏以周王承受天命來映襯孫權稱帝也是天意所定。㊼吐符　表露君主受命於天的祥瑞徵兆。㊽河洛　指河圖、洛書。《易經．繫辭》曰：「(黃)河出圖、洛水出書，聖人則之。」傳說在伏羲氏時，黃河出現一匹神馬，背上有圖，伏羲按照此圖而畫出八卦；夏禹時，洛水出現一隻神龜，龜背上有文字，夏禹據此文字寫出〈洪範〉。㊾動與道俱　舉動與天道相合。動，舉動；行動。是指孫權的稱帝。道，指天道，上天的意志。俱，一起；相合。㊿僉曰惟休　都說國祚長久。僉，都。休，美好，這裏指國祚長久。(51)踐阼　亦作「踐祚」。指即帝位。古代廟寢堂前兩階，主階在東，稱阼階。阼階上為主位，帝王登阼階主持祭祀，因此以「阼」指帝位、登基。踐，履也。(52)下都　建業地處武昌的東邊，長江下游，故孫權由武昌遷都建業稱為下都。(53)左右領軍　即左領軍、右領軍，官名。掌管駐守京城的禁軍。(54)都督河北句　河北戰區指揮官、振威將軍吳質。都督，總領地方軍政長官。振威將軍，官名。領兵征伐。吳質，字季重，濟陰（今山東定陶西北）人。以才學通博，為曹丕器重。官至振威將軍，假節都督河北諸軍事，封列侯。太和中，入為侍中。稱讚司馬懿為忠智至公，社稷之臣，極力向魏明帝薦舉，「帝甚納之」。事跡散見於本書卷二十一〈王粲傳〉及裴松之注引《魏略》和《世語》、卷二十四〈崔林傳〉。(55)天綱弛絕　國法廢棄。天綱，指國法。弛，毀壞；廢弛。絕，斷絕。(56)憔悴　臉色黃瘦；困苦。(57)播越　流亡；顛沛流離。(58)兵寇　兵匪。(59)三代　指夏、商、周三代。(60)翻飛　展翅高飛。(61)執事戎役　承擔軍事任務。(62)河朔　泛指黃河以北。(63)天衢　天路。衢，四通八達的大路。這裏指向孫權表達投誠的渠道。(64)媿　「愧」的古字，表示慚愧、羞愧。(65)風化　風俗教化。(66)敷演皇極　頒布並反覆申明政教法令。敷演，陳述並反覆宣傳推廣。皇，君主。極，標準。古代帝王自以為所施政教可為準則，為後代所仿效。(67)流化　流傳感化。(68)覆燾　覆蓋。(69)遺民　倖存的百姓；劫後餘生的百姓。(70)定主　命定之主；真正的君主。(71)四面楚歌　比喻四面受敵、孤立無援的處境。語出《史記．項羽本紀》：「項王軍壁垓下，兵少食盡。漢軍及諸侯兵圍之數重。夜聞漢軍四面皆楚歌，項王乃大驚曰：『漢皆已得楚乎？是何楚人之多也？』項王則夜起，飲帳中。」(72)黃定　三國時魏濟陰（今山東定陶西北）人。事跡不詳。(73)間關求達　趁機求得通達。(74)左　指後。古人直行書寫，從右至左，故左為後。(75)伊尹去夏入商　伊尹離開夏朝投奔商朝。伊尹，尹是官名，一說名摯。據《史記．殷本紀》記載：伊尹「為有莘氏媵臣」，「或曰，伊尹處士，湯使人聘任之，五反然後肯往從湯，言素王及九主之事。湯舉任以國政。伊尹去湯適夏。既醜有夏，復歸於亳」。從中可知，伊尹被湯任用之後，曾離商去夏，因對夏政治狀況不滿，又回商輔佐湯。這就是所謂「伊尹去夏入商」。(76)陳平委楚歸漢　陳平背棄楚軍歸順漢軍。陳平，陽武戶牖（今河南蘭考東北）人。《史記·陳丞相世家》載，陳平「少時家貧，好讀書」。陳勝起義後，投奔魏王咎，為太僕。後因遭同僚讒言，又從項羽入關破秦。雖為信武君、都尉，但旋即又歸劉邦。(77)書功竹帛　功績載於史冊。竹帛，古人用竹簡和白絹書寫文字。這裏作「史冊」講。(78)世主不謂之背誕者　世間的君主不認為他們的舉動是背叛的行為。世主，世間的君主；國君。背誕，背叛。(79)為曹氏所見交接　受到曹丕的接待。曹氏，指魏文帝曹丕。為……所見，表示被動的句式。交接，接納。(80)綢繆　纏綿。(81)偏方　重要的一方。(82)後嗣　後代繼承者。(83)幼沖　幼小（的皇帝）。這裏指曹丕子曹叡。(84)彌興　更加興盛。彌，更加。(85)同儕　同輩。這裏指同朝做官的人。(86)異趣者得間其言　志趣不同的人用他們的話語進行挑撥離間。異趣者，志趣不同的人。間，離間；挑撥。(87)受性簡略　稟性孤傲疏略。受性，天性；天生的個性。簡略，孤傲而疏略。(88)搆會　羅織罪名陷害。(89)識真者保明其心　了解真情的人擔保我的心是清白的。保，擔保。明，清明；清白。(90)嫌　疑忌；疑心。(91)孔疚　非常痛苦。孔，很；甚。疚，憂苦；內心痛苦。(92)如履冰炭　好像在薄冰、火炭上行走。比喻戒慎恐懼。履，踩；踐踏。(93)樂毅　中山國靈壽（今河北平山縣東北）人。戰國時燕國名將。據《史記·樂毅列傳》載，樂毅被燕昭王任為上將軍，曾率燕、趙、韓、魏、楚五國軍破齊七十餘城，以功封為昌國君。昭王死，子惠王不悅樂毅，齊田單乘機離間，惠王遂奪樂毅兵權，以騎劫代之。樂毅恐被害奔走趙國。(94)燕昭王　名平。戰國時燕國國君。據《史記·燕召公世家》載，燕昭王於西元前三一一—前二七九年在位，曾流亡於韓，後因燕內亂，齊攻破燕，被趙國護送回國。繼位後革新政治，招攬人才，關心民眾。於西元前二八四年派樂毅率五國軍隊攻齊，入齊都臨淄，下七十餘城，燕進入強盛時期。(95)惠王　戰國時燕國國君，昭王子。即位後，與上將軍樂毅有隙，中齊國的「反間計」，解除了樂毅兵權。齊將田單在即墨用「火牛陣」大敗燕軍，收復以前的失地。西元前二七二年為其相安成君所殺。(96)休烈不虧　功績並未減損。休烈，功績；業績。虧，虧損；減少。(97)二三其德　三心二意；反覆無常；離心離德。該語出自《詩經·衛風·氓》：「女也不爽，士貳其行。士也罔極，二三其德。」這是說那些愛情不專一、變心的人。(98)蓋　連詞，表示原因。(99)遣魏郡周光句　派魏郡人周光以做生意為名。魏郡，郡名。治所在今河北臨漳西南。周光，人名。事跡不詳。賈販，商販。(100)託叛南詣　把叛逃南來的想法託他帶來。(101)章表　指臣下給皇帝的奏章。(102)天下大歸可見　天下人心所向已經可以看出來了。大歸，大致的歸宿；總的趨勢。指人心歸向。(103)延頸舉踵　伸長脖頸踮起腳跟。(104)少加信納　稍微給予信任接納。少，稍；略微。信納，信任而亳州）人，曹操族子。常從征伐，為騎都尉。魏文帝時，先後任鎮南將軍、征東將軍，領揚州刺史。明帝即位，遷大司馬。後在與吳軍於尋陽交戰時，不利，不久病卒。㉔偏將軍　官名。將軍中地位較低的將領，多由校尉或裨將升遷，無定員，第五品。㉕入闕省尚書事　入宮檢查尚書事務。闕，宮門，這裏指皇宮。省，察看；檢查。尚書，官名。協助皇帝處理政務，文武百官的奏章都要經過他呈奏給皇帝，權勢很重。㉖總平　負責評議。㉗辭訟　訴訟，這裏是指官僚之間發生的各類辯爭訟議。㉘書學　指讀書和學習書法、算術、武術、琴曲、繪畫和棋藝等。㉙大駕東遷　指黃龍元年（西元二二九年）秋九月，孫權由武昌東遷，定都建業。大駕，皇帝出行乘坐的車，按規模有大駕、法駕、小駕。據《後漢書・輿服志》載曰：「乘輿大駕，公卿奉引，太僕御，大將軍參乘，屬車八十一乘。」這裏指孫權已於黃龍元年夏四月丙申日在武昌「南郊即皇帝位」了，所以遷都稱大駕東遷。㉚太子登　即太子孫登，字子高，孫權長子。魏黃初二年（西元二二一年），為東中郎將，封萬戶侯，登辭侯不受。孫權稱帝，立為皇太子。為人仁慈，不欲煩民。出外狩獵時，遠避良田，不踐苗稼。他人有過不忍致罰。詳見本書卷五十九〈孫登傳〉。㉛都鄉侯　爵位名。位在列侯下，關內侯、都亭侯之上。㉜建業　地名。原名秣陵，即今江蘇南京。東漢建安十六年（西元二一一年），孫權自京口（今江蘇鎮江市）徙治秣陵。次年，修築石頭城，並將秣陵改名建業，遂為孫吳京都。晉武帝平吳後，復稱秣陵。晉太康二年（西元二八一年），分秣陵北為建鄴，改「業」為「鄴」。西晉末，避愍帝諱，改為建康。㉝中執法　官名。即中丞。漢代御史中丞負責察舉非法，故又稱御史中執法。內掌文書，外督百官。三國時吳於御史中丞下設中執法一人，左、右執法各一人。㉞典校郎呂壹句　典校郎呂壹誣告原江夏太守刁嘉誹謗國家大政。典校郎，官名。又稱校事、校曹、校郎、校官等。典校諸官府及州郡文書，充當皇帝或執政耳目，刺探軍民言行。俞正燮《癸巳存稿》卷七〈校事〉條稱：魏吳有校事官，似北魏之候官，明之廠衛。吳之校事則尤橫。或謂之典校（〈顧雍傳〉、〈步騭傳〉、〈朱據傳〉），或謂之校曹（〈陸凱傳〉），或謂之校郎（〈是儀傳〉），或謂之校官（〈諸葛恪傳〉）。呂壹，孫權嘉禾中任中書校事，典校諸官府及州郡文書，為孫權所信任。他竊弄權柄，擅作威福，使他人橫受大刑。太子孫登數次進諫，孫權不聽，致使大臣畏懼，莫有敢言。後奸惡罪行暴露，被殺。其事跡散見於本書卷四十七〈吳主傳〉、卷五十二〈顧雍傳〉。誣白，誣告。白，告發。江夏，郡名。劉表以黃祖為江夏太守，治所在今湖北武昌西南。黃祖死後，劉琦為江夏太守，卻屯夏口。此後，魏、吳並置江夏郡。刁嘉，孫權時任江夏郡太守，事跡不詳。謗訕，誹謗詆毀；指責。㉟收嘉繫獄　逮捕刁嘉入獄。收，逮捕。繫，拴；綁。獄，監獄。㊱悉驗問　將有關人員全部進行查證審問。驗，查驗；驗證。問，詢問；追究。㊲時同坐人　指所有當時在場的官員。㊳窮詰累日　接連數日受到盤根究底的追問。窮，追究到底。詰，追問；責問。㊴詔旨轉厲　指孫權下達的詔令越來越嚴厲。詔旨，皇帝的命令或文告。轉厲，日益厲害。㊵屏息　抑制呼吸，形容擔心到極點，或者說捏把冷汗。㊶隱諱　隱瞞。㊷夷滅　滅亡；誅滅。㊸顧以聞知當有本末　只是認為聽到的事情應當有來龍去脈。顧，只是；不過。以，認為。本末，指事實的經過，或者說事情的來龍去脈。㊹傾移　改變。㊺舍　放棄；放過。㊻諸葛亮　字孔明，琅邪陽都（今山東沂南南）人。自幼父母雙亡，隨從叔父諸葛玄到荊州。玄去世後，寓居隆中躬耕苦讀。後劉備三顧茅廬，尋求統一大計，亮提出隆中對策，頗中劉備胸懷，而後遂成為劉備主要謀士。在聯吳抗曹取得赤壁之戰勝利後，又乘機占領荊、益，建立蜀漢政權，因功拜丞相。備去世後，輔佐後主劉禪，實行法治，抑制豪強，發展耕織，平定南中，而後揮戈北伐曹魏。因勞累過度，不久病死於五丈原。㊼垂心西州　關切西部益州。㊽中固　重申鞏固。㊾尚書僕射　官名，職位僅次於尚書令，主管文書啟封等政務。㊿南魯二宮　即太子孫和的居處與孫權子魯王孫霸的居處。據《建康實錄》卷二載，孫權時建業皇宮的主體建築是太初宮。太初宮之南有南宮，通常是太子居住處。(51)傅　官名。《後漢書・百官志》曰：「皇子封王，其郡為國，每置傅一人，相一人，皆二千石。」本注曰：「傅主導王以善，禮如師，不臣也。相如太守。」三國時仍沿襲其制。(52)近切　接近。這裏指受到的恩寵待遇接近。(53)臣竊以魯王句　臣私下認為魯王具有天生的美德。竊，私下，常用作表示個人意見的謙詞。天挺，天資卓越。挺，突出。懿德，美德。(54)資　資質，指天生的才能、性情。(55)四方　指邊疆。(56)藩輔　屏藩輔佐；衛戍輔佐。(57)海內所瞻望　指國內人民所盼望的。(58)鄙野　淺陋粗俗。(59)究盡其意　充分表達這個意思。(60)降殺　降低，指魯王孫霸受到的恩寵待遇應當要比太子低一些。(61)教化　教導感化。(62)事上勤二句　侍奉皇上勤勉，待人很謙恭。

【語譯】孫權繼承掌管大業後，用褒獎的文告徵召是儀。是儀到後被孫權所喜愛和信任，讓他專門掌管機要，任騎都尉。

2　呂蒙圖謀襲擊關羽，孫權以此事詢問是儀，是儀認為呂蒙的計謀很好，就勸孫權聽從呂蒙。孫權讓是儀隨從征討關羽，並任命為忠義校尉。是儀陳辭推讓，孫權命令說：「我雖然不是趙簡子，你怎麼就不能委屈自己做個周舍呢？」

3　平定荊州之後，孫權建都武昌，是儀任裨將軍，後來封為都亭侯，代理侍中職務。孫權還想授予他兵權，是儀自認為不是將才，堅決推辭不肯接受。黃武年間，孫權派遣是儀前往皖縣到將軍劉邵那裏，準備引誘曹休前來。曹休一到，吳軍大敗曹軍，是儀升任偏將軍，入宮督察尚書事務，對外負責評議各官署呈報的公事，接受。⑩⑤承望王師　迎接天子的大軍。承望，迎候。王師，指天子的軍隊。⑩⑥款心赤實　內心赤誠忠實。款，原誤作「疑」，《三國志集解》云：「《冊府》『疑』作『款』。」據改。⑩⑦經年　經過了一年。⑩⑧不聞咳唾　形容毫無動靜。這裏指沒有音訊。⑩⑨達不　轉達到否。不，否。⑪⓪日月以幾　長久不明顯。這裏是指孫權的態度不明朗。以，介詞，表原因。幾，不明顯。⑪①魯望高子　魯國人盼望高子。高子，一名敬仲，亦稱高傒，春秋時齊國的大臣。據《公羊傳》閔公二年記載，魯莊公死，其子般即位，被弒。魯閔公即位，又被弒，魯國連死三位國君，無人掌權。西元前六六〇年，高子奉齊桓公之命出使魯國，幫助另立新君魯僖公，又加固城池，魯人引為美談。這裏用來比喻思慕仰見之情。⑪②稍薄　逐漸淡薄。⑪③蒼蠅之聲　各種讒言像蒼蠅的聲音。蒼蠅即青蠅。該語出自《詩經・小雅・青蠅》：「營營青蠅，止於樊；豈弟君子，無信讒言。」這是臣子勸誡君主不要聽信奸臣說壞話。⑪④臣私度陛下句　臣私下揣測陛下沒有施賜明確旨意的原因。私度，私下揣測。垂，施；賜。明慰，明確的安撫之辭。⑪⑤仁義之道　指從一而終，不背叛原來的主人。⑪⑥消息　指緣由。⑪⑦鼎鑊　一種有三或四足支撐的大鍋。古代酷刑，用鼎鑊煮人。⑪⑧譖毀　誹謗；誣陷。⑪⑨商鞅　公孫氏，名鞅。戰國時衛國人。少好刑名之學。西走入秦，幫助秦孝公變法，使秦國富國強兵。因功封商十五邑，號商君。孝公死，被貴族陷害，受車裂之刑而死。⑫⓪白起　郿（今陝西眉縣）人。戰國時秦國名將。據《史記・白起王翦列傳》記載，白起在秦昭王時屢立戰功，以功封武安君。後又在長平大破趙軍，坑殺降卒四十餘萬。後因與相國范雎之意不合，激怒昭王，被逼自殺。⑫①弗義　不符合道義。⑫②吳起　戰國時衛國左氏（今山東曹縣北）人。善用兵，先後任魯將、魏將，屢立戰功。因受人排擠，逃到楚國，任令尹，輔佐悼王實行變法，使楚國日趨強盛。悼王死，被舊貴族殺害。⑫③未有非之者也　沒有人否定他們的行為。⑫④況今　比較當今。況，比較。⑫⑤伍員　字子胥，春秋時楚國人。據《史記・吳太伯世家》載，伍員因其父被楚平王殺害，便逃奔吳國，幫助吳王伐楚，鞭平王屍。後吳王夫差打敗越國，越國求和，伍員勸阻未被採納，遭人讒害，被迫自殺而死。⑫⑥厥勢不同　時勢不同。厥，代詞，那個。⑫⑦悠遠　遙遠。⑫⑧濟免　成就事業，免除災禍。⑫⑨節　氣節。⑬⓪柄奪於臣　朝政大權被臣子篡奪。⑬①莫或同心　沒有哪一個是同心的。莫，沒有。或，某個。⑬②帑藏空虛　倉庫空虛。帑，收藏幣帛的倉庫。⑬③數　多次。⑬④具聞此問　這裏的消息應該全部聽說了。具，同「俱」。都。問，消息。⑬⑤兼弱攻昧　兼併弱者，攻擊昏君。該語出自《左傳》宣公十二年：「德立刑行，政成事時，典從禮順，若之何敵之？見可而進，知難而退，軍之善政也。兼弱攻昧，武之善經也。子姑整軍而經武乎，猶有弱而昧者，何必楚？」昧，愚昧；昏亂。⑬⑥秋　比喻時機。⑬⑦區區　自稱的謙詞。⑬⑧淮泗　淮水和泗水。這裏指淮河中下游、泗水流域的曹魏地區。⑬⑨下邳　郡名。治所在今江蘇睢寧西北。⑭⓪荊揚二州　指荊州和揚州。據《晉書・地理志》載，三國時魏、吳分別自置荊州，治所在今湖北江陵；曹魏所置荊州，治所在今河南新野。揚，三國時魏、吳各置揚州，據《晉書・地理志》載，吳置揚州，治所在今江蘇南京。這裏指曹魏的揚州，治所在今安徽壽縣。141根牙　根基；腳跟。142關西之兵繫於所衛　關西的軍隊被他們守衛的地盤所牽制。關西，泛指函谷關或潼關以西地區。繫，被牽制。143青徐二州　指青州和徐州。青州，治所在今山東淄博東。徐州，治所在今江蘇徐州。144許洛　指許縣和洛陽。許，縣名。治所在今河南許昌東。西元一九六年曹操迎漢獻帝建都於此。洛，即洛陽，曹魏在此建都。145一會　一遇。146以　原作「諸」，今從宋本。147羌胡　這裏泛指古代生活在中國西北地區的少數民族。148隱度　估計；揣測。149就　就勢利用；獲取。150一二　一些；一件兩件。151實羸　實際上虛弱。152洪業　宏偉事業。這裏指帝業。153昔許子遠舍袁就曹　從前許子遠捨棄袁紹而投奔曹操。許子遠，即許攸，字子遠，南陽（今河南南陽）人。少與袁紹及曹操相善。初與冀州刺史王芬等連結豪傑謀廢漢靈帝，立合肥侯，未遂失敗。後在袁紹部下任職。官渡之戰初，諫紹勿與操相攻，紹不納，遂知紹不可為謀，加之因家犯法，審配收其妻子，一怒之下便投奔曹操，說操襲取烏巢，盡燒紹軍糧穀。後因自恃功勳，觸犯曹操而被誅。事跡散見於本書卷一〈武帝紀〉、卷十〈荀彧傳〉、卷十二〈崔琰傳〉及裴松之注引《魏略》。154計較　計策。155應見納受　立即都被接受。應，立即。156向使　假使。157間聞界上將閻浮句　近來聽說邊境上的將領閻浮、趙楫想要歸降吳國。間，近來。界上將，邊界上的守將。閻浮趙楫，曹魏將領，其二人事跡不詳。歸大化，指歸降。158唱和　呼應。159款款　誠心誠意。160遠授其命　從遠方獻身陛下。授，授予；託付。命，生命。161不時　不及時。162孤絕　孤立無援，陷於絕境。163烈士　英雄壯士。164皇天后土　即天和地。165入　入朝。166二年　黃龍二年（西元二三〇年）。167隱蕃　青州（今山東淄博東）人。以口辯為豪傑所善。魏太和四年（西元二三〇年）奉魏明帝命，詐叛歸吳，任廷尉監。後謀叛，事覺伏誅。事跡散見於《三國志・孫登傳》裴松之注引《吳書》、卷六十二〈胡綜傳〉及裴松之注引《吳錄》。168微子　名啟，一作開。據《史記・宋微子世家》記載，微子本為商紂的庶兄，封於微。見商代將亡，多次勸諫商紂，無效，遂出走。周武王滅商，他主動投降，後被封於宋，為宋國開國君主。169委棄封域　指拋棄曹魏。委棄，放棄。封域，領地；界域。指曹魏。170至止有日　到來的時日不短了。171主者　主事的人。這裏指主管歸順者的官員。172精別　精細的加以區別。173微言妙旨　精微的言論、思想。174於邑　鬱悶。175曷惟其已　原意是說憂愁怎樣才能休止。該語出自《詩經・邶・綠衣》：「綠兮衣兮，綠衣黃裏。心之憂矣，曷維其已。」這裏是說心中鬱悶和嘆息何日才能止住。曷，何。已，止。176詣闕拜章　來到皇宮拜呈章表。闕，宮闕。指皇宮。177及　趁勢。178辭觀　辭采風度。179侍坐　在座侍從。180東方朔　字曼倩，平原厭次（今山東惠民東北）人。性詼諧滑稽，機智善辯。漢武帝初即位，他上書自薦得幸，任常侍郎、太中大夫給事中。善察言觀色，直言切諫。又善辭章。181禰衡　字正平，平原般（今山東寧津東南）人。少有才辯，性剛強傲慢，不為權貴所容。後孔融薦於曹操，因狂而忤操，被罰做鼓吏。他當眾裸身擊鼓，羞辱操，操怒，將他遣送劉表，表待之以禮，文章言議，非衡不定。衡又忤表，表送衡於黃祖，因衡於賓客會上忤祖，祖忿，遂令殺之。時年二十六。182堪　勝任。183都輦　指京城。輦，原指人力拉的車，秦漢以後專指皇帝乘坐的車子。184廷尉監　官名。漢制，廷尉屬官有廷尉監，西漢分左右，東漢省右。負責刑法訟獄。185左將軍朱據　左將軍，將軍名號，有前、後、左、右將軍之稱。掌京師兵衛及戍守邊境。朱據，字子範，吳郡吳（今江蘇蘇州）人。以才兼文武，孫權授予建義校尉。後為左將軍，封雲陽侯。性謙虛接士，輕財好施。詳見本書卷六十一〈朱據傳〉。186廷尉郝普　廷尉，官名。秦置，為九卿之一。掌刑獄。郝普，字子太，義陽（今湖北棗陽東南）人。劉備入蜀時，為零陵太守。後為吳將呂蒙所騙，開城降吳。官至廷尉。因與隱蕃親善，及蕃謀叛事敗，普見責自殺。事跡散見於本書卷四十五〈楊戲傳〉、卷四十七〈孫權傳〉。187禁止　拘留。188左執法　官名。吳置，為御史臺屬官，與中執法、右執法共同平決諸官事。189辭訟　訴訟。190遼東之事　吳嘉禾元年（西元二三二年），魏遼東太守公孫淵派使者稱藩於孫權，並獻貂馬。權大悅，於次年派使臣攜金寶珍貨，九錫備物，乘海授淵為燕王。張昭等羣臣極力勸諫阻止，權不聽，以致孫、張二人怒形於色。後淵殺吳使者，權深自克責。191輔吳將軍　輔吳將軍張昭因為勸諫孫權時言語過於急切。輔吳將軍，官名，吳置。孫權稱帝，特以此職授予老臣張昭，等級次於三公，不常置。張昭，字子布，彭城（今江蘇徐州）人。少好學，善隸書。弱冠察孝廉，不就。刺史陶謙舉茂才，不應。漢末大亂，南渡江避難。孫策創業，為長史、撫軍中郎將，文武之事，一以委昭。策亡，輔佐孫權。因敢諫，性剛直，未被權任為丞相。權稱帝，昭以老病，上還官位及所統領，更拜輔吳將軍，改封婁侯。一度不參與政事，在家撰寫《春秋左氏傳解》及《論語注》。詳見本書卷五十二〈張昭傳〉。192隙　這裏指兩人感情上的裂痕。193極意　盡興。194觴　勸飲；進酒。195文誥策命　指皇帝的詔書、公告、策命等文書。誥，文體的一種。「誥」和「詔」雖同時表示上告下的意思，但用法卻不同。「詔」在秦以後只限於皇帝下命令時使用，而「誥」用於表示告誡或勉勵。宋以後「誥」只限於皇帝任命高級官吏或封爵時用。策命，帝王對臣下進行封土、授爵、記功或免官時所頒發的文書。196書符　指朝廷的外事往來文書。書，即策書，是皇帝命官授爵封土的命令書。符，即符節、符契。古時朝廷用以傳達命令、調兵遣將的憑證，用竹木金玉為之，上寫文字，剖分為二，各執其一，用時必兩片相合以為憑信。197科　法規；法令條款。198去　離開。這裏指離職回家奔喪。199下議　指讓朝臣進行討論發表意見。200科文　法令。這裏指法規的具體懲處細則。201大辟　指死刑。202由是　於是；從此。

【語譯】黃武八年夏天，黃龍出現在夏口，於是孫權稱帝，藉著祥瑞更換年號。又製作黃龍大旗，經常立在軍營中心，各路軍隊的進退，都要看大旗移動的方向。孫權又命令胡綜作賦說：

2 「乾坤初立之時，天、地、人三者就產生了。狼弧星座顯示徵兆，預示的是兵力強盛。聖人揣測天意，仿效經營。開始製作兵器，是為了謀求成功。黃、炎二帝開創一個時代，奠定皇家根基。上則順應天意，下則消弭百姓災禍。高辛誅殺共工，虞舜討伐有苗。夏啟在甘大戰有扈，成湯與夏桀大戰於鳴條。周武王於牧野伐紂，漢高祖在垓下擊潰項羽。沒有不使用武力，戰勝敵人開創帝業。赫赫神明的大吳，是由上天降德。神武立為法則，帝業偉大至極。這開始於往昔，祖先開始於黃帝、虞舜。經歷了五代，繼承前輩開啟未來。順應天時接受天命，帝業發跡於江南。將要推行宏圖大略，改變華夏分割局面。於是順應天時，組建一支神武大軍。遵照天帝顯示的徵兆，設置五將三門。快時如同閃電，慢時如同雲朵。進退有度，簡約而不繁複。各路大軍部署妥當，黃龍大旗設在中軍。飛龍環繞著太陽和月亮，這種旃旗其實就是太常。它高高飄揚巍然特立，全軍將士注目仰望。它如同聖明天帝高高在上，俯視觀察四方。這是神靈驅使，為國降下美好和富強。軍隊想要改變方向，黃龍大旗首先移動。金鼓不響，六軍寂然無聲的完成變化。暗中若有神助，可以說極度機密又變化無窮。昔日有周王室，赤烏銜來瑞書昭示天命。今朝大吳，黃龍吐出符命。契合河圖、洛書，舉動與天意相合。上天讚美人間聚合，都說孫吳國祚長久。」

3 蜀國聽說孫權稱帝，派遣使者重申舊誼。胡綜起草盟辭，文字和內容都很優美，全文記載在孫權的傳記中。

4 孫權東遷定都建業，徐詳、胡綜都擔任侍中，進封為鄉侯，兼任左領軍、右領軍。當時魏國來投降的人中有的說，魏國的都督河北振威將軍吳質頗被朝廷猜疑，胡綜就冒充吳質寫了三條降吳的文告：

5 第一條說：「漢朝國法敗壞廢棄，天下分崩離析，百姓困頓不已，士人顛沛流離，戰爭盜匪所到之處，城邑空無居民。風塵戰火，隨處可見，自從三代以來，天下大亂到極點的，沒有像今天這個時代的。臣吳質才志淺薄，處世無方，束縛在土地上，不能展翅高飛，只得為曹氏從事軍役。我遠在黃河以北，天路隔絕，雖然仰望風範，思慕高義，想要歸順天命，慚愧的是沒有機緣得以一展志向。每當遇到去過吳國的人，臣私下打聽那裏的風俗教化，知道陛下與天地同德，與日月共明。神聖英武的姿儀，受之於上天，頒布並反覆申明政教法令，流傳感化於萬里之外，從長江以南，家家戶戶都蒙受恩澤。英雄豪傑，通達人士，沒有不衷心的歌頌，樂於歸順。今年六月底，敬聞在良辰吉日，黃龍騰起，陛下登基，準備恢弘大業，整飭國法，將要使倖存的百姓，目睹真正的君主。從前周武王討伐商紂，殷商百姓臨陣倒戈；漢高祖誅殺項羽，項羽四面受敵孤立無援。和今日的形勢相比，還不足以比喻得當。臣吳質無法壓抑昊天般的志願，謹派遣親信同郡人黃定恭敬的奉上章表，並請求降吳叛魏，趁機求得通達。臣所想要陳述的內容，載列如後。」

6　第二條說：「從前伊尹離開夏朝投奔商朝，陳平背棄楚軍歸附漢軍，他們的功績記載於史書，留名後世，世間的君主不認為他們是背叛者，是因為他們知天命啊。臣過去被曹氏所接納，名義上是君臣，實際上親如骨肉，恩義纏綿，密合無離，於是授予我獨當一面的重任，總理黃河以北軍務。在此時，我志向高遠，決心與曹氏永遠同生共死，惟恐功業不能建立、事業不能成功而已。等到曹丕去世，後嗣繼承王位，幼主曹叡當政，讒言更多了。同輩的臣僚依仗權勢相互損害，志趣不同的人用他們的話語進行離間。而我天性孤傲疏略，素來不屈服於人，看那幾個人，目的確實是要迫害我，這也是臣的過錯。於是被邪惡議論所陷害，招致幼主猜疑，誣告臣想要反叛。雖然了解真情的人擔保臣的心是清白的，但在世局混亂時，總是讒言取勝，留下的疑忌仍然存在，臣常常擔心有一天會橫遭無辜，憂慮的心十分痛苦，就好像在薄冰、火炭上行走一樣的戒慎恐懼。從前樂毅在齊國為燕昭王立下功勞，燕惠王即位後，懷疑樂毅，奪去了他的職位，於是樂毅離開燕國前往趙國，他的功績沒有因此減損。他哪裏想對燕國離心離德，是因為擔心功業無法建立，而懼怕災禍即將來臨啊。先前臣曾派遣魏郡人周光以做生意為名，把叛逃南來的想法託他帶去，傳達我的祕密計劃。由於時間倉促，不敢立刻呈上章表，只好讓周光傳遞口信而已。臣認為現今天下大勢已清晰可見，天意所在，不是吳國又是誰呢？這裏的百姓，都想做陛下的奴僕，他們盼望得伸長脖子、踮起腳跟，惟恐吳國的軍隊來得慢了。如果陛下稍微降恩給予信任接納，臣一定用黃河以北的土地來迎候天子的大軍，我赤膽忠心，天上的太陽可以明鑑。然而周光前去已經一年，卻毫無音訊，不知臣的這番心意是否轉達到了？臣仰望長嘆，久久不明，就是魯國人盼望高子的迫切心情，又哪能和臣的心情相比呢！另外臣如今所受的待遇日漸淡薄，各種讒言像蒼蠅聲，嗡嗡不絕，肯定會遭受讒言的禍害，只是遲早而已。臣私下揣測陛下沒有賜予明確旨意的原因，一定是認為臣吳質一貫奉行仁義之道，不會去做這類事情，以為周光傳達的話，假的多，真的少，或者以為這當中另有緣由，而不知道臣吳質遭讒言搆陷而被猜疑，恐怕受到更大的迫害呢。況且臣吳質倘若有罪之日，自會奔向鼎鑊，捆綁自己，等待懲處，這實在是臣子應該做的。今天臣沒有罪過，卻橫遭讒言誣陷，將要遭受商鞅、白起那樣的災禍。尋思事態，離開曹魏也是適宜的。死而不合道義，不離去又等什麼呢！樂毅出走，吳起叛逃，君子感傷他們未遇明君，沒有人否定他們的行為。希望陛下以古比今，不要猜疑責怪臣吳質。陛下也許會認為，作為臣子既然有罪，就應當像伍員那樣奉獻自己生命，不應當僥倖藉事獲利。然而今天與古時，形勢不同，南北距離遙遠，江河湖泊隔絕，自己不舉兵起事，又怎能成功立業免除災難呢！因此臣忘掉志士仁人的氣節，而思考建功立業的大義。況且臣吳質還認為曹氏的繼承人，不是天命所在，國政衰弱，刑罰紊亂，朝政被大臣篡奪，眾將領在外擅作威福，各自為政，沒有同心的。士卒減少，國庫空虛，法紀廢弛，君臣昏聵，推想陛下從前後多次叛逃到吳國的人員中，已經完全得知了消息。兼併弱者，攻擊昏君，應當順應天時，這實在是陛下進取的時機，所以臣才敢進獻這計謀。現在如果進兵淮水、泗水一帶，占據下邳，荊、揚二州，就會聞風響應，臣從黃河以北席捲南下，各方面的勢力連成一氣，根基就永固了。曹魏關西的兵力被牽制於戍地，青、徐二州的守軍不敢撤離，許昌、洛陽剩下的兵力不足一萬，誰能來到東邊與陛下爭鋒呢？這實在是千載難逢的機會，能不深思熟慮嗎！至於臣所在的駐地，本來馬匹就多，加上羌人、胡人經常在三四月間水草豐盛時，趕馬出來，估計現在的情況，可以得到三千多匹。陛下出兵，應當趁這個時候，多多率領將士順勢來取馬就好了。這都是事先確定的一些情況。大凡兩軍作戰，不可能相互探究對方虛實，如今這裏確實羸弱，容易攻克，陛下一旦舉兵行動，響應的人一定很多。上可以完成宏圖大業，使天下統一，下可使臣吳質建立非凡功績，這是天意啊。如果臣的計畫不被採納，這也是天意啊。希望陛下思考，臣不再多所陳述了。」

7 第三條說：「從前許子遠背棄袁紹投奔曹操，為曹操出謀劃策，立即被採納接受，於是打敗了袁紹軍，因而奠定了曹操的大業。假如曹操不相信許子遠，懷疑猶豫，心裏不能決斷，那麼當今天下就歸袁氏所有了。希望陛下考慮此事。近日聽說邊界上的守將閻浮、趙楫想歸降吳國，因呼應不夠迅速，以致失敗。如今臣誠心誠意，從遠方獻身陛下，如果又要懷疑，不及時行動，使臣孤立無援身陷絕地，遭受如此大禍，只怕天下英雄壯士想要建功立業的人，不敢再託付身家性命給陛下了。希望陛下考慮。皇天后土，確實聽到了臣的這些話了。」這篇文告流傳開來以後，吳質已在魏國入朝擔任侍中了。

8 黃龍二年，青州人隱蕃歸降吳國，他上書說：「臣聽說殷紂王無道，微子首先出走；漢高祖寬容英明，陳平率先投奔。臣今年二十二歲，拋棄曹魏，歸順有道的君主，仰仗上天的神靈，得以安全到達。臣到來後有些日子了，而主管官員把我視同投降的人，沒有精細的加以區別，致使我精微的言論、思想，不能上達陛下。心中鬱悶，再三嘆息，不知何日才能停止。謹此來到皇宮拜呈奏章，乞求蒙受召見。」孫權即刻召見入宮。隱蕃致謝回答孫權的問題，趁勢陳述時政，很有文采風度。胡綜當時在座侍從，孫權問他隱蕃說得怎麼樣，胡綜回答說：「隱蕃所上的奏章，說大話像漢代的東方朔，巧舌詭辯像禰衡，而才能卻比不上這兩人。」孫權又問他隱蕃可以勝任什麼職務，胡綜回答說：「不可以讓他治理民眾，暫且讓他試試京城小官。」孫權因為隱蕃大談刑罰獄政，便任他為廷尉監。左將軍朱據、廷尉郝普稱讚隱蕃有輔佐君主的才幹，郝普和他尤其親近友善，經常怨嘆委曲了隱蕃。後來隱蕃陰謀反叛，事跡敗露被處死，郝普受到責問自殺。朱據被拘禁，過了一段時間才獲釋。孫權任命胡綜為偏將軍，兼任左執法，掌管訴訟事務。遼東事件時，輔吳將軍張昭因為勸諫孫權時言辭過於急切，孫權也大為生氣，那次調和他們雙方，使他們之間沒有裂痕，胡綜是出了力的。

9 胡綜生性好酒，酒後盡興縱情高叫，有時推杯進酒，撲打左右的人。孫權愛惜他的才幹，沒有責怪他。

10 自從孫權綜理國政以來，各種詔書、公告、策命等文書，給鄰國的文書，大體都是胡綜所擬。起初由於內外事務繁多，特別訂立法規，各縣長吏遇到喪事，都不得離開職守，然而屢屢有人違犯。孫權憂慮此事，便讓朝臣進行討論商議對策。胡綜提議應當制訂具體的法條，宣布違者處死，處死一個人後，以後違犯法規的現象必定杜絕。於是採用了胡綜的意見，從此違禁奔喪的人就斷絕了。

1 赤烏❶六年卒，子沖嗣。沖平和有文幹，天紀❷中為中書令❸。

2 徐詳者字子明，吳郡烏程❹人也，先綜死。

【章旨】以上為〈胡綜傳〉的第三部分，簡述胡綜之子胡沖的性格特徵和官職。並概述徐詳的姓氏和生平。

【注釋】❶赤烏　吳大帝孫權年號，西元二三八—二五一年。❷天紀　吳末帝孫皓年號，西元二七七—二八〇年。❸中書令　官名，掌管宮廷機要、主擬詔旨等。❹烏程　縣名。治所在今浙江吳興。

【語譯】赤烏六年胡綜去世，兒子胡沖繼承爵位。胡沖性情謙和，有文才，天紀年間任中書令。

2 徐詳，字子明，吳郡烏程縣人，早於胡綜去世。

評曰：是儀、徐詳、胡綜，皆孫權之時幹興❶事業者也。儀清恪貞素❷，詳數通使命，綜文采才用，各見信任，辟之廣夏❸，其榱椽❹之佐乎！

【章旨】以上為陳壽對是儀、徐詳、胡綜三人的評價，並指出他們都得到了孫權的信任，從而成為參與孫權創辦事業的人。

【注釋】❶幹興　承擔和振興。這裏指創建孫吳政權。❷清恪貞素　清廉忠誠，堅貞樸素。❸辟之廣夏　用宏偉的大廈來作比喻。辟，通「譬」。比喻。夏，即廈，大房子。❹榱椽　即椽子，固定在檁子上用來放屋瓦的木條。其重要性雖不如立柱和橫梁，但它是支撐屋頂的重要構件。這裏用來比喻是儀、徐詳、胡綜在創建孫吳政權中的重要作用。

【語譯】評論說：是儀、徐詳、胡綜，都是孫權時期參與創建大業的人。是儀清廉忠誠，堅貞樸素，徐詳屢次出使，傳達君命，胡綜有文采，有才幹，各自被孫權信任，用宏偉的大廈作比喻，他們大概就像屋頂上的椽子那樣的輔助作用吧！

【研析】清人趙翼在談到三國時期的人才問題時，深有感觸的說：「人才莫盛於三國。」確實如此，江山代有才人出，各領風騷數百年，三國就是以人才眾多成為這一時代最突出的特徵。也正因為人才輩出，加之「三國之主各能用人，故得眾力相扶，以成鼎足之勢」（《廿二史箚記》卷七〈三國之主用人各不同〉），可以說，漢末其所以出現天下三分的局面，實際上是天下人才的三分。人才的智慧與謀略，主宰了三國鼎立的整個歷史舞臺。

東漢末年，由於軍閥混戰，社會動盪，殘酷慘烈的較量，使得羣雄在相互爭奪地盤的同時，更把精力放在爭奪文武人才之上，從而使他們對「才」的理解和要求烙上了那個時代的顯明特徵。無論是曹操，還是劉備，或是孫權，他們這時一反過去人才選拔的傳統模式，採用不拘出身貴賤如何，不管其人品格優劣，也不念舊惡，不計較個人怨仇，不分年齡老少，只要是籌劃謀略之士，或是勇於衝鋒陷陣的猛將和勇士，一句話就是只要能使他們成就帝王大業的人，就是他們想要的人。這就是這一時代的人才觀。所以曹操「拔于禁、樂進於行陣之間，取張遼、徐晃於亡虜之內，皆佐命立功，列為名將；其餘拔出細微，登為牧守者，不計其數」。（《三國志・武帝紀》）劉備以「諸葛亮為股肱，法正為謀主，關羽、張飛、馬超為爪牙，許靖、麋竺、簡雍為賓友。及董和、黃權、李嚴等本璋之所授用也，吳壹、費觀等又璋之婚親也，彭羕又璋之所排擯也，劉巴者宿昔之所忌恨也，皆處之顯任，盡其器能」。（《三國志・先主傳》）孫權也一樣，他「納魯肅於凡品」，「拔呂蒙於行陣」，「獲于禁而不害」。這位「聰明仁智，雄略之主」，採取「招延俊秀，聘求名士」（《三國志・

孫權傳》的政策，在他周圍聚集了一大批具有真才實學的文臣武將，從而使孫吳政權在三國中歷時最久，正如王夫之在《讀通鑑論》一書中所說的：「蜀漢之義正，魏之勢強，吳介其間，皆不敵也，而角立不相上下，吳有人焉。」

在漢末三國這樣一個風雲瞬息變幻，羣雄競相角逐的時期，非但君擇臣，臣亦擇君。眾多謀士勇將其所以委質於曹、劉、孫這些割據稱雄者，主要不是投靠依附，而是共同利益的結合。呂範曾直言不諱的對孫策說：「今舍本土而托將軍者非為妻子也，欲濟世務。猶同舟涉海，一事不牢，即俱受其敗。此亦範計，非但將軍也。」（《三國志・呂範傳》裴松之注引《江表傳》）正是這種「濟世務」的共同目標，才使得那些志士武將們不惜用自己生命去為其君主報效終生，從而在漢末三國的歷史舞臺上演出了一幕幕威武雄壯的活劇來。

是儀、徐詳、胡綜三人雖然不像魯肅、周瑜等人那樣是孫吳政權中的柱石，是肩負歷史重任的朝中重臣，是孫權重用的棟梁之材，而只是一般的職位不高、權力不大的臣子，用陳壽的話說，只是「辟之廣夏，其榱椽之佐」。但他們卻在其各自的職位上恪盡職守，盡心盡力，以其自己特有的方式為孫吳政權的創建和鞏固，竭盡自己的全副力量，報效國家，這就是這批朝廷命官鮮明的共同特徵。

是儀從大局出發，支持呂蒙偷襲關羽後方的計謀，並勸告孫權採納。又以自己「非材」，拒絕「授兵」。在朝臣大都畏懼典校郎呂壹淫威的情況下，他大義凜然，堅持實事求是。在孫權「詔旨轉屬」時，仍「據實答問，辭不傾移」，最後終於使江夏太守刁嘉轉危為安，從而挽救了一位忠臣的生命。晉人徐眾在《三國評》一書中稱讚他「以羈旅異方，客仕吳朝，值讒邪殄行，當嚴毅之威，命縣漏刻，禍急危機，不雷同以害人，不苟免以傷義，可謂忠勇公正之士」（《三國志・是儀傳》裴松之注引）。是儀作為一名朝官，「事上勤」，「動輒規諫」，在「時有所進達」的情況下，他「未嘗言人之短」。他又「與人恭」，對自己要求嚴格，「不治產業，不受施惠」，還「服不精細，食不重膳，拯贍貧困，家無儲畜」。他「事國數十年，未嘗有過」。孫權手下有這樣的忠誠、正直、清廉的大臣，又何愁不能在江東建立一個與曹操、劉備相鼎峙的新的政權呢！

和是儀採取不同方式服務於孫權的胡綜，則是以「筆桿子」的形象出現在孫吳政權的政治舞臺上。胡綜雖然打過仗，「從討黃祖」，又率兵「與賀齊輕行掩襲，生虜得（魏將晉）宗」，立有戰功。但他最主要的功績是，「自權統事，諸文誥策命，鄰國書符，略皆綜之所造也」。在孫權即帝位時，他奉命作賦，宣傳孫權稱帝是「應期受命」，「天贊人和」。在蜀漢「遣使重申前好」之時，他又撰寫「文義甚美」的吳蜀盟約。為分化瓦解敵方營壘，他「乃偽為（吳）質作降文三條」。這些都是他拋向敵方的「重磅炸彈」。此外，他在「魏明帝使（隱蕃）詐叛如吳」時，一針見血的揭露隱蕃的欺詐言行。在孫吳老臣張昭與孫權發生矛盾之時，是他「和協彼此，使之無隙」。還是他「以為宜定科文」，加強法規建設，杜絕官員違紀事件的再次發生。

從上可知，是儀、胡綜在孫吳政權的創建和發展過程中，做了很多的事情，出了很大的力，起到了他人不可替代的重要作用。陳壽評價他們「皆孫權之時幹興事業者」，這是公正、客觀的，而且是極其正確的。（余鵬飛注譯）

# 卷六十三　吳書十八

## 吳範劉惇趙達傳第十八

【題解】本卷是《三國志．吳書》記載吳國臣僚中的第十二篇列傳。吳範、劉惇、趙達三人雖同為孫權政權中的閣僚，擔任了一些職務，如吳範為騎都尉，領太史令；劉惇為軍師；趙達因得罪了孫權，「祿位不至」，但他們是以善治曆數，習風氣，知術數而聞名於時，並使孫權信服。孫權還極力想從他們那裏得其奧妙之所在，但他們三人「愛其術，不以告人」，詢問其法，均「不語」，「故世莫得而明也」。如何看待他們三人對孫吳政權所作出的貢獻，陳壽作出了明確的答覆，他說雖然「三子各於其術精矣，其用思妙矣」，但「君子算役心神，宜於大者遠者，是以有識之士，舍彼而取此也」。陳壽的這幾句話很有見地，鏗鏘有力，擲地有聲，它是我們解讀這一卷內容的綱，是評價三國時期方士所起作用的立足點。

1　吳範，字文則，會稽上虞[1]人也。以治曆數[2]，知風氣[3]，聞於郡中。舉有道[4]，詣[5]京都，世亂不行。會孫權起於東南[6]，範委身[7]服事，每有災祥[8]，輒推數言狀[9]，其術多效[10]，遂以顯名。

初，權在吳⑪，欲討黃祖⑫，範曰：「今茲⑬少利，不如明年。明年戊子⑭，荊州劉表⑮亦身死國亡。」權遂征祖，卒不能克⑯。明年，軍出，行及尋陽⑰，範見風氣，因詣船賀，催兵急行，至⑱即破祖，祖得夜亡。權恐失⑲之，範曰：「未遠，必生禽⑳祖。」至五更㉑中，果得之。劉表竟死，荊州分割㉒。

及壬辰歲㉓，範又白言：「歲在甲午㉔，劉備當得益州㉕。」後呂岱㉖從蜀㉗還，遇之白帝㉘，說備部眾離落㉙，死亡且㉚半，事必不克。權以難㉛範，範曰：「臣所言者天道㉜也，而岱所見者人事㉝耳。」備卒得蜀。

權與呂蒙㉞謀襲關羽㉟，議之近臣，多曰不可。權以問範，範曰：「得之。」後羽在麥城㊱，使㊲使請降。權問範曰：「竟當降否？」範曰：「彼有走氣㊳，言降詐㊴耳。」權使潘璋邀其徑路㊵，覘候者㊶還，白羽已去。範曰：「雖去不免。」問其期，曰：「明日日中。」權立表下漏㊷以待之。及中不至，權問其故，範曰：「時尚未正中也。」頃之㊸，有風動帷㊹，範拊手㊺曰：「羽至矣。」須臾㊻，外稱萬歲㊼，傳言得羽。

後權與魏為好㊽，範曰：「以風氣言之，彼以貌來㊾，其實有謀，宜為之備。」劉備盛兵西陵㊿，範曰：「後當和親(51)。」終皆如言。其占驗(52)明審如此。

【章　旨】以上是〈吳範傳〉的第一部分，簡述了吳範以占候術效力孫權，名聲日益顯赫。同時描寫吳範在孫權征討黃祖、劉備西取益州、呂蒙謀襲關羽、孫權與魏為好、與劉備和親等五件事上施行占候術的明顯效驗，說明他「術精」、「思妙」，取得了孫權的關注和信任。

【注　釋】❶上虞　縣名。治所在今浙江上虞。❷曆數　曆法計算，即根據曆法推算出日月星辰運行及季節時令。一說指由「天命」預測王朝統治時間及朝代更替的次序。❸風氣　古代占候之法，指通過觀察風向和雲氣預測事情發展的結果或吉凶的方法。❹舉有道　被推舉為有道。舉，薦舉；推舉。有道，指明習圖讖占象，有道術。一說指有道德才藝之人。另說有道為漢代薦舉的科目之一，以有道名目被薦舉者，稱為有道之士。這裏是指吳範善占卜，為方術之士。❺詣　前往。❻東南　這裏指長江中下游流域以南地區。❼委身　投靠；歸順。❽災祥　災異、吉兆。❾輒推數言狀　就進行推算，說出災異的情狀。輒，總是；就。❿其術多效　他的方術多有效驗。術，方術，指醫、卜、星、相等術。⓫吳　郡名。治所在今江蘇蘇州。⓬黃祖　漢獻帝時任江夏太守，依附荊州刺史劉表。東漢初平二年（西元一九一年），在襄陽峴山射殺孫堅。孫權統事後，數次征討黃祖以報父仇，建安十三年（西元二〇八年），權復征祖，祖令都督陳就逆以水軍出戰，為吳將呂蒙所殺，祖聞陳就死，委城走，為吳騎士馮則所追殺。事跡散見於本書卷四十六〈孫堅傳〉、卷四十七〈吳主傳〉、卷五十四〈呂蒙傳〉。⓭今茲　即今年。⓮戊子　指東漢獻帝建安十三年（西元二〇八年）。⓯劉表　字景升，山陽高平（今山東微山縣西北）人。東漢遠支皇族。曾任荊州刺史，據有今湖南、湖北地方。後為荊州牧。他在羣雄混戰中，採取觀望態度，轄區破壞較小，中原人來避難者甚眾。後病死，其子劉琮降於曹操。詳見本書卷六〈劉表傳〉。⓰卒不能克　最終未能取勝。卒，最終。克，攻克；取勝。⓱尋陽　縣名。治今湖北黃梅西南。⓲至　到達。⓳失　失掉，這裏指脫身。⓴禽　通「擒」。捕獲。㉑五更　指第五更，即將拂曉時。古人將從黃昏到拂曉一夜間分為五個時段，即所謂五更。㉒分割　瓜分。這裏指劉表死後，其子劉琮投降曹操，最後荊州被瓜分，分別為曹操、劉備、孫權所占。㉓壬辰歲　即東漢獻帝建安十七年（西元二一二年）。㉔甲午　即東漢獻帝建安十九年（西元二一四年）。㉕劉備當得益州　劉備必定得到益州。劉備，字玄德，涿郡涿縣（今河北涿州）人。少與母織席販履為業。漢靈帝末年，率徒屬討伐黃巾，因功升至高唐令。不久，為黃巾軍所敗，便投奔少時好友中郎將公孫瓚，為別部司馬。在羣雄混戰中，他先後依附陶謙、袁紹、曹操、劉表等。後在諸葛亮輔佐下與孫權聯合在赤壁大敗曹軍，又乘勝進取荊州，西入益州，占領漢中，自立為王。章武元年（西元二二一年）稱帝，史稱蜀漢。同年，率兵伐吳。次年，大敗於夷陵。不久病逝於白帝城。詳見本書卷三十二〈先主傳〉。益州，州名。治所在今四川成都，三國時益州為蜀所有。㉖呂岱　字定公，廣陵海陵（今江蘇泰州）人。初為郡縣吏，避亂南渡。孫權統事後，出守吳丞，後為督軍校尉。後遷上大將軍、大司馬等職。體素精勤，躬親王事。詳見本書卷六十〈呂岱傳〉。㉗蜀　郡名。治所在今四川成都。㉘白帝　城名。故址在今重慶市奉節城東白帝山上。東漢初公孫述在此築城，述自號白帝，故以為名，並移魚復縣治於此。城居高山，為險要之地。劉備兵敗夷陵，退居此城，後病死於城西永安宮。㉙離落　離散流落。㉚且　將近。㉛難　質問；責難。㉜天道　古時指自然現象所表示的吉凶禍福的徵兆。一說指天意。㉝人事　指人力所能做到的事。㉞呂蒙　字子明，汝南富陂（今安徽阜南東南）人。勇而有謀，善決斷，明於軍事大計。從孫權累建奇功，任左護軍、虎威將軍等。魯肅死，代領其軍，襲破荊州，擒殺關羽，授南郡太守，封孱陵侯。詳見本書卷五十四〈呂蒙傳〉。㉟關羽　字雲長，河東解（今山西臨猗西南）人。漢末亡命奔涿郡，從劉備起兵，並與劉備、張飛結為兄弟，誓共生死。任別部司馬、下邳太守。後備為曹操所敗，羽被俘。白馬之戰斬顏良。仍歸劉備。升任前將軍，率兵攻樊城，威震華夏。因後備空虛，荊州被呂蒙隱兵襲取，羽士眾妻子被虜，軍隊遂散，羽隨即被俘殺。詳見本書卷三十六〈關羽傳〉。㊱麥城　城名。相傳為楚昭王所築，故址在今湖北當陽東南沮、漳兩水間。東漢獻帝建安二十四年（西元二一九年），關羽為呂蒙擊敗，退走麥城，即此。㊲使　作動詞用，表示派出。㊳走氣　逃跑的徵候。㊴詐　欺騙；假裝。㊵權使潘璋邀其徑路　孫權派遣潘璋在小路上攔截關羽。潘璋，字文珪，東郡發干（今山東冠縣東）人。初隨孫權，討山越有功，署別部司馬。後為吳大市刺奸，盜賊斷絕，由是知名。後拜偏將軍，在孫權征討關羽時，其部下司馬馬忠俘獲關羽並羽子平、都督趙累等。升為振威將軍，封溧陽侯。詳見本書卷五十五〈潘璋傳〉。邀，半路攔截。徑路，小路。㊶覘候者　暗探；偵察兵。覘，窺探；暗中監視。㊷立表下漏　裝置日晷設下漏刻。表，即晷表，古代用來測量日影的長度和方向以記時的標竿。漏，即漏壺，一種計時裝置，即在漏壺上刻符號，盛滿水後，通過水珠漏滴來觀測水位，以表示時間。㊸頃之　不久。㊹帷　軍營中臨時搭建的帳幕。㊺拊手　拍手。拊，拍；敲。㊻須臾　一會兒；片刻。㊼稱萬歲　高呼萬歲。這裏指臣子對君主的祝賀，一種極度興奮而所歡呼之語，不是對皇帝的代稱。㊽權與魏為好　這是指東漢建安二十二年（西元二一七年），孫權「令都尉徐詳詣曹公請降，公報使修好，誓重結婚」。建安二十五年（西元二二〇年），「自魏文帝踐阼，權使命稱藩」，封孫權為「吳王」（以上引文均見《三國志・吳主傳》）。㊾以貌來　帶著和善而有禮貌的態度前來。㊿劉備盛兵西陵　劉備重兵屯駐西陵。盛兵，調集大批軍隊。西陵，縣名。治所在今湖北宜昌東南。(51)和親　和好相親。(52)占驗　占候效驗。

【語　譯】吳範，字文則，會稽郡上虞縣人。因為研究曆法推算，通曉占候，聞名郡內。被薦舉為有道，前往京城，由於局勢動亂沒有成行。恰逢孫權在東南興起，吳範便投靠孫權，為孫權效力，每當有災異、吉兆，就進行推算，說出災異的情狀，他的方術多有效驗，因此出名。

2 起初，孫權在吳郡，想要討伐黃祖，吳範說：「今年出兵不利，不如等到明年。明年是戊子年，荊州劉表也會人死國亡。」孫權最終還是征討黃祖，結果未能取勝。第二年，軍隊出征，行軍到達尋陽，吳範觀察風雲變化，便趕到孫權的船上祝賀，催促軍隊快速行進，大軍一到就打敗了黃祖，黃祖乘夜色逃亡。孫權惟恐黃祖跑掉，吳範說：「他沒跑遠，一定會活捉黃祖。」到了五更時分，果然擒獲黃祖。劉表果然死了，荊州被瓜分。

3 到了壬辰年，吳範又稟告說：「在甲午這一年，劉備定當得到益州。」後來呂岱從蜀郡返回，在白帝城遇見蜀軍，說劉備的部眾離散，死亡將近一半，攻取益州必定不會成功。孫權用呂岱的話質問吳範，吳範說：「臣下所說的是天道，而呂岱所見的只是人事罷了。」劉備最終取得了蜀地。

4 孫權與呂蒙圖謀襲擊關羽，和心腹大臣們商議，多數說不行。孫權就此事詢問吳範，吳範說：「能擒獲關羽。」後來關羽在麥城，派使者請求投降。孫權問吳範說：「他最終能否投降？」吳範說：「他有逃跑的徵候，說投降是欺騙罷了。」孫權就派潘璋在小路上攔截關羽，偵察兵回來，報告說關羽已經離去了。吳範說：「雖然離去了，但不能脫身。」孫權問擒獲關羽在什麼時候，吳範說：「明日中午。」孫權立好日晷，設置漏刻，等待著。到了隔天中午，不見關羽押到，孫權問是什麼原因，吳範說：「時間還沒有到正午。」過了一會兒，有風掀動帷幕，吳範拍手說：「關羽押到了。」不久，軍營外高呼萬歲，傳報擒獲了關羽。

5 後來孫權和曹魏相互友好，吳範說：「從占候來看，他們以和善禮貌的態度前來，其實是有陰謀的，應當對他們加以防備。」劉備重兵屯駐西陵，吳範說：「以後當會和睦相親。」最後都像他所說的那樣。他的占候效驗就是如此明白精確。

1 權以範為騎都尉❶，領太史令❷，數從訪問❸，欲知其決❹。範祕惜其術，不以至要❺語權。權由是恨之。

2 初，權為將軍時❻，範嘗白言江南有王氣❼，亥子之間有大福慶❽。權曰：「若終如言，以君為侯❾。」及立為吳王，範時侍宴❿，曰：「昔在吳中⓫，嘗言此事，大王識⓬之邪？」權曰：「有之。」因呼左右，以侯綬帶⓭範。範知權欲以厭當⓮前言，輒手推不受。及後論功行封，以範為都亭侯⓯。詔臨當出，權恚其愛道於己⓰也，削除⓱其名。

3 範為人剛直，頗好自稱⓲，然與親故交接有終始。素與魏滕同邑相善⓳。滕嘗有罪，權責怒甚嚴，敢有諫者死，範謂滕曰：「與汝偕⓴死。」滕曰：「死而無益，何用死為？」範曰：「安能㉑慮此，坐觀汝邪？」乃髡頭㉒自縛詣門下，使鈴下㉓以聞。鈴下不敢，曰：「必死，不敢白。」範曰：「汝有子邪？」曰：「有。」曰：「使㉔汝為吳範死，子以屬㉕我。」鈴下曰：「諾。」乃排閤㉖入。言未卒，權大怒，欲便投以戟㉗。逡巡㉘走出，範因突入，叩頭流血，言與涕並。良久，權意釋，乃免滕。滕見範謝曰：「父母能生長我，不能免我於死。丈夫㉙相知，如汝足矣，何用多為！」

【章　旨】以上為〈吳範傳〉的第二部分，敘述孫權給吳範授官封侯，並想得其占侯術中的祕訣，但吳範「祕惜其術，不以至要語權」，引起孫權的不滿。並描寫吳範想盡一切辦法去挽救好友魏滕的生命終獲成功的故事。

【注　釋】❶騎都尉　官名。負責統率皇帝的羽林騎兵。❷太史令　官名。負責天文曆法、祭祀和典籍，亦兼修史。❸訪問　詢問；請教。❹決　指占候祕訣，即預測事情結果或吉凶的方法。❺至要　最重要的關鍵內容。❻權為將軍時　指孫權為吳王前，曾被曹操、劉備先後薦舉為討虜將軍、車騎將軍、驃騎將軍等。❼範嘗白言句　吳範曾經向孫權稟告說江南有帝王的徵候。嘗，曾經。江南，這裏指長江中下游地區。王氣，帝王之氣；帝王的徵候。❽亥子之間有大福慶　在己亥年和庚子年之間有大福大吉，是指西元二一九年至二二〇年之間有人要稱帝。亥，指己亥年，即東漢建安二十四年（西元二一九年）。子，指庚子年，即建安二十五年（西元二二〇年）。❾侯　爵位名。周代分封爵位有公、侯、伯、子、男五等。漢、魏爵制也有侯，分縣侯、鄉侯、亭侯等。❿侍宴　陪宴。⓫吳中　指吳郡，治所在今江蘇蘇州。⓬識　記得。⓭以侯綬帶　佩上侯爵的綬帶。綬帶，指繫官印的絲帶。據《續漢書．輿服志》記載：「公、侯、將軍紫綬，二采，紫白，淳紫圭，長丈七尺，百八十首。」⓮厭當　搪塞；推卻。⓯都亭侯　爵位名。東漢時增置縣、鄉、亭侯。功大者食縣邑，小者食鄉、亭。鄉侯中有都鄉侯和鄉侯之分，亭侯中又有都亭侯和亭侯之分。⓰權恚其愛道於己　孫權恨他對自己吝惜他的占候之術。恚，恨；惱怒。⓱削除　除掉。⓲自稱　誇耀自己。⓳素與魏滕同邑相善　素來和魏滕因同鄉關係互相友善。素，向來；平時。魏滕，字周林，會稽上虞（今浙江上虞）人。性剛直，初為功曹，忤孫策意，策將殺之，賴吳夫人規勸，得免。歷任歷陽、鄱陽、山陰三縣令，鄱陽太守。與同郡吳範特相善。事跡散見於本書卷五十〈吳夫人傳〉、卷六十三〈吳範傳〉及裴松之注引《會稽典錄》。同邑，同鄉。⓴偕　一同。㉑安能　怎能；哪能。㉒髡頭　剃去頭髮。髡，古代剃髮之刑。㉓鈴下　小吏名，指侍從、門卒，因他們守衛在鈴閣之間候侍，遇急事則以繩鈴傳呼，故稱之。泛指官府差使之人。㉔使　假使；假如。㉕屬　託付；交給。㉖排閤　打開小門；推門。閤，旁門；小門。㉗戟　古代一種把戈的勾、啄和矛的直刺功能結合於一體的兵器。㉘逡巡　迅速；很快。㉙丈夫　這裏指有節操的男子。

【語　譯】孫權任命吳範為騎都尉，兼任太史令，孫權多次登門詢問，想知道吳範占侯的祕訣。吳範保密，珍惜自己的法術，不把關鍵之處告訴孫權，孫權因此怨恨他。

2起初，孫權當將軍時，吳範曾經稟告孫權說江南有帝王之氣，在己亥年和庚子年之間有大福大吉。孫權說：「如果最後像你說的一樣，就封你為侯。」到孫權即位為吳王時，吳範陪同孫權宴飲，他說：「往日在吳郡時，我們曾經談過這事，大王記得嗎？」孫權說：「有這回事。」於是招呼左右侍從，給吳範佩上侯爵的綬帶。吳範心知孫權不過是為了搪塞以前的諾言，就用手推辭不受。到了後來論功封賞時，封吳範為都亭侯。詔令就要發出時，孫權怨恨吳範對他吝惜占候之術，便刪去了吳範的名字。

3吳範為人剛直，十分喜歡自我誇耀，但他和親朋故舊交往時卻能始終如一。他素來與魏滕因同鄉而關係友善。魏滕曾經犯罪，孫權非常氣憤的嚴加責問，膽敢勸諫者就處死。吳範對魏滕說：「我和你一起死。」魏滕說：「你死了也沒有什麼用，何必要死呢？」吳範說：「怎麼能顧慮這些，而坐視你去死呢？」於是他剃去頭髮，自我捆綁，來到宮門外，讓鈴下進去通報，鈴下不敢，說：「我通報必死，不敢稟報。」吳範說：「你有孩子嗎？」鈴下說：「有。」吳範說：「假如你為吳範而死，你把孩子託付我。」鈴下說：「好吧。」就推開小門進去了。他的話還沒有說完，孫權大怒，想馬上用戟投刺他。鈴下迅速跑了出來，吳範藉機闖了進去，叩頭流血，一邊說話，一邊流淚。過了很久，孫權怒氣消去，這才免去魏滕的死罪。魏滕見了吳範感激的說：「父母能生我養我，卻不能免我一死，大丈夫的知心相交，有你這樣一個就夠了，哪裏需要多所結交呢！」

黃武❶五年，範病卒。長子先死，少子尚幼，於是業絕❷。權追思之，募三州有能舉知術數❸如吳範、趙達者，封千戶侯，卒無所得。

【章旨】以上為〈吳範傳〉的第三部分，簡述吳範去世後，術數祕訣因無人繼承而失傳。

【注　釋】❶黃武　吳王孫權年號，西元二二二—二二九年。❷業絕　這裏指占候法術祕訣失傳。❸募三州句　招募荊、揚、交三州中有能精通占候之術的人。三州，指當時孫吳控制的荊州、揚州和交州。舉知，全部知道；精通。術數，指漢時對天文、曆算、五行、占卜等進行觀察應驗計算的技藝，以預測吉凶禍福。這裏指吳範占候法的祕訣。

【語　譯】黃武五年，吳範病逝。他的長子先吳範而死，小兒子還很小，因此他的占候法術祕訣就失傳了。孫權追念他，召募荊、揚、交三州中能全面了解術數像吳範、趙達那樣的人，封為千戶侯，終無所獲。

1 劉惇，字子仁，平原❶人也。遭亂避地，客遊廬陵❷，事孫輔❸。以明天官達占數顯於南土❹。每有水旱寇賊，皆先時處期❺，無不中者。輔異焉❻，以為軍師❼，軍中咸敬事之❽，號曰神明。

2 建安❾中，孫權在豫章❿，時有星變⓫，以問惇，惇曰：「災在丹陽⓬。」權曰：「何如？」曰：「客勝主人，到某日當得問。」是時邊鴻⓭作亂，卒如惇言。

3 惇於諸術皆善⓮，尤明太乙⓯，皆能推演⓰其事，窮盡要妙⓱。著書百餘篇，名儒刁玄⓲稱以為奇。惇亦寶愛其術，不以告人，故世莫⓳得而明也。

【章　旨】以上為〈劉惇傳〉，敘述劉惇用術數為孫輔和孫權服務，並取得了他們的信任。並概述劉惇通曉占卜術數的成就，以及無法流傳後世的緣由。

【注　釋】❶平原　郡名。治所在今山東平原西南。❷客遊廬陵　寄居在廬陵。廬陵，郡名。治所在今江西吉水縣東北。❸孫輔　字國儀，吳郡富春（今浙江富陽）人。曾輔佐孫策平定三郡。有功，升為廬陵太守。後假節領交州刺史。因遣使與曹操私通，被孫權幽禁。詳見本書卷五十一〈孫輔傳〉。❹以明天官句　以懂天象、善於占卜預測吉凶，而聞名於南方。明天官，懂天象。天官，天文。達，知曉。占數，占卜預測吉凶。❺先時處期　預先測算出日期。處，安排；算定；確定。❻異焉　對他驚異。焉，作代詞用，他。❼軍師　官名。參與主持軍師謀議。❽軍中咸敬事之　軍中都恭敬的服事他。咸，都。❾建安　東漢獻帝劉協年號，西元一九六－二二〇年。❿豫章　郡名。治所在今江西南昌。⓫星變　指天空星象出現異常。古人認為天象變異，預示著人世間的災祥。⓬丹陽　一作「丹楊」，郡名。治所在今安徽宣州。三國吳移治今江蘇南京。⓭邊鴻　丹陽太守孫翊的侍從，東漢建安九年（西元二〇四年）殺孫翊，隨即被誅。詳見本書卷五十一〈孫翊傳〉。⓮善　精通；擅長。⓯太乙　指星象學，占卜術的一種，又稱太一。《隋書・經籍志》中以「太一」命名的占卜書就有多種，如《太一式雜占》十卷、《太一九宮雜占》十卷等。⓰推演　推算出天象變異所決定的事情結果和人的吉凶禍福。⓱窮盡要妙　盡知其中的奧妙。⓲刁玄　丹陽（今安徽宣州）人。孫亮時先後任五官中郎將、侍中。後為太子孫登的親近侍從。為人優雅寬和，立志履行道的真諦。⓳莫　沒有誰。

【語　譯】劉惇，字子仁，平原郡人。遭遇戰亂躲避他鄉，寄居在廬陵郡，事奉孫輔。因為明於天象、通曉占卜而聞名於南方。每當有水旱災害發生或有兵匪盜賊，他都能事先推斷出日期，沒有不準確的。孫輔對此很是驚異，任用他為軍師，軍中都恭敬的服事他，號稱「神明」。

2 建安年間，孫權在豫章郡，當時星象發生變異，孫權以此詢問劉惇，劉惇說：「災難在丹陽郡。」孫權問：「什麼樣的災難？」劉惇說：「客人勝過主人，到某一天應該得到消息。」當時邊鴻作亂，最後正如劉惇所說的一樣。

3 劉惇對於各種術數都精通，尤其通曉太一星象學，他都能根據太一星座的變異推知吉凶禍福，盡知其中的奧妙。他著書一百多篇，名儒刁玄稱讚他是奇才。劉惇也很珍愛他的占卜術數，不肯告訴別人，所以世人沒有誰能夠明白其中的祕訣。

1 趙達，河南❶人也。少從漢侍中單甫❷受學，用思精密，謂東南有王者氣，可以避難，故脫身渡江。治九宮一算之術❸，究其微旨❹，是以能應機立成❺，對問若神，至計飛蝗❻，射隱伏❼，無不中效❽。或難達曰：「飛者固不可校❾，誰知其然，此殆妄❿耳。」達使其人取小豆數斗，播之席上⓫，立處⓬其數，驗覆果信⓭。嘗過知故⓮，知故為之具食⓯。食畢，謂曰：「倉卒乏酒，又無嘉肴⓰，無以敘意，如何？」達因取盤中隻箸⓱，再三從橫⓲之，乃言：「卿東壁⓳下有美酒一斛⓴，又有鹿肉三斤，何以辭㉑無？」時坐有他賓，內得主人情，主人慚㉒曰：「以卿善射有無，欲相試耳，竟效如此。」遂出酒酣飲㉓。又有書簡㉔上作千萬數，著㉕空倉中封之，令達算之。達處如數，云：「但有名無實。」其精微若是。

達寶惜其術，自闞澤、殷禮皆名儒善士㉖，親屈節㉗就學，達祕而不告。太史丞公孫滕少師事達㉘，勤苦累年，達許教之者有年數矣，臨當喻語而輒復止。滕他日㉙齎酒具，候顏色㉚，拜跪而請，達曰：「吾先人㉛得此術，欲圖為帝王師，至仕來三世，不過太史郎㉜，誠㉝不欲復傳之。且此術微妙，頭乘尾除，一算之法，父子不相語。然以子㉞篤好不倦，今真以相授矣。」飲酒數行㉟，達起取素書㊱兩卷，大如手指，達曰：「當寫讀㊲此，則自解也。吾久廢㊳，不復省㊴之，今欲思論一過㊵，數日當以相與。」滕如期㊶往，至乃陽求索書㊷，驚言失之，云：

「女婿昨來，必是渠[43]所竊。」遂從此絕。

3　初孫權行師征伐，每令達有所推步[44]，皆如其言。權問其法，達終不語，由此見薄[45]，祿位[46]不至。

4　達常笑謂諸星氣風術者[47]曰：「當迴算帷幕[48]，不出戶牖以知天道[49]，而反晝夜暴露以望氣祥[50]，不亦難乎！」閒居無為，引算自校[51]，乃歎曰：「吾算訖[52]盡某年月日，其終矣。」達妻數見達效，聞而哭泣。達欲弭[53]妻意，乃更步算[54]，言：「向者[55]謬誤耳，尚未也。」後如期死。權聞達有書，求之不得，乃錄問[56]其女，及發達棺[57]無所得，法術[58]絕焉。

【章旨】以上為〈趙達傳〉，敘述趙達的生平，以及他研習九宮一算術的成就。並描寫趙達未將術數祕訣傳授給公孫滕，也不講給孫權聽，造成與他人關係斷絕，利祿和官位也未得到。而趙達一直到死都未將九宮一算術的祕訣傳承下來，使孫權大失所望。

【注釋】❶河南　郡名。治所在今河南洛陽東北。❷從漢侍中單甫　跟隨漢朝侍中單甫。侍中，官名。秦始置，為丞相屬官，往來殿中，入侍天子，故名侍中。東漢時，多以外戚、功臣子弟及師儒重臣擔任。負責侍從皇帝，應對顧問，出入宮廷，興建制度，權力頗大。單甫，東漢時任侍中，事跡不詳。❸九宮一算之術　古代算法術。漢徐岳《數術記遺》載：「九宮算，五行參數，猶如循環。」甄鸞注曰：「九宮者，即二四為肩，六八為足，左三右七，戴九履一，五居中央。」這就是說，從一到九，以九個數字排列為正方形，橫豎斜偏，每計數字相加後，總和都得十五。❹微旨　玄妙的道理。❺應機立成　指隨時都能即刻計算出來。❻至計飛蝗　至於計算飛蝗多少。❼射隱伏　猜測出隱藏的物品。射，猜測。❽中效　完全一致；靈驗。❾飛者固不可校 飛動的蟲子本來是無法計算的。飛者，指蝗蟲。固，本來。校，計算；核實。❿殆妄 近乎荒謬。殆，大概；近乎。妄，亂說；荒謬。⓫席上 坐席上面。席，指鋪在地上供人坐的墊席。⓬立處 馬上推斷。⓭信 真實；信服。⓮嘗過知故 曾經去拜訪相識的老朋友。嘗，曾經。過，拜訪。知故，即故知，老相識。⓯具食 準備飯菜。⓰嘉肴 好菜。⓱隻箸 一根筷子。⓲從橫 即縱橫，指豎著橫著。⓳東壁 指收藏室。⓴斛 古代量器名，也是容量單位，十斗為一斛。㉑辭 推託。㉒慚 羞愧。㉓酣飲 暢飲。㉔書簡 書函。㉕著 存放。㉖自闞澤殷禮句 像闞澤、殷禮都是有名望的儒者學士。闞澤，字德潤，會稽山陰（今浙江紹興）人。少好學，究覽羣籍，兼通曆數，由是顯名。察孝廉而入仕，後任尚書、中書令，拜太子太傅。以儒學勤勞，封都鄉侯。性謙恭篤慎。詳見本書卷五十三〈闞澤傳〉。殷禮，字德嗣，雲陽（今江蘇丹陽）人。潛識過人。少為郡吏，年十九，守吳縣丞。孫權為王，以精通占候之術而應召，任郎中。後與張溫俱使蜀，諸葛亮甚稱嘆之。不久，遷至零陵太守。事跡散見於本書卷五十二〈顧邵傳〉及裴松之注引禮子基作《通語》、卷五十七〈張溫傳〉。㉗屈節 屈尊。指降低身分依順，表示謙恭。㉘太史丞公孫滕句 太史丞公孫滕從小就拜趙達為師。太史丞，官名。太史令屬官，協助太史令觀察天象，制定曆法，為朝廷祭祀、婚、喪活動選擇時辰。公孫滕，人名。任孫吳太史丞。事跡不詳。㉙他日 有一天。㉚候顏色 觀察臉色。候，觀察。顏色，臉色。㉛先人 先祖。㉜太史郎 官名。三國時吳置，職掌同太史令，負責天文曆法，亦兼修史。㉝誠 實在；確實。㉞子 古代對人的尊稱，多指男子，相當於現代漢語中的「您」。㉟數行 數遍；幾巡。㊱素書 古人書寫文字於白絹之上，故有素書之稱。素，白絹。㊲寫讀 抄讀。㊳廢 指沒有看了；擱置一旁。㊴省 察看；檢查。㊵今欲思論一過 現在我想再思考歸納一遍。過，遍。㊶如期 按期。㊷陽求索書 假裝尋找書。陽，表面上；假裝。㊸渠 第三人稱代詞，他。㊹推步 指推測吉凶。㊺見薄 被冷落。㊻祿位 利祿和官位。㊼星氣風術者 觀察星象、雲氣、風向以預測事情結果或吉凶的人，泛指占卜測算的人。㊽迴算帷幕 在掛上帷幔的密室中進行反覆測算。㊾天道 指天地自然的規律。也指天意。㊿氣祥 雲氣所顯示的吉凶徵兆。祥，預兆。(51)引算自校 用自己的術數推算自己。校，計算；推測。(52)訖 終了；完畢。這裏指壽命。(53)弭 停息。(54)更步算 重新推算。(55)向者 先前。(56)錄問 審問。錄，審查。(57)發達棺 發掘趙達的棺木。(58)法術 方法。這裏指九宮一算法的祕訣。

【語 譯】趙達，河南郡人。年少時就跟隨漢朝侍中單甫求學，思考專一細密。他認為東南方向有帝王的氣象，可以躲避災難，因此脫身渡過長江。他研習九宮一算術數，探究其中精微玄妙的道理，因此他對所問事物能迅速反應立即計算出來，對答如神，以至於計算飛蝗多少，猜測隱藏的物品，沒有不靈驗的。有人駁難趙達說：「飛動的蝗蟲本來就是無法統計出來的，誰知道是這個數量，這近乎荒謬。」趙達讓那個人取來幾斗小豆，灑在坐席上，馬上說出豆子的數目，驗核以後，果然如此。趙達曾經去拜訪老朋友，老朋友為他準備了飯菜。吃完飯後，老朋友對他說：「倉促間缺酒，又沒有好菜，無法表示情誼，怎麼辦呢？」趙達就拿起盤內一隻筷子，橫著豎著擺放二三次以後，才說：「你東牆裏有美酒一斛，還有鹿肉三斤，怎麼推說沒有？」當時在座的還有其他賓客，知道了主人的實情，主人羞愧的說：「因為你善於猜測有無，便想試試你罷了，竟然如此靈驗。」於是拿出酒來，大家一起暢飲。又有人在書簡上寫個上千萬的數目，放在一個空倉庫裏密封起來，讓趙達來測算這些數字。趙達推斷的和書簡上的數目一樣，並說：「僅是有名無實。」他的測算就是這樣精確玄妙。

[2] 趙達珍視自己的術數，像闞澤、殷禮都是有名望的儒者學士，他們親自屈尊登門學習，趙達都祕而不言。太史丞公孫滕年少時就拜趙達為師，勤學苦練多年，趙達答應教給他術數也有好幾年了，但每臨到要講授時就又不說了。有一天，公孫滕帶著酒食，察顏觀色，跪地叩拜請求趙達傳授。趙達說：「我的先祖得到這套術數，是想謀求做帝王的老師，為官以來已經三代了，不過是個太史郎職位，我實在不想再傳授下去了。況且這套術數精微玄妙，開頭用乘法，結尾用除法，是一次算清的方法，父子都不相言傳。不過因為你好學不倦，現在我真正的把術數祕訣傳授給你吧。」飲酒數巡後，趙達起身拿出白色帛書兩卷來，帛書粗細有如手指，趙達說：「應該抄寫閱讀這本書，那麼自己就會明白了。我這書擱置的時間太長了，沒有再讀過，如今我想思考歸納一遍，數天後定當把它送給你。」公孫滕按期前往，到了以後，趙達卻假裝尋找那本帛書，大聲驚呼帛書丟失了，說：「我女婿昨天來了，必定是他偷走的。」於是從此失傳。

[3] 起初，孫權出兵征伐時，每每讓趙達推測吉凶，結果都像他所說的一樣。孫權就詢問他的術數祕訣，趙達始終不說，因此被孫權冷落，利祿和官位都未達到願望。

[4] 趙達經常嘲笑那些用星象雲氣占卜的人說：「應當回到密室進行推算，不出門戶就能知道上天的規律，

你們卻白日黑夜站在露天下觀察氣象徵候，不是太難了嗎！」趙達閒居無事，就用術數推算自己，便嘆息說：「我推算我的壽限是某年某月某日，那時就要死了。」趙達的妻子多次看到趙達預測靈驗，聽了這話就哭泣起來。趙達想平息妻子的悲傷，就重新推算，說：「先前的推算錯了，死期還沒有到。」後來他還是如期死去。孫權聽說趙達有書，訪求不得，就審問他的女兒，到了打開趙達的棺木也一無所得，趙達的九宮一算之術便失傳了。

評曰：三子各於其術精矣，其用思妙矣，然君子算役心神❶，宜於大者遠者，是以有識之士，舍彼而取此也。

【章旨】以上為陳壽對吳範、劉惇、趙達三人的評價，指出雖然他們三人「術精」、「思妙」，但有識之士應鄙棄他們的術數，取用有實際功用的學識。

【注釋】❶算役心神　在推算上使用心思。算，宋本作「等」，也有人認為當作「專」。

【語譯】評論說：這三人對各自的方術都很精通，他們的思考也很玄妙，然而君子在推算上用心思考，應放在大事和長遠處，因此有識之士，都捨棄方術，而把心思用在遠大目標上。

【研析】吳範、劉惇、趙達三人不管是治曆數、知風氣，還是九宮一算術，在古代都稱其為方術，他們也只是方士而已。

古時的「方術」，是指關於治道的方法。《莊子・天下》曰：「天下之治方術者多矣。」成玄英疏：「方，道也。自軒頊已下，迄於堯舜，治道藝術方法甚多。」據《漢書・藝文志》載，漢時將方術分為四類，即醫經、醫方、房中、神仙。另據《後漢書・方術列傳》載，方術包括天文、醫學、神仙、占術、相術、命相、遁甲、堪輿等。方術的出現，是戰國秦漢時期陰陽五行說盛行，讖緯迷信氾濫推動巫術向術數和方技轉化的結果。它主要是人們藉以通達天意，使其言行符合上天的意旨，以達到逢凶化吉。從史籍記載來看，古代人們與天、神溝通的方式，主要有星占（從星象的變化來占卜人世的吉凶）、望氣（即根據雲氣的色彩、形狀和變化來附會人事，預言吉凶之術）、風角（即通過觀察自然界中的風來占卜吉凶）、讖緯（預示吉凶的隱語及假託經文來說符籙吉凶）、占卜（通過一些現象預言未來的方術）、相術（包括相人、相宅、相墓、相印等）、占夢（通過人夢中的情景來預測吉凶）等，上述方式是古人領會天意的常用形式。

古代人們把治方術的人稱作方士，在天命主宰的社會裏，他們是天意的知情者，又是天意的代表人，他們所說的話，被認為是理所當然的，是無容置疑的。「方士」一詞，最早見於《周禮·職官》，它的職責是「掌都家，聽其獄訟之辭，辨其死刑之罪而要之，三月而上獄訟於國」，可知方士最初指周代掌管四方訟獄的官員。到漢代，方士之學與儒學進一步融合，方士的成分也發生了重要變化，在政治生活中的作用達到鼎盛時期，其影響涉及政治生活中的方方面面。東漢末年開始，由於特定的社會歷史環境發生了巨變，方士逐漸淡出政治舞臺，其作用下移到民間社會生活諸方面。但是當時軍閥為了在割據戰爭中取勝，或鞏固新建政權，仍重卜筮、觀星辰、察龜策，並將其作為處理國政的有效依據，不少官員通「風角、遁甲、七政、元氣、六日七分、逢占、日者、挺專、須臾、孤虛之術，及望雲省氣，推處祥妖，時亦有以效於事也」（《後漢書·方術列傳》）。

從本卷記載的內容來看，吳範、劉惇、趙達三位「術精」、「思妙」的方士，他們的占候術、九宮一算術，似乎對孫權的出兵征討、對外和親友好等方面起著重要的作用，「皆如其言」，「無不中者」，「其占驗明審如此」。但用今天的觀點來審視，他們的推算並沒有什麼科學依據，如果說有什麼靈驗的話，那只是一種偶然的巧合而已。同時他們的術數，對孫權的政治軍事行動只是起一種輿論宣傳，鼓舞士氣的作用，並未對孫權創建新政權起到什麼積極的促進作用，所以孫權對他們並不很信任，也不給他們很高的官位，甚至在不能滿足孫權的要求時，「由是恨之」，並將已封的爵位「削除其名」，或者「由此見薄」，甚至「祿位不至」。可見方士的術數和卜筮、讖緯等是連在一起的，也是不可能有什麼方術祕訣能傳授給他人而留傳給後代的，因此方術、方士在歷史進程中所起的作用是微乎其微的。

陳壽在評論中說，作為有識之士不應該把心思用在占卜測算上，並以此來指導自己的行動，而應該著眼於大處、遠處，應鄙棄那些方術，並從方術的迷霧中走出來，取用那些有實際功用的學識，以實現其更遠大的政治目標。拂去歷史的塵埃，穿過時間的隧道，陳壽的評論，到今天依然展示出醉人的芬芳，他在指導人們認識方術和方士的本質，以及評價它所起的作用上，是很有創見性、前瞻性的。（余鵬飛注譯）

# 卷六十四 吳書十九

## 諸葛滕二孫濮陽傳第十九

【題 解】本卷是《三國志・吳書》記載吳國臣僚中的第十三篇列傳，記載了諸葛恪、滕胤、孫峻、孫綝、濮陽興等五人的生平事跡。他們中除了孫峻、孫綝二人為孫氏家族成員，又「凶豎盈溢，固無足論者」外，其餘三人都是孫吳政權中的重要閣僚，有的任大將軍領太子太傅，有的為太常，接受遺詔輔政，有的為侍中或任丞相。他們都為孫吳政權的創建、鞏固和發展作出了貢獻，如有的妥善解決了山越這個極為棘手的問題，有的率軍多次擊敗曹魏的進攻，有的協助吳主解決了內部發生的叛亂事件等等。但是他們中有的人由於「然驕且吝」，或「矜己陵人」，有的「遵蹈規矩」，有的「身居宰輔，慮不經國」。結果全都被殺，有的「以葦席裹其身而篾束其腰，投之於」石子岡，有的被「夷三族」，作者在評論中總結分析了諸葛恪、滕胤、孫綝、濮陽興四人最後出現災禍、遭到誅殺的緣由。

1

諸葛恪，字元遜，瑾長子❶也。少知名。弱冠拜騎都尉❷，與顧譚、張休等侍太子登講論道藝❸，並為賓友❹。從中庶子❺轉為左輔都尉❻。

2

恪父瑾面長似驢，孫權大會羣臣，使人牽一驢入，長檢其面❼，題曰諸葛子瑜。恪跪曰：「乞請筆益❽兩字。」因聽與筆。恪續其下曰「之驢」，舉坐歡笑，乃以驢賜恪。他日復見，權問恪曰：「卿父與叔父孰賢❾？」對曰：「臣父為優。」權問其故，對曰：「臣父知所事，叔父不知❿，以是為優。」權又大噱⓫。命恪行酒⓬，至張昭⓭前，昭先有酒色⓮，不肯飲，曰：「此非養老之禮也。」權曰：「卿其能令張公辭屈，乃當飲之耳。」恪難昭曰：「昔師尚父⓯九十，秉旄仗鉞⓰，猶未告老也。今軍旅之事，將軍在後⓱，酒食之事，將軍在先，何謂不養老也？」昭卒無辭⓲，遂為盡爵⓳。後蜀使至，羣臣並會，權謂使曰：「此諸葛恪，雅好騎乘⓴，還告丞相㉑，為致好馬。」恪因下謝，權曰：「馬未至而謝何也？」恪對曰：「夫蜀者陛下之外廄㉒，今有恩詔，馬必至也，安㉓敢不謝？」恪之才捷，皆此類也。權甚異之，欲試以事，令守節度㉔。節度掌軍糧穀，文書繁猥㉕，非其好也。

【章　旨】以上為〈諸葛恪傳〉的第一部分，簡述諸葛恪的出身及與太子孫登的關係，並通過描寫諸葛恪回答孫權的問題，反映諸葛恪才思敏捷。孫權任命他代理節度的職務，以考察他的政務才能。

【注　釋】❶瑾長子　諸葛瑾的大兒子。諸葛瑾，字子瑜，琅邪陽都（今山東沂南南）人。漢末避亂江東，為孫權長史，轉中司馬。建安二十年（西元二一五年），奉命使蜀通好劉備，與其弟諸葛亮俱公會相見，退無私面。後從討關羽，封宣城侯。為人有容貌思度，孫權大事諮訪，輒因事以答，辭順理正。孫權稱帝，拜大將軍、左都護，領豫州牧。詳見本書卷五十二〈諸葛瑾傳〉。❷弱冠拜騎都尉　二十歲就被任命為騎都尉。弱冠，古時男子二十成年，行冠禮，結髮加冠。又因身體還未壯實，故稱弱冠。後成為男子年二十左右的通稱。騎都尉，官名。負責統率皇帝的羽林騎兵。❸與顧譚張休句　與顧譚、張休等人侍奉太子孫登講論儒家的學說和技藝。顧譚，字子默，吳郡吳（今江蘇蘇州）人。顧雍孫。二十歲時與諸葛恪等為太子四友，從中庶子轉為輔正都尉。赤烏年間，代恪為左節度。精明幹練，為選曹尚書、代平尚書事。後因魯王孫霸誣告，坐徙交州，幽而發憤，著《新言》二十篇。詳見本書卷五十二〈顧譚傳〉。張休，字叔嗣，彭城（今江蘇徐州）人。張昭少子。二十歲時與諸葛恪、顧譚等為太子孫登僚友，以《漢書》授登。從中庶子轉為右弼都尉。曾對孫權常遊獵迨暮乃歸，上疏諫戒。登卒後，為侍中，拜羽林都督，平三典軍事，遷揚武將軍。為魯王孫霸友黨誣陷，徙交州。後又為中書令孫弘所譖，賜死。詳見本書卷五十二〈張休傳〉。孫登，字子高，吳郡富春（今浙江富陽）人。孫權長子。魏黃初二年（西元二二一年），為東中郎將，封萬戶侯，登辭侯不受。孫權稱帝，立為皇太子。為人仁慈，不欲煩民。出外狩獵時，遠避良田，不踐苗稼。他人有過不忍致罰。詳見本書卷五十九〈孫登傳〉。道藝，指儒家講習的道理及其學說和具體專業的技藝。《周禮・天官・宮正》曰：「會其什伍而教之道藝。」鄭司農注曰：「道，先王所以教導民者。」藝包括禮（禮節）、樂（音樂）、射（射箭）、御（駕車）、書（識字和寫字）、數（算術）等，又稱為「六藝」。❹賓友　指賓客和朋友。據本書卷五十九〈孫登傳〉載：「黃龍元年，權稱尊號，立（孫登）為皇太子，以（諸葛）恪為左輔，（張）休右弼，（顧）譚為輔正，（陳）表為翼正都尉，是為四友，而謝景、范慎、刁玄、羊衜等皆為賓客，於是東宮號為多士。」❺中庶子　官名。負責君主貴族子弟的教育管理。❻左輔都尉　官名。為吳國東宮的屬官。與右弼、輔正、翼正三都尉，是為太子四友。❼長檢其面　在驢臉上掛著長標籤。檢，標籤。❽益　增加。❾卿父與叔父孰賢　你的父親和你叔父哪個更有才能。卿，古代君對臣、長輩對晚輩的稱謂。叔父，指諸葛亮。孰，哪一個。賢，指有道德有才能的人。❿臣父知所事二句　是說他的父親諸葛瑾懂得應該為誰做事，而他叔父諸葛亮卻不知道。⓫大噱　大笑。⓬行酒　巡行斟酒勸飲。⓭張昭　字子布，彭城（今江蘇徐州）人。孫策時為長史、撫軍中郎將，文武之事，一以委昭。策臨亡，以弟權託昭，昭率羣僚立而輔之。孫權行車騎將軍，昭為軍師。後拜昭為綏遠將軍，封由拳侯。權當置丞相，眾議歸昭，權以昭性剛、敢諫，不用昭。權稱帝後，昭以老病，上還官位及所統領。更拜輔吳將軍，改封婁侯。一度不參與政事，在家撰寫《春秋左氏傳解》和《論語注》。詳見本書卷五十二〈張昭傳〉。⓮有酒色　顯露出酒醉的臉色。⓯師

尚父　即呂望，姜姓，呂氏，俗稱姜太公。相傳他年老仍在渭水邊垂釣，周文王外出打獵遇到他，拜他為師，尊為尚父。西周初年任太師，輔佐周武王滅商，因功封於齊。⑯秉旄仗鉞　指執旗持鉞率兵出征。秉，手拿著；執著。旄，竿頂用旄牛尾做裝飾的軍旗。仗，持。鉞，一種像大斧的兵器。⑰將軍在後　這裏是說張昭雖為輔吳將軍，但這只是榮譽性的職官，並不領兵征伐，所以這樣說。⑱卒無辭　終於無話可說。卒，終於；最後。⑲盡爵　滿滿的喝了一杯。盡，全部。這裏指滿滿的意思。爵，古代一種盛酒的器皿。有流、柱、鋬和三足。⑳雅好騎乘　特別愛好騎馬。雅，很；甚。㉑丞相　官名。秦、漢置丞相，為五官之長，輔佐皇帝，綜理全國政務。漢武帝開始削弱相權，以左右諸曹史分掌尚書奏事。此後，領尚書事者方能總攬朝政。西漢末，改丞相為大司徒，雖為三公之一，已無實權。東漢獻帝時，復置丞相。孫吳於黃武初年始置丞相。這裏是指任蜀漢丞相的諸葛亮。㉒廄　馬棚。㉓安　怎麼；哪裏。㉔令守節度　命令他代理節度的職務。守，代理。節度，官名。負責軍糧供應。節度之名始此。㉕文書繁猥　往來公文繁雜。文書，指公文。猥，濫而雜。

【語譯】諸葛恪，字元遜，是諸葛瑾的長子。年少時就知名於世。二十歲官拜騎都尉，與顧譚、張休等人侍奉太子孫登講論儒家學說和技藝，都是太子的賓客和朋友。從中庶子轉任左輔都尉。

2　諸葛恪的父親諸葛瑾臉長像驢，孫權大會羣臣，讓人牽了一頭驢進來，在驢臉上掛了一條長標籤，上面寫了諸葛子瑜四字。諸葛恪跪下說：「請給我一支筆增加兩個字。」孫權同意便給了他一支筆。諸葛恪在那四個字下面接上「之驢」二字，在座的人都笑了起來，孫權便把驢賜給諸葛恪。有一天孫權又會見羣臣，孫權問諸葛恪說：「你父親和你叔父誰更有才能？」諸葛恪回答說：「我父親優秀。」孫權問他原因，他回答說：「臣的父親知道該為誰做事，叔父不知道，所以我父親優秀。」孫權又大笑。命諸葛恪向眾人勸酒，到了張昭面前時，張昭已經面露醉色，不肯喝，就說：「這不符敬養老人的禮儀。」孫權對諸葛恪說：「你若是能讓張公理屈辭窮，他就應當會喝了。」諸葛恪為難張昭說：「過去師尚父九十歲，還執旗持鉞，尚且沒有說自己年老。現在帶兵打仗的事，將軍您處在後面，吃飯喝酒的事，將軍您排在前面，怎麼說不敬養老人呢？」張昭終於無話可說，於是滿飲了一杯。後來蜀漢的使節到來，羣臣一起會見，孫權對使節說：「這位就是諸葛恪，他特別喜歡騎馬，回去後轉告你們丞相，給他送匹好馬。」諸葛恪立即跪下拜謝，孫權說：「為什麼馬還沒有送到就道謝？」諸葛恪回答說：「蜀國是陛下的外馬棚，如今下了詔令，好馬必定會送到的，怎麼敢不謝恩呢？」諸葛恪的才思敏捷，都是這樣的。孫權驚異他不同於常人，想用政事來考察他，讓他代理節度的職務。節度掌管軍隊糧草供應，公文繁雜瑣細，不是諸葛恪喜好的工作。

1　恪以丹楊❶山險，民多果勁❷，雖前發兵，徒得外縣平民❸而已，其餘深遠，莫能禽盡❹，屢自求乞為官❺出之，三年可得甲士四萬。眾議咸❻以丹楊地勢險阻，與吳郡、會稽、新都、鄱陽四郡❼鄰接，周旋❽數千里，山谷萬重，其幽邃❾民人，未嘗❿入城邑，對長吏⓫，皆仗兵⓬野逸，白首⓭於林莽。逋亡宿惡⓮，咸共逃竄。山出銅鐵，自鑄甲兵。俗好武習戰，高尚⓯氣力，其升山⓰赴險，抵突⓱叢棘，若魚之走⓲淵，猨狖⓳之騰木也。時觀間隙⓴，出為寇盜，每致兵征伐，尋其窟藏。其戰則蠭至，敗則鳥竄，自前世以來，不能羈㉑也。皆以為難。恪父瑾聞之，亦以事終不逮㉒，歎曰：「恪不大興吾家，將大赤吾族㉓也。」恪盛陳其必捷。權拜恪撫越將軍㉔，領丹楊太守，授棨戟㉕武騎三百。拜畢，命恪備威儀，作鼓吹㉖，導引歸家，時年三十二。

2　恪到府㉗，乃移書四郡屬城長吏㉘，令各保其疆界，明立部伍㉙，其從化㉚平民，悉令屯居㉛。乃分內㉜諸將，羅兵幽阻㉝，但繕藩籬㉞，不與交鋒，候其穀稼㉟

將熟，輒縱兵芟刈[36]，使無遺種。舊穀既盡，新田不收，平民屯居，略[37]無所入，於是山民飢窮[38]，漸出降首[39]。恪乃復敕下[40]曰：「山民去惡從化，皆當撫慰，徙出外縣，不得嫌疑，有所執拘。」臼陽[41]長胡伉得降民周遺，遺舊惡民[42]，困迫暫出，內圖叛逆，伉縛送言府[43]。恪以伉違教，遂斬以徇[44]，以狀表上[45]。民聞伉坐[46]執人被戮，知官惟欲出之而已，於是老幼相攜而出，歲期[47]，人數皆如本規[48]。恪自領萬人，餘分給諸將。

3 權嘉其功，遣尚書僕射薛綜勞軍[49]。綜先移[50]恪等曰：「山越恃阻[51]，不賓[52]歷世，緩則首鼠[53]，急則狼顧[54]。皇帝赫然，命將西征[55]，神策內授，武師外震。兵不染鍔[56]，甲不沾汗。元惡既梟[57]，種黨[58]歸義，蕩滌山藪[59]，獻戎[60]十萬。野無遺寇，邑罔殘姦[61]。既埽兇慝[62]，又充軍用。藜蓧稂莠[63]，化為善草。魑魅魍魎[64]，更成虎士[65]。雖實國家威靈之所加，亦信元帥臨履之所致[66]也。雖詩美執訊[67]，易嘉折首[68]，周之方、召[69]，漢之衛、霍[70]，豈足以談？功軼[71]古人，勳超前世。主上歡然，遙用歎息。感四牡之遺典[72]，思飲至[73]之舊章。故遣中臺[74]近官，迎致犒賜[75]，以旌茂功[76]，以慰劬勞[77]。」拜恪威北將軍，封都鄉侯[78]。恪乞率眾佃廬江、皖口[79]，因輕兵襲舒[80]，掩[81]得其民而還。復遠遣斥候[82]，觀相徑要[83]，欲圖壽春[84]，權以為不可。

【章　旨】以上為〈諸葛恪傳〉的第二部分，敘述諸葛恪採用撫慰和強制辦法解決丹楊兵員的不足。

【注　釋】❶丹楊　一作「丹陽」，郡名。治所在今安徽宣州。吳移治今江蘇南京。❷果勁　果敢勁悍。❸外縣平民　山區外圍各縣的平民。❹禽　通「擒」。捕捉。❺官　這裏指請求做丹楊郡的長官。❻咸　都；全部。❼吳郡會稽句　吳郡，郡名。治所在今江蘇蘇州。會稽，郡名。治所在今浙江紹興。新都，郡名。治所在今浙江淳安西北。鄱陽，郡名。治所在今江西鄱陽。❽周旋　周圍；方圓。❾幽邃　僻靜深遠之處。❿未嘗　未曾。⓫長吏　漢代秩六百石以上為長吏。各縣吏中如令、長、丞、尉等地位較高的，也稱長吏。吏，在兩漢以前專指官吏，而「官」通常是指行政機關或職務。漢以後，「官」有時指一般官員，而「吏」則指低級官員，但其行政職務的意義仍舊沿用。⓬仗兵　手持武器。⓭白首　白頭，指到老死。⓮逋亡宿惡　一貫作惡而逃亡的人。逋亡，逃亡的人。宿惡，一貫作惡。⓯高尚　崇尚。⓰升山　登山。⓱抵突　穿越；穿過。⓲走　這裏指游動。⓳猨狖　即猿猴。猨，同「猿」。狖，一種黑色的長尾猿。該語出自《淮南子・覽冥》：「猨狖顛蹶，而失木枝。」高誘注曰：「狖，猨屬，長尾而卬鼻。」⓴間隙　縫隙。這裏指尋找可乘的機會。㉑羈　拘束。這裏有控制之意。㉒不逮　辦不到；達不到。㉓大赤吾族　誅滅我家全族。《漢書・揚雄傳》顏師古注曰：「見誅殺者必流血，故云赤族。」㉔撫越將軍　官名。吳特置。因吳境內大多為越族所居，孫權欲以撫循山越之眾，故有是稱。㉕棨戟　指外面包有彩色絲套或油漆過的戟，用為官吏出行時前導的儀仗。《續漢書・輿服志》云：「公以下至二千石，騎吏四人，千石以下至三百石，縣長二人，皆帶劍，持棨戟為前列。」㉖鼓吹　指儀仗隊中的打擊樂器和吹奏樂器。㉗府　指丹楊郡太守府。㉘移書四郡屬城長吏　發布公文給相鄰四郡及所屬各縣的長官。移書，即文書，古代公文的一種。多用於平行或下行公文。屬城，指與丹楊郡相鄰的吳郡、會稽、新都、鄱陽等四郡下屬各縣。四郡，原作「四部」，今從宋本。有人認為四部指東西南北四部都尉。㉙部伍　軍隊編制的名稱。借指軍隊。㉚從化　服從教化。㉛屯居　集中在營寨居住。㉜分內　分別部署。內，納；交代。㉝羅兵幽阻　布設士兵在深山險阻要地駐紮。羅兵，分布士兵。㉞繕藩籬　修築防禦工事。藩籬，指用竹木編成的籬笆或圍柵，這裏比喻防禦工事。㉟穀稼　五穀莊稼。㊱芟刈　收割。㊲略　完全；絲毫。㊳飢窮　飢餓窮困。㊴降首　投降自首。㊵敕下　出教令約敕其下屬官吏。敕，告誡；囑咐。㊶臼陽　盧弼《三國志集解》引胡三省曰：「臼陽既置長，必以為縣，其地當在丹陽郡，而今無所考。」又引錢大昕曰：「丹陽郡無臼陽縣，恐有偽字。」又引吳增僅曰：「〈漢志〉無臼陽，疑漢末孫氏立。」盧弼認為：「存疑為是。」㊷舊惡民　過去是作惡的山民。㊸言府　言其舊惡於府。郝經《續後漢書》作「諸府」，何焯校改作「官府」。㊹徇　示眾。㊺以狀表上　將這件事寫成公文上報朝廷。狀，文體的一種，用於下對上敘述事情。表，文體的一種，臣下給皇帝的奏章。㊻坐　因……而犯罪；定罪。㊼歲期　一年過後。㊽本規　原來的打算，指前文所說的「可得甲士四萬」。㊾遣尚書僕射句　派遣尚書僕射薛綜慰勞他的軍隊。尚書僕射，官名。尚書令的助手，負責朝廷政務。薛綜，字敬文，沛郡竹邑（今安徽宿縣北）人。少避亂至交州，後為孫權召為五官中郎將，除合浦、交阯太守。後從征至九真，事畢還都，守謁者僕射。樞機敏捷。後遷尚書僕射。詳見本書卷五十三〈薛綜傳〉。勞，慰勞。㊿移　一種官方文書，分文移、武移兩種。文移是表彰性或譴責性公文，唐代後成為官府平行機構間相互交涉的文書；武移是聲討性公文，跟檄文相似。這裏作動詞，即發送移文。51山越恃阻　山越依恃地勢險阻。山越，兩漢時，今江蘇南部、浙江、江西等地區的越族人民，多移居於深山中，時人謂之「山越」。恃阻，依恃地勢險阻。52不賓　不肯臣服；不歸順。53首鼠　即首鼠兩端的省略。一進一退，這裏指動搖不定、躊躇觀望之意。54狼顧　狼行走時常回頭看，以防偷襲。顧，回頭看。這裏表示急則畏懼逃竄。55西征　原指地處中原的朝廷向西征討少數民族，這裏指出兵征伐山越少數民族。56兵不染鍔　兵器的鋒刃上沒有染上血跡。鍔，指刀劍的鋒刃。57元惡既梟　將元兇首惡誅殺後懸頭示眾。梟，懸頭示眾。58種黨　黨羽；團夥。59山藪　山深林密之地。60戎原指中原人對西北少數民族的泛稱，這裏指降獲的山民。61邑罔殘姦　城鎮裏沒有殘餘的邪惡者。邑，指城鎮。罔，沒有；不。殘姦，殘餘的邪惡者。62兇慝　兇頑邪惡之人。63藜蓧稂莠　指四種形似禾苗的害草。此指各種惡人。64魑魅魍魎　比喻形形色色的惡人。魑魅，傳說中傷害人的怪物。魍魎，傳說中木石化成的精怪。65更成虎士　變成了像猛虎一樣的戰士。更，改變；變成。虎士，像猛虎一樣的戰士。66亦信元帥臨履句　確實是統帥親自到達所取得的。信，實在；確實。元帥，統帥；全軍的主將。這裏指時任撫越將軍的諸葛恪。臨履，臨深履薄。面臨深淵，恐墜落；腳踩在薄冰上，又恐陷入。比喻謹慎行事。語出《詩經·小雅·小旻》：「戰戰兢兢，如臨深淵，如履薄冰。」此處用「臨履」，指諸葛恪親自指揮，平定山越。致，取得；得到。67詩美執訊　《詩經》中有讚美俘獲敵人加以審訊的篇章。《詩經·小雅·采芑》中歌頌西周方叔征伐反抗的楚國時說：「方叔率止，執訊獲醜，薄言還歸。」訊，指其魁首當訊問者。68易嘉折首　《易經》中有讚美出征者斬獲敵首的爻辭。嘉，褒獎；讚美。折首，指誅殺叛亂的首領。《周易·離卦·爻辭》曰：「王用出征，有嘉折首，獲匪其醜，无咎。」69周之方召　指西周宣王時的方叔、召虎。方，即方叔，周宣王時卿士。曾率兵擊敗反抗的楚國，又征伐游牧部族玁狁，南征荊蠻，有功於周。召，即召虎，召公奭的後代，周宣王時大臣。據《史記・周本紀》記載，西元前八四一年，國人暴動，周厲王倉皇出走，「厲王太子靜匿召公之家。國人聞之，乃圍之」。召虎「乃以其子代王太子，太子竟得脫」。「太子靜長於召公家，二相（指召公、周公）乃共立之為王，是為宣王」。周宣王即位後，召虎受到重用，曾奉命出兵江漢，征伐淮夷。以功受冊封表彰。這裏以方叔、召虎比喻諸葛恪為有功之臣。(70)漢之衛霍　漢朝的衛青、霍去病。衛青，字仲卿，河東平陽（今山西臨汾西南）人。初為平陽公主家奴，後受漢武帝重用，官至大將軍，封長平侯。他先後七次率兵出擊匈奴，累立戰功，制止了匈奴的掠奪，安定了北部各郡。霍去病，河東平陽（今山西臨汾西南）人。官至驃騎將軍，封冠軍侯。後任大司馬。漢武帝時，他先後兩次率軍擊敗匈奴，控制河西四郡，開闢了通往西域的走廊。後又與衛青深入漠北，擊敗匈奴主力，控制了河套地區，累建戰功。這裏以衛青、霍去病擊敗匈奴的事跡，比喻諸葛恪平定山越的功績。(71)軼　超過。(72)感四牡之遺典　感念〈四牡〉詩中君主慰勞臣下的遺典。感，感動；有感於。四牡，指《詩經・小雅》中的〈四牡〉。〈毛詩序〉曰：「〈四牡〉勞使臣之來也，有功而見知則悅矣。」但按詩意並非慰勞使臣到來之詩，似為使臣自詠之辭。(73)飲至　古代禮儀名。語出《左傳》隱公五年：「三年而治兵，入而振旅，歸而飲至，以數軍實。」這是說出征凱旋歸來，到宗廟向祖先報捷，然後飲酒慶賀，論功行賞，稱為飲至。(74)中臺　即尚書臺，因設在皇宮中，故名。(75)犒賜　犒勞賞賜。(76)以旌茂功　以表彰巨大的功績。旌，表彰。茂，盛美；巨大。(77)劬勞　辛苦勞累。(78)都鄉侯　爵位名。位在列侯下，關內侯、都亭侯之上。(79)恪乞率眾句　諸葛恪請求率兵屯田於廬江皖口。乞，請求。佃，指屯田。廬江，郡名。漢治所在今安徽廬江縣西南。三國魏、吳於境內各置廬江郡，魏治所在今安徽六安北，吳治所在今安徽潛山縣。皖口，地名。又名南皖口。在今安徽安慶西，在皖河入長江之口，為古代長江沿岸軍事要地。(80)舒　縣名。治所在今安徽廬江縣西南。(81)掩　襲取；乘其不備。(82)斥候　偵察人員。(83)觀相徑要　察看道路與險要的地方。觀相，觀察；審察。徑要，道路及險要之處。(84)壽春　縣名。治所在今安徽壽縣。

【語　譯】諸葛恪認為丹楊山地險峻，民眾大多果敢強悍，雖然先前徵發過兵丁，只是得到了山區外圍各縣的平民而已，其餘深遠山區的人，無法全部擒獲，諸葛恪多次親自請求出任丹楊的長官把山民抓出來，三年內可得到兵士四萬人。眾人議論都認為丹楊地勢險阻，與吳郡、會稽、新都、鄱陽四郡接壤，方圓數千里，山谷幾萬重，那些深居僻遠山林的人，未曾進過城鎮，面對官員，全都是手持兵器在野外跑來跑去，老死於森林草莽之中。一貫作惡的逃犯，都逃竄到深山躲藏。山裏出產銅鐵，他們自己鑄造兵器鎧甲。那裏的風俗尚武好戰，崇尚膽氣和武力，他們爬高山赴險地，穿越叢林荊棘，就像魚游深淵，猿猴爬樹一樣。時常相準時機，出來侵擾掠奪，每每招致官兵征伐，找尋他們藏身的巢穴。他們打仗便蜂擁而上，打敗了就做鳥獸散，自前代以來，就無法控制他們，大家都認為做起來很難。諸葛恪的父親諸葛瑾聽說此事後，也認為此事最終做不到，嘆氣說：「諸葛恪無法興旺我們家族，將使我們家族滅絕。」諸葛恪極力陳述此事一定成功。孫權任命諸葛恪為撫越將軍，兼丹楊太守，授給他手持棨戟的儀仗隊，以及勇武騎兵三百人。任命儀式完畢後，讓諸葛恪帶著儀仗隊，鼓樂齊鳴，導引簇擁著回家，當時諸葛恪三十二歲。

2 諸葛恪到達丹楊郡太守府後，便發布公文給相鄰四郡及所屬各縣長官，命令他們各自保衛所轄疆界，明確的布署軍隊，讓服從教化的百姓，全部聚集一起居住。又分派各將領，分撥士兵在深山險阻要地駐紮，只修築防禦工事，不和他們交戰，等到他們莊稼將要成熟時，就派兵收割，讓他們連種子都沒辦法留。舊糧已經吃完，新種的田地沒有收成，百姓都已定居，完全沒有半點收入，這時山民飢餓窮困，漸漸的出來投降自首。諸葛恪又告誡下屬說：「山民除去惡習服從教化，都應當安撫慰問，把他們遷徙到山外各縣，不能嫌惡猜疑，拘捕他們。」臼陽縣長胡伉收得投降的山民周遺，周遺過去是作惡的山民，迫於生活暫時出降，內心仍圖謀叛逆，胡伉將他綁起來送到郡府，並述說他往日的惡行。諸葛恪認為胡伉違反教令，於是將他斬首示眾，並寫成公文上奏皇帝。山民聽說胡伉因拘捕人而獲罪被殺，知道官府只是想讓他們出來而已，因此扶老攜幼出來。一年後，得到兵員的數量和預期的完全一樣，諸葛恪自己統領一萬人，其餘的分撥給眾將領。

3 孫權嘉獎他的功勞，派遣尚書僕射薛綜慰勞軍隊。薛綜先發送一封文書給諸葛恪等人說：「山越人依恃地形險阻，不願臣服已經幾代了，寬緩一些他們就動搖不定，逼急了他們就畏懼逃竄。皇帝大怒，命令將領西征，在朝廷上授給神妙的計策，威武的軍隊聲名震動在外。兵鋒沒有染血，鎧甲沒有沾染汗水。元兇首惡梟首示眾，黨羽歸順大義，肅清深山密林，進獻降獲的山民十萬。山野沒有遺留下來的賊寇，城鎮沒有殘餘的惡人。既掃除了兇惡之人，又充實了兵員。各類不法之徒，變成良民。各種惡人，變成像猛虎一樣的戰士。

雖然這實在是國家的聲威加於他們的緣故，但也的確是統帥親臨所致。雖然《詩經》有讚美俘虜敵人加以審訊的篇章，《周易》中有嘉獎出征者斬獲敵首的爻辭，周朝的方叔、召虎，漢朝的衛青、霍去病，怎麼能相提並論？你們的功業超過古人，偉績超越前世。皇上欣喜非常，在遠方讚嘆。感念〈四牡〉詩中君主慰勞臣下的遺典，思慕凱旋歸來告廟慶祝的舊制。所以派遣尚書臺的近臣，前去迎接並犒勞賞賜，用來表揚大功，慰問辛勞的將士。」授予諸葛恪為威北將軍，封為都鄉侯。諸葛恪請求率兵屯田於廬江皖口，利用輕裝部隊襲取舒縣，乘其不備俘擄那裏的民眾返回。又往遠處派遣偵察人員，察看道路與險要之地，打算謀取壽春，孫權認為不可。

赤烏❶中，魏司馬宣王❷謀欲攻恪，權方發兵應之，望氣❸者以為不利，於是徙恪屯於柴桑❹。與丞相陸遜❺書曰：「楊敬叔傳述清論❻，以為方今人物彫盡❼，守德業者不能復幾❽，宜相左右❾，更為輔車❿，上熙⓫國事，下相珍惜。又疾⓬世俗好相謗毀，使已成之器，中有損累⓭；將進之徒，意不歡笑。聞此喟然⓮，誠獨擊節⓯。愚⓰以為君子不求備於一人⓱，自孔氏門徒大數三千⓲，其見異者⓳七十二人，至于子張、子路、子貢等七十之徒⓴，亞聖㉑之德，然猶各有所短，師辟由喭㉒，賜不受命㉓，豈況下此㉔而無所闕？且仲尼不以數子㉕之不備而引以為友，不以人所短棄其所長也。加以當今取士，宜寬於往古，何者？時務從橫㉖，而善人單少，國家職司㉗，常苦不充。苟令㉘性不邪惡，志在陳力，便可獎就㉙，騁其所任。若於小小宜適㉚，私行㉛不足，皆宜闊略㉜，不足縷責㉝。且士誠不可纖論㉞苛克，苛克則彼賢聖猶將不全，況其出入㉟者邪？故曰以道㊱望人則難，以人㊲望人則易，賢愚可知。自漢末以來，中國士大夫如許子將輩㊳，所以更相謗訕㊴，或至於禍，原其本起，非為大讎，惟坐克己不能盡如禮㊵，而責人專以正義㊶。夫己不如禮，則人不服。責人以正義，則人不堪㊷。內不服其行，外不堪其責，則不得不相怨㊸。相怨一生，則小人得容㊹其間。得容其間，則三至之言㊺，浸潤之譖㊻，紛錯交至，雖使至明至親者處之，猶難以自定，況已為隙，且未能明者乎？是故張、陳至於血刃㊼，蕭、朱不終其好㊽，本由於此而已。夫不舍小過，纖微相責，久乃至於家戶為怨，一國無復全行之士㊾也。」恪知遜以此嫌己，故遂廣其理而贊其旨也。會遜卒，恪遷大將軍㊿，假節(51)，駐武昌(52)，代遜領荊州(53)事。

【章　旨】以上為〈諸葛恪傳〉的第三部分，闡述諸葛恪對如何評定人才的看法。

【注　釋】❶赤烏　吳大帝孫權年號，西元二三八—二五一年。❷司馬宣王　即司馬懿，字仲達，河內溫（今河南溫縣）人。博學洽聞，少時即被名士讚許，以為非常之器。建安中為曹操主簿。為人多智謀，善權變。曹丕即位後，任太子中庶子，主辦軍屯，為魏重臣。明帝時，任大將軍。曹芳即位，與曹爽同受遺詔輔政。後發動政變，殺曹爽，執國政。死後，其子師、昭相繼專政。其孫司馬炎代魏稱帝，追諡為宣王，故稱司馬宣王。❸望氣　觀望雲氣附會人事，預測吉凶。❹柴桑　縣名。

治所在今江西九江市西南。❺陸遜　字伯言，吳郡吳（今江蘇蘇州）人。孫策之婿。年二十一，歷東西曹令史，出為海昌屯田都尉。時值連年乾旱，他開倉穀以賑貧民，勸督農桑。善謀略，掌吳國兵權。後以火攻大破蜀軍於夷陵。不久又大敗魏將曹休於石亭。官至丞相。因孫權欲廢太子和，他屢諫不被採納，憂憤而死。詳見本書卷五十八〈陸遜傳〉。❻楊敬叔傳述清論　楊敬叔轉述了您公正的評論。楊敬叔，人名，事跡不詳。傳述，轉述。清論，即清議，公正的評論。這裏指陸遜的言論。❼彫盡　衰敗。這裏指所剩無幾。❽不能復幾　不會再有多少了。即沒有幾個了。❾宜相左右　應當互相幫助。❿輔車　語出《左傳》僖公五年：晉侯復假道於虞以伐虢。宮之奇諫曰：「虢，虞之表也。虢亡，虞必從之。晉不可啟，寇不可翫，一之謂甚，其可再乎？諺所謂『輔車相依，脣亡齒寒』者，其虞、虢之謂也。」杜預注：「輔，頰輔；車，牙車。」可知輔車是說頰骨與下牙骨的關係，用以比喻相互依存。⓫熙　興盛。⓬疾　厭惡；憎恨。⓭損累　損害；損傷。⓮喟然　嘆息。⓯擊節　以手拍節。節，一種樂器。此處表示感慨。⓰愚　一種自謙之辭。⓱不求備於一人　對一個人不能要求完美無缺。該語出自《論語・微子》：「周公謂魯公曰：『君子不施其親，不使大臣怨乎不以。故舊無大故，則不棄也。無求備於一人！』」備，十分完美。⓲孔氏門徒大數三千　孔子的門徒大約三千人。孔氏，指孔子，名丘，字仲尼，春秋時魯國陬邑（今山東曲阜）人。幼時家貧，做過乘田（看管牛羊）和委吏（主管會計）。在母親教育下，潛心學習。中年授徒講學。五十歲時任魯司寇，攝行相事，不久因政見不合，憤而去職，周遊列國。晚年回魯講學，弟子有三千多人。⓳見異者　指特別突出的弟子。⓴子張子路句　指子張、子路、子貢等七十多弟子。子張，即顓孫師，字子張，陳國人。講求「聞」、「達」之道。子路，即仲由，字子路，魯國人。以政事見稱。為人伉直，好勇力。子貢，即端木賜，字子貢，衛國人。以言語見稱。後經商，家累千金。徒，同一類人，這裏指孔子的弟子。㉑亞聖　指道德、才學等僅次於聖人孔子的人。㉒師辟由喭　顓孫師偏激，仲由魯莽。該語出自《論語・先進》：「師也辟，由也喭。」辟，偏激。喭，魯莽。㉓賜不受命　端木賜從學不專注。該語出自《論語・先進》：「賜不受命，而貨殖焉，億則屢中。」不受命，即不安本分。㉔下此　指他們以下的人。㉕數子　指子張、子路、子貢等人。㉖從橫　錯綜複雜。㉗職司　指各部門的官員。㉘苟令　如果；假使。㉙獎就　獎勵任用。㉚宜適　合宜的舉止儀態。㉛私行　指個人品行。㉜闊略　寬容。㉝縷責　一一責備。縷，一條一條的。㉞纖論　細微的進行評論。㉟出入　指與聖賢相比有差距者。㊱道　道德規範；道德完善的標準。㊲人　指用普通人的標準。㊳中國士大夫句　中原士大夫像許子將這一類的人。中國，指中原地區。士大夫，泛指官僚階層，也指沒有做官的讀書人。許子將，即許劭，字子將，汝南平輿（今河南平輿西北）人。初為郡功曹，為太守所敬重。與從兄許靖俱有高名，好共評論人物，每月更換一名，時稱汝南「月旦評」。

㊴謗訕　誹謗非議。㊵惟坐克己句　只是因為不能夠用禮儀的標準來要求自己。該語出自《論語・顏淵》：「顏淵問仁。子曰：『克己復禮為仁。』」坐，因為。㊶正義　這裏指以公正的標準去要求別人。㊷堪　經得起；忍受。㊸相怨　互相怨恨。㊹容　可能；容身。㊺三至之言　多次傳播的謠言。該語出自《史記・樗里子甘茂列傳》：「昔曾參之處費魯人有與曾參同姓名者殺人，人告其母曰：『曾參殺人。』其母織自若也。頃之，一人又告之曰：『曾參殺人。』其母尚織自若也。頃又一人告之曰：『曾參殺人。』其母投杼下機，踰牆而走。夫以曾參之賢與，其母信之也。三人疑之，其母懼焉。」㊻浸潤之譖　指日積月累的讒言。該語出自《論語・顏淵》：「子張問明。子曰：『浸潤之譖，膚受之愬，不行焉可謂明也已矣。浸潤之譖，膚受之愬，不行焉可謂遠也已矣。』」何晏《集解》引鄭玄曰：「譖人之言，如水之浸潤，漸以成之。」㊼張陳至於血刃　張耳、陳餘到了相互殺害的地步。張耳，大梁（今河南開封）人。戰國末為魏國名士，初為信陵君客，後為外黃令。秦末與陳餘隨從武臣起兵，項羽分封時，為常山王。不久，為陳餘所敗，後投劉邦，改封趙王。陳餘，大梁（今河南開封）人。好儒術。戰國末為魏國名士。與張耳隨同武臣起兵，武臣死後，與張耳共立趙歇為王。因與張耳不和，驅走張耳，自立為代王。後被韓信擊敗，自殺。㊽蕭朱不終其好　蕭望之、朱雲不能始終保持友好。蕭，即蕭望之，東海蘭陵（今山東蒼山縣西南）人。朱，即朱雲，字子元，京兆尹杜陵（今陝西西安東南）人。據《漢書・蕭望之傳》載：漢宣帝時，蕭望之官至太子太傅。漢元帝時，受人排擠陷害，「望之欲自殺，其夫人止之，以為非天子意。望之以問門下生朱雲。雲者好節士，勸望之自裁」。㊾全行之士　品行完美的人。㊿大將軍　官名。負責征戰，地位因人而異。(51)假節　指君主授予掌管諸軍的大權。假，借，此為授予之意。節，符節。獲取假節稱號，可以誅殺違犯軍令的人。(52)武昌　縣名。治所在今湖北鄂州。(53)荊州　州名。東漢治所在今湖南常德東北，東漢獻帝初平元年（西元一九〇年），荊州刺史劉表移治今湖北襄樊。

【語譯】赤烏年間，魏國司馬宣王圖謀攻打諸葛恪，孫權正準備發兵應戰，觀望雲氣的人認為出師不利，因此孫權讓諸葛恪遷徙到柴桑駐防。諸葛恪寫信給丞相陸遜說：「楊敬叔轉述了您清正的評論，認為當今有作為的人凋零殆盡，堅守道德、事業的人沒有幾個了，應當相互幫助，互相依存，上可興盛國家大事，下可相互珍惜。又痛恨世人喜歡互相誹謗，使得已有成就之人，中途受到損傷；將要進用的人，心裏不愉快。我聽到這些喟然嘆息，實在只能擊節讚賞。我以為君子不會求全責備一個人，孔子的門徒大約三千人，其中特別突出的七十二人，至於子張、子路、子貢等七十人，有僅次於孔子的品德，然而還是各有缺點，子張偏激，子路魯莽，子貢學習不專注，何況那些不如他們的人怎麼會沒有缺點呢？況且孔子不因為他們幾個人不完美而不把他們當朋友，不因這些人的短處而拋棄他們的長處啊。加上目前選取人才，應當比古代寬容，為什麼呢？時局錯綜複雜，而人才短少，國家各部門的官員，常常苦於人員不足。如果本性不壞，志在貢獻才力，便可獎勵任用，讓他們在職務上一展才能。至於合宜的舉止的小地方，個人品行的不足等方面，都應當寬容，不應當一一責備。況且對於士人實在不可以細論苛求，如苛刻要求的話，就算那些聖賢尚且還不完美，何況與聖賢有差距的那些人呢？所以說用道德完善的標準來衡量人就很難，以一般人的標準來衡量人就容易，是賢明和愚笨的人都知道的道理。自漢朝末年以來，中原地區的士大夫像許子將之流，之所以不斷相互誹謗非議，有的引起災禍，究其根源，並非有深仇大恨，只是因為不能用禮儀的標準來要求自己，而專門以公正的標準去責備別人。自己不符合禮儀，那麼別人就不服氣。用公正的標準去指責別人，那麼別人就無法忍受。內心不服他人的言行，外表不能接受他人的要求，那麼就不能不相互產生怨恨。互相怨恨一產生，就給了小人可以挑撥離間的機會，小人挑撥離間，那多次傳播的謠言，日積月累的讒言，就會紛繁錯雜的交相到來，即使讓最了解最親近的人面臨這種狀況，尚且難以自己判定，何況已經有了嫌隙，而且不明察是非的人呢？因此張耳、陳餘終至拔刀互殺，蕭望之、朱雲也不能始終保持友誼，根本的原因在此而已。不放過別人的小過失，在細微的事情上相互指責，久了就將使家家戶戶互相怨恨，一國之中就不會再有德行完美的士人了。」諸葛恪知道陸遜因此猜疑自己，所以便多方闡述陸遜的道理並稱讚他的主旨。適逢陸遜去世，諸葛恪升任大將軍，假節，駐守武昌，代替陸遜兼管荊州事務。

1 久之❶，權不豫❷，而太子少，乃徵恪以大將軍領太子太傅❸，中書令孫弘領少傅❹。權疾困❺，召恪、弘及太常滕胤❻、將軍呂據❼、侍中孫峻❽，屬❾以後事。

2

翌日[10]，權薨[11]。弘素與恪不平[12]，懼為恪所治，祕權死問[13]，欲矯詔[14]除恪。峻以告恪，恪請弘咨事[15]，於坐中誅之，乃發喪制服[16]。與弟公安督融書[17]曰：「今月十六日乙未[18]，大行皇帝委棄萬國[19]，群下大小，莫不傷悼。至吾父子兄弟，並受殊恩，非徒凡庸之隸，是以悲慟，肝心圮裂[20]。皇太子以丁酉踐尊號[21]，哀喜交并，不知所措。吾身受顧命[22]，輔相幼主，竊自揆度[23]，才非博陸而受姬公負圖之託[24]，懼忝丞相輔漢之效[25]，恐損先帝委付之明，是以憂慚惶惶，所慮萬端。且民惡[26]其上，動見瞻觀[27]，何時易哉？今以頑鈍[28]之姿，處保傅[29]之位，艱多智寡，任重謀淺，誰為脣齒[30]？近漢之世，燕、蓋交遘，有上官之變[31]，以身值此，何敢怡豫[32]邪？又弟所在，與賊犬牙相錯[33]，當於今時整頓軍具[34]，率厲[35]將士，警備過常[36]，念出萬死[37]，無顧一生，以報朝廷，無忝爾先[38]。又諸將備守各有境界，猶恐賊虜聞諱[39]，恣睢[40]寇竊。邊邑諸曹[41]，已別下約敕[42]，所部督將，不得妄委所戍，徑來奔赴。雖懷愴怛[43]不忍之心，公義奪私[44]，伯禽服戎[45]，若苟違戾[46]，非徒小故。以親正疏[47]，古人明戒也。」恪更拜太傅[48]。於是罷視聽[49]，息校官[50]，原逋責[51]，除關稅[52]，事崇恩澤，眾莫不悅。恪每出入，百姓延頸[53]，思見其狀。

【章　旨】以上為〈諸葛恪傳〉的第四部分，敘述諸葛恪奉領孫權遺令，採取除政敵，罷視聽，息校官，原逋責，除關稅等措施，深得民眾敬重。

【注　釋】❶久之　很久以後。據本書卷四十七〈吳主傳〉載，諸葛恪升任大將軍為吳赤烏九年（西元二四六年），而孫權去世於太元二年（西元二五二年），中間相隔七年，故稱「久之」。❷不豫　帝王有病的諱稱。豫，快樂。❸太子太傅　官名。為太子的首席輔導官員。❹少傅　此指太子少傅，同為太子的輔導老師，但地位比太傅低一些。❺疾困　病危。❻太常滕胤　太常，官名。九卿之一，掌宗廟禮儀，兼選試博士。滕胤，字承嗣，北海劇（今山東昌樂）人。少有節操，弱冠尚公主。後遷太常，與諸葛恪等同受遺詔輔政。詳見本書卷六十四〈滕胤傳〉。❼呂據　字世議，汝南細陽（今安徽阜陽北）人。呂範次子。以父任為郎，後拜副軍校尉，佐領軍事。數討山越，所擊皆破。孫亮即位，拜右將軍。詳見本書卷五十六〈呂範傳〉。❽侍中孫峻　侍中，官名。負責侍從皇帝，應對顧問，出入宮廷。孫峻，字子遠，吳郡富春（今浙江富陽）人。少便弓馬，幹練果決。孫權末，為侍中。後受遺詔輔政。詳見本書卷六十四〈孫峻傳〉。❾屬　通「囑」。託付。❿翌日　第二天。⓫薨　古代稱諸侯王死叫薨。《禮記・曲禮下》曰：「天子死曰崩，諸侯曰薨，大夫曰卒，士曰不祿，庶人曰死。」⓬不平　不和；互相有意見；不融洽。孫權曾立孫和為太子，又封孫霸為魯王。諸葛恪宗事太子，而孫弘依附魯王，因此諸葛、孫二人產生了矛盾。⓭問　消息；音訊。⓮矯詔　詐稱君主之命發布詔書。⓯咨事　商議事務。⓰制服　這裏指製作喪服。⓱與弟公安督融書　給弟弟公安督諸葛融寫信。公安，縣名。治所在今湖北公安西北。督，官名。負責軍事要地的防禦。諸葛融，字叔長，琅邪陽都（今山東沂南南）人。諸葛瑾子，諸葛恪弟。性寬容，多技藝，數以巾褐奉朝請，後拜騎都尉。赤烏中，代新都都尉。父死，襲爵，並攝兵業駐公安。詳見本書卷五十二〈諸葛瑾傳〉及裴松之注引《吳書》。書，書信。⓲今月十六日乙未　本月十六日乙未。據本書卷四十七〈吳主傳〉記載，孫權於吳太元二年（西元二五二年）夏四月去世。盧弼《三國志集解》引潘眉曰：「吳主以四月薨。推神鳳元年四月乙未，乃二十六日，傳文脫「二」字也。」⓳大行皇帝委棄萬國　皇帝捨棄臣民國土。諱稱皇帝去世。大行，皇帝剛死不久，未有諡號，故稱大行。《後漢書・安帝紀》曰：「大行皇帝，不求天年。」李賢注引韋昭曰：「大行者，不返之辭也。天子崩，未有諡，故稱大行也。」委棄，捨棄；拋棄。⓴圮裂　破裂。圮，坍塌；毀壞。㉑皇太子以丁酉句　皇太子在丁酉日即皇帝位。皇太子，指孫亮。丁酉，即該年四月二十八日。踐尊號，即皇帝位。踐，履行。㉒顧命　臨終時的詔命。《尚書・顧命》曰：「成王將崩，命召公、畢公率諸侯相康王，作〈顧命〉。」相，輔佐。

顧，眷顧。㉓揆度　揣測；估量。㉔才非博陸句　才能不及博陸侯霍光卻擔負周公輔周成王般的重託。博陸，指博陸侯霍光。字子孟，河東平陽（今山西臨汾西南）人。漢武帝臨終時，遺詔霍光輔佐年僅八歲的昭帝，並封為博陸侯，政事一決於霍光。姬公，指周公旦。負圖之託，即託孤，指臨終之託。據《漢書・霍光傳》載：「是時上年老，寵姬鉤弋趙倢伃有男，上心欲以為嗣，命大臣輔之。察羣臣唯光任大重，可屬社稷。上乃使黃門畫者畫周公負成王朝諸侯以賜光。」這是說漢武帝病重，決定立年僅八歲的小兒子劉弗陵為繼承人。他命人畫了一幅周公背負成王接見諸侯的畫賜給霍光，要他仿照行事。周公背負成王一事，見《禮記・明堂位》：「昔者周公朝諸侯於明堂之位，天子負斧依南鄉而立。」鄭玄作注曰：「周公攝王位，以明堂之禮儀朝諸侯也，不於宗廟辟王也。」「天子，周公也。負之，言背也。斧，依為斧，文屏風於戶牖之間，周公於前立焉。」這是說周公代攝天子政務，立於屏風之前。諸葛恪在這裏用周公故事比喻自己受孫權之託輔佐孫亮。㉕懼忝丞相輔漢之效　擔心有愧於叔父諸葛丞相輔佐蜀漢所取得的成效。懼，害怕；擔心。忝，辱沒；有愧於。丞相輔漢，指任蜀漢丞相的諸葛亮。劉備在臨終前，將劉禪囑託給諸葛亮，與孫權託孤於諸葛恪的情況相同，只是諸葛亮在先，加之諸葛亮又是諸葛恪的叔父，諸葛恪自然想起諸葛亮輔佐後主劉禪之事。㉖惡　厭惡；憎惡。㉗動見瞻觀　一舉一動都受到注視。見，被。㉘頑鈍　愚笨。㉙保傅　官名。指負責輔導天子和諸侯子弟的官員。《大戴禮・保傅》曰：「保，保其身體；傅，傅其德義。」㉚脣齒　這裏比喻可以做互相依靠的幫手。㉛燕蓋二句　燕王和蓋長公主互相勾結，造成上官桀父子等圖謀殺害霍光的禍亂。據《漢書・霍光傳》記載，霍光與上官桀結為婚姻，光長女為桀子安之妻，有女，桀通過帝姊蓋長公主納安女為倢伃，數月立為皇后。蓋長公主內行不修，桀、安因請託被霍光拒絕，心懷不滿。燕王旦自以為是昭帝兄，常懷怨望。御史桑弘羊亦因私恨光。他們欲謀殺霍光，廢帝，迎立燕王為天子。事發覺，光盡誅桀、安、弘羊，燕王、蓋長公主自殺。㉜怡豫　安逸無慮。㉝犬牙相錯　這裏是用比喻來說明諸葛融所管轄地區形勢複雜。㉞軍具　軍需器械。㉟率厲　督促勉勵。㊱過常　超過平常。㊲念出萬死　抱著死一萬次的念頭。即不惜萬死。㊳無忝爾先　無愧於你的先人。㊴聞諱　聽到孫權逝世的消息。諱，古代稱死去的帝王。㊵恣睢　任意；放縱。㊶邊邑諸曹　邊境各官署。曹，分科辦事的官署。㊷約敕　約束的文書。敕，文書；條令。㊸愴怛　悲傷；悲痛。㊹奪私　勝過私情。㊺伯禽服戎　指伯禽服喪未完就領兵出征。伯禽，姬姓，字伯禽，亦稱禽父。周公旦的長子。周公東征後，還政於成王。成王把殷民六族和舊奄國地連同奄民分封給他，國號魯，故稱魯公。不久，率軍征伐淮夷、徐戎。服戎，統兵出征。語出《禮記・曾子問》：「子夏問：『三年之喪，卒哭……金革之事無避也者，非與？』孔子曰：『吾聞諸老聃曰，昔者魯公伯禽有為為之也。』」鄭玄注曰：「國人卒哭而致事。時有徐戎作難，伯禽卒哭而征之，急王事也。」所謂「卒哭」，是古代喪禮中的禮節之一。古禮規定，父母死後，為人子者要經常哭，到一定期限，即可不經常哭，稱為「卒哭」。這種期限，根據其身分不同而有所區別。《禮記・雜記下》曰：「士三月而葬，是月也卒哭。大夫三月而葬，五月而卒哭。諸侯五月而葬，七月而卒哭。」致事，是說卒哭期間請假離職。㊻違戾　違反。㊼以親正疏　以嚴格要求親近的人來匡正疏遠的人。正，糾正；匡正。㊽太傅　官名。古三公之一，為國君輔弼之官。東漢時太傅參預朝政。三國時曹魏置太傅上公，但不參預朝政。吳建興元年（西元二五二年）初置，多為加銜。蜀漢劉備稱漢中王時曾置，但稱帝後不置。㊾罷視聽　停止對臣下的監視刺探。㊿息校官　裁除校事官。校官，即校事，官名。三國時魏吳皆設有校事，典校諸官府及州郡文書，充當皇帝或執政耳目，刺探軍民言行。俞正燮《癸巳存稿》卷七「校事」條稱：魏是有校事官，似北魏之候官，明之廠衛。吳之校事則尤橫。或謂之典校（〈顧雍傳〉、〈步騭傳〉、〈朱據傳〉），或謂之校曹（〈陸凱傳〉），或謂之校郎（〈是儀傳〉），或謂之校官（〈諸葛恪傳〉）。(51)原逋責　免除拖欠的賦稅。原，赦免；免除。逋，拖欠；欠交。責，欠別人錢財。這個意義後來寫作「債」。(52)除關稅　取消關稅。除，清除；去掉。(53)延頸　伸長脖子。

【語　譯】很久以後，孫權生病，而太子年幼，於是徵召諸葛恪以大將軍的身分兼太子太傅，中書令孫弘兼太子少傅。孫權病危，召見諸葛恪、孫弘及太常滕胤、將軍呂據、侍中孫峻，囑託後事。

2　第二天，孫權去世。孫弘素來與諸葛恪不和，擔心被諸葛恪懲治，就封鎖孫權的死訊，想假借詔令除掉諸葛恪。孫峻將此事告訴諸葛恪，諸葛恪請孫弘商議政事，在座席上殺了他，於是發布孫權的死訊，製作喪服。寫信給弟弟公安督諸葛融說：「本月十六日乙未，大行皇帝去世，下面的大小臣民，沒有不傷心悲悼的。至於我們父子兄弟，都曾受到特殊的恩典，不僅只是一般臣民，所以悲慟萬分，心肝都要碎裂。皇太子在二十八日丁酉登上帝位，悲喜交加，不知所措。我身受先帝遺命，輔佐幼主，私下揣度，才能不及博陸侯霍光卻擔負周公輔佐成王般的重託，擔心有愧於叔父諸葛丞相輔佐蜀漢所取得的成效，惟恐有損於先帝託付重任的英明，因此憂心慚愧，惶惶不安，思緒萬千。況且老百姓厭惡在上位者，自己的一舉一動都被關注，什麼時候改變過呢？如今我以愚頑駑鈍的資質，身處保傅高位，困難多而才智少，責任重而謀略淺，誰可以做我互相依靠的幫手呢？近代漢朝，燕王和蓋長公主互相勾結，所以有上官桀父子政變，我現今身處這種環境，怎麼敢安逸無慮呢？另外，弟所在的地方，形勢複雜，現在應當整修軍事器械，督促勉勵將士，比平常要更加警戒防備，用不惜萬死不顧一生的念頭，以報效朝廷，無愧你的先人。還有邊境眾將領防守各自有自己的地域，仍舊擔心敵人在聽到皇帝死訊後，會前來恣意搶劫掠奪。邊境的各個官署，已另外下達敕令約束，所屬各領兵將官，不得妄自放棄戍守任務，直接趕來奔喪。雖然懷著悲痛難忍的心情，但是對公義勝過私人的感情，要像伯禽穿著喪服領兵出征一樣，如果違犯，就不只是小的過錯了。以嚴格要求親近的人，來匡正疏遠的人，這是古人明誡。」諸葛恪改任太傅。因此停止對臣下的監視刺探，裁除校事官，免除拖欠的賦稅，取消關稅，各項政事都注重給老百姓恩惠，百姓沒有不喜悅的。諸葛恪每次出入，百姓都伸長脖子仰望，想看看他的相貌。

1

初，權黃龍❶元年遷都建業❷，二年築東興隄遏湖水❸。後征淮南❹，敗以內船❺，由是廢不復修。恪以建興❻元年十月會眾於東興，更作大隄，左右結山俠築兩城❼，各留千人，使全端❽、留略❾守之，引軍而還。魏以吳軍入其疆土，恥於受侮，命大將胡遵❿、諸葛誕⓫等率眾七萬，欲攻圍兩塢⓬，圖壞隄遏⓭。恪興軍四萬，晨夜赴救。遵等敕其諸軍作浮橋度⓮，陣⓯於隄上，分兵攻兩城。城在高峻，不可卒⓰拔。恪遣將軍留贊⓱、呂據、唐咨⓲、丁奉⓳為前部。時天寒雪，魏諸將會飲，見贊等兵少，而解置鎧甲，不持矛戟。但兜鍪刀楯⓴，倮身緣遏㉑，大笑之，不即嚴兵㉒。兵得上，便鼓譟亂斫㉓。魏軍驚擾散走，爭渡浮橋，橋壞絕，自投於水，更相蹈藉㉔。樂安太守桓嘉等同時并沒㉕，死者數萬。故叛將韓綜為魏前軍督㉖，亦斬之。獲車乘牛馬驢騾各數千，資器山積，振旅㉗而歸。進封恪陽都侯㉘，加荊揚州牧㉙，督中外諸軍事㉚，賜金一百斤，馬二百匹，繒㉛布各萬匹。

2 恪遂有輕敵之心，以㉜十二月戰克，明年春，復欲出軍。諸大臣以為數出罷㉝勞，同辭諫恪，恪不聽。中散大夫蔣延或以固爭㉞，扶出㉟。

3 恪乃著論諭㊱眾意曰：「夫天無二日，土無二王，王者不務兼并天下而欲垂祚後世㊲，古今未之有也。昔戰國之時，諸侯自恃兵彊地廣，互有救援，謂此足以傳世，人莫能危。恣情從懷㊳，憚於勞苦，使秦漸得自大，遂以并之，此既然㊴矣。近者劉景升㊵在荊州，有眾十萬，財穀如山，不及㊶曹操尚微，與之力競，坐觀其彊大，吞滅諸袁㊷。北方都定之後，操率三十萬眾來向荊州，當時雖有智者，不能復為畫計，於是景升兒子㊸，交臂㊹請降，遂為囚虜。凡敵國欲相吞，即仇讎㊺欲相除也。有讎而長之，禍不在己，則在後人，不可不為遠慮也。昔伍子胥㊻曰：『越十年生聚，十年教訓㊼，二十年之外，吳其為沼㊽乎！』夫差㊾自恃彊大，聞此邈然㊿，是以誅子胥而無備越之心，至於臨敗悔之(51)，豈有及乎？

越小於吳，尚為吳禍，況其疆大者邪？昔秦但得關西[52]耳，尚以并吞六國[53]，今賊皆得秦、趙、韓、魏、燕、齊九州[54]之地，地悉戎馬[55]之鄉，士林之藪[56]。今以魏比古之秦，土地數倍；以吳與蜀比古六國，不能半之。然今所以能敵之，但以操時兵眾，於今適盡，而後生者未悉長大，正是賊衰少未盛之時。加司馬懿先誅王淩[57]，續自隕斃[58]，其子幼弱，而專彼大任[59]，雖有智計之士，未得施用。當今伐之，是其厄會[60]。聖人急於趨時[61]，誠謂今日。若順眾人之情，懷偷安之計，以為長江之險可以傳世，不論魏之終始，而以今日遂輕其後，此吾所以長歎息者也。自丕以來，務在產育[62]，今者賊民歲月繁滋[63]，但以尚小，未可得用耳。若復十數年後，其眾必倍於今，而國家勁兵之地，皆已空盡，唯有此見[64]眾可以定事。若不早用之，端坐[65]使老，復十數年，略當損半，而見子弟數不足言。若賊眾一倍，而我兵損半，雖復使伊、管[66]圖之，未可如何[67]。今不達遠慮者，必以此言為迂[68]。夫禍難未至而豫[69]憂慮，此固眾人之所迂也。及於難至，然後頓顙[70]，雖有智者，又不能圖。此乃古今所病，非獨一時。昔吳始以伍員為迂，故難至而不可救。劉景升不能慮十年之後，故無以詒[71]其子孫。今恪無具臣[72]之才，而受大吳蕭、霍[73]之任，智與眾同，思不經遠[74]，若不及今日為國斥境[75]，俛仰[76]年老，而讎敵更彊，欲刎頸謝責[77]，寧有補[78]邪？今聞眾人或以百姓尚貧，欲務閒息[79]，此不知慮其大危，而愛其小勤者[80]也。昔漢祖幸已自有三秦之地[81]，何不閉關守險，以自娛樂，空出攻楚[82]，身被創痍[83]，介冑生蟣蝨[84]，將士厭困苦，豈甘鋒刃而忘安寧哉？慮於長久不得兩存者耳！每覽荊邯說公孫述以進取之圖[85]，近見家叔父表[86]陳與賊爭競之計，未嘗不喟然歎息也。夙夜反側[87]，所慮如此，故聊疏愚言[88]，以達二三君子之末[89]。若一朝隕歿[90]，志畫[91]不立，貴[92]令來世知我所憂，可思於後。」眾皆以恪此論欲必為之辭，然莫敢復難。

4

丹楊太守聶友[93]素與恪善，書諫恪曰：「大行皇帝本有遏東關之計，計未施行。今公輔贊[94]大業，成先帝之志，寇遠自送[95]，將士憑賴威德，出身[96]用命，一旦有非常之功，豈非宗廟神靈社稷之福邪！宜且案兵[97]養銳，觀釁[98]而動。今乘此勢[99]，欲復大出，天時未可。而苟任盛意[100]，私心以為不安。」恪題論[101]後，為書答友曰：「足下雖有自然之理[102]，然未見大數[103]。熟省[104]此論，可以開悟矣。」於是違眾出軍，大發州郡二十萬眾，百姓騷動，始失人心。

【章旨】以上為〈諸葛恪傳〉的第五部分，敘述諸葛恪針對大臣和友人對他輕敵思想的勸諫，寫出文章曉諭眾人極力進行辯駁。

【注釋】❶黃龍　吳大帝孫權年號，西元二二九—二三一年。❷建業　地名。原名秣陵，即今江蘇南京。東漢建安十六年（西元二一一年），孫權自京口（今江蘇鎮江市）徙治秣陵。次年，修築石頭城，並將秣陵改名建業，遂為孫吳京都。晉武帝平吳後，復稱秣陵。晉太康二年（西元二八一年），分秣陵北為建鄴，改「業」為「鄴」。西晉末，避愍帝諱，改名建康。❸築東興隄遏湖水　修築東興隄阻擋巢湖水。東興隄，堤壩名。在今安徽巢湖市境，阻斷濡須水，使巢湖水不能通過濡須水道洩入長江。❹淮南　郡名。治所在今安徽壽縣。❺敗以內船　反而被湖內的船隻打敗。這裏指赤烏四年（西元二四一年）吳將全琮與魏將王淩的芍陂之戰。盧弼《三國志集解》引胡三省曰：「謂正始二年芍陂之敗也。遏巢湖所以利舟師，而反為湖內之船所敗，故廢而不治。」弼按：「全琮略淮南，決芍陂，燒安城邸閣，收其人民（見〈吳主傳〉赤烏四年），不得謂之敗也。〈魏志・孫禮傳〉：『禮禦琮，戰於芍陂，將士死傷過半。』〈王淩傳〉：『全琮寇芍陂，淩率諸軍逆討，與賊爭塘，力戰數日，賊退走。』合觀二傳，全琮深入敵地，力戰連日，敵死傷過半，後乃退還，亦不得謂之敗也。胡云：『為湖內之船所敗。』似不作『如是』解，『內』或讀曰『納』。〈蔣濟傳〉：曹仁欲攻濡須洲中，濟曰：『賊據西岸，列船上流，而兵入洲中，是為自內地獄，危亡之道也。』『內』字或與此同。」疑是。❻建興　吳會稽王孫亮年號，西元二五二—二五三年。❼左右結山俠築兩城　大堤左右兩端依傍山勢築起兩座城堡。結山，依傍山勢。俠，通「夾」。濡須水口亦曰柵江口，有東西兩關：東關在無為州巢縣東南四十里濡須山；西關在巢縣東南三十里七寶山。兩山對峙，相距十里，中為石梁，鑿石通水。魏於西關之北岸置柵；吳在東關南岸築東西二城，該地為當時吳、魏相持之要地。❽全端　吳郡錢唐（今浙江杭州）人，全琮從子。曾隨全琮擊退魏將王淩於芍陂。吳建興元年（西元二五二年），太傅諸葛恪率軍遏巢湖，城東興，全端駐守西城。太平二年（西元二五七年），魏將諸葛誕舉壽春城反，向吳稱臣求救，全端等人奉命率軍救援。是年冬，與全懌等委城降魏。其事跡散見於本書卷二十八〈鍾會傳〉、卷四十八〈孫亮傳〉、卷五十二〈顧雍傳〉。❾留略　會稽長山（今浙江金華）人，留贊長子。初任都尉。吳建興元年，太傅諸葛恪率軍遏巢湖，城東興，留略駐守東城，大破魏軍。吳五鳳二年（西元二五五年），為東海太守。後官至大將。事跡散見於本書卷四十八〈孫亮傳〉、《三國志・孫峻傳》裴松之注引《吳書》。❿胡遵　安定（今甘肅鎮原東南）人。才兼文武，累居藩鎮。魏青龍元年（西元二三三年），奉司馬懿命追討匈奴。嘉平四年（西元二五二年），為魏征東將軍，奉命與征南大將軍王昶等伐孫吳。後升至衛將軍、車騎將軍。事跡散見於本書卷三〈明帝紀〉、卷四〈三少帝紀〉、《三國志・鍾會傳》裴松之注引《晉諸公贊》。⓫諸葛誕　字公休，琅邪陽都（今山東沂南南）人。初以尚書郎為滎陽令，入為吏部郎。累遷御史中丞尚書，明帝惡其沽名釣譽，免其官。齊王芳即位，復職，出為揚州刺史。魏甘露二年（西元二五七年），徵為司空，不奉詔，叛降吳，受吳封為壽春侯，官大司徒、驃騎將軍、青州牧。次年，兵敗被殺。詳見本書卷二十八〈諸葛誕傳〉。⑫塢　構築在村落外圍作為屏障的土堡。這裏指吳軍結山而築的城堡。⑬圖壞隄遏　圖謀毀壞阻遏湖水的堤壩。圖，打算；圖謀。⑭度　通「渡」。⑮陣　設立軍陣；布陣。⑯卒　通「猝」。很快的；一下子。⑰留贊　字正明，會稽長山（今浙江金華）人。少為郡吏。性烈，好讀兵書及三史。累有戰功，稍遷屯騎校尉。時事得失，每常規諫，好直言不阿旨。隨諸葛恪征東興，大敗魏師，遷左將軍。從孫峻征淮南，道路病發被魏軍追殺。其事跡散見於本書卷四十八〈孫亮傳〉、《三國志・孫峻傳》裴松之注引《吳書》。⑱唐咨　利城（今江蘇贛榆西）人。魏文帝黃初中，因利城郡民反，殺其太守，推唐咨為主。後為魏軍擊破，遂亡至吳。官至左將軍，封侯、持節。後助諸葛誕拒魏，兵敗被俘。為安撫吳國軍民，魏拜咨為安遠將軍。詳見本書卷二十八〈唐咨傳〉。⑲丁奉　字承淵，廬江安豐（今河南固始東南）人。少以驍勇為小將，數隨征伐有功，稍遷偏將軍。孫亮即位，為冠軍將軍，封都亭侯。吳太平二年（西元二五七年），以招降魏大將軍諸葛誕有功，升左將軍。孫休卒，與濮陽興等迎立孫晧，遷右大司馬、左軍師。詳見本書卷五十五〈丁奉傳〉。⑳兜鍪刀楯　戴著頭盔拿著短刀和盾牌。兜鍪，古代將士戴的頭盔。楯，通「盾」。即盾牌。㉑倮身緣遏　裸身攀登堤岸。倮，同「裸」。即不著衣甲。緣，攀緣；攀登。遏，即堤遏。㉒嚴兵　整頓軍隊迎戰。㉓鼓譟亂斫　擂鼓吶喊，揮刀亂砍。㉔蹈藉　踐踏。㉕樂安太守桓嘉句　樂安太守桓嘉等人同時與兵卒落水淹死。樂安，郡名。東漢治所在今山東高青。魏治所在今山東博興西南。桓嘉，長沙臨湘（今湖南長沙）人，魏尚書令桓階之子。階死，襲爵。娶升遷亭公主。嘉平中，任樂安太守時，與吳戰於東關，軍敗落水淹死。詳見本書卷二十二〈桓階傳〉。㉖故叛將韓綜句　過去叛變的將領韓綜為魏國的前軍監督。韓綜，遼西令支（今河北遷安西）人，吳將韓當之子。當卒，綜襲石城侯並代領兵。轉守武昌。而綜淫亂不軌，孫權以其父故而不問。綜內心恐懼，於吳黃武六年（西元二二七年）率家屬部曲數千人降魏。魏以為將軍，封廣陽侯。數犯吳國邊境，殺害人民，權常切齒痛恨。吳建興元年（西元二五二年），魏攻吳東興，綜為前鋒。諸葛恪大敗魏軍，斬綜。詳見本書卷五十五〈韓當傳〉。前軍督，官名。前鋒軍隊的指揮官。㉗振旅　整理軍容。㉘陽都侯　爵位名。漢之功臣封為列侯，功大者食縣邑，功小者食鄉、亭。陽都，縣名。治所在今山東沂南。諸葛氏本琅邪陽都人，琅邪郡當時屬魏，時人以封本縣為榮，所以遙封恪為本縣侯。㉙加荊揚州牧　加授荊州牧、揚州牧。三國時魏、吳分別自置荊州，吳荊州治所在今湖北江陵；曹魏所置荊州，治所在今河南新野。三國時魏、吳各置揚州。吳揚州治所在今江蘇南京；曹魏所置揚州，治所在今安徽壽縣。㉚督中外諸軍事　一種表示指揮權的名號。當時稱駐守京都的軍隊為中軍，而駐守京都以外戰區由都督分領的軍隊稱為外軍，合稱中外諸軍。凡具有「督中外諸軍事」或「都督中外諸軍」名號的，即是全國軍隊的最高指揮官。㉛繒　絲織品的總稱。㉜以　依恃。㉝罷　通「疲」。㉞中散大夫蔣延句　中散大夫，官名。掌顧問應對，無常事。蔣延，吳中散大夫。事跡不詳。固爭，堅決諍諫。㉟扶出　表面上看是被他人扶了出來，實際上是強行挾持出去。㊱諭　曉諭；使人知道。㊲天無二日三句　天上不能同時有兩個太陽，一國土地上不能同時有兩個君主，做帝王的人不從事兼併天下的工作而單想把帝位傳給後代子孫。天無二日土無二王，語出《禮記‧曾子問》。王者，指做帝王的人。垂，流傳；綿延。祚，通「阼」。帝位。㊳恣情從懷　放縱情懷。指縱情享受。㊴既然　這裏指既成的史實。㊵劉景升　即劉表，山陽高平（今山東微山縣西北）人。東漢遠支皇族。曾任荊州刺史，據有今湖南、湖北地方。後為荊州牧。他在羣雄混戰中，採取觀望態度，轄區破壞較小，中原人來避難者甚眾。後病死，其子劉琮降於曹操。詳見本書卷六〈劉表傳〉。㊶不及　不逮。㊷諸袁　這裏指袁紹、袁術等割據勢力。㊸景升兒子　這裏指劉表次子劉琮。他在劉表死後，面對曹操南攻荊州之時，舉全州降附曹操。㊹交臂　反縛。㊺仇讎　仇敵。㊻伍子胥　名員，春秋時期楚國人。據《史記‧吳太伯世家》載，伍子胥因父兄都被楚平王所誅，遂投奔吳國，事吳王闔閭為行人，佐吳伐楚，一度攻入楚郢都。西元前四九六年，吳王闔閭攻越，大敗，闔閭受傷而亡。子夫差即位，後三年，又伐越，越王句踐戰敗請降，伍子胥反對收降句踐，主張乘勝滅越，以除後患。夫差不聽忠告，漸疏遠子胥。後伍子胥奉命使於齊，因託其子於齊大夫鮑氏。夫差知之，大怒，遂賜子胥屬鏤之劍曰：「子以此死。」子胥死時，曾預言越必滅吳，後果如其言。㊼十年生聚二句　用十年生養人口、聚集財力，用十年進行教養和訓練。語出《左傳》哀公元年：「(伍員)退而告人曰：『越十年生聚，而十年教訓，二十年之外，吳其為沼乎！』」這是伍子胥被迫自殺前的預言。㊽沼　水池。杜預在此作注曰：「謂吳宮室廢壞，當為汙也。」意為吳國宮室毀滅，淪為池沼。㊾夫差　春秋時吳國君主。其父闔閭敗死，夫差繼位後，誓報父仇，在夫椒大敗越王句踐，句踐被迫求和，他不聽伍子胥的勸告，許越為屬國。又開鑿邗溝，北上攻齊，在黃池大會諸侯，與晉爭霸。句踐乘虛襲吳，他被迫回師，納幣求和。後越再次伐吳，圍吳都城姑蘇，夫差求和不成，自刎而死。㊿邈然　輕視的樣子。邈，通「藐」。輕視。(51)臨敗悔之　快要戰敗時才知道後悔。據《史記‧吳太伯世家》載，越敗吳後，越王句踐欲遷吳王夫差於甬東（今浙江舟山羣島），予百家居之。夫差曰：「孤老矣，不能事君王也。吾悔不用子胥之言，自令陷此。」遂自刎而死。(52)關西　指函谷關以西地區。(53)六國　指秦國以外的齊、楚、燕、韓、趙、魏六國。(54)九州　指長江以北的東漢十三州部中的九個州部，即司隸校尉部、冀州、并州、幽州、青州、徐州、豫州、兗州和涼州。(55)戎馬　軍馬。(56)士林之藪　人才聚集的地方。(57)司馬懿先誅王淩　司馬懿先殺了王淩。司馬懿，字仲達，河內溫（今河南溫縣西）人。博學洽聞。建安中為曹操主簿，從討張魯、孫權有功。魏文帝時，任太子中庶子。每與大謀，輒有奇策，善權變。後遷侍中、尚書右僕射。明帝時，任大將軍。曹芳即位，他和曹爽同受遺詔輔政。後發動政變，殺曹爽，代為丞相，執國政。又率軍東征，迫使太尉王淩自殺。詳見《晉書・宣帝紀》。王淩，字彥雲，太原祁（今山西祁縣）人。漢司徒王允之姪。初舉孝廉，為發干長。後被曹操辟為丞相掾屬。魏文帝時，拜散騎常侍，出為兗州刺史。齊王曹芳時，遷司空，後為太尉，假節鉞。因與其外甥令狐愚謀廢曹芳，事洩，飲藥死。詳見本書卷二十八〈王淩傳〉。58隕斃　死亡。據《三國志・王淩傳》裴松之注引干寶《晉紀》曰：「其年八月，太傅（指司馬懿）有疾，夢淩、逵為癘，甚惡之，遂薨。」59其子幼弱二句　他的兒子還很小，就獨掌大權。此時司馬懿之長子司馬師繼任魏大將軍已四十六歲，次子司馬昭已四十三歲，都並非「幼弱」，這是諸葛恪輕視之辭。60厄會　指敵人正處於危困的時期。61趨時　趕赴時機。62自丕以來二句　自曹丕以來，致力於人口的增殖。丕，原作「本」。據吳金華《三國志叢考・三國志斠議》一書考證，認為：「竊疑『本』字似宜校定為『丕』，指曹丕。就字形而言，『丕』字隸書由上『不』下『十』構成，跟『本』極其相似，所以本志〈闞澤傳〉注引《吳錄》載其析字語云：『以字言之，不、十為丕。』」「就史事而言，此時為魏少帝曹芳嘉平五年，從曹操之死算起，曆曹丕、曹叡而至此已三十多年；上文說：『操時兵眾於今適盡，而後生者未悉長大，正是賊衰少未盛之時』，指曹操時代的兵眾非死即退，而魏國的一批批後生尚未全部成丁，所以本文接著說曹丕致力於人口的增殖。」中華書局印本改作「古」。產育，指人口的增殖。63繁滋　指人口繁衍增長。64見　通「現」。現存的。65端坐　坐視。66伊管　即伊尹、管仲。伊尹，尹是官名，一說名摯。據《史記・殷本紀》記載：伊尹「為有莘氏媵臣」，「或曰，伊尹處士，湯使人聘迎之，五反然後肯往從湯，言素王及九主之事。湯舉任以國政。伊尹去湯適夏。既醜有夏，復歸於亳」。後佐商滅夏，綜理國事，連保湯、外丙、中壬三朝，被稱為阿衡。管仲，名夷吾，字仲，一字敬仲，春秋時潁上（今安徽境內）人。先助公子糾與公子小白爭位，失敗後，經好友鮑叔牙推薦，被齊桓公任為上卿，尊為「仲父」。執政期間，實行富國強兵政策，對外以「尊王攘夷」相號召，致力「九合諸侯」，使齊桓公成為春秋時期第一個霸主。67未可如何　不能拿它怎麼樣。68迂　迂腐；陳舊不合時宜。69豫　預先；事先。70頓顙　亦作「稽顙」。古代的一種跪拜禮。屈膝下拜，以額頭觸地，居喪答拜賓客時行之，表示極度的悲痛和感謝。或於請罪投降時行之，表示極度的惶恐。顙，額頭。71詒　通「貽」。留下。72具臣　具備相當才能的臣屬。該語出自《論語・先進》：「所謂大臣者，以道事君，不可則止。今（仲）由與（冉）求也，可謂具臣矣。」73蕭霍　指蕭何、霍光。蕭何，西漢初大臣。沛（今江蘇沛縣）人。曾為沛縣吏。西元前二〇九年，佐劉邦起兵、取勝項羽有功。漢朝建立後，以功第一，封為酇侯。定律令，發展經濟，與民休息，為開國名相。霍光，見前注。74思不經遠　思想不能考慮很遠。75斥境　開拓疆域。76俛仰　一俯一仰之間，比喻時間短暫。俛，通「俯」。77刎頸謝責　刎頸自殺以謝罪。78補　補益；用處。79閒息　休養生息。80愛其小勤者　憐惜他們微小的勞苦。小勤，微小的勞苦。指出征的事。81漢祖幸已自有句　漢高祖有幸已擁有三秦的地盤。漢祖，指漢高祖劉邦，字季，沛（今江蘇沛縣）人。初為泗水亭長。與沛吏蕭何等起兵響應陳勝，稱沛公。後與項羽一起抗擊秦軍主力，並最先率軍攻入咸陽，推翻秦朝的統治。又約法三章，深得民心。被項羽封為漢王，後又與項羽展開長達四年的楚漢戰爭，最後擊敗項羽，建立漢朝。三秦之地，項羽入關之後，三分關中之地，封秦降將章邯為雍王，王咸陽以西；封司馬欣為塞王，王咸陽以東至黃河；封董翳為翟王，王上郡，是為三秦。後來劉邦滅此三人，據有三秦之地。82楚　指西楚霸王項羽。項羽破秦，分封諸王，自立為西楚霸王。83被創痍　遭受創傷。這是指楚漢兩軍在滎陽鏖戰，相持不下，項羽挑戰，劉邦出陣數落項羽，項羽用箭射中劉邦，使劉邦遭受創傷。84介冑生蟣蝨　披戴在身的盔甲生滿蝨子。介，通「甲」。蟣蝨，蝨卵和蝨子。泛指蝨子。85每覽荊邯說句　每次讀到荊邯勸說公孫述出兵進取天下的謀劃。荊邯，平陵（今陝西咸陽西北）人。在公孫述屬下任騎都尉。見東方為劉秀蕩平，兵將西指，遂勸說公孫述先發制人，出兵東方，令田戎據江陵，延岑出漢中。述同意其計，但蜀人及述弟公孫光以為不宜，述遂停止發兵，致使劉秀得隴望蜀，兵臨城下。事見《後漢書．公孫述列傳》。公孫述，字子陽，扶風茂陵（今陝西興平東北）人。新莽時任蜀郡太守。劉玄更始立，起兵自稱為蜀王，都成都。後占據益州，稱帝。光武帝劉秀出兵征討，並修書勸降。述不聽。西元三六年，述敗被刺死，公孫氏盡滅。86表　臣下給皇帝的奏章。這裏指西元二二七年諸葛亮率師北伐曹魏前給蜀國後主劉禪的奏章，史稱〈出師表〉。87夙夜反側　日夜輾轉不安。夙夜，日夜。夙，早晨。反側，反覆；輾轉。指坐臥不安。88聊疏愚言　暫且陳述我的愚見。聊，暫且。疏，分條陳述。愚言，愚見；淺見。89以達二三君子之末　送到諸君的身旁。達，送達。二三君子，即諸君。這裏指那些勸說諍諫的大臣。末，末端。這裏指身旁。90隕歿　死去。91志畫　志向計畫。92貴　想要。93聶友　字文悌，豫章（今江西南昌）人。少為縣吏，不久為郡功曹，後為將軍。吳赤烏五年（西元二四二年），奉命與陸凱率軍三萬征討珠崖、儋耳。還，拜丹楊太守。其事跡散見於本書卷四十七〈吳主傳〉、卷六十四〈諸葛恪傳〉及裴松之注引《吳錄》。94輔贊　輔佐。95寇遠自送　這裏是說東興戰役諸葛恪之所以取勝，是因為魏軍遠道而來，自行送死。96出身　捨身。97案兵　按兵不動。案，同「按」。98覰釁　窺伺敵人的破綻。釁，縫隙；破綻。99此勢　指前一年東興戰役取得勝利的有利形勢。100苟任盛意　如果聽憑意氣用事。101題論　寫了前面的文章。題，書寫。論，即前面諸葛恪所寫的曉諭眾人的文章。102自然之理　符合人情的常理。103大數　指勝負存亡的大局。104熟省　仔細讀一讀；細看。

【語　譯】當初，孫權於黃龍元年遷都建業，二年，修築東興隄阻擋巢湖水。後來征伐淮南，反而被湖內船隻打敗，從此廢棄沒有再修復。諸葛恪於建興元年十月在東興召集民眾，重新修築大堤，在堤的兩頭依傍山勢築起兩座城堡，每座城堡各一千人留守，讓全端、留略鎮守，自己率軍返回。魏國認為吳軍入侵了他們的疆土，恥於受侮，便命令大將胡遵、諸葛誕等人率部眾七萬，準備圍攻兩處城堡，圖謀毀壞阻遏湖水的堤壩。諸葛恪發兵四萬，日夜趕路前去救援。胡遵等人命令各個部隊架起浮橋渡湖，部署軍隊在東興隄上，分兵攻打兩處城堡。城堡位在高險之處，無法立即攻克。諸葛恪派遣將軍留贊、呂據、唐咨、丁奉等為先頭部隊。當時天寒下雪，魏國眾將領聚會飲酒，見留贊等人兵少，而且脫下了鎧甲，不拿矛戟，只戴頭盔，手持短刀、盾牌，裸身攀登堤岸，都大笑吳軍，沒有立即整頓部隊迎戰。吳軍得以上堤，於是擂鼓吶喊，揮刀亂砍。魏軍受到驚擾，四散逃跑，爭著渡過浮橋，浮橋損壞斷裂，士兵自己跳入水中，互相踐踏。樂安太守桓嘉等人同時與落水士兵溺斃，曹軍死了數萬人。先前的叛將韓綜任魏國的前軍監督，也被斬殺。擄獲車輛、牛、馬、驢、騾等各數千，物資軍械堆積如山，吳軍整隊凱旋而歸。進封諸葛恪為陽都侯，加授荊、揚二州牧，督管內外各種軍務，賜給黃金一百斤，馬二百匹，絲綢、麻布各一萬匹。

2　諸葛恪於是有了輕敵之心，仗恃十二月的勝利，第二年春天，又想出兵。各大臣認為多次出兵軍隊疲憊，同聲勸諫諸葛恪，諸葛恪不聽。中散大夫蔣延也許因為堅決諫諍，被扶了出來。

3　諸葛恪於是寫文章曉諭眾人說：「天上沒有二日，地上沒有二王，做帝王的不致力於兼併天下而想把帝位傳給後代子孫的，古今都不曾有過。從前戰國的時候，諸侯都依仗自己兵強地大，互相救援，說這樣就足以代代相傳，沒有人能危及他們。放縱自己盡情享樂，害怕勞苦，致使秦國得以漸漸強大，終於吞併了他們，這是既成的史實。近代劉景升據荊州，擁兵十萬，資財糧穀堆積如山，不趁著曹操勢力還微弱時，與他全力競爭，卻坐視他強大，吞滅了袁紹、袁術等人。北方完全底定後，曹操率三十萬軍隊開向荊州，當時就算有智謀之士，也無法再為他出謀劃策。因此劉景升的兒子，雙臂反綁請求投降，於是成了俘虜。凡是敵對的國家都想相互吞併，就像仇人想要除掉對方。讓仇敵成長壯大，禍患就算不在自己身上，也會在後代身上，不可不深謀遠慮啊。過去伍子胥說：『越國用十年時間生養人口、聚集財力，用十年時間進行教養和訓練，二十年後，吳國宮室大概要淪為池沼了啊！』夫差自恃國力強大，聽了這些話十分輕視，因此殺了伍子胥而沒有防備越國的戒心，到了將要戰敗時才後悔，怎麼來得及呢？越國小於吳國，尚且成為吳國的禍患，何況那些強大的敵國呢？過去秦國只不過擁有函谷關以西而已，尚且憑此吞併了六國。如今曹賊全部得到了戰國時秦、趙、韓、魏、燕、齊諸國擁有的九州之地，都是出戰馬的地方，人才聚集之處。今天以魏國對比古代的秦國，土地是秦國的數倍；用吳國和蜀國對比古代的六國，土地不到一半。然而如今能與魏國相匹敵的原因，只是因為曹操時候的兵眾，到今天恰好耗盡了，而後來出生的尚未完全長大，正是曹賊人少勢衰尚未強盛的時候。加上司馬懿先誅殺了王淩，接著自己也死了，他的兒子年幼，而獨掌大權，雖然有智謀之士，卻未加任用。現在征伐魏國，正是他們危困的時期。聖明之人急於找尋時機，正是說今天這種情況。如果順從眾人的想法，懷抱苟且偷安的打算，以為長江天險就可以使吳國世代相傳，不考慮魏國國勢的演變過程，而因為它現在的衰弱便輕視它日後的發展，這是讓我長嘆的緣故啊。自曹丕以來，致力於人口的繁衍，現在魏國的人口每年每月都在增加，只不過因為他們年紀還小，尚未可以使用而已。如果再過十多年後，他們的人口必定比今天多一倍，而我國提供精兵的地方，都已經枯竭了，只有這些現有的兵員可以用來底定大事。如果不趁早使用他們，坐視他們老去，再過十多年，兵員大約要減少一半，而他們現在的子弟人數更不用說了。如果敵方人口增加一倍，而我方兵力損失一半，即使再讓伊尹、管仲來圖謀魏國，也不能拿它怎麼樣了。如今不明白深謀遠慮的人，一定以為我這些話迂腐。禍難尚未臨頭就事先憂慮，這固然是眾人所說的迂腐。等到災難臨頭，再來磕頭請罪，即使有智謀的人，也無法謀劃了。這是古今的通病，不獨現在如此。過去吳國起初以為伍子胥迂腐，因此大難臨頭而無法解救。劉景升不能考慮到十年以後的事，所以沒有什麼留給他的子孫。現在我諸葛恪並不是個具備相當才能的臣子，而身受大吳如蕭何、霍光一樣的大任，我的智力與一般人相同，思慮不夠深遠，如果不趁今日為國家開疆拓土，很快就會老去，而仇敵更加強大，想要刎頸謝罪，難道對事情有所助益嗎？現在聽說眾人有的以為百姓還很貧困，想致力讓他們休養生息，這是不知道憂慮他們的大危難，而只憐惜他們微小的勞苦啊。過去漢高祖已經有幸占有三秦地區，何以不閉關守險，自己享受娛樂，卻傾盡所有兵力攻打西楚，身體遭受創傷，盔甲生出蝨子，將士忍困受苦，難道是甘受鋒刃而忘記安寧嗎？他是考慮到敵我最終不能長久共存啊！我每次讀到荊邯勸說公孫述出兵進取天下的謀畫，近來又見到叔父上表陳述與敵賊爭奪天下的計策，沒有一次不感嘆的。我日夜輾轉不安，所思慮的就是這些，所以姑且陳述我的愚見，送到諸君的身旁。如果有一天我死了，志向計畫不能實現，想要讓後來的人知道我所憂慮的事，可使他們進行思考。」眾人都認為諸葛恪此番論述是他必定要出師的藉口，但是無人敢再反駁。

4　丹楊太守聶友素來與諸葛恪友好，寫信勸諫諸葛恪說：「先皇帝本來有遏制東關的計畫，計畫沒有實行。如今您輔佐帝業，完成先帝的遺志，賊寇自己遠來送死，將士們憑藉威德，捨身效命，有朝一日建立了非同尋常的大功，這難道不是宗廟神靈和國家的福氣嗎！應當暫時按兵不動，養精蓄銳，窺伺敵人的破綻再出動。如今乘取得勝利的有利形勢，又想再次出動大軍，在天時上還不行。然而如果聽憑意氣用事，我心裏為此不安。」諸葛恪寫了上面的文章之後，又寫信答覆聶友說：「您在信中說的雖符合人情常理，然而沒有看到勝負存亡的大局，仔細讀一讀我這篇論述，就可以省悟了。」因此他違背眾人的意願發兵，大規模徵調各州郡二十萬兵眾，百姓騷動，諸葛恪開始失去人心。

1　恪意欲曜威❶淮南，驅略❷民人，而諸將或難之曰：「今引軍深入，疆埸❸之民，必相率遠遁❹，恐兵勞而功少，不如止圍新城❺。新城困，救必至，至而圖之，乃可大獲。」恪從其計，迴軍還圍新城。攻守連月，城不拔。士卒疲勞，因暑飲水，泄下流腫❻，病者大半，死傷塗地❼。諸營吏日白❽病者多，恪以為詐，欲斬之，自是莫⑨敢言。恪內惟⑩失計，而恥城不下，忿形於色⑪。將軍朱異有所是非⑫，恪怒，立奪其兵。都尉蔡林數陳軍計⑬，恪不能用，策馬⑭奔魏。魏知戰士罷病，乃進救兵。恪引軍而去。士卒傷病，流曳道路⑮，或頓仆坑壑⑯，或見略獲⑰，存亡忿痛，大小呼嗟。而恪晏然自若⑱。出住江渚⑲一月，圖起田於潯陽⑳，詔召相銜㉑，徐乃旋師㉒。由此眾庶失望，而怨讟㉓興矣。

2 秋八月軍還，陳兵導從㉔，歸入府館㉕。即召中書令孫嘿㉖，厲聲謂曰：「卿等何敢妄數作詔？」嘿惶懼辭出，因病還家。恪征行之後，曹所奏署令長職司㉗，一罷更選㉘，愈治威嚴，多所罪責，當㉙進見者，無不竦息㉚。又改易宿衛㉛，用其親近，復敕兵嚴㉜，欲向青、徐㉝。

【章　旨】以上為〈諸葛恪傳〉的第六部分，敘述諸葛恪圍困新城失敗後，不是引咎自責，反而愈加孤傲獨裁，從而引起眾人失望，官員惶恐不安。

【注　釋】❶曜威　炫耀武力。曜，顯示。❷驅略　驅兵掠取。❸彊埸　彊界；邊境。一般來說，大界叫彊；小界叫埸。❹相率遠遁　相繼遠逃。❺新城　即合肥新城，魏淮南郡治。故城址在今安徽合肥西北。❻泄下流腫　指腹瀉腳腫。❼死傷塗地　死的傷的滿地都是。塗，塗抹。❽日白　每日報告。日，每天。白，報告。❾莫　沒有誰。❿內惟　內心思索。惟，思索；考慮。⓫忿形於色　臉上表露出怒恨的神色。⓬將軍朱異有所是非　將軍朱異有所非議。朱異，字季文，吳郡吳（今江蘇蘇州）人。朱桓之子。以父任除郎，後拜騎都尉，代父領兵。吳赤烏四年（西元二四一年），隨朱然攻魏樊城，建計破其外圍，還拜偏將軍。吳太平二年（西元二五七年），假節，為大都督，救壽春圍，不解。還軍，為執政孫綝所害。詳見本書卷五十六〈朱異傳〉。⑬都尉蔡林數陳軍計　都尉蔡林多次陳述用兵之計。蔡林，吳將領，諸葛恪部下都尉。事跡不詳。⑭策馬　這裏指騎上馬。策，鞭打。⑮流曳道路　沿途不斷牽著拖著。《資治通鑑・魏紀》邵陵厲公嘉平五年胡三省作注曰：「流者，放而不能自收也。曳者，羸困不能自扶，相牽引而行。」⑯或頓仆坑壑　有的困頓倒斃於坑溝之中。頓仆，困頓倒斃。壑，坑溝。⑰或見略獲　有的被敵人俘獲。見，被。⑱晏然自若　心情平靜自在。⑲江渚　長江中的小洲。⑳圖起田於潯陽　打算到潯陽興置田地。起田，興置田地。潯陽，縣名。治所在今湖北武穴。㉑詔召相銜　召他回去的詔書接連不斷。相銜，相接。㉒旋師　領兵返回。㉓怨黷　怨恨和輕蔑的情緒。㉔導從　隨從導引。㉕府館　指大將軍府官邸。㉖孫嘿　任中書令。事跡不詳。㉗曹所奏署令長職司　選曹奏准任命的令、長等各級官員。曹，分科辦事的官署。這裏指選曹。署，安排；任命。㉘一罷更選　一概罷免重新任命。㉙當　原作「常」，今從宋本。《通鑑》與宋本同。㉚竦息　因惶恐而不斷喘息。㉛宿衛　宮廷中的警衛。宿，守衛。㉜復敕兵嚴　又命令軍隊整裝待發。嚴，整裝待發。㉝青徐　即青州、徐州。青州，治所在今山東淄博東。徐州，治所在今江蘇徐州。

**【語　譯】**諸葛恪本想在淮南耀武揚威，驅兵掠奪百姓，而眾將領中有人詰難說：「現在領兵深入，邊境的百姓，必定相繼遠逃，恐怕士兵勞苦而功效很少，不如只圍困新城。新城被圍，敵人救兵一定會到，救兵到了再想辦法打敗它，這才可大獲全勝。」諸葛恪聽從了這個計策，調轉軍隊圍攻新城。雙方攻守持續了好幾個月，新城無法攻克。士卒疲憊，因為天熱飲水，腹瀉和腳腫病流行，一大半的人罹病，死傷遍地。各軍營官吏每天報告病員增加，諸葛恪認為在欺騙他，想將他們斬首，從此沒有人敢報告。諸葛恪心裏思索攻打新城的失策，但又恥於新城久攻不下，怒恨的神態表現在臉上。將軍朱異有所非議，諸葛恪大怒，立刻剝奪他的兵權。都尉蔡林多次陳說用兵計策，諸葛恪沒有採納，騎馬投奔魏軍去了。魏軍知道吳軍疲敝多病，便調集救兵向前推進。諸葛恪引軍撤退。士卒傷的傷、病的病，沿路相互牽引而行，有的倒斃於坑溝之中，有的被敵軍俘虜，活著的人憤怒悲痛，將領士卒都呼號嘆息。而諸葛恪卻安然自若。他在長江中的小洲上住了一個月，打算在潯陽屯田，召他回去的詔書接連不斷，他這才緩緩領兵返回。從此許多民眾對他大失所望，怨恨和輕蔑的情緒也隨之產生。

2 秋八月軍隊返回，士兵列隊，隨從導引，進入大將軍府官邸，立刻召見中書令孫嘿，厲聲說道：「你們怎敢多次假作詔書？」孫嘿惶恐懼怕告辭而出，託病回家。諸葛恪出征以後，選曹奏准任命的令、長等各級官員，全部罷免重新任命。治理越來越嚴厲，很多人都被怪罪責備，要進見他的人，沒有不惶恐不斷喘息的。他又改換宮廷中的警衛，任用他親近的人，又命令軍隊整裝待發，準備兵向青州、徐州。

1 孫峻因民之多怨，眾之所嫌❶，搆恪欲為變❷，與亮謀，置酒請恪。恪將見之夜，精爽擾動❸，通夕不寐。明❹將盥漱，聞水腥臭❺，侍者授衣❻，衣服亦臭。恪怪其故，易❼衣易水，其臭如初，意惆悵❽不悅。嚴畢趨出❾，犬銜引❿其衣，恪曰：「犬不欲我行乎？」還坐，頃刻乃復起，犬又銜其衣，恪令從者逐犬，遂升車⓫。

2 初，恪將征淮南，有孝子著縗衣入其閤中⓬，從者白之，令外詰問⓭，孝子曰：「不自覺入。」時中外⓮守備，亦悉不見，眾皆異之。出行⓯之後，所坐廳事⓰屋棟中折。自新城出住東興，有白虹見其船⓱，還拜蔣陵⓲，白虹復繞其車。

3 及將見，駐車宮門，峻已伏兵於帷⓳中，恐恪不時入⓴，事泄㉑，自出見恪曰：「使君㉒若尊體不安，自可須後㉓，峻當具白㉔主上。」欲以嘗知㉕恪。恪答曰：

「當自力㉖入。」散騎常侍張約、朱恩等密書與恪㉗曰：「今日張設非常，疑有他故。」恪省㉘書而去。未出路門㉙，逢太常滕胤，恪曰：「卒㉚腹痛，不任入㉛。」胤不知峻陰計，謂恪曰：「君自行旋未見㉜，今上㉝置酒請君，君已至門，宜當力進。」恪躊躇㉞而還，劍履上殿㉟，謝亮，還坐。設酒，恪疑未飲，峻因曰：「使君病未善平㊱，當有常服藥酒，自可取之。」恪意乃安，別飲所齎㊲酒。酒數行㊳，亮還內。峻起如廁㊴，解長衣，著短服，出曰：「有詔收諸葛恪！」恪驚起，拔劍未得，而峻刀交下㊵。張約從旁斫峻，裁傷左手，峻應手斫約，斷右臂。武衛之士皆趨上殿，峻曰：「所取者恪也，今已死。」悉令復刃㊶，乃除地更飲㊷。

4 先是，童謠曰：「諸葛恪，蘆葦單衣篾鉤落㊸，於何相求㊹成子閤。」成子閤者，反語石子岡㊺也。建業南有長陵㊻，名曰石子岡，葬者依焉。鉤落者，校飾㊼革帶，世謂之鉤絡帶。恪果以葦席裹其身而篾束其腰，投之於此岡。

【章旨】以上為〈諸葛恪傳〉的第七部分，描寫諸葛恪因受眾人怨恨，而被孫峻設計殺害的情況，它說明民心所向是人事成敗存亡的關鍵所在。

【注釋】❶嫌 厭惡。❷搆恪欲為變 陷害諸葛恪想要叛亂。搆，同「構」。羅織罪名進行陷害。變，叛亂；製造禍亂。

❸精爽擾動　精神煩躁不安。精爽，精神。擾動，不安寧。❹明　天亮。❺腥臭　血腥氣味。❻授衣　幫著穿上衣服。❼易更換。❽惆悵　失意的樣子；愁悶。❾嚴畢趨出　整裝完畢後快步走出。嚴，指穿戴裝束。漢明帝名莊，因避諱改「裝」為「嚴」。趨，快步走。❿引　拉扯住。⓫升車　登上車。⓬有孝子著縗衣句　有個孝子穿著喪服進入他的官府。孝子，這裏指父母死後居喪的人。或指對父母十分孝順的人。著，穿著。縗衣，古代用粗白麻布製成的喪服，披在胸前。語出《左傳》襄公十七年：「齊晏桓子卒，晏嬰粗縗斬。」此語中的「斬」，是指喪服不縫下邊。閤，官署。⓭詰問　責問；盤問。⓮中外內外。⓯出行　指出征。⓰廳事　當時習慣稱官署中辦公的廳堂為廳事。⓱有白虹見其船　有一道白虹出現在他的座船上空。白虹，白色的長虹。虹，是一種大氣光學現象。古人認為出現這種現象是一種不祥的徵兆。⓲蔣陵　孫權的陵墓名，在今江蘇南京鍾山南麓。⓳帷　指圍在四周的幕布，沒有幕頂。⓴不時入　不按時進入。㉑泄　洩露。㉒使君　漢代稱刺史或州牧為使君。後用以尊稱州郡長官。諸葛恪時任荊、揚二州牧，所以稱為使君。㉓須後　等待以後。㉔具白　詳盡如實的稟報。㉕嘗知　試探。㉖自力　自己盡力。㉗散騎常侍張約句　散騎常侍張約、朱恩等人祕密寫條子給諸葛恪。散騎常侍，官名。即散騎中常侍。侍從皇帝，協助處理尚書臺呈送的機要公文。張約，吳官吏，任散騎常侍。事跡不詳。朱恩，吳官吏，任散騎常侍。事跡不詳。㉘省　看。㉙路門　宮廷最內的正門。㉚卒　通「猝」。突然。㉛不任入　指不能忍著痛進去了。㉜君自行旋未見　您自出征歸來還沒有拜見皇上。行旋，出行回來。這裏指出征歸來。未見，沒有拜見。㉝上　指皇帝。㉞躊躇猶豫。㉟劍履上殿　佩劍穿鞋登上大殿。古代臣僚上殿晉見皇帝要解劍脫鞋，對個別功高權重的大臣，給予特殊禮遇，允許佩劍穿鞋上殿。㊱善平　指病痊癒。㊲齎　攜帶。㊳數行　好幾遍。㊴如廁　上廁所。㊵交下　一刀接著一刀的亂砍。㊶復刃　把刀放回刀鞘。㊷除地更飲　掃除地面重新擺酒宴飲。㊸鉤落　又稱鉤絡、郭落。一種束腰的帶子。《史記・匈奴列傳》裴駰《集解》引張晏云：「鮮卑郭落帶，瑞獸名也，東胡好服之。」㊹於何相求　哪裏尋找。㊺反語石子岡　是石子岡的反語。或譯成影射石子岡。反語，講反話，辭語與真意正相反。石子岡，地名。在今江蘇南京城南雨花臺一帶。㊻長陵　大土丘。㊼校飾　裝飾。

【語　譯】孫峻藉百姓的多所怨恨，眾人的厭惡，搆陷諸葛恪想要叛變，與孫亮密謀，擺設酒席宴請諸葛恪。諸葛恪將要朝見的前天夜裏，精神煩躁不安，整夜不能入睡。天亮起來準備盥洗時，聞到水裏有血腥味，侍候的人幫他穿衣服，衣服也有血腥味。諸葛恪感到奇怪，便換衣服換水，但血腥味和原來一樣，心裏愁悶不樂。整裝完畢後快步走出去，狗咬著拉住他的衣服，諸葛恪說：「狗不想讓我走嗎？」返回坐下，一下子又起身，狗又咬住他的衣服，諸葛恪命隨從趕狗，便登上車。

2 當初，諸葛恪將要出征淮南，有個孝子穿著喪服進入他的官府，侍從稟報了此事，諸葛恪命令到外面盤問孝子，孝子說：「不知不覺就進來了。」當時內外守衛的人員，也完全沒有看見，大家都對此感到奇怪。諸葛恪出征後，他所坐廳堂的屋梁從中折斷。從新城出來住在東興，有一道白虹出現在他的船上，返回京城祭拜孫權的陵墓時，白虹又繞著他的車子。

3 到了將要朝見時，停車在宮門，孫峻已在帷帳中埋伏了士兵，他怕諸葛恪不準時進來，事機洩漏，便親自出去見諸葛恪說：「使君如果貴體不安，自然可以以後再拜見，我會如實稟報皇上。」想以此試探諸葛恪。諸葛恪回答說：「我會自己盡力進去。」散騎常侍張約、朱恩等人祕密寫條子給諸葛恪說：「今天的陳設不比平常，懷疑有其他原因。」諸葛恪看了條子後離去。還沒有走出宮廷最內的正門，遇到太常滕胤，諸葛恪說：「突然腹痛，不能忍著痛進去了。」滕胤不知道孫峻的陰謀詭計，對諸葛恪說：「您從出征歸來還沒有拜見皇上，今天皇上擺設酒席請您，您已經到門口了，應該勉力進去。」諸葛恪猶豫不決又往回走，佩劍穿鞋登上大殿，拜謝孫亮，回到座位上。侍者倒酒，諸葛恪疑心而沒有喝，孫峻便說：「使君的病尚未痊癒，應當帶有日常服用的藥酒，您可以自行取來飲用。」諸葛恪的心神這才安定下來，另喝自己帶的酒。酒喝了好幾巡，孫亮回到內殿。孫峻起身上廁所，脫掉長衣，穿上短服，出來說：「有詔書拘捕諸葛恪！」諸葛恪大驚而起，還沒有拔出佩劍，而孫峻的刀已接連砍下。張約從旁邊砍孫峻，只砍傷他的左手，孫峻隨手砍張約，砍斷了他的右臂。武裝衛士都快步跑上大殿，孫峻說：「要拘捕的是諸葛恪，現在他已經死了。」命令衛士的刀劍全部入鞘，於是清掃地面重新擺酒宴飲。

4 在這以前，有童謠唱說：「諸葛恪，蘆葦當作衣，竹篾當鉤落，何處尋找成子閣。」成子閣，是石子岡的反語。建業城南有個大土丘，名叫石子岡，是埋葬死人的地方。鉤落即帶裝飾的皮腰帶，世人稱為鉤絡帶。諸葛恪果真是被用蘆葦席包裹屍身用竹篾捆束腰部，拋棄在石子岡上。

1 恪長子綽，騎都尉，以交關魯王事❶，權遣付恪，令更教誨，恪鴆❷殺之。中子竦，長水校尉❸。少子建，步兵校尉❹。聞恪誅，車載其母而走。峻遣騎督劉承追斬竦於白都❺。建得渡江，欲北走魏，行數十里，為追兵所逮❻。恪外甥都鄉侯張震❼及常侍❽朱恩等，皆夷三族❾。

2 初，竦數諫恪，恪不從，常憂懼禍。及亡，臨淮臧均❿表乞收葬恪曰：「臣聞震雷電激，不崇一朝⓫，大風衝發，希有極日⓬，然猶繼以雲雨，因以潤物，是則天地之威，不可經日浹辰⓭，帝王之怒，不宜訖⓮情盡意。臣以狂愚⓯，不知忌諱，敢冒破滅之罪⓰，以邀風雨之會⓱。伏念故太傅諸葛恪得承祖考風流之烈⓲，伯叔諸父遭漢祚盡⓳，九州⓴鼎立，分託三方㉑，並履忠勤㉒，熙隆世業㉓。爰及㉔於恪，生長王國㉕，陶育聖化㉖，致名英偉，服事累紀㉗，禍心未萌，先帝委以伊、周㉘之任，屬以萬機之事㉙。恪素性剛愎㉚，矜己凌人㉛，不能敬守神器㉜，穆靜㉝邦內，興功暴師㉞，未期三出㉟，虛耗士民，空竭府藏，專擅國憲㊱，廢易由意，假刑劫眾㊲，大小屏息㊳。侍中武衛將軍都鄉侯㊴俱受先帝囑寄之詔，見其奸虐㊵，日月滋甚，將恐蕩搖宇宙，傾危社稷，奮其威怒，精貫昊天㊶，計慮先於神明，智勇百於荊、聶㊷，躬持白刃，梟恪殿堂，勳超朱虛㊸，功越東牟㊹。國之元㊺害，一朝大除，馳首徇示[46]，六軍[47]喜踊，日月增光，風塵不動，斯[48]實宗廟之神靈，天人之同驗[49]也。今恪父子三首，縣[50]市積日，觀者數萬，詈[51]聲成風。國之大刑，無所不震，長老孩幼，無不畢見。人情之於品物[52]，樂極則哀生，見恪貴盛，世莫與貳[53]，身處台輔[54]，中間歷年，今之誅夷，無異禽獸，觀訖情反[55]，能不憯然[56]！且已死之人，與土壤同域，鑿掘斫刺，無所復加。願聖朝稽則乾坤[57]，怒不極旬[58]，使其鄉邑[59]若故吏民，收以士伍之服[60]，惠以三寸之棺[61]。昔項籍受殯葬之施[62]，韓信獲收斂之恩[63]，斯則漢高發神明之譽[64]也。惟陛下敦三皇之仁[65]，垂哀矜[66]之心，使國澤加於辜戮[67]之骸，復受不已[68]之恩，於以揚聲遐方[69]，沮勸[70]天下，豈不弘哉！昔欒布矯命彭越[71]，臣竊恨之，不先請主上，而專名[72]以肆情，其得不誅，實為幸耳。今臣不敢章宣[73]愚情，以露[74]天恩，謹伏手書，冒昧[75]陳聞，乞聖朝[76]哀察。」於是亮、峻聽恪故吏斂葬，遂求之於石子岡。

3 始恪軍退[77]還，聶友知其將敗，書與滕胤曰：「當人彊盛，河山可拔，一朝羸縮[78]，人情[79]萬端，言之悲歎。」恪誅後，孫峻忌友，欲以為鬱林[80]太守，友發病憂死。友字文悌，豫章[81]人也。

【章旨】以上為〈諸葛恪傳〉的第八部分，敘述諸葛恪被殺後，親屬被株連的不幸遭遇，以及友人和一般民眾對他的同情。

【注釋】❶以交關魯王事　因為和魯王孫霸的事有牽連。交關，牽連；交往勾結。魯王，指孫權的兒子孫霸。字子威，吳郡富春（今浙江富陽）人。太子孫和弟，封為魯王。甚受孫權寵愛，與孫和不睦。權禁絕他們同外界的往來。時全寄等人陰共附霸，圖危太子。和因而被廢，霸亦賜死。❷鴆　傳說中的毒鳥名。羽毛含有劇毒，將其浸入酒中，該酒即可毒死人。❸長水校尉　官名。掌管京師宿衛兵。❹步兵校尉　官名。漢五營校尉之一，掌上林苑門屯兵，屬北軍中候。❺峻遣騎督劉承句　孫峻派遣騎督劉承追捕，斬殺諸葛竦於白都。騎督，統領騎兵的軍官。劉承，吳將領，任騎督。事跡不詳。白都，山名。在今江蘇南京西南。❻逮　逮捕；捉拿。❼張震　彭城（今江蘇徐州）人，張昭孫，張承子。本書卷五十二〈張昭傳〉載：「初，承喪妻，昭欲為索諸葛瑾女，承以相與有好，難之，權聞而勸焉，遂為婿。」可見張震為諸葛恪外甥。❽常侍　即散騎常侍。❾皆夷三族　都被誅滅了三族。夷，誅滅。三族，通常指父族、母族和妻族。❿臨淮臧均　臨淮人臧均。臨淮，郡名。治所在今江蘇泗洪東南。東漢明帝永平中改為下邳國，治所在下邳，故城址在今江蘇睢寧西北。臧均，人名，事跡不詳。⓫不崇一朝　不會持續一個早晨。這裏是說時間短暫。崇，通「終」。崇朝；終朝；從日旦至食時。⓬極日　一整天。⓭浹辰　指十二天。古代以干支紀日，稱自子至亥一周十二日為浹辰。⓮訖　盡；畢。⓯狂愚　狂妄愚昧。⓰破滅之罪　破家滅身之罪。⓱邀風雨之會　希望得到皇帝的恩准。邀，希求。風雨，春風時雨能滋潤萬物，這裏比喻皇帝的恩澤。會，時機。⓲伏念故太傅句　念及已故太傅諸葛恪得以繼承他父親的卓越功業。伏，臣下對帝王陳述己見時使用的敬詞。祖考，指已死的父親諸葛瑾。風流之烈，卓越功業。⓳伯叔諸父遭漢祚盡　伯父叔父遇到漢朝國運已盡。伯叔諸父，指諸葛恪在蜀國的叔父諸葛亮，及在魏國的堂叔父諸葛誕。漢祚，指東漢政權。⓴九州　古代中國分為九州，據《尚書・禹貢》載，九州為冀、兗、青、徐、揚、荊、豫、梁、雍等州。後來，九州指代中國。㉑三方　指魏、蜀、吳。㉒並履忠勤　都能忠實勤勞。㉓熙隆世業　興隆帝王的大業。熙隆，興盛。㉔爰及　到了。㉕王國　指吳國。㉖陶育聖化　受到吳主教化的熏陶哺育。㉗服事累紀　為國效力多年。紀，年。㉘伊周　指伊尹、周公。周公，姬姓，名旦。文王子，武王弟。因采邑在周，故稱周公。武王死，成王年幼，由他代理執政。他平定武庚、管叔、蔡叔等叛亂。實行封邦建國方針，推行井田制。還政成王後，制禮作樂，建立各種典章制度。㉙屬以萬機之事　將處理朝廷的一切政務託付給他。屬，託付。㉚剛愎　傲慢固執。㉛矜己淩人　驕傲自負盛氣凌人。矜，驕傲；誇耀。淩，通「陵」。欺侮；淩駕。㉜敬守神器　嚴肅的維護國家政權。神器，帝業。這裏指國家政權。㉝穆靜　和睦安定。㉞暴師　把軍隊暴露在野外。這裏指出兵作戰。㉟未期三出　不滿一年三次出兵。未期，不到一年。期，一週年。㊱國憲　國家的法制刑律。㊲假刑劫眾　借助刑罰逼迫眾人。假，憑藉。劫，威逼。㊳屏息　抑制呼吸不敢出聲。形容畏懼的樣子。㊴侍中武衛將軍句　這是指孫峻，他在孫權時任侍中。權死，受遺詔輔政，領武衛將軍，故典宿衛，封都鄉侯。㊵奸虐　奸惡暴虐。㊶精貫昊天　精誠通達上天。㊷荊聶　指荊軻、聶政。荊軻，戰國末衛國人。先世為齊人，好讀書擊劍。遊歷至燕後，由田光薦給燕太子丹，拜為上卿。秦軍滅趙後，略地至燕南部，太子丹震懼，派他入秦，進獻燕督亢圖，交驗秦逃將樊於期頭。在秦王政接見時，他在地圖中夾帶匕首，乘機行刺，未遂被殺。聶政，戰國時韓國軹（今河南濟源西南）人。因殺人避仇，偕母逃至齊國，以屠狗為業。嚴遂與韓相俠累爭權，挾有深怨，獻巨金為其母上壽，懇求代為報仇。母病死後，他仗劍入韓，直闖相府，刺死俠累，後亦自殺。㊸朱虛　指朱虛侯劉章。漢高祖劉邦孫，齊悼惠王劉肥次子。西元前一八六年，封為朱虛侯。為人有力，性剛烈。參與消滅呂氏集團，親手殺死呂產，迎立文帝。因平呂有功，進封城陽王。㊹東牟　指東牟侯劉興居。為朱虛侯劉章的弟弟。西元前一八二年，封為東牟侯。與其兄劉章誅諸呂奪帝位。後封濟北王。㊺元　為首的。㊻馳首徇示　用快馬馱著諸葛恪的頭顱巡迴示眾。首，頭顱。徇，巡行。㊼六軍　周代天子有六軍，諸侯國君有三軍、二軍、一軍不等。後泛指軍隊。㊽斯　這。㊾天人之同驗　天上和人間的共同應驗。㊿縣　同「懸」。懸掛。(51)罥責罵。(52)品物　品評萬物。(53)貳　相同的；並列的。(54)台輔　指三公相國那樣的輔政大臣。(55)情反　感情起伏不平。(56)憯然淒慘的樣子。憯，同「慘」。(57)稽則乾坤　效法天地。稽，考核；稽考。則，效法。乾坤，《周易》中的兩個卦名，指陰陽。〈乾〉之象為天，〈坤〉之象為地，所以又稱天地。(58)旬　十天。(59)鄉邑　家鄉的人。(60)收以士伍之服　用士卒的衣服收殮他們的屍體。收，收殮。士伍，秦、漢規定，官吏有罪奪其官爵，令與士卒為伍，稱為「士伍」。服，服裝；衣服。(61)惠以三寸之棺　賜給三寸厚的薄板棺材。惠，賜與。三寸之棺，板厚三寸的棺材。古代棺材的板厚隨死者的身分高低而不同，《禮記·喪大記》曰：「上大夫大棺八寸，屬（椑）六寸。下大夫棺六寸，屬四寸。士棺六寸。」無三寸的棺制，可知三寸棺是一種最簡陋的棺材。《墨子·節葬下》曰：「故古聖王制為葬埋之法，曰：『棺三寸，足以朽體，衣衾三領，足以覆惡，以及其葬也。』」(62)項籍受殯葬之施　項籍的遺體接受殯葬的恩賜。項籍，即項羽，名籍，字羽。楚漢之爭時，垓下一戰，項羽大敗，逃到烏江，自刎而亡。漢王劉邦以魯公禮將項羽葬之於穀城（今山東平陰西南），親臨哭祭。殯，收殮埋葬。施，恩惠。(63)韓信獲收斂之恩　韓信獲得了收殮遺體的恩惠。韓信，淮陰（今江蘇淮陰西南）人。初屬項羽，為郎中，後投奔劉邦，任大將軍。劉邦採其策，攻占關中。楚漢之爭時，他抄襲項羽後路，破趙取齊，被劉邦封為齊王。漢朝建立，改封楚王，以陰謀叛亂罪，降為淮陰侯。後與陳豨勾結發動叛亂，為呂后所殺。韓信被處斬後，是否收殮埋葬，史無明確記載。《資治通鑑・魏紀》邵陵厲公嘉平五年胡三省作注曰：「斂韓信事，今史無所考，史云：『帝聞信死，且喜且憐之』，是必收斂之也。」(64)斯則漢高句　這些傳揚了漢高祖神明的美譽。漢高，即漢高祖劉邦。(65)三皇之仁　古代帝王的仁愛。三皇，傳說中遠古的三位帝王。說法不一，通常稱伏羲氏、燧人氏、神農氏為三皇。《資治通鑑・魏紀》邵陵厲公嘉平五年胡三省作注曰：「上古送死，棄之中野，後世聖人易之以棺椁，此所謂三皇之仁也。」(66)哀矜　憐憫。(67)辜戮　有罪被誅殺。(68)不已　永無休止；無窮。(69)遐方　遠方。(70)沮勸　阻止和勉勵。使人們知道得罪者必殺，這有警戒作用。另方面雖被誅殺，但仍獲殮葬，又起勸勉作用。(71)欒布矯命彭越　欒布違反漢高祖的詔令祭奠彭越。欒布，梁（今河南商丘南）人。少被人略賣於燕為奴。秦末參與臧荼起兵為將，擊燕被俘，梁王彭越請贖回，任大夫。後出使齊國未返，彭越以謀反罪名被殺。漢高祖下詔曰：「敢有收視者，輒捕之。」欒布從齊國返回，奏事彭越頭下，祭而哭之。吏捕布，劉邦下令烹殺之，布臨刑前說：「彭王反形未見，以苛小案誅滅之，臣恐功臣人人自危也。」劉邦認為說得有道理，免其罪，拜為都尉。彭越，字仲，山陽昌邑（今山東金鄉西北）人。秦末聚眾起兵屯於巨野。楚漢戰爭中，率兵三萬歸附劉邦，隨從擊破項羽於垓下，封為梁王。後以謀反罪名被劉邦殺害。矯命，違反漢高祖的命令。(72)專名　獨自享有美名。(73)章宣　公開宣揚。章，明顯；公開。(74)露　顯露。(75)冒昧　輕率。《資治通鑑・魏紀》卷七十六邵陵厲公嘉平五年胡三省注曰：「古之人臣進言於君，率曰冒死，曰昧死，謂人君之威難犯，冒昧其死罪而言也。」(76)聖朝　這裏指聖明的吳主。(77)軍退　宋本二字互倒。(78)羸縮　衰弱；衰敗。(79)人情　人們所表現出的情態。(80)鬱林　郡名。治所在今廣西桂平西。(81)豫章　郡名。治所在今江西南昌。

【語　譯】諸葛恪的長子諸葛綽，任騎都尉，因為和魯王孫霸的事有牽連，孫權將他交給諸葛恪，讓諸葛恪再教誨他，諸葛恪毒殺了他。次子諸葛竦，任長水校尉。幼子諸葛建，任步兵校尉。聽說諸葛恪被誅殺，用車載著他們的母親逃走。孫峻派騎督劉承追殺，在白都斬殺了諸葛竦。諸葛建渡過長江，想北上逃往魏國，走了數十里，被追兵捕獲。諸葛恪的外甥都鄉侯張震以及散騎常侍朱恩等人，都被誅滅了三族。

2　當初，諸葛竦屢次勸諫諸葛恪，諸葛恪不聽，他常常憂心害怕災禍臨頭。到諸葛恪死後，臨淮人臧均上表乞求收葬諸葛恪，說：「臣聽說雷鳴閃電，不會持續一個早上，狂風大作，很少有颳整天的，然而還要接著起雲下雨，用來滋潤萬物，這就是說天地發威，不會長久不變，帝王的憤怒，不應該竭情盡意。臣因為狂妄愚昧，不知道忌諱，斗膽冒著破家滅身的大罪，用來希求皇帝的恩澤。念及已故太傅諸葛恪得以繼承他父親的卓越功業，他的伯父叔父遭遇漢朝國運已盡，天下鼎立，分別依託魏、蜀、吳三方，都能忠誠勤勞，興盛帝王的大業。到了諸葛恪，生長在吳國，受到吳主教化的薰陶化育，獲得英名偉聲，為國效命多年，沒有萌生禍心，先帝委以伊尹、周公般的重任，將朝廷的一切政務託付給他。諸葛恪性格剛愎自用，驕傲自大，盛氣淩人，不能恭謹的維護帝業，使國內和睦安定，為了立功，出兵作戰，不到一年出兵三次，耗盡軍力民力，花空了國家倉庫的儲存，專斷國法，任意廢黜撤換官員，憑藉刑罰威逼眾人，大小官員都害怕不敢作聲。侍中武衛將軍都鄉侯孫峻和他一起同時受先帝遺詔，看他奸惡暴虐，日益加劇，恐怕將要動盪天下，傾覆國家，便奮起威怒，精誠通達上天，謀慮勝過神明，智勇百倍於荊軻、聶政，親手持利刃，在殿堂之上誅殺諸葛恪，功勳超越朱虛侯劉章，功勞勝過東牟侯劉興居。國家首害，一下子就清除，用快馬馱著他的頭巡行示眾，全軍歡呼踴躍，日月增添光采，風塵為之停息，這實在是祖先的神靈在天上和人間的共同應驗。如今諸葛恪父子三人的首級懸掛在市中好幾天了，觀看的有數萬人，罵聲成風。國家大刑，沒有地方不受到震動的，老人和小孩，全都看見了。人的情感在評論萬物時，樂極往往生悲，看到諸葛恪顯貴興盛，世人無人能夠與之相比，身處三公相國的輔佐大臣位置，經歷了多年，今天被誅殺滅族，和被獵殺的禽獸沒什麼不同，看了心情起伏不平，能不感到淒慘嗎！況且已經死去的人，就與土壤同在了，鑿挖砍刺的刑罰，不可能再施加了。但願聖明的朝廷效法天地，發怒不超過十天，讓諸葛恪家鄉的人或過去的下屬，用士卒的服制收殮屍體，恩賜三寸的薄棺。從前項羽受到殯葬的賞賜，韓信獲得收殮的恩澤，這些傳揚了漢高祖神明的美譽。希望陛下發揚古代三皇的仁愛，施予憐憫之心，使國家的恩澤也能施於獲罪被殺之人的屍骸上，讓他再次受到永無休止的恩澤，以此揚名遠方，嚇阻勸勉天下，難道氣度不是非常宏大嗎！過去欒布違犯漢高祖的詔令哭祭彭越，臣私下對此感到遺憾，欒布事先不稟報漢高祖，放縱感情而獨自享有美名，他能夠不被誅殺，實在是幸運啊。現在臣不敢公開宣揚自己愚昧的感情，用來顯露皇上的恩惠，謹跪呈親手寫的表章，冒昧陳述所聞，乞求聖明的朝廷哀憐體察。」因此孫亮、孫峻允許諸葛恪過去的下屬收殮安葬他，便在石子岡找到了他的屍體。

3 起初諸葛恪的軍隊撤退回來時，聶友知道他將敗亡，寫信給滕胤說：「當人強盛時，可以征服高山大河，一旦權勢衰敗，人的情態就有各式各樣的表現了，說起來使人悲嘆。」諸葛恪被誅殺後，孫峻猜忌聶友，想讓他任鬱林太守，聶友發病，憂懼而死。聶友字文悌，是豫章郡人。

1 滕胤，字承嗣，北海劇❶人也。伯父耽，父冑，與劉繇州里通家❷，以世擾亂，渡江依繇。孫權為車騎將軍❸，拜耽右司馬❹，以寬厚稱，早卒，無嗣。冑善屬文❺，權待以賓禮，軍國書疏❻，常令損益❼潤色之，亦不幸短命。權為吳王，追錄舊恩，封胤都亭侯❽。少有節操，美儀容❾。弱冠尚公主❿。年三十，起家⓫為丹楊太守，徙吳郡、會稽⓬，所在見稱⓭。

2 太元⓮元年，權寢疾⓯，詣都⓰，留為太常⓱，與諸葛恪等俱受遺詔輔政。孫亮即位，加衛將軍⓲。

3 恪將悉眾伐魏，胤諫恪曰：「君以喪代之際⓳，受伊、霍⓴之託，入安本朝，出摧強敵，名聲振於海內，天下莫不震動，萬姓之心，冀得蒙君而息㉑。今猥以勞役㉒之後，興師出征，民疲力屈㉓，遠主有備㉔。若攻城不克，野略㉕無獲，是喪前勞而招後責也。不如案㉖甲息師，觀隙而動。且兵者大事，事以眾濟㉗，眾苟㉘不悅，君獨安之？」恪曰：「諸云不可者，皆不見計算㉙，懷居苟安者也，而子復以為然，吾何望乎㉚？夫以曹芳闇劣㉛，而政在私門㉜，彼之臣民，固有離心。今吾因㉝國家之資，藉㉞戰勝之威，則何往而不克哉！」以胤為都下督㉟，掌統留事。胤白日接賓客，夜省文書，或通曉不寐。

【章旨】以上為〈滕胤傳〉，敘述滕胤的家世和生平，以及在伐魏問題上與諸葛恪的分歧。

【注釋】❶北海劇　北海郡劇縣。北海，郡名。治所在今山東昌樂東南。劇，縣名。治所在今山東昌樂西。❷與劉繇州里通家　與劉繇同州並是世交。劉繇，字正禮，東萊牟平（今山東牟平）人。初舉孝廉，歷任郎中、下邑長。後為揚州刺史。先後與袁術、孫策戰，敗歸丹徒。詳見本書卷四十九〈劉繇傳〉。州里通家，同一個州，兩家世代交往。東萊與北海兩郡同屬青州，所以同一個州。❸車騎將軍　官名。相當於上卿。典京師兵衛，掌宮衛。東漢建安十四年（西元二〇九年），劉備上表薦舉孫權行車騎將軍。❹右司馬　官名。車騎將軍府屬官，主管軍務。❺善屬文　善於寫文章。❻書疏　文書章表奏議。❼損益　增刪。❽都亭侯　爵位名。東漢時增置縣、鄉、亭侯。鄉侯中有都鄉侯，亭侯中又有都亭侯，三國時沿置。❾儀容　宋本二字互倒。❿弱冠尚公主　成年後娶公主為妻。弱冠，古時男子二十成年，行冠禮，結髮加冠。又因身體還未壯實，故稱弱冠。尚，專指娶帝王之女。⓫起家　初次赴任官職。⓬徙吳郡會稽　改任吳郡、會稽太守。徙，官員的平級調動。吳郡，郡名。治所在今江蘇蘇州。會稽，郡名。治所在今浙江紹興。⓭所在見稱　所有任職的地方都得到稱讚。所在，所任職之處。⓮太元　吳大帝孫權年號，西元二五一—二五二年。⓯寢疾　臥病在床。指重病。⓰詣都　來到京都。詣，到……去。⓱太常　官名。九卿之一。掌宗廟社稷禮儀，兼試選博士。⓲衛將軍　官名。位次上卿，掌京師兵衛和邊防屯警。⓳喪代之際　指先君去世新君繼任之時。⓴伊霍　指伊尹、霍光。㉑冀得蒙君而息　盼望得以依賴您而安寧。冀，希望；盼望。蒙，敬詞。承蒙；依賴。㉒猥以勞役　竟大興勞役。猥，竟。勞役，《資治通鑑・魏紀》邵陵厲公嘉平五年胡三省作注曰：「勞役，謂內有山陵營作，外有東關之師也。」意即指孫權死後的陵墓營建及築東興隄、東興戰役等使用大批勞力。㉓屈　竭；盡。㉔遠

主有備 遠方的君主有了防備。遠主，指魏齊王曹芳。該語出自《左傳》僖公三十二年：「穆公訪諸蹇叔，蹇叔曰：『勞師以襲遠，非所聞也。師勞力竭，遠主備之，無乃不可乎！』」㉕野略 指野外作戰。㉖案 同「按」。㉗濟 成功。㉘苟 如果。㉙計算 計謀。指對形勢進行分析研究。㉚乎 宋本作「焉」。㉛闇劣 愚昧低能；昏憒頑劣。㉜私門 指司馬氏。㉝因利用；依靠。㉞藉 憑藉。㉟都下督 官名。京城駐軍指揮官。吳置。

【語譯】滕胤，字承嗣，北海郡劇縣人。伯父滕耽、父親滕胄和揚州刺史劉繇是同州世交，因為世局紛亂，南渡過江依附劉繇。孫權任車騎將軍時，任命滕耽為右司馬。滕耽以為人寬厚著稱，早死無子。滕胄擅長寫文章，孫權以賓客之禮相待，軍務和國事的文書奏議，經常叫他增刪潤色，也不幸短命。孫權當吳王時，追記舊日的情義，封滕胤為都亭侯。滕胤年少時就有節操，容貌秀美，儀態端莊。成年後娶公主為妻。三十歲時，初次任官丹楊太守，後轉任吳郡、會稽太守，在所任職的地方都受到稱讚。

2 太元元年，孫權重病在床，滕胤到達京都，留下來任太常，和諸葛恪等人一同接受孫權的遺詔輔政。孫亮即位後，加任滕胤為衛將軍。

3 諸葛恪準備傾所有兵力攻伐魏國，滕胤勸諫諸葛恪說：「您在先君去世新君繼任之際，接受伊尹、霍光般的囑託，在內安定本朝，在外摧毀強敵，名聲威震海內，天下無不震動，百姓的心裏，希望得以依賴您而安寧。現今竟在大興勞役之後，興兵征伐，百姓疲憊，國力耗盡，而且遠方的魏主有了防備。如果攻打城邑無法取勝，野外作戰無所收穫，這是喪失以前的功勞而招致後來的責備啊。不如按兵不動，讓部隊休息，觀察敵人破綻伺機而動。況且出兵是件大事，要依靠眾人的力量才能成功，眾人如果不樂意，您獨自辦得成嗎？」諸葛恪說：「那些說不可出征的人，都是不去研究形勢，心懷苟安的人，而您也認為他們是對的，我還有什麼指望呢？因為魏主曹芳昏闇無能，朝政掌握在司馬氏手裏，魏國的臣僚百姓，本來就有叛離之心。如今我利用國家的財力，憑藉勝利的威勢，進攻哪裏而不能取勝呢！」任命滕胤為都下督，主管留守事務。滕胤白天接待賓客，夜晚批閱文書，有時通宵不睡。

1 孫峻，字子遠，孫堅弟靜❶之曾孫也。靜生暠❷。暠生恭❸，為散騎侍郎❹。恭生峻。少便❺弓馬，精果膽決❻。孫權末，徙武衛都尉❼，為侍中。權臨薨，受遺輔政，領武衛將軍❽，故典宿衛，封都鄉侯。既誅諸葛恪，遷丞相、大將軍，督中外諸軍事，假節，進封富春侯❾。滕胤以恪子竦妻父辭位❿，峻曰：「鯀、禹罪不相及⓫，滕侯何為？」峻、胤雖內不沾洽⓬，而外相包容，進胤爵高密侯，共事如前。

2 峻素無重名，驕矜險害⓭，多所刑殺，百姓囂然⓮。又姦亂宮人，與公主魯班⓯私通。五鳳⓰元年，吳侯英⓱謀殺峻，英事泄死。

3 二年，魏將毌丘儉⓲、文欽⓳以眾叛，與魏人戰於樂嘉⓴，峻帥驃騎將軍呂據、左將軍留贊襲壽春，會欽敗降，軍還。是歲，蜀使來聘，將軍孫儀㉑、張怡、林恂㉒等欲因會殺峻。事泄，儀等自殺，死者數十人，并及公主魯育㉓。

4 峻欲城廣陵㉔，朝臣知其不可城，而畏之莫敢言。唯滕胤諫止，不從，而功㉕竟不就。

5 其明年，文欽說峻征魏，峻使欽與呂據、車騎劉纂㉖、鎮南朱異㉗、前將軍唐咨㉘自江都㉙入淮、泗，以圖青、徐。峻與胤至石頭㉚，因餞㉛之，領從者百許人入據營。據御軍齊整，峻惡之，稱心痛去，遂為諸葛恪所擊，恐懼發病死，時年三十八，以後事付綝。

【章　旨】以上為〈孫峻傳〉，敘述孫峻的身世以及他驕矜險害，多所刑殺，品德敗壞等劣跡，說明他是一個惡貫滿盈，本來就是不值得提起的人。

【注　釋】❶孫堅弟靜　孫堅的弟弟孫靜。孫堅，字文臺，吳郡富春（今浙江富陽）人。少為縣吏。從朱儁討破黃巾，拜別部司馬。隨袁術討董卓，任破虜將軍、豫州刺史。後征荊州劉表，被表將黃祖射死於峴山。詳見本書卷四十六〈孫堅傳〉。靜，孫靜，字幼臺。隨孫堅起兵，為奮武校尉。因依戀故土，留會稽鎮守。孫權時遷昭義中郎將，卒於家。詳見本書卷五十一〈孫靜傳〉。❷暠　即孫暠，孫靜長子。任定武中郎將，屯烏程。聞孫策死，孫權統事，心懷不滿，欲取會稽以自立，守將虞翻曉以利害，暠乃退。其事跡散見於本書卷五十一〈孫靜傳〉、《三國志・虞翻傳》裴松之注引《吳書》、《會稽典錄》。❸恭　即孫恭。孫暠幼子。詳見本書卷五十一〈孫靜傳〉。❹散騎侍郎　官名。為第五品，後與侍中、黃門侍郎共平尚書奏事。❺便　擅長；熟悉。❻精果膽決　精明勇敢，膽大果斷。❼武衛都尉　官名。統領禁衛軍，保衛皇帝。❽武衛將軍　官名。都督中軍宿衛禁兵。❾富春侯　孫峻為吳郡富春人，因此封為本縣侯。富春，縣名。治所在今浙江富陽。❿滕胤以恪子竦句　滕胤因為是諸葛恪的兒子諸葛竦之妻的父親而提請辭去職位。⓫鯀禹罪不相及　從前鯀有罪被殺，但他的兒子禹並沒有受到牽連。《史記・夏本紀》曰：「舜登用，攝行天子之政。巡狩。行視鯀之治水元狀，乃殛鯀於羽山以死。天下皆以舜之誅為是。於是舜舉鯀子禹，而使續鯀之業。」⓬沾洽　融洽。⓭驕矜險害　驕傲險惡。險害，陰險。⓮囂然　憂愁不安。⓯公主魯班　孫權步夫人長女，字大虎。先嫁給周瑜長子周循，後嫁全琮。詳見本書卷五十〈步夫人傳〉。⓰五鳳　吳會稽王孫亮年號，西元二五四—二五六年。⓱吳侯英　即孫英，為孫權長子孫登的次子，封為吳侯。詳見本書卷五十九〈孫登傳〉。⓲毌丘儉　字仲恭，河東聞喜（今山西聞喜）人。襲父爵，為平原侯文學。魏明帝時任尚書郎，遷羽林監。出為洛陽典農。青龍中，遷幽州刺史。後與文欽矯太后詔誣司馬師謀反，發兵討伐，兵敗被殺。詳見本書卷二十八〈毌丘儉傳〉。⓳文欽　字仲若，譙郡（今安徽亳州）人。少才武見稱。太和中，為五營校督，出為牙門將。因性剛暴無禮，居傲凌上，不奉官法，明帝抑之。後因與毌丘儉矯太后詔誣司馬師謀反，發兵討伐，戰敗入吳，為鎮北大將軍、幽州牧。事跡散見於本書卷二十八〈毌丘儉傳〉及裴松之注引《魏書》、卷四十八〈孫亮傳〉。⑳樂嘉　地名。在今河南商水縣東。㉑孫儀　孫吳宗室，孫皎之子，為無難督，封侯。後為孫峻所害。詳見本書卷五十一孫靜附傳。㉒張怡林恂　皆孫吳將軍，後因謀殺孫峻事洩而自殺。張怡、林恂，原誤作「孫邵綝恂」，今據本書〈孫亮傳〉校改。㉓公主魯育　孫權步夫人次女，字小虎。先嫁給朱據，後嫁劉纂。詳見本書卷五十〈步夫人傳〉。㉔城廣陵　在廣陵修築城牆。廣陵，城邑名。在今江蘇揚州西南。㉕功　指築城工程。㉖車騎劉纂　車騎，調車騎將軍，官名。漢制，僅次於大將軍、驃騎將軍。典京師兵衛，掌宮衛。劉纂，吳車騎將軍，孫權次女婿。㉗鎮南朱異　鎮南，調鎮南將軍，官名。位次征東等四征將軍，領兵對外征討。朱異，字季文，吳郡吳（今江蘇蘇州）人。朱桓之子。以父任除郎，後拜騎都尉，代父領兵。隨朱然攻樊城，還拜偏將軍。孫權與論攻戰，辭對稱意。後升為鎮南將軍、大都督。為孫綝所枉害。詳見本書卷五十六〈朱桓傳〉。㉘唐咨　利城（今江蘇贛榆西）人。黃初中，利城郡反，推為郡太守，後為魏軍擊破，遂亡入海至吳。官至左將軍、封侯、持節。詳見本書卷二十八〈唐咨傳〉。㉙江都　縣名。治所在今江蘇揚州西南。㉚石頭　即石頭城，在今江蘇南京西，至今尚有遺跡留存。㉛餞　設酒宴送行。

【語　譯】孫峻，字子遠，是孫堅的弟弟孫靜的曾孫。孫靜生孫暠。孫暠生孫恭，任散騎侍郎。孫恭生孫峻。孫峻從小擅長射箭騎馬，精明勇敢，膽大果斷。孫權末年，調任武衛都尉，任侍中。孫權臨終前，孫峻接受遺詔，輔佐朝政，兼任武衛將軍，依舊負責宮廷的警衛，封為都鄉侯。誅殺諸葛恪後，升任丞相、大將軍，督統內外各項軍務，假節，進封富春侯。滕胤因為是諸葛恪的兒子諸葛竦妻子的父親而提請辭職，孫峻說：「鯀有罪，但他的兒子禹並不受牽連，滕侯為什麼要這樣？」孫峻、滕胤雖然彼此心中並不融洽，然而外表上卻相互包容，孫峻進封滕胤的爵位為高密侯，像以前一樣共事。

2　孫峻素來沒有顯赫的名聲，又驕橫陰險，殺害很多人，老百姓憂愁不安。他又姦淫宮女，和公主魯班私通。五鳳元年，吳侯孫英謀殺孫峻，孫英因事情洩露而死。

3　五鳳二年，魏國將領毌丘儉、文欽帶領部眾反叛，在樂嘉和魏國軍隊交戰，孫峻率領驃騎將軍呂據、左將軍留贊襲擊壽春，碰巧文欽兵敗投降，便率軍返回。這一年，蜀國使節前來訪問通好，將軍孫儀、張怡、林恂等人想藉會見蜀國使者的機會誅殺孫峻。事機洩露，孫儀等人自殺，受牽連而死的有數十人，並且涉及到公主魯育。

4　孫峻準備在廣陵築城，朝廷大臣知道那裏不能築城，然而畏懼孫峻沒有人敢說，只有滕胤勸諫力阻，孫峻不聽，不過築城的事最終沒有成功。

5　第二年，文欽勸說孫峻征討魏國，孫峻派文欽和呂據、車騎將軍劉纂、鎮南將軍朱異、前將軍唐咨率軍從江都進入淮河、泗水，用來謀取青州、徐州。孫峻、滕胤到達石頭城，藉此為他們設酒宴送行，帶領隨從一百多人進入呂據的軍營。呂據統率的軍隊陣容整齊，孫峻看了討厭，推說心痛離開了。接著又夢見被諸葛恪攻擊，恐懼發病而死，當時三十八歲，把後事託付給孫綝。

1　孫綝，字子通，與峻同祖❶。綝父綽為安民都尉❷。綝始為偏將軍❸，及峻死，為侍中武衛將軍，領中外諸軍事，代知❹朝政。呂據聞之大恐，與諸督將連名，共表薦滕胤為丞相，綝更以胤為大司馬❺，代呂岱❻駐武昌。據引兵還，使人報胤，欲共廢綝。綝聞之，遣從兄慮❼將兵逆據於江都，使中使❽敕文欽、劉纂、唐咨等合眾擊據，遣侍中左將軍華融❾、中書丞丁晏❿告胤取據，并喻胤宜速去意⓫。胤自以禍及，因留融、晏，勒兵⓬自衛，召典軍楊崇⓭、將軍孫咨⓮，告以綝為亂，迫融等使有書難⓯綝。綝不聽，表言胤反，許⓰將軍劉丞⓱以封爵，使率兵騎急攻圍胤。胤又劫融等，使詐詔發兵。融等不從，胤皆殺之。胤顏色不變，談笑若常。或勸胤引兵至蒼龍門[18]，將士見公出，必皆委[19]綝就公。時夜已半，胤恃與據期[20]，又難舉兵向宮，乃約令部曲[21]，說呂侯[22]以在近道，故皆為胤盡死，無離散者。時大風，比曉[23]，據不至。綝兵大會，遂殺胤及將士數十人，夷胤三族。

2 綝遷大將軍，假節，封永寧[24]侯，負貴倨傲[25]，多行無禮。初，峻從弟慮與[26]誅諸葛恪之謀，峻厚之，至右將軍[27]、無難督[28]，授節蓋[29]，平九官事[30]。綝遇[31]慮薄於峻時，慮怒，與將軍王惇[32]謀殺綝。綝殺惇，慮服藥死。

3 魏大將軍諸葛誕舉壽春叛，保城請降。吳遣文欽、唐咨、全端[33]、全懌[34]等帥三萬人救之。魏鎮南將軍王基[35]圍誕，欽等突圍入城。魏悉中外軍二十餘萬增誕之圍。朱異帥三萬人屯安豐城，為文欽勢。魏兗州刺史州泰拒異於陽淵[36]，異敗退，為泰所追，死傷二千人。綝於是大發卒出屯鑊里[37]，復遣異率將軍丁奉、黎斐[38]等五萬人攻魏，留輜重於都陸[39]。異屯黎漿[40]，遣將軍任度[41]、張震等募勇敢六千人，於屯西六里為浮橋夜渡，築偃月壘[42]。為魏監軍石苞[43]及州泰所破，軍卻退就高。異復作車箱圍趣五木城[44]。苞、泰攻異，異敗歸，而魏太山太守胡烈以奇兵五千詭道襲都陸[45]，盡焚異資糧。綝授兵三萬人使異死戰，異不從，綝斬之於鑊里，而遣弟恩[46]救，會誕敗引還。綝既不能拔出誕，而喪敗士眾，自戮名將，莫不怨之。

4 綝以孫亮始親政事[47]，多所難問[48]，甚懼。還建業，稱疾不朝，築室於朱雀橋[49]南，使弟威遠將軍據入蒼龍宿衛[50]，弟武衛將軍恩[51]、偏將軍幹[52]、長水校尉闓[53]分屯諸營，欲以專朝自固。亮內嫌綝，乃推[54]魯育見殺本末，責怒虎林督朱熊[55]、熊弟外部督朱損不匡正孫峻[56]，乃令丁奉殺熊於虎林，殺損於建業。綝入諫不從，亮遂與公主魯班、太常全尚[57]、將軍劉承[58]議誅綝。亮妃，綝從姊[59]女也，以其謀告綝。綝率眾夜襲全尚，遣弟恩殺劉承於蒼龍門外，遂圍宮。使光祿勳孟宗告廟廢亮[60]，召羣司[61]議曰：「少帝荒病昏亂，不可以處大位，承宗廟，以告先帝廢之。諸君若有不同者，下[62]異議。」皆震怖，曰：「唯將軍令。」綝遣中書郎李崇奪亮璽綬[63]，以亮罪狀班告[64]遠近。尚書桓彝[65]不肯署名，綝怒殺之。

5 典軍施正[66]勸綝徵立琅邪王休[67]，綝從之，遣宗正楷[68]奉書於休曰：「綝以薄才，見授大任，不能輔導陛下。頃[69]月以來，多所造立，親近劉承，悅於美色，發吏民婦女，料[70]其好者，留於宮內，取兵子弟[71]十八已下三千餘人，習之苑中[72]，連日續夜，大小呼嗟，敗壞藏[73]中矛戟五千餘枚，以作戲具[74]。朱據先帝舊臣，子男熊、損皆承父之基，以忠義自立，昔殺小主[75]，自是大主所創[76]，帝不復精其本末，便殺熊、損，諫不見用，諸下莫不側息[78]。帝於宮中作小船三百餘艘，成以金銀，師工[79]晝夜不息。太常全尚，累世受恩，不能督諸宗親，而全端等委城就魏。尚位過重，曾無一言以諫陛下，而與敵往來，使傳國消息，懼必傾危社稷。推案舊典[80]，運集大王，輒以今月二十七日擒尚斬承。以帝為會稽王，遣楷奉迎。百寮喁喁[81]，立住道側。」

6 綝遣將軍孫耽[82]送亮之國[83]，徙尚於零陵[84]，遷公主於豫章[85]。綝意彌溢[86]，侮慢[87]民神，遂燒大橋頭伍子胥廟[88]，又壞浮屠祠[89]，斬道人[90]。休既即位，稱草莽[91]臣，詣闕[92]上書曰：「臣伏自省，才非幹國，因緣肺腑[93]，位極人臣，傷錦敗駕[94]，罪負彰露，尋愆惟闕[95]，夙夜憂懼。臣聞天命棐諶[96]，必就有德，是以幽厲失度[97]，周宣中興[98]。陛下聖德，纂承[99]大統，宜得良輔，以協雍熙[100]，雖堯[101]之盛，猶求稷契[102]之佐，以協明聖之德。古人有言：『陳力就列，不能者止。』[103]臣雖自展竭[104]，無益庶政[105]，謹上印綬節鉞[106]，退還田里，以避賢路。」休引見慰喻[107]。又下詔曰：「朕以不德，守藩于外[108]，值茲際會[109]，羣公卿士，暨[110]于朕躬，以奉宗廟。朕用憮然[111]，若涉淵冰[112]。大將軍忠計內發[113]，扶危定傾，安康社稷，功勳赫然。昔漢孝宣踐阼[114]，霍光尊顯，褒德賞功，古今之通義也。其以大將軍為丞相、荊州牧，食五縣[115]。」恩為御史大夫、衛將軍，據右將軍，皆縣侯[116]。幹雜號將軍[117]、亭侯。闓亦封亭侯。綝一門五侯，皆典[118]禁兵，權傾人主，自吳國朝臣未嘗有也。

【章旨】以上為〈孫綝傳〉的第一部分，通過敘述孫綝誅殺滕胤、王惇、朱異、劉承、桓彝等名將，剝奪孫亮印綬等手段，揭露他篡奪朝政大權的野心。

【注釋】❶與峻同祖　和孫峻是同一個祖父。本書卷五十一〈孫靜傳〉云：「暠三子：綽、超、恭。超為偏將軍。恭生峻。綽生綝。」❷安民都尉　官名。領兵維持治安。❸偏將軍　官名。將軍中地位比較低的，多由校尉或裨將升遷，為雜號將軍，負責征伐。❹知　主持。❺大司馬　官名。協助皇帝總領全國軍事。❻呂岱　字定公，廣陵海陵（今江蘇泰州）人。初為郡縣吏，避亂南渡，孫權任為吳縣丞。清身奉公，所在可述。詳見本書卷六十〈呂岱傳〉。❼慮　應為孫憲。盧弼《三國志集解》引錢大昕曰：「下文云『峻從弟』，蓋峻之從弟，於綝為從兄，實一人也。〈三嗣主傳〉作『孫憲』，『憲』與『慮』字形相涉而誤，當以『憲』為正。孫權之次子慮，封建昌侯。此峻從弟不應與同名也。官本考證及趙一清說同，《通鑑》亦作『憲』。」❽中使　官名。吳置。以宦官任之，負責侍奉皇帝，上傳下達，有時充作宮廷派出的使者。❾華融　字德蕤，廣陵江都（今江蘇揚州西南）人。矯矯壯節，有國士之風。孫亮時，任侍中、左將軍。後為大司馬滕胤所殺。事跡散見於本書卷五十九〈孫登傳〉、本傳及裴松之注引《文士傳》。❿中書丞丁晏　中書丞，官名。中書監、令的屬官。掌宮廷機密、詔誥。《資治通鑑・魏紀》高貴鄉公甘露元年胡三省注曰：「魏、晉之制，中書無丞，此吳所置。」丁晏，吳太子庶子、中書丞。⓫喻胤宜速去意　勸說滕胤應當迅速離開。胡三省作注曰：「言宜速往武昌，否則且有誅罰。」喻，勸說。速去，迅速離開。⓬勒兵　部署軍隊。⓭典軍楊崇　典軍，官名。吳置左、中、右三軍，領營兵，設典軍、左典軍、典軍中部、平三典軍事等職，負責處理軍務。楊崇，吳將領。為滕胤帳下典軍。⓮孫咨　孫吳宗室，孫皎之子。任羽林督，封侯。後為滕胤所殺。詳見本書卷五十一〈孫皎傳〉。⑮難　反駁；質問對方。⑯許　許諾；答應。⑰劉丞　吳將軍。太平元年（西元二五六年），奉命督步騎攻打滕胤。三年，與太常全尚等謀誅孫綝，兵敗被殺。詳見本書卷四十八〈孫亮傳〉。⑱蒼龍門　吳都建業宮的東門。⑲委　棄；離開。⑳期　約定。㉑部曲　本為漢代軍隊的編制單位。該詞最早見於《漢書・李廣傳》和〈趙充國傳〉。據《續漢書・百官志》載：「領軍皆有部曲。大將軍營五部，部校尉一人，比二千石；軍司馬一人，比千石。部下有曲，曲有軍候一人，比六百名。……其餘將軍，置以征伐，無員職，亦有部曲、司馬、軍候以領兵。」由此可知，「部」和「曲」本來是軍隊兩級組織名稱，後來由於部、曲經常連用，加之二者在軍隊編制中是基層組織，具有常規性質，所以後人逐漸用「部曲」一詞來泛指軍隊。東漢時期田莊出現後，豪強地主為保護自己的既得利益，就按「部」和「曲」的軍事建制在田莊內組織自己的私人武裝，於是，「部曲」一詞又可用來指稱私人武裝。㉒呂侯　即呂據，他襲父爵為南昌侯，故稱呂侯。㉓比曉　將近拂曉。㉔永寧　縣名。治所在今浙江溫州。㉕負貴倨傲　依仗自己的顯貴，傲慢自大。負，依仗。貴，尊貴；顯貴。倨傲，驕傲。㉖與　參與。㉗右將軍　官名。位如上卿。掌京師兵衛及戍守邊境，但不常置。加諸吏、給事中等名號則得以侍衛皇帝、參與中朝議、決定國家大事。再領尚書事則負責實際政務。㉘無難督　官名。三國吳所置。為掌禁兵無難營之指揮官。㉙節蓋　即符節與傘蓋，表示享有某種權力。㉚平九官事　評議九卿事務。九官，相傳舜設置九官，分掌各個部門。㉛遇　對待。㉜王惇　吳將軍。太平元年（西元二五六年）十一月，與孫憲謀殺大將軍孫綝，事洩，被殺。詳見本書卷四十八〈孫亮傳〉。㉝全端　吳郡錢唐（今浙江杭州）人。全琮從子。曾隨全琮在芍陂擊敗魏將王淩。吳建興元年（西元二五二年），諸葛恪在東興隄兩端修築東西兩城堡，他駐守西城防魏。太平二年（西元二五七年），率軍往援魏降將諸葛誕。是年冬，與全懌等委城降魏，受魏官爵。事跡散見於本書卷四〈三少帝紀〉、卷二十八〈鍾會傳〉、卷四十八〈孫亮傳〉等。㉞全懌　吳郡錢唐（今浙江杭州）人，全琮子。琮死襲業領兵，救魏將諸葛誕於壽春，後出城先降。魏以為平東將軍，封臨湘侯。詳見本書卷六十〈全琮傳〉。㉟王基　字伯輿，東萊曲城（今山東招遠）人。年十七，為郡吏。黃初中，察孝廉，除郎中。明帝時，升為中書侍郎。曹芳即位，曹爽專權，他著《時要論》加以規勸。詳見本書卷二十七〈王基傳〉。㊱魏兗州刺史句　魏國兗州刺史州泰在陽淵抗擊朱異。兗州，州名。治所在今山東金鄉西北。州泰，南陽（今河南南陽）人。好立功業，善用兵。初任新城太守，兗、豫州刺史，所在有政績。官至征虜將軍、假節都督江南諸軍事。卒贈衛將軍，諡壯侯。詳見本書卷二十八〈鄧艾傳〉及裴松之注引《世語》。陽淵，縣名。治所在今安徽霍邱西。㊲鑊里　地名。在今安徽巢湖市西北。㊳黎斐　吳將軍。太平二年（西元二五七年），率軍與丁奉前往壽春解救魏降將諸葛誕之圍。㊴留輜重於都陸　把軍需物資留存在都陸。輜重，指軍械、糧草等軍需物資。都陸，地名。在今安徽壽縣東南。㊵黎漿　地名。因旁有黎漿水而得名，在今安徽壽縣南。㊶任度　吳將領。太平二年（西元二五七年），與張震募勇士六千，夜渡黎漿水築壘拒魏，後為魏軍所破。㊷偃月壘　半月形的營壘。㊸監軍石苞　監軍，官名。或稱監軍使者，或稱監某州諸軍事，省稱監軍。將軍領兵出征時，多置監軍，負責督察和稽考軍功等。石苞，字仲容，渤海南皮（今河北南皮）人。魏明帝青龍中，販鐵於長安，得見司馬懿，擢為尚書郎。歷青州刺史、鎮東將軍，封東光侯。其事跡散見於《晉書・石苞傳》。㊹異復作車箱句　朱異再次製作車箱圍逼五木城。車箱圍，用車身圍成防護圈。趣，趨向。五木城，城名。在今安徽壽縣南。㊺魏太山太守句　魏國太山太守胡烈用五千奇兵走捷徑襲擊都陸。太山，即泰山，郡名。治所在今山東泰安東南。胡烈，魏官吏，歷任襄陽太守、太山太守、荊州刺史等職。隨鄧艾入益州滅蜀有功。詭道，捷徑。㊻恩　指孫恩。㊼始親政事　開始親自主持朝政事務。㊽難問　責難追問。㊾朱雀橋　浮橋名。故址在今江蘇南京鎮淮橋東，跨秦淮河上。浮橋長九十步，寬六丈，遇緊急情況時可拆斷。㊿威遠將軍據句　威遠將軍孫據進入蒼龍門擔任宮廷警衛。威遠將軍，官名。第五品。孫據，孫綝的弟弟。任威遠將軍、右將軍，封為縣侯。蒼龍，即蒼龍門。宿衛，宮廷警衛。(51)恩　孫恩，孫綝的弟弟。吳太平三年（西元二五八年），受兄派遣率軍攻殺將軍劉承於蒼龍門外。孫休時，為御史大夫、衛將軍、中軍督，封為縣侯。後又加為侍中，與大將軍孫綝分掌諸事。詳見本書卷四十八〈孫休傳〉。(52)幹　孫幹，孫綝的弟弟。初任偏將軍，後升為雜號將軍，封為亭侯。詳見本書卷四十八〈孫休傳〉。(53)闓　孫闓，孫綝的弟弟。孫休時，任長水校尉，封為亭侯。(54)推　追查。(55)虎林督朱熊　虎林，城名。吳國所築。故城址在今安徽貴池西南長江南岸。督，官名。負責軍事要地的防禦。朱熊，吳郡吳（今江蘇蘇州）人。朱據之子。孫亮時，領兵任虎林督。後為全公主孫魯班所譖，被殺。詳見本書卷五十七〈朱據傳〉。(56)外部督朱損句　外部督朱損當時沒有糾正孫峻的行為。外部督，官名。督察建業城外營兵。朱損，吳郡吳（今江蘇蘇州）人。朱據之子。孫亮時，領兵任外部督。後為全公主孫魯班所誣陷，被殺。詳見本書卷五十七〈朱據傳〉。不匡正，沒有糾正。(57)全尚　其女為孫亮夫人。孫亮與其子全紀謀誅孫綝失敗後，他在和家屬徙零陵途中，被追兵所殺。詳見本書卷五十〈孫亮全夫人傳〉。(58)劉承　《資治通鑑・魏紀》高貴鄉公甘露三年胡三省作注曰：「劉承，即劉丞。」盧弼《三國志集解》引趙一清曰：「前後兩『承』字，俱當作『丞』。」(59)從姊　即堂姐。(60)使光祿勳孟宗句　派光祿勳孟宗到宗廟祭告廢黜孫亮。光祿勳，官名。為宮內總管，統領皇帝的顧問參議、宿衛侍從、傳達接待等諸官。孟宗，字恭武，江夏（今湖北鄂州）人。本名宗，避皓字，改為孟仁。少從南陽李肅學。初為驃騎將軍朱據軍吏，後還吳令、光祿勳、左右御史大夫、司空等職。其事跡散見於本書卷四十七〈吳主傳〉、卷四十八〈孫休傳〉、〈孫皓傳〉裴松之注引《吳錄》。告廟，稟告宗廟中祭祀的祖先。廢，廢黜。61羣司　各官署官員。62下　表示；說出。63遣中書郎李崇奪取孫亮的印璽綬帶。中書郎，官名。在中書令之下，草擬詔旨，管理文書奏章，參與政事商議。李崇，字子和，河南（今河南洛陽）人。任中書郎。吳太元元年（西元二五一年），曾奉命迎羅陽縣神王表至建業。吳太平三年（西元二五八年），孫綝廢孫亮為會稽王時，他奉命奪孫亮璽綬。事跡散見於本書卷四十七〈吳主傳〉、卷五十三〈程秉傳〉及裴松之注引《吳錄》。璽，皇帝大印。綬，綬帶，即彩色長綢帶，用以繫官印，其顏色依官秩高低而不同。64班告　宣告；頒布。65尚書桓彞　尚書，官名。協助皇帝處理政務，掌管文書奏章。桓彞，長沙臨湘（今湖南長沙）人。魏尚書令桓階之弟，有忠貞之節。任尚書。孫綝廢吳主孫亮，令羣臣署名，桓彞堅持不肯，被綝殺害。事跡散見於本書卷六十四〈孫綝傳〉及裴松之注引《漢晉春秋》和《吳錄》。66施正　吳官吏，任典軍。67徵立琅邪王休　徵召琅邪王孫休立為皇帝。徵立，徵召來京立為皇帝。琅邪王休，即琅邪王孫休，字子烈，孫權第六個兒子。吳太元二年（西元二五二年）正月，封琅邪王，居虎林。後被立為皇帝，因孫綝專橫，與張布合謀誅殺之。詔令廣開農田，輕其賦稅。詳見本書卷四十八〈孫休傳〉。68宗正楷　即宗正孫楷。宗正，官名。管理皇室宗族事務。孫楷，吳宗室。孫韶之子，孫越之兄。韶死，任武衛大將軍、臨成侯，代越為京下督。吳天璽元年（西元二七六年），為宮下鎮驃騎將軍。後因孫晧數遣詰之，常惶怖，遂將妻子親兵數百人降晉，被任為車騎將軍，封丹楊侯。吳滅後，降為渡遼將軍。詳見本書卷五十一〈孫韶傳〉。69頃　近。70料　挑選。71兵子弟　士兵的子弟。孫吳實行世襲兵制，士兵的子弟承襲當兵。72苑中　原為養禽獸植樹木的地方，後來多指帝王遊樂打獵的場所。73藏　儲存物品的地方。74戲具　娛樂玩具。75小主　指孫權的小女兒魯育。76大主所創　大公主魯班所中傷。創，中傷。魯育嫁給朱據，孫峻與魯班私通，魯班誣陷魯育，因而被殺。77精　查清；精心考察。78側息　側身嘆息。79師工　技工。80推案舊典　依照過去的典章制度。81百寮喁喁　百官仰慕。寮，通「僚」。82孫耽　吳將領，事跡不詳。83之國　到自己的封國會稽郡。84零陵　郡名。治所在今湖南零陵。85遷公主於豫章　將公主魯班遷徙到豫章。公主，指大公主魯班。豫章，郡名。治所在今江西南昌。86彌溢　更加志得意滿。87侮慢　欺侮輕視。88大橋頭伍子胥廟　據《史記・伍子胥列傳》曰：「吳人憐之，為立祠於江上。」盧弼《三國志集解》引《一統志・吳郡志》云：「伍子胥廟有二：一在胥口胥江上；一在盤門內城西隅。」這裏當指前一座廟。89浮屠祠　佛寺。浮屠是梵文的音譯，即佛。90道人　當時對佛寺僧侶的稱呼。91草莽　草野，與「朝廷」相對。孫綝自稱「草莽臣」，表示他要辭職。92闕　指宮殿。93因緣肺腑　皇帝的近親。因緣，借助。肺腑，比喻宗族親屬關係。孫綝的曾祖父孫靜和孫亮的祖父孫堅是親弟兄，所以兩人宗族關係親密。94傷錦敗駕　指損害了國家形象，敗壞了皇帝的名聲。該語出自《左傳》襄公三十一年：「子皮欲使尹何為邑。子產曰：『少，未可知否？』子皮曰：『愿，吾愛之，不吾叛也。使夫往而學焉，夫亦愈知治矣。』子產曰：『……子有美錦，不使人學制焉。大官、大邑，身之所庇也，而使學者制焉。其為美錦，不亦多乎？僑聞學而後入政，未聞以政學者也。』」(95)尋愆惟闕　想想我的錯誤和過失。(96)天命棐諶　上天輔助真誠守信的人。棐，輔助。諶，真誠；守信。(97)幽厲失度　周幽王、周厲王喪失了為君的準則。周幽王，姬姓，名宮湦，宣王子。任用虢石父為卿，殘暴統治，加之天災嚴重，國人皆怨。而他寵幸褒姒並以為后，廢申后及太子宜臼。後為犬戎所攻，被殺於驪山下。周厲王，姬姓，名胡，夷王子。貪婪好利，任用榮夷公對山林實行專利，又派人監謗國人言論，從而引起國人暴動，被迫逃於彘。(98)周宣中興　周宣王使國家由衰轉盛。周宣王，姬姓，名靖，厲王子。在位期間重整軍旅，任用賢才，南征北伐，使周朝由衰落轉為興盛，史稱「宣王中興」。(99)纂承　繼承。(100)雍熙　和諧興盛。雍，和諧。熙，興盛。(101)堯　古代傳說中陶唐氏部落長，炎黃部落聯盟首領，名放勳，史稱唐堯。曾設天文官，掌管曆法天象。又命鯀整治洪水，並推選虞舜為繼承人。(102)稷契　即后稷和殷契。稷，后稷。姬姓，名棄，周族始祖。堯舜時為稷官，主管農事，教人耕種。契，殷契。傳說為商族的始祖，助大禹治水有功，被舜任命為司徒，掌管教化。(103)古人有言三句　居其位當盡力而為，不能施展才力，則當辭去。這二句出自《論語・季氏》：「周任有言曰：『陳力就列，不能者止。』」(104)展竭　竭力施展。(105)庶政　各種政務。庶，眾多。(106)謹上印綬節鉞　謹此呈上印璽綬帶符節黃鉞。上，呈上；繳還。節，符節。授予符節，即有權殺違犯軍令的人。鉞，黃鉞。授予黃鉞，即統領內外諸軍。(107)慰喻　安慰勸導。(108)守藩于外　充當藩王在外地鎮守。孫休封琅邪王後，先後居虎林，徙丹楊、會稽等郡。(109)值茲際會　趕上這個機會。茲，這個。際會，時機。(110)暨　到；至。(111)憮然　茫然。(112)若涉淵冰　好比涉進深淵踏上薄冰一樣。該語出自《詩經・小雅・小旻》：「戰戰兢兢，如臨深淵，如履薄冰。」(113)忠計內發　忠誠的計謀發自內心。(114)漢孝宣踐阼　漢宣帝即帝位。漢宣帝，字次卿，武帝曾孫。通達黃老刑名之學。昭帝死，霍光迎入為帝。在位期間，勵精圖治，任賢用能，平獄緩刑，輕徭薄賦，發展生產，吏稱其職，民安其業。(115)食五縣　食邑五個縣。即可將五個縣上交的租稅自己享用。(116)縣侯　爵位名。列侯中地位最高的一級，以縣為食邑。(117)雜號將軍　指名號變化不定的將軍，如揚武將軍、奮威將軍等。(118)典　掌管；主持。

【語　譯】孫綝，字子通，和孫峻是同祖兄弟。孫綝的父親孫綽任安民都尉。孫綝起初任偏將軍，等到孫峻死後，任侍中、武衛將軍，統領朝廷內外軍務，代理孫峻主持朝政。呂據聽說後大為恐懼，與眾將聯名，共同上表推薦滕胤為丞相，孫綝改任滕胤為大司馬，接替呂岱駐守武昌。呂據率軍返回，派人通報滕胤，打算共同廢黜孫綝。孫綝聽說後，派遣堂兄孫慮率軍在江都迎戰呂據，派中使敕令文欽、劉纂、唐咨等人聯合部隊攻擊呂據，派侍中左將軍華融、中書丞丁晏告訴滕胤捉拿呂據，並曉諭滕胤應當迅速離開。滕胤自認大禍臨頭，便扣留了華融和丁晏，部署軍隊自衛，召集典軍楊崇、將軍孫咨，告訴他們孫綝作亂，強迫華融等人寫信責難孫綝。孫綝不聽，上奏章告滕胤謀反，許諾給將軍劉丞封爵，讓他率領騎兵火速圍攻滕胤。滕胤又威逼華融等人，讓他們假造詔令調遣軍隊。華融等人不從，滕胤把他們都殺了。滕胤面不改色，談笑自如。有人勸說滕胤率軍到蒼龍門，那裏的將士看見滕胤來了，必定都會棄孫綝而前往歸附滕胤。當時已是半夜，滕胤自恃與呂據有約定，又覺得向皇宮進軍很難，於是下令約束部眾，說呂據已經在很近的路上，所以部下都願為他竭盡死力，沒有離散的。當時颳大風，將近拂曉，呂據沒有到。孫綝的軍隊大舉會合，最終殺了滕胤及將士數十人，誅滅了滕胤三族。

2 孫綝升任大將軍，假節，封為永寧侯，他自恃顯貴，驕傲自大，做了很多無禮的事。起初，孫峻的堂弟孫慮參與了誅殺諸葛恪的謀劃，孫峻厚待他，他官至右將軍、無難督，授予他符節和傘蓋，負責評議九卿。孫綝對待孫慮不如孫峻時，孫慮大怒，與將軍王惇密謀殺掉孫綝。孫綝殺了王惇，孫慮服毒而死。

3 魏國大將軍諸葛誕利用壽春反叛，保全城邑向吳國請求投降。吳國派遣文欽、唐咨、全端、全懌等將領率軍三萬前往援救諸葛誕。魏國鎮南將軍王基圍攻諸葛誕，文欽等人突圍進城。魏國調集朝廷內外二十多萬軍隊增加對諸葛誕的圍困。朱異率領三萬人屯守安豐城，作為文欽的外援。魏國兗州刺史州泰在陽淵抵禦朱異，朱異敗退，被州泰追擊，死傷兩千人。孫綝於是調集大批部隊進駐鑊里，再次派朱異率領將軍丁奉、黎斐等五萬兵馬攻打魏軍，留下軍需物資在都陸。朱異駐紮在黎漿，派將軍任度、張震等人召募敢死隊員六千人，在駐地西邊六里處架設浮橋乘夜渡河，修築起一道半月形的營壘。被魏國監軍石苞和州泰打敗，軍隊退守到高地。朱異再次用車箱陣圍逼五木城。石苞、州泰攻打朱異，朱異兵敗而回，而魏國太山太守胡烈用五千奇兵走捷徑襲擊都陸，把朱異的軍需糧草全部焚毀。孫綝授予朱異三萬兵馬，讓朱異拼死作戰，朱異不聽從，孫綝在鑊里殺了朱異，另外派弟弟孫恩前去救援，碰巧遇上諸葛誕戰敗，孫恩便率軍返回。孫綝既沒有救出諸葛誕，又損兵折將，還自己殺死軍中名將，沒有人不怨恨他的。

4 孫綝因為孫亮開始親理朝政，多次對他責難詰問，他十分害怕。回到建業後，假託有病不入朝，在朱雀橋南邊修建居室，派弟弟威遠將軍孫據進蒼龍門擔任宮廷警衛，弟弟武衛將軍孫恩、偏將軍孫幹、長水校尉孫闓分別駐守各軍營，想以此專斷朝政，鞏固自己的勢力。孫亮內心疑忌孫綝，就追查公主魯育被殺的始末，怒斥虎林督朱熊、朱熊的弟弟外部督朱損沒有糾正孫峻的所作所為，便下令丁奉在虎林謀殺朱熊，在建業殺掉朱損。孫綝入宮勸諫，孫亮不聽，孫亮便與公主魯班、太常全尚、將軍劉承商議誅殺孫綝。孫亮的妃子是孫綝堂姐的女兒，將這個密謀告訴了孫綝。孫綝率領部眾連夜襲擊全尚，派弟弟孫恩在蒼龍門外殺了劉承，接著包圍皇宮。又派光祿勳孟宗到宗廟祭告先祖，要廢黜孫亮，又召集各官署官員商議說：「年輕的皇帝荒淫昏亂，不能身處皇位，主持宗廟祭祀，已經祭告先帝將他廢黜。各位大臣如有不同意的，提出異議。」大臣們全都震驚恐懼，說：「我們完全聽從將軍的命令。」孫綝派遣中書郎李崇奪取了孫亮的印璽和綬帶，將孫亮的罪狀向各地宣布。尚書桓彝不肯簽名，孫綝惱怒，將他殺了。

5 典軍施正勸說孫綝徵召琅邪王孫休立為皇帝，孫綝聽從了他的意見，派遣宗正孫楷向孫休呈遞文書說：「我孫綝才能薄弱，被授予重任，卻不能輔佐引導皇上。近月以來，皇上在多處興建土木，寵信劉承，喜好美色，徵調官民女子，挑選其中漂亮的，留在宮裏，選取十八歲以下的兵家子弟三千多人，在苑囿中訓練，夜以繼日，大呼小叫，損壞了武庫中的矛戟五千多枝，用來作為遊戲器具。朱據是先帝時的老臣，兒子朱熊、朱損都繼承了父親的基業，以忠義自立，當初殺害小公主魯育，本就是大公主魯班所中傷的，皇帝不去細察事情的來龍去脈，就殺了朱熊、朱損，也不接受勸諫，羣臣沒有不在背後嘆息的。皇帝在宮中製作小船三百多艘，用金銀做成，技工晝夜不停的打造。太常全尚，歷代蒙受國恩，卻不能督察各宗親家屬，而全端等人獻城降魏。全尚地位十分尊貴，竟沒有一句話用來勸諫陛下，卻和敵國往來，派人傳遞國家的信息，我擔心必定會危害國家。依照過去的典章制度，天命集於大王身上，就在本月二十七日捉拿全尚，斬了劉承。廢皇帝為會稽王，派孫楷前去奉迎。百官嚮慕，站立路旁恭候。」

6 孫綝派將軍孫耽遣送孫亮前往封國，流放全尚到零陵，公主魯班到豫章。孫綝更加志得意滿，輕慢民眾崇信的神靈，竟燒毀大橋頭的伍子胥廟，又毀壞佛寺，斬殺僧人。孫休即位之後，孫綝自稱草野之臣，到皇宮呈上表章說：「臣私下自我省察，才能不足以當國家棟梁，只因是皇帝的近親，地位才居於眾臣之上，損害了國家的形象，敗壞了皇帝的名聲，罪行明顯暴露，想到我的錯誤和過失，日夜擔憂害怕。臣聽說上天輔助誠信之人，必定親近有德之君，所以周幽王和周厲王喪失了為君的準則，周宣王使國家再次興盛，陛下聖明賢德，繼承帝位，應該得到優秀的輔臣，用來協助實現和諧興盛。雖然唐堯時興盛，還要尋求后稷和殷契的輔佐，用來協助實現英明神聖的德行。古人曾說：『施展才力任職，不能勝任就該辭職。』臣雖竭力施展自己的能力，卻無益於各種政務，謹此呈上印璽、綬帶、符節和黃鉞，退歸故里，用來讓路給賢才。」孫休召見慰留他。又下詔書說：「我因為沒有德行，當藩王鎮守於外，碰到這個時機，眾位王公大夫來到我的身旁，讓我奉祀宗廟。因此我感到茫然，如臨深淵，如履薄冰。大將軍忠誠的計謀發自內心，匡扶危急，安定傾覆，使國家安康，功勳顯赫。從前漢宣帝即位，霍光尊貴顯耀，褒揚德行，獎賞功績，是古今通行的道理。現在任大將軍為丞相、荊州牧，食邑五個縣。」孫恩任御史大夫、衛將軍。孫據任右將軍，都封為縣侯。孫幹任雜號將軍，封為亭侯。孫闓也封為亭侯。孫綝一家五人封侯，都掌管京城禁衛軍，權傾人主，是吳國朝臣中不曾有過的。

1 綝奉牛酒❶詣休，休不受。齎詣左將軍張布，酒酣，出怨言曰：「初廢少主時，多勸吾自為之者。吾以陛下賢明，故迎之。帝非我不立，今上禮見拒，是與凡臣無異，當復改圖❷耳。」布以言聞休❸，休銜之❹，恐其有變，數加賞賜，又復加恩侍中，與綝分省❺文書。或有告綝懷怨侮上欲圖反者，休執以付綝，綝殺之，由是愈懼，因孟宗求出屯武昌，休許焉，盡敕所督中營❻精兵萬餘人，皆令裝載❼，所取武庫兵器，咸令給與。將軍魏邈❽說休曰「綝居外必有變」，武衛士施朔❾又告「綝欲反有徵❿」。休密問張布，布與丁奉謀於會⓫殺綝。

2 永安⓬元年十二月丁卯⓭，建業中謠言明會⓮有變，綝聞之，不悅。夜大風發木⓯揚沙，綝益恐。戊辰臘會⓰，綝稱疾。休彊起之，使者十餘輩⓱，綝不得已，將入，眾止焉。綝曰：「國家屢有命，不可辭。可豫⓲整兵，令府內起火，因是可得速還。」遂入，尋⓳而火起，綝求出，休曰：「外兵自多，不足煩丞相也。」綝起離席，奉、布目左右⓴縛之。綝叩首㉑曰：「願徙交州㉒。」休曰：「卿何以不徙滕胤、呂據？」綝復曰：「願沒為官奴㉓。」休曰：「何不以胤、據為奴乎！」遂斬之。以綝首令其眾曰：「諸與綝同謀皆赦。」放仗㉔者五千人。闓乘船欲北降，追殺之。夷三族。發㉕孫峻棺，取其印綬，斲其木㉖而埋之，以殺魯育等故也。

3 綝死時年二十八。休恥與峻、綝同族，特除其屬籍㉗，稱之曰故峻、故綝云。休又下詔曰：「諸葛恪、滕胤、呂據蓋以無罪為峻、綝兄弟所見殘害，可為痛心，促皆改葬，各為祭奠。其罹㉘恪等事見遠徙者，一切㉙召還。」

【章　旨】以上為〈孫綝傳〉的第二部分，描寫了孫休與丁奉、張布謀議誅殺孫綝，貶斥孫峻，以及為諸葛恪、滕胤、呂據等人平反昭雪的情況。

【注　釋】❶牛酒　牛肉和酒。是古代人們饋贈、宴請、祭祀的常用物品。❷改圖　改變計畫。❸聞休　告訴孫休。❹銜之　將這件事藏在心中。❺分省　分頭審閱。❻中營　即中軍。❼裝載　裝船。《資治通鑑・魏紀》高貴鄉公甘露三年胡三省注曰：「吳人謂裝船為裝載。綝欲以此兵自隨，上武昌。載，才再翻。車船裝物皆曰載，《詩》云：『載輸爾載。』」❽魏邈　吳將軍，事跡不詳。❾武衛士施朔　武衛士，武衛營的士兵。武衛營由武衛將軍統領，是保衛皇帝的衛隊。當時武衛營由孫綝兄弟控制。施朔，人名。事跡不詳。❿徵　徵兆；跡象。⓫會　指臘會，即臘日祭祀眾神的聚會。漢代以冬至後第三個戌日為「臘日」，合祭眾神。據本書卷五十五〈丁奉傳〉載：「孫休即位，與張布謀，欲誅孫綝。」「休召奉告曰：『綝秉國威，將行不軌，欲與將軍誅之。』奉曰：『丞相兄弟友黨甚盛，恐人心不同，不可卒制，可因臘會，有陛下兵以誅之也。』休納其計，因會請綝，奉與張布目左右斬之。」⓬永安　吳景帝孫休年號，西元二五八－二六四年。⓭丁卯　農曆初七日。⓮明會　明天的臘祭聚會。⓯發木　連根拔出樹木。⓰戊辰臘會　八日舉行臘祭聚會。丁卯的次日是戊辰，按：孫吳的禮制，十二月的第一個戊辰日是舉行冬季大祭的日子，到時君臣要在朝廷聚會，稱為臘會。⓱輩　批。⓲豫　通「預」。事先。⓳尋　隨即。⓴目左右　向手下人使眼色。㉑首　原作「頭」，今從宋本。㉒交州　州名。治所在今廣東廣州。三國吳治所在今越南河內東北。㉓沒為官奴　淪為官家奴才。沒，沒身。古代刑罰的一種，犯罪者本人或家屬被沒收入官，成為沒有人身自由的奴隸。官奴，在官府中供差遣的奴隸。㉔仗　兵器。㉕發　打開。㉖斲其木　把棺材木板的厚度砍薄，表示貶低身分。《資治通鑑・魏紀》高貴鄉公甘露三年胡三省作注曰：「古者棺椁厚薄皆有度，斲而薄之以示貶。」斲，砍削。㉗屬籍　在宗族親屬記錄名冊上的登記名字。除去屬籍，即不承認其宗族成員身分。㉘罹　遭遇。㉙一切　一律。

【語　譯】孫綝進獻牛肉和酒前去朝見孫休，孫休不接受。孫綝帶著這些東西拜訪左將軍張布，酒喝到盡興時，孫綝口出怨言說：「當初廢黜少帝時，很多人勸我自立為帝。我認為皇上賢明，所以迎接他入京。皇帝沒有我，就不能即位，如今我奉上禮物卻被拒絕，這證明我與一般大臣沒有兩樣，我應當再改變計畫了。」張布將這些話告訴孫休，孫休將這些話放在心上。擔心孫綝有變，多次賞賜他，又再加封孫恩為侍中，與孫綝分頭審閱文書。有人告發孫綝心懷怨恨，侮辱皇上，圖謀造反，孫休拘捕此人交給孫綝，孫綝殺了他，從此更加惶恐。他透過孟宗請求外放屯守武昌，孫休答應了，命孫綝統領的中軍精兵一萬多人，全部隨船同往，孫綝要求從武庫取出的兵器，全都如數給他。將軍魏邈勸孫休「孫綝駐防在外必生變亂」，武衛士施朔又稟告說「孫綝已有想造反的跡象」。孫休祕密詢問張布，張布和丁奉謀劃在臘日時殺掉孫綝。

2 永安元年十二月初七日，建業城謠傳第二天臘祭聚會有變故，孫綝聽說後，很不高興。當晚狂風大作，樹被連根拔起，沙塵飛揚，孫綝更加恐懼。初八日臘祭聚會，孫綝假稱有病。孫休極力請他，派出使者十多批，孫綝不得已，準備入宮，眾人阻攔他。孫綝說：「皇上多次下詔，不能推辭。可以事先布署兵力，讓府邸內起火，藉此我得以迅速返回。」孫綝於是入宮，不久府邸起火，孫綝要求出宮回家，孫休說：「外面自有很多士兵，不足以煩勞丞相。」孫綝起身離席，丁奉、張布向手下人使眼色捆綁孫綝。孫綝磕頭說：「願意流放到交州。」孫休說：「你為什麼不流放滕胤、呂據？」孫綝又說：「願意沒身充當官家奴隸。」孫休說：「為什麼不將滕胤、呂據沒為官奴呢！」於是斬了孫綝。拿著孫綝的首級命令他的部眾說：「所有和孫綝同謀的人都予以赦免。」當時放下武器的部眾有五千人。孫闓乘船想北降曹魏，被追上殺掉了。誅滅了孫綝家三族。挖出孫峻的棺槨，取出他的璽印綬帶，將棺材板砍薄再埋葬，因為他殺害魯育等人的緣故。

3 孫綝死時二十八歲。孫休以與孫峻、孫綝同族為恥，特別在宗族屬籍上除去了他們的名字，稱他們為故峻、故綝。孫休又下詔令說：「諸葛恪、滕胤、呂據都是因為無罪被孫峻、孫綝兄弟殘酷殺害，讓人痛心，迅速把他們全部改葬，分別為他們祭奠。那些遭受諸葛恪等人的事牽連而被流放邊遠地方的人，一律召他們回來。」

1 濮陽興，字子元，陳留❶人也。父逸，漢末避亂江東❷，官至長沙❸太守。興少有士名❹，孫權時除上虞令❺，稍遷至尚書左曹❻，以五官中郎將❼使蜀，還為會稽太守。時琅邪王休居會稽，興深與相結。及休即位，徵興為太常衛將軍、平軍國事❽，封外黃侯。

2 永安三年，都尉嚴密建丹楊湖田❾，作浦里塘❿。詔百官會議⓫，咸以為用功多而田不保成，唯興以為可成。遂會諸兵民就作，功傭之費不可勝數，士卒死亡，或自賊殺⓬，百姓大怨之。

3 興遷為丞相，與休寵臣左將軍張布共相表裏⓭，邦內失望。

4 七年七月，休薨。左典軍萬彧素與烏程侯孫晧善⓮，乃勸興、布，於是興、布廢休適子⓯而迎立晧。晧既踐阼，加興侍郎⓰，領青州牧。俄彧譖興、布追悔前事⓱。十一月朔⓲入朝，晧因收興、布，徙廣州⓳，道追殺之，夷三族。

【章旨】以上為〈濮陽興傳〉，敘述濮陽興的身世，揭示他因慮不經國，附同張布之邪惡，聽信萬彧之說，最後導致身誅族滅。

【注釋】❶陳留　郡名。治所在今河南開封東南。❷江東　這裏指長江下游以南地區。❸長沙　郡名。治所在今湖南長沙。❹有士名　有才子的美名。❺除上虞令　任命為上虞縣令。除，任命。古代授官職稱除，即除舊官，授新職之意。上虞，縣名。治所在今浙江上虞。❻稍遷至尚書左曹　逐漸升至尚書左曹。稍，逐漸。遷，升任。尚書左曹，官名。尚書是協助皇帝處理政務的官員。吳國在尚書下面又設置選曹、戶曹、左曹、賊曹，分別處理有關事務。尚書左曹，負責工程興修，管理鹽池、園林等。❼五官中郎將　官名。統領五官署的郎官，為皇帝的侍從官。❽平軍國事　官名。官員在本職之外，兼及參與評議決定軍隊和國家的事務。❾都尉嚴密句　都尉嚴密建議在丹楊圍湖造田。都尉，官名。西漢時郡置都尉，協助郡太守並掌管本郡軍事。東漢時廢除，僅在邊郡或關塞之地置都尉及屬國都尉，並逐漸分縣治民，職如郡太守。領兵之都尉，位在將軍、校尉之下。嚴密，吳官吏。吳永安三年（西元二六〇年），任都尉。建，建議。湖田，圍湖造田。❿浦里塘　陂堰名。在今安徽當塗東與江蘇高淳、溧水交界處的石臼湖。⓫會議　一起商議。⓬自賊殺　自相殘殺。這是為逃避苦役。⓭共相表裏　互相內外勾結。當時張布統領禁衛軍保衛宮廷，而濮陽興為丞相，總攬朝廷行政機構，所以兩人互為表裏。⓮左典軍萬彧句　左典軍萬彧向來和烏程侯孫皓友善。左典軍，官名。吳置中、左、右三典軍，主領營兵。萬彧，初為烏程令、左典軍，與孫皓相好。孫休死後，進言力主立皓為帝，甚受皓寵愛。後升任常侍、右丞相。事跡散見於本書卷四十八〈孫皓傳〉及裴松之注引《江表傳》、卷六十一〈陸凱傳〉。烏程，縣名。治所在今浙江吳興南。孫皓，字元宗。一名彭祖，字皓宗，孫權之孫，孫和之子，吳郡富春（今浙江富陽）人。初封烏程侯，後為羣臣擁立為帝。粗暴驕淫，好酒色。誅殺丞相濮陽興、左將軍張布。後降晉，吳國滅亡。詳見本書卷四十八〈孫皓傳〉。⓯適子　正妻所生長子。按宗法制規定，該長子擁有繼嗣權。⓰侍郎　官名。秦漢郎中令屬官，為宮廷近侍，亦為備用官員，可出補地方長吏令長。盧弼《三國志集解》曰：「宋本作侍中。錢大昕曰：『興位為丞相，何緣更加侍郎，此必誤。宋本作中郎，亦未可據，官本《考證》同。』弼按：宋本作侍中，錢說誤。沈欽韓曰：『興已為丞相，當加官侍中，作侍郎者誤也。』李慈銘曰：『此蓋侍中之誤傳。言綝弟恩為御史大夫，復加侍中即此比也。丞相與御史大夫為兩府官，尊相亞而加侍中，則兼內職為親臣，六朝三公必加侍中，此其濫觴矣。』」⓱前事　指立孫皓為帝一事。⓲朔　農曆每月初一日。⓳廣州　州名。治所在今廣東廣州。

【語譯】濮陽興，字子元，陳留郡人。父親濮陽逸，東漢末年躲避戰亂到達江東，官至長沙太守。濮陽興年少就有才子的美名，孫權時任命為上虞令，逐漸升任尚書左曹，以五官中郎將的身分出使蜀國，返回後任會稽太守。當時琅邪王孫休住在會稽，濮陽興和他結為深交。到了孫休即位後，徵召濮陽興任太常衛將軍、平軍國事，封為外黃侯。

2 永安三年，都尉嚴密建議在丹楊圍湖造田，修築浦里塘。孫休下詔令百官共同商議，大家都認為費工多，而湖田卻不保證能成，只有濮陽興認為可成。於是聚集眾多士兵百姓前去施工，勞力和費用多得不可勝數，士卒死亡，或者自相殘殺，百姓大為怨恨。

3 濮陽興升任丞相，與孫休寵臣左將軍張布內外互相勾結，國人大失所望。

4 永安七年七月，孫休去世。左典軍萬彧一向和烏程侯孫皓友善，就勸說濮陽興、張布廢黜了孫休的嫡長子而迎立孫皓。孫皓即位後，加封濮陽興為侍郎，兼任青州牧。不久，萬彧誣陷濮陽興、張布追悔先前立孫皓為帝一事。十一月初一日入朝時，孫皓乘機拘捕濮陽興、張布，流放到廣州，又派人在途中將他們追殺，夷滅三族。

評曰：諸葛恪才氣幹略，邦人所稱，然驕且吝❶，周公無觀，況在於恪？矜己陵人，能無敗乎！若躬行所與陸遜及弟融之書，則悔吝❷不至，何尤禍❸之有哉？滕胤厲修士操❹，遵蹈規矩，而孫峻之時猶保其貴，必危之理也。峻、綝凶豎盈溢❺，固無足論者。濮陽興身居宰輔❻，慮不經國❼，協張布之邪❽，納萬彧之說，誅夷其宜矣。

【章旨】以上為陳壽對諸葛恪、滕胤、孫峻、孫綝、濮陽興等人的評價，並分析他們最後遭到誅殺的緣由。

【注釋】❶驕且吝　驕傲而且吝嗇。語出《論語・泰伯》：「子曰：『如有周公之才之美，使驕且吝，其餘不足觀也已。』」❷悔吝　悔恨。❸尤禍　過錯和災禍。尤，罪過；過錯。❹厲修士操　勉勵自己培養士人的節操。厲，磨練；勉勵。修，整治；培養。❺凶豎盈溢　兇狠小人，惡貫滿盈。豎，豎子；小人。對人的蔑稱。盈溢，自滿。❻宰輔　皇帝的輔政大臣。一般指丞相與三公。❼慮不經國　思慮沒有放在治理國家上。慮，思慮。經，治理。❽邪　邪惡。

【語譯】評論說：諸葛恪的才華氣質，精幹謀略，被國人所稱讚，然而驕傲吝嗇，即使像周公那樣的人，如果有這些缺點都不足取，何況諸葛恪呢？誇耀自我，欺淩他人，能不失敗嗎！如果他能親身力行給陸遜及弟弟諸葛融信中所說的，那麼悔恨就不會有，怎麼會有過錯和災禍呢？滕胤勉勵自己培養士人的節操，循規蹈矩，然而在孫峻之時還保持顯貴，這是他必遭危險的原因。孫峻、孫綝是兇狠小人，惡貫滿盈，本來就不值得評論。濮陽興身居宰輔的地位，思慮不放在治理國家上，卻附和張布的邪惡，採納萬彧的勸說，被殺身滅族是理所當然的。

【研　析】本卷敘述了諸葛恪、滕胤、孫峻、孫綝和濮陽興等五個人的生平事跡。這五個人可分為兩種類型：一是孫吳政權中的中堅分子；一種是皇室宗族成員。他們之中有的具有才華氣質，精幹謀略，為時人所稱道；有的注重節操，循規蹈矩；而有的卻爭權奪利，惡貫滿盈。他們不管是有功之臣，還是兇豎小人，最終有四人被誅殺。這是為什麼？本書作者陳壽在卷末評論中已有精闢透澈的分析，沿著他的思路再探尋下去，我們還可以從中探究出更深層次的原因。

首先來看諸葛恪。他「少有才名，發藻岐嶷，辯論應機，莫與為對」（本傳裴松之注引《江表傳》），一走上政壇，便得到孫權的器重。他為「太子登講論道藝」，又「節度掌軍糧穀」，還領兵平定丹楊等地的山越，很快成為孫吳中後期軍政舞臺上一位重量級的人物，孫權詔令「有司諸事一統於恪」，「朝臣咸皆注意於恪」。但他在一帆風順的征途中，忘卻了自己在孫吳統治集團中孫氏宗族勢力、江東本土大族和江北流寓人士這三種勢力演出的爭鬥活劇中，所扮演的只是孫權用北方僑寓士人勢力來抑制江東大族勢力膨脹所使用的一名馬前卒的角色，他所代表的只能是士族地主的根本利益，絕不可能反其道而行之。顯然他「興功暴師，未期三出，虛耗士民，空竭府藏」，不僅嚴重侵害了士族大地主的既得利益，而且也違反了孫權「限江自保」的既定方針，從而引起「百姓騷動」，「眾庶失望」是必然的。加之他雖為大將軍，主持軍國大事，但他缺乏名望，對戰略部署、戰術安排等也沒有細緻而縝密的考慮，所以違眾出軍不能取勝，從而使自己陷於困境。另外他一主政，就「罷視聽，息校官，原逋責，除關稅，事崇恩澤」。雖然這些措施使「眾莫不悅」，但和出兵伐魏一樣遭到了江東本土大族激烈的反對和抵制，加之他「素性剛愎，矜己凌人」，導致兵敗於外，政亡於內，成為「民之所怨，眾之所嫌」。最終造成他本人和家族遭到毀滅性的打擊。對諸葛恪這樣的結局，當時有識之士早有預見。本書卷二十八〈鄧艾傳〉記載鄧艾在得知諸葛恪圍合肥新城，不克，退歸時，就對司馬師說：「孫權已沒，大臣未附，吳名宗大族，皆有部曲，阻兵仗勢，足以建命。恪新秉國政，而內無其主，不念撫恤上下以立根基，競於外事，虐用其民，悉國之眾，頓於堅城，死者萬數，載禍而歸，此恪獲罪之日也。昔子胥、吳起、商鞅、樂毅皆見任時君，主沒而敗。況恪才非四賢，而不慮大患，其亡可待也。」後來事態的發展，正為鄧艾所言中。而諸葛恪由於他性格輕佻、粗疏，至死仍不明瞭會遭厄命。在孫權病危，召恪輔政之時，大司馬呂岱曾告誡他說：「世方多難，子每事必十思。」恪以為聖人講「三思而後行」、「再思可矣」，何必責我「十思」呢？久思不得其解。時人虞喜在《志林》一書中評曰：「此元遜之疏，乃機神不懼者也。」（見本傳裴松之注引）這點明了諸葛恪不知道建業政局之複雜，他始終不明瞭原來那個幫他保住權位的孫峻為何會利用他晉見孫亮之機刺殺他。這是諸葛恪的悲劇所在。

再說滕胤和濮陽興。滕胤少有節操，他為官時，「白日接賓客，夜省文書，或通曉不寐」，在所有任職之處都得到人們的稱讚。他曾勸諫諸葛恪率眾伐魏，在與孫綝爭奪權位鬥爭中不甘示弱，最後只是因為他一直保持顯貴地位，不得不在與孫綝的交戰中兵敗被殺，夷滅三族。濮陽興少有士名，官至丞相。只因他雖身居要職，卻「慮不經國」，而「與休寵臣左將軍張布共相表裏」，又聽信萬彧共立孫皓為帝的勸說，最後反被誣陷而被誅殺，夷三族。這兩人的根本弱點就在於沒有政治鬥爭經驗，書生氣十足。

孫峻、孫綝之所以「固無足論」，並不完全是因為他們是孫吳宗室成員，又驕奢淫逸，無所作為。根本的原因是四個字，即陳壽所評論的「凶豎盈溢」。孫峻「素無重名，驕矜險害，多所刑殺」，「又姦亂宮人，與公主魯班私通」。他不僅妒嫉賢能，見呂據「御軍齊整」而「惡之」。而且殘害忠良，親手殺害諸葛恪。他知自己壞事做盡，連做夢都「為諸葛恪所擊」，最後「恐懼發病死」，真是死有餘辜！孫綝「負貴倨傲，多行無禮」，他「一門五侯，皆典禁兵，權傾人主，自吳國朝臣未嘗有」。他官位的升遷完全是建立在殺害其對手的基礎之上的。孫峻死後，他只任侍中武衛將軍，領中外諸軍事，代知朝政。但一殺敵手滕胤，便遷大將軍，假節，封永寧侯。因將軍王惇參與孫慮的密謀，他先下手為強殺王惇。因朱異不願領兵與魏軍拼力死戰，孫綝將他殺於鑊里。又因尚書桓彝對孫綝廢黜孫亮「不肯署名」，而「怒殺之」。孫休將「有告綝懷怨侮上欲圖反者」，「執以付綝」，他又「殺之」。這樣一個擅殺朝臣的罪人，自然逃脫不了歷史的懲罰，最後身敗名裂，這就是歷史的邏輯。(余鵬飛注譯)

# 卷六十五　吳書二十

## 王樓賀韋華傳第二十

【題解】本卷是《三國志・吳書》記載吳國臣僚中的第十四篇列傳，敘述王蕃、樓玄、賀邵、韋曜、華覈等五位大臣的事跡。他們在孫吳朝政最為腐敗之時不畏權勢、強力進諫，表現出厲志高潔、堅持真理的高貴品質。他們中有的因為不願做察言觀色、阿順旨意的事而遭到指責，最終被昏闇的君主誅殺於殿前；有的因奉法行事而受到誣陷，被逼迫自殺；有的因為秉公正直，揭露時弊，而遭昏君忌恨，被拷打誅殺。他們悲慘的結局告訴我們一個真理：得人者昌，失人者亡。吳國的滅亡勢在必然。

1 王蕃，字永元，廬江❶人也。博覽多聞，兼通術藝❷。始為尚書郎❸，去官。孫休❹即位，與賀邵、薛瑩❺、虞汜❻俱為散騎中常侍❼，皆加駙馬都尉❽。時論清之。遣使至蜀，蜀人稱焉，還為夏口監軍❾。

2 孫晧❿初，復入為常侍⓫，與萬彧⓬同官。彧與晧有舊⓭，俗士挾侵⓮，謂蕃自輕[15]。又中書丞陳聲[16]，皓之嬖臣[17]，數譖毀[18]蕃。蕃體氣高亮[19]，不能承顏順指，時或迕意[20]，積以見責[21]。

3 甘露[22]二年，丁忠[23]使晉還，皓大會羣臣，蕃沉醉頓伏[24]，皓疑而不悅，轝[25]蕃出外。頃之請還，酒亦不解。蕃性有威嚴，行止自若[26]，皓大怒，呵左右於殿下斬之。衛將軍滕牧[27]、征西將軍留平[28]請，不能得[29]。

4 丞相陸凱[30]上疏曰：「常侍王蕃黃中通理[31]，知天知物，處朝忠蹇[32]，斯社稷之重鎮[33]，大吳之龍逢[34]也。昔事景皇[35]，納言[36]左右，景皇欽嘉，歎為異倫[37]。而陛下忿其苦辭[38]，惡其直對[39]，梟[40]之殿堂，尸骸暴棄，郡內[41]傷心，有識悲悼。」其痛蕃如此。蕃死時年三十九，皓徙蕃家屬廣州[42]。二弟著、延皆作佳器[43]，郭馬起事[44]，不為馬用，見害。

【章　旨】以上為〈王蕃傳〉，敘述王蕃一生的事跡，並通過陸凱的上疏，揭露王蕃被孫皓斬殺於大殿之下的真正原因。

【注　釋】❶盧江　郡名。漢治所在今安徽盧江縣西南。三國魏、吳於境內各置盧江郡：魏治所在今安徽六安北；吳治所在今安徽潛山縣。❷術藝　即術數，指天文、曆算、陰陽五行等具有專門性理論和計算的技能。《晉書・天文志》：「至吳時，中常侍盧江王蕃善數術，傳劉洪《乾象曆》，依其法而製渾儀。」可知王蕃擅長天文，並動手製作了渾天儀。❸尚書郎　官名。東漢之制，取孝廉之有才能者入尚書臺，初入臺稱守尚書郎中，滿一年稱尚書郎，三年稱侍郎。尚書臺又分曹辦事，每曹主管官員稱尚書，尚書之下有尚書郎，負責起草本曹文書。❹孫休　字子烈，孫權第六子。吳郡富春（今浙江富陽）人。初封為琅邪王。吳太平三年（西元二五八年）孫亮廢後，被孫綝等羣臣立為皇帝。後與張布合謀誅殺孫綝。詔令廣開農田，輕其賦稅。詳見本書卷四十八〈孫休傳〉。❺薛瑩　字道言，沛郡竹邑（今安徽宿縣）人。薛綜子。初為祕府中書郎。孫皓初，為左執法，遷選曹尚書，又領太子少傅。督萬人鑿聖谿以通江淮，以多盤石難施功，無功而還，出為武昌左部督。後皓追聖谿事，入獄，徙廣州。又被召回撰《吳書》，為左國史。多次上疏，陳緩刑簡役，以濟育百姓。吳亡，瑩寫降文。仕晉為散騎常侍。詳見本書卷五十三〈薛綜傳〉。❻虞汜　字世洪，會稽餘姚（今浙江餘姚）人，虞翻第四子。孫綝廢亮，欲入宮圖謀不軌，汜正言責之。孫休即位，任散騎中常侍。以討扶嚴有功，拜交州刺史、冠軍將軍，封餘姚侯。詳見本書卷五十七〈虞翻傳〉及裴松之注引《會稽典錄》。❼散騎中常侍　官名。三國吳置。曹魏初將散騎合於中常侍，稱散騎常侍。掌侍從皇帝和規諫之事。吳稱散騎中常侍，職掌與魏同。❽駙馬都尉　官名。漢武帝時初置。掌皇帝副車之馬，為侍從親近之職。後多以宗室及外戚諸人充任。魏晉以後，帝婿例加駙馬都尉稱號，簡稱「駙馬」。❾夏口監軍　夏口，地名。漢水注入長江口，即今湖北武漢漢陽。監軍，官名。負責監督、協調軍事行動，考核軍功賞罰等。❿孫皓　字元宗，吳郡富春（今浙江富陽）人。孫權孫，孫和子。一名彭祖，字皓宗。初任烏程侯。為濮陽興、張布等擁立為帝。在位期間，專橫殘暴，奢侈荒淫，大失民心。後晉六路出兵攻吳，他歸降稱臣。詳見本書卷四十八〈孫皓傳〉。⓫常侍　官名。侍從皇帝，掌管文書、詔令。「中常侍」或「散騎常侍」的簡稱。⓬萬彧　初為烏程令、左典軍，與孫皓相好。孫休死後，進言力主立皓為帝，甚受皓寵愛。後升任常侍、右丞相。事跡散見於本書卷四十八〈孫皓傳〉及裴松之注引《江表傳》、卷六十一〈陸凱傳〉。⓭有舊　有老交情。⓮挾侵　排擠打擊。挾，用胳膊夾住；擠，擠壓。侵，進攻；打擊。⓯自輕　輕視自己。輕，看不起；貶低。⓰中書丞陳聲　中書丞，官名。三國時吳置，為中書監、令的屬官。掌管機密，參與決策，發布詔令。陳聲，孫皓時為中書丞、司市中郎將。素為孫皓寵臣。以對孫皓愛妾使人至市劫奪百姓財物繩之以法，觸怒皓。皓假借他事燒鋸斷其頭，將其身扔於四望之下。詳見本書卷四十八〈孫皓傳〉。⓱嬖臣　寵信之臣。⓲譖毀　誣衊陷害。譖，說壞話誣陷別人。⓳體氣高亮　性格習氣清高坦誠。⓴迕意　違背了皇帝的意志。迕，違反。㉑責　責備；指責。㉒甘露　吳末帝孫皓年號，西元二六五—二六六年。㉓丁忠　初為吳五官中郎將。吳寶鼎元年（西元二六六年），奉命與大鴻臚張儼使晉弔祭晉文帝。㉔頓伏　倒伏在地上。㉕轝　用車載著。㉖行止自若　行為舉止如同平常一樣。自若，如常。㉗衛將軍滕牧　衛將軍，官名。位次上卿，掌京師兵衛和邊防屯警。滕牧，本名密，避丁密，改名牧。北海劇（今山東昌樂）人。大司馬滕胤同宗。初，胤誅滅，牧以宗族流徙邊郡。孫休即位，赦還，為五官中郎。孫皓即位，以其女為皇后，遂封為高密侯，拜衛將軍，錄尚書事。後皇后寵漸衰，牧被遣居蒼梧郡，憂死於途中。詳見本書卷五十〈滕夫人傳〉。㉘征西將軍留平　征西將軍，官名。位次三公。留平，會稽長山（今浙江金華）人。留贊次子。先後任征西將軍、左將軍。為智略名將。對陸凱等人欲廢孫皓立孫休之子，他拒而不許。事跡散見於本書卷六十一〈陸凱傳〉、《三國志．孫峻傳》裴松之注引《吳書》。㉙得　獲得。這裏指獲准。㉚陸凱　字敬風，吳郡吳（今江蘇蘇州）人。初為永興、諸暨長，所在有治績。孫休即位，拜征北將軍，假節，領豫州牧。孫皓時，遷左丞相。對當時政事多謬，黎元窮匱的情況極力勸諫，表疏皆指事不飾，忠懇內發。詳見本書卷六十一〈陸凱傳〉。㉛黃中通理　喻心懷美德，通達事理。語出《周易．坤卦》：「君子黃中通理，正位居體，美在其中，而暢於四支，發於事業，美之至也。」黃色居於五色之中，故為中和之色。中，是指內在的本性。黃中，是說內德之美。通理，通曉事物的道理。㉜忠謇　忠誠正直。㉝社稷之重鎮　國家的柱石。社，土神。稷，穀神。古代天子、諸侯都要祭祀社、稷，故常用社稷代表國家。重鎮，猶言柱石。㉞龍逢　即關龍逢，夏桀時為大夫。桀作酒池，荒於政事，他引黃圖多次勸諫，被桀指為妖言而將其囚禁殺害。詳見《韓詩外傳》。㉟景皇　指孫休。孫休死後，「謚曰景皇帝」。詳見本書卷四十八〈孫休傳〉。㊱納言　進言。㊲異倫　與同僚不同。倫，同類。㊳苦辭　苦口勸說。指逆耳的忠言。㊴直對　直率的對答。㊵梟　殺人後將其頭割下懸於木樁上示眾。㊶郡內　指巴丘郡內民眾。當時陸凱以鎮西大將軍的身分都督巴丘。㊷廣州　州名。治所在今廣東廣州。㊸佳器　指傑出的人才。㊹郭馬起事　郭馬起兵反叛。據本書卷四十八〈孫皓傳〉載，吳天紀三年（西元二七九年），桂林太守修允死，其部將郭馬與部曲將何典等人起兵反叛，攻殺廣州督虞授。馬自號都督交、廣二州諸軍事、安南將軍。後為官軍所擊破。

**【語　譯】**王蕃，字永元，廬江郡人。他博覽羣書，見多識廣，同時精通天文曆法。起初任尚書郎，辭官去職。孫休即帝位後，他與賀邵、薛瑩、虞汜同時任散騎中常侍，都加官為駙馬都尉。當時輿論認為他們清正。王蕃受派遣出使蜀國，蜀國人稱讚他，回來後任夏口監軍。

2 孫皓即位之初，王蕃再次入宮任常侍，與萬彧官職相同。萬彧和孫皓有舊交，一些庸俗之人排擠打擊王蕃，說王蕃輕視自己。另外中書丞陳聲，是孫皓寵臣，多次詆毀王蕃。王蕃的性格習氣清高坦誠，不看人臉色曲意逢迎，有時違背皇帝的心意，次數多了就受到孫皓的責備。

3 甘露二年，丁忠出使晉國回來，孫皓設宴大會羣臣，王蕃大醉倒在地上，孫皓懷疑他裝醉，因而不高興，用車子載他出去。不久王蕃請求回來，酒仍未醒。王蕃生性有威嚴，行為舉止一如往常，孫皓大怒，喝令侍衛在大殿下將他斬首。衛將軍滕牧、征西將軍留平為他求情，沒有獲准。

4　丞相陸凱上疏說：「常侍王蕃心懷美德，通達事理，懂得天文，知曉萬物，置身朝廷忠誠正直，是國家的柱石，吳國的關龍逢。從前他事奉景皇帝，在景皇身邊進獻良言，景皇敬重並嘉許他，稱讚他不同於其他臣僚。而陛下卻惱怒他的苦心勸諫，憎惡他的直言對答，將他斬首在殿堂之上，曝屍荒野，郡內百姓替他傷心，有識之士為他悲悼。」他痛惜王蕃到了這種地步。王蕃死時三十九歲，孫皓將他的家屬流放到廣州。他的兩個弟弟王著、王延都是傑出人才，郭馬起兵時，不替郭馬效命，被殺害。

1　樓玄，字承先，沛郡蘄❶人也。孫休時為監農御史❷。孫皓即位，與王蕃、郭逴❸、萬彧俱為散騎中常侍，出為會稽❹太守，入為大司農❺。舊禁中主者❻自用親近人作之，彧陳親密近職❼，宜用好人，皓因敕有司❽，求忠清之士，以應其選，遂用玄為宮下鎮禁中候❾，主殿中事。玄從九卿❿持刀侍衛，正身率眾，奉法而行，應對切直⓫，數迕皓意，漸見責怒。後人誣白⓬玄與賀邵相逢，駐⓭共耳語大笑，謗訕⓮政事，遂被詔詰責⓯，送付廣州。

2　東觀令華覈⓰上疏曰：「臣竊以治國之體⓱，其猶治家。主田野者⓲，皆宜良信。又宜得一人總其條目，為作維綱，眾事乃理。論語曰：『無為而治者其舜也與！恭己正南面而已。⓳』言所任得其人，故優游而自逸也。今海內未定，天下多事，事無大小，皆當關聞⑳，動經御坐㉑，勞損聖慮。陛下既垂意㉒博古，綜極藝文㉓，加勤心好道㉔，隨節致氣㉕，宜得閒靜以展神思，呼翕清淳㉖，與天同極㉗。臣夙夜思惟㉘，諸吏之中，任幹㉙之事，足委仗㉚者，無勝於樓玄。玄清忠奉公，冠冕㉛當世，眾服其操㉜，無與爭先。夫清者則心平而意直，忠者惟正道而履㉝之，如玄之性，終始可保，乞陛下赦玄前愆㉞，使得自新，擢之宰司㉟，責其後效㊱，使為官擇人，隨才授任，則舜之恭己，近亦可得。」皓疾玄名聲，復徙玄及子據，付交阯將張奕㊲，使以戰自效，陰別敕奕令殺之。據到交阯，病死。玄一身㊳隨奕討賊，持刀步涉㊴，見奕輒拜，奕未忍殺。會奕暴卒㊵，玄殯斂㊶奕，於器中見敕書，還便自殺。

【章　旨】以上為〈樓玄傳〉，敘述樓玄這樣一位清正忠誠、奉法而行的朝廷大臣是如何在孫皓的忌恨下被迫自殺的，揭露孫吳政權嫉妒、擯棄賢才的罪行。

【注　釋】❶沛郡蘄　沛郡，郡名。漢治所在今安徽濉溪縣西北。三國魏移治今江蘇沛縣。蘄，縣名。治所在今安徽宿縣南。❷監農御史　官名。吳置。負責監督農業生產。❸逴　原作「連」，今從宋本。❹會稽　郡名。治所在今浙江紹興。❺大司農　官名。孫吳初年置大農，後更名為大司農。掌管國家財政收支。❻禁中主者　皇宮中執掌事務的人。禁中，皇帝宮中。宮中的門設有警衛，禁止外人隨便出入。主者，主事的官員。❼近職　近身的官員。宋本作「近識」，於義亦通。❽敕有司　命令有關官員。有司，指官吏。古代設官分職，各有專司，故稱官吏為有司。❾宮下鎮禁中候　宮下鎮，地名。在建業附近。

禁中候，官名。負責處理宮廷有關侍從警衛的事務。⑩九卿　指古代中央政權設置的九個部門的官員。⑪切直　懇切直率。⑫誣白　誣告。⑬駐　暫停車馬。⑭謗訕　誹謗譏笑。⑮詰責　追問和斥責。⑯東觀令華覈　東觀令，官名。東漢都城洛陽南宮叫東觀。從章帝、和帝以後，東觀為宮中藏書之處。班固等人曾在這裏撰成《東觀漢記》。東觀令負責整理經籍，掌修國史。華覈，字永先，吳郡武進（今江蘇鎮江市東南）人。詳見本卷〈華覈傳〉。⑰臣竊以治國之體　臣私下認為治理國家的原則。竊，私下。自謙之詞。體，道理；原則。⑱主田野者　主管田間耕作的人。⑲論語曰三句　見《論語．衛靈公》。原文是：「無為而治者其舜也與？夫何為哉？恭己正南面而已矣。」這裏是指作為君主要善於擇任賢才，使天下治理得好，而自己就可以優游自逸。無為而治，指所任得其人。何晏《論語集解》：「言任官得其人，故無為而治。」舜，古帝王名，即虞舜。史載：「舜年二十以孝聞，三十而帝堯問可用者，四岳咸薦虞舜。」舜接堯位前後，剪除「四凶」（鯀、共工、驩兜和三苗），使禹平水土，契管人民，益掌山澤，皋陶作士，天下大治。恭己，指嚴肅端正自己。正南面，稱帝坐朝廷。古代帝王的座位都是坐北朝南，所以把「正南面」叫做稱帝王。⑳關聞　稟報；過問處置。㉑御坐　指皇上。㉒垂意　關注；注意。㉓綜極藝文　讀遍經典文籍。綜極，總覽。極，窮盡；全部。藝文，指經書典籍。㉔好道　喜好天道。㉕隨節致氣　隨著自然季節而處理政事。㉖呼翕清淳　呼吸清新純淨的空氣。翕，吸。㉗同極　同壽。㉘夙夜思惟　日夜思考。夙，早晨。惟，考慮；思考。㉙幹　重要的。㉚委仗　委任信賴。仗，依靠；信賴。㉛冠冕　冠帽。比喻出類拔萃，首屈一指。冕，古代帝王、諸侯公卿所戴的禮帽。㉜操　品德；操守。能堅持正確行為的一種品質。㉝履　實行。㉞赦玄前愆　赦免樓玄過去的過失。赦，免除。愆，過失；罪過。㉟宰司　掌管朝廷事務的人。或指執政大臣。㊱責其後效　觀察他今後的表現。責，詢問；觀察。效，效力；表現。㊲交阯將張奕　交阯，郡名。治所在今越南河內東北。張奕，吳交阯將領。事跡不詳。㊳一身　孤身。㊴步涉　表示徒步行走。㊵暴卒　突然死亡。㊶殯斂　將屍體裝殮入棺。

【語　譯】樓玄，字承先，沛郡蘄縣人。孫休時任監農御史。孫皓即帝位，他和王蕃、郭逴、萬彧同時任散騎中常侍，出任會稽太守，又入朝任大司農。舊例宮禁中主事的人一向都是選用親近的人擔任，萬彧陳述親密的近身官員，應當選用品行忠順的人，孫皓因此飭令有關官員，訪求忠誠清正的人，以符選用，於是選用樓玄任宮下鎮禁中候，主掌宮殿內的事務。樓玄從九卿高官轉任持刀侍衛的武官，端正自身，作眾人表率，遵守法律行事，對答問題懇切直率，多次違背孫皓的意思，慢慢被責怪怒斥。後來有人誣告樓玄和賀邵見面時，停車耳語大笑，誹謗譏笑國政，於是接到孫皓的質問指責詔書，被遣送到廣州。

2 東觀令華覈上書說：「臣私下認為治理國家的原則，如同治理家庭。主管田間耕作的人，都應該是賢良信實的人。還應當有一個人總攬各項事務，制定規章綱領，各種政務才能處理好。《論語》說：『能做到無為而治的人大概只有舜吧！他只是嚴肅端正的坐朝罷了。』說的是他任用的是合適人才，所以能悠閒而安逸。陛下如今海內尚未平定，天下多事，事情無論大小，都要過問處置，凡事總是驚動皇上，損傷聖上的思慮。陛下既然關注博通古事，遍覽經書典籍，加上勤於思考，喜好天道，隨季節處理政務，應該在閒靜中馳騁神思，呼吸清新純淨的空氣，與天同壽。臣日夜思索，所有官員中，能承擔重要事務，又值得委任信賴的人，無人比得上樓玄。樓玄清正忠誠，克己奉公，在當代出類拔萃，眾人敬服他的操守，沒有人和他爭先。清正的人心平而意直，忠誠的人只遵循正道行事，像樓玄這樣的品性，可保始終如此，請求陛下赦免樓玄過去的過失，讓他可以改過自新，拔擢他主掌朝廷事務，觀察他今後的表現，讓他依官職選取人才，按才能授任官職，那麼像舜那樣嚴肅端正的坐朝，陛下也很快做得到。」孫皓嫉恨樓玄的名聲，再次流放樓玄和他的兒子樓據，交給交阯的將領張奕，讓樓玄父子在戰鬥中自行效力，又暗中另外詔令張奕殺死他們。樓據到交阯後病死。樓玄孤身隨張奕討賊，他持刀徒步行走，見到張奕總是叩拜，張奕不忍殺他。適逢張奕暴斃，樓玄在殯殮張奕時，在他遺物中見到了孫皓的詔書，回營後就自殺了。

1 賀邵，字興伯，會稽山陰人也。孫休即位，從中郎❶為散騎中常侍，出為吳郡❷太守。孫皓時，入為左典軍❸，遷中書令❹，領太子太傅❺。

2 皓兇暴驕矜❻，政事日弊❼。邵上疏諫曰：

3 「古之聖王，所以潛處重闈❽之內而知萬里之情，垂拱衽席❾之上，明照八極⑩之際者，任賢之功也。陛下以至德淑姿⑪，統承皇業，宜率身履道，恭奉神器⑫，旌⑬賢表善，以康庶政⑭。自頃年以來，朝列紛錯⑮，真偽相貿⑯，上下空任⑰，文武曠位⑱，外無山嶽之鎮⑲，內無拾遺⑳之臣；佞諛之徒拊翼天飛㉑，干弄㉒朝威，盜竊榮利，而忠良排墜㉓，信臣㉔被害。是以正士摧方㉕，而庸臣苟媚㉖，先意承指，各希時趣㉗，人執反理㉘之評，士吐詭道㉙之論，遂使清流變濁，忠臣結舌。陛下處九天㉚之上，隱百重之室，言出風靡㉛，令行景從㉜，親洽㉝寵媚之臣，日聞順意之辭，將謂此輩實賢，而天下已平也。臣心所不安，敢不以聞。

4

「臣聞興國之君樂聞其過，荒亂之主樂聞其譽；聞其過者過日消而福臻㉞，聞其譽者譽日損㉟而禍至。是以古之人君，揖讓㊱以進賢，虛己以求過，譬天位於乘犇㊲，以虎尾為警戒㊳。至於陛下，嚴刑法以禁直辭，黜善士以逆諫臣，眩燿㊴毀譽之實，沉淪近習㊵之言。昔高宗㊶思佐，夢寐得賢，而陛下求之如忘，忽之如遺。故常侍王蕃忠恪在公㊷，才任輔弼，以醉酒之間加之大戮。近鴻臚葛奚㊸，先帝舊臣，偶有逆迕，昏醉之言耳，三爵㊹之後，禮所不諱㊺，陛下猥㊻發雷霆，謂之輕慢㊼，飲之醇酒㊽，中毒隕命㊾。自是之後，海內悼心，朝臣失圖㊿，仕者以退為幸(51)，居者(52)以出為福，誠非所以保光洪緒(53)，熙隆道化(54)也。

5 「又何定本趨走小人[55]，僕隸[56]之下，身無錙銖[57]之行，能無鷹犬之用，而陛下愛其佞媚[58]，假[59]其威柄，使定恃寵放恣，自擅[60]威福，口正[61]國議，手弄天機[62]，上虧[63]日月之明，下塞[64]君子之路。夫小人求入[65]，必進姦利[66]，定閒[67]妄興事役，發江邊戍兵以驅麋鹿，結罝[68]山陵，芟夷林莽[69]，殫其九野之獸[70]，聚於重圍之內，上無益時之分，下有損耗之費。而兵士罷[71]於運送，人力竭於驅逐，老弱飢凍，大小怨歎。臣竊觀天變[72]，自比年以來陰陽錯謬，四時逆節[73]，日食地震，中夏[74]隕霜，參[75]之典籍，皆陰氣陵陽，小人弄勢之所致也。臣嘗覽書傳[76]，驗諸行事，災祥之應，所為寒慄。昔高宗修己以消鼎雉之異[77]，宋景崇德以退熒惑之變[78]，願陛下上懼皇天譴告之誚[79]，下追二君攘災之道[80]，遠覽前代任賢之功，近寤今日謬授[81]之失，清澄[82]朝位，旌敘俊乂[83]，放退佞邪，抑奪姦勢，如是之輩，一[84]勿復用，廣延淹滯[85]，容受直辭，祗承乾指[86]，敬奉先業，則大化光敷[87]，天人望塞[88]也。

6 「傳[89]曰：『國之興也，視民如赤子；其亡也，以民為草芥[90]。』陛下昔韜[91]神光，潛德東夏[92]，以聖哲茂姿，龍飛應天[93]，四海延頸，八方拭目，以成康之化[94]必隆於旦夕也。自登位以來，法禁轉苛，賦調益繁；中宮內豎[95]，分布州郡，橫興事役，競造姦利；百姓罹杼軸之困[96]，黎民罷無已之求，老幼飢寒，家戶菜色[97]，而所在長吏[98]，迫畏罪負，嚴法峻刑，苦民求辦。是以人力不堪，家戶離散，呼嗟之聲，感傷和氣。又江邊戍兵，遠當以拓土廣境，近當以守界備難，宜時[99]優育[100]，以待有事；而徵發賦調，煙至雲集[101]，衣不全裋褐[102]，食不贍[103]朝夕，出當鋒鏑[104]之難，入抱無聊之慼[105]。是以父子相棄，叛者成行。願陛下寬賦除煩，振恤[106]窮乏，省諸不急，盪禁約法[107]，則海內樂業，大化普洽[108]。夫民者國之本，食者民之命也，今國無一年之儲，家無經月之畜[109]，而後宮之中坐食者萬有餘人。內有離曠[110]之怨，外有損耗之費，使庫廩空於無用，士民飢於糟糠[111]。

7　「又北敵[112]注目，伺[113]國盛衰，陛下不恃己之威德，而怙[114]敵之不來，忽四海之困窮，而輕虜之不為難[115]，誠非長策廟勝之要[116]也。昔大皇帝[117]勤身苦體，創基南夏[118]，割據江山，拓土萬里，雖承天贊[119]，實由人力也。餘慶遺祚[120]，至於陛下，陛下宜勉崇德器[121]，以光前烈[122]，愛民養士，保全先軌[123]，何可忽顯祖之功勤，輕難得之大業，忘天下之不振，替[124]興衰之巨變哉？臣聞否泰[125]無常，吉凶由人[126]，長江之限不可久恃，苟我不守，一葦可航[127]也。昔秦建皇帝之號[128]，據殽函之阻[129]，德化不修，法政苛酷，毒流生民，忠臣杜口[130]，是以一夫[131]大呼，社稷傾覆。近劉氏據三關之險[132]，守重山之固，可謂金城石室[133]，萬世之業，任授失賢，一朝喪沒，君臣係頸，共為羈僕[134]。此當世之明鑒，目前之炯戒[135]也。願陛下遠考前事，近覽[136]世變，豐基彊本，割情從道，則成康之治興，而聖祖之祚隆矣。」

8 書奏，皓深恨之。邵奉公貞正[137]，親近所憚[138]。乃共譖邵與樓玄謗毀國事，俱被詰責。玄見送南州[139]，邵原[140]復職。後邵中惡風，口不能言，去職數月，皓疑其託疾，收付酒藏[141]，掠考千所[142]，邵卒無一語，竟見殺害，家屬徙臨海[143]。并下詔誅玄子孫，是歲天冊[144]元年也，邵年四十九。

【章旨】以上為〈賀邵傳〉，敘述賀邵面對孫皓的殘暴統治，用事理進行論說，又以古今典型事例進行比對，勸告孫皓改弦更張，最後卻慘遭殺害的情況。

【注釋】❶中郎　官名。屬光祿勳。在宮廷中主執戟宿衛各殿門，出外時充當車騎侍從。❷吳郡　郡名。治所在今江蘇蘇州。❸左典軍　官名。領營兵。設置典軍、左典軍、典軍中郎、平三典軍事等職。吳置左、中、右三典軍。❹中書令　官名。與中書監並掌樞密，參預機務，主擬詔旨。地位略低於監。❺太子太傅　官名。掌管輔佐、教導太子。❻兇暴驕矜　兇殘暴虐，驕橫自負。❼日弊　日益敗壞。弊，壞；破。❽重闈　重重宮門之內。這裏指深宮。闈，宮中小門。❾垂拱衽席　垂衣拱手的坐在席上。垂拱，垂衣拱手。形容安寧舒適。衽，席子。❿八極　八方的最遠處。⓫淑姿　溫和善良的品質。⓬神器　指帝位。⓭旌　表彰。⓮庶政　各項政務。⓯朝列紛錯　朝廷的官位混亂。⓰真偽相貿　真假混雜。此指良臣劣吏混雜。貿，混雜。⓱空任　空有職位。⓲曠位　空居職位。⓳山嶽之鎮　指得力的將領和官員。⓴拾遺　補充他人所遺漏的事物。這裏指彌補帝王政事的缺失。㉑拊翼天飛　拍打著翅膀滿天飛動。喻飛黃騰達。㉒干弄　干預玩弄。㉓排墜　排擠出去。墜，落下。㉔信臣　誠信的臣僚。㉕摧方　磨去了稜角。指磨去了節操。㉖庸臣苟媚　平庸的臣子苟且獻媚。㉗各希時趣　各自迎合時尚。希，迎合。趣，趨向；愛好所在。㉘反理　違背公理。㉙詭道　歪曲道義。詭，欺詐。㉚九天　九重雲霄。喻地位高。㉛風靡　順風而從。靡，倒下。㉜景從　如同影子一樣緊緊隨從。景，通「影」。㉝親洽　親近融洽。㉞臻　降臨；來到。㉟損　減少。㊱揖讓　拱手行禮。㊲譬天位於乘犇　身居帝位好比是駕御車馬。天位，天子之位。乘犇，乘坐奔馳的車輛。喻充滿危險。語出《尚書．五子之歌》：「予臨兆民，懍乎若朽索之馭六馬。」另外《淮南子．說林》：「君子之居民上，若以腐索御奔馬。」這都是說，皇帝治理臣民，危懼的心理好比使用腐朽的韁繩套著飛奔的車馬，隨時擔心有翻覆的危險。㊳以虎尾為警戒　像踩著老虎的尾巴那樣，要時刻保持高度警惕。語出《尚書．君牙》：「心之憂危，若蹈虎尾，涉於春冰。」這意思是說，帝王應隨時心懷憂危，就像腳踩著老虎的尾巴，行走在春天的融冰上一樣。㊴眩燿　指迷惑、分不清。㊵沉淪近習　沉醉於身邊寵臣。沉淪，沉溺於。近習，身邊的寵臣。㊶高宗　指殷高宗武丁。《尚書．說命》：「高宗夢得說。」這其中的「說」，是指傅說。《史記．殷本紀》：「帝武丁即位，思復興殷，而未得其佐。三年不言，政事決定於冢宰，以觀國風。武丁夜夢得聖人，名曰說。」「於是乃使百工營求之野，得說於傅險中……見於武丁。武丁曰是也。得而與之語，果聖人。舉以為相，殷國大治。」㊷忠恪在公　忠誠敬守，奉事朝廷。㊸鴻臚葛奚　鴻臚，官名。即大鴻臚，九卿之一。掌賓禮。葛奚，人名。事跡不詳。㊹爵　古代一種用青銅製作的寬邊酒杯。㊺禮所不諱　禮儀上就不再講究忌諱。㊻猥　盛；大。㊼輕慢　傲慢；不恭順。㊽醇酒　這裏指毒酒。醇，酒味濃厚。「醇」疑誤，應為「鴆」。㊾隕命　喪命；身亡。㊿失圖　失去希望；失去主意。(51)幸　幸運。(52)居者　居住在京城的人。(53)保光洪緒　保持發揚帝王大業。洪緒，宏偉帝業。(54)熙隆道化　興隆道德教化。(55)何定本趨走小人　何定本來是個跑腿的卑賤小人。何定，一名何布，汝南（今河南平輿北）人。善諂媚，得孫晧信任，委以政事。先後任樓下都尉、殿中列將。專作威福，後罪行敗露，被殺。趨走，奔走。小人，地位卑賤的人。(56)僕隸　奴僕。(57)錙銖　古代兩種重量單位。六銖為一錙，二十四銖為一兩。這裏表示數量微小。(58)佞媚　邪惡諂媚。(59)假借；給予。(60)擅　獨攬；據有。(61)正　這裏表示改變之意。(62)天機　國家的機要事務。這裏指國家的權柄。(63)虧　損害。(64)塞堵塞。(65)求入　謀求寵信。(66)進姦利　進獻不正當的利益。(67)閒　最近。(68)罝　捕鳥獸的網。(69)芟夷林莽　砍除草木。芟，除去。莽，叢生的草木。(70)殫其九野之獸　盡捕山野獸類。殫，盡。九野，指九州地域，形容範圍大。(71)罷　通「疲」。(72)天變　天象出現異常。(73)逆節　氣候變化與四季時節不相順應。(74)中夏　即「仲夏」，指夏曆五月。(75)參　參考。(76)書傳　典籍。(77)高宗修己句　殷高宗修身行德消除了鼎雉預示的災異。《史記．殷本紀》：「武丁祭成湯，明日，有飛雉登鼎耳而響。武丁懼，祖己曰：『王勿憂，先修政事。』武丁修政，行德天下，咸驩殷道復興。武丁崩，祖己嘉武丁之以祥雉為德，立其廟為高宗。」78宋景崇德句　宋景公崇尚德義免去了熒惑之禍。宋景公，名頭曼，戰國初期宋國國君。《史記・宋微子世家》：「熒惑守心，心，宋之分野也，景公憂之。司星子韋曰：『可移於相。』景公曰：『相，吾之股肱。』曰：『可移於民。』景公曰：『君者待民。』曰：『可移於歲。』景公曰：『歲，饑民困，吾誰為君子。』韋曰：『天高聽卑君，有君人之言，三熒惑，宜於動。於是候之果徙三度。』」這裏宋景公對將災禍轉嫁到相、百姓和收成上，都不同意。這種崇尚德義，憂國重民的行為最後感動了火星，因而移徙位置，免除了宋國的災禍。熒惑，火星的別名。火星呈紅色，熒熒像火，亮度常有變化；從地面看，火星運行有時從西向東，有時又似從東向西，情況複雜，令人迷惑，故稱「熒惑」。古人認為熒惑運行到某一星宿，與這一星宿相應的州國就有戰爭、自然災害等各種災禍發生。79上懼皇天譴告之誚　對上敬畏皇天的告誡責備。譴告，指上天對君主經常通過自然災害進行譴責、警告。誚，責備。80二君攘災之道　殷高宗和宋景公兩位君主消除災害的做法。攘，消除。原誤作「禳」。81謬授　錯誤授予官職。82清澄　清理。83旌敘俊乂　表彰並任用有德才的人。旌，表彰；獎勵。敘，按等級任用。俊，才智出眾的人。乂，有才能的人。84一　一律；統統。85廣延淹滯　廣泛引進積壓在下面的人才。延，引進；接納。淹滯，指在下面被積壓的人。86祇承乾指　敬順天意。祇，恭敬。乾，天。指，同「旨」。意旨。87光敷　光輝遍布。88望塞　怨恨被消除。塞，阻塞。這裏指消除。89傳　即《左傳》，一般認為是春秋末年魯國史官左丘明所撰，記述從魯隱公元年（西元前七二二年）到魯哀公二十七年（西元前四六八年）期間所發生的歷史事件。該書以敘事為主，兼記言論。文字平易簡直，生動活潑。為中國第一部較完整的編年史。90國之興也四句　語出《左傳》哀公元年：「臣聞國之興也，視民如傷，是其福也。其亡也，以民為土芥，是其禍也。」引文與原文雖略有出入，但語意大致相同。赤子，初生的嬰兒。《尚書・康誥》：「若保赤子，惟民其康。」唐人孔穎達注：「子生赤色，故言赤子。」芥，小草。91韜　隱藏。92潛德東夏　在中國東部潛修德行。東夏，中國東部。夏，為中國的古稱。孫晧原為烏程侯，烏程在建業以東。93龍飛應天　像蒼龍騰飛，順應天命登上帝位。94成康之化　周成王、周康王的仁德風範。周成王，名誦，周武王之子。武王死，他年幼，由周公旦攝政。親政後，大封諸侯，加強宗法統治權力，制禮作樂，規劃各種典章制度。周康王，名釗，周成王之子。即位後，發動對鬼方及東南各地的戰爭，繼續執行成王時的政策，政局穩定。《史記・周本紀》：「成康之際，天下安寧，刑錯（措）四十餘年不用。」95中官內豎　宮中宦官和宮內宦官。宋本作「中宮內豎」。殿本《考證》：「疑作『中官』。」鳳皇二年，孫晧愛妾使人至市劫奪百姓財物，正是疏中所指中官。96百姓罹杼軸之困　百姓遭到搜刮一空的困苦。罹，遭到。杼軸之困，語出《詩經・小雅・大東》：「小東大東，杼軸其空。」杼軸，指紡織機上的杼（梭子）和軸（纏布的滾筒）。97菜色　指由於飢餓而發黃的面色。98長吏　漢代秩六百石以上的官員稱長吏。各縣令、長、丞、尉，亦稱長吏。這裏指地方官員。99時　依時；按時。宋本作「特」。100優育　優待養育。101煙至雲集　形容次數頻繁。102裋褐　粗布衣服。103贍　供給。104鋒鏑　刀的鋒刃和箭的箭頭。105無聊之慼　承受無所依靠的悲傷。慼，憂愁；悲傷。106振恤　救濟。振，通「賑」。107蠲禁約法　清除禁令，減少法律條文。108普洽　普及推廣。109畜　通「蓄」。儲存。110離曠　指與親人分離失散。111糟糠　指酒糟、米糠、麥麩等粗劣食物。112北敵　指司馬炎建立的西晉政權。113伺　窺視；偵察。114怙　依賴；憑藉。115不為難　不造成禍難。116廟勝之要　指臨戰前朝廷制定戰勝敵人的謀略穩操勝券的好計策。117大皇帝　指孫權。孫權去世後，諡號為大皇帝。118南夏　中國南部。這裏指長江中下游以南地區。119天贊　上天的幫助。120餘慶遺祚　指孫權遺留了美德，傳下了帝位。121德器　道德修養與才識度量。122前烈　前人的功業。123先軌　先帝的法則。124替　不顧；忽視。125否泰　盛衰。否和泰是《周易》中的兩個卦名，〈否卦〉是說天地不交而萬物不通，〈泰卦〉是說天地交而萬物通。後來人們即將「否」、「泰」二字連用，以指世道的盛衰和人事的通塞。126由人　這裏是說由各人自己造成。127一葦可航　乘一葉之舟就可以渡過。一葦，小船。航，渡。128秦建皇帝之號　秦王嬴政創建皇帝的稱號。戰國時期各國諸侯稱為「君」或「王」。秦王嬴政統一全國後，「自以為功過五帝」，覺得「名號不更，無以稱成功，傳後世」。便下令羣臣「議帝號」。王綰、李斯等人提出「古有天皇，有地皇，有泰皇。泰皇最貴」，認為「泰皇」稱號合適。秦王嬴政曰：「去『泰』著『皇』，采上古『帝』位號，號曰『皇帝』。」（見《史記・秦始皇本紀》）129據殽函之阻　占據殽山、函谷關的險阻。殽山，在今河南澠池縣西南。函谷關，在今河南新安東。兩地高峰險谷，地勢險要，為天然軍事屏障。130杜口　閉口不言。131一夫　指陳勝。132劉氏據三關之險　蜀國劉禪占據三關的險要。劉禪，字公嗣，小字阿斗，涿郡涿縣（今河北涿州）人。劉備之子。備死，繼位於成都。先由諸葛亮輔政，亮死，信任宦官黃皓，朝政日益腐敗，蜀漢炎興元年（西元二六三年），降魏，蜀亡。詳見本書卷三十三〈後主傳〉。三關，指陽平關（在今陝西勉縣西）、白水關（在今四川青川東北）、劍門關（在今四川劍閣東北）。133金城石室　鐵打的城牆，石頭砌造的房屋，比喻堅不可摧。134羈僕　被繩索拴住的奴僕。135炯戒　醒目的告誡。炯，明亮；光亮。136覽　宋本作「鑒」。137貞正　堅貞正直。138憚　憎惡。139南州　指廣州。140原　赦免。141酒藏　管理酒務的官署。142掠考千所　拷打一千多下。所，表概數。143臨海　郡名。治所在今浙江臨海市東南。144天冊　吳末帝孫皓年號，西元二七五—二七六年。

**【語譯】**賀邵，字興伯，會稽郡山陰縣人。孫休即帝位，從中郎升任散騎中常侍，又出任吳郡太守。孫皓主政時，入朝任左典軍，升任中書令，兼任太子太傅。

2 孫皓兇殘暴虐，驕橫自大，國政大事日益敗壞。賀邵上疏勸諫說：

3 「古代的聖王，之所以隱居深宮之內而知曉萬里之外事情的原因，安閒舒適的坐在席上，光明照耀八方的最遠處，是任用賢人的結果。陛下憑藉至高的德行和溫和善良的品格，繼承了皇業，應該以身作則實踐道義，恭敬的奉守帝位，褒揚賢人，表彰善行，用來興盛各項政務。自近年以來，朝廷的官位混亂，良臣劣吏混雜，大官小吏、文武官員空有職位，地方上沒有得力的將帥和官吏，朝廷內沒有補正政事缺失的臣僚；奸佞諂媚的人飛黃騰達，干預玩弄朝廷權威，盜竊榮名利祿，而忠良之人遭受排擠，誠信之臣反而被害。因此正直的人士被磨去了節操，而平庸的臣子卻苟且獻媚，揣度陛下心意曲意奉承，各自迎合時尚，人們執守違背公理的評議，士人口出歪曲道義的言論，於是使清流變成濁水，忠臣不敢講話。陛下身處九重雲霄之上，隱居於百重宮門之內，一說話臣民順風而從，詔令一發，人們如同影子一般緊緊相隨，與寵媚之臣親密融洽，每天聽到的是順應心意的話，恐怕會認為這些人真的是賢士，而天下已經太平了。臣心裏有所不安，怎敢不據實以報。

4 「臣聽說能振興國家的君主樂於聽到自己的過失，荒淫昏亂的君主樂於聽到自己的美譽；喜歡聽人指正過失的君主，過失一天天減少而福分到來，喜歡聽人讚譽的君主，榮譽一天天減少而災禍臨頭。因此古代的君主，拱手行禮進用賢才，虛心克己尋求過失，把帝位比成駕御奔馳的馬車，像腳踩老虎尾巴一樣時時警誡自己。到了陛下，用嚴刑峻法來禁絕正直的言辭，用貶黜賢士來對付諫爭的臣子，看不清毀譽的實質，沉醉於近臣的頌辭中。從前殷高宗思念輔臣，做夢都想得到賢才，而陛下對求賢如同忘記了一樣，忽視得好像丟棄東西一般。故去的常侍王蕃對朝廷忠誠，恪盡職守，有輔佐之才，因為喝酒醉伏便被殺。最近大鴻臚葛奚，這位先帝的老臣，偶爾講了幾句違逆的話，不過是醉言醉語罷了，飲酒三杯以後，禮儀上便沒有了忌諱，陛下卻大發雷霆，說他輕褻傲慢，讓他喝毒酒，中毒身亡。從此以後，天下人士傷心，朝臣失去信念，做官的人以隱退為幸運，住在京城的人把到外地當做福分，這實在不是保持發揚帝王大業，興隆道德教化的做法。

5　「再者何定本來是個供驅使的卑賤小人，地位在奴僕之下，沒有絲毫德行，也不能當作鷹犬使用，而陛下卻喜愛他的奸佞諂媚，授予他威勢權柄，使他仗恃寵幸而恣意妄為，自專自斷作威作福，張口改變國家的計議，手中操弄國家的權柄，對上損害了皇帝的日月之明，對下堵塞了君子晉身之路。凡小人謀求寵幸，必定要呈獻不當利益，何定近來妄自興起事功勞役，徵調長江邊上的守衛士兵用來驅趕麋鹿，在山上設網，砍伐森林草木，盡捕山林野獸，聚集在包圍圈之內進行捕獵，上無益於四時的繁育，下損耗了人力物力。從而使士兵疲於運送物資，人力竭於驅趕野獸，老弱百姓忍飢受凍，大人小孩怨嘆不止。臣私下觀察天象變化，自近年以來，陰陽運行錯亂，氣候變化與四時季節不相對應，天有日食，地有地震，仲夏五月降霜，參考典籍記載，都是陰氣壓過陽氣，小人操弄權勢所致。臣曾閱讀典籍，用事實來驗證，這些災難徵兆的反應，令人不寒而慄。從前殷高宗修養自身用來消除鼎雉預示的災異，宋景公崇尚德義用以免除熒惑預示的禍患，希望陛下上畏皇天的告誡責備，下追殷高宗、宋景公消除災禍的做法，遠看前代帝王任用賢才的功績，近察今日錯誤授予官職的過失，清理朝廷官位，表彰任用有才德的人，放逐黜退邪佞小人，抑制剝奪奸佞勢力，對這類人一律不再任用，廣泛引進被壓在下面的人才，容納直言勸諫，敬順天意，敬謹的奉守先帝基業，那麼就會使偉大教化光耀遍布，天人的怨恨就會消除。

6　「《左傳》說：『國家想興盛，把民眾當作嬰兒一樣愛護；國家要滅亡，將民眾看作草芥毫不重視。』陛下先前隱藏神光在東邊潛修德義，憑著聖賢的智慧和美好的資質，如蒼龍騰飛，順應天命登上帝位，四海民眾引頸期待，八方百姓拭目盼望，以為周成王、周康王的仁德風範必定會興隆在旦夕之間。自從陛下即位以來，法律禁令轉為嚴苛，賦稅徵調更加頻繁；宮中官吏及宮內宦官，分布在各個州郡，肆意興發勞役，競相謀取不當利益；百姓被搜刮一空，受盡苦難，民眾被無止境的索求，疲弊不堪，老幼受飢挨凍，民眾面有菜色，而所在的地方官員，迫於害怕承擔罪責，使用嚴刑峻罰，民眾遭受痛苦也照樣執行。因此民眾承擔不住，家家戶戶妻離子散，悲呼哀嘆的聲音，感傷了平和的氣氛。另外在長江沿岸戍守的士兵，從遠處著想應當開疆拓土，擴展邊境，從近處著想應當守衛邊界，防敵入侵，應當按時優待養育，以備戰時使用；然而卻密集的徵發稅賦勞役，使他們連粗布衣服都沒得穿，飯食不能早晚供應，出戰抵擋刀箭之難，回來要承受無所依靠的悲苦。所以父子相互拋棄，叛逃的人成羣結隊。希望陛下寬緩賦稅，免除煩雜的徵收，救濟窮苦的百姓，減少不急的事務，解除禁令，減少法條，那麼天下百姓才能安居樂業，仁德教化便可澤及天下。百姓是國家的根本，食物是民眾的生命，現在國家沒有一年的儲糧，家庭沒有一個月的積蓄，而後宮裏面坐等吃飯的人就有一萬多人。內有家庭離散的怨恨，外有損失消耗的費用，國庫空虛無物可用，臣民遭受連糟糠都不夠吃的飢餓。

7 「另外北邊的敵人虎視眈眈，窺視我國的衰弱，陛下不倚仗自己的威望和德行，卻依賴敵人不來進犯，忽視國家的貧困，輕忽敵人沒有造成禍亂，這實在不是朝廷謀求取勝的長遠之計。從前大皇帝親身勞苦，在江南創立基業，割據江山，開拓疆土萬里，雖然承蒙上天幫助，實際也靠人的努力。大皇帝留下美德，帝位傳到了陛下，陛下應當努力崇尚德行操守與才識度量，用來光耀前人的功業，愛護人民撫育士卒，保全先帝的法則，怎麼可以忽視先祖的功勞，輕視難以得到的帝業，忘卻天下的衰敗，忽視國家的巨變呢？臣聽說盛衰無常，吉凶由人，長江天險不可以長久依靠，如果我們不守衛，一隻小船就可渡江而來。從前秦王嬴政創建皇帝尊號，據有殽山、函谷關的險阻，仁德教化不行，律法政令苛刻殘酷，流毒殘害民眾，忠臣噤口，所以陳勝大聲一呼，國家便滅亡。眼前的蜀國劉禪，據有三關之險，把守重重山嶺的險固，可說是堅不可摧，然而萬世基業，由於任官授職不用賢才，一下子就喪敗滅亡，君臣脖子上繫著繩索，一起成為奴僕。這是當代的一面明鏡，眼前醒目的告誡。希望陛下遠考前代的事跡，近覽當代的變故，興盛基業，強固根本，割捨私情，順從道義，這樣周成王、周康王的治世就會興起，聖祖創立的帝業就會隆盛了。」

8 奏疏上奏之後，孫晧深深憎恨賀邵。賀邵事奉朝廷，堅貞正直，孫晧的親信寵臣都厭惡他。於是他們共同誣陷賀邵和樓玄誹謗國政，他們同時被詰問責難。樓玄被遣送到廣州，賀邵赦罪復職。後來賀邵中風，不能說話，離職幾個月，孫晧懷疑他是假託生病，將他拘捕交付管理酒務的官署，多次拷打，賀邵始終沒有說出一句話，最終被殺害，他的家屬被流放到臨海。孫晧同時下詔令誅殺樓玄的子孫，這年是天冊元年，賀邵四十九歲。

1 韋曜❶，字弘嗣，吳郡雲陽❷人也。少好學，能屬文❸，從丞相掾❹，除西安❺令，還為尚書郎，遷太子中庶子❻。

2 時蔡穎亦在東宮❼，性好博弈❽，太子和以為無益，命曜論之。其辭曰：

3 「蓋聞君子恥當年而功不立，疾沒世而名不稱❾，故曰學如不及，猶恐失之❿。是以古之志士，悼年齒之流邁⓫而懼名稱之不立也，故勉精厲操⓬，晨興夜寐，不遑寧息⓭，經之以歲月，累之以日力，若甯越⓮之勤，董生⓯之篤，漸漬⓰德義之淵，棲遲道藝之域⓱。且以西伯⓲之聖，姬公⓳之才，猶有日昃待旦⓴之勞，故能隆興周道，垂名億載㉑，況在臣庶㉒，而可以已㉓乎？歷觀古今立功名之士，皆有累積殊異之迹，勞身苦體，契闊㉔勤思，平居不墮其業㉕，窮困不易其素㉖，是以卜式㉗立志於耕牧，而黃霸受道於囹圄㉘，終有榮顯之福，以成不朽之名。故山甫㉙勤於夙夜，而吳漢㉚不離公門，豈有游惰哉？

4 「今世之人多不務經術㉛，好翫博弈，廢事棄業，忘寢與食，窮日盡明，繼以脂燭㉜。當其臨局交爭，雌雄㉝未決，專精銳意，心勞體倦，人事曠㉞而不修，賓旅闕而不接[35]，雖有太牢之饌[36]，韶夏之樂[37]，不暇存[38]也。至或賭及衣物，徙棊[39]易行，廉恥之意弛[40]，而忿戾[41]之色發，然其所志不出一枰[42]之上，所務不過方罫[43]之閒，勝敵無封爵之賞，獲地無兼土之實。技非六藝[44]，用非經[45]國；立身者不階[46]其術，徵選者不由其道。求之於戰陣[47]，則非孫、吳之倫[48]也；考之於道藝，則非孔氏之門[49]也。以變詐為務，則非忠信之事也；以劫殺為名，則非仁者之意也。而空妨日廢業，終無補益。是何異[50]設木而擊之，置石而投之哉！且君子之居室也勤身以致養，其在朝也竭命以納忠，臨事且猶旰食[51]，而何博弈之足耽[52]？夫然，故孝友之行立，貞純之名彰[53]也。

5 「方今大吳受命，海內未平，聖朝乾乾[54]，務在得人，勇略之士則受熊虎之任，儒雅之徒則處龍鳳之署[55]，百行兼苞[56]，文武並騖[57]，博選良才，旌簡髦俊[58]，設程試之科[59]，垂金爵之賞[60]，誠千載之嘉會，百世之良遇也。當世之士，宜勉思至道，愛功惜力，以佐明時，使名書史籍，勳在盟府[61]，乃君子之上務，當今之先急也。

6 「夫一木之枰孰與[62]方國之封？枯棊三百[63]孰與萬人之將？袞龍之服[64]，金石之樂[65]，足以兼棊局而貿[66]博弈矣。假令世士移博弈之力而用之於詩書[67]，是有顏、閔(68)之志也；用之於智計，是有良、平(69)之思也；用之於資貨(70)，是有猗頓(71)之富也；用之於射御，是有將帥之備也。如此則功名立而鄙賤遠矣。」

【章旨】以上為〈韋曜傳〉的第一部分，敘述太子中庶子韋曜為太子孫和所作的博弈無益的論述，說明韋曜才思敏捷，具有文采。

【注釋】❶曜　據本傳裴松之注：「曜本名昭，史為晉諱，改之。」盧弼《三國志集解》引錢大昕：「考書中段昭、董昭、胡昭、公孫昭、張昭、周昭輩皆未追改，何獨於曜避之？疑弘嗣本有二名也。」❷雲陽　縣名。漢治所在今陝西淳化西北。三國吳治所在今江蘇丹陽。❸屬文　寫文章。❹丞相掾　丞相府的屬官。掾，古代屬官的通稱。❺西安　縣名。治所在今江西武寧西。❻太子中庶子　太子屬官。職如侍中，為太子侍從親近之臣。❼蔡穎亦在東宮　蔡穎，太子孫和的侍從，喜好下棋。東宮，古代太子居住的地方。❽博弈　六博和圍棋。六博，古代一種局戲。共十二棋，黑白各六枚，兩人擲子相搏，因而得名。許慎《說文解字》：「博，局戲也。六著十二棋也。」清人劉寶楠《論語正義》：「弈但行棋，博以擲采（骰子）而後行棋。後人不行棋而專擲采，遂稱擲采為博。」❾疾沒世而名不稱　悔恨到死時名聲還未被人家稱述。語出《論語．衛靈公》：「子曰：『君子疾沒世而名不稱焉。』」疾，恨。稱，稱述。❿故曰學如不及二句　所以說做學問生怕趕不上，又擔心丟掉了。語出《論語．泰伯》：「子曰：『學如不及，猶恐失之。』」⓫年齒之流邁　年齡的流逝。⓬勉精厲操　振奮精神，磨礪節操。⓭不遑寧息　沒有時間安靜休息。遑，空閒。⓮甯越　戰國時魏國中牟（今河南中牟東）人。據《呂氏春秋．博志》：「甯越，中牟之鄙人也。苦耕稼之勞，謂其友曰：『何為而可以免此苦也。』其友曰：『莫如學，學三十歲則可以達矣。』甯越曰：『請以十五歲，人將休，吾將不敢休；人將臥，吾將不敢臥。』十五歲，而周威公師之。」⓯董生　即董仲舒，信都國廣川（今河北棗強東北）人。《漢書．董仲舒傳》：「（董仲舒）少治《春秋》，孝景時為博士。下帷講誦，弟子傳以久次相授業，或莫見其面。蓋三年不窺園，其精如此。進退容止，非禮不行，學士皆師尊之。武帝即位，舉賢良文學之士，前後百數，而仲舒以賢良對策焉。」⓰漸漬　逐漸沉浸；進入。漬，浸染。⓱棲遲道藝之域　流連在學識技藝的領域內。道藝，學問和技藝。藝，即禮、樂、射、御、書、數等六藝。⓲西伯　即周文王。據《史記．周本紀》載：「公季卒，子昌立，是為西伯。西伯曰文王，遵后稷、公劉之業，則古公、公季之法，篤仁，敬老，慈少，禮下賢者，日中不暇食，以待士，士以此多歸之。」⑲姬公　即周公旦。周文王之子，輔佐武王滅紂，建立周朝。武王死，成王年幼，周公攝政，後還政成王。⑳日昃待旦　日昃，指太陽過了中午，即現在十三時至十五時。這裏是說周文王勤於政事，日中不暇食。待旦，是指周公旦專心於治理國家，夜以繼日的思考政治得失，一旦有所得，當天就想改革，故「坐以待旦」。據《孟子．離婁下》記載：「周公思兼三王，以施四事；其有不合者，仰而思之，夜以繼日；幸而得之，坐以待旦。」㉑億載　億年。㉒臣庶　羣臣百姓。㉓已　停止。㉔契闊　辛苦；竭盡心力。㉕平居不墮其業　平時不放棄學業。平居，平時。墮，拋棄。㉖素　志向；平素的節操。㉗卜式　西漢時河南（今河南洛陽東）人。據《漢書．卜式傳》：「卜式，河南人也。以田畜為事。有少弟，弟壯，式脫身出，獨取畜羊百餘，田宅財物盡與弟。式入山牧，十餘年，羊致千餘頭，買田宅。」「時漢方事匈奴，式上書，願輸家財半助邊。」「上於是以式終長者，乃召拜式為中郎，賜爵左庶長，田十頃，布告天下，尊顯以風百姓。」㉘黃霸受道於囹圄　黃霸在監獄裏獲得學問。黃霸，字次公，淮陽陽夏（今河南太康）人。《漢書．夏侯勝傳》：「丞相長史黃霸阿縱勝，不舉劾，俱下獄。」「勝、霸既久繫，霸欲從勝受經，勝辭以罪死。霸曰：『朝聞道，夕死可矣。』勝賢其言，遂授之。繫更再冬，講論不怠。」《漢書．黃霸傳》：「霸因從勝受《尚書》獄中，再踰冬，積三歲乃出。」囹圄，監獄。㉙山甫　即仲山甫，一作「仲山父」。周宣王時，為卿士，輔佐宣王中興。《詩經．大雅．烝民》：「肅肅王命，仲山甫將之，……夙夜匪懈，以事一人。」㉚吳漢　字子顏，南陽（今河南南陽）人。據《昭明文選》李善注引《東觀漢記》：「吳漢，字子顏，南陽人。鄧禹及諸將多薦舉者，再三召見，其後勤勤，不離公門。」㉛經術　經學儒術。㉜脂燭　蠟燭。㉝雌雄　指勝負。㉞曠　荒廢；耽誤。㉟賓旅闕而不接　前來拜訪的客人擱置一旁不接待。賓旅，指來拜訪的人。闕，缺；棄置。㊱太牢之饌　太牢之類的飲食。太牢，指具備牛、羊、豕（豬）三牲的盛宴。饌，食物。㊲韶夏之樂　韶夏之類的音樂。韶，傳說虞舜作的樂曲名，言舜能繼承堯的美德。夏，傳說夏禹作的樂曲名，稱其繼承堯舜。韶、夏並稱，被古代人們視為美妙樂曲的代稱。㊳存　思念。㊴徙棊　移動棋子位置。㊵弛　廢弛。㊶忿戾　憤怒不講情理。戾，不講情理；兇暴。㊷枰　棋盤。㊸方罫　圍棋盤上的方格。㊹六藝　原指六種技藝，即禮（禮儀）、樂（音樂）、射（射箭）、御（駕車）、書（寫字）、數（計算）。漢以後指六部儒家經典，即《詩》、《書》、《禮》、《樂》、《易》、《春秋》。㊺經　治理。㊻階　借用；通過。㊼戰陣　指戰術陣法。陣，指陣形的布署。㊽孫吳之倫　指孫武、吳起那一輩人。《昭明文選》李善注引劉向〈圍棋賦〉：「略觀圍棋，法於用兵，怯者無功，貪者先亡。」孫武，字長卿，春秋時齊國人。曾帶《兵法》十三篇進見吳王闔閭，受任為將，後率軍攻破楚國，顯名諸侯。吳起，戰國時衛國左氏（今山東曹縣北）人。善用兵，初為魯將。曾大敗齊軍，後遭讒入魏。受文侯重用，任西河郡守，甚有威名。又遭陷害逃奔至楚，為相，輔佐楚悼王進行變法，使楚強盛。悼王死，為舊貴族殺害。倫，輩。㊾孔氏之門 指孔子所傳授的內容。㊿何異 與……有什麼不同呢。(51)旰食 指因事忙耽誤了正常進餐的時間而延誤吃飯。旰，晚。(52)耽 沉溺於。(53)彰 顯露；顯揚。(54)乾乾 自強不息。語出《周易・乾卦》：「君子終日乾乾，夕惕若厲，无咎。」(55)龍鳳之署 喻文職官署。《昭明文選》李善注：「熊虎猛捷，故以譬武；龍鳳五彩，故以喻文。」(56)苞 包容。(57)並騖 一起馳騁。喻兩人才能相當。(58)旌簡髦俊 表彰選拔才能傑出的人。髦，毛中的長毫，喻優秀人才。(59)程試之科 按規程考核的科目。(60)垂金爵之賞 賜予佩帶金印紫綬爵位的獎賞。垂，賜予。金爵，佩帶金印紫綬的爵位。(61)勳在盟府 功勳記入盟府。盟府，收藏盟約之類文書的官署。《左傳》僖公五年：「勳在王室，藏於盟府。」唐人孔穎達疏：「以勳受封，必有盟要，其辭當藏於司盟之府也。」(62)孰與 比起……來怎麼樣。(63)枯棊三百 三百顆枯木頭做的圍棋子。《昭明文選》李善注引邯鄲淳《藝經》：「棋局縱橫，各十七道，合二百八十九道，白黑棋子，各一百五十枚。」(64)袞龍之服 繡著龍形圖飾的貴族禮服。(65)金石之樂 指用鐘磬之類樂器演奏的音樂。(66)貿 換取。(67)詩書 即《詩經》和《尚書》。意指儒家經典。(68)顏閔 即顏回和閔子騫。顏回，字子淵，又稱顏淵、顏子。春秋末魯國人。孔子的學生。貧居陋巷，簞食瓢飲而不改其樂，深受孔子賞識。閔子騫，名損，春秋末魯國人。孔子的學生。以孝著稱，為孔子所讚揚。不願為官，潔身自好。(69)良平 即張良和陳平。張良，字子房，傳為城父（今安徽亳州東南）人。祖先五代相韓，為韓貴族。秦滅韓後，結交刺客謀殺秦始皇未遂，後改姓名亡匿下邳。又聚眾歸劉邦，為其謀士。楚漢之爭中，主張追擊項羽。漢朝建立，封為留侯。陳平，陽武（今河南原陽東南）人。少時家貧，好讀書。陳勝起義，投奔魏王咎，為太僕。後從項羽入關，為都尉，旋歸劉邦，任護軍中尉。楚漢之爭中，用反間計，離間項羽、范增。劉邦被匈奴圍於平城，他出祕計為其解圍。漢朝建立，封曲逆侯。(70)資貨 金錢物資，這裏指做生意。(71)猗頓 戰國時魯國人。以經營河東鹽池起家，後成富商。又能鑑別美玉，遂馳名天下。

【語譯】韋曜，字弘嗣，吳郡雲陽縣人。從小好學，善於寫文章，從丞相掾出任西安令，回朝任尚書郎，升任太子中庶子。

2 當時蔡穎也在東宮，蔡穎生性喜好博弈圍棋，太子孫和認為沒有益處，就命令韋曜論說此事。韋曜的文章說：

3 「聽說君子恥於在盛年時功業未立，悔恨身死之後名聲沒有顯揚，所以說學習生怕趕不上，又擔心丟失了。因此古代有志之士，傷悼年齡的流逝，懼怕聲名沒有樹立，所以振奮精神，磨礪節操，早起晚睡，沒有時間安靜休息，經過長久歲月，每天積累實力，像甯越那樣勤奮，董仲舒那樣執著，沉浸在道德仁義的深潭，遊歷於學識技藝的領域內。況且像周文王那樣的聖人，周公旦那樣的賢才，尚且忙得過午還未食，通宵達旦思考國家政事的勞苦，所以能使周朝昌盛，留名萬世，何況是一般的臣民，可以止步不前嗎？一一觀察古今建功立名的人，都有日積月累異於尋常的經歷，他們勞苦身體，辛勤思考，平時不放棄自己的學業，窮困不改變自己的志向，所以卜式在耕作牧羊中立志，黃霸在獄中獲得學問，最終得到了榮耀顯貴的福分，成就了不朽的聲名。所以仲山甫日夜勤奮，吳漢恪盡職守不離官府，哪裡有遊蕩怠惰的呢？

4 「當世的人大多不致力研究經學儒術，喜好博戲圍棋，廢棄事業，廢寢忘食，從白天玩到晚上，點上蠟燭再繼續。面對棋局交鋒，勝負不分時，專注精神，銳意爭勝，弄得心神勞累，身體疲倦，該做的事荒廢而不處理，把來訪的客人放在一邊而不接待，雖有太牢之類的飲食，〈韶〉〈夏〉之類的音樂，也無暇存心顧念。至於有人以衣服財物打賭，移動棋子時品行也變易了，廉恥廢弛了，臉上露出了憤怒蠻橫的表情，然而他們的志向不超出一個棋盤的範圍，所追求的不過是方格之間的爭奪，戰勝敵手沒有封爵的獎賞，獲得了地盤沒有兼併土地之實。技能不屬於六藝，沒有治理國家的效用；建功立名的人不能透過這種技藝，徵用選拔人才不能經由這種方法。用戰術陣法的標準衡量，那麼它並非孫武、吳起之輩的理論那樣有用；從道德技藝上來考究，那麼它不是孔子所傳授的內容。它致力於變化詭詐，那不是忠實誠信的事物；以劫掠為名義，那麼又沒有仁人的思想。而且白白的浪費時光荒廢事業，最終毫無補益。這與放木板而後去敲它，放石頭而後去擲它，又有什麼不同呢！況且君子居家要勤勞身心以提升修養，在朝廷上也要竭盡生命來奉獻忠心，遇上事情尚且還延誤吃飯，又怎麼能沉溺於博戲圍棋呢？正是這樣，所以孝順友善的品行才會樹立，堅貞純潔的名聲才會顯揚。

5 「當今大吳承受天命，海內尚未平定，聖明的朝廷自強不息，致力於招致人才，驍勇善謀的人就擔當熊虎般的武將大任，學問廣博氣質文雅的人就進入文職官署，各行各業人才都予以包容，文官武將並駕齊驅，廣泛選擇賢良人才，表彰提拔俊秀之士，設立按規程考核的科目，賜予佩帶金印紫綬的爵位，這實在是千載難逢的盛會，百代一遇的良機。當代的士人，應該努力思考最完美的道義，熱愛功業，珍惜精力，以輔佐聖明的時代，讓自己的名字載入史冊，功勞記入盟府，這才是君子最重要的首要任務，當今最急迫的事。

6　「一塊木頭的棋盤怎麼能比得上方國的分封？移動三百顆枯木頭做的棋子怎麼能比得上指揮萬人的將領？龍形圖案的禮服，金石樂器演奏的音樂，足以包容棋局的樂趣並取代博弈了。假若讓世人把下棋的精力，轉用在儒家經典，就會有顏回、閔子騫的志向；用在智謀上，就會有張良、陳平的計策；用在經營生意上，就會有猗頓的富有；用在射箭駕車上，就會有將帥的本領。如果能做到這樣，那麼就可以建立功名而庸俗卑賤就遠離了。」

1　和廢後，為黃門侍郎❶。孫亮❷即位，諸葛恪❸輔政，表曜為太史令❹，撰吳書，華覈、薛瑩等皆與參同。孫休踐阼❺，為中書郎❻、博士祭酒❼。命曜依劉向❽故事，校定眾書。又欲延曜侍講❾，而左將軍張布近習寵幸❿，事行多玷⓫，憚曜侍講儒士，又性精確，懼以古今警戒休意，固爭不可。休深恨布，語在休傳。然曜竟止不入。

2　孫晧即位，封高陵亭侯⓬，遷中書僕射⓭，職省，為侍中⓮，常領左國史⓯。時所在承指數言瑞應⓰。晧以問曜，曜答曰：「此人家筐篋⓱中物耳。」又晧欲為父和作紀[18]，曜執[19]以和不登帝位，宜名為傳。如是者非一，漸見責怒。曜益憂懼，自陳衰老，求去侍、史[20]二官，乞欲成所造書[21]，以從業別有所付[22]，晧終不聽。時有疾病，醫藥監護，持[23]之愈急。

3 晧每饗[24]宴，無不竟日，坐席無能否率以七升[25]為限，雖不悉入口，皆澆灌取盡。曜素飲酒不過三[26]升，初見禮異時，常為裁減，或密賜茶荈[27]以當酒，至於寵衰，更見偪彊[28]，輒以為罪。又於酒後使侍臣難折公卿[29]，以嘲弄侵克[30]，發摘私短[31]以為歡。時有愆過[32]，或誤犯晧諱，輒見收縛，至於誅戮。曜以為外相毀傷，內長尤恨[33]，使不濟濟[34]，非佳事也，故但示難問經義言論而已。晧以為不承用詔命，意不忠盡，遂積前後嫌忿，收曜付獄，是歲鳳皇[35]二年也。

4 曜因[36]獄吏上辭曰：「囚荷恩見哀[37]，無與為比，曾無芒氂[38]有以上報，孤[39]辱恩寵，自陷極罪。念當灰滅，長棄黃泉[40]，愚情悽悽[41]，竊有所懷，貪令上聞。囚昔見世間有古曆注[42]，其所紀載既多虛無，在書籍者亦復錯謬。囚尋按傳記，考合異同，采摭[43]耳目所及，以作洞紀，起自庖犧[44]，至于秦、漢，凡為三卷，當起黃武[45]以來，別作一卷，事尚未成。又見劉熙所作釋名[46]，信[47]多佳者，然物類眾多，難得詳究，故時有得失，而爵位之事，又有非是。愚以官爵，今之所急，不宜乖誤[48]。因自忘至微，又作官職訓及辯釋名各一卷，欲表上之。新寫始畢，會以無狀[49]，幽囚待命，泯沒之日，恨[50]不上聞，謹以先死列狀[51]，乞上言祕府[52]，於外料取[53]，呈內以聞。追懼淺蔽[54]，不合天聽[55]，抱怖雀息[56]，乞垂哀省。」

曜冀[57]以此求免，而晧更怪其書之垢[58]，故又以詰[59]曜。曜對曰：「囚撰此書，實欲表上，懼有誤謬，數數省讀[60]，不覺點汙[61]。被問寒戰，形氣吶吃[62]。謹追辭叩頭五百下，兩手自搏[63]。」而華覈連上疏救曜曰：「曜運值千載[64]，特蒙表[65]識，以其儒學，得與史官，貂蟬[66]內侍，承合天問，聖朝仁篤，慎終追遠，迎神[67]之際，垂涕敕曜[68]。曜愚惑不達，不能敷宣陛下大舜之美[69]，而拘繫史官[70]，使聖趣[71]不敘，至行不彰，實曜愚蔽當死之罪。然臣慺慺，見曜自少勤學，雖老不倦，探綜墳典[72]，溫故知新[73]，及意所經識古今行事，外吏之中少過曜者。昔李陵[74]為漢將，軍敗不還而降匈奴，司馬遷[75]不加疾惡，為陵游說，漢武帝以遷有良史之才，欲使畢成所撰，忍不加誅，書卒成立，垂之無窮。今曜在吳，亦漢之史遷[76]也。伏見前後符瑞[77]彰著，神指天應，繼出累見[78]，一統之期，庶[79]不復久。事平之後，當觀時設制，三王[80]不相因禮，五帝[81]不相沿樂，質文殊塗[82]，損益異體[83]，宜得曜輩依準古義，有所改立。漢氏承秦，則有叔孫通[84]定一代之儀，曜之才學亦漢通之次也。又吳書雖已有頭角[85]，敘贊[86]未述。昔班固作漢書[87]，文辭典雅，後劉珍[88]、劉毅[89]等作漢記[90]，遠不及固，敘傳[91]尤劣。今吳書當垂千載，編次諸史[92]，後之才士論次善惡[93]，非得良才如曜者，實不可使闕[94]不朽之書。如臣頑蔽[95]，誠非其人。曜年已七十，餘數無幾，乞赦其一等之罪[96]，為終身徒，使成書業，永足傳示，垂之百世。謹通[97]進表，叩頭[98]百下。」皓不許，遂誅曜，徙其家零陵[99]。子隆，亦有文學[100]也。

【章　旨】以上為〈韋曜傳〉的第二部分，敘述韋曜因不給孫皓之父立紀得罪孫皓，從而在身體、精神和事業上遭受孫皓殘酷打擊報復，最後被殺。

【注　釋】❶黃門侍郎　官名。秦及西漢郎官給事於黃闥（宮門）之內者，稱黃門郎或黃門侍郎。東漢始設為專官，或稱給事黃門侍郎，由宦官充任。其職為侍從皇帝左右，出入宮廷，執掌文書奏章，傳布詔令。❷孫亮　字子明，吳郡富春（今浙江富陽）人。孫權少子。赤烏中被立為太子。權死繼位，大將軍孫綝擅政，亮惡其專恣，謀誅之，事洩被廢為會稽王，後又降為候官侯，遣送至其封國，途中自殺。詳見本書卷四十八〈孫亮傳〉。❸諸葛恪　字元遜，琅邪陽都（今山東沂南南）人。諸葛瑾長子。少知名。弱冠拜騎都尉，為太子孫登講論道藝。以中庶子轉為左輔都尉。孫權甚器重，後率軍平定山越，以功封都鄉侯。權死，輔佐孫亮。後多次出兵攻魏，士卒多傷亡，被迫退兵。後為孫峻所殺。詳見本書卷六十四〈諸葛恪傳〉。❹太史令　官名。掌天文曆法、祭祀和典籍，亦兼修史。❺踐阼　亦作「踐祚」。指即帝位。古代廟寢堂前有兩階，主階在東，稱阼階。阼階上為主位，帝王登阼階主持祭祀，因此以「阼」指帝位或登基。踐，履。❻中書郎　官名。中書監、令下屬官。主草擬詔旨。❼博士祭酒　官名。為博士之長官。秦及西漢的博士長官稱僕射，至東漢改稱祭酒。掌國子學。❽劉向　字子政，沛（今江蘇沛縣東）人。西漢皇族。以博學通達，能屬文辭著稱。漢宣帝時，累遷至給事中。漢元帝時，上書直言時政得失，獲罪，免為庶人。漢成帝即位後，再度任用，為光祿大夫。著《列女傳》、《新序》、《說苑》、《別錄》等書。又因屢次上書譏刺時政，終生不復居九卿之位。❾欲延曜侍講　打算請韋曜給自己講論儒家經典。延，請。侍講，給皇帝講論儒家經典等各類書籍。❿左將軍張布句　左將軍張布是孫休寵幸的近臣。左將軍，官名。位如上卿，金印紫綬，掌京師兵衛及戍守邊隘，討伐四夷。平時加諸吏、給事中等稱號，則得以宿衛皇帝，參與中朝朝議，決定國家大事，若領尚書事就負責實際政務。張布，吳將領。孫休為王時，布為左右將督，素見信愛。旋為左將軍。孫綝伏誅後，加中軍督。休卒，與濮陽興迎立孫晧。後為晧所殺。近習，帝王的親信。寵幸，寵愛。⓫玷　玉上的斑點。比喻人的缺點過失。⓬高陵亭侯　高陵，縣名。盧弼《三國志集解》注：「高陵，屬魏雍州馮翊郡，非吳屬地，疑誤。」亭侯，漢制，列侯大者食縣邑，小者食鄉、亭。東漢後期遂以食鄉、亭者，稱為鄉侯、亭侯。亭，為秦漢時鄉以下的一級行政機構。十里為一亭，十亭為一鄉。⓭中書僕射　官名。吳置。為中書省屬官，負責文書機密。⓮侍中　官名。侍從皇帝，應對顧問。⓯左國史　官名。中書省屬官，掌記述修史。吳置左、右國史。⓰所在承指數言瑞應　各地迎合孫晧的心意多次報告有祥瑞的徵兆出現。所在，到處；各地。原誤倒為「在所」，據宋本、殿本改正。承指，迎合皇帝的心意。瑞應，指天降祥瑞徵兆出現。古人認為帝王修仁行德，社會平和，上天為之感應，便降祥瑞。⓱人家筐篋　普通人家的箱子。此指平凡無奇的事。筐篋，盛物的竹箱。《資治通鑑．晉紀》武帝泰始九年胡三省作注：「言祥瑞而謂之家人筐篋中物者，蓋稱引圖緯以言祥瑞之應，故謂其書為家人筐篋中物也。」⓲紀　即本紀。用以記述帝王，兼以排比大事。另外世家是用以記敘諸侯，用列傳記錄其他人物。因孫和初立為皇太子，後被廢黜。不久被賜死。所以韋曜堅持史家作史體例，不為孫和作「紀」，只可作「傳」。⓳執　堅持。⓴侍史　即侍中、左國史。㉑所造書　所撰寫的書。㉒以從業別有所付　將所從事的工作另外託付給別人。從，原作「後」，今從宋本。㉓持　指堅持辭去官職。㉔饗　用酒食招待人。㉕升　容量單位。清人趙翼《陔餘叢考》卷三十「量酒用升斗」條：「今人量酒皆以斤兩計，古人則不論斤，但以升斗計也。」另據〈考工記〉載：「爵一升，觚三升。」㉖三　宋本作「二」。㉗茶荈　採摘較晚的茶葉。《爾雅．釋木》：「檟，苦荼。」郭璞注：「今呼早采者為荼，晚取者為茗，一名荈。」按：唐以後人所用「茶」字，古皆作「荼」。㉘偪彊　強迫。㉙難折公卿　為難折辱朝廷大臣。公卿，原指三公九卿。這裏泛指朝廷高級官員。㉚侵克　中傷；欺凌。㉛發摘私短　指揭發隱私和為人不知的短處。發摘，揭發。㉜愆過　過錯；失誤。㉝內長尤恨　內心滋長怨恨。尤恨，怨恨。㉞濟濟　和諧美好。㉟鳳皇　吳末帝孫晧年號，西元二七二—二七四年。㊱因　依託；通過。㊲因荷恩見哀　因犯承蒙陛下的恩典和哀憐。因，因犯。韋曜自稱。㊳芒釐　即毫釐。形容一點兒。㊴孤　辜負。㊵黃泉　人死後埋葬的地穴，即通常所說的地下。(41)慺慺　勤懇恭謹。(42)古曆注　盧弼《三國志集解》引潘眉：「此指周長生之《洞曆》。《論衡》稱其上自黃帝，下至漢朝，莫不記載。」(43)采摭　採用。(44)庖犧　亦作「伏羲」。古代傳說中的三皇之一。《周易．繫辭》：庖犧氏「作結繩而為罔罟，以佃以漁」。(45)黃武　吳王孫權年號，西元二二二—二二九年。(46)劉熙所作釋名　劉熙，字成國，北海（今山東昌樂西）人。曾任安南太守，赴交州講學。釋名，一部字書，共八卷二十七篇。以音同、音近的字解釋字義，並注意到當時語音與古音的異同，推求事物命名的由來。(47)信　確實。(48)乖誤　錯誤。乖，違背。(49)無狀　無禮。(50)恨　遺憾。(51)先死列狀　在死以前陳述出來。(52)祕府　官署名。掌管圖書祕記。(53)料取　選取。(54)淺蔽　淺薄愚昧。(55)天聽　古時稱帝王的視聽為天覽、天聽。(56)雀息　像雀鳥一樣呼吸。比喻微弱。(57)冀　希望。(58)垢　汙垢。(59)詰　責問。(60)數數省讀　多次閱讀。數數，屢次；多次。(61)點汙　弄髒。(62)吶吃　言語遲鈍，不流暢。(63)自搏　自己打自己。(64)千載　指千載難逢的時機。(65)表宋本、馮夢禎刻本、毛氏汲古閣本作「哀」。(66)貂蟬　古代王公顯官冠上的飾物。《後漢書．輿服志》：「侍中、中常侍加黃金璫，附蟬為文，貂尾為飾，謂之趙惠文冠。」韋曜曾為侍中，故得佩戴貂蟬。(67)迎神　吳寶鼎二年（西元二六七年）七月，孫皓派代理將作大匠薛珝在京城建業為其父孫和建立神廟，十二月正式派遣官員「迎神於明陵」。(68)敕曜　指令韋曜為孫和寫本紀。(69)敷宣陛下大舜之美　傳播宣揚陛下大舜般的美德。敷宣，傳揚。大舜，史稱虞舜。《史記．五帝本紀》：「舜父瞽叟頑，母嚚，弟象傲，皆欲殺舜。舜順適不失子道。……舜年二十，以孝聞。」大舜之美，指大舜孝順父母的美德。(70)拘繫史官　拘泥於史官舊規。這裏指韋曜認為孫和未登帝位不能作紀一事。(71)聖趣　皇帝的旨意。趣，意向。(72)墳典　即三墳五典。《左傳》昭公十二年：「王曰：『是良史也，子善視之。是能讀三墳、五典、八索、九丘。』」相傳三皇之書稱為三墳，而五帝之書稱為五典。也泛指古代的典籍。(73)溫故知新　在溫習舊知識時，能有新體會、新發現。語出《論語．為政》：「子曰：『溫故而知新，可以為師矣。』」(74)李陵　字少卿，隴西成紀（今甘肅秦安）人。名將李廣之孫。少為侍中建章監，善騎馬。武帝時，為騎都尉。曾率軍五千出擊匈奴，陷入重圍，連戰九天，終因糧盡矢絕，被迫投降。後病死於匈奴。(75)司馬遷　字子長，夏陽（今陝西韓城南）人。初任郎中，後繼父為太史令，盡閱史官所藏舊史，又遊歷各地，訪古蹟，察風俗，採傳說。與唐都等人共訂太初曆。因替李陵降匈奴事辯解，觸怒武帝而下獄，受宮刑。出獄後，任中書令。發憤著書，歷十二年撰成《太史公書》，三國後通稱《史記》。(76)史遷　即司馬遷。因他曾任太史令，故用史遷稱之。(77)符瑞　祥瑞的徵兆。(78)見　現。(79)庶　可能。(80)三王　指夏禹、商湯、周文王與周武王。(81)五帝　說法不一。《史記》以黃帝、顓頊、帝嚳、堯、舜為五帝；《周易》以伏犧、神農、黃帝、堯、舜為五帝；《帝王世紀》以少昊、顓頊、高辛、堯、舜為五帝。(82)質文殊塗　質樸和文采各有不同。孔子認為夏、商二代的禮儀制度為一貫一文，而周代又是根據前面兩代制定的，各有不同。(83)損益異體　具體制度的增減有別。《論語．為政》：「子曰：『殷因於夏禮，所損益，可知也；周因於殷禮，所損益，可知也。』」損益，廢除和增加。這裏指增刪修改。(84)叔孫通　薛縣（今山東滕州南）人。曾為秦博士。秦末投奔項羽，後歸劉邦。漢朝建立後，他雜採古禮及秦制，與儒生共立朝儀。旋任太常，轉太子太傅。(85)頭角　頭緒。(86)敘贊　史家沿用的一種文體。在著作正文之前要寫序言或序文，這就是「敘」。在人物或事件記敘完以後，要加一段作者的評論。這個評論稱「贊」。(87)班固作漢書　班固，字孟堅，扶風安陵（今陝西咸陽東北）人。年九歲，能作文。及長，擅長詞賦，博覽羣書。後任蘭臺令史，轉遷為郎、校典祕書。歷二十餘年撰成《漢書》，開創了斷代史的體例。漢書，原為一百篇，後世分成一百二十卷。記述自漢高祖元年（西元前二〇六年）到王莽新朝地皇四年（西元二三年）整個二百三十年間史事。為中國古代第一部斷代史書。該書結構嚴謹，語言精鍊，並富有文采。(88)劉珍　字秋孫，一名寶，南陽蔡陽（今湖北棗陽）人。歷任謁者僕射、越騎校尉。東漢安帝延光年間，官至衛尉。安帝永寧年間，受鄧太后詔令與諫議大夫李尤、劉毅等撰寫《漢記》。(89)劉毅　出身宗室，北海敬王之子。襲爵平望侯，後被廢。有文才。安帝時拜議郎。奉鄧太后詔令與劉珍等人撰《漢記》。(90)漢記　即《東觀漢記》。劉珍等人所撰，初名為《中興以下名臣列士傳》。後伏無忌、邊韶、蔡邕等人又增加了紀、表、志、節士、儒林、外戚等傳，時間從光武帝止於漢靈帝，書名《漢記》。東漢初著述在蘭臺，章帝、和帝以後，圖籍藏於南宮之東觀，並在此修史，所以《漢記》又稱《東觀漢記》。魏晉以《史記》、《漢書》、《東觀漢記》合稱「三史」。(91)敘傳　敘事的列傳。(92)編次諸史　依次編入所有的史書中。(93)論次善惡　依次評論好壞。(94)闕　盧弼《三國志集解》注：「元本『闕』作『關』。」(95)頑蔽　愚昧笨拙。(96)赦其一等之罪　指減死罪一等。(97)通　稟告。(98)叩頭　磕頭。叩，跪著頭著地。(99)零陵　郡名。治所在今湖南零陵。(100)文學　有文采學問。

【語　譯】孫和被廢黜後，韋曜任黃門侍郎。孫亮即帝位，諸葛恪輔佐朝政，上表薦舉韋曜任太史令，撰寫《吳書》，華覈、薛瑩等人都一同參與。孫休登基，韋曜任中書郎、博士祭酒。孫休命令韋曜依照劉向的舊例，校對審定各種典籍。又準備延請韋曜給自己講授各類典籍，而左將軍張布是受寵幸的近臣，行事和品德多有過失，他害怕韋曜擔任侍講儒士，加上韋曜個性精明、意志堅定，他怕韋曜用古今事例警誡孫休，就堅持諍諫，認為不可。孫休深恨張布，具體記載在〈孫休傳〉裏。然而韋曜終究被阻沒有進入皇宮。

2　孫晧即帝位，封韋曜為高陵亭侯，升任中書僕射，後來官職精簡，任侍中，長期兼任左國史。當時各地迎合孫晧的心意多次報告有祥瑞的徵兆出現。孫晧就此詢問韋曜，韋曜回答說：「這就像普通人家的箱子裏的東西而已。」另外孫晧想要為他的父親孫和作紀，韋曜堅持認為孫和沒有登帝位，應當名之為傳。像這類的事情不止一樁，韋曜逐漸被孫晧責怪惱恨。韋曜更加憂心恐懼，上表陳述自己年老體衰，請求辭去侍中、左國史二官職，請求想要完成所撰之書，把所從事的工作另外託付給別人，孫晧始終不同意。韋曜當時患病，用醫藥調治，辭官意願愈加急迫。

3　孫晧每次宴饗，往往持續一整天的，在座的人無論能不能喝酒，一律以七升酒為最低限度，即使不能全都喝下，也都要灌完。韋曜平素喝酒不超過三升，當初他受到特殊禮遇時，孫晧經常為他減少該喝的量，有時還祕密賜給茶茗代酒，到了失寵時，喝酒更加受到強迫，他常常因此獲罪。加上孫晧在酒後讓侍臣為難折辱朝廷大臣，用嘲弄中傷、揭發隱私和揭人短處來取樂。時或有失誤，或無意中犯了孫晧的忌諱，往往被拘捕，甚至誅殺。韋曜認為人們在言辭上相互詆毀傷害，心裏滋長怨恨，讓官員關係不能和諧融洽，不是件好事，因此他只說些問難儒家經典的文義言論而已。孫晧認為他不服從詔令，沒有忠誠盡心之意，於是就把前後對他累積的不滿和惱恨一併發作，拘捕韋曜交付監獄，這一年是鳳皇二年。

4　韋曜透過獄吏上書說：「囚臣蒙受陛下的恩典哀憐我，沒有人能相比，我沒有一絲一毫功績可以上報，辜負辱沒了恩寵，自陷死罪。想到將化為灰燼湮滅，永久的棄於地下，我的心情仍舊勤懇恭謹，心裏有所感懷，奢求使皇上知道。囚臣過去看到世間流傳古代曆法的注釋，它所記載既多虛無，而且書籍中也有錯雜乖謬之處。囚臣探尋查考經傳記載，核對異同，採用耳聞目睹獲取所得的材料，用來撰寫《洞紀》，從庖犧開始，一直到秦、漢，共三卷，應該從黃武年間以來，另外再寫一卷，工作尚未完成。又看到劉熙所寫的《釋名》，實在有很多好的地方，然而物類繁多，難以詳盡考究，所以時有謬誤之處，而爵位的事情，又有不對的地方。愚意認為官位和封爵，是當務之急，不應當乖謬錯誤。囚臣忘了自己極為卑賤，又撰寫了《官職訓》和《辯釋名》各一卷，想呈獻皇上。新作才剛寫完，便遇上無禮獲罪，囚禁在獄裏等待處置，死亡之日，遺憾沒有上奏這些作品，謹在死前陳述，請求皇上告訴祕府，讓他們到外面選取，呈送朝廷讓皇上知道。追憶起來懼怕所作淺薄愚昧，不合聖聽，害怕得像鳥雀一樣輕聲呼吸，請求布施哀憐省察。」

韋曜希望藉著此事求得免罪，然而孫晧卻又責怪他撰寫的書有髒汙，所以又以此責問韋曜。韋曜回答說：「因臣撰寫的這部書，實在是想要上呈陛下，怕有錯誤，所以反覆多次檢查閱讀，不自覺的弄髒了。受到責問，我戰慄發抖，心裏發慌，說話結結巴巴。謹此補加謝罪，叩頭五百下，自己打自己。」華覈接連上書營救韋曜說：「韋曜幸遇千載難逢的機會，特別蒙受皇上的選拔和賞識。憑他的儒學造詣，得以任史官，頭戴貂蟬之冠侍從內宮，承受回答皇上的詢問。聖明的朝廷仁厚篤信，居父母之喪，依禮盡哀，祭祀祖先，恭敬虔誠，在迎接先父神靈進廟之際，垂淚敕令韋曜為父撰寫本紀。韋曜愚昧昏亂不明，不能宣揚陛下大舜般的美德，而泥於史官的舊規，使得皇上的旨意不能體現，最高的德行不能顯明，實在是他愚昧無知該死的罪過。然而臣忠懇進言，看到韋曜從小勤學，就算老了仍孜孜不倦，探討歸納古代的典籍，溫故知新，以至於他對古今事情的看法，朝外的官員中很少有超過他的。從前李陵身為漢將，兵敗不還而投降匈奴，司馬遷不加以譴責，卻替李陵求情。漢武帝因為司馬遷有良史的才能，想讓他完成所寫的史書，寬忍而不加誅殺，著作終於完成，永遠流傳。現在韋曜在吳國，也就像漢代的司馬遷。臣看到先後有祥瑞徵兆顯現，神靈的旨意上天的感應，接連出現，統一的日子，差不多不會太久了。天下平定以後，必須觀察時勢，設立制度，因為三王不因襲禮儀，五帝互不沿襲樂制，質樸和文采各不相同，具體制度的增減有別，應當讓韋曜這樣的人依據古代的基本準則，進行改定制立。漢朝承襲秦朝，就有叔孫通制定漢朝一代禮儀，韋曜的才學和漢朝的叔孫通同列。另外《吳書》雖然已經有了頭緒，但序文和贊語還沒有寫。過去班固撰寫《漢書》，文辭典雅，後來劉珍、劉毅等人寫作《漢記》，遠遠不如班固，敘傳部分尤其拙劣。現在《吳書》應當流傳千載，依序編入各種史書當中，讓後代的才學之士依次評論好壞，這必須要有像韋曜這樣的良才之人，實在不能讓這部不朽的著作有缺漏。像臣這樣愚昧笨拙，實在不是合適的人選。韋曜年紀已有七十歲了，剩餘的時間不多，請求減他一等死罪，判他終身勞役，使他完成史書的撰寫任務，永遠昭示後人，流傳百世。謹此稟告進呈章表，叩頭一百下。」孫皓不准許，終究殺了韋曜，流放他的家屬到零陵。他的兒子韋隆，也有文采學問。

1 華覈，字永先，吳郡武進❶人也。始為上虞尉❷、典農都尉❸，以文學入為祕府郎❹，遷中書丞。

2 蜀為魏所并，覈詣宮門發表❺曰：「間聞賊眾蟻聚向西境❻，西境艱險，謂當無虞❼。定聞陸抗表至❽，成都❾不守，臣主播越❿，社稷傾覆。昔衛為翟所滅而桓公存之⓫，今道里長遠，不可救振，失委附⓬之土，棄貢獻⓭之國，臣以草芥，竊懷不寧。陛下聖仁，恩澤遠撫，卒聞如此，必垂哀悼。臣不勝忡悵⓮之情，謹拜表以聞。」

3 孫皓即位，封徐陵亭侯。寶鼎⓯二年，皓更營新宮，制度⓰弘廣，飾以珠玉，所費甚多。是時盛夏興工，農守並廢，覈上疏諫曰：

4 「臣聞漢文⓱之世，九州晏然⓲，秦民喜去慘毒之苛政，歸劉氏之寬仁，省役約法，與之更始⓳，分王子弟以藩⓴漢室，當此之時，皆以為泰山之安，無窮之基也。至於賈誼㉑，獨以為可痛哭及流涕者三，可為長歎息者六，乃曰當今之勢何異抱火於積薪之下而寢其上，火未及然而謂之安㉒。其後變亂，皆如其言。

臣雖下愚，不識大倫，竊以曩時[23]之事，揆[24]今之勢。

「誼云復數年間，諸王方剛[25]，漢之傳相[26]稱疾罷歸，欲以此為治，雖堯舜不能安。今大敵[27]據九州之地，有大半之眾，習攻戰之餘術[28]，乘戎馬之舊勢[29]，欲與中國[30]爭相吞之計，其猶楚漢勢不兩立[31]，非徒漢之諸王淮南、濟北而已[32]。誼之所欲痛哭，比今為緩[33]，抱火臥薪之喻，於今而急。大皇帝覽前代之如彼，察今勢之如此，故廣開農桑之業，積不訾[34]之儲，恤民重役，務養戰士，是以大小感恩，各思竭命。期運[35]未至，早棄萬國[36]。自是之後，彊臣專政，上詭[37]天時，下違眾議，亡安存之本，邀[38]一時之利，數興軍旅，傾竭府藏，兵勞民困，無時獲安。今之存者乃創夷[39]之遺眾，哀苦之餘民耳。遂使軍資空匱，倉廩不實，布帛之賜，寒暑不周，重[40]以失業，家戶不贍[41]。而北[42]積穀養民，專心東向，無復他警。蜀為西藩，土地險固，加承先主[43]統御之術，謂其守御足以長久，不圖[44]一朝，奄[45]至傾覆。唇亡齒寒，古人所懼。交州[46]諸郡，國之南土，交阯、九真[47]二郡已沒，日南[48]孤危，存亡難保，合浦[49]以北，民皆搖動，因運避役，多有離叛，而備戍減少，威鎮[50]轉輕，常恐呼吸[51]復有變故。昔海虜窺窬東縣[52]，多得離民[53]，地習海行[54]，狃[55]於往年，鈔盜[56]無日，今胸背有嫌[57]，首尾多難，乃國朝之厄會(58)也。誠宜住建立之役(59)，先備豫(60)之計，勉墾殖(61)之業，為饑乏之救。惟恐農時將過，東作(62)向晚，有事之日，整嚴(63)未辦。若舍此急，盡力功作(64)，卒有風塵不虞之變，當委版築(65)之役，應烽燧(66)之急，驅怨苦之眾，赴白刃(67)之難，此乃大敵所因為資(68)也。如但固守，曠日持久，則軍糧必乏，不待接刃，而戰士已困矣。

6 「昔太戊(69)之時，桑穀生庭，懼而修德，怪消殷興。熒惑守心(70)，宋(71)以為災，景公下從瞽史之言(72)，而熒惑退舍(73)，景公延年。夫修德於身而感異類，言發於口而通神明，臣以愚蔽，誤忝近署(74)，不能翼宣仁澤以感靈祇(75)，仰慚俯愧，無所投處。退伏思惟，熒惑桑穀之異，天示二主(76)，至如他餘錙介之妖(77)，近是門庭小神(78)所為，驗之天地，無有他變，而徵祥符瑞前後屢臻，明珠既覿(79)，白雀(80)繼見，萬億之祚(81)，實靈所挺(82)，以九域為宅，天下為家，不與編戶之民(83)轉徙同也。又今之宮室，先帝所營，卜土立基(84)，非為不祥。又楊市(85)土地與宮連接，若大功畢竟(86)，輿駕(87)遷住，門行(88)之神，皆當轉移，猶恐長久未必勝舊(89)。屢遷不可(90)，留則有嫌，此乃愚臣所以夙夜為憂灼(91)也。臣省月令(92)，季夏之月(93)，不可以興土功，不可以會諸侯，不可以起兵動眾，舉大事必有大殃。今雖諸侯不會，諸侯之軍與會無異。六月戊己[94]，土行正王，既不可犯，加又農月，時不可失。昔魯隱公夏城中丘[95]，春秋[96]書之，垂為後戒。今築宮為長世之洪基，而犯天地之大禁，襲春秋之所書，廢敬授[97]之上務，臣以愚管[98]，竊所未安。

7 「又恐所召離民，或有不至，討之則廢役興事，不討則[99]日月[100]滋蔓[101]。若悉並到，大眾聚會，希[102]無疾病。且人心安則念善，苦則怨叛。江南精兵，北土所難[103]，欲以十卒當東[104]一人。天下未定，深可憂惜之。如此宮成，死叛[105]五千，則北軍之眾更增五萬，若到萬人，則倍益[106]十萬，病者有死亡之損，叛者傳不善之語，此乃大敵所以歡喜也。今當角力中原，以定彊弱，正於際會[107]，彼益我損，加以勞困，此乃雄夫智士所以深憂。

8 「臣聞先王治國無三年之儲，曰國非其國，安寧之世戒備如此，況敵彊大而忽[108]農忘畜[109]。今雖頗種殖，間者[110]大水沉沒，其餘存者當須耘穫，而長吏怖期[111]，上方諸郡[112]，身涉山林，盡力伐材，廢農棄務，士民妻孥[113]羸小，墾殖又薄，若有水旱則永無所獲。州郡見米，當待有事，冗食[114]之眾，仰官供濟。若上下空乏，運漕[115]不供，而北敵犯疆，使周、召[116]更生，良、平[117]復出，不能為陛下計明矣。臣聞君明者臣忠，主聖者臣直，是以慺慺，昧犯天威，乞垂哀省。」

9 書奏，晧不納。後遷東觀令，領右國史，覈上疏辭讓，晧答曰：「得表，以東觀儒林之府，當講校文藝[118]，處定[119]疑難，漢時皆名學碩儒乃任其職，乞更選英賢，聞之。以卿研精墳典，博覽多聞，可謂悅禮樂敦[120]詩書者也。當飛翰騁藻[121]，光贊[122]時事，以越楊、班、張、蔡之疇[123]，怪乃謙光[124]，厚自菲薄，宜勉修所職，以邁[125]先賢，勿復紛紛[126]。」

【章旨】以上為〈華覈傳〉的第一部分，記敘華覈針對孫晧營建新宮所帶來的嚴重影響，呈上奏疏進行勸諫，但最終未被採納。

【注釋】❶武進　縣名。治所在今江蘇鎮江市東南。❷上虞尉　上虞，縣名。治所在今浙江上虞。尉，縣尉。負責該縣軍事和治安。❸典農都尉　官名。縣級負責屯田的官員。❹祕府郎　官名。吳置。掌校祕書。❺發表　呈上表章。❻閒聞賊眾蟻聚句　近來聽說敵國軍隊像螞蟻般的在西部蜀國的邊境集結。閒，近來；不久前。西境，指西部蜀國的邊境。❼無虞　沒有憂患。虞，憂患。❽定聞陸抗表至　直到聽說陸抗的表章送到。定，及。陸抗，字幼節，吳郡吳（今江蘇蘇州）人。陸遜之子。年二十，拜建武校尉。歷任奮威將軍、柴桑督、鎮軍大將軍等職。對時下政令多闕，多次上疏勸諫。率兵破晉將羊祜，攻陷西陵。詳見本書卷五十八〈陸遜傳〉。❾成都　蜀國都城。❿播越　流亡。指劉禪降晉後，舉家東遷洛陽一事。⓫昔衛為翟所滅句　從前衛國被翟人滅亡，齊桓公使衛國得以生存。衛，指春秋時期的衛國。翟，族名。亦稱狄。春秋前，長期活動於北方的齊、魯、晉、衛、朱、邢等國之間。桓公，即齊桓公。齊襄公之弟。襄公亂政，他避禍奔莒。襄公被殺後，他乘機回國，奪取君位，任用管仲進行改革，富國強兵，成為春秋時期第一霸主。⓬委附　委身歸附。蜀國是吳的盟國，非附屬國。⓭貢獻　納貢。⓮忡悵　憂傷悵惘。忡，憂愁。悵，失意；悵惘。⓯寶鼎　吳末帝孫晧年號，西元二六六—二六九年。⓰制度　指規模。⓱漢文　即漢文帝劉恆，劉邦子。初為代王，周勃等誅滅諸呂，迎立為帝。在位二十三年，主張清靜無為，與民休息，輕徭薄賦，興修水利，削弱諸侯勢力，加強中央集權，使漢朝漸趨強盛，後景帝因之，出現「文景之治」。⑱九州晏然　九州安定。九州，指長江以北的東漢十三州部中的九個州部，即司隸校尉部、冀州、并州、幽州、青州、徐州、豫州、兗州和涼州。後以九州指代中國。晏，安定；平靜。⑲更始　重新開始。⑳藩　屏障。這裏指分封子弟為諸侯國君以拱衛王朝。㉑賈誼　雒陽（今河南洛陽）人。十八歲時即以文才出名，二十歲漢文帝召為博士，一年後升為太中大夫。建議削藩，勸農立本。撰寫〈過秦論〉、〈治安策〉等文。因政治抱負無從施展，甚不得志。㉒獨以為四句　這四句是華覈轉述賈誼〈治安策〉一文中的話。然，通「燃」。㉓曩時　過去；以往。㉔揆　揣測；估量。㉕方剛　血氣方剛。指正值成年。㉖傅相　官名。漢代諸侯王國，每置傅一人，相一人，皆二千石。傅主導王以善，禮如師，相如師。三國時期仍沿襲其制。㉗大敵　指魏晉。㉘餘術　留下的各種方法。餘，遺留的。㉙舊勢　以往的勢頭。這裏指習慣於。㉚中國　指占據中原地區的晉國。㉛楚漢勢不兩立　指西楚霸王項羽和漢王劉邦兩大軍事集團為爭奪天下而相互對抗。㉜非徒漢之諸王句　不只像是漢代分封的淮南王、濟北王那樣。徒，只；僅僅。淮南，即淮南王劉長，劉邦子。高祖十一年（西元前一九六年）誅殺英布，被立為淮南王。文帝即位，他驕橫不法，「不聽天子詔」，藏匿亡命。文帝六年（西元前一七四年）陰謀反叛，被拘，流放到蜀郡，途中絕食死。濟北，即濟北王劉興居，劉邦孫，齊悼惠王子。初封東牟侯。文帝二年（西元前一七八年），封濟北王。次年，他乘匈奴入侵，文帝率軍親征之機，舉兵反叛。後被俘獲，自殺。㉝緩　緩和。㉞不訾　不可估量。訾，通「貲」。估量；計算。㉟期運　指一統天下。㊱萬國　指國家廣大。㊲詭　違背。㊳邀　求取；希望得到。㊴創夷　遭受創傷。㊵重加上。㊶贍　供給。㊷北　指西晉政權。㊸先主　指蜀漢開國皇帝劉備。㊹不圖　沒有想到。圖，想；反覆考慮。㊺奄　突然。㊻交州　州名。治所在今越南河內東北。㊼九真　郡名。治所在今越南清化西北。㊽日南　郡名。漢治所在今越南廣治省甘露河與廣治河交會處。三國吳移治今越南廣平省美麗附近。㊾合浦　郡名。東漢治所在今廣西合浦東北。三國吳改名珠官郡，孫亮時復名合浦郡。㊿威鎮　指威懾作用。(51)呼吸　形容時間短暫，指瞬息之間。(52)海虜窺窬東縣　海盜窺伺東部沿海各縣。海虜，指海盜。窺窬，窺伺可乘之機。(53)離民　離散的百姓。(54)地習海行　熟習地形，又在海上活動。(55)狃　貪婪。(56)鈔盜　掠奪；搶掠。(57)胸背有嫌　腹背受敵。指北有晉朝，南有海盜。嫌，仇恨。(58)厄會　厄運；使……遭遇困境。(59)誠宜住建立之役　實在應該停止興建宮殿的勞役。住，停止。建，指興建顯明宮。役，指勞役。(60)備豫　事先防備。(61)勉墾殖　勉勵墾荒種植。(62)東作　指春耕。語出《尚書·堯典》：「寅賓出日，平秩東作。」(63)整嚴　行裝。指軍隊行動前的各項準備。(64)功作　指興建宮室。(65)委版築　放棄興建土木。委，捨棄。版築，興建土木工程。古代建造土牆時，用兩塊木板相夾，中間填滿泥土，用杵夯實。(66)烽燧　即烽火狼煙，古代邊防報警的兩種信號。當邊境發現敵人入侵時，守邊人員便在所築高臺上發出信號，白天燃起濃煙，叫「燧」；夜晚燒起大火，叫「烽」。這樣一站一站的依次將敵人入侵的消息迅速傳遞到京都。(67)白刃　鋒利的刀。(68)因為資　利用他們作為資本。因，利用。資，資本。(69)太戊　即殷中宗，商朝第十位君主。《史記・殷本紀》載：「帝太戊立伊陟為相，亳有祥桑穀共生於朝，一暮大拱，帝太戊懼，問伊陟。伊陟曰：『臣聞妖不勝德，帝之政其有闕歟。帝其修德。』太戊從之，而祥桑枯死而去。」(70)熒惑守心　火星在心宿附近停留了二十天以上。熒惑，即火星。火星呈紅色，熒熒似火，亮度時常變化。在天空中行進，時而從東向西，時而從西向東，令人迷惑，所以古代稱為熒惑。守，指行星在運行中暫停在某一恆星的位置在二十天以上。(71)宋　指春秋時期的宋國。原為周初分封給商紂王的庶兄微子啟的封國。春秋時宋襄公曾企圖稱霸，未成。後宋國勢衰弱。(72)景公下從瞽史之言　宋景公聽從史官的勸說。宋景公，名頭曼，元公子。西元前五一七年即位。瞽史，官名。瞽，樂官，多用瞽者（盲人）擔任，掌管音樂。史，太史，掌管陰陽、天文、曆法記事。(73)退舍　退移一定的星次。(74)誤忝近署　有愧在陛下身邊任職。忝，辱。(75)不能翼宣仁澤以感靈祇　沒有能夠宣揚陛下的恩澤以感動天地神靈。翼宣，幫助宣揚。靈祇，天地神靈。(76)二主　指太戊和宋景公。(77)他餘鎦介之妖　其他細小的妖變。他餘，其他。鎦介，形容細小。(78)門庭小神　普通百姓家中供奉的各種神靈。(79)覿　看見。(80)白雀　古人認為出現白雀是吉祥之兆。(81)祚　福。(82)挺　生；主宰。(83)編戶之民　編入戶籍冊的百姓。(84)卜土立基　經過占卜來確定營建地址。(85)楊市　地名。(86)畢竟　完成。(87)輿駕　皇帝的車駕。(88)門行　在門戶巡行。(89)舊　舊宮殿，即太初宮。(90)屢遷不可　多次遷徙不合適。(91)憂灼　擔憂焦慮。(92)月令　是《禮記》中的一篇，相傳為周公所撰。一說秦漢間人抄彙《呂氏春秋》十二紀首章，收入《禮記》而題名〈月令〉。內容是記述每年農曆十二個月的時令、祭祀、政事和生產及相關事物。(93)季夏之月　指夏季的第三個月，即農曆的六月。(94)六月戊己　指六月中旬。戊己，分別為天干的第五位和第六位，處在十個天干的中間，所以戊己有中旬之意。(95)昔魯隱公夏城中丘　從前魯隱公於夏季在中丘修建城牆。魯隱公，名息姑，惠公長庶子。惠公死，太子允年少，魯人擁立他攝政。後為公子揮所殺。中丘，城名。在今山東臨沂東北。(96)春秋　書名。相傳是孔子根據魯國史官記載修訂而成。記述從魯隱公元年（西元前七二二年）至魯哀公十四年（西元前四八一年）共二百四十二年歷史。為中國現存最早的編年史。本為史書，但自西漢以後，被儒家奉為經典，列為《六經》之一。魯隱公在中丘築城一事，記載在《左傳》隱公七年。(97)敬授　指恭敬的勸勉民眾按照時令季節從事農耕活動。語出《尚書・堯典》：「敬授民時。」(98)愚管　愚昧的提出管見。(99)則　原脫，宋本有，據補。(100)日月　每日每月。(101)蔓　原作「慢」，《三國志集解》云：「《冊府》『慢』作『蔓』。」據改。(102)希　很少。(103)所難　難以對付的。(104)東　指吳國。(105)死叛　死亡和叛逃的。(106)倍益　加倍增長。(107)際會　時刻。(108)忽忽視。109畜　同「蓄」。儲藏。110閒者　近來。111怖期　害怕誤了期限。112上方諸郡　指東部各郡的民眾。113妻孥　妻子孩兒。孥，兒子。114冗食　白吃糧食。115運漕　運送糧食等物資的水道。116周召　即周公旦和召公奭。召公奭，一作邵公、召伯，文王庶子。因采邑在召（今陝西岐山縣西南），故稱召公。曾佐武王滅商，支持周公東征平亂。又曾受命營建雒邑（今河南洛陽），鎮守東都。為周公得力助手。117良平　即張良和陳平。118講校文藝　研究校閱文獻典籍。講校，研究校對。文藝，指儒家的文獻典籍。119處定　處理決定。120敦　厚；篤好。該句語出《左傳》僖公二十七年：「趙衰曰：『郤穀可。臣亟聞其言矣。說禮樂而敦詩書。』」121飛翰騁藻　飛快運筆表現文采。翰，毛筆。122光贊　頌揚。123越楊班張蔡之疇　超越楊雄、班固、張衡、蔡邕這些人。楊雄，一作「揚雄」。字子雲，蜀郡成都（今四川成都）人。少好學，博覽羣書，好辭賦。成帝時以文見召。作〈甘泉〉等四賦。任為郎、給事黃門。晚年頗感辭賦無益於世道，轉而研究哲學、古文字學。張衡，字平子，南陽西鄂（今河南南陽東北）人。任太史令，精通天文曆法。又擅長文學。蔡邕，字伯喈，陳留圉（今河南杞縣西南）人。曾任左中郎將。精通經學、天文、音樂。文學以散文、辭賦見長。疇，同類。124謙光　謙虛。125邁　超過。126紛紛　囉嗦。當時習語。

【語譯】華覈，字永先，吳郡武進縣人。起初任上虞縣尉、典農都尉，因為有文采學問，入朝任祕府郎，遷升中書丞。

2　蜀國被魏國兼併以後，華覈到宮門呈上表章說：「近來聽說敵國軍隊像螞蟻般在西部蜀國邊境集結，蜀國邊境地勢險峻，我以為應當不用憂心。直到聽到陸抗的表章送達，才知道成都失守，蜀國君臣流徙，國家滅亡。從前衛國被翟人滅亡，齊桓公使衛國復國。現在蜀國離我們路途遙遠，不可能去挽救興復，我們失去了依附於我國的土地，貢獻物產的國家。臣雖如草芥卑微，私下心懷不安。陛下聖明仁德，澤及遠方，突然聽到這個消息，必定產生哀悼之情。臣壓抑不住憂傷悵惘的情緒，謹此叩拜上呈章表稟報。」

3　孫皓即帝位，封華覈為徐陵亭侯。寶鼎二年，孫皓重新修築新宮殿，規模弘大，以珍珠寶玉裝飾，花費非常多。時值盛夏施工，農業生產和軍防守備同時荒廢，華覈上疏勸諫說：

4　「臣聽說漢文帝的時期，天下安定，秦朝百姓慶幸脫離了殘酷苛暴的政治，歸附於劉氏政權的寬厚仁愛，減省徭役，精簡法令，給百姓新的開始，分封王室子弟藩衛漢家王室。在這個時候，都認為漢朝安如泰山，帝業會傳之無窮。而獨獨賈誼認為可為漢室痛哭流淚的有三個方面，可為漢朝長嘆的有六個方面，還說當今的形勢無異於把火種放在柴堆之下，而人卻躺在上面睡覺一樣，大火尚未燒起來便以為很安全。之後的變亂，都同賈誼在先前所說的。臣雖然卑微愚鈍，不懂得大道理，只能私下用以往的歷史，推測當前的局勢。

5 「賈誼說再過幾年，各諸侯王正值盛年，漢朝廷派任輔助諸侯王的傅、相就會因年邁稱病免職，想這樣治理國家，就是堯、舜也不能安定國家。如今強大的敵人占據中原，擁有一大半的民眾，嫻熟魏軍攻伐征戰的各種方法，習慣於騎馬作戰，要想與晉國競爭吞併對方，這就像楚漢相爭勢不兩立，絕非只像漢代淮南王、濟北王那樣舉兵反叛而已。賈誼想要痛哭的情形，比起今天我們的情況緩和，抱火臥薪的比喻，對於今日的我們來說更為急迫。大皇帝看到前代的那種情況，觀察當今的這種局勢，所以廣開農田，發展蠶桑生產，積蓄了無法計數的儲備，體恤民眾繁重的徭役，努力撫養戰士，因此人人感恩戴德，都想竭力效命。一統天下的使命尚未完成，大皇帝就早早的棄廣大的國家而去。從此以後，強臣專斷朝政，上違天命，下悖眾議，丟棄安定生存的根本，求取一時的利益，屢次出動軍隊，耗盡府庫錢糧，士兵勞累，百姓乏困，沒有一時可以安寧。如今活著的人只是身受創傷、飽嘗哀傷痛苦的殘餘軍民罷了。終於弄得軍需物資匱乏，倉庫空虛，布帛的供給，冷暖無法周全，加上百姓失業，家家戶戶無法自給。而北方晉朝卻積蓄食糧，養育百姓，專心一意對付我們，再沒有其他的顧慮。蜀國作為西邊的屏藩，地形險固，加上承繼先主統治的方法，以為他們的防禦足以長久，想不到一下子就突然滅亡。脣亡齒寒，是古人所害怕的。交州各郡，是國家的南域疆土，交阯、九真二郡已經失去，日南郡孤立危急，難保不亡，合浦郡以北，民心全都動搖不安，由於輜重轉運而躲避勞役，多有離散叛逃，戍守的軍隊減少，威懾的力量變輕，經常擔心轉瞬間再生變亂。昔日海賊覬覦東部沿海各縣，擄掠了許多流離的百姓，他們熟悉地形，又在海上活動，貪婪更勝往年，沒有一天不搶掠。如今我們腹背受敵，首尾多難，是國家困厄之時。實在應當停止建築宮殿的勞役，優先制定防禦的計策，勉勵開墾種植的事業，作為飢餓困乏的補救。現在只怕農時將要過去，春耕接近尾聲，一旦戰事發生，軍隊的各項準備尚未做好。如果放棄這些當務之急，全力修建宮殿，猝然發生風雲不測的變故，必定放棄興建土木的勞役，應付烽火警報的危急，驅使怨恨痛苦的民眾，奔赴刀光劍影的戰場，這是強敵可以憑藉利用的資本。如果只是固守，曠日持久，那麼軍糧必然匱乏，不用等到交戰，戰士已經困乏了。

6　「從前太戊的時候，宮廷院內長出了桑樹穀樹，太戊害怕因而修養品德，怪異消失，殷朝興盛。火星停留在心宿的位置，宋國認為將有災禍，宋景公聽從史官的意見，火星因而退回原位，宋景公延長了壽命。自身修養德行就能感化異類，話從口出就能通達神明。臣愚昧無知，有愧在陛下身邊任職，不能宣揚仁德恩澤用來感動天地神靈，俯仰慚愧，無地自容。回家認真思考，火星桑樹穀樹的怪異，是上天在昭示兩位君主，至於其他細小的變異，或許是百姓家中供奉的神靈所為的。察驗天地，沒有其他異常變化，而祥兆瑞應前後多次出現，明珠已經看見，白雀相繼出現，這億萬的福祉，實在是由神靈所主宰，君主應當以九州為屋，以天下為家，不與百姓的遷徙相同。另外現在的宮室，是先帝所營造的，占卜過後才動土奠基，不是不吉利。還有楊市的土地和宮殿相連，如果新殿大功告成，皇帝聖駕遷往居住，在門戶巡行的神靈，都應當跟著轉移，恐怕時間一久未必勝過舊宮殿。屢次遷移不合適，留在原處又有疑忌，這正是愚臣日夜擔憂焦急的原因啊。臣省察〈月令〉，農曆六月，不可以大興土木，不能夠會合諸侯，不可以興師動眾，舉行重大活動必定有重大的災難。如今雖然沒有會合諸侯，諸侯的軍隊前來營建宮殿和會合諸侯沒有兩樣。六月中旬，土德正旺，本已不可冒犯，加上又值農忙季節，農時不可錯過。從前魯隱公夏季在中丘築城，《春秋》記錄了這件事，傳示後人警戒。如今修建宮殿是萬世的宏偉基業，卻冒天地間的大忌，沿襲《春秋》記載的錯誤做法，廢棄了恭敬的勸勉百姓按照時令從事農耕活動的重要事務，臣愚昧提出管見，私下裏感到不安。

7　「又擔心徵召的離散百姓，有的不來，討伐他們就廢棄勞役，興起事端，不討伐就會越發滋長蔓延。如果全部來到，大家聚在一起，很少沒有疾病發生的。況且人心安定那麼想法便會良善，人心痛苦便會怨恨背叛。長江南岸的精兵，是北方敵國難以對付的，他們想要用十個兵卒抵擋我們一個士兵。天下尚未平定，深為士兵的修建宮殿感到憂慮惋惜。如果這座宮殿完工，有五千人死亡、叛逃，那麼北方軍隊的人數等於又增加了五萬人，如果死亡和叛逃的達到一萬人，那北方軍隊的人數就等於倍增了十萬人。生病的人會導致死亡的損失，叛逃的人會傳布不好的言辭，這正是強大的敵人所喜歡的。如今正當敵我在中原較量，用來定強弱，在這個時刻，敵國實力增強，我們力量減損，加上疲勞困頓，這是英雄智士所深以為憂的。

8 「臣聽說古代帝王治理國家沒有三年的糧食儲備，就說國家不是國家。安寧的時代尚且如此戒備，何況敵國強大而自己卻忽視農業、忘卻儲備。如今雖然頗有一些種植，近來被大水淹沒，存留下來的還必須除草、收穫，而地方官員害怕誤了建造宮殿的期限，東部各郡的民眾，親身跋涉山林，盡力砍伐木材，拋棄了農事，官兵百姓的妻兒瘦小，開墾種植力量單薄，如果遇到水災旱災就永無收穫。州郡現有的米糧，應當留待有緊急情況時使用，吃閒飯的人，仰賴官府供給。如果上下匱乏，糧食運送無法供應，而北方敵國侵犯邊境，就算使周公、召公再生，張良、陳平復出，很明顯的也無法為陛下提出計謀。臣聽說君主明察，人臣就忠誠；君主賢聖，人臣就正直，因此懇切陳辭，冒昧的觸犯陛下的神威，乞求憐愛省察。」

9 章表呈上後，孫晧不予採納。後來華覈升任東觀令，兼任右國史，華覈上疏辭讓。孫晧答覆說：「收到奏章，認為東觀是儒者聚集的官署，應當研究校閱文獻典籍，處理決定疑難問題，漢代時都是知名學者大儒才擔任這個職務，乞求另外改選優秀的賢才，我知道了。以你的專精典籍，博覽羣書，見多識廣，可說是一個喜歡禮樂篤好詩書的人。你應當用筆發揮文采，頌揚時政，用來超越揚雄、班固、張衡、蔡邕這些人，我對你的謙虛妄自菲薄感到奇怪，你應當努力做好本分工作，以超越前賢，不要再囉嗦了。」

1 時倉廩無儲，世俗滋侈，覈上疏曰：「今寇虜充斥，征伐未已，居無積年之儲，出無應敵之畜，此乃有國者所宜深憂也。夫財穀所生，皆❶出於民，趨時❷務農，國之上急。而都下❸諸官，所掌別異❹，各自下調❺，不計民力，輒與近期❻。

長吏畏罪，晝夜催民，委舍佃事⑦，遑赴會日⑧，定送到都，或蘊積不用，而徒使百姓消力失時。到秋收月，督其限入，奪其播殖之時，而責其今年之稅，如有逋懸⑨，則籍沒⑩財物，故家戶貧困，衣食不足。宜暫息眾役，專心農桑。古人稱一夫不耕，或受其飢，一女不織，或受其寒⑪，是以先王治國，惟農是務。軍興⑫以來，已向百載，農人廢南畝⑬之務，女工停機杼⑭之業。推此揆之，則蔬食而長飢，薄衣而履冰者，固不少矣。臣聞主之所求於民者二，民之所望於主者三。二謂求其為己勞也，求其為己死也。三謂飢者能食之，勞者能息之，有功者能賞之。民以致其二事而主失其三望者，則怨心生而功不建。今帑藏⑮不實，民勞役猥⑯，主之二求已備，民之三望未報。且飢者不待美饌而後飽，寒者不俟⑰狐貉而後溫，為味者口之奇，文繡⑱者身之飾也。今事多而役繁，民貧而俗奢，百工作無用之器，婦人為綺靡之飾，不勤麻枲⑲，並繡文黼黻⑳，轉相倣效，恥獨無有㉑。兵民之家，猶復逐俗，內無擔石㉒之儲，而出有綾綺㉓之服，至於富賈商販之家，重以金銀，奢恣尤甚。天下未平，百姓不贍，宜一生民之原㉔，豐穀帛之業，而棄功㉕於浮華之巧，妨日㉖於侈靡之事，上無尊卑等級之差，下有耗財費力之損。今吏士之家，少無子女㉗，多者三四，少者一二，通令戶有一女，十萬家則十萬人，人織績[28]一歲一束，則十萬束矣。使四疆之內同心戮力，數年之間，布帛必積。恣民五色[29]，惟所服用，但禁綺繡無益之飾。且美貌者不待華采以崇好，豔姿者不待文綺以致愛，五采之飾，足以麗矣。若極粉黛[30]，窮盛服，未必無醜婦；廢華采，去文繡，未必無美人也。若實如論，有之無益廢之無損者，何愛而不暫禁以充府藏之急乎？此救乏之上務，富國之本業也，使管、晏[31]復生，無以易此。漢之文、景[32]，承平繼統，天下已定，四方無虞，猶以彫文[33]之傷農事，錦繡之害女工[34]，開富國之利，杜飢寒之本。況今六合分乖[35]，豺狼充路，兵不離疆，甲不解帶，而可以不廣生財之原，充府藏之積哉？」

2 晧以覈年老，敕令草表[36]，覈不敢。又敕作草文[37]，停立待之。覈為文曰：「咨[38]覈小臣，草芥凡庸。遭眷[39]值聖，受恩特隆。越從朽壤[40]，蟬蛻[41]朝中。熙光紫闥[42]，青瑣[43]是憑。毖挹[44]清露，沐浴凱風[45]。效無絲氂[46]，負闕[47]山崇。滋潤含垢，恩貸累重。穢質被榮，局命得融[48]。欲報罔極[49]，委之皇穹[50]。聖恩雨注，哀棄其尤[51]。猥命[52]草對，潤被下愚。不敢違敕，懼速[53]罪誅。冒承詔命，魂逝形留。」

3 覈前後陳便宜[54]，及貢[55]薦良能，解釋[56]罪過，書百餘上，皆有補益，文多不悉載。天冊元年以微譴免57，數歲卒。曜、覈所論事章疏，咸傳於世也。

【章旨】以上為〈華覈傳〉的第二部分，敘述華覈對倉廩無儲，世俗滋侈的弊政再次上書勸諫，並總結華覈上呈百餘次奏疏所產生的深遠影響。

【注釋】❶皆　原誤作「當」，今據宋本改。❷趨時　抓緊時機。指把握農時。❸都下　京都。❹所掌別異　掌管的事務各不相同。別異，各不相同。❺下調　從各地徵調。❻輒與近期　總是規定很短的期限。❼佃事　農田事務。❽遑赴會日　匆忙趕赴會集的日期。遑，匆忙。❾逋懸　拖欠。❿籍沒　登記沒收。⓫古人稱四句　指《呂氏春秋・愛類》：「神農之教曰：『士有當年而不耕者，則天下或受其飢矣；女有當年而不績者，則天下或受其寒矣。』」⓬軍興　指漢末戰亂興起。從漢靈帝中平元年（西元一八四年）黃巾起事後州郡起兵，到孫晧天紀年間（西元二七七—二八〇年），歷時近百年，天下紛爭，戰火頻仍。⓭南畝　指農田。由於古人向南開墾土地進行種植，陽光充足，利於農作物生長。所以稱農田為南畝。⓮機杼　織布機。杼，梭子。⓯帑藏　國家收藏錢財的府庫。帑，錢幣財物。⓰役猥　勞役繁雜。猥，雜。⓱俟　等待。⓲文繡　刺繡紋采。文，刺繡。⓳麻枲　粗麻衣。枲，大麻。⓴繡文黼黻　指禮服上所繡的半黑半白、青黑相間華麗紋飾。㉑恥獨無有　恥於唯獨自己沒有。㉒擔石　古代度量單位。比喻微少。㉓綾綺　有花紋的絲織品。㉔宜一生民之原　應當專注於使民眾得以生存的根基。一，專注於。原，通「源」。根基。這裏指農業生產。㉕棄功　浪費勞力。㉖妨日　浪費時間。㉗少無子女　很少有人沒有子女。㉘績　把麻搓成繩或線。㉙恣民五色　任憑百姓採用各種色彩。恣，任憑。五色，指青、黃、赤、白、黑。這裏泛指各種色彩。㉚粉黛　婦女化妝品。粉，香粉。黛，婦女用來描眉用的一種青黑色顏料。㉛管晏　即管仲、晏嬰。管仲，名夷吾，字仲，一字敬仲，潁上（今安徽潁上）人。初事齊公子糾，後由鮑叔牙推薦，被齊桓公任命為相，進行政治、經濟等改革，富國強兵。使齊桓公成為春秋時期的第一霸主。晏嬰，字平仲，夷維（今山東高密）人。襲父爵為齊卿。歷仕靈公、莊公、景公三君。以節儉著稱，能忠言直諫。力勸齊景公減賦省刑。㉜文景　即漢文帝、漢景帝。漢文帝，即劉恆，漢高祖劉邦之子。初封代王，後被迎立為帝。即位後，與民休息，發展耕織，減輕田租賦稅，省約刑罰。出現社會安定，物資豐富的景象。漢景帝，即劉啟，文帝子。即位後，承襲文帝實行的政策措施，又削弱諸侯王勢力，加強中央集權，國家較安定富庶。史稱「文景之治」。㉝彫文　雕刻采繪。㉞女工　指婦女從事紡織、刺繡等工作。工，宋本作「紅」，與「工」通。

㉟六合分乖　天下分離。六合，天地和四方。指天下。分乖，分離。㊱草表　草擬章表。㊲草文　用草書字體寫的書文。㊳咨　語氣詞，表示嘆息。㊴眷　寵愛。㊵朽壤　腐土。喻地位卑微。㊶蟬蛻　蟬脫的殼。喻脫離卑微身分。㊷熙光紫闥　皇宮光芒四射。紫闥，皇宮。闥，宮中小門。㊸青瑣　宮門上鏤刻的青色圖紋。也借指宮廷。㊹[illegible]挹　露水潤澤的樣子。㊺凱風　和暖的春風。㊻絲氂　一絲一毫。形容微小。㊼負闕　犯有過失。㊽融　長久。㊾罔極　沒有止境。㊿皇穹　皇天。[51]尤　過錯。[52]猥命　辱沒詔命。[53]速　招致。[54]便宜　指對國家有益的建議。[55]貢　推薦。[56]解釋　進行辯解開脫。[57]天冊元年以微譴免　天冊元年（西元二七五年）因小的過失被免職。天冊，吳末帝孫皓年號，西元二七五—二七六年。

【語譯】當時倉庫沒有儲備，社會風氣更加奢靡。華覈上疏說：「如今敵寇充斥，征戰不止，平時沒有多年的儲備，出戰沒有應敵的積蓄，這是擁有國家的人所應該深以為憂的。財物和糧食的生產，都出自民眾，把握農時，致力農耕，是國家最急切的事。而京城的各官員，所掌管的事務不同，都各自向下面徵調，不考慮民眾的能力，總是規定很短的期限。地方官員害怕獲罪，日夜不停的催逼百姓，放棄農事，匆忙趕赴會集的日期，依規定送到京城，有時積著不用，白白的讓百姓消耗精力耽誤農時。到了秋收的月份，又督責他們限期繳納賦稅，剝奪了他們播種種植的農時，而又索求當年的賦稅，如有拖欠，就登記財物予以沒收，所以家家貧困，衣食不足。應當暫時停止眾多的勞役，使他們專心從事農桑。古人說一個男人不耕種，就會有人遭受飢餓，一個女子不織布，就會有人遭受寒凍，因此古代帝王治國，只專心致力農事。漢末戰亂發生以來，已將近百年，農民荒廢農事，女工停止紡織。由此推測，那麼粗食而長年受飢，衣服單薄而踏冰受凍的人，本來就不少了。臣聽說君主要求人民的有兩條，而人民寄望於君主的則有三條。兩條是要求人民為自己效勞，替自己獻身。三條是使飢餓的人能有飯吃，勞累的人能得到休息，有功的人能得到賞賜。民眾達到了君主的兩條要求，而君主卻沒有實現民眾的三條希望，那麼民眾心生怨恨，功業便不能建成。如今國庫不充實，民眾的勞役繁雜，君主的兩條要求已經齊備，而民眾的三個希望沒有回應。況且挨餓的人不求用美味佳肴填飽肚子，受凍的人不求用狐裘貉皮暖和身體，美味只不過使口中的感覺奇妙，刺繡紋采僅僅是身上的裝飾。如今事務很多而勞役繁重，百姓貧窮而風俗奢靡，眾多工匠製作沒有實用的器物，婦女追求光鮮亮麗的服飾，不努力製作粗布衣服，都織作華麗紋飾的刺繡禮服，互相仿效，唯獨恥於自己沒有。士兵、百姓的家庭，竟跟著追逐風氣，家裏沒有多少儲糧，然而外出卻有文采絲織品做的服飾，至於富商商販之家，又穿金戴銀，奢靡更是嚴重。天下尚未平定，百姓不富足，應當專注於使民眾得以生存的農業，繁榮糧食布帛的生產，卻浪費勞力在浮華技巧，浪費時間在奢侈糜爛的事情上，造成上無尊卑等級的差別，下有耗財費力的損失。現今吏員軍士的家庭，很少沒有子女，多的三四個，少的一兩個，傳令每戶一個女子，十萬戶就有十萬女子，每人一年紡麻織布一束，就會有十萬束了。假如全國女子同心協力，幾年之內，布帛必定有所積存。可以任憑民眾選用各種色彩，做他們穿用的服飾，只禁止綺麗刺繡無用的裝飾。況且貌美的人不需要華麗紋采用來增添美貌，姿色豔麗的人無須彩繡來招致喜愛，各種色彩的裝飾，足以使人漂亮了。如果用盡脂粉，極盡盛裝，未必沒有醜婦；廢棄華采，去掉文繡，未必沒有美人。如果確實如所說的，擁有它沒有益處廢棄它沒有損害的東西，有什麼愛好不能立即禁絕用來補充府庫的急需呢？這是救助困乏的重要工作，富強國家的根本事業，讓管仲、晏嬰復生，也不能改變這種做法。漢朝的文帝和景帝，承平時代繼承帝業，當時天下已經安定，四方沒有憂患，尚且認為雕飾紋采妨害農事，錦繡製作妨害紡織，開創富國的有利事業，斷絕飢寒的根源。何況如今天下分離，豺狼充斥道路，軍隊不離疆場，士兵不解衣甲，卻可以不廣開生財之路，充實國庫的積蓄嗎？」

2　孫晧認為華覈年老，詔令他草擬章表，華覈不敢。又詔令他用草書書寫表文，站在旁邊等他。華覈寫的表文說：「可嘆華覈卑微小臣，像小草一樣平庸。受到聖主的眷愛，得到異常隆盛的恩情。從卑位飛越而起，像蟬脫殼一樣高居朝中。帝王之宮光芒四射，宮廷可作安身的依靠。清新的露水潤澤，沐浴和暖的春風。沒有絲毫報效，犯有重大過失。恩澤滋潤，容忍我的過失，皇上的恩賜深重。卑身蒙受榮耀，薄命得以久存。欲報無窮恩德，只好託求皇天。聖恩傾注如雨，洗滌了臣的過失。辱沒詔命草擬應對，潤澤及於愚臣。不敢違背詔令，害怕招致罪誅。冒昧承受詔命，魂飛魄散只有形體存留。」

3　華覈先後陳述對國家有益的建議，以及推薦賢能的人才，為有罪過的人辯解開脫，上書了一百多次，都對國政有所補益，文字很多，不能全部記載。天冊元年，因為小過失被免職，幾年之後去世。韋曜、華覈論說政事的章表奏疏，都流傳於世上。

評曰：薛瑩稱王蕃器量綽異❶，弘博多通；樓玄清白節操，才理條暢；賀邵厲志高潔，機理清要；韋曜篤學好古，博見群籍，有記述之才。胡沖❷以為玄、邵、蕃一時清妙❸，略無優劣。必不得已，玄宜在先，邵當次之。華覈文賦之才，有過於曜，而典誥❹不及也。予觀覈數獻良規❺，期於自盡❻，庶幾❼忠臣矣。然此數子，處無妄之世❽而有名位，強死其理❾，得免為幸耳。

【章旨】以上為陳壽對王蕃、樓玄、賀邵、韋曜、華覈等五人的評價，揭示他們高尚的情操，廣博的知識才能，忠誠正直的品格。

【注釋】❶綽異　卓越特異。形容人的才能。❷胡沖　汝南固始（今河南太康南）人。胡綜子。有文才。任中書令。後仕晉為尚書郎、吳郡太守。著《吳曆》。詳見本書卷六十二〈胡綜傳〉。❸清妙　高雅完美。❹典誥　典冊誥令。即為皇帝起草的文書。❺良規　有益的規勸。❻自盡　盡自己的能力和責任。❼庶幾　差不多。❽無妄之世　指天下擾亂萬事變化時期。無妄，是《周易》六十四卦之一。❾強死其理　堅持真理而死。

【語譯】評論說：薛瑩稱讚王蕃器量不凡，博學多才；樓玄節操清白，通達事理；賀邵砥礪志行，品格高潔，講述道理明白簡潔；韋曜專心學問，愛好古道，博覽群書，有記述的才能。胡沖認為樓玄、賀邵、王蕃都是當時高雅完美的人才，大致分不出優劣。如果必須加以區別的話，樓玄應當在先，賀邵應當其次。華覈文章辭賦的才能，有超過韋曜的地方，但典冊誥令之類的文書不如韋曜。我看過華覈多次進獻的有益的勸諫，他希望竭盡自己的能力和責任，差不多也是忠臣了。然而這幾個人，處在動亂時代而獲得了名望地位，有人堅持真理而死，如能免於一死算是幸運的了。

【研　析】本卷是《三國志・吳書》的最後一卷，作者陳壽之所以將王蕃、樓玄、賀邵、韋曜、華覈這五人放在最後來敘述，並非基於這五人在孫吳政權中的地位特殊，或者說他們所做出的事跡超過前面所記述的人，或是他們的性格、智慧、人品等等有什麼特別之處；陳壽的用意，應該是要通過記述他們的事跡來探求吳國滅亡的原因，進而讓讀者明瞭三國歷史發展的軌跡，認識由分裂割據走向統一是歷史發展的必然。這才是陳壽真實意圖之所在。基於此，以下謹就本卷所述內容，試析吳國滅亡的主要原因。

蜀漢滅亡後，吳之將亡已是當時有識之士的共識。吳國丞相張悌就曾說過：「吳之將亡，賢愚所知，非今日也。」《三國志・孫晧傳》注引《襄陽記》探討吳國滅亡的原因，可以追溯到孫權。陳壽在〈吳主傳〉最後的評論中說：孫權「性多嫌忌，果于殺戮，暨臻末年，彌以滋甚」，還「讒說殄行」。因此「其後葉陵遲，遂致覆國，未必不由此也」。但其主要原因不在孫權。裴松之在此作注說：「孫權橫廢無罪之子，雖為兆亂，然國之傾覆，自由暴晧。若權不廢和，晧為世適，終至滅亡，有何異哉？此則喪國由於昏虐，不在於廢黜也。設使亮保國祚，休不早死，則晧不得立。晧不得立，則吳不亡矣。」裴公一語中的，切中要害，找到了問題的癥結所在。說明吳國滅亡的根本原因在於內政，即吳主孫晧的「昏虐」。

歸納起來，孫晧的「昏虐」主要表現是：一、兇殘戮殺。被稱為「大吳之龍逢」的常侍王蕃只是因為「沉醉頓伏」，便被孫晧「呵左右於殿下斬之」。大司農樓玄被他人誣告「與賀邵相逢，駐共耳語大笑，謗訕政事」，遂被詔詰責，送付廣州」，同時孫晧又「陰別敕（張）奕令殺之」，雖張奕不忍心殺害樓玄，但樓玄看到敕令後，被逼「自殺」。中書令賀邵也被「掠考千所」，最後「竟見殺害」。太子中庶子韋曜被孫晧「以為不承用詔命，意不忠盡，遂積前後嫌忿」，被收「付獄」，最後也被「誅」殺。東觀令華覈境遇雖未被殺，但「以微譴免，數歲卒」。上述的這些朝廷要臣，竟可以被無辜的隨意處置，那無權無勢的老百姓就更可任意宰割了。二、窮淫極侈。孫晧原有太初宮，又「更營新宮，制度弘廣，飾以珠玉」，造成「農守並廢」。他還「每饗宴，無不竟日，坐席無能否率以七升為限，雖不悉入口，皆澆灌取盡」。三、重用佞臣。殿中列將何定「本趨走小人，僕隸之下，身無錙銖之行，能無鷹犬之用」，但孫晧「愛其佞媚，假其威柄，使定恃寵放恣，自擅威福，口正國議，手弄天機」，造成「塞君子之路」。四、虐用其民。孫晧「以民為草芥」，「自登位以來，法禁轉苛，賦調益繁；中宮內豎，分布州郡，橫興事役，競造姦利；百姓罹杼軸之困，黎民罷無已之求，老幼飢寒，家戶菜色」；「衣不全裋褐，食不贍朝夕」；「數興軍旅，傾竭府藏，兵勞民困，無時獲安」。(以上引文均摘自本卷各傳) 以上所述幾點，三國時的有識之士就已指出。光祿勳薛瑩在晉武帝問及孫晧為何亡國時，回答說：孫晧「昵近小人，刑罰妄加，大臣大將，無所親信，人人憂恐，各不自保，危亡之釁，實由於此」(《三國志・薛綜傳》裴松之注引干寶《晉紀》)。

對孫晧的兇暴驕矜，正直的大臣都先後呈上奏章表疏進行過勸諫，僅華覈「前後陳便宜，及貢薦良能，解釋罪過，書百餘上」。因孫晧的統治政策是採取「嚴刑法以禁直辭，黜善士以逆諫臣，眩燿毀譽之實，沉淪近習之言」，所以他對朝臣的勸諫的態度是「不納」，甚至「深恨之」。他這種一意孤行的頑疾，導致孫吳政權的極度腐敗、黑暗，最後走上滅亡之路。正如近人李澄宇在《讀三國志蠡述》卷三「書〈吳書・三嗣主傳〉」條所論：「孫晧昏暴，三國所僅有，信亡國之主也。晉即不伐，亦必自亡，而況蜀亡以後，晉以全力相搏，如泰山壓卵哉！」(余鵬飛注譯)

## ◎新譯西京雜記

曹海東／注譯　李振興／校閱

《西京雜記》是一部優秀的筆記雜著，所記多為西漢京都之事。雖是「野史」，然其記載內容繁博，涉及面相當廣，有人物記述、宮庭軼事、時尚風習、奇人絕技等等，讀者可由此認識西漢政治、經濟、文化、民俗等多方面的狀況。本書於「注釋」中針對其中所提名物制度、掌故史實的來龍去脈詳為解釋，幫助讀者理解；譯文部分則力求既忠於原文，又曉暢通達。

## ◎新譯洛陽伽藍記

劉九洲／注譯　侯迺慧／校閱

《洛陽伽藍記》以北魏京城洛陽之佛寺、園林為記敘主線，繫以當時的政治、經濟、人文、風俗、地理、掌故傳聞等等，其目的在對北魏王公貴族建寺造塔、勞民傷財的惡行加以貶斥，表明佞佛誤國的觀點。書中行文結構巧妙，手法多樣，語言穠麗秀逸，優美生動，記敘傳說掌故，趣味盎然。不僅是一本地理著作，同時也是歷史著作和文學著作，相當值得一讀。

## ◎新譯東京夢華錄

嚴文儒／注譯　侯迺慧／校閱

《東京夢華錄》可說是一本「文字版的清明上河圖」，所記為宋徽宗時期北宋都城東京開封的方方面面，描繪其間上至王公貴族、下及庶民百姓的日常生活情景，是研究北宋都市社會生活、經濟文化的重要歷史文獻。本書注譯吸取了近年相關研究的最新成果，並在「研析」中對於內文的重要章節，從歷史、文化等方面作了評說，是愛好民俗學、風俗學、歷史學的讀者不容錯過的佳作。